OVERCOMING
LAW

超越法律

OVERCOMING LAW

〔美〕理查德·波斯纳 著　苏力 译

Overcoming Law

By Richard A. Posner

Harvard University Press

根据哈佛大学出版社1995年英文版翻译

理查德·波斯纳文集　篆刻：宋临正

目　录

新版译序　1

代译序　为何,以及如何超越法律?　3

序言　15

导论　实用主义,经济学,自由主义　1
　　实用主义进路　3
　　法律中的实用主义进路　9
　　法律经济学分析　14
　　自由主义和民主　19

第一编　法律职业界

第一章　法理学的物质基础　31
　　实在论和唯物主义　33
　　职业主义　34
　　现代法律职业的模特:中世纪卡特尔　36
　　从行会到工厂　40
　　法律职业卡特尔的兴起　42
　　行会和职业的比较　50
　　法律卡特尔的法理学　53
　　法律职业的危机　57
　　法理学的黄昏　62

第二章　法学的成功与艰辛　72
革命前夜的美国法律　73
法学著述的非职业化　75
学界和实务界的鸿沟正危险地扩大？　80
法学教员聘任中的积极补偿　90

第三章　法官最大化些什么？　96
寻常法官　96
类比非营利组织　99
法官的效用函数　103
解说法官行为　108
法官，旁观者或游戏者？　111
法官效用函数的简单形式模型　119

第四章　危机时期的法律职业：德国和英国　128
纳粹法官　128
"二战"时英国的行政拘留　140

第二编　宪法性理论

第五章　自上而下的推理与自下而上的推理　151
两种法律推理风格　152
未列举的宪法权利，特别是堕胎权　155
关于堕胎权的其他分析性辩解　167
实用主义进路　169

第六章　我们有宪法性理论吗？　176
民主和不信任　176
为什么宪法性理论如此薄弱　183

第七章　没有实证法的实证法学　191

第八章　法官不是盆栽　203

第九章　鲍克与贝多芬　210

第三编　法律理论的多样性和意识形态

第十章　最早的新保守主义者　229

第十一章　左派的美国法律思想史　240

第十二章　实用主义还是乌托邦？　254

第十三章　黑格尔与自由择业　264

第十四章　后现代的中世纪冰岛　275

第四编　性别与种族

第十五章　亚里士多德女士　289

第十六章　生物学、经济学和激进女权对《性与理性》的批评　294
　　三岔口　296
　　自然与文化　302
　　所谓来自经济学内部的女权批评　306

第十七章　剪不断理还乱的色情　313

第十八章　批判种族理论中的精微、叙述和移情　322

第五编　哲学视角与经济学视角

第十九章　实用主义能给法律贡献啥？　339
　　实用主义和法律：一个简史　339
　　实用主义在法律中的运用　346

第二十章　科斯和方法论　356
　　科斯的法律经济学贡献　359
　　科斯理解的经济学　364

第二十一章　新制度经济学遇上法律经济学　374
何为"新制度经济学"？　374
法律经济学　384
再论理性的效用最大化　387

第二十二章　哲学家擅长什么？　389
今日哲学　389
罗蒂　392
哲学与法律　406

第六编　法学的边陲

第二十三章　再论法律与文学　413
法律的隐性文学描写　414
通俗文学中的法律　422
解释即翻译　432

第二十四章　修辞、法律辩护和法律推理　437
话语说服的经济学　438
柏拉图与亚里士多德的争论　444
修辞与推理　454

第二十五章　自我公众形象的法律保护　465
私隐、名声和公众形象　465
诽谤的"实际恶意"规则　470
公布私密事实的侵权　472
敲诈　478

第二十六章　同性恋经济学和社会建构　483
进路描述和运用　483
性态的经济学和社会构建　499

致谢　507

索引　509

新版译序

北京大学出版社决定重版《超越法律》。我对全书译稿做了比较细致的校订和修改，特别是改正了一些显著错误，希望能对得起读者。我保留了原译本的序。

重版的最主要的理由也许是，尽管，甚至恰恰因为，中国社会和法学的发展，15年前这本译著中讨论的许多问题，诉诸的学术资源，所倡导和使用的思路和方法，对于当下中国法学界和司法界的意义反倒更显著了。事实上，一些当年令中国学界陌生，似乎只属于美国社会的现象，正在我们社会出现，成为中国法律和法学即便尚未开始却最终必将应对的问题。中国的法学的疆域正在拓展。

不足道的微小例证甚至出没于译稿的校订。与上一版不同，例如，这次我就将feminism不再译作"女权主义"，而仅译作"女权"，就因为feminism并非或主要不是一种主义，而是一种社会自觉和社会实践。又如，男、女同性恋者或男、女异性恋者，只要可能，这次译本中我都改为男同、女同或直男、直女，不仅因为简洁，也与相应的英文词更精确对应，更重要的是这也是中国都市生活中通行的标准语词了。这些微小的变化，其实也意味着中国的另一些变化和发展，既是社会的，也是文化的。诸如此类的变化很多，也很快。

感谢生活。

苏 力
2015年8月10日于北大法学院陈明楼

代译序

为何,以及如何超越法律?

1995年出版的《超越法律》是波斯纳法官的一部重要法理学著作。波斯纳自认为,这本书同他1990年的《法理学问题》以及之后1999年的《道德与法律理论的疑问》[1],共同构成了他的法理学三部曲。[2] 也就在出版的当年,这本书也进入了《纽约书评》推荐的学术畅销书之列。这足以部分印证这部著作在波斯纳本人心目中的分量及其在社会和学界的影响。

这本书之重要,仅就表面看来,至少有两个方面。一是学术的。波斯纳在包括本书在内的一系列著作中,如《道德与法律理论的疑问》《法律理论的前沿》和《法律、实用主义和民主》[3]等,对"无需[系统且形而上]基础的法理学"展开了更深入阐述,更重要的是通过对大量具体的法律和非法律问题的细致分析,水到渠成地展示了他的实用主义法理学。二是就为展示实用主义法理学超越法律所涉猎的范围广阔和复杂程度来看,此书在某方面的深度也许不如他的其他专著,却也足以作为波斯纳的代表作。此书还有波斯纳1990年代中期对自己的法律和司法的理论观点和思想来源——实用主义、经济学和自由主义——最系统阐述(《导论》)。书本身名声更响亮,我不再对本书内容说太多。译者已是作者之叛徒,概述者则可

---

[1] *The Problems of Jurisprudence*, Harvard University Press, 1990; *Problematics of Moral and Legal Theory*, Harvard University Press, 1999.

[2] *Problematics of Moral and Legal Theory*,同上注,Preface, vii.

[3] *Frontiers of Legal Theory*, Harvard University Press, 2001; and *Law, Pragmatism, and Democracy*, Harvard University Press, 2003.

能是更拙劣的叛徒。我只想就与本书有关的问题做点介绍。

一

对于习惯于某类法理学教科书或专著的读者来说,这本书会有些奇怪和难读。不因为这是译著,固然我的能力有限,会有错译和误译,最大难点在于语境,原作的预期读者与中译本的预期读者不同。

本书许多章节是波斯纳在书评基础上改写的,这些篇章针对的是美国法学界的重要人物,针对的是美国法学界的重要流派和争议,他讨论的并非中国读者习惯的那种法理学一般问题。如果不了解波斯纳与之过招者的基本观点,不了解相关学派的基本思想,不了解法律与法学争议的社会背景(美国的社会政治、司法政治和校园政治)和学术脉络,阅读很容易云山雾罩,莫名其妙。我说这话并非贬低中国学者的学问,或抬高自己,甚或两者兼备。我只是针对法学研究,重复一句阐释学的老话,理解总是同特定传统相联系的。一个不了解中国的外国学者,哪怕学问再大,也无法明白,比方说,中国法学家当年甚至至今为什么会为"水治"和"刀制"争论十多年?甚至不知道何为"水治",何为"刀制"?尽管作为学科法理学讨论的是法律最基本、最一般的问题,但是具体的法理学必定有地方性。所谓法理学问题的地方性,就是有些问题只是在一国或某法系中具有一般意义,在他国或另一法系则不一定具有普遍意义,甚至可能毫无意义。美国宪法解释的原旨论(originalism),在民法法系司法中,由于种种制度限制,学术的实践意义就不那么大。民法法系中的自由心证原则,在英美法中,就从未凸显为——尽管有——一个重大学术问题。

也并非所有篇章均不易理解。至少本书的第一编(讨论美国的司法制度和法学研究现状)、第五编(讨论法律经济学和哲学一些问题),在我看来,只要对西方和美国法学及其哲学传统有初步了解,读来就可能不太费力(注意这个"太"字的限定)。但最重要的是,这种因知识背景或传统带来的理解障碍也不是无法超越的!否则,我就不会有翻译的冲动了。应当说,由于多年来中国法学界的努力,有不少中国法律人,包括学者和法学院学生,对这些背景都有了一定了解。其他篇章,尽管可能读来吃力些,但只要仔细,读些其他资料(来一点"文本的相互间性"),也不难扩展自己的理解。甚至,跳过去,就挑着看,那也算不上罪过吧?我们有谁不曾一目十行过——无论对哪位作者?

其次,在习惯于宏大的全盘理论阅读的读者看来,《超越法律》论题太不集中:从中世纪的卡特尔到中世纪的冰岛,从希特勒时代的德国法官到同性恋,从私隐权到科斯的方法论,从美国宪法性理论到文学批评,从古希腊的修辞到女权主义。这种写作方法固然有前面提到的各篇章分别写作的原因,但更重要的涉及波斯纳对法学的看法以及他处理本书主题的进路。在波斯纳看来,法学回答的问题都必须是具体的,不可能从一两个绝对正确的基本原则或理论模型自上而下获得系统准确无误的答案。法学需要理论,但这种理论是在处理具体问题中展现其脉络,而不是一副剔除了血肉的骨架。只有时时同具体问题相联系但又贯穿始终的理论,才是对法学对解决问题有用的理论。

其实本书的主题非常明确,就是要超越法律,要使目前的法律更接近科学,甚至最终成为一种政策科学。但要充分展开这一主题,并令人信服,在波斯纳看来,重要的不是理论层面的必要性论证;而是如同他先前说过的,集中"关注对教条的批判,让实用主义水到渠成,作为替代逐渐呈现出来"。[4] 因此,在实用主义、经济学和自由主义的原则指导下,在针对一个个具体问题上,细致辨析、反驳、论证,这就是波斯纳的法学理论进路。这是一种抗辩制式的理论进路。

第三,由于任何阅读理解在一定程度上都基于先前的阅读和当下的关切,因此读者一般都,当然也有权,希望作者讨论的问题与自己眼下关心的问题有关。对于中国法理学人来说,大多习惯于从立法视角切入,从中国面临的社会变革和转型切入,因此习惯于从类似政治学和社会学的宏大视

---

[4] *The Problems of Jurisprudence*,前注1,p.28.

角切入;由于中国传统的人文,也更习惯于从广义的"政治和道德视角"切入,从一种看似学术但往往是上帝式全方位视角切入。波斯纳的法律传统(普通法)、学术传统(经济学和其他经验研究的社会科学)以及职业视角(法官和律师),都注定他侧重从司法的和经验主义的角度切入。若不把握这种差别,就会影响读者对作者问题和分析的理解,无法有效交流,甚至不知所云。

因此,我建议,读者在阅读这部以及其他学术翻译著作时,初始预期不要太高;必须准备受点煎熬。只是读进去了,这不仅意味着你理解了作者的问题和思路,并且必须也是你关心的问题,你才会且就会发现"里面的"世界也很精彩。因此要首先注意理解作者的问题和思路,并把沿着他们的思路前行——这不必定等于接受其结论——作为训练自己思考的过程,然后,你就会有所收获,学术能力上的收获。千万别指望从中立马找到解决自己关心的中国问题的答案;那里没有,不可能有;即使看似有,也未必恰当。不要急着看作者是否有某些话、某个结论跟自己现有的或先前他人的观点契合,并以此作为评判作者的标准;不要抱着作者一定"深得我心"的期待,按照自己的价值判断匆忙对书中的某些甚或某句话作出评价。也不是说读者不可以这么做,读者有权以任何方式对待眼前的书,但如果想增进些知识或能力,最好则是先把自己置身于作者的语境之内,更好理解作者,才可能在理解的过程中不知不觉提升了自己的能力。在某个不特定时刻,你也许会猛然间把作者的关心同自己的关心连接起来了,实现了所谓的"视野的融合"[5];悟出了某些道理,无论是有关法律,还是有关学术(不限于法律的学术),甚至是对人生和社会的体悟。这不是一本工具性法律书,而是一本从法律问题切入的视野广泛的书;正如其书名,是"超越法律"的。

---

[5] Hans-Georg Gadarmer, *Truth and Method*, 2nd rev. ed., Trans. Rev. by Joel Weinsheimer and Donald G. Marshall, Crossroad, 1989.

二

"超越法律"势必涉及众多其他学科的知识,这一点既是波斯纳的追求,也是超越的条件、工具和资源。这一点也会令某些读者生畏。除了已经同波斯纳名字联系的法律经济学,此书(以及波斯纳的其他著作)还涉猎了社会学、历史、文学、修辞学、社会生物学、新老制度经济学、实用主义哲学、阐释学以及性态学等。尽管涉猎广泛,但波斯纳都努力并大致成功将这些学科的行话术语转换成一般说来外行也能理解的日常语言。只要不固守现有的知识结构,误以为法学就是某教科书上的东西,或以为有什么固定不变的法理语言和命题,我相信不仅可以读懂,而且会很有趣:原来法学还有这么大领域,原来法学还可以这么有意思!

必须指出,波斯纳运用的其他学科的许多知识都未必是定论,有许多还在探索中;许多观点或结论可能与我们的直觉、与我们因现有知识结构构建的直觉相抵触,因此,如果用我们现有知识或某"公认命题"来批评波斯纳,很容易。阅读当然必须有批判和挑剔的眼光,否则会盲从;但又千万不能习惯于用自己读过(或误读的)的某个17、18世纪西方学者的话来评判,甚或批判,基于20世纪末诸多学科研究成果特别是经验研究成果提出的某些法律论证和论断。由于比较长期的学术封闭带来的知识传统断裂,由于潜在的"信而好古"心态,由于学术能力和资源的限制,以及由于知识学习上的沉淀成本或路径依赖,许多当代中国法学人都有很强怀旧心态,以为17、18或19世纪的西方学者已经是人类不可逾越的顶峰或真理,或认为那时关切的问题就是人类社会的永恒问题;所谓法学就是18或19世纪的法学,那也就应当是我们教科书上的法学。但只要读了波斯纳的这本书,你会发现,有许多已经或正在出现的问题,是早先的法学家、思想家从来没遇到过的。法学必定随着时代出现的问题而发展。在这里,你真能看清楚的就是法学边界的不清楚!这个边界是学者的研究界定、塑造、拓展的,新的法学问题正不断出现。但我们不是在兜圈子,我们走上的是条不归路,因此,希望发现终极真理,一劳永逸解决法律问题,只是个幻想,尽管在英文中幻想与愿景都写作 vision。法律是保守的,但这不意味着法学是保守的,迷恋往昔会故步自封,没有出息。

在所有法学可用的知识和成果中,《超越法律》指出,也是波斯纳力求传达的,法律更需要科学和社会科学。波斯纳认为目前的法律太缺乏科学和社会科学,太缺乏经验研究。他认为法律与法学目前都正朝着政策科学的方向发展,这也是他希望的。在这个意义上,在某些学者看来,这本著作有某些后现代意味。

因此,会有人说,当代中国的问题是现代甚或是前现代的问题,没必要理解波斯纳以及其他有某种"后现代"色彩的外国学者讨论、研究的法律问题,别感染了"后现代主义"的病毒。这种说法值得评论。首先,我作了"在某些学者看来"的限定。波斯纳是否"后现代"本身是一个问题,并且是个定义问题。在此书(如第十四、二十二章)以及在其他著作[6]中,波斯纳都严厉批评了,甚至讥刺了后现代主义。他不仅断然否认自己是后现代,而且明确界定了自己与后现代的一些区别。

其实,波斯纳是否属于后现代学者不重要,这只是个定义问题。重要的是他的分析有没有道理。就算他是,是否就一定对我们理解世界、解决问题就没有启发了呢?难道我们不是为了求知解惑读书,而是为了标签读书吗?不错,不同社会问题不同;问题不可能照搬,结论自然不能照搬;但他人的思考研究可能对我们有启发,他人的论证会磨砺我们的思维,他人的视角可能令让我们看到之前我们看不到的问题。我们为什么要阅读孔子、老子、柏拉图、亚里士多德呢?难道古雅典奴隶制社会或春秋战国时代与当代中国的关联性真的比当代美国与中国的关联性更大?至少,今天我们不可能同古雅典人贸易、留学、访问乃至为人权而对话吧?如果仅仅因有人称波斯纳或某人是"后现代",就拒斥这些学者的研究成果,这实际是自我封闭和僵化,是对自己的能力和对读者的鉴别力和选择力的不信任。

---

〔6〕 例如,*The Problematics of Moral and Legal Theory*,同前注1,pp 308-326.

甚或这是关起门来称老大,把自己摆在替别人选择精神食粮的位置上,搞变相的书报检查和思想专制。

真正的思想开放,必须对一切未知开放,突破任何标签的限制。法律人作为行动者,由于其职业行为关涉他人,必须审慎甚至保守;但作为思想者和研究者,由于思想活动仅关涉自己,他必须开拓进取勇于尝试。这就是密尔的自由主义教训,或是隐含其中的。从本书中你可以看到这样一个勇敢的波斯纳。

三

勇敢不等于鲁莽。勇敢是同博学、重视经验常识以及在此基础上的明智相联系的。在这部书中,就像在波斯纳其他著作中一样,读者会看到一种真正的博学、常识和明智。从看他的行文和分析中,你会感到他的敏锐和犀利,对经验和经验研究成果的关注;甚至只要看看他的脚注,你简直无法相信一个人能阅读这么多著作和论文;其实,在他的著作中,这本书只是个常例。

这是位伟大的学者。说他伟大,不是说他的学术思想多么伟大,学术思想是由社会根据其结果来评判的,也就是将由历史评判。尽管,作为法律经济学派的创造者、英美法律的重新阐释者、实用主义法学代表人物、法律与文学运动代表人物,甚至一些学者认为他也是——即便他否认——美国后现代法学的最主要代表人物之一,他已是"活着的最有影响的法律家"了。[7] 更令人敬佩的是,在他身上,我们看到他数十年来长盛不衰的学术热情、视野开阔的学术追求以及与之相伴的学术敏感和创造力。这一点,对于我和其他有志于推进中国法学发展的学者来说,都足以作为楷模。

中国的法学学术在过去 20 年间发展比较快,但存在明显弱点。首先,学者的学术视野还不够开阔,局限于自己的专业领域,对新知识,不仅对其

---

[7] Lawrence Lessig, "The Prolific Iconoclast: Richard Posner," *The American Lawyer* Dec. 1999, p. 105.

他科学或社会科学、人文学科的知识不愿了解,或没能力了解,甚至对法学内一些部门法学科有时也不愿关心;或是如同本书译者一样,对其他相关学科的知识也还关心,对部门法的细节却相当生疏。这种状况将严重阻碍这代中国法律学人进一步发展,并在一定程度上会影响下一代中国法律学人的成长。

第二,太容易满足。写了几篇文章,出了一两本书,有了一定名声,就开始吃老本,不思进取,不愿深入,不愿拓展自己的领域去了解一些自己不了解甚或与自己现有知识有所冲突的进展。这实际是缺乏对知识和学术的热情和好奇,因此,才会不时出现各种形式表现的产品自我复制。这表明法学界学术传统还不够,最终表明的是法学界学术竞争还不够。没有足够的竞争压力,没有足够的学术淘汰,自然很难加快学术提升或更新。

第三,法条主义且教条化。这既表现为上面所说的不关心其他学科的成果,也表现在对法条付诸实践的后果缺乏足够关注;总以为法条、原则、概念就可以解决问题,把法条搞细了,搞通了,就可以保证这个世界秩序良好。一旦发现不合朕意,就习惯于道德谴责,责备执法者或民众素质不够,而他倒腾的那个葫芦中的概念、原则、法条永远是正确的。这是典型的刻舟求剑的做派,总想把现实世界装进形式主义的框中。

第四,学术上的政治正确。由于缺乏对知识的追求、热情和自信,因此,很容易追求政治正确,包括用经典名言包装自己,或是向世俗追求认同,以各种形式追求各种类型主流,唯独不敢在学术上天马行空,独往独来。其实,学术研究,如果要无限风光,就只能在险峰上攀登,甚至必须走向边缘,就必定不可能至少是当下不可能成为主流,就必须承担某种世俗的孤独。可以理解,没人希望孤独。但如果选择了以学术为业,以探索为业,那么就必须有承担学术孤独的勇气。孤独有时会是种荣耀。

问题还很多,我并不想,也不可能一一列举,但是,在像波斯纳这样的学者以及他和他们的大量著作面前,有志气让中国法学"同世界接轨"的中国法学人应当感到责任。谁让我们选择了以学术为业呢?

代译序 为何,以及如何超越法律?

四

我 1996 年购得这本书的,很喜欢;一直想翻译,鉴于两点,未能动手。

首先这本书太大,600 多页,译文将在 60 万字左右;而且,在中国法学界,似乎对翻译工作一直缺乏足够的学术评价和尊重。在许多人看来,翻译嘛,不就是懂点外文就行了吗?近年来,还有了政治正确,翻译过来的,只要是自己看不懂的,或挑战了自己现有知识或信条的,都可以用种种政治正确的标签将其轻易否定。有鉴于此,我未能免俗,计算机会成本,翻译还不如自己写点东西。第二个原因是,就是第一节提到的语境问题——原作意图中的读者与译作的读者差异。

由于本书有些部分与当代中国法学界、法律界直接或间接相关的,1998 年我曾打算编译一部两卷本波斯纳文选时,翻译了大约 20 多万字。只是因版权问题,以及波斯纳惊人的写作速度,令文选编辑几乎不可能。因此,译稿就一直在硬盘上蛰伏了两年。

1999 年秋,我去哈佛燕京学社做访问学者,读了波斯纳新作《道德与法律理论的疑问》,并利用部分业余时间翻译。这期间,当时中国政法大学出版社的编辑丁小宣发来电子邮件问我是否愿意翻译《超越法律》,并说版权已经解决了。这再次勾动了我翻译《超越法律》的兴趣:既然已经译了《法理学问题》和《疑问》两书,干吗不把《超越》也给译了?一个人一辈子能译多少书呢?特别是自己想译的?

下决心永远比行动容易。2000 年夏天,我回到北京,马上就因种种教学和行政事务,把翻译《超越》的事搁下来了。直到年底,我才开始突击翻译。书已经读得比较熟了,对波斯纳的思路、表达方式和语言风格也比较熟悉,翻译速度甚至超出自己的预料。寒假期间,我保持着每天翻译一万字以上的速度,即使除夕和大年初一,我也在办公室翻译了 5000 字和 8000 字;有一天,我在办公室足足待了 16 个小时,翻译了 16000 字!这有可能是我自己的最高翻译纪录了。此后是校对,又是 3 个月;每天下班后,在办公室校对 3~5 个小时。如今,又一部书出笼,内心很有点成就感。

　　学术对于学术圈外的人看来,甚或对某些置身学术圈内的人来说,也许只是"冷板凳";其实,对于学术人来说则是"乐在其中",甚至"其乐无穷"。有时一天下来,身心之疲惫丝毫不亚于重体力劳动。但这也许就像爱踢足球、打篮球或彻夜打麻将的人,有这份累才舒坦。翻译时的那种畅快淋漓之感,令我事后也神往。衣食无忧、荣华富贵的波斯纳之所以新作迭出,大约也都是因为或是为了这份快乐吧!

　　还必须对本书的翻译追求略有交代。在这本书的翻译中,我采取了相对说来更灵活的翻译,目的在于尽可能从容地传达我理解的作者;而没有采取早先自己追求的"硬译"风格。这首先是考虑到波斯纳本人的写作风格和追求,法理学不应当"是一小部分专长于此的法律学者的独家领地"。[8] 如果仅仅关注文字对应,可能有损作者的更大追求。

　　因此,翻译中,只要有一定把握,且必要,我会改变句型,从被动句改为主动句,或相反;会把一些定语从句子中独立出来,成为从句;为保证论述的气韵,也增加或削减了一些连词;有的地方,直接意译。例如,本书的书名,*Overcoming Law*,一般应译作征服或压倒法律,但这在中文语境中太容易令人误解,特别是在依法治国的大环境下;我选择了《超越法律》这个略为中性的译名。这种对译作读者的迁就,在一定程度上就是对原作者的背叛;但波斯纳倡导的后果论,以及何为精确翻译的分析讨论(见第二十三章第三节)可以为我洗涮罪名。第十七章的标题,本当译作"沉溺于色情"或"与色情纠缠不清";但这不能反映作者对激进女权者的夸张反色情姿态的嘲讽,也很难反映波斯纳的凝练语言和黑色幽默(该短语在美国学界几乎成了对激进女权的一个近乎经典意味的概括)。借助李清照的句子,我将之译为"剪不断理还乱的色情",不仅意思到了,也有某种黑色幽默。

　　这种努力,目的在于总体上的更好传达,但不无可能,歪曲了作者,误导了读者;究竟效果如何,心中忐忑。如有错,希望读者和方家指正,待有

---

[8] *The Problems of Jurisprudence*,同前注 1,Preface, xiii.

机会重印或重版此书时,予以改正。

　　这种努力其实是更高的追求。严格按字面翻译,表面看很负责,其实是对原作者和读者不负责任;因为出了问题,或读者看不懂,译者很容易推卸责任。这和法律中的法条主义是一脉相承的。严格的法条主义,其实也有可能是(尽管不完全是)法官或执法者不负责任、推卸责任的表现,而不只是严格依法办事。有追求的翻译,就如同有责任心的法官,势必有所斟酌、有所取舍、有所裁量。

　　因此,本节一开始说的,中国法学界的通行看法,认为翻译只要懂外文、不需要学术的看法,是必须修改的。至少学术著作的翻译是相当需要学识和创造力的,并非懂得英文、懂得专业就能翻译了。仅仅认得汉字,仍可能读不懂一本化学书。要读懂并翻译一本外国高水平学术著作,译者至少必须能理解作者。如果学术差距太大,翻译很难,翻译好则不可能。

　　这话其实不该译者说,有自吹自擂的嫌疑,特别是因如今波斯纳的名声。但有许多话是必须说的,而且必须行内人说。不能仅仅因避嫌,就不说了。那也可能是另一种沽名钓誉;起码也是没有以学术为业的勇气。再说了,就算被人当做自吹自擂,在今天这个广告挤破眼眶的世界中,恐怕也不是个人品问题吧。常人说得好:干哪行,你就得吆喝哪行!

2001 年 5 月 6 日初稿,
9 月 29 日修改于北大法学楼

序 言

"法律理论"是关于法律的(或与之紧密关联的)系统思考,非法律人也可以并且确实对法律理论有重要贡献,法律人却危险地忽略了这些贡献。我对法律理论的理解是宽泛的,其中很多问题都可能被认为不属于法律理论,而属于政治理论或社会理论。这种宽泛理解恰恰反映了当代法学的特点,即它关心的问题已拓展了。我们就生活在这样一个时代,诸如科斯和贝克尔(Gary Becker)这样的经济学家,诸如罗尔斯和罗蒂这样的哲学家,以及诸如费希(Stanley Fish)这样的文学批评家,都实实在在地出现在法学著述中了。因此,本书读者会发现,除了有关法官、法律职业、法学著述、美国宪法以及规制就业合同的各章外,很多章处理的是性态、社会构建论、女权、修辞学、制度经济学、政治理论以及文学中描写的法律。甚至远离常规的法律理论领域,我突袭了诸如贝多芬的祖先、中世纪冰岛的血族复仇、古希腊儿童养育以及聋哑儿童教育这类题目,这都是我作为法官和法律学者从职业兴趣中发展起来的。

本书既是一本法律理论的书,也是一本关于法律理论的书;这两个虚词分别指出了本书的建构的一面和批判的一面。导论、第一编和第六编的各章主要是建构的。这些章节考察了法官的行为、法律职业结构对法律思想的影响、法律与文学的相互关系、法律辩护推理的经济学和哲学特征、私隐保护以及社会对同性恋行为的反应等题目,这例证了我认为应如何研究法律理论。其间各编主要是批判的。我考察了从意识形态和方法论的所有范围内抽取的代表人物,科斯、罗蒂以及罗尔斯,但还有威廉姆斯(Pattricia Williams)、斯蒂芬(James Fitzjames Stephen)、鲍克(Robert H. Bork)、伊利(John Hart Ely)、霍维茨(Morton Horwitz)、麦金农(Catharine MacKinnon)、伯恩斯(Walter Berns)、米诺(Martha Minow)以及其他人。这例证的是我认为法律理论,包括某些实用主义法律理论,不应当如何做。法学缺乏批评传统,因此我不想辩解,为什么会花这么多精力来批评其他理论家;读过本书手稿的一些读者告诉我(而且我也相信),这些批评章节最为生动。挑别人著述中的刺,比起自己建构个什么,还得经住时间的考验,前者更容易。但光批评也没有持久的力量;而且,如果批评者没有什么可以取代,那么即便摧毁性的批评也摧毁不了什么。我没打算什么完整的重建;但即便在诸如宪法性法律这些非"建构性"章节中,我的批评仍然有建构的一面:它们指出通向替代进路的途径。

我声称的这种既有批判又有建构的进路,也不像读者预期的那样全是经济学的。我不相信经济学家握有回答法律理论问题的所有钥匙。我认为经济学只是三柄钥匙之一。其他两柄是实用主义,但不像后现代主义那么过分;还有就是自由主义,特别是古典传统的自由主义,密尔一直是该传统最杰出的发言人。这样理解的实用主义,与自由主义和经济学会相当贴切,它们联手构成一道强烈的光束,可以照亮法律中的理论问题。喜欢事实、尊重社会科学、广泛的好奇心、特别务实、相信个人主义以及视角开放,这就是特定类型的实用主义、特定类型的经济学以及特定类型的自由主义相互关联的全部特点。而我的论点是,这一切可以令法律理论成为理解改进法律和一般社会制度的有效工具;成为证明现存法律思想不足并提出更好替代的工具。

本书大部分章节最初都是论文或书评,但有五章(第十八章以及第六编的四章)和导论是在此首次发表。导论是到目前为止我对自己总体理论态度的最完整阐述;这六篇新作占了本书1/4以上。此外,杂志首发的其他各章也都因本书出版有所修改,其中有许多全面修改。不仅增加了很多新材料,许多结构段落也做了调整,修改了文字,删除了一些过时材料,还有几章整合了分别发表的论文。但本书不是杂烩,也不是百科全书。它是

序　言

为人们依次阅读准备的。

我得到了很多人的帮助。就出色的研究协助而言，我感谢埃勒（Benjamin Aller）、菲伊（John Fee）、科尔曼（Wesley Kelman）、林德（Harry Lind）、麦迪斯（Richard Madris）、里查兹（Jeffrey Richards）、斯坦达尔（Susan Steinthal）、赖特（John Wright）以及伊巴伯（Douglas Y'Barbo）。我感谢艾伯特（andrew Abbott）、豪利兑（Terence Halliday）以及勒温（Donald Levine）富有启发的职业社会学讨论，有助于我提出第一章的主题。我感谢贝克尔（Gary Becker）、德姆塞茨（Harold Demsetz）、易斯特布鲁克（Frank Easterbrook）、弗里德曼（David Friedman）、杰丁根（Donald Gjerdingen）、汉斯曼（Henry Hansmann）、亨德森（Lynne Henderson）、S. 霍姆斯（Stephen Holmes）、克勒曼（Daniel Klerman）、兰德斯（William Landes）、莱希格（Lawrence Lessig）、米勒（Geoffrey Miller）、努斯鲍姆（Martha Nussbaum）、雷斯缪森（Eric Rasmusen）、赛克斯（Eva Saks）、希拉格（Pierre Schlag）、斯塔克（Jeffrey Stake）和桑斯坦（Cass Sunstein），感谢他们对当初以论文或书评形式发表的本书某章或更多章节所作的重要评论。努斯鲍姆和桑斯坦，还有埃隆森（Michael Aronson）、杜克斯伯里（Neil Duxbury）、埃斯克利奇（William Eskridge）、格兰登（Marry Ann Glendon）、格雷（Thomas Grey）、利文森（Sanford Levinson）、米歇尔曼（Frank Michelman）、波斯纳（Charlene Posner）和波斯纳（Eric Posner）阅读了全部书稿，提出了许多有益建议。弗里德曼以及坎波斯（Paul Campos）、卡斯伯（Gerhard Casper）、科恩（David Cohen）、康奈尔（Drucilla Cornell）、戴维森（Donald Davidson）、杜伯（Markus Dubber）、德沃金（Ronald Dworkin）、埃森纳希（Eldon Eisenach）、法伯（Daniel Farber）、小盖茨（Henry Louis Gates Jr.）、克希勒（Julius Kirschner）、拉尔森（Jane Larson）、麦克劳斯基（Donald McCloskey）、梅尔泽（Bernard Meltzer）、奈格尔（Thomas Nagel）、罗蒂、辛普森（Brian Simpson）和斯特劳斯（David Strauss）阅读了部分手稿并提出了一些有益建议。

第一章最早是 1993 年印第安纳大学法学院的哈里斯讲稿和芝加哥—肯特法学院教员工作室的讲稿。第二章有部分起初是斯坦福法学院公民与法律教育专题研究会的稿件,其他部分则是在美国法学院联合会年会上的发言。第三章最初发表在乔治·梅森大学法学院的讨论会,美国法律经济学协会的年会,也是哈佛大学的一次政治经济学讲演。第五章当初是芝加哥大学法学院庆祝权利法案200周年研讨会讲演。第十三章起初是向卡多佐法学院黑格尔与法律研讨会提交的论文,第十九章是向南加州大学法学院法律与社会中的实用主义专题讨论会提交的论文,第二十一章是提交萨兰德斯大学新制度经济学研讨会的论文,第二十六章是为布朗大学法律与自然研讨会准备的论文。最后,有几章曾经纽约大学法学院德沃金和奈格尔组织的法律、哲学和政治理论报告会的强烈批判性审查。我感谢这些会议的参加者提出的许多有益评论。

导 论

实用主义,经济学,自由主义

关于法律,有人讲了这样一个故事(讲故事的主要是批判法学的信奉者,但不限于他们):19世纪后期英美两国的法律思考都很形式主义,即把法律看成数学,只考查一些概念之间的关系,不考查概念与实体的关系。不用测定直角三角形物体,几何学者就可以确定直角三角形三条边的关系,弦平方等于钩平方加股平方。法律形式主义者认为,法律与此完全相同。有人发出了要约,称:谁归还失物,就可以获得奖赏;归还失物者不知道这一要约,事后却主张自己有权获得奖赏。对于这样一个合同案,法律形式主义者认为,争点并不是强制执行这一获赏权(entitlement)是否以可接受的成本推进了某个社会目的,争点是无意识接受要约在逻辑上与可强制执行的法定合同概念是否一致。这个故事又说,现实主义法学,法律学术思想界的第一个反形式主义流派,在1920和1930年代推翻了这种僵化的关注法律概念的进路(这与工具性进路完全不同)。后来说是,这些法律形式主义者又杀回来了,与1950年代的"法律程序"法学相伴,而此后十年间并持续至今,又一直与"法律经济学"——即在法律中运用经济学——相伴。在我复述的这个故事看来,法律经济学用经济学概念主义取代了法律概念主义,以是否符合经济学理论来评价法律结果,但法律经济学仍然严重脱离现实。要应对这种概念主义,解毒剂就是实用主义,这种理论(或反理论)戳穿了概念主义修建有直通真理的专线这类不实之词;又与其孪生姊妹后现代主义一起,共同支持了(这就例证了,所谓反基础,也还要有基础)女权法学、批判法学和批判种族理论对法律展开了激烈的批判。

我喜爱这一故事的开头,但我认为它夸大了19世纪后期的法律形式主义。而当它谈及现实主义法学这一吹得过分的学派时,就不靠谱了。实际情况是,自从苏格拉底以来,一直有些很有影响的思想家怀疑,法律推理能否提供某些有理由称其为"真理"的东西。美国的领军人物是霍姆斯。在霍姆斯的文章中,或在卡多佐的著作中,你几乎可以见到现实主义法学家说过的一切有价值的东西,而他们的说法比任何一位现实主义法学家说得都更考究、更透彻。[1] 现实主义法学有所增加并作为遗产传给批判法学运动的,绝大部分只是对霍姆斯和卡多佐思想的粗率拓展。能归功于现实主义法学的是《你们麻烦大了,法律人!》这部有史以来一所重要法学院的教授撰写的最糟的书。在该书中,耶鲁法学院的罗德尔(Fred Rodell)提出,从事法律应定为犯罪,并以技术专家委员会替代法院,由委员会做最终决定,包括一个"死刑委员会,对我们今天称之为谋杀罪和杀人罪适用该委员会的法律"。[2]

一些"批派人士"担心法律经济学实践者会同他们争夺现实主义法学的衣钵。其实这种担心没有必要。我们这些法律经济学人不想被视为罗德尔,或——就此而言——道格拉斯(William Douglas)、弗兰克或卢埃林的智识传人。法律经济学运动与现实主义法学没什么关系,或许只有一点,即两位法律经济学的开拓者,特纳(Donald Turner)和卡拉布雷西(Guido Calabresi)都毕业于耶鲁法学院,该校的现实主义法学也许影响过他们,

---

〔1〕 霍姆斯最重要的著作是"The Path of the Law," 10 *Harvard Law Review* 457 (1897),重印于(当然也重印于其他书)*The Essential Holmes: Selections from the Letters, Speeches, Judicial Opinions, and Other Writings of Oliver Wendell Holmes, Jr.* 160 (Richard A. Posner ed. 1992)。卡多佐最著名的著作是, *The Nature of the Judicial Process* (1921)。霍姆斯的《法律的道路》是本书一再引用的少数著作之一,因此,为节省版面,我只在本注中完整引证一些频繁引用的文字。除《法律的道路》外,其他著作有:霍姆斯的, *The Common Law* (1881);我自己的一些著作, *Law and Literature: A Misunderstood Relation* (1988), *The Problems of Jurisprudence* (1990), *Economic Analysis of Law* (4th ed. 1992),以及 *Sex and Reason* (1992);此外,还有下列法院决定,Lochner v. New York, 198 U. S. 45 (1905); Brown v. Board of Education, 347 U. S. 483 (1954); Griswold v. Connecticut, 381 U. S. 479 (1965); Roe v. Wade, 410 U. S. 113 (1973); Bowers v. Hardwick, 478 U. S. 186 (1986)。为尽量减少脚注——这是法律写作的灾星,只要是频繁引用某书或某文时,我就将页码置于正文中。

〔2〕 Rodell, *Woe Unto You, Lawyers!* 176, 182 (1939)。该书 1957 年再版,有一篇"新版前言",罗德尔声明他至今仍坚持该书第一版中的每一个字。

导论　实用主义,经济学,自由主义

令他们从其他学科的视角考查了法律。[3] 现实主义法学家黑尔(Robert Hale)曾预见过法律经济学的某些发现(发明?),但绝大多数现代法律经济学人都是直到最近才知道他的著作。影响是很难衡量的,因此也很难背信弃义地予以否认;但 1959 至 1962 年间我在哈佛法学院学习,作为一个学生,我可以证明,现实主义法学对哈佛看起来没有影响。法学院毕业之后对我学术和司法思想影响最大的法律思想家和经济学思想家——霍姆斯、科斯、斯蒂格勒、贝克尔、迪莱克特(Director)以及其他人,没有谁完全或部分是现实主义法学的产物。

法律经济学不承认自己继承了现实主义法学,它也拒绝另一极端:即用新的形式主义来装扮神化法律经济学。法学世界并不只有法律形式主义和现实主义法学这两家。一个人可能怀疑法律人的传统说法:法律学科自给自足、其研究工具无可辩驳;但他最终仍不认为,法律仅仅是政治,法律规则和教义都不过是迷惑人的烟幕,应扫除律师,并用大众司法取代法律的司法。法律成立与否取决于它与数学的近似程度,这是兰德尔形式主义者与许多批派人士都分享的谬论。而中间道路是实用主义。

实用主义进路

在第十九章,我会讨论在法学著述中实用主义与现实主义法学以及与其他运动的关系。此刻重要的是要让读者理解我说的实用主义是什么意思,那与每个人说的实用主义意思是不同的。对实用主义并没有只能如此的理解。我首先用它指一种处理问题的进路,注重实践的和工具性的,而不是本质主义的;它感兴趣的是什么起作用,什么有用,而不在意这"实在(really)"是什么。因此,它是向前看的,它也珍视与昔日的连续性,但仅限于这有助于我们应对当下和未来的问题。"我们是依据眼下能干什么的感

---

[3] 有人构想了另一种联系,请看,"The Fire of Truth: A Remembrance of Law and Economics at Chicago, 1932-1970" (Edmund W. Kitch ed.), 26 *Journal of Law and Economics* 163, 166-167 (1983)(基奇教授作了介绍性评论)。对现实主义法学和现代法律经济学的关系,最全面的研究是,Neil Duxbury, "Law and Economics in America" (unpublished paper, University of Manchester Faculty of Law, n.d.)。他的结论与我的结论一致。

觉来创造往昔的"。[4] 这种实用主义者记得桑塔亚纳(Santayana)的断言：忘记昔日的人注定重复历史；但也记得艾略特(T. S. Eliot)《无力的挽救》中的告诫："不是要划得漂亮，/而是要向前划，水手们"，记得 E. 庞德(Ezra Pound)的口号"创新！"，记得塔列朗(Talleyrand)对波旁王朝君主的嘲讽：他们什么也没学到，什么也没遗忘。* 实用主义者不害怕声称：忘掉些什么是件好事。遗忘会让我们少些迟到感，因为迟到感会让人做不成事。[5] 一定不要混淆了保守的实用主义者和反动的怀旧者。

在法律上，实用主义把依照先例裁判(即"遵循先例"的教义)作为一项政策，而不是作为一项义务。但一个在先的问题是，法律上是否应当运用实用主义，即是否应当用它作为法律决策的指南。费希(Stanley Fish)会说，不应当；他会说，实用主义只是理论话语的部分，而不是实践话语的部分，包括法律实务和司法实践。[6] 我后面再讨论这个问题。

这种实用主义的态度是能动主义的，即渐进的、"能做事的"，它既拒绝保守主义的"现存的一切已是最好"的观点，也反对命定论的"一切后果均非意图的产物"的观点。这种实用主义相信进步，却又不自称能界定何为进步；它相信深思熟虑的人类活动会影响进步。这些信念都与实用主义的工具特点相联系。实用主义是一种强调行动和改进的哲学，但这不是说这种实用主义的法官必然是能动主义的。真可以称之为司法能动主义的是这样的观点，即认为法院的权能和责任与政府其他机构的权能和责任是相对的。一个实用主义者会有一些很好的实用主义理由认为法院应当保持低调。

除强调可行、向前看和后果外，实用主义者，或至少是我说的这种实用主义者(因为我们会看到一种反经验、反科学版的实用主义)，重视经验。这种实用主义对"事实"感兴趣，因此很想了解不同的活动进程如何运行、

---

[4] John Casey, "The Comprehensive Ideal," in *The Modern Movement: A TLS Companion* 93, 95 (John Gross ed. 1993)，该文描述了艾略特反历史的传统观。

* 塔列朗(Charles Maurice de Talleyrand-Périgord, 1754-1838)，法国大革命时期的改革家和外交家。——译者注

[5] Friedrich Nietzsche, "On the Uses and Disadvantage of History for Life," in Nietzsche, *Untimely Meditations* 57, 120-122 (R. J. Hollingdale trans. 1983).

[6] Fish, "Almost Pragmatism: Richard Posner's Jurisprudence," 57 *University of Chicago Law Review* 1447 (1990).

特征如何以及有什么可能的结果。同时,它又怀疑这样的断言:我们可以获得充分的确信,在任何事情上已到达终极真理。我们的大多数确信都不过是我们偶然归属的那个社区的流行信仰,也许只未加批判地反映了我们的家教、教育、职业训练或社会环境。甚至我们大多数坚信不疑的"真理"也并不是可证明、追问、讨论和调查的,而是与我们的参照系交织在一起的,如果怀疑它们,就会动摇我们深刻信仰的根基令我们无法自拔、不知所措。任何证据都不比该证据的前提更强有力,在环环相扣的前提的最底层是一些无法动摇的直觉,是我们的不容置疑,是霍姆斯说的"只能如此(can't helps)"。我们有一定年岁,我们都有身体,没有18世纪出生的人今天还活着,没见某个东西并不意味它不存在,我之外的其他人有清醒的精神状态,以及地球先于我们存在等,所有这些信仰都有这个特点。如果我们怀疑其中任何一个,想一想,迫不得已,我们就会怀疑其他什么。

这些事情就是"常识",通常的说法就是我说的参照系。实用主义既赞成常识,也反对常识。实用主义者知道,某些命题在一个参照系中是常识,但这个参照系是可能改变的,有时变得还很快,例如近几十年来有关女性的偏好和能力的看法。但是,如果是明白人,他也会知道,有些东西无法证明,并不意味它们就没有了。许多保守主义者忽略了前一点,许多社会构建论者则忽略了后一点(参见第二十六章)。

在一个文化中为人们普遍分享的信仰,也即常识的指示,不会是一个复杂多质诸如美国社会中某个个体参照系的全部内容。美国人不分享一个统管一切的参照系,并可以用这个总参照系来解决个体参照系不重合的个人间的争端。每个人都有父亲,父亲的父亲也是人,耶稣除外;这种断言属于某个参照系,基督教的。对此断言的否认则属于另一参照系,科学的。两者都存在于我们社会。从此参照系皈依另一参照系,也常见,但引发皈依的不是证明,不是演绎,不是归纳,也不是其他逻辑或科学的方法。逻辑和证明规则都是某个参照系的要素,却不是推翻某参照系并赞同另一参照系的手段。

尽管持怀疑的和相对的立场,实用主义者却拒绝接受作为教条、作为"哲学"立场的不可知论和相对主义。相信世界独立于我们而存在(不可知论质疑这种信仰),相信有些命题比其他命题更有道理(相对主义会质疑这种信仰,认为这是自相矛盾),这些信念是本书所有读者分享的参照系的一部分。你只可能假装怀疑它们。然而,尽管可能真的怀疑——即愿意依据这种怀疑来行动,在智识上我们却又能接受这种可能性,即这些信仰某一天,也可能为一些同样不可动摇的基本信仰所取代,因此,它们只是暂时的。

由于怀疑能否得知我们已到达终极真理(或复数的真理),因此实用主义者是反教条的。它想保持辩论的持续,探求的开放。它承认进步不只来自在即定参照系中耐心积攒知识,还来自参照系的转换,即用另一视角和世界观取代原有视角和世界观,这种转变会开辟通向知识和洞见的新路径。实用主义者珍视自由探求,珍视探索者的多样性,珍视实验。他不把科学家视为宇宙终极真理(专家一旦发现终极真理,就应强迫我们其他人接受)的发现者,而是视为错误的揭露者,科学家通过提出可证伪的假说,用数据予以验证,以此来缩小人类的不确定领域。从这一立场上看,科学的最突出特点是,它集中体现了一种罕有且珍贵的人类品质:不怕出错的勇气。实用主义者不认为科学家有什么优于他人的品质,只是认为科学的一些制度特点使科学有很高的概率通过检测来清除错误。

反对形而上学,反对教条,实用主义者因此把科学理论视为工具,有助于人类解说、预测以及通过解说、预测和技术来理解和控制我们的物理环境和社会环境。他不理睬那些非常漂亮但没有力量的理论。受实验科学家的影响,只要有了分歧,实用主义者都敦促我们效仿实验科学家来提问:这一分歧对于我们有什么实践的、容易察知的、可以观察到的影响?比方说,当法律人辩论某种司法行动理论与"民主合法性"是否一致时,究竟涉及什么利益?说到底,我们又是如何辨认"民主"的?有人认为法官是从美国宪法文本中找到了时下流行的宪法性法律的教义,而不是把流行的教义装进了美国宪法,这究竟有什么差别?本书考查的所有这些问题与传统的法学思想家提出的问题都不同。这些问题表明,在通常理解的科学领地之外,也可以展开科学的思考。

实用主义强调与自然相比社会是第一位的。当红衣主教贝拉尔敏(Bellarmine)拒绝用伽利略的望远镜观察木星的卫星时(卫星的存在看来否证了正统观点,即行星都固定在水晶般天空的表层),他并非不理性。他仅仅是拒绝科学的游戏——科学游戏要求理论符合观察,符合"事实",而不是相反。但是,贝拉尔敏的游戏是信仰。这在我们社会中也是一种常见的游戏,形式多种多样,例如,宇宙论的游戏就是占星术。今天的另一种信仰游戏是"政治正确"。如果你向这种游戏的玩家提交一份科研报告,说报告表明,不同种族或性别的人有不同的数学研究潜能,他们就会拒绝阅读这份报告。这种游戏拒绝有关种族和性别差异的经验调查,就如同当年贝拉尔敏拒绝有关行星运动的经验调查一样。(本书第十六和十八章还会遭遇这种政治正确的游戏。)在意蒂牢结分界线的另一边,也有类似的一个游戏:西方文化唯一的游戏,如果你向游戏玩家展示一本尼日利亚人或牙买加人撰写的出色长篇小说,他会拒绝阅读。

我在本书频繁使用了游戏这个隐喻。我使用的不是常规法学常用的意义,即游戏中裁判的角色可以同法官的角色比较或对照;也不是以社会互动为模型的博弈论意义上的"游戏"。我是在维特根斯坦谈论"语言游戏"的意义上使用这一词,即人类活动由一套规则构成。在这一意义上,有一种司法游戏。本书的一个主要目的就是要推动司法游戏更接近科学游戏。这种追求有可能,因为司法游戏规则流变的,不像——比方说——象棋规则那么确定。但即便棋规也并非不可改变的。游戏隐喻引出的一个要点是,与形而上学的基础不同,规则可以由人改变,尽管改起来不总是那么容易。

拒绝科学游戏的社会会遭受各种后果,包括极度贫困、疾病,以及为其他社会统治或被摧毁等重大风险。对于实用主义者这些后果很重要,一个社会如果不理会这些后果,其人民就会遭受巨大痛苦,但一个社会这样做并不必然是它在"何为'真(real)'"的问题上出错了。如果一个社会以为通过祈祷、信仰或"气功"之类的就可以避免我提及的那些后果,这是犯错。这是一个混淆科学游戏和宗教游戏的例子。但如果这个社会已准备为放弃科学支付代价,实用主义者就会认为科学家没有什么根据批评它。

由于重视可行和有用,实用主义哲学家也削弱了其自身行动,其自身的哲学思考。当了解到哲学的价值与其效用成反比,而一场适度的哲学研究生资格考也只是一些笑话,他会很不自在。[7] 他对哲学还有没有实用价值的怀疑,甚至殃及到分析哲学,尽管分析哲学的许多英雄——如休谟、维

---

[7] Ronald de Sousa, *The Rationality of Emotion* 292 n., 297 (1987). 参看, Norman Malcolm, *Ludwig Wittgenstein: A Memoir* 29 (1959)。

特根斯坦、奎因和戴维森——又都是实用主义的英雄。一定要区分两种分析方法的使用,一种是休谟和奎因推翻诸如自由意志[8]这类形而上实体的分析方法使用,另一种是想建构理论指导行动的分析方法使用。与这种区分对应的则是两种法律推理,一是用来揭示对方立场的弱点,一是用来建构自己的立场。事实上,在方法上,分析哲学和法律推理的主要方面是一致的,都主张细致区分和界定,要通过建构并考查假想的个案来确定其逻辑是否一致,要让深藏的假定浮出水面,把一个麻烦分解成一些容易驾驭的小问题,精细发掘对手论点中的寓意等。实用主义者认为,分析哲学家和法律推理者都夸大了逻辑的领地,太容易把分歧等同于错误[9],因此过早就打发了对立的观点,与此相联系,还对支持对立观点的经验证据兴趣不足。实用主义特别疑惑,能否用分析哲学方法及其孪生姊妹法律推理来确立道德责任或法定权利。

然而,实用主义并非逻辑实证主义,尽管两者有亲缘关系。逻辑实证主义认为所有命题可以分为三类:套套命题(tautological proposition)、可验证命题和无意义命题。实用主义者认为这种认识论太简单了,因为它没给那些无法验证但还是不得不信的非套套命题留下空间,比方说,没有谁一顿饭能吃下一只成年河马。但实用主义者与逻辑实证主义者也相同,都怀疑那种无法以观察验证的命题,这包括从常识定理到形而上学的和神学的断言。

还有一点是,实用主义不是哲学的唯心主义。与唯心主义者类似,实用主义者也怀疑对于实在是否可能有不带解释的知识。但他又不认为精神才是唯一的实在。他只是怀疑在我们的心智与宇宙结构之间真有那么精巧的对应,乃至我们能完整且结论性地描述事物的本来面目。这就是他为什么会把各种理论,包括科学理论,都视为工具,而不是视为现实的愿景。"该证人没说真话(truth)","某些科学理论已被证明错了","科学家追求真理",这种怀疑论对这类陈述不感到困惑。若为这类陈述困惑,那就是理解语言不当。这些陈述都并非必然真的确定主张。第一个陈述是说,事件报道有正确、不正确之别;第二个陈述是说,有些科学理论被拒了,因

---

[8] *The Problem of Jurisprudence* 171-174;并请看本书第19章。
[9] 一个不错的讨论,请看,Dale Jacquette, "Contradiction," 25 *Philosophy and Rhetoric* 365 (1992)。

为这些理论预测结果错了;第三个陈述是说,科学家决意遵循那种能发现错误的做法。实用主义者也许比科学实在论者更警醒,因为后者信奉真理的对应论,而前者信奉下列可能性,即错误的理论或许实际上也有助于科学,因为它会激发有前景的探索思路;或是隐喻(如果理解不错的话,这是没有真理价值的[请看本书第二十四章])也可能产生知识,因为它会改变研究者的参照系;修辞甚或"激烈"言词都可能有认知上的收益,因为它令人震惊,从而挣脱他们习惯和有限的视角——而所有视角,在实用主义者看来,都是偏颇的。

虽然错误、动情言词以及实在的错误(它们也许是想象的或情绪性的"真理")也有社会效用,这却不是否认可以,且通常也必须区分真理和错误。这并非认可那些马虎草率或有倾向性的学术文献,对任何主张和断言都持一种"怎么都行"的态度,不认可与此紧密相连的一种观点:科学和数学与其他也没什么两样,"都只是些花言巧语"。实用主义者认为合乎逻辑和清晰的思维很重要,在这一点上他不买爱默森和惠特曼的账。他敬重分析哲学的批评战果,运用分析哲学的工具。他相信要体系化,即便他不相信道德或形而上玄想的雄心勃勃的"体系"。实用主义不是,至少不必定是,后现代主义,尽管两者是有亲缘关系。而我也已指出,实用主义并非认识论上的或道德上的不可知论,也不是科学的或道德的相对主义。

实用主义的真正对头是这样一种唯理主义,公道地说,柏拉图式的;这种唯理主义声称,要用纯粹分析手段就形而上的和伦理的争议主张推导出真理。[10] 在法律中这种唯理主义风格很常见;法律形式主义就是唯理主义的。

法律中的实用主义进路

由于"实用主义"没有精确含义,人们就不总是确定有关实用主义的争论到底有什么利害关系。实用主义的朋友经常这样界定它,似乎实用主义就等同于懂事在理(sensible),而它的敌人则把它当做非理性和自相矛盾的

---

[10] 一个例证,请看,Brand Blanshard, "'Good,' 'Right,' 'Ought,' 'Bad,'" in *Readings in Ethical Theory* 222, 233 (Wilfrid Sellars and John Hospers ed. 2d ed. 1970)。

同义词。[11] 但这里还是有些什么很重要。你在看德沃金著作时,脑海中就不会跳出我用来概括实用主义特点的那些形容词,实践的、工具性的、向前看的、能动的、经验的、怀疑的、反教义的、重视实验的,等等。这不是说德沃金的书不好,只是他书的优点都不在我精选的优点名单之列。他说法律是解释性的,把法官的工作比作连锁长篇中某章作者的写作,新的决定必须与先前各章节契合,他虔诚地谈论生动的往昔,否认法官应根据变化了的政策观点来调整权利,他反感视法律为政策科学,对事实、社会科学或自然科学都没有多少兴趣,甚至坚持法官有道德责任坚信先前的法官,认为遵循先例作为郑重承诺是司法的本质要素之一。[12] 一位实用主义者不可能以这种眼光来理解司法职能。他一定会感到奇怪,说法官有责任确保自己的决定与前任法官的决定相互"契合",这等于说现代科学家有责任确保自己的工作与阿基米德和亚里士多德的工作相契合。法官通常应遵循先例,也应坚持他们的法律传统的内在价值;这既有认识论特点上的也有政治特点上的务实理由,但都不涉及什么责任问题;并且,如果为了眼下和未来有一些很好的理由要断开历史,法官就不应犹豫,这就好比成熟的科学不会为遗忘其奠基者而迟疑一样。在实用主义这个词的某种也很有道理的意义上,罗蒂可以把德沃金划分为实用主义(参见本章注11),但在一种更有用的意义上,也可以说德沃金主张法律理论中要拒绝实用主义。这就是 C. 韦斯特(Cornel West)在描述实用主义"公分母"时牢牢把握的那种意义,"一种以思想为武器、使行动更有成效并以未来导向的工具主义"。[13] 德沃金派却不是这样理解法律的。

但是,也许我混淆了不同意义的实用主义与不同层次的实用主义?一位实用主义哲学家也许会认为,法官应当是形式主义者,而不是实用主义

---

[11] 比较一下罗蒂和德沃金各自在该书中的文章,*Pragmatism in Law and Society*(Michael Brint and William Weaver eds. 1991)。罗蒂对实用主义作了广义界定,并称德沃金是实用主义者,请看,"The Banality of Pragmatism and the Poetry of Jusitice," 同前注,页89。(又请看,Steven D. Smith, "The Pursuit of Pragmatism," 100 *Yale Law Journal* 409, 410-424 [1990]。)德沃金对实用主义的界定很窄,认为实用主义"在哲学上只是狗的晚餐"。Dworkin, "Pragmatism, Right Answers, and True Banality," in *Pragmtism in Law and Society*, 同上,页359,360。

[12] Dworkin, *Law's Empire* (1986)。"在法庭上必须给昔日自身以某种特殊力量,这与实用主义'一定不给'的主张是对立的。"同上,页169。

[13] West, *The American Evasion of Philosophy: A Genealogy of Pragmatism* 5 (1989).

者;并且,这种观点也没什么内在的矛盾。与这种观点非常相似,一位功利主义法哲学家也许会认为,法官应当是康德主义者,而不是功利主义者;这同样也没什么内在的矛盾。也许就是有一些很务实的理由要求法官最好认定自己要受遵循先例的伦理约束,而不是以实用主义态度来自由决定在各个案件中是否遵循先例?[14] 这与要求官僚们通常应遵循规则、别总按他们认为具体境况下的最好方式来行动一样,与要求科学家通常应关注精确性、别太理会理论的社会后果一样,也都有一些很务实的理由。事实上,这些理由也都非常相似。然而,德沃金断然拒绝法律实用主义[15],但他却没有为这一拒绝提出务实的正当理由,没有提出正当理由表明他的法学(一种广义的康德主义法学,认为永远不能为了神圣政策而牺牲某些具体权利)是务实的建构。他的首要敌手,费希甚至比他还更进一步,费希论辩说,在实践层面上实用主义可能毫无用处,因为那是描述行动并将行动理论化的一种游戏,而不是实际行动的一种游戏。我不同意这一观点;但我又同意,和其他任何事物一样,实用主义必须准备用实用主义的根据为自身辩护,而在这篇导论后面,我会提到对实用主义的司法判决有一种实用主义的限制。

有人想把形式主义司法判决方式嵌入一个实用主义框架,或是嵌入任何其他哲学框架;对这种努力,拒绝是断然的。理由是,在我们的法律体制中,形式主义无法对难办的案件作出可行的回应。美国法的特点是层次很多(普通法的上面有立法,州法之上有联邦法,而州和联邦的成文法和普通法之上还有联邦宪法),美国各立法机关都缺乏约束,社会又错综复杂,此外,人民的道德观念也很不相同,所有这些因素汇在一起,就给各法院施加了一种创造性造法(lawmaking)的责任。而且,无论死抠文字适用现行规则,还是依据现有判例类推(这是处理新问题的标准司法技巧),都无法免除法官的这个责任。这一点我们都知道。即便鲍克这样坚定的形式主义者也没法从美国联邦最高法院——无论过去还是现在——中找到一位始终如一坚持形式主义司法技巧的模范法官(见本书第九章)。

即便如此,也并非非此即彼,不是法律实用主义就一定是法律形式主

---

[14] 例如,Frederick Schauer, *Playing by the Rules: A Philosophical Examination of Rule-Based Decision-Making in Law and in Life* 145-149 (1991).

[15] Dworkin,前注12,章5。

义;反对后者也不必定要接受前者。在宪法理论上,我的怀疑主义就与一位出色"批派"图希内特(Mark Tushnet)的怀疑主义有亲缘关系[16],因为我们都从怀疑主义视角观察了同一现象。但他并非一位实用主义的、有经济学头脑的、密尔式的自由派,而我则不是一位批派。德沃金也不自称形式主义者,尽管有其他人还摇晃着那面破旗前进着(请看本章注28)。但是,我们在本书第五章中会看到,即便可以想到的诸如德沃金那样反形而上学、反教条、反诡辩论甚至"实用主义的"(罗蒂的看法)法学,其修辞优点和实质弱点还是分享了形式主义的轨迹。

最伟大的法律实用主义者一直都是霍姆斯,他是爱默森的崇拜者(爱氏是他们全家的朋友),又受杜威的崇拜,他是 W. 詹姆斯的朋友,一度也还是皮尔士和格林(Nicholas St. John Green)的朋友,这些人全都是实用主义的奠基者。有人已经在其他地方详细讨论过霍姆斯的实用主义[17]。因此,我只想在此用他的一个实用主义例子,那是霍姆斯在纪念马歇尔担任美国首席大法官 100 周年时的一个简短演讲[18]。该文一开头就说:"沿着法院大街南行,穿过熙熙攘攘的、同我们一样专注着各自今天事务的人流,我们的目光可能会落在屹立于麻州大街尽头的那座深色小楼,像一座不祥的暗礁,它劈开奔向远方峭壁般高耸的灰色大厦的商业人流。"这座楼是马萨诸塞州的议会。霍姆斯解释说"当年,预告革命风暴即将来临的第一波涌浪,就在这块礁石旁碎裂、飞舞"。如今,在四周的更大更新建筑中,这座小楼显得很矮小。但没有关系;"在某种程度上,那些巨大的楼群已构成了这座小楼的背景,却没有湮灭它,而是强化了它,焕发了它的荣耀"。与此相同,"我们这个民族的生命起点,无论是战斗的起点,还是法律的起点,都没有因后来岁月里的一切辉煌而失去丝毫伟大,除此之外,如果仅从数量或程度来看,无论怎样,它们看来都应当说很渺小"。霍姆斯指出,对于像他那样参加过南北内战的人来说,美国革命中最伟大的战役规模也非常

---

〔16〕Tushnet, *Red, White, and Blue: A Critical Analysis of Constitutional Law* (1988),抨击了宪法理论。请将其,特别是其中第一编,与本书第二编比较一下。

〔17〕例如,Thomas C. Grey, "Holmes, Pragmatism, and Democracy," 71 *Oregon Law Review* 521 (1992); Grey, "Holmes and Legal Pragmatism," 41 *Stanford Law Review* 787 (1989); Patrick J. Kelley, "Was Holmes a Pragmatist? Reflections on a New Twist to an Old Argument," 14 *Southern Illinois University Law Journal* 427 (1990).

〔18〕Holmes, "John Marshall" (1901), in *The Essential Holmes*,前注1,页206-209。

小。"如果我要简单从抽象的数量和规模来思考马歇尔的话,是否要用'最'这样的字眼,我也许有所犹豫,这就如同,如果我脱离了布兰迪万河战役在历史因果联系中的地位来思考,我也许会迟疑,要不要用'最'这样的字眼。但这种思考的空洞与思想的抽象程度成正比。把一个人同其周围环境——事实上这就是他的环境——分割开来,是最无聊的。"

霍姆斯在这里似乎跑题了,但我们会看到,实际上没有,他评论说"激起我最强兴趣的,并不是人们认为伟大的争议和案件,而是一些琐细的……决定,然而这些决定中有更为开放的理论酵母。我真正想纪念的一些人都是一些改变人们思路的原创者",他们"常常不那么显要"。但霍姆斯并不因此就是"半心半意地……参加这一庆典……我确实完全相信,如果就用一个人来代表美国法律,那么,无论是怀疑者还是崇拜者,都会毫无争议地齐声赞同,只有一个人,这就是马歇尔……一个视觉形象究竟象征了什么,这取决于目睹者的心灵……除了纪念一位伟大的法官外,今天这个场合"对于不同的人有不同的意味。"对于一个爱国者,它代表了这样一个事实,即历史站在了马歇尔的一边……这一天标志了这样一个事实,即所有的思想都是社会的,都正成为行动……所有的东西都是象征(如果你喜欢的话),哪怕国旗也不例外。对一个缺乏诗意的人来说,国旗就是一块布。然而,幸亏马歇尔,幸亏他们那一代人……国旗的红色化为我们的血脉,国旗的星星化为我们的国家,国旗上的蓝色化为我们的天空。国旗覆盖了我们的国土。为了它,我们不惜献出生命。"

如果只是把这一讲演解释为勉强赞颂马歇尔,那就错过了很多。霍姆斯以一种很好的实用主义方式说的是,个人的成就是同环境相联系的,并且是根据其后果来评价的,以及(与此紧密相连)意义是社会的,而不是内在的。麻省的这所议院自身不算什么,与更为宏伟的现代建筑相比,它相形见绌,只是一座又小又旧的楼。但它从自身与当下生活的联系中获得了意义。美国革命的战役本身也算不上什么。它们的意义同样在于它们对于今天的重要性。马歇尔的运气好,他幸运地适合了他的历史环境,在一个有助于国家形成的机构中扮演了塑造这个国家的角色。他的运气甚至更好。因为,尽管他只是法律执行者,不是法律创造者(甚至美国宪法也是由其他人设计的,大部分美国法律也是由不甚显赫的造法者创造的),但只是马歇尔,而不是那些造法者,成了美国法律的象征。一个象征本身并不需要多伟大;一面旗帜也就是一方布而已。那些成为象征的物或人都只贮存了意义,是我们为了自己的目的把意义贮存其中。简而言之,"所有的思想都是社会的",其目的都是为了眼下或未来的行动。我们并不是我们历史、传统和先驱者的奴隶;相反,它们是我们的工具。

法律经济学分析

把实用主义用于法律,就如同我在《法理学问题》以及在本书一再努力的那样,结果是伤了法律职业界的虚荣心。法律职业的组成、对法官的理解、美国宪法解释、用来指导司法解释和司法决定的"法律"实体、左右翼法律理论家、争议激烈的司法决定的前提(如"平等""民主""立法原意"[original meaning]以及"司法谦抑"[judicial self-restraint]这样一些前提),乃至法理学本身,所有这些都严重受伤,也摧残了对经济学的某种特定理解。[19]但是"法律经济学"事业没有受损。没有受损不因为这是我的事业,而是因为法律经济学集中体现了实用主义科学研究伦理在法律中的运用。经济学并不简约主义,远不像诋毁者认为的——经济学是最典型的工具性科学。经济学的目的并不是把人类行为都简约为某种生物天性、某种理性本能,更不想证明,左右我们一切的是我们内心深处那个丑陋渺小的"经济人"。它要做的是,构建并验证某些人类行为的模型,目的是预测和(在恰当时)控制这些行为。经济学想象的个体并不是一个"经济人",而是一个实用主义者。他作决定的基础不是沉没成本(sunk cost),那已经过去了("不为洒了的牛奶哭泣"),而是其他仍然开放的行动进程可能耗费的成本和可能获取的收益。经济学想象的个体并不信奉任何狭隘自私的目标,比方说,货币财富最大化之类的。经济学中没有什么规定了某个个体的目标。但不论他有单一或众多的目标,其中也许有些甚或——就此而言——全部目标都是利他的,却都假定他是以向前看的方式追求目标的,即在必须选择时,会比较一下自己的所有机会。[20]

经济学对手段和目的问题都很现实,它的基本观点并非人类算计起来

---

[19] 本书第二十章,"Ronald Coase and Methodology"。

[20] Gary S. Becker, "Nobel Lecture: The Economic Way of Looking at Behavior," 101 *Journal of Political Economy* 395 (1993).

毫不费力且不犯错误。即使市场上绝大多数个体购买者(或者购买本身)是非理性的,这个市场还是会理性运作,因此人类行为的经济学模式适用于市场。[21] 因为,非理性的购买决定有可能是随机的,因此会相互抵消,剩下的平均市场行为就是由少数理性购买者(或购买本身)决定的。[22] 类似地,假定罪犯是理性最大化者,这样一个模型可能正确预测:即便绝大多数罪犯在认知和情绪上有严重缺陷,惩罚严厉性或监禁可能性的增加还是会降低犯罪率。[23] 这些罪犯都足够理性,能对激励因素之改变作出回应,虽然回应也许是温和的。因此,人类是(在某些理论模型中,则是所有生物都是)理性的,这个假定对构建易于用数学处理的经济行为模型很重要,即便这个假定不真,因为近似和有用,这些模型仍然成立。

在法律问题上,这种经济学进路与实用主义进路也许看上去不能兼容;理由是前者想用一种形式化理论(经济学理论及其全部规范性和实证

---

[21] Jack Hirshleifer, "The Expanding Domain of Economics," 75 *American Economic Reivew* 53, 59 n. 24 (Dec. 1985,周年特刊)。确实,理性选择模型有几个标准结果,比较显著的是市场需求曲线下降,但不限于此,都可以显示是与全体市场参与者非理性行为是一致的。Gary S. Becker, "Irrational Behavior and Economic Theory," 70 *Journal of Political Economy* 1 (1962), reprinted in Becker, *The Economic Approach to Human Behavior*, ch. 5 (1976)。又请看,Dhananjay K. Gode and Shyam Sunder, "Allocative Efficiency of Markets with Zero-Intelligence Traders," 101 *Journal of Political Economy* 119 (1993)。然而,我会在第二十一章中指出,这一点的意义很容易被误解。

[22] 假定有种商品是在竞争条件下出售,也就是说售价等于该商品对于边际购买者的边际购买价值。假定这里有两类买主,一位高估价值的买主,一位低估价值的买主。高估价值的买主视第一次购买该商品的价值为10美元,第二次为7美元,而低估价值的买主认为第一次购买该商品的价值为7美元,第二次为5美元。当商品总量为100单位时,两类买主各买一半(让我们假定每类买主都各有5人),生产该商品的边际成本——假定这与生产的数量无关——是5美元,因此竞争价是5美元。(因此,如果任何一类买主认为额外购买的单位商品的价值低于5美元,市场就不会提供额外的商品。)设想一下,由于商品边际成本增加,卖主将该商品价格提高到5.25美元。高估价值的买主不会受影响。而低估价值的理性买主就会减少一半购买,因5.25美元大于5美元,大于他们附于以先前价格购买的一半商品上的价值。然而,如果设想,5个低估价值的买主中只有一人是理性的。其他人对价格上涨完全没反应,只有他有反应,购买减少了一半,也就是从10个单位减到5个单位。结果是,市场需求的数量就下降了5%,从100单位降到95单位,以回应价格5%的上升——从5美元到5.25美元。价格上涨引起需求数量下降,这就实现了经济学的预测,尽管得出这一预测的假设之一,买主是理性的,并不那么真实。

[23] 例如,埃利希就发现,Isaac Ehrlich, "Participation in Illegitimate Activities: An Economic Analysis," in *Essays in the Economics of Crime and Punishment* 68 (Gary S. Becker and William M. Landes eds. 1974)。又请看,Daryl A. Hellman and Neil O. Alper, *Economics of Crime: Theory and Practice* (2d ed. 1990); William N. Trumbull, "Estimation of the Economic Model of Crime Using Aggregate and Individual Level Data," 56 *Southern Economic Journal* 423 (1989)。

性附件,如效率和财富最大化)来替代另一种形式化理论(西塞罗、柯克、布莱克斯东、兰德尔和弗兰克福特的法学),而经济学一直认为理论不足以充分把握法律实务的意味。要评价这一主张,要求区分用作法律形式主义标准的"自主性""非个人性"和"客观性"。"自主性"指的是法律自给自足,有两方面。一是法律自主于社会,即法律有其自身的内在逻辑;因此,当法律变化时,它只是在回应法律的内在要求,就像毛毛虫蜕变为蝴蝶那样,而不是在回应政治和经济压力。因此,常规法律史讲的法律故事总是,现代法律学说是如何从古代法律学说中演化来的,而不说,在每一历史阶段,法律学说如何为社会需要或社会强力群体的压力所形塑。[24] 二是法律思想独立于其他学科,例如经济学。如果这两种意义中的任何一种,或两种自主性同时,被认为是法律形式主义的本质成分,就不能认为法律经济学分析是形式主义的。然而,法律可以是一种"非个人性"的分析模式,在其结果会获得价值和偏好不同的人的一致同意的意义上。法律甚至可以是"客观的"。实用主义者不认为"客观"就是符合事物的本来面目;因为没人知道事物真的是怎么回事。客观只意味在信奉某些共同原则的群体中有能力获得其所有成员的一致同意。在下棋者当中,车走对角线客观上就错了,而在科学团体中,不相信某类数据客观上就是错了。[25]

有些人认为法学传统主义者的根本主张是法律的自主性,因为法律和法律推理的自主性对于法律职业在提供法律服务上抵抗来自非律师的竞争意义很是根本(请看本书第一章),我也持这种观点,因此我们这些人就没法理解为什么有人总是说法律经济学是"新兰德尔主义"。[26] 法律经济学几乎从定义上就否认法律自主性。如果这个说法强调的不是法律传统主义者渴望的那些要素:如法律的非个人性和客观性,法治而不是人治政府,想找到研究分析方法对再难的法律问题也能得出合乎情理即便并非无可辩驳之回答,想从花团锦簇的法律学说中发现一些有序的原则,这个说法会更有道理些。就这一层面而言,与法律形式主义对立的不是法律经济

---

〔24〕 Robert W. Gordon, "Introduction: J. Willard Hurst and the Common Law Tradition in American Legal Historiography," 10 *Law and Society Review* 9, 16-25 (1975).

〔25〕 参看,Sabina Lovibond, *Realism and Imagination in Ethics* (1983),特别是页41-45, 67-68;又请看,J. Huizinga, *Homo Ludens: A Study of the Play-Element in Culture* 11, 152-153 (1950).

〔26〕 请看前注3 杜克斯伯里(Duxbury)的引证,页3—4。

学,而是那种重度不可知论;这种不可知论不仅怀疑法律规则的好处,甚至怀疑到底有没有法律规则,这都是某些现实主义法学和批判法学的特征。

我几乎没法想象法律职业界和司法界会接受这种观点,只要美国宪法或成文法不明确反对,就应当以经济学来指导决定所有案件。事实上,法律界会接受经济学界特有的一些研究方法。但没法从经济学自身中得出结论,要用经济学作为法律的逻辑,这就好比无法从科学自身中得出法律应科学化的结论一样。而且,即便作出这样一个决定,得出的法律体系与兰德尔体系也不会有多少相似之处。兰德尔法律理论和经济学理论都是演绎的,但兰德尔止步于演绎,他把某案事实同从某先验概念——比方说,合同概念——中引申出来的某个规则进行比较。而经济学家决心从经验上验证理论,如果数据证伪了理论,就会抛弃这些理论。

如果仅因为科学理论结构是演绎的,就认为可以说科学(包括社会科学,因此也就包括经济学)是形式主义的,就认为实用主义反科学、反理论,把法律经济学同实用主义对法律形式主义的拒绝混在一起看起来就是语词矛盾;甚或应换一个谐音词——愚钝。[27] 今天,有些实用主义者确实敌视科学,说的更开一点,是敌视理论;在本书中我们就会遇到这样一些人。他们是爱默森和惠特曼的传人,以调侃始终如一而闻名。此外,有些科学解释的确令科学看上去很形式化。但如果还可以这么说的话,那就是实用主义"之中"并没有什么是敌视科学态度的。如果把科学看成是终极真理的提交者,并因此是世俗柏拉图主义或一神论的重述,实用主义者会跟你较劲;但这并非是对科学的唯一理解。另一种理解是,科学是已被证明的可以增加对人类有用且精确的知识总量的方法。

实用主义者希望法律更为经验,更为现实,更符合真实人们的真实需要。但是,如果由此得出结论说法律学者就应抛弃理论,那也错误。事实和理论并不对立;科学,包括好的社会科学,都是事实和理论的统一。法律学者既应抛弃糟糕的理论,也应抛弃糟糕的经验研究。现实主义法学家的经验研究就很失败,除了在法律学术界留下恶名外,就没交出什么经验性研究成果。这就例证了,脱离理论的经验研究不会有什么结果。(在本书

---

[27] Smith,前注 11,页 425—429。"尽管公开宣称实用主义,但看起来波斯纳法官没有实用主义气质;特别是他的经济学分析表明他非常想把散乱的法律材料简约为一个融贯的体系。"同上,页 438 注 144。

第二十一章,我们还会遇到理论与经验分离的另一例子,这就是"旧"制度经济学。)现代经济学可以为法律迫切需要的经验研究提供不可或缺的理论框架。

科学会启发人,在这一意义上,科学就并非形式主义的;而如果这一点成立,那么也许传统的法律推理也就同样不形式主义。也许"法律形式主义"只是一个人为的靶子。法律作者确实习惯在法律中到处滥用"形式主义"这个词(就像"能动主义"或"结果导向"这些词一样),夸大了主流法律思想的形式主义程度。其实,没有哪个现代形式主义者认为法律推理,哪怕是"最严格的"法律推理,具有几何学那样的公理演绎结构。然而,绝大多数律师、法官和法学教授也还认为,绝大多数法律问题,哪怕非常困难、太多争议的问题,都可以依据权威文本——无论是立法性决定(包括宪法)还是司法决定——通过推理得出明显正确的答案(而且一定要发现这些答案[28]),而不是得出有道理或合乎情理的答案,因此也就无需求助于社会科学的理论、数据、洞见或经验研究方法,无需诉诸个人或政治价值;换言之,无需直面必定混乱如麻的事实世界和感觉世界。

但我不希望读者从本书书名或是从我对法律形式主义的抨击中推断,我会像罗德尔那样,想用"经治"(rule of economic)或其他专家治理来替代法治。法治,即一个按照无偏私且可预测的规范来操作的社会控制体系,是价值巨大的公共善品(public good)。同市场经济以及民主政治制度(这实际上由法律支撑)一起,法治是现代自由主义的先决条件。许多前共产主义国家的人很理解这一点。只有现实主义法学的捣蛋鬼,例如弗兰克和罗德尔以及他们的"批派"后人,才否认法律有任何原则。尽管如此,如果现实地(而不是现实主义法学地)看待法治,看待这个要求法官在决定案件时(用联邦司法誓言的话来说)"不考虑个人情况"的法治[29],即不考虑诉

---

[28] "如果某具体法律纠纷没有一个独特的正确解决办法,法官就必须根据他们个人信念或政治偏好的指令,而不是根据权威法律材料的规定作出决定。" Eric Rakowski, "Posner's Pragmatism," 104 *Harvard Law Review* 1681,1682 (1991)。为形式主义的新近辩护,请看,Michael Corrado, "The Place of Formalism in Legal Theory," 70 *North Carolina Law Review* 1545 (1992); Frederick Schauer, "Formalism," 97 *Yale Law Journal* 509 (1988); Ernest J. Weinrib, "Corrective Justice," 77 *Iowa Law Review* 403 (1992); Weinrib, "Legal Formalism: On the Immanent Rationality of Law," 97 *Yale Law Journal* 949 (1988).

[29] 28 U.S.C. §453.

讼者的财富、社会地位、政治影响、种性和族性认同或与法官的关系的法治,那么,现实的法治与法律职业界的美梦——法律极其非个人化,因此法官的个人价值、经验以及社会政治观点都不影响他的司法结果——相距遥远。本书书名中提到的这个"法律"是一个职业图腾,它指的是法律传统中一切有争议的、封闭的、有偏见的和不合逻辑的东西。实用主义进路有助于瓦解这一图腾。法律经济学分析有助于用一些更好的东西来取代它,即便我们在处理诸如性态(sexuality)的法律规制这类最情绪化、政治化和最多禁忌的问题时,也是如此。

但是,即便在实用主义看来,法治也不只是决定案件时不考虑个人情况,法治还限定了实用主义和经济学思考对法律教义的塑造作用。法治的本意是要有一种制度结构,判决非个人化的观念本身是不包含这一点的。特设的非法律人仲裁体制就可以是非个人化的,事实上,仲裁就是合同争议解决的常用方法,却不是一种能够一般化并适用于所有法律争议领域的方法。我们需要职业裁判者,他不仅会避免最明显的偏见,而且会遵从本书第三章描述的司法游戏规则,至少包括有限定地恪守立法规定和先例的规则。对这种司法游戏,可以给出实用主义和经济学理由的,但你不能纯粹按这实用主义的或经济学的精神来玩司法游戏。法官并不是在任何他本人认为改变规则和教义会改善其实质合理性之际——例如令规则更接近微观经济学理论的命令——就改变其适用的规则和教义。因此,司法游戏中是有些东西与德沃金的信念一致的,即尽管这个游戏确实根植于一个有实用主义和经济学特征的更大的价值和制度体系,也参照这些价值和制度可以令司法游戏正当化,但这个游戏本身却不是实用主义的,也不是经济学的。但也只是有些东西一致,而且也许还不很多。德沃金感兴趣的只是那些难办的案件(hard cases),那些真正新颖的案件,决定这类案件时,他信奉的那些方法都无效,只有实用主义方法才行。

自由主义和民主

任何时候,只要无法参照先例或明确的成文法文本来决定某案,司法就不可避免的是规范性的了。但在没有法律明文规定的地带,能否用经济学指导判决,这个问题应当是可以讨论的,而不必陷入政治哲学和道德哲学

22 的深水区。确实,有人坚持把相当狭窄且技术性的法律问题视为巨大社会问题的缩影。例如,有人就认为反垄断案件提出的是政治自由问题,而不只是资源有效配置问题;认为合同案件提出的是人的自主性问题,而不只是交易费用问题;认为公司法案件提出的是民主问题,而不是最佳投资问题;认为刑事案件提出的是深刻的自由意志问题,而不是如何令犯罪的社会成本最小化的问题。我不时也会瞄两眼这种从哲学高度的思考。[30] 但我认为,经济学家在这类辩论中很容易占据一席之地,只要他表明,就分析这么广泛的法律问题而言,最富成效的理论框架是经济学的。

并非遇到的所有法律问题都能不费吹灰之力地转化为经济学问题。在涉及性态和生育规制的案件中,这种例证就不可胜数。对这类问题,经济学家太难给出清晰的"一招"。在经济学框架中,很容易就能分析出强迫女性怀一个她不想要的孩子她的成本是什么,但什么是这个被流掉的胎儿的成本呢?这个成本(有别于那些珍惜胎儿生命的人们的成本)是否应当纳入计算?这完全取决于胎儿是否应算作福利最大化的那个社区的一员。与这个问题有关的还有功利主义应关心平均效用还是总体效用(保护胎儿政策会增加人口总量,因此会增加总体效用),在经济学内部,也无法给出答案。用财富最大化替换效用最大化,也不能消除这个问题,因为在财富最大化中,标准是为购买某物品你愿意支付多少(或是当你拥有该物品时,你愿以多少价钱售出),而不是有了这个物品你会有(或确实给了你)多大效用。[31] 允许堕胎是否令财富最大化了,这取决于胎儿的生命权是配置给胎儿还是配置给母亲。并且在经济学内部也无法确定这个财富最大化的社区边界,这就好比经济学家没法决定,我们的社会目标应当是美国财富的最大化呢还是整个世界的财富最大化。

23 许多保守者一想到有人同性恋——还是成年人,甚至是悄悄地——就反感。这种反感可以视为同性恋行为的外部成本,即同性恋者强加给他人的一种成本,因此,与污染的成本相似,这一点可以是限制同性恋自由的理由之一。只是,一旦纯精神的外在性带进经济学分析,经济学对公民的基本自由就构成一种潜在的威胁。这种纯精神的外在性可能为歧视一切不

---

[30] 有关的例子,请看第十三章("黑格尔与自由择业")。

[31] 请看,*The Problems of Jurisprudence* 356-357。

导论　实用主义,经济学,自由主义

受待见的少数人提供了经济学上的正当理由。边沁当年就认为,应当把乞丐关起来,因为他们的外观和纠缠都令行人反感。

典型的功利主义和经济学思考中有不自由的寓意,包括容忍刑讯酷刑、强制执行自愿为奴的合同、允许以死相争的角斗、强制执行夏洛克的"人肉"合同以及废除一切福利项目和其他形式的社会保险。我们不能以效率先于自由为理由,完全漠视这些寓意。为什么不能?因为我们的自由直觉和功利直觉同样深厚,没有什么智识程序会迫使或应迫使我们放弃自由的直觉。

我们也无法通过司法配置权利来消解这些不自由的寓意,比方说,乞丐有权上街,因此富人须支付乞丐,让他们不上街乞讨。从经济学中找不到根据把乞讨权配置给乞丐,而不是给被乞者。有些问题,哪怕你非常信奉法律经济学方法,也不得不在政治哲学和道德哲学问题上表明立场。我是赞同密尔,他撰写的《论自由》(1859)这本书是对古典自由主义的经典陈述。〔32〕该书论辩说,每个人都有权享有与社会其他每个人的自由相一致的最大自由,既包括人身自由,也包括经济自由。〔33〕无论政府还是公共舆论,都不应压制那些"仅有关自我"的活动,即那些不能明显察觉有损他人的行为。这个"明显察觉"的限定很必要,这就是要排除我称为精神外在性的东西。大多数美国人想到在偏僻的犹他州,摩门教徒正在搞多妻制,会感到震惊,但在密尔看来,这一事实不足以支持美国政府禁止多妻制。排除了精神外在性,这就把自由主义同功利主义和经济学区分开来了,即便并未完全分离。自由主义与某种规范经济学——即帕累托原则——是相联系的,这一原则界定的有效率的变革是至少令一个人改善而没有人更糟的变革,换言之,是不造成任何伤害的变革。作为一个自由的(liberal)原则,帕

---

〔32〕 这不是说密尔是古典自由主义最正统的阐述者。他同社会主义调情(例如在《政治经济学原理》中)预告了把人身自由同经济自由分离并贬低经济自由的现代福利自由派即将出现了。尽管如此,密尔对社会主义的最终看法是怀疑的。请看"Chapters on Socialism," in Mill, *On Liberty, with the Subjection of Women and Chapters on Socialism* 221, 260-279 (Stefan Collini ed. 1989)。

〔33〕 一个更早的表述,请看,Immanuel Kant, *The Metaphysical Elements of Justice* 35 (John Ladd trans. 1965)。"古典"自由主义的萌芽——也令古典这个形容词更贴切——似乎是古希腊的观点,据修昔底德,伯利克里在葬礼演说中就曾对自由主义作了著名阐述,即存在一个与国家无关的私人信仰和活动的领域。请看,David Cohen, *Law, Sexuality and Society: The Enforcement of Morals in Classical Athens* (1991)。

累托原则的问题在于,一旦允许纳入精神的和金钱的外在性,就很少有什么交易不会令某人、某地变得更糟,有些情况下,还无法予以补偿。如果人的偏好中包括否认他人的某种自由(例如,看色情电影),这个问题就更无法解决,因为即便你行使的自由——密尔的意义上的——只关系你自己,也还是有损于他人。[34]

自由主义与经济学还有实践上的亲密关系。在古典自由主义理论中,作为一个只关注自我的行为场域,竞争的市场是不受政府干预的。尽管如此,纯自愿的市场交易也还是会影响非交易方所支付的价格和所接受的工资(因此,他们并非真正自愿)。对于这种金钱的外在性[35],就如同对精神外在性一样,古典自由主义趋于(无论对错)将之排除在其定义的伤害之外,但帕累托原则并不将之排除在外。

通过设定一个很大的不可侵犯的私人活动领域,通过便利自由市场的运作,自由主义创设了——经验告诉我们——对于个人自由和经济繁荣不可或缺的一些条件。并且,尽管个人自由和经济繁荣都取决于控制国内暴力和御敌于国门之外,但现今最强大的国家,无论从国内还是从国际上看,一直是自由主义国家[36],例如,19 世纪的大不列颠和 20 世纪的美国。自由主义促进了科学技术进步必需的信息交换、争取了无强制的公民支持,它最大化了生产产出、鼓励并奖励个人才能,它防止了过分集中的决策、弱化了对家庭氏族的忠诚竞争、平息了宗教教派的争斗。对自由主义来说,这种状况就是实用主义的。

但自由主义并不是一种完整的治理与法律的哲学。它省略了一些关键细节,如什么是最佳税收(购买自由主义认可的、有限但不可忽略的治理)。也不清楚,为了社会安宁而"收买"闹哄哄的利益集团是否合法。还有,自由主义政权为什么深深信奉某些家长制政策,一些明显非自由派的

---

[34] Amartya Sen, "The Impossibility of a Paretian Liberal," 78 *Journal of Political Economy* 152 (1970).

[35] 当经济学家使用这些术语时,这种外在性是货币的而不是真实的,因为在经济体系的其他地方这种外在性得到了完全补偿。对顾客来说,更高的价格是一种费用,但对该产品的生产者来说则是同等的收益;该社会产品的总价值并没受影响。相比之下,如污染这种真实的外部性,会降低总价值。

[36] 对这一点的强调,请看,Stephen Holmes, *The Paradox of Democracy* (forthcoming from University of Chicago Press)。

政策,如禁止刑讯、酷刑和致命性体育运动,这也令人困惑。也许就像是尼采认为的,可以从自由派的话语来解说这类政策,即比起那些习惯了暴力、痛苦和死亡的人,性格温顺的人是自由政体的更好公民。但这里的因果关系也许是相反的:当人民担心且鄙视追逐名誉和荣耀时,这个民族会变成自由的民族,因为同追求名誉和荣耀相联系的是喜好暴力、追求地位以及表达对法律的蔑视。

自由主义与民主之间并不完全一致。民主是手段,不仅用来分散政治权力,由此保护私人领域不受公共领域侵犯,而且会使人民能够压制令他们讨厌但只关系他人自身的行为。自由主义隐含的是国家权力受限,而民主隐含的是多数规则,而多数人常常想强迫少数人。然而,民主与自由主义既相互对立也相互支持。民主把政府置于民众的控制下,这就减少了国家侵犯自由的力量;并且自由也还是知情且无强制的、因此是真正可信的民主选择的前提条件。但在一个时期内,自由也可能导致这样一个大众政府,即在该政府建立后的一段时期内,该政府决定迫害某个不受欢迎的少数群体。有些民主制支持者试图跨越民主制与自由主义之间的这一鸿沟,他们的主张是,选民们永远都别自私地或情绪化地投票,或是——一言概之——不要非自由主义地投票。投票永远都应是他们知情和无偏见地深思熟虑的结果,只要这样,民主制(这些民主制的支持者论辩说)就会产生明智公正的解决社会问题的办法。[37] 但是在本书第三章中我们会看到,确实有冷漠的(disinterested)*投票;而且,投票结果表明的公共舆论也并非完全不知情。因此,主张协商民主制(deliberative democracy)的观点是有点道理的。但道理有多少? 科恩(Joshua Cohen)主张以"意见一致"作为协商

---

[37] 请看,例如,Cass R. Sunstein, *Democracy and the Problem of Free Speech*, ch. 8 (1993); Joshua Cohen, "Deliberation and Democratic Legitimacy," in *The Good Polity: Normative Analysis of the State* 17 (Alan Hamlin and Philip Pettit eds. 1989); David Estlund, "Making Truth Safe for Democracy," in *The Idea of Democracy* 71 (David Copp, Jean Hampton, and John E. Roemer eds. 1993) ("认识论上的民主制")。我这里说的是政治的民主制。因杜威和罗蒂的著作而在一种人们广泛熟知的意义上看,民主制就是典型的实用主义信仰的名称,这种信仰认为,真理就是相关社区的一致意见,并因此在某种意义上真理是"通过民主"获得的,而并非专家——柏拉图哲学王的后代——的领地。

* 英文 disinterested 同时具有"无偏私的""无利害关系的"和"漠不关心的""无所谓的"含义。主张民主的人强调前一点,但波斯纳认为如果人们于其中没有利害关系就一定会漠不关心。——译者注

民主制的目标,只有为避免没完没了的斟酌思考,投票才是最后手段[38],这就暴露了他的真正想法。他想象的政治民主模式是一个教授联席会,而教授会的人员组成是同质的,都受过高等教育,他们可以从容不迫地思考一些都有亲身体会的问题。但在成千上万个政治组织中,民主制不是这样运作的。除偶尔有全民公决外,民主制都不是个人直接参与的(nonparticipatory),即人们投票表决谁是代表而不是表决选择何种政策。在实际运作的民主制中,无知普遍存在,自私非常显著,有时与自己的利益全然无关的憎恶也掺杂其间。我们汇编的制定法中就有太多恶毒的、剥削性的、空洞的、徒劳无益的以及过分昂贵的法律,如果我们的民主制更民粹,法律汇编中这样的法律就会更多,而不是更少。自由派承认自由主义与民主制之间有这种紧张关系,他们想限制民主政治的范围,手段是分权以及对行政和立法的司法审查。

对于自由派理论家来说,另一个困难问题是,是否只应从纯否定的方面来思考自由,即自由仅仅是不受政府强制,或是还应从肯定性方面来思考自由,自由就是人的自主性、实际能力或自我实现(请看第六章)。根据后一解释,政府把富人的财产再分配给穷人,这种政策会被认为是自由的;而这就表明,从古典自由主义很容易滑向福利资本主义,密尔自己当年就是这样。因此,自由主义的边界很模糊,而说到边界,在处理诸如堕胎这样的"边界"问题时,自由主义并不比经济学更成功。堕胎行为是否是"只关系自我",这取决于某人(例如,胎儿)是否是该社区的成员。但在同性恋权利问题上,自由主义处理得挺好,但这只因为同性恋究竟只关系自我还是关系到他人,问题相对清楚。此外,还有一些精细的法律问题,自由主义的理由也比经济学的强,我的一个例证有关"坑害"(entrapment)原则的理由。如果政府不诱惑,某被告本不会犯某罪,因此,可以说被告是"被坑害了",必须无罪开释。经济学家可以解释这个结果,他们注意到,耗费资源来惩罚一个原本不威胁社会的人是一种浪费,应当区别这种情况与另一种做法,即政府只做好安排,让某罪犯在政府选定的时间和地点再次犯罪,政府因此可以以最小成本逮捕并判定该罪犯有罪。[39] 这种解释不完全令人信

---

[38] Cohen,前注37,页23。
[39] *Economic Analysis of Law* 217-218.

服,因为法院一般说来不关心执法资源的有效配置;那是行政部门的事。自由主义理论则可以堵上这个空白。自由主义要求政府别打扰那些无害的人。一个没有政府诱使就不会犯罪的人就是一个无害的人。惩罚这种无害者是错误的,即便这些人性格上有弱点,或是隐藏了不好的想法。

密尔描绘的是一幅自由社会的诱人图景,但没有给出多少理由,为什么人们应偏爱自由的社会,而不是社群化的(communal)社会。20世纪的历史有很多以社群化替代自由主义的例证,无论是法西斯的,还是社会主义的,都很可怕或未能生存下来,或是二者兼备。但由于现代"自由"国家也处处有社会主义的因素,因此,就不清楚这个历史教训究竟是什么了。

凯特伯(George Kateb)认为应当鼓励"民主的自我决断或自力更生的情操",并以此为基础为自由主义辩护,他把这种爱默森式的理想迷人地概括为:

(1) 希望自己不同;希望自己独特;希望按自己的方向走路;希望实验、漫游、游荡;

(2) 希望无人打搅;希望不卷入他人的游戏;希望不被关注;希望自己对他人很神秘,拥有秘密,被认为是不明确的;

(3) 希望不受拖累;希望拥有自我;

(4) 希望为了自我而思考、判断和解释;

(5) 希望感到真实,而不是茫然;希望去生活,而不只是终生扮演一个角色或终生只完成一个职能;

(6) 希望超越自己的限制;希望留下、积累起不同的经验;

(7) 希望形构自己的生命,但并不是装进一个不错的故事,也不是构成一个制作精巧的艺术品;希望是流变不拘的,而不是死板一块的;

(8) 希望发现自我,发现"真实的我";成为自己理想中的而不是成为他人理想中的那个自我;希望来生还做我自己。[40]

---

[40] Kateb, "Democratic Individuality and the Meaning of Rights," in *Liberalism and the Moral Life* 183, 191 (Nancy L. Rosenblum ed. 1989). 请注意其与密尔的个体性原则的相似,关于密尔的个体性原则,请看 Alan Ryan, *The Philosophy of John Stuart Mill*, ch. 13 (2d ed. 1990)。凯特伯的最后一句话("希望来生还做我自己")令人想起尼采关于永恒之再生的观点。

如果我们就想鼓励这种个性，就很容易理解我们最好采取密尔的原则——"你的权利止步于我的鼻尖"，用它作为最起码的治理原则，防止进攻性自我中心者相互间展开生死之战。但是，在平均智商只有100的群体中，为什么我们应希望从鼓励自我决断开始做起呢？如果我们鼓励了，又为什么要止步于这个伤害原则？（而且，"我们"是谁？）比起穷人来，生活好的人总有更多的自我决断，会少些暴力，因此财富再分配更平均也许会令更多的人成为自我决断者；我们又一次发现自由主义变味了，经平均主义，自由主义变成了国家强制。而且，为什么要再次在此打住？如果说自由意味的是实际能力，而不是法定的自主，那么，现代交通也许已经令现代独裁制下的居民比19世纪民主制下的居民更自由了。而按这种观点，自由就化解成了财富，我们也就回到了经济学。[41] 密尔认为对个人自由的约束，无论来自法律，还是来自公共舆论，其实没什么差别；而若这些制约来自技术，又为什么应当有差别呢？而且，如果一个人刚好不相信自由意志，那么"自我决断"究竟可能意味什么呢？为什么技术、广告和大众文化决定的人类的行为，要比宗教、族性和传统决定的人类行为更好呢？

　　凯特伯理解的人都是自我创造者，这把普通个体等同于科学家，等同于探索者、制造者、自由思考者、积极追问者、实验者、不怕做错事的人：即我喜欢的那种人。前面的文字提出的问题已经说得很清楚了，我不认为这种观点会在实用主义或任何其他东西中找到坚实的基础，而不管怎么说，实用主义都不干这种提供基础的事。但我会试图在这本书中显示，如果把自由主义的结果同诸如社会民主制以及道德保守主义这些替代可能产生的结果比较一下，就可以为自由的个体主义作一个实用主义的辩护。

　　爱默森并不是实用主义与自由主义的唯一联系。这两种主义都拒绝——实用主义在一般哲学层面，自由主义在政治哲学层面——用某种包容一切的学说（无论是阿奎那的、穆罕默德的、卡尔文的、康德的还是马克思的）来为有关实体或个人行为的问题提供答案。自由主义（不必然是密尔的或爱默森的）是这样一种政治哲学，它最适合人们对道德基础看法不

---

[41] George J. Stigler, "Wealth, and Possibly Liberty," 7 *Journal of Legal Studies* 213 (1978).

同的社会[42],实用主义是无需基础的生活哲学。[43]

因此,自由主义与实用主义是相当契合的,而且如同我们前面看到的,与经济学也相当契合。这种混合可以改造法律理论。而这至少是本书的主题。

---

[42] 这是罗尔斯强调的,请看,John Rowls, *Political Liberalism* (1993)。

[43] 在一些评论中,罗尔斯提出了自由主义(至少某种自由主义)与实用主义的这种连接。罗尔斯说:"对世界的不同理解,可以从观点的不同和多样性予以合乎情理的详尽阐述,而这种观点的不同和多样性,部分是因为我们的视角不同。说我们的所有分歧都仅仅来自无知和邪恶,或来自对权力、地位或经济收益的争夺,这是不现实的假定,或会更糟,引发相互怀疑和敌视……我们的许多最重要的判断都是在下述条件下作出的,即不可能指望有完全理性力量的有良知的人,在自由讨论之后,就能获得相同的结论。"同上注,页58。但在本书第五章中我们会看到,如果把罗尔斯的《政治自由主义》视为实用主义的著作,那也是个错误。

第一编　法律职业界

第一章

法理学的物质基础

尽管会有嘈杂频繁的抗议和辩解,在很大程度上,法律职业的历史就是这一职业的各个部门——包括法学界和司法部门——确保自己在财政上和社会地位上显赫的历史。直到晚近,美国以及大多数富裕国家的法律职业界在这方面的追求都是成功的。通过不完善的卡特尔编织出错综复杂且精巧的网络,法律职业界聚在一起,借助政府的种种规制,抵抗了种种颠覆且通常会毁坏这个由众多成员组成的卡特尔的风险;他们用政府的规制抗击了内部的竞争和新人的进入,抵抗内部的有离心效果和瓦解倾向的竞争压力。作为副产品,这一职业卡特尔结构生产了一些"法律"观点,一个难以捉摸却"实实在在"说到底还是可知的实体,而通过约束律师和法官的行为,这些观点也为司法职业独立于政治和市场的控制提供了正当理由。

自1960年代以后,这个卡特尔弱化了。(我会把这一衰落同中世纪手工生产——它也组成了卡特尔——的衰落和现代大规模工业生产的兴起作类比。)弱化的迹象包括,法律事务所的规模和组织变化了,新老律师的相对收入改变了,律师的工作时间增加了,此外,法律从业者、法官和法学教授的工作满足程度也降低了。由于主流法律思想在很大程度上只是法律职业卡特尔化的副产品,因此,卡特尔的弱化也就改变了主流法律思想,其蜕变的方向变了,即便尚未成功,却也正寻求方法重新整合。这个卡特尔一旦崩溃,法律变得像工商管理或零售业那样成为基本不受规制的服务行业,可以预料,时下对法律的理解就会有深刻变化:法律是自主的思想领域这种观点就会改变,人们会把法律视为一种混合体,混杂了修辞性进攻和退守,混杂着智慧长者的建言和调停,混杂着政策分析和实际调查,混杂着各种办事员和官僚的工作。这个变化会改变法律职业界关于"法律"干什么、是什么以及如何生活于法律中的那种言过其实的自我理解,并在这一特定意义上也干掉了"法理学"。[1]

也就30年前,法律职业界都安全地相信自己有一套强有力的研究工具,主要是演绎、类推、先例、解释、使用规则、辨识并平衡竞争的社会政策、提出并适用中性原则以及司法谦抑,相加起来构成了法律职业的方法论,哪怕再难的法律问题,凭着它就可以得出客观正确的答案。一些最大牌的法学权威说,联邦最高法院"注定……要成为理性的声音",因为"理性是法律的生命"。[2] 相比之下,今天,尽管某些地方还有人顽固反对,但正迅速成为常识的是:法律"客观性"以及客观性意味的一切都已被戳穿,"如今我们全都是实用主义者"。[3] 实用主义者不否认客观性;但实用主义者在意见一致的基础上预测客观性,一旦在这个前提上意见不一致了,法律(或者任何其他做法)就不可能客观了。而如今,人们对前提的看法已经不一致了。

职业意识形态只是一个结果,是该职业成员们的工作方式、职业生涯的形式和内容以及他们日常重复活动的结果,简而言之,是该职业的经济社会结构的结果之一。因此,汲取了有关人们的工作影响其观念意识的文献[4],也汲取了中世纪手工行会史的出色文献,至少我会这样论辩。

我请求读者,不要仅仅因为目前马克思主义政治哲学不那么吃香了,

---

[1] 我对"法理学"的界定不正统,但也有先例可寻。请看,Thurman W. Arnold, "Apologia for Jurisprudence," 44 *Yale Law Journal* 729 (1935)。

[2] Henry M. Hart, Jr., "The Supreme Court 1958 Term:Foreword:The Time Chart of the Justices," 73 *Harvard Law Review* 84, 99, 125 (1959)。H. 哈特的良师弗兰克福特甚至奢谈"名为法律的理性"。Felix Frankfurter, "Chief Justices I Have Known," 39 *Virginia Law Review* 883, 905 (1953)。相比之下,霍姆斯认为"法律的生命"是"经验"。*The Common Law* 1. 我们将看到,这种术语的流变很装腔作势。

[3] 这是罗蒂的主旋律,但不是他原话。请看,Richard Rorty, "The Banality of Pragmatism and the Poetry of Justice," 63 *University of Southern California Law Review* 1811 (1990),重印于,*Pragmatism in Law and Society* 89 (Michael Brint and William Weaver eds. 1991)。

[4] 一个很具体的文献例证,Joseph Bensman and Robert Lilienfeld, *Craft and Consciousness:Occupational Technique and the Development of World Images* (1973)。又请看,Arthur L. Stinchcombe, "Reason and Rationality," in *The Limits of Rationality* 285 (Karen Schweers Cook and Margaret Levi eds. 1990),以及 Andrew Abbott 对此文的评论,集于,同上,页317;以及 Robert Blauner, *Alienation and Freedom* (1964)。

就轻易拒绝了这样的看法,即一个职业的某些典型思维模式可能有一些经济原因。医学上这类例子就很多。[5] 为什么在医学界,预防医学总是没人关照的孤儿?就因为那些最有效的预防医学方法,例如简单的卫生知识和饮水净化,都不要求或不依赖医学训练,就因为很难通过收费来获得其带来的健康收益。中世纪的医生为什么非常重视预后?就因为当时罕有能治愈疾病的知识,因此你要想在职业上成功,最重要的就是你有没有能力确认一个可能的病人会否自己康复;如不可,就谢绝这一病人,以此保护了医生职业的名声。还有,为什么当年外科医生认为外科手术不是医学,因此把手术都留给了剃头师傅?就因为当年外科技术几乎全很机械,没有丝毫抽象知识的味道,这与医学界称自己这个行当博学多闻就很不相称。如果发现自我利益在法律思想中与其在医学思想中扮演了同样重要的角色,我们会吃惊吗?

实在论和唯物主义

即使最坚定的科学实在论者也承认,科学研究的速率和方向总会受外在于科学真相的政治、意识形态或自我利益特点等要素的影响。[6] 但几乎所有人——包括坚定的实用主义者——都承认,现代科学的实验、统计、推断以及观察程序,加上将科学理论转化为技术因此验证科学理论的能力(如原子能理论就体现为核武器和核反应堆),令人们可以合乎情理地接受许多科学观点,并在一定程度上(当然从来也不会百分之百)确信我们可以不勉强认为这些观点为"真",而不只是这便于信仰。

但法律则情况不同。这并不因为世界各地法律不同,而无论什么地方,数学和科学命题都同样成立。即便在某问题上甲乙两地的法律不同,但在乙地也许还是可以同样演示甲地的某个法律命题。这也不因为律师

---

〔5〕 下面的例子都汲取自,Erwin H. Ackerknecht, *A Short History of Medicine* 54, 82, 195 (1955)。

〔6〕 新近有关科学知识的社会学研究都强调了这一点。有关综述,请看,H. M. Collins, "The Sociology of Scientific Knowledge: Studies of Contemporary Science," 9 *Annual Review of Sociology* 265 (1983)。我拒绝那种极端立场(即科学社会学中所谓的"强纲领"说,典型例证是,Bruno Latour and Steve Woolgar, *Laboratory Life: the Construction of Scientific Facts* 〔1986〕),认为科学信仰的接受与真理全然无关。

和法官几乎不用科学的方法。许多命题都不具纯形式逻辑的特点(例如,象棋中小卒就不能后退),不是科学命题,我们却还是像对待核心科学命题一样认为它们不可改变的。例如,虐待儿童不对;就同地球围着太阳转这个当代科学真实陈述(这是一个近似说法,无法用普通人可理解的手段来证明)一样,这就是当代道德的一个真实陈述。即便在一个社会中,那里就没有虐待儿童的概念,那里的居民也会接受这个陈述,因为这个陈述描述了我们的道德,而不是一个规范性陈述。

作为一个推理体系,法律(伦理同样如此)的问题在于,在一个多元社会中,法律缺乏强有力的、解决分歧的技术。如果刚好我们社会中每个人都认为禁止堕胎违反了宪法的性自由(这就好比在下象棋的人们中间,每个人都认为象棋规则不允许车走斜线),这就是当代美国法律的一个真命题。但如果有相当数量理性的人不同意这个命题(而且你也不能认为不同意这一命题的人就不理性,因为也可能有人不同意这样的命题:在我们社会中虐待儿童不对或地球围着太阳旋转[7]),那么,除了以强力或某些与强力相当的、非分析的纠纷解决办法(如投票)外,我们就没法化解他们的分歧。在这里,没有什么检验标准、程序、协议、规则、实验、计算或观察可以决定哪方争议者正确。你可以拒绝某些论点,因为这些论点很糟糕,但双方还是有足够的出色论点,令这个问题无法解决(请看本书第五章)。因此,可以预料,政治、自我利益、传统、惯习或者其他与真相无关的考量因素在解说法律观点的内容、特点和接受中所起的作用要比这些因素在现代科学中所起的作用更大;因为在现代科学中,相关共同体在验证标准上是一致的。

职 业 主 义

职业是这样一种工作,人们认为它不仅要有诀窍、经验以及一般的"聪明",还要掌握一套相对(有时则是高度)抽象的专业知识,科学的或人们相信有某种智识结构体系的专业知识,如神学、法律或军事科学的知识(研究军事战术和战略的一般规则,科学意义上的规则)。随着现代大学——即

---

[7] 要考虑人们是如何被判定为理性或非理性的,这就要求我涉足太远了。

专门传递和拓展抽象知识的机构——发展起来了,职业训练特别是在美国日益采取了研究生的形式,尽管在诸如记者、军事以及医学等比较古老职业训练体制上,学徒制还保持了其影响力。因此经济学是一个职业,商业却不是,理由是你可以成为成功的商人却无需掌握一套抽象知识,但是成功的经济学家就不可能。木匠也不算职业;尽管木匠的训练会比商人更专门,但是前者不要求高度的智识训练,没有能否胜任的问题。[8]

我在此感兴趣的是那些受限的职业,比方说,法律和医学。任何人都可以自称是经济学家,作为经济学家而受雇于人,可以(如果他有能力的话)从事经济学家的工作。但一个人没有从业执照,他就不能从事法律或医学,或是不能自称是医生或律师;或就此而言不能在公立学校教书。许多非职业工作也受限,比方理发或开出租。但恰恰因为这些工作不算职业,因此其限制形式是不同的。今天,对职业的最典型但并非唯一的限制是要接受长期的正式教育,包括大学本科的,有时还很大量的专门教育,还要通过严格的书面考试来证明其智力;但过去并不这样。19 世纪的美国和英国对法律人的正式教育要求都很少,常常没有要求。但是法律总是被视为是一种既是"学得的"也是"博学的"活动*,法律从业总会受这样那样的限制。

职业限制可能是政府的,也可能是私人的,但若无政府的支持,私人限制很少长期有效。例如,学校水平鉴定(accreditation)可以是私人的;但如果颁发从业执照的部门对未鉴定学校的毕业生照样发执照,水平鉴定就起不到什么限制职业准入的作用。有少数州,突出的是加州,律协也接受未水平鉴定法学院的毕业生,但他们得通过该州律考;结果之一是,在加州未水平鉴定的法学院就很有立足点。但加州的律师资格考试非常难,只有在鉴定过的学校中才能得到高级训练,对学生来说,这就有了实在的价值,就使受鉴定学校比未鉴定学校可以收更高的学费(不上法学院,就几乎没人能通过律考)。因此,在加州,准入限制就从教育鉴定权威机构和法学院手

---

[8] 关于这些职业的大量文献,主要是社会学的,有一个很好的重述,请看,Eliot Freidson, *Professional Powers: A Study of the Institutionalization of Formal Knowledge* (1986); Adrew Abbott, *The System of Professions: An Essay on the Division of Expert Labor* (1988); 以及, JoAnne Brown, *The Definition of a Profession: the Authority of Metaphor in the History of Intelligence Testing, 1890-1930* (1992).

* 英文"learned"同时有"学得的"和"博学的"的含义。——译者注

中转到了律考组织者手中。

现代法律职业的模特:中世纪卡特尔

传统法律职业是一个卡特尔,向社会提供与法律相关的服务。[9] 卡特尔理论探讨的是,在何种情况下,厂商可以或无法提出,并至少在一段时间内坚持,高于竞争水平的定价。[10] 卡特尔形式多种多样,今天包括高速公路建设业中隐秘且短命的投标合谋,欧佩克石油卡特尔,也包括规制性卡特尔,例如奶产品工人卡特尔。与一般的受限职业特别是法律职业不同,一般的卡特尔没有某种神秘性或意识形态。由于这一点,我们必须追溯中世纪的手工行会,这些早期的卡特尔,无论是其繁荣时期还是衰落时期,都与法律职业的相应阶段很相似。由于我对中世纪行会的兴趣仅在于清楚展示它的遥远后裔之一法律职业,因此描绘一个虚构的行会肖像,会便利凸现行会制度的一些突出特点。[11]

12世纪时,法国盖尔蒙(Guermantes)公爵的领地,根据公爵的特许状,有个亚麻编织行会。特许状授权该行会制造销售亚麻织物,并且,除了由

---

[9] 用卡特尔来解说职业限制当然不时新。请看,Brown,前注8,页63—64;Milton Friedman, *Capitalism and Freedom*, ch. 9 (1962); D. S. Lees, *Economic Consequences of the Professions* (1966); *Regulating the Professions: A Public-Policy Symposium* (Roger D. Blair and Stephen Rubin eds. 1980); S. David Young, *The Rule of Experts: Occupational Licensing in America* (1987). 相关的批评,请看,Mark J. Osiel, "Lawyers as Monopolists, Aristocrats, and Enterpreneurs," 103 *Harvard Law Review* 2009 (1990)。

[10] *Economic Analysis of Law* 265-271.

[11] 关于这一"肖像"的资料来源,请看,Steven A. Epstein, *Wage Labor and Guilds in Medieval Europe* (1991); John H. Mundy, *Europe in the High Middle Ages: 1150-1309* 131-138 (2d ed. 1991); Antony Black, *Guilds and Civil Society in European Political Thought from the Twelfth Century to the Present* (1984); Sylvia L. Thrupp, "the Gilds," in *Economic Organization and Policies in the Middle Ages* (vol. 3 of *Cambridge Economic History of Europe*), ch. 5 (M. M. Postan, E. E. Rich, and Edward Miller eds. 1965); Edgcumbe Staley, *The Guilds of Florence* (1906); Lujo Brentano, *On the History and Development of Gilds, and the Origin of Trade-Unions* (1870); Toulmin Smith, *English Gilds: The Original Ordinances of More Than One Hundred Early English Gilds* (1870). 特别出色的有关讨论,请看,Henri Pirenne, *Economic and Social History of Medieval Europe* 178-191 (1933). 对这些文献的概述和批评,请看, Charles R. Hickson and Earl A. Thompson, "A New Theory of Guilds and European Economic Development," 28 *Explorations in Economic History* 127 (1991). 律师行会很罕见,但在佛罗伦萨14—16世纪曾有个强大的律师行会。Lauro Martines, *Lawyers and Statecraft in Renaissance Florence*, ch. 2 (1968). 其结构和做法都与其他行会相似。

行会成员制作并有行会独有商标的亚麻织物外,在该领地禁止制造或进口亚麻织物。为获取这一垄断性特许状,该行会同意每年将最好的织物献礼公爵。作为交换,由于禁止了竞争型准入,该行会就能操纵价格,保证扣除献礼公爵的费用后,成员们都有可观的补偿。但行会和公爵都不愿以这种赤裸裸的经济互利条款作为该垄断特许状的正当理由。即使在非民主政体内,公众意见也起作用,并且通常作用还很大。人们反感特权,此外特权或许有不吉利的政治意蕴。在著名的"垄断案件"中,英国法官就同国会站在一起,反对国王未经国会同意以出售垄断的方式来增加税收;此案的垄断者,为自己的纸牌垄断辩解说,垄断保证了质量上乘,如果允许从外国进口廉价物品,会抢了英国人的饭碗。[12]

因此,毫不奇怪,这个编织行会的特许状说垄断是必须的,是为保护公众不受外人或其他靠不住的人出售欺骗性廉价(因为以次充好,但又难以辨认)商品的伤害。一位早期行会理论家指出,如果消费者对某种商品缺乏良好的信息,他们会被迫假定,每种牌子的商品,无论价格如何,质量都相当。因此,消费者会购买廉价品牌,而这个牌号的产品可能成本最低、质量最差。除非降低产品质量并降低费用,那些产品质量高、成本大的厂家,由于无法收取高价,无法补偿额外的成本,因此会被赶出市场。质量因此会螺旋式下降,消费者最终接受的产品的质量会比他们希望并愿意支付的产品的质量更低。[13]

行会要拥有超竞争利润,就必须禁止准入,但仅此还不够。如果行会成员很多(甚或很少),每个成员就都会有增加生产的激励,直到他生产最

---

[12] Darcy v. Allein, 11 Co. Rep. 84b, 77 Eng. Rep. 1260 (K. B. 1602).

[13] Hayne E. Leland, "Quacks, Lemons, and Licensing: A Theory of Minimum Quality Standards," 87 *Journal of Political Economy* 1328 (1979); 有关的批评,请看, Keith B. Leffler, "Commentary," in *Occupational Licensure and Regulation* 287 (Simon Rottenberg ed. 1980). 这一文本的分析隐含了这样的观点,即当生产者提供的是个人服务如律师服务时,顾客得到的也许不是很有能力的从业者的服务,其质量低于顾客希望获得并愿意支付的服务。Carl Shapiro, "Investment, Moral Hazard, and Occupational Licensing," 53 *Review of Economic Studies* 843 (1986). 也有人认为行会回应了消费者难以辨认质量的问题,这种经济学论辩,请看, Bo Gustafsson, "The Rise and Economic Behavior of Medieval Craft Guilds: An Economic-Theoretical Interpretation," 35 *Scandinavian Economic History Review and Economy and History* 1 (1987). 关于行会制度或法律职业中的相应限制,我不打算评价其整体经济效率或社会价值,但我会在第四章简单讨论一下这个问题。一个有趣的讨论,请看, Ronald J. Gilson, "The Devolution of the Legal Profession: A Demand Side Perspective," 49 *Maryland Law Review* 869 (1990)。

后一件产品的费用等于市场的价格,在此之前,产量增加都只会增加他的利润。但所有额外的产量最终会促使产品的市场价格下降到竞争的水平。也许有人会认为,可以很容易地反转这个结果,行会可以在全部成员利润都最大化的水平上为其成员产品定个最低价,还可以惩罚欺骗者即削价出售者。该亚麻行会就这样做过。但是,即便防范了行会成员直截公开作弊(售价略低于行会最低价就能售出大量产品,而低价销售的每件产品利润只比按行会最低价出售每一产品的利润略低一点),行会成员也都想有更大份额的行会利润,这种诱惑导致某些行会的成员工作时间更长或雇用更多工人,以便以固定价格出售更多产品。这也会导致其他成员提高产品质量,以行会确定的价格向消费者提供了更好的东西,以便从对手那儿夺回销售量。

亚麻行会采取了更强的行动,反对第一种做法(增加产量),却不反对第二种做法(提高质量)。部分原因是可行性问题,另一部分原因是公共关系或行业神秘性。对于该行会来说,确定甚或强行限制工作时间和工人人数,相对容易;并且,事实上,该行会也禁止成员夜间或节日工作,除保证行会在成员退休或死亡后还能继续外,也不能雇用更多学徒。尽管如此,由于行会成员坚持质量竞争,行会利润还是减少了。但从行会的观点上看,这未必是一件坏事。质量竞争强化了质量保护的说法,而这正是该行会主张合法的基石。该行会确实正生产着优良产品。事实上,生产的产品比消费者希望的更好;如果产品质量稍低,价格也稍低,消费者也可能更高兴。但消费者不知道何为最优性价比,因为他们没有其他选项。他们真正知道且行会不让他们忘记的是,他们得到的产品编织紧、强度大、柔软、漂亮和经久耐用,在各方面都质量上乘。

尽管限制雇工主要是为限制产量,但这一限制却强化了保证质量这个支持行会垄断的论点。由于行会成员不能雇用大量工人,不能采用工厂制,因此他被迫成为工匠,一位手艺人。该亚麻行会大力宣传手艺人的规范,手工的规范,作为质量的标志。在百货公司和强制保单出现之前,这个规范言之成理。每块亚麻织物不仅有行会标记,而且有行会生产者的标记。消费者百分之百知道该产品生产者是谁。任何行会产品有瑕疵,都不能切割责任,也不能相互指责。

对于该行会来说,真正的危险不是其成员通过提高产品质量来竞争获取可能的利润,而是他们试图降低产品质量,以此降低成本,增加利润。这样的竞争,长远来看,会使消费者不满(短期内消费者也许注意不到质量降低了),会摧毁保证质量支持行会垄断的理由,威胁该行会的生存,而由于这样做会带来无法抵抗的放弃行会最低价的压力,会威胁成本较高的行会成员的生存。对这一威胁,行会的回应是确定手工制作和用料的最低质量标准。以驱逐出行会为威胁,要求成员们必须恪守标准。这个行会甚至规定了成员必须使用的工具。这些标准,这些要求,转而为支持行会限制的质量理由提供了新的根据,即行会直接监督了成员的工作质量,而不只是清除那些公认的低质竞争者。

行会不可能指望制裁威胁就能杜绝成员违反行会规定。因此,在行会成员中,它强化社会凝聚力,将利他主义同非正式制裁联系起来,保证成员服从行会规定。它排除犹太人以及其他不分享行会成员核心追求和价值的外人。而行会成员家庭间还频繁通婚,行会也只从其成员的下一辈招学徒,世代间的竞争也弱化了,行会变成一种社会联盟,同时也是一种商业联盟。行会大谈一个人尽其天职的骄傲,要过一种问心无愧的生活,对行会的忠诚以及成员之间的平等;换言之,行会向其成员灌输一种社群的而不是个人主义的道德戒律和价值,旨在降低成员暗暗违反头上行会的限制的可能。行会重视传统而不是创新,重视统一而不是多样性;它强调投入而不是产出,因此,强调质量而不是数量,强调亲自动手而不是承包他人或委托给雇员,简而言之,它强调制作,强调手艺,而不监督他人工作,所有这一切都是行会孜孜不倦培养的态度和价值。

我们要更仔细地考察一下学徒制。学徒制重要不仅在于其训练[14],还在于,一个行会必须以此来保证自己持续存在,直到遥远的未来。即便行会成员都不关心自己身后行会是否继续繁荣,如果该行会不能合乎情理地保证在遥远未来也能满足该公爵领地的亚麻品需求,它就无望依据盖尔蒙的法律继续保持其特权地位。但是,该行会何以保证下一代行会成员不同行会新成员分享行会的垄断租呢?学徒制就是回答。成为亚麻行会成员,进入这个潜在获利丰厚的行当,这种机会将在愿意忍受多年低收入的人们

---

[14] 强调这一点的,请看,Bernard Elbaum, "Why Apprenticeship Persisted in Britain But Not in the United States," 49 *Journal of Economic History* 337 (1989)。

当中分配。他们实际是购买了分享行会利润的绩优股,很像是购买了现代某拥有专利或其他垄断的公司的股票,通过这种权利,就可以获取该厂商的一份份额适度的预期垄断利润。对他来说,这种权利的产出就是其投资的竞争性预期回报,而不是垄断性回报,因为在其当初购买该股票时,其预期的垄断性利润就已经打了折。

长期学徒限制了行会扩张的速率。学徒期变化可以不断调整劳动力的供应,以满足对行会产量的不同需求,满足对于劳动和其他投入的不同需求;而另一方面,支付学徒低工资也防止了把行会租分散给新进入者。长期学徒也强化了保证质量的论点。学徒期在一个意义上是训练期,学徒期越长,行会似乎就越有道理向公众说,制造高质量产品的工作要求有非同寻常的手艺,只能通过长期训练才能获得。学徒还便利了筛选新成员和思想灌输。新来的生产者作为长者的学生、受监护人和替工在这个制度中过了许多年,统一了世界观,培养了服从既定的定价、工艺和产出规范的可能性。当然这个编织行会说起来也可以拍卖成员资格,就像后来拍卖纽约证券交易所——另一个卡特尔——席位那样;但这种做法会给行会带来一些新的生产者,他们不大可能完全接受专门限制成员竞争的行会价值。用学徒制招收新成员就把这种风险降到了最低。

从行会到工厂

即使如同我相信的,对行会的最佳解释是,这是令其成员净收入最大化的一种设置,行会为实现这一目的的努力还是培养了一种具体的个人道德和一种具体的制度神秘。这种个人伦理强调忠诚、平等、服从、个人责任以及耐心的手工(这隐含着一丝不苟地关注细节和质量)这类价值。这种制度神秘涉及对高质商品或服务的赞美,这都是由受过严格训练的专人生产的独一无二的手工品,涉及对廉价品和赝品的憎恶。这种伦理与神秘的结合,相互强化,就是行会的意识形态。然而,当社会转向大规模生产时,这个行当的意识形态就无法存活了。正如马克思所言,这种生产条件可能有助于创造一种工人的意识形态,在这种意识形态之上,并针对这种意识形态,我们看到一种为许多企业执行官分享的、弥散的商业意识形态。但这里没有生产单位的意识形态;因为我们很快会看到,这里不再有任何单一的生产单位了。一个亚麻编织行会有一种意识形态；但纺织品制造商的卡特尔，特别是由他们组成的竞争性市场，却没有意识形态。

大规模生产涉及这样一个变化：从受过严格训练的专人生产少量个性化高质产品，转向在监工并最终在执行官指导下由非技术工人简单重复操作用机器生产大量质量平均的产品。[15] 原来行会的手工制造过程被分解为一系列操作，这样一来，没有行会师傅的广泛技术和深度训练的劳动者，在生产单位内，通过劳动分工也能生产更大量的产品。[16] 在劳动力中灌输传统工艺价值的意义因此就降低了，随之降低的还有长期学徒训练的价值。现在的工人更像机器上的不同部件，或是有机体的不同细胞，而不像手工劳动者了，因为他们谁也不生产整个产品。监工和执行官应拥有的是领导的价值和相关"人事技能"，是在大组织中纵横捭阖的特定才能，是对融资和销售的敏锐；这些价值与行会的价值相距甚是遥远。对于那些独自慢慢辛勤劳动或最多有一两个助手的人来说，现在的这些才能没有什么用。

在现代商家中，工作多样化了，由行会制度保证的统一道德注定死亡。随着不再那么强调质量，手工艺已成明日黄花，以质量为中心的行会神秘也消失了。不仅劳动力在流动，管理人员也在流动，他们只拥有一般性生产和管理技术，而不必耐心积攒某种独一无二的工艺技术，他们不再固定在某特定行业了。当初，一个编织工也许会被视为一位艺术师；而如今，谁又会说现代纺织厂是艺术工作室（*atelier*）呢？

我们也不能言过其实。现代厂商执行官的组织技巧中，以及现代工人的技术中也还有手艺（craft），但不仅是诡计（craftiness）；随着"全面质量管理"概念的出现以及日本式团队生产的发展，现代工人已经越来越不可能是装配线上卓别林式的机器人。需要有个比"手艺"更好的词，用来区分中

---

[15] 从行会到规模生产的中间阶段是"手工"联合会，在联合会中，行会式的"技术"劳动力组织同现代组织生产的方法联手了。手工联合会的学徒规则和一些排外做法都令人想起行会。与此相似的类比是"公司律师"（in-house lawyer），作为一个公司的雇员，他既是某行业劳动力中的一个下属，同时也是一位独立职业者，这意味着他的独立性受损了。参见, Diana Chapman Walsh, *Corporate Physicians: Between Medicine and Management* (1987)。

[16] Harry Braverman, *Labor and Monopoly Capital: The Degradation of Work in the Twentieth Century* 79-80 (1974). 然而，如果认为现代生产方式的寓意就是批发"非技术性"劳动力，那就是个错误。Paul Attewell, "The Deskilling Controversy," 14 *Work and Occupations* 323 (1987).

世纪行会工匠的工作和现代制造业人士的工作。这个词就是"工艺"(artisanality)。[17] 这个词含义比手艺更宽,同时也更窄;宽在它不限于中世纪(或任何)行会的成员;而窄在手艺、手艺人和技艺这些词都可用于非工艺的活动、人和技术上。而行会手艺人却是一位工匠(artisan)。

工匠是与画家或雕塑家对应的生产者,亲手制作物品,最多用机器做有限的辅助。他见证了自己从投入到产出,从中获得满足,看到自己的努力逐步实实在在地展示出来。19世纪的"艺术与手艺"运动抓住的就是这种工艺精神,该运动"强调人的点化(human touch),即融入手工精制家具或装饰品中的那种关切、技艺以及对细节的关注。人们认为,这种精品创造艺术应是充满欢乐、令人振奋的经历,而不只是养家糊口的手段"。[18] 此外,这种工艺生产方式还限制了产出,促成了稳定的产业卡特尔。

法律职业卡特尔的兴起

从行会生产到大规模生产,伴随着工艺的衰落,当年纺织行业发生的这一幕,在今天的法律服务市场正在重现。

13世纪末,英国出现了明显的法律职业,一方面它与手工行会有确定的亲缘关系,另一方面也与现代英国法律职业有亲缘关系;到美国革命时期,英国法律职业就与其当今的形式非常类似了。[19] 法律职业分出庭律师(the barrister)和诉状律师(the solicitor)两类。要成为前者,求职者须先在律师公会居住学习一段时间,"取得律师的资格"。由于居住学习费用很

---

[17] 请看,例如,Paul S. Seaver, *Wallington's World: A Puritan Artisan in Seventeenth-Century London*, ch.5 (1985)。

[18] Berth Sherman, "A Celebration of Beauty," *Newsday*, 1988年3月31日,页3。一位现代法官表达的类似情感,请看本书第四章。

[19] 以下历史勾勒基于下列著述,*Lawyers in Early Modern Europe and America* (Wilfrid Prest ed. 1981); Gerald W. Gawalt, *The Promise of Power: The Emergence of the Legal Profession in Massachusetts 1760-1840* (1979); Robert Stevens, *Law School: Legal Education in America form the 1850s to the 1980s* (1983); Richard L. Abel, *American Lawyers* (1989); Paul Brand, *The Origins of the English Legal Profession* (1992)。曾有学者对"手艺"类比对传统法律思想的支持作过很有启发性的讨论,请看,Pierre Schlag, "The Problem of the Subject," 69 *Texas Law Review* 1627, 1662-1663 (1991)。关于法律职业的大量比较的和历史的信息,请看,*Lawyers in Society* (Richard L. Abel and Philip S. Lewis eds., 3 vols., 1988-1989)。

高,出庭律师还不得为其他出庭律师工作,必须依赖诉状律师的案件委托(诉状律师当然不愿将案件委托给新人),因此,出庭律师在很大程度上只限于那些有独立财力的人。结果是,出庭律师的供给有限,也因此,许多出庭律师收入非常高;而那些无法从诉状律师那里获得案件、无法出庭辩护的人则勉强维持着贫困的生活,常常靠第二职业——例如当记者——来补贴家用。律师收入差距巨大至今是英美两国法律职业界的特点之一。

成功的出庭律师与皇家法官(他们先前也是出庭律师)共同构成了一个亲密融洽同质化的小共同体。普通法就反映了这个共同体的诸多价值。[20] 他们不感到普通法需要系统化,编纂为一部法典,这一点就反映了这个共同体的同质性。共同体成员不需要一部法典,这就像在英语社会中,英国人不需要一本语法书来了解该如何说话一样。

在18世纪英国,要成为一位诉状律师,你必须当几年定约书记,也就是给诉状律师当学徒。因此要进入法律职业诉状律师这一行也受限制。一度,每位诉状律师只允许有一位定约书记,这就限制了这一行当的增长。

在英国的北美殖民地,后来在美国这个新国家中,情况更多变。尽管建国时期律师曾扮演突出角色,构成了在托克维尔看来美国的最接近贵族制的东西,美国公众却敌视行会的限制和特权。出庭律师和诉状律师的划分从来未能在美国立足。许多法官都选举产生,而不是任命的;他们大多也不像神职人员那样,要穿作为法官象征的法官袍;他们指导陪审团的权力也受严格限制。简而言之,法律的等级观念从来未在美国扎根。美国内战前,还有两个州曾废除法律职业准入的一切限制,进入这一职业的人只需是道德品质良好的成年人。[21] 其他州限制更多些,一般都要求有一段学徒期(在律所当书记员,相当于英国的定约书记),这是加入律协的条件之一。但当时对受教育程度没有要求,也没有律师资格考试,对法律职业人员数量的主要限制也许是19世纪时美国人受教育程度普遍低下。法律职业在当时,就像今天一样,要求有很高的智识(至于是否必须如此,则是另外一个问题)。诸如林肯这样才华横溢的人,就几乎没受过什么正规教育,

---

[20] A. W. Brian Simpson, "The Common Law and Legal Theory," in *Legal Theory and Common Law* 8 (William Twining ed. 1986),重印于,Simpson, *Legal Theory and Legal History: Essays on the Common Law* 359 (1987)。

[21] Stevens,前注19,页17。

也可以成为成功的律师。但社会中这样就当了律师的人一定从来都很少，就如同社会中可能成为歌剧演员和职业运动员的人从来很少一样，在这两个行当中，虽然没有法定的准入限制，也只有少数"明星"收入很高。

教育水平上升了，这就威胁了律师的稀缺租（请看注 26），并且无论是因为这个或是其他什么原因，19 世纪下半叶经历一场运动，美国法律职业成了一个受限的行当，与同一时期医学职业的进展有太多相似之处。我们也许可以把这一运动的开始年代定在 1870 年，那一年，兰德尔当了哈佛法学院院长。他的教改方案[22]明确建立在这样的前提上，即法律是一门科学。[23] 这一前提令人们自然认为，律师应当在大学经历一段长期准备，此外，还能在什么地方培养科学家呢？这只是第一步，但是一大步（而真正的科学却从未有过这一步），要求他们接受这段准备，这是允许他们从事职业的条件之一。但这一大步直到废除学徒制，必须参加律考，而且撤销了填鸭式律考学校，才完成了，尽管还是有些填鸭式学校今天还存活着，为法学院新毕业生提供为期数周的律考复习课程。甚至直到 1951 年，仍有 20% 的美国律师不是法学院毕业的，甚至有 50% 不曾本科毕业。[24] 但到了 1960 年，4 年大学本科教育（更准确地说，是本科学位，而获得这个学位起码要 4 年），加上在获得资格认定的法学院学习 3 年，加上在候选律师希望从业的那个州通过律考，再加上该州律考委员会对候选人的道德品质表示满意，这一切构成了希望在美国持证上岗的法律从业者必须跳过的系列铁圈。

然而，如果不禁止非法从业律师，以上述要求建立的这一准入限制就会漏洞百出。不仅要禁止未能加入州律协的人自称律师，而且不能允许他们从事该州法律认定为法律业务的服务，其中主要是在法庭和大多数行政机关中代表诉讼各方并提供收费法律咨询。此外，还要禁止非律师同律师合伙或以其他方式从出售法律服务的企业中获取权益，并因此非律师就无法绕开这些禁令。

---

[22] 哈佛大学校长艾略特（Charles W. Eliot）对此也许功绩甚多。Anthony Chase, "The Birth of the Modern Law School," 23 *American Journal of Legal History* 329, 332 (1979).

[23] 但这很有点奇怪，我会在第五章提到。

[24] Dietrich Rueschemeyer, *Lawyers and Their Society: A Comparative Study of the Legal Profession in Germany and in the United States* 105 (1973).

各州在律师职业内也限制竞争,即禁止招揽生意的很多方法(包括"救护车追逐"和做广告),鼓励律师根据本州律协确定的收费标准为自己的服务定价,以及限制律师跨州流动。只有当他既是该州住民,同时通过了该州律考、满足在该州执业的其他条件并成为该州律协一员时,才允许他在该州法院从业。有些州也允许符合律业互惠规定的其他州的律师直接申请加入本州律协,不必参加本州律考,条件是他必须移居其申请加入的州。此外,还禁止"外行中介"(即非律师雇用律师,比方说,某公司雇用律师向客户推销法律服务),禁止无授权的从业,这些禁令都令律所很难扩张,从而限制了律师业内和业外的竞争。

限制法律人的业内竞争,也就是对法律职业次生市场的准入限制。与已有律所相比,广告和进入有效资本市场的渠道对于新进者更为重要,因为前者早已名声在外,有了资本积累。一个进取的律师,在法律服务特别受限的某州即便获利机会很大,即使他千方百计获得了该州的从业许可(这种麻烦也许相当大,因为也许这就是该州律师供应有限的原因),他也无法使用新人从老人手中争夺顾客通常使用的那些方法。

当人们谈论的是有数千卖家的市场时,对职业市场准入限制的关切看起来也许就是学术的。如果把所有新进者都封堵在外,持照的法律服务卖家是否就一定不够多,就一定不足保证每个重要地点都竞争有力,并因此挫败任何建立卡特尔的努力?要回答这个问题,必须区分货物产品卡特尔和个人服务产品卡特尔。后者的成员数量可能更大,这会令调成本和防止欺骗的成本增加。但对于任何个体来说,个人增加服务产出要比厂家增加某种产品的产出困难更大。厂家可以多雇用工人,建立更大的工厂,购买更多机器和物资,增加更多经理;它只会逐渐遇到限制其增长的规模不经济问题。个人服务就不同了。一年内就这么多时间,因此,技术高超的外科医生也只能做一定的手术,最高明的出庭律师也只能参加一定数量的审判,再好的法律顾问也只能向一定数量的客户提供法律咨询。即使有技术最高和服务最佳的助手协助,世界上最好最廉价的律师也只能为市场提供其所需的极少部分出庭律师。文艺复兴时期,一些艺术家用助手、学徒或学生来画他们绘画中不重要的人物或背景风光,因此大大增加了他们的产出。即便如此,需要大师亲自关注的总量相对于大师的数量还是太大,乃至无法批量生产。[25]

因此,即便是无法操纵法律服务价格(更深的难题在于这些服务很多样性),或无法限制律师本人或律所的产出,但只要律师数量受限,某些律师就会获得垄断性回报。[26] 因此,限制准入就成为职业卡特尔的关注焦点。这转而使政府的帮助,对于职业卡特尔而言,要比对普通的产品卡特尔更重要。后一种卡特尔可以通过价格操控或产出限制来获取暂时的垄断利润,但新人进入最终会挤干这些利润。对于职业卡特尔来说,控制准入则至关重要,因为它成员众多,这注定了很难协调价格和产出,也很难发现谁犯规了。尽管有关以掠夺战术来阻挠新人进入的学术理论文献很多,但运用这一战术的成功例证却很少见,涉及的还几乎都是单个厂商的垄断,而不是卡特尔,因为相互配合的掠夺战术运用特别难。另一方面,政府则可以要求凡提供特定服务的人都领取执照,这样很容易就限制了准入。因此,我们应当想到并发现,那种长期有效的职业卡特尔都有政府的支持。

职业卡特尔和生产卡特尔之间还有另一个差别,这就是,一般说来,区分各种产品要比区分各种职业服务更容易。钢、铝、汽车、石油、管道装置以及咖啡都看得见、摸得着,每个产品都区别显著,在这方面,法律服务和医疗服务则不同。如果某律师撰写了对陪审团做最后陈述的脚本,然后他雇了一位职业演员来朗读,该演员是否是从事法律?(译员不能算;律师裁缝也不算,尽管在本书第二十四章中我们会看到,衣服也是特定形式的陈述。)起草遗嘱是否从事法律?创建一个信托呢?提供法律咨询呢?为律师检索法律呢?为审判记录作索引呢?为法官的司法意见捉刀代笔算不算?给法学院学生讲授法律算不算?给商学院学生讲授法律算不算?校读债券呢?在税务法院或社会保险或老兵残疾审判庭代理诉讼当事人出

---

[25] 鲁本斯是个例外。"他开发了一座绘画工厂:特长于某种技术——风景、动物以及其他——的助手和这位大师设计了一种创作模式,聪明地结合了油画速写和绘画。这就使他的创作可以由他人来执行,有时,这位大师只画人物的手或脸的最后一笔。……与伦勃朗不一样,鲁本斯对自己画室出售的作品不签名。从那里生产的数千作品中只有五件签了名。"Svetlana Alpers, *Rembrandt's Enterprise: The Studio and the Market* 101 (1988).

[26] 即使没有限制,某些律师也会获得经济租(即大于他们从事其他活动所获的回报),就像某些歌剧演员一样,他们在无规制的行业中竞争,会获得经济租。但是,必须区分——相对于需求——因供应短缺无法弥补的生产要素租,同那种因供应受协议或规制限制的生产要素租。我们这里关心的是后一种租,即真正的垄断租。

庭呢？替律所揽生意算不算？到期讨债呢？为不动产所有权资格作担保？转让不动产呢？或是转让一辆汽车呢？访谈可能的目击者算不算？当仲裁员呢？从事公共卫生是否行医？简单的骨折复位呢？为3个月内的孕妇堕胎是否行医？治疗精神病呢？灌肠呢？流感注射呢？信仰疗法是否行医？为治疗背痛而规定身体锻炼呢？视力校正呢？拔牙呢？为减肥限制饮食呢？要限制某个职业的准入，仅给那些希望自称律师或医生或其他什么的人设置路障，这还不够。必须以某种方式界定这个职业，防止出售替代性服务的人攫取该职业的业务；心理学家就以替代服务从医疗和宗教业攫取了有关人们精神健康的大量业务，银行和信托公司也以这种方式从法律业攫取了有关遗嘱检验和财产转移的大量业务。

为职业服务设定边界，这种做法我称其为准入限制，但称其为增加需求也行。如果某种职业服务的范围更大，对这种服务的需求就会更大。如果像经济学家那样，把增加需求界定为消费者愿意以任何价格更多购买某产品，我们就可以看到，对某卡特尔产品或服务的需求增加，可能增加该卡特尔的产出而价格并不会下降，因此，该卡特尔的利润也会增加。卡特尔增加需求的另一可能方式是诱惑政府补贴这种需求，例如，为穷人支付律师费。但是，从卡特尔的立场看，这些增加需求的措施都是双刃剑，这一点有助于解释为什么医学职业和法律职业一直反对政府补贴其服务。原因是需求上升时，卡特尔就更难发现业内的违规者，因为这时"最诚实的"成员的销售量也不会降低，只是其销售增长比违规者的销售增长更慢些。更甚的是，如果职业卡特尔为保持凝聚力，对增加的需求不作回应，产出不增，那么，价格越是猛涨，要求予以准入的公众竞争压力也许就更大，很难抗拒，乃至只能对现已不足的供应根据新增需求实行配给。由于个体很难扩大服务产出，因此，为满足需求增加，增加职业服务供应的唯一方法也许就是接受新成员。但是，职业卡特尔规模扩大了，那种折磨所有卡特尔的瓦解性压力也就会增大，不仅该卡特尔更难辨识内部违规者，而且会迫使这一职业接受一些并不分享老成员价值的新成员（或许就因为新成员来自先前被禁止进入该职业的群体）。因此，将需求保持在较低水平，也许更符合该职业现有成员的利益。

我对行会制度的描述强调卡特尔与质量之间关系密切。即使成员选择或成员资格认定机制对于某职业的质量影响是随机的（例如，该机制可能是抽彩),建立卡特尔也还是可能提高该职业的平均质量。它要做的只是限制该职业的人数。这样一来,该职业的平均收入就会提高,跟着就会提高进入该职业的候选人的平均质量,因为该职业对其他领域的有能耐的人会很有吸引力,除非该职业现有成员能用学徒制防止新进者分享卡特尔带来的垄断租。

促使法律职业质量提升的另一压力源是法律服务的对抗性。在一个案件(或交涉)中,一方律师越好,另一方就越需要也雇个好律师。律师质量高了,会有利于产生更高质量的司法决定,因此,律师间的质量竞争就不是零和博弈。如果建立卡特尔提高了律师的质量,律师的诉讼摘要质量也更高了,那么法官的决定也趋向于质量更高,整个社会都会有收益;当然这都只是"也许"。因为,说到法律服务的"质量",这是说不清、道不明的。智识高的律师也许会创造一些复杂难懂的教义结构,尽管独创,甚至一定意义上还很严谨,但这类教义结构并没有什么社会效用。例如,出色的律师会创造、发现和扩大税收漏洞。但这种活动纯粹是再分配性质的,并没有什么社会收益。事实上,有的是一种社会净损失,这不仅因为律师的时间有机会成本,也还因为,由于他们孜孜不倦、勤奋努力,才要求有设计更精致和更复杂的税法典。如果税法律师的智商降低10%,这个社会的福利也许会增加。

这一点说明了手工行会与职业界的一点差别。职业界中隐含着更多质量维度。职业服务要求以解释,而不是检查,来确定私人价值和社会价值,这就放大了意识形态和修辞在保证职业享有很高经济社会地位中的作用。[27] 随着医学变得更科学,法律变得更具竞争性(这两种发展都便利了对这两个服务性职业的监管),可以预见,这些服务性职业中的意识形态和修辞成分都会弱化。

要对职业卡特尔的建立予以完整经济学分析,需要解释,一个由成千上万人组成的群体何以可能在一定程度上克服集体行动中的搭便车问题,乃至获取政府对建立卡特尔的支持。(但我们知道他们是可以克服这一障碍的,想想农民。)由于这个职业很大,由于可以感到有很少一部分卡特尔成员显然有自我利益想维系一个职业卡特尔,也由于建立这样一个卡特尔

---

[27] 这就像布朗强调的,请看,Brown,前注8,第一章。

的社会成本会被分散且难以察觉,因此搭便车问题就不是不能解决的。只要在设置准入限制时(比方说,必须从获得资格认定的法学院毕业)让现有从业者都享有特权,那么这一障碍设置的全部成本就会落在这一职业的未来进入者身上(他们中许多人还没考虑是否加入这一职业,有些人甚至还没出生),就落在法律服务的消费者身上。

有些州有一个"整合的"律协;所谓整合,意思是指每个律师都必须加入该州律协。这实际上是对每个律师收费,以此来支持该协会强化卡特尔的活动,因此也就克服了搭便车问题。但我们必须问一问,某州是怎样整合该律协的呢?倡导建立这个机构,在其中扮演领导,这对谁有利?一个可能的回答是,你投身于律协的时间会以法律收费方式获取红利,因为其他律师更了解你了,这就增加了这样一种可能性,即一些律师会把他们没时间或没技术处理的或因利益冲突不允许他们处理的案件转给你。

兰德尔案例教学制令低师生比成为可能(有人甚至认为是最佳的),职业教育便宜了,因此自打这一体制来,设有法学院的大学就出于金钱利益而要求,法律人必须毕业于某个三年制法学院。[28] 在法学院的资格认定上,现有大学也有金钱利益,即用资格认定来限制来自某些新设学校,那些咄咄逼人的"专营"(盈利)职教学校的竞争。在这里,法学教授也有利益,他们也想提升法律职业的质量,因为学生越好,教书的收益就越大,他们也想(受限于注28)维护这种规制制度:要想从业法律,你就必须在一个确定的较长时期在法学院上课。人们很少发现法学教授,无论激进者还是自由至上派,痛斥法律职业中这种卡特尔式限制。

还不要忽略在鼓励和维持这些准入限制中法官的作用。布兰德(Brand)就说(请看注19),英国出现法律职业就是为回应法院系统的职业化增长。由于了解法律、有法律经验成为获得司法任职的公认资格条件,因此,如果没有具备这类知识和经验的人协助,诉讼者就越来越难提起诉讼。(因此,古雅典没有法律职业就不奇怪,在本书第十四章就会看到,那里就没有职业法官。)当然这只是一方面。另一面是,职业律师也使职业法官工作起来容易多了。在律师质量问题上,法官的自我利益也令他们同情

---

[28] 必须作个限定。将法学院时间长度减少到比方说两年,由于法律教育便宜多了,有可能增加法学院的学生数量,这就弥补了损失的三年级学生。

通过规制提高质量的说辞,建立卡特尔会提高这个职业的质量;他们也就是这么说的。法官也还不只是消极地同情建立职业卡特尔。在职业行为标准的系统表述和实施上,法官同样扮演了积极角色,有关律师的执业标准,因此控制了这一职业的准入。我们中那些严厉制裁当庭律师非职业行为的法官,在一种意义上,是在保护法律服务的消费者,同时也提高了法律服务的价格;并且,清除那些不称职的从业律师也是在限制该行业的准入。

行会和职业的比较

我们可以开始感到,中世纪的手工行会与法律服务市场转型(这大约自1960年开始)前的现代法律职业两者间在意识形态上的相似之处,并理解它们有共同的物质基础。这两种市场组织都通过创造一个意识形态共同体,彬彬有礼地抵抗了其产品的"商品化",从而便利了建立卡特尔;在此受抵制的是竞争、创新、消费者至上和一味逐利这类商业价值。这两个职业都自认为"有深厚的知识,有无私的服务"。[29]

"管道装修至今仍主要考虑水管工的利润。因此,它就只是手艺,不是职业。"[30]我们听到这种支持限制竞争的质量说法不断回响。替换这种强调个体性和竞争性伦理的是一种强调合作和团结的伦理。"职业是一种兄弟情谊,如果等级(caste)这个词中的不好含义能清除干净,那么职业几乎就是一个等级。职业活动如此确定,如此有趣,有如此多的义务和责任,它要求从业者必须全身心投入。从事职业的男人及其家庭的社会和个人生活因此都趋于围绕该职业的核心组织起来,很快会产生强烈的阶级意识。"[31]这一阶级意识的核心是一种神秘,接近工艺,尽管弗莱科斯纳(Flexner)很看不上它,认为那不过是"手艺"。布兰代兹喜欢夸大其词地说,与主管官僚机构(类似大公司机构)的其他政府高官不同,法官做的都是他们自己的事;H. 哈特(Henry Hart)以令后人吃惊的天真写道:"司法工

---

[29] Marie Haug, "The Sociological Approach to Self-Regulation," in *Regulating the Professions*, 前注9,页61、63。

[30] Abraham Flexner, "Is Social Work a Profession?" 1 *School and Society* 901, 905 (1915)。又请看,Louis D. Brandeis, *Business—A Profession* 2 (1914)。

[31] Flexner, 前注30,页904。

作中最耗时间的就是司法意见的撰写,那是最难获取法官助理有效协助的。"[32] H. 哈特或是不知道,或是知道也不想说,实际上,到1959年时,最高法院的绝大多数司法意见都是法官助理撰写的;今天,任何一级美国法院,都罕有法官亲自撰写司法意见。法律服务是个人服务,不是产品,因此法律服务抵制自动化,这种说法支持了这样的观点,即司法意见的"手工制作"体现了工艺性,并为法律职业中何为出色确定了标准。确实,有些个人服务如今已高度标准化了。但艺术仍然是工艺的要塞(尽管是受困的要塞),对于投身法律的人来说,法律就是一种艺术。因此,如果承认仅仅上三年课且没有职业经验的新手也可以基本令人满意地完成法官的大部分主要工作,至少完成得还不很糟,这还是可能有损法律职业的自尊。这几乎等于说,脑外科大夫把精细手术全都交给了护士、护理员和医学院新生来做,而病人也没咋地。当然,只有让法官助理决定该如何投票的法官才算委托了全部"手术"。此外,司法工作也不只是投票和司法意见撰写;还有交换看法、编辑司法意见、询问律师以及其他工作。即便如此,由于看起来司法意见撰写是法律"手艺"的核心部分,因此,上诉审法官,也显然包括联邦最高法院大法官,非常倚重他人捉刀代笔[33],这一点一捅破,就打破了法律职业自尊的宁静外观。

　　法律是一种艺术,但也是一种神秘。对正规教育的强调吸引了许多脑袋很灵光的人,他们的法学和分析努力令这一职业活动更智识化了,令这一活动日益难以为外行透彻理解。人们由此想到中世纪教会经学教士与普通百姓之间的关系。和许多教士一样,法律职业人士也从事着这些"没价值的艺术,以此提升自己在无知者中的地位",包括"在与自己职业有关的文字和交谈中就喜欢搞点神秘;就喜欢那种除行内人外别人都不懂的知识;对自身技术和能力透出绝对的自信;举止上庄严、居高临下并表现了极大的自我满足"。[34]

---

〔32〕 Hart,前注2,页91。

〔33〕 请看,例如,Jeffrey Rosen, "The Next Justice," *New Republic*, 1993年4月12日,页21; Paul M. Barrett, "If There is Blood in an Opinion, We Know Who Wrote It," *Wall Street Journal*, 1993年10月3日,页A1。

〔34〕 Jeffrey Lionel Berlant, *Profession and Monopoly: A Study of Medicine in the United States and Great Britain* 89 (1975),引证了一位18世纪苏格兰医学教授格利高里(John Gregory)。

法律职业训练的同质化在一定程度上造就了有关职业的一些共识,使从业者误以为自己有专列通向真理。复杂的法律教义、深奥晦涩的术语以及客观化的"法律"都部分内生于法律职业组织,而并非法律职业为适应某些外生性要素而必须确立的资格统一的高标准。训练和经验相同的人趋于以相同的方式观察事物,但他们不大可能认为相互间的观点一致是因为他们相互间很相似,而更可能认为是因为他们拥有必要的训练和技术,透过了表象,进入了存在于他们自外并指导他们研究的那个统一的实在。宗教狂热分子通过迫害异议者成功完成信仰统一时,他们不会认为这种共识是迫害异议者的结果。他们认定的是,自己的信仰就是真的信仰。法律职业训练和背景越多样化,在重要法律争点上就越不可能达成共识,也就不大可能自欺欺人地认为外部实在就要求我们一定要接受某个法律意见。而随着近几十年来法律职业事实上变得更加异质化了,法律人的"法律"信仰也就衰减了。

所有这一切并不是说,同质化职业群体的成员或宗教狂受某种甚或很高程度的自我欺骗,因此他们"非理性"。人们之所以信其所信,更可能因为对他们来说,相信这些有用,而不因为他们所信为真。基于错误的信仰而行动,这可能危险;但不从道德立场上看,而是从理性效用最大化的角度来看,如果没良心不是引导一个人改变自己朝着令自己效用最大化的方向行动的话,那么没良心对他又有何益?如果某受限职业的某成员生意兴隆、受人尊重,他又为什么自我折磨,怀疑自己行为的社会效用,或怀疑自己信仰基础是否坚实呢?人的自然倾向是把自己想得很好,应当分清这一点与鸵鸟无视现实的区别。人们有时称无视现实为避免认知不谐;这是境况很糟的人的一种对策,不是采取(他可以采取的)措施改变自己的境况,他自我说服自己实际境况还很不错。这与那种无害的受骗——对受骗者无害——是不同的,这种促使自己幸福的行为和信仰,与真理和社会福利并不矛盾。

形成法律职业不是法律思想的唯一决定因素。在正式法律职业出现之前,柏拉图就相信法律的客观性。而在法律职业组织开始分解前很久,就有人怀疑法律客观性了,例如霍姆斯和现实主义法学家,尽管这时法律职业已展现了令人赞叹的能力,可以驯化、同化以及在必要时忽视其批评者。弗兰克福特(Felix Frankfurter),这位霍姆斯思想的权威守护者,就用他心目中的英雄霍姆斯来主张严格遵从管辖和程序细节,主张法律程序可以有效带来实质正义的后果,认为这些思想对于法律职业的自主和自尊都很重要;而实际上,在霍姆斯的思想中,这些并不重要。然而,法律过程学派(弗兰克福特是其先驱)的其他特征确实是霍姆斯的。其中包括了体面地尊重先例,强调以比较制度权能来指导对司法武断(assertiveness)予以原则性限制。

法律职业中的激进人士很轻视传统律师对自己的研究的客观确信。但是,激进派政纲的显要点却不是主张放松法律服务行业的管制。肯尼迪(Duncan Kennedy)敦促对法学院随机配给教员和学生,敦促在律师和清洁工当中实行中国"文革"式的法律工作轮替,他也赞同"强行清除许多追求从事法律职业的人"。[35] 在他看来,法律职业中的不正义不在于人们只能从有律师执照的卖方那里购买法律服务,而在于从业执照分配的人不对头。激进派对法律职业的批判有盲点,自我利益并非造成这一盲点的唯一原因。那其中还有一种怀旧,怀念手工行会或职业卡特尔的社群主义意识形态,那种把团结和合作置于个人和竞争之上的意识形态。

法律卡特尔的法理学

鉴于事后诸葛的好处,可以认定1960年是美国法律职业卡特尔的最高点,因此也是作为该行会意识形态的美国法理学顶峰。卢埃林,这位当年的现实主义法学家,这时可以说低头认输了,出版了一本书,很过分地赞美了上诉审判决有难以言喻的"手艺"(在全书中,他过度使用了这个词)。[36] 组织化的律协当年努力追求的一切限制如今都各就其位,在设置障碍前(即把长期正规学习作为进入法律职业的前提条件)就进入法律从业门槛

---

[35] Kennedy, *Legal Education and the Reproduction of Hierarchy: A Polemic Against the System* 53 (1983)。另一位"批派"埃贝尔对进入法律服务行业和该行业竞争的限制持极端批判态度。Abel, 前注19。然而,凯尔曼的书(Mark Kelman, *A Guide to Critical Legal Studies* [1987])是我们现有的最接近批判法学的一本专著,其中却没有"法律职业"或"职业"的索引,并且在这个问题上也没有埃贝尔的索引。

[36] *The Common Law Tradition: Deciding Appeals* (1960)。请看, Anthony T. Kronman, *The Lost Lawyer: Failing Ideals of the Legal Profession* 211-255 (1993), 对卢埃林的这本书作了同情的概述。

的律师数量也已不可反转地下降了。当年法院系统以及法律职业曾与之激战过的并可能与法律职业竞争的管制和纠纷解决体制,如行政程序和仲裁,也已被律师成功占领,不再构成威胁。在法律职业卡特尔如日中天的这一时代,非竞争定价以及其他垄断行为的表现很多,例如,流行按"服务的价值"定价(只是到 1960 年后,才通常按钟点收费并最终占据了主导)[37],崇拜精细的手工和长时间工作(这代表了从价格竞争转向非价格竞争),进法学院的大门前排起了长队,在加利福尼亚和佛罗里达这些很多人都想去工作的州的律协前也排起了长队,还有就是精英律所歧视犹太人[38]、女性以及其他"不绅士化的"人士,就因为他们缺乏绅士的价值和世界观,也许不容易共同防止和避免竞争,要让这些人加入进来,会要求精英律师同这些人建立一些精英律师不想建立的个人联系,这会减少精英律所成员们的非货币收益。[39] 对律师也提出了"职业伦理"责任,即他们要用一定时间用来提供"无偿专业服务"(不收费)工作;这种在竞争市场看不到但随着法律职业竞争日益加剧而衰落的责任既限制了法律服务的市场供应,又增加了法律服务的需求。因为贫困人士获得的法律援助越多,其对手(主要是检察官、房东、金融公司以及分期付款的卖主)的付费法律服务需求也会越多。

1960 年法律职业的状况不仅有助于解说为什么 H. 哈特言过其实地赞美传统法律技术,而且有助于解说——尽管不很明显——法律职业精英们

---

[37] William G. Ross, "The Ethics of Hourly Billing by Attorneys," 44 *Rutgers Law Review* 1, 11 (1991). 关于律师的定价,请看,Richard J. Arnould, "Pricing Professional Services: A Case Study of the Legal Service Industry," 38 *Southern Economic Journal* 495 (1972)。按钟点收费已受到挑战,包括固定费用和胜诉费、折扣、成功酬金以及预算封顶等。Margot Slade, "Billable Hours, a Centerpiece of American Law, Is Fading," *New York Times*, 1993 年 10 月 22 日,页 A1。

[38] 尽管到 1960 年这种歧视已经减弱,这却是个长久的关注。Stevens, 前注 19,页 181 注 14,他记录了 1929 年有人提出的关注,关于"俄罗斯犹太孩子"进入这一职业。威格摩尔(Wigmore)则敦促采纳"两年制大学教育要求"作为"慈善措施,以便减少当时进入律协的乱七八糟的巨量脑残"。John H. Wigmore, "Should the Standard of Admission to the Bar Be Based on Two Years or More of College-Grade Education? It Should," 4 *American Law School Review* 30, 31 (1915).

[39] 有关医学的类比,请看,Reuben A. Kessel, *Essays in Applied Price Theory*, chs. 1-3,9 (R. H. Coase and Merton H. Miller eds. 1980)。

对布朗诉教育委员会案为什么会陷于无法理解的窘境。[40] 从法律职业意识形态的视角看,布朗案判决有四方面的麻烦:

1. 这一判决的小前提是种族隔离对黑人非常有害,这种损害无论是给他们打上了低等人的标记,还是剥夺了他们的同等教育,或是否认了对他们很有价值的与白人的联系,或是这三方面加总,以及当年实行种族隔离的初衷,今天的目的,都是要贬低和剥夺黑人,这一点很明显,并且从一开始就是如此。这在两个方面都令人尴尬。首先是,如果这种故意和恶意的种族歧视已经存在了这么久,又这么明显,为什么联邦最高法院会花费了这么长时间才认定其非法?特别是,为什么被布朗案实际推翻的1897年的普莱西案的判决曾肯定过种族隔离?[41] 无论布朗案判决意见本身,或是对该判决感觉不爽的职业法律评论都未指明这一点。其次,这个司法决定是建立在外行人看来一目了然的根据上,这样的决定在职业群体看来就没什么意思,反倒会有点威胁。首席大法官沃伦的意见书中没有什么可以表明该判决意见是一流法律思想家的产品。它在精细、精制和雄辩程度上都不够。事实上,这个也许是沃伦亲自写的,而不是法官助理写的司法意见就不是一流法律思想家的产品。这一事件背后就有过许多精明的律师操练,第二个布朗意见书中宣布的"进度审慎"的救济公式也是很利落的法律花招。[42] 但在这个20纪最重要的司法决定中,联邦最高法院的主要看法却很平庸。

2. 比公立学校对黑人强行种族隔离的后果(因为这只是黑人受到的歧视之一,并且很难将其同其他歧视后果分离出来)更明显的是背后的意图,即让黑人持续处于从属位置。要让法院,特别是让一个北方人主导的联邦法院对南方立法者说,"我们看穿了你们的种族隔离理由,看清了你邪恶的

---

[40] 请看,例如,Herbert Wechsler, "Toward Neutral Principles of Constitutional Law," 73 *Harvard Law Review* 1, 31-35 (1959)。韦西斯勒此文后来以著作(*Principles, Politics, and Fundamental Law* [1961])形式出版了,我引证的则是论文页码。

[41] Plessy v. Ferguson, 163 U. S. 537 (1896).

[42] Brown v. Board of Education, 349 U. S. 294 (1955)。请看,Richard Kluger, *Simple Justice: The History of Brown v. Board of Education and Black America's Struggle for Social Justice* (1976); Philip Elman and Norman Silber, "The Solicitor General's Office, Justice Frankfurter, and Civil Rights Litigation, 1946-1960: An Oral History," 100 *Harvard Law Review* 817 (1987); Mark Tushnet, "What Really Happened in *Brown v. Board of Education*," 91 *Columbia Law Review* 1867 (1991).

真正动机",这很尴尬。

3. 尽管这一决定的小前提太明显了,乃至与该决定都不相称,而此案的大前提就更难说与该决定相称。最起码的,宪法第十四修正案制定者或批准者是否有意用同等保护条款来防止种族隔离的公立教育,这一点并不清楚。是否应当考虑他们的意图,甚至应如何概括他们的意图(因为他们可能曾有过一些一般性意图,例如促进种族平等,但也有某些具体意图,如继续维系黑人的从属社会地位,这两种意图并不一致),这样的决定都要求有一种解释理论。而在1954年这个法律职业还没有这样一个理论,直到今天也仍然缺乏,因此布朗诉教育委员会案判决是否是合宪的解释,这个争论一直持续到今天。[43] 人们还认为,联邦最高法院认定公立学校违法就因为它认为这种做法很坏,而不是因为最高法院突然清楚意识到这样一个事实,早在近一个世纪前,该宪法修正案批准时就已宣布这种做法非法。

4. 不管其法律动机或内容是什么,布朗案判决的政治后果都很重大,它使联邦最高法院介入了南方州与非南方州之间的政治斗争,而在这一方面,可以认为该决定是对司各特案(Dred Scott)判决的一个补偿。* 联邦最高法院似乎不愿触碰此案也许最核心的问题,即南方立法者强行种族隔离的意图究竟是什么,联邦最高法院为什么推迟要求南方服从布朗案判决,这些都是该决定中的另外一些政治性方面。(想回避外在的政治性,这本身也许就是出于政治动机。)而强调工艺的视角是完全反政治的;这种视角想为法律而法律(就像为艺术而艺术一样),而不想为政治而法律。换一个说法,法院越是回避政治争议,司法研究可能越像是在追求科学真理。法律职业人士很高兴自己被视为艺术家或科学家,甚至是社会科学家或"社会工程师",但不希望被认为是政客。甚至被认为是艺术家,他们就很满意了,他们不自诩任何原创、远见或勇敢,以此换取社会承认在社会治理的有限领域内他们拥有无可置疑的专长。

---

[43] 请看,例如,Lino A. Graglia, "Interpreting' the Constitution: Posner on Bork," 44 *Stanford Law Review* 1019, 1037-1043 (1992); Bernard H. Siegan, *The Supreme Court's Constitution: An Inquiry into Judicial Review and Its Impact on Society* 93-107 (1987)。

* 1857年,美国联邦最高法院在司各特案的判决意见中承认南方奴隶制合宪;这一决定不仅间接促成了美国的南北战争,也成为联邦最高法院的一个奇耻大辱。否决了公立学校种族隔离的布朗案因此在波斯纳和其他一些法学家看来是对联邦最高法院的错误的赎赔。——译者注

也许有人会认为,对布朗判决不利的这些要点都可以视为成本,由此才换来了废除这个不公正制度的社会收益。但法律职业的意识形态中并没有为了社会收益而冒风险这一部分。而且,这其中的风险要由法律职业界承担,收益却属于更大的社会。和其他人没啥两样,律师也趋于把自己以及法律职业界的福利高置于他们和民众的共同利益之上。

法律职业的危机

因此,在1960年的革命前夜,美国法律职业就是这样矗立着。今天一切都变了,完全变了。[44] 尽管这一职业还没打开大门,让人们自由进出,但过去30年间,一种呈加速的法律变化,特别是经济变化已经改造了这一职业,正向着竞争性企业发展。这一转变不像从中世纪亚麻行会向现代批量生产的纺织工业的转变那样深刻,它还没有法律职业将非职业化的信号,更不用说法律职业两极化的问题了。[45] 但这两者之间有足够相似处,因此做一类比很有启发意义。

这个更大运动有一部分被贴切地描述为服务产业化[46],但法律职业转

---

[44] 有关文献记录,更晚近的请看,Kromman,前注36,页274—314,以及Sharyn L. Roach Anleu, "The Legal Profession in the United States and Australia: Deprofessionalization or Reorganization?" 19 *Work and Occupations* 184 (1992);又请看,Abel,前注19;Marc Galanter and Thomas Palay, *Tournament of Lawyers: The Transformation of the Big Law Firm* (1991);Robert A. Rothman, "Deprofessionalization: The Case of Law in America," 11 *Work and Occupations* 183 (1984);Richard H. Sander and E. Douglass Williams, "Why Are There So Many Lawyers? Perspectives on a Turbulent Market," 14 *Journal of Law and Social Inquiry* 431 (1989);Robert L. Nelson, *Partners with Power: The Social Transformation of the Large Law Firm* (1988)。当然,律师们长时间以来一直在喊"狼来了"。Rayman L. Solomon, "Five Crises or One: The Concept of Legal Professionalism, 1925-1960," in *Lawyers' Ideals/Lawyers' Practices: Transformations in the American Legal Profession* 144 (Robert L. Nelson, David M. Trubek, and Rayman L. Solomon eds. 1992)。但这一次狼可真的就在家门口了。

[45] 安流(Anleu,前注44)就很有道理地指出,专业化、大律所、律师广告以及律师职业界的其他趋势不必然是法律职业失去自主和地位意义上的"非职业化"结果,但这有可能改变该职业内的报酬分配。

[46] Theodore Levitt, "The Industrialization of Service," *Harvard Business Review*, Sept./Oct. 1976, p.63. 作者指出,这个服务部门是建立在传统的主仆关系模型上的。律师作为富人的高等仆人,这是很传统的观念;狄更斯在《荒凉山庄》中描写的图尔金霍恩律师就是例证之一。关于美国法律正经历"产业化"过程的观点,及其对法律思想和实践的影响,巴尔金注意到了,请看,J. M. Balkin, "What Is Postmodern Constitutionalism?" 90 *Michigan Law Review* 1966, 1983-1986 (1992)。

型却是法律服务需求激增的最直接后果。如今人们还没有很好理解法律服务需求激增的原因究竟是什么,尽管可以看出某些因果要素,诸如创建新权利、犯罪率大增、诉权规则大大放宽、法律救济更慷慨了(包括集体诉讼的标准放松了)令诉讼更有利民事原告、不利民事被告的趋势也增加了,以及对贫困刑事被告和贫困民事原告律师的补贴也增加了等。法律服务需求激增的最突出表现就是诉讼爆炸,以及与之相伴的律师数量激增。[47] 尽管公众认为是律师创造了社会对律师的需求,但近几十年来法律权利和法律规制的巨大扩张不可能只因为年轻律师数量增加了。当法律职业扩张时,这更少会是有影响的成年人侧面加入进来了,更多会是法律学生数量的扩张,他们凭着自身打拼逐渐进入了这一职业。

回应法律服务需求增加的形式是多样的,所有这些形式都涉及增加法律服务的供应。这并非一种别无选择的回应。通过限价,本来也可以包容这种需求的,即便不一定能完全满足需求,因为限价会把人们分流到纠纷解决的其他系统去——政治的、仲裁的、非正式的,甚至是内部的(厂商之间如果有供应商与消费者的关系,那么兼并就会将他们之间的法律纠纷转化为厂商内部的纠纷,并可以由主管下令解决)。但实际采取的方式是增加新的法律服务供应,增加供应者,供应者之间增加竞争,强化法律服务生产的技术和组织创新。第一种回应的例子是创建新法学院,扩大现有法学院,以及降低考试不及格学生的退学率,这些措施加总使得法律职业人数增长巨大。1960 年美国有 213 000 位律师和法官(其中多数是律师),到 1991 年增加到 772 000 人。[48] 供应扩张的动力是律所之间竞争性增加律师,以便应对法律服务的更大需求。竞争增加了律师收入,吸引了更多学生进入法学院。对法学院的需求激增令法学院也能扩大(也促使建立新的法学院),还能更仔细挑选申请人,因为如今的人才储备更多了,也更有才华,这也增加了学生中最终毕业并成为律师的百分比。

---

〔47〕 有关文字记录,请看,Sherwin Rosen,"The Market for Lawyers," 35 *Journal of Law and Economics* 215 (1992)。

〔48〕 Richard A. Posner, *The Federal Courts: Crisis and Reform* 80 (1985); U. S. Bureau of the Census, *Historical Statistics of the United States: Colonial Times to 1970*, pt. 1, p.140(Bicentennial ed. 1975)(ser. D233-682);U. S. Bureau of the Census, *Statistical Abstract of the United States* 392 (112th ed. 1992)(tab. 629)。

第一章　法理学的物质基础

　　对法律服务需求增加——职业内部的竞争加大——的第二个回应有一部分是联邦最高法院的一系列决定。以这种或那种理由,最高法院认定对律师竞争的一些传统限制非法。[49] 对这一博学职业,当年法官曾规定了不适用反托拉斯法,如今则不再豁免,一起成为过去的还有律师协会的定价。大多数限制律师打广告——不仅不允许通过媒体做广告,而且不允许向有潜在法律生意的人揽活——的规定都被认定为非法,限制律师在外州(即不是他首次获取从业执照的州)从业的许多障碍也废除了。

　　技术创新和组织创新强化了法律服务市场的竞争,但这些创新对这一职业转型也有独立的意义。律师助理(the paralegal)的兴起表明有许多律师的传统工作可以由非律师完成。它还使法律服务变得更少同质化。用计算机准备文件、编制索引和搜索法律,使用传真和其他通讯设备,已经提升了传统律所不高的资金要求,扩展了最起码的律所有效规模,因此推动了律所平均规模的惊人增长,如今有些律所的律师人数已经上千。[50] 增长的另一因素是律所的各种业务中,诉讼的重要性增加了,这一变化部分是因为商业客户自己接手更多非诉业务。由于诉讼的发生和需求无法精确预料,因此律所规模扩大可以降低律所工作量的波动。

　　老派的反托拉斯法信仰者也许认为,律所平均规模的增加容易导致垄断或寡头制。但法律服务产业的经历并非如此。律所规模增大便利了法律服务扩展到不同地区和服务市场,因此强化了竞争。(可作类比的是银行业:一个未加规制的由 10 个银行构成的银行业可能比有规制的由 14 000 个银行构成的银行业竞争更激烈。)随着厂商法务增加,许多厂商发现自设大量法务人员更划算。这些厂商法务人员不仅对从业律师构成更大竞争,也使企业客户可以更精明地同律所交涉,利用律所间的矛盾、竞争投标以及其他,这就进一步刺激了律所间的竞争。我们不应惊奇,在 1970 年至

---

〔49〕 Bates v. State Bar, 433 U. S. 350 (1977); Supreme Court of New Hampshire v. Piper, 470 U. S. 274 (1985); Zauderer v. Office of Disciplinary Counsel, 471 U. S. 626 (1985); Shapero v. Kentucky Bar Association, 486 U. S. 466 (1988); Supreme Court of Virginia v. Friedman, 487 U. S. 59 (1988); Peel v. Attorney Registration and Disciplinary Commission, 496 U. S. 91 (1990); 但是请看, Ohralik v. Ohio State Bar Association, 436 U. S. 447 (1978)。

〔50〕 微机日益精制复杂化以及电子产品价格普遍下降也许会限制有效率律所的最低规模扩张。如果存在急剧上升的规模不经济,法律服务需求的增加将趋于令律所数量增多而不是规模扩大。

1985年间,法律服务的价格下降了(根据通货膨胀率做了调整后实在数字),而不是如同公众和法律职业界一致假定的是增长了。[51] 一般合伙人(associate)与正式合伙人(partner)的收入比增长也与竞争强化的假说一致;买方独家垄断的削减增加了律所的劳务费用。

随着律所的发展,法律职业内的专长化的机会,为了更全面的劳动分工,也迅速发展了。大律所雇用了职业经理、英语教授、会计、经济学家、计算机专家以及其他非法律人专家来履行先前由律师履行的服务。律师变得只精通某些狭窄法律领域或某些具体技术,他得学会在大团队中工作,从事大企业竞争的典型事务,比方说,大企业上市、监管等。竞争也使律师工作更艰苦,降低了他们的岗位安全感。如今律所解散、重构和重组(regrouping)更多了;解雇一般甚至正式合伙人更多了;所内收入大幅涨落的现象也更多了。

这些变化都带来心理学后果。更艰苦的工作——即便有很高的报酬,工作位置更不稳定,以及在大型组织内从业难免被官僚压迫的"感觉",所有这一切都降低了工作本身的满意度。许多律师显然真诚地说,他们不像先前那么喜欢法律实务了。许多人说,如果当初知道从业法律会是什么样,就不会进法学院。法律市场日益强化的竞争令律师感到自己就像小本生意人,而不再是当年自豪的职业人士,在这个职业中,把一个人推上领导位置的比方说营销("游说")才能都是些商业竞争的才能而不是什么职业精神。工艺上的愉悦,行会的安全,如今都落花流水春去也。

从法律职业的两类典型产品中,即上诉审的诉讼摘要以及上诉审判决意见,我们就可以发现法律人工作改变的痕迹。先前这两类文件都是法律职业人士的产品,无论是老道的律师还是法官,本质上都是他们亲自动手,即便也有他人的建议。诉讼摘要或判决意见的作者不仅是——当年是不用说的——有经验的职业人士,而且是经验丰富的法律笔杆子;写过文采斐然的法律文件,例如,诉讼摘要和判决意见,这套手艺位于其自我职业形象的中心。俱往已,往事不再。如今,在大律所、政府机构以及其他有影响的法律机构中,诉讼摘要都委托给最没经验的律师撰写。确实,还会有人监督他们写作;他们只写初稿,不是定稿,不承担最后的责任。但是,初稿

---

[51] Sander and Williams, 前注44,页451。

作者一般在很大程度上会影响最后的产品。如今,资深律师与诉讼摘要写作的关系就是一位监督者,能引导并完善年轻律师,让他们拿出最好的作品。

我写作《卡多佐:一个名声研究》(1990)中有部分研究就是阅读了将在书中讨论的、提交卡多佐法院(纽约上诉法院)的 20 个案件的诉讼摘要,这些案件主要都是 1920 年代决定的。尽管卡多佐的判决意见没有多少应归功于这些诉讼摘要,这些诉讼摘要的个人性、完整性、精细的语法和打字的准确,都令我印象深刻。这些诉讼摘要的作者都不是什么法律天才(也许杰克逊[Robert Jackson]例外,其中有一个诉讼摘要是他撰写的),但他们确实都是法律艺匠。相比之下,1980 年代提交联邦第七巡回区上诉法院的绝大多数"出色"诉讼摘要都是批量生产的,统一但没特点,没有个性,且明显匆忙,这很是令我吃惊。

与此并行尽管不完全一样的演进也在判决意见写作中出现。上诉审法官的主要角色是案件决定者,这基本未受损害;但就其第二角色,即司法意见的作者,这个角色已经变成了监督者。这种劳动分工,回应的是从行会生产向工厂生产的转型,令法院能比先前处理更多数量的案件,平均质量也没有明显(或就是没有)下降。这是一种有效的适应,适应了社会对由司法决策构成的这一小块法律服务的更大需求。但我们不应期望从这些法官/编辑那里得到霍姆斯、汉德、卡多佐和杰克逊的文学或修辞精品,或是获得马歇尔或布兰代兹的政治或社会理论雄文。这里有监督的技巧;也许适当时候,法律职业界也会承认一种新的大师型法官,他引导法官助理生产了一个出色产品,有别于他亲自动手精心制作的判决意见。但这与以往法官的工艺技术已不同了。

尽管司法意见的平均质量也许没有因法官委托助理撰写意见书而下降,但品质的多样性还是降低了。法官助理大多是新近的法学院毕业生,成绩优秀但没法律或其他职业经验,他们也比法官更同质。产品趋于统一,在大律所提交的法律诉讼摘要中很典型,这种现象在批量生产的工业产品演化中都有相应的现象。中世纪手工行会也强调产品统一性重要,但比起机器生产的产品,手工制品更少可能质量统一,机器生产则便利了标准化和检验。法官助理不是机器,但和其他地方一样,法院系统内的劳动分工还是便利了可比的标准类型。这种分工削弱了个体法官间的差异。

巴克拉克画室不是梵高,甚或也不是布雷迪(Brady)(而布冉能大法官也不是布兰代兹)*,但比起此前的艺术手段所提供的,现代摄影可以提供质量更为统一的肖像。

但不要认为,法律产品日益统一意味着律师收入日益统一。竞争性法律职业提供了卡特尔无法提供的获取企业家回报(entrepreneurial return)的机遇,这就像批量生产提供的获利机遇会令行会的垄断性回报相形见绌一样。事实上,令卡特尔——包括职业卡特尔——不堪一击的因素就是作为竞争性产业成员的生产者可以获利更多。当法律不让创设全国性律所时,那些才能足以组织大企业开辟新市场的律师就没法用自己的才华来发大财。在如今更具竞争的职业环境中,当然有律师继续收入极高,但这一事实并不表明,不像博克认为的那样,竞争不起作用。[52] 博克还忽略了风险与报酬的关系。他声称,当业务萧条时,律所合伙人可以裁减那些产出不高的合伙人,借此来保持自己的高收入。[53] 如果情况如此,那些持续高收入的律师会有一部分感到不现实,因为他们也许发现自己就是那些产出不高被裁减的合伙人。

法理学的黄昏

在讨论布朗诉教育委员会一案判决时,我对法律产业革命前夜的法律思想界作了一个简单介绍。这一思想界集中体现在韦西斯勒(Wechsler)的中性原则论文中。已经有人指出这篇美国法律史上引证最多的论文之一[54]

---

* 布雷迪是美国19世纪下半叶的著名摄影家;布冉能是美国联邦最高法院大法官(1956—1990),是这一时期自由派法官的核心和灵魂人物;布兰代兹是20世纪初的美国著名律师,后任美国联邦最高法院大法官(1916—1939),是自由派的代表。——译者注

[52] Bok, *The Cost of Talent*: *How Executives and Professionals Are Paid and How It Affects America*, ch. 7 (1993).

[53] 同上,页146。其他的批评,请看书评,Andrew Hacker, "Unjust Desserts?" *New York Review of Books*, 1994年3月3日,页20。

[54] 此文发表于1959年。在1960年至1992年间,它被法律评论上令人吃惊地引证了1102次。这一数字是根据1960年至1986年间《社会科学引证索引》以及此后年间的 LEXIS 法律评论数据库计算出来的,《社科索引》由于数据制表总会数年后才出版。根据另一略有不同的数据库所作的另一研究,到1985年3月,韦西斯勒的文章是历史上引证率第二的法律评论文章。Fred R. Shapiro, "The Most-Cited Law Review Articles," 73 *California Law Review* 1540, 1549 (1985) (tab. 1).

在分析上的欠缺[55],无需我们在此久留。令我感兴趣的是它的代表性,代表了司法的工艺。

这种工艺形式是一个个人陈述。"我首先说明,我丝毫不怀疑[对联邦和州的立法或行政活动]予以司法审查的合法性。"[56]如果是一篇科学或社会科学的论文,这个开头会很令人奇怪,因为它假定作者的内在精神状态,即怀疑或确信,对他提出的用来支持其观点的推理或证据具有独立意义。当手艺很神秘时,辨认手艺人是谁,会传递有价值的信息。这篇文章告诉人们,韦西斯勒是一所著名法学院——哥伦比亚法学院——的宪法冠名教授,还解说了,此文是世界著名的哈佛法学院一年一度的霍姆斯讲演文本。这一讲演系列以霍姆斯这位英美世界最卓越法学家命名,霍姆斯本人则是这所法学院最著名的毕业生,曾短期在此校任教,并长期同这所法学院联在一起。韦西斯勒在文章头一段提到了上一年的霍姆斯讲演者汉德,联邦上诉法院历史上最伟大的法官。韦西斯勒的文章也是当时美国顶尖法律杂志《哈佛法学评论》第 73 卷的开篇。因此,此文就不只(或多或少)是一个学术分析;它还是律师行会工艺大师意识清醒的自我表演。

因此我们就不应感到奇怪,韦西斯勒的口气是居高临下的。联邦最高法院是"一个以美国宪法为根据抒发一切牢骚的永远开放的论坛",人们会认为这样的理解挺有道理,甚至很有创意,但韦西斯勒嘲笑了这种观点,认为"理解得不够"。因为这些人不知道必须"严格坚持符合程序性和管辖的要件",这种坚持是"大法官布兰代兹先生思想作品的基础",因此就无需对此给出更多正当理由。[57]讥消者也许会奇怪,布兰代兹坚持这些技术性要求也许并没打算禁止联邦最高法院触及一些实质性问题,即便多数大法官对这些问题的回答可能会令布兰代兹这位非常强调实质性问题的人不快。但韦西斯勒又不能说,布兰代兹并非完全无偏见的职业者,事实上布兰代兹一直都受政治和战略考量的影响;如果说了,这等于说中世纪手工行会受尊敬的某人的动机就是盈利。

文章很快清楚表明法官最重要的义务之一就是抵制常识和普通人正

---

[55] 请看,例如,Gary Peller, "Neutral Principles in the 1950's," 21 *Journal of Law Reform* 561 (1988)。
[56] Wechsler, 前注 40,页 2。
[57] 同上,页 6。

义感的影响太大。即便一位外行,他也应当能够理解,没人给法官一张空白支票,让他在上面任意写下他们个人和政治的偏好,并称其为美国宪法。但是韦西斯勒想找出一些外行直觉不靠谱的例子,虽然明显或至少可能违宪,法官却还是拒绝或至少应当拒绝采取行动的例子,比方说,侵犯了共和制政府;选区划分不公,以及普遍的立法分配不公;法律禁止种族通婚;法律禁止黑人参加民主或共和党初选;以及法律禁止黑人与白人(或禁止白人同黑人)一同上公立学校。韦西斯勒反对司法来纠正这类对法律同等保护的明显违反,理由是,他无法找到一个足够普遍的(adequately general)原则来涵盖这类问题。什么是足够普遍的原则呢?他认为,只有那种不仅对手边的案件而且对属于这一原则语义范围内的任何虚构或实在案件的处理都保持前后一致的原则才是足够普遍的原则。从这种说法中我们可以看到法学院课堂用的那种技巧,学生努力提出一些原则,而教师提出虚构的案件,来检验这些原则的适用范围,借此来挑战学生的努力;只是在这里,韦西斯勒把这种技巧提升为宪法案件审理的方法论要件之一。"我觉得自己提出了一种作为教学工具使用的中性原则概念,我用它推动学生作为标准更彻底地评价和检查他们对某具体决定结果的直接赞同与否的反应。"[58]

用虚构案件来检验和限制一个理论或原则,这不只是一种教学技术。但它不具有韦西斯勒认为其具有的那种规范力量,因为韦西斯勒认为所有这些——第一个除外——在不违背中性原则的情况下联邦最高法院都不能纠正的违宪事实上联邦最高法院都予以纠正了,而且天也没塌。[59]

有人也许会认为,布朗诉教育委员会一案的中心问题并非抽象的结社自由原则适用范围的问题,而是美国南方在公共设施上实行种族隔离的意图是否是要或者可能会使黑人处于传统的从属地位。这是一个事实问题,答案很明显,尽管可能会像我说的,联邦最高法院说出答案会很不明智。这也许就是最高法院为什么集中关注的不是公立学校实行种族隔离的动机或政治后果,而是种族隔离给黑人的教育和心理健康带来的后果。韦西

---

[58] 引自, Norman Silber and Geoffrey Miller, "Toward 'Neutral Principles' in the Law: Selections from the Oral History of Herbert Wechsler," 93 *Columbia Law Review* 854, 925 (1993).

[59] 联邦最高法院仍然拒绝强制实施保证共和政体的条款,这里有个很严肃的问题,即这一保证的含义是什么,以及是否有任何州实际违反过这一保证。请看,本书第九章。

第一章　法理学的物质基础

斯勒对种族隔离的动机或后果不感兴趣,他只是以典型的律师方式玄想了废除种族隔离可能发生的恶劣后果,也就是说,唯一令他感兴趣的只是那种玄想性糟糕后果,那是他所质疑的那一立场可能引发的。他断然赞同这样的原则,即立法者的动机与一个立法是否合法完全无关。他希望重新表述这一宪法问题,是否存在这样一个结社自由原则,一方面允许黑人就自己被排除在白人学校外提起诉讼,同时又禁止白人就他们必须同黑人一同上学提起诉讼。

这确实是看待此案的一种方式。但问题是韦西斯勒为什么认为这是看待此案的唯一方式?我可以想象的唯一理由是,律师喜欢抽象概念("结社自由"),喜欢依据逻辑和虚构案件来论证问题,同追问事实相比,这种偏好与律师典型的修辞更为一致。[60] 职业人士都不想踏入自己不掌握一切研究工具的地带,害怕削弱了自称的职业自主性,他们不想冒这种风险。他们只想做好能做好的事,不想做他们做不大好的事,哪怕这件事更重要(例如实行社会正义),对社会贡献更大。这其中隐含的是,他们把法律职业的福利置于社会福利之上;而理由是,他们要维持自己的声望,等到需要拯救国家时用。(为了这一天我们都等了两个世纪了。)这就像那些强调预后的医生,这样一来,他们就可以拒绝那些可能死亡的病人,而集中关注那些通过医疗甚或无需医疗就可以康复的病人。

我把律师的论辩或辩解称为修辞而不是推理,这是因为有太多法律著述,即使是那些最受赞美的,也只是形式上严谨,而并非实质上严谨。[61] 韦

---

〔60〕 判案法"重视玩弄言辞,它鼓励从言辞内部来考察其体系是否一致,而不是从外部来考察这一体系与实在世界是否一致,对人们和事件有什么影响"。Erwin N. Griswold, "Intellect and Spirit," 81 *Harvard Law Review* 292, 299 (1967).

〔61〕 将修辞与逻辑和科学这样对立起来看上去很不实用主义;但这样做的理由和限定,请看第二十四章。

针对法律过程学派后来的一个标本性文献,冈瑟的论文(Gerald Gunther, "In Search of Judicial Quality on a changing Court: The Case of Justice Powell," 24 *Stanford Law Review* 1001 [1972]),图希内特评论说:"他句子分析起来相当不错,看上去说了些什么东西,但结果是几乎没有内容。句子的语调和表现方式确实都说了些什么,尽管也许不是冈瑟清醒地想说的。这篇文章很大程度上是为法律圈内人写的,还假定这些圈内人分享了关于观察这个世界以及法律应当如何规制这个世界的方式。冈瑟隐含地谈到我们可以用一些小手法选择一个抽象层面来处理描述某个境况或概括利益的难题,用小手法来处理选择的这项原则必须提供多大程度的统一的难题,因为我们都知道优秀的法官应当做些什么。在这一方面,冈瑟也许完全正确,如果他能以确定的方式界定一下这个'我们'是谁的话。"Tushnet, *Red, White, and Blue: A Critical Analysis of Constitutional Law* 184 (1988).

74 　西斯勒的文章就没有解说，没有充分界定，或是没有点明，他的核心概念"中性原则"的出处，也没为这一概念辩护。他所说的一切，很明显，就是司法判决应"坚持原则"（principled），对他来说，这只意味着法官应避免把司法判决建立在纠缠不清的经验性实在世界基础上，比方说，公立学校实行种族隔离的动机和后果。因此，立法机关作出类似决定也许就是坚持原则的。也就是说，坚持原则也许是相对于机构权能和传统的（而该机构的决定受到了质疑），尽管韦西斯勒禁止法院探求立法机关是否实际称职；他认为谁称职与否在经验上是无法落实的。也许他也想过布朗案件决定具有再分配性质（即将白人的财富分配给黑人），而这种再分配的判断，无论多么公正，都应当由立法机关决定，而不是由法院决定。

　　韦西斯勒一直没能将这些问题理清，因为他喜好的论证方法是提出一些修辞性提问，我数了数，他的这篇 35 页的论文中有 60 个修辞性提问。这种提问可以说是一种文字逼供，因为它强迫读者同意其答案。这些令人难以暇接的修辞性提问给读者一个先定的选择：你要么赞同韦西斯勒，要么就是白痴，"从法律中只感知了命令因素"，甚至更糟（一种看起来几乎下流的形象），相信"法院可以作为一个赤裸裸的强力器官自由发挥作用"。[62]

75 　修辞性提问并非韦西斯勒大量使用的唯一修辞手法。韦西斯勒的文章没忘记提及他曾在最高法院辩论过的那些著名案件，也不断重复自由派的深厚同情心，而这种同情心又使他在揭露联邦最高法院在种族问题上法理不足时非常痛苦[63]，但他的艺匠感还不允许他手下留情。由于文章发表的时机和场合，该论文丰富例证了古典修辞学的"道德感染力"，即通过说服听众作者就是那种说什么听众都应相信的人，以此来强化作者论证的说服力。这里有一种挑逗人的兜圈子，直话就不直说，这都是律师的老套路了。因为韦西斯勒从来都没说布朗案决定实际错了，而只是说还没任何人能拿出有说服力的理由，包括他自己也拿不出。

　　和艺术家或工匠相似，传统的辩护律师、教授或者法官产出的既不是可以重复或是可以用其他方式验证的论点或证据，也不是在法律服务市场

---

[62] Wechsler，前注 40，页 11-12。
[63] 就像韦西斯勒说的，"事实上，这篇文章在修辞学上的有效因素之一恰恰在于我说服了人们：我喜欢[这些种族案件]的结果，却还是感到有必要质疑其根据"。Silber and Miller，前注 58，页 926。

第一章 法理学的物质基础

或学术文献市场上很容易就能评价的标准化产品。他们生产的产品本质上是文字产品,展现的是他对修辞技术的把握,是他作为律师的才能、训练和经验的独特结果。霍姆斯曾认为法律是思想者的天职,而不是诗人的天职[64],这是霍姆斯最不靠谱的话。和英美法律职业的许多伟大人物(也包括韦西斯勒)一样,霍姆斯的绝大多数轰动都源自他的修辞力量。[65]

挑韦西斯勒的刺并不是出于恶意或嫉妒,而是因为韦西斯勒和 H. 哈特一样,也是"法律过程"学派[66]的领袖,这一学派是哈佛对现实主义法学的回答,是对兰德尔和霍姆斯的综合。韦西斯勒完全不是严格解释论者,大概也不能称为形式主义者。但在 H. 哈特和韦西斯勒与兰德尔以及比尔斯夫妇之间几乎没法作实质性区分。他们使用的语汇不同,H. 哈特和韦西斯勒的语汇更现代;他们用的是合乎情理和制度权能,而不是权威法律文本和基本法律概念。但是说到底,这里有个相同但未言明的确信,即法律分析的焦点是法律概念之间的关系;这里还有个相同但未被承认的依靠,真正推动共识的是同质的世界观和价值;这里还有相同但令人惬意的"分析严格"假象;还有同样的暗示:法官和联邦最高法院大法官都是不成功的法学教授;还有对经验世界的同样不关心以及对创新的同样反感,因为真正新颖的案件都不是先例的延续,也不是其他供法律判决的常规性权威材料的继续。上一代有成就的法学家对立法和行政过程表现了一种反应性却非反思性的敌视,而这一代法律过程学派代之以非反思的,实际上是天真的确信,确信立法者和行政官员的真诚和智慧。法律拟制也如同先前一样兴旺,只是用联邦制和制度权能的陈词滥调取代了有关契约自由的

---

[64] Oliver Wendell Holmes, Jr., "The Profession of Law" (1886), in *The Essential Holmes: Selections from the Letters, Speeches, Judicial Opinions, and Other Writings of Oliver Wendell Holmes, Jr.*, 218 (Richard A. Posner ed. 1992).

[65] 我曾在 *Cardozo: A Study in Reputation* (1992, p. 133-134) 和 *Law and Literature* (p. 281-289) 中论辩过这一点。拉大旗作虎皮和故作姿态对于职业成功有用,这种现象不限于法律领域,除此之外,还有什么能解释在科学进步最终使医疗的预期净收益为正之前,医学在许多世纪中所享有的声望和获利呢? 请看,Brown,前注 8;Freidson,前注 8,页 16。我并不是说现代科学就完全没修辞作用了。请看本书第二十四章。

[66] 对这一学派的描述,请看,Neil Duxbury, "Faith in Reason: The Process Tradition in American Jurisprudence," 15 *Cardozo Law Review* 601 (1993); William N. Eskridge, Jr., and Philip P. Frickey, "An Historical and Critical Introduction to 'The Legal Process'" (unpublished, Georgetown and Minnesota Law Schools, Jan. 26, 1994)。

陈词滥调。[67]

我错了吗,下面这段摘自一位"过程法学"杰出实践者著作的文字难道不是在炒兰德尔的冷饭吗?

> 在如同我们这样一个复杂的实用主义社会中,从来也没有实现过统一,即使可行也不必如此。事实上,就此甚至无法就绝对统一的标准达成一致;对于此人的自相矛盾,对于他人就是更高程度的综合。但在一个确定语境中,也许会有某种矛盾感,足以造成社会困扰;我们的宪法法院的重大作用之一就是发现这种矛盾,并肯定我们社会具有整合诸多社会目标的能力……一个[行政]机关并非一个独立的山头。它只是法律辉煌官邸中的一间屋子。这一机关之所以完全服从司法管辖就是要宣告这样一个前提,即每个机关都应当与法律达成总体的和谐。[68]

这里承认我们社会是一个实用主义社会,拒绝了那种老派形式主义者的美梦,即可能有一个完全统一的法律理解。但这个美梦很难消失。我们的法院在"肯定我们社会具有整合诸多社会目标"上有"重大"作用。法律本身是一座"辉煌官邸",是一个"总体",法院可以给总体的各部分带来"和谐"。这是这些领域的唯一音乐;而这不是实用主义的话语。

法律过程学派有个非常有趣的反讽,H.哈特对法律的理性和有效性的信念似乎是从他在美国"二战"时期价格控制机构的律师经验中产生的。[69] 我们如今知道,当时对控制的规避很猖獗,尽管通货膨胀受到了控制,但成本也许很大并且——由于货币紧缩政策可以同样有效防止通货膨胀——不必要地降低了就业和产出。"价格控制阻碍了战时工作,使许多家庭更为悲惨。"[70]

---

[67] 对法律过程学派的类似批评,请注意法律过程学派"近亲繁殖"以及由此导致的盲点,请看,Akhil Reed Amar, "Law Story," 102 *Harvard Law Review* 688, 702-710, 719 (1989)。

[68] Louis L. Jaffe, *Judicial Control of Administrative Action* 589-590 (1965).

[69] Eskridge and Frickey, 前注66,页57注120。

[70] Paul Evans, "The Effects of General Price Controls in the United States during World War II," 90 *Journal of Political Economy* 944, 965 (1982). 又请看,Geoffrey Mills and Hugh Rockoff, "Compliance with Price Controls in the United States and the United Kingdom during World War II," 47 *Journal of Economic History* 197 (1987)。

第一章 法理学的物质基础

人们已不易想象今天还能有一篇文章,像韦西斯勒写作时那样清醒意识自己的权威。那种自鸣得意,那种对于根深蒂固的法律推理的确信,今天都已失去了支配力;由于 1950 年代学院内不可思议的政治斗争,哈佛法学院受了重创,失去了其首屈一指的地位。《哈佛法学评论》,随着每年的积极补偿活动,有可能成为笑料。霍姆斯讲演失去了很多光彩。如今在法律职业中再没有谁有韦西斯勒曾拥有的那种地位了:服务于纽伦堡审判,在联邦最高法院出庭、法律史上最著名的案例教科书作者之一(H. 哈特与韦西斯勒合著的联邦法院教科书),模范刑法典作者,以及美国法学会最显赫年代(如今这一显赫已经失去)的主席。当然,巨人不总是能被其同代人看到,因为缺乏必要的透视。但随着法律职业越来越大,越来越专业化,越来越多样化,越来越商业化,人们就越难想象韦西斯勒那种职业生涯,那种自信感、自我权威感和自足感,正是这些使某个法律职业人士骑上趾高气扬的修辞之马,像韦西斯勒那样慷慨激昂地宣读自己有关中性原则的论文。

昔日法理学的重任是要展示法律不只是政治和修辞。当大多数聪明律师都不再相信(或是感到不易这样相信或宣称)美国宪法文本已为一切案件决定提供了规则系统时,韦西斯勒在其论文中提出以"中性原则"作为严格解释的替代,借此保证法律不受政治和公众意见的干扰。韦西斯勒的论文针对的就是这一职业精英团体本身,该团体的同质性保证了其听众很容易事先就同意其领袖的观点。不仅发言人受到了欢迎,发言也受到了欢迎。因此,这篇论文从一开始就没有受到严格的批评审查,即便其分析上缺陷重大且明显,而且,就像我分析的那样,修辞盖过了分析:都这么想(即职业精英的有行会特征的常规智慧),却从没有表达得这么好。

也有学者不同意韦西斯勒的论文主题。可以料到,不同意见主要[71]来自耶鲁法学院的某些教授,现实主义法学传人。耶鲁法学院前院长克拉克(Charles E. Clark)的反对题目是《呼吁非原则的司法决定》[72],然而,从这

---

[71] 尽管不都来自耶鲁法学院。"法律过程"学派的几位成员都曾写作赞同布朗案的决定,请看,Eskridge and Frickey,前注 66,页 103—107,尽管他们的著述早于韦西斯勒的论文,并且过程学派的"圣经",H. 哈特和萨克斯的《法律过程》没提及布朗案。Eskridge and Frickey,前注 66,页 102。

[72] 49 *Virginia Law Review* 660 (1963).

个题目就看出韦西斯勒的修辞成功占据了制高点,因为几乎没有哪位法律职业者会为这样的题目吸引,自然不会继续读下去。波拉克(Louis Pollak)也进了韦西斯勒的套,写了一篇文章支持布朗案的决定意见。[73] 波拉克想避开考察公立学校实行种族隔离的后果,用了不光彩的律师战术,转移举证责任,要求学校管区证明种族隔离未贬低黑人,并据此认定学校管区没完成举证责任。他们当然没完成举证责任,因为当时他们不知道自己还有这样的举证责任。对布朗案最雄辩的学术辩解来自 C. 布莱克(Charles Black),他认为,此案判决作者面对的挑战在于要"找出一些方法,令联邦最高法院可以运用它知道的知识"。但他没有指出都是些什么方法,文章最后,他还诉诸了这样的形式主义论辩,说宪法第十四修正案已经使黑人成为各州的"公民"了,因此"这使我很难想象,如果其他公民都不同黑人交往,那在操作层面上,他又何以算是一位'公民'"。[74]

传统法律意识形态的瓦解创造了新的视角,令批评韦西斯勒成为可能,然而,这些批评看来或许都错失了他的基本点,即司法决定应坚持原则,但又有哪位思维正常的人(请克拉克法官原谅)不赞同这一点。而坚持这一点,本身就证明了行会的思维。正如有关提名鲍克出任联邦最高法院大法官的听证会表明的,美国人民要求法官提交他们两样东西:他们想要的一些具体结果(如死刑和堕胎合法化),他们还要求法官仅仅发现法律而不制定法律。这两样是不兼容的。尽管如此,法官们认为,要满足公众的要求其实相当容易:给公众他们想要的结果,再用消极服从"法律"(包括也许是法官上星期才制作出来的法律)这类言辞包装一下即可。这导致许多司法意见都有一种虚伪口吻和一些不合逻辑的内容,损害了行业的规范,或是损害了与之紧密相关的职业规范,即个人道德高尚,技术上一丝不苟等。但真正令司法独立失去公共支持的,正是固守这些规范,而不像韦西斯勒认定的是不恪守这些规范。

我预测,随着法律职业对各种观点和背景的开放,随着(我希望并相信

---

[73] Louis H. Pollak, "Racial Discrimination and Judicial Integrity: A Reply to Professor Wechsler," 108 *University of Pennsylvania Law Review* 1, 24-30 (1959).

[74] Charles L. Black, Jr., "The Lawfulness of the Segregation Decisions," 69 *Yale Law Journal* 421, 428-429 (1960).

有一天会)准许律助组建自己的律所,同"真"律师展开竞争[75],随着银行家、会计师、经济学家、计算机工程师以及管理咨询师在法律阐述运用中扮演日益重要的角色,随着律所的扩大、多样和日益国际化,随着法学教育变成只供选择而非必修,变得更务实,甩掉那些花拳绣腿,随着法院系统更大、更专业化,以及随着法律和社会生活其他方面一样日益量化和计算机化,以法理学名义流通的那些传统关注会看上去并正变得无关紧要。那些认为查勘严守法律边界很重要的人,也就是那些认为值得讨论纽伦堡审判纳粹战犯时适用的是否"真的"是"法律"这类问题的人,那些认为清理出"评价法律运用某实质理由是否合适或有关的十条主要标准"——即"(1)内在的正当力,(2)常规的正当力,(3)便于与其他理由通约,(4)便于理解且有说服力,(5)便于转化为稳定的规则,(6)'有指导性'(guidesomeness),(7)可有效解释,(8)'两可状态'下的有限裁量,(9)理由有普遍的'涵盖性'(range),以及(10)便于法庭适用"[76]——很有启发性的人,他们会变得与法律的理论实践似乎毫无干系,就像与他们类似的中世纪不重要的宗教法规学者一样。他们的封闭话语适合这个为自身特权寻找正当理由的职业,而这一理由只指向其思想的极度晦涩。我还认为,学术法律人也会放弃罗考斯基(Rakowski)的希望:法理学能生产供法官使用的地图。[77] 如同大多数哲学一样,法理学所能做的一切就只是令你足以抗衡各种哲学论点。法理学是用于治疗(therapeutic),却治不了病(not curative)。我这里说的还是那种从分析哲学获得启发的法理学。如果法理学界定更宽,与法律理论相等[78],常规法理学的局限就变得更明确。

80

---

〔75〕 这正在开始。请看,Jana Eisinger, "Nonlawyers Claim a Growing Swath of Legal Turf," *New York Times*, 1993 年 7 月 16 日,页 B10。这一变化,与允许护士提供某类医疗,同医生竞争,是类似的。

〔76〕 Robert S. Summers, "Judge Richard Posner's Jurisprudence," 89 *Michigan Law Review* 1302, 1333 注 73 (1991)。

〔77〕 Eric Rakowski, "Posner's Pragmatism," 104 *Harvard Law Review* 1681 (1991)。

〔78〕 例如,明达的界定,请看,Gary Minda, "The Jurisprudential Movements of the 1980s," 50 *Ohio State Law Journal* 599 (1989),这是个很有用的综述。

第二章

法学的成功与艰辛

81　　维系(正迅速弱化的)法律职业卡特尔的网状控制中心是法学院。法学院也是法律理论和知识生产的主要场所。今天几乎所有法学院都设在大学;而美国的大学即便有众所周知的诸多缺陷,却还是举世无双。但我们不应对美国的大学体制自满,蒙住了我们的双眼,看不见其法律教育的弱点。大学内许多领域的文献,特别是但不仅是人文学科,在衰落、僵化或流变。神学(如果用长期观点来看,将它的今天同它在13世纪占据的地位予以比较)就不是一个还在发展的领域。教育也不是,人类学、地理学、英国文学或建筑学都不是(这些都是争议很多的)。

　　法律的状况则复杂。仅就教学质量而言,法学院多少还保持了其地位,尽管法律教学中最突出也是我认为最有价值的技术,即苏格拉底教学法,正受到威胁;部分因为为废除种族歧视而采取的积极补偿行动。说到"积极补偿行动",我指的不只是坚持常规评价标准与让人们从多元观点和
82 经验感受中获益之间有得有失。我是指以特定种族、族裔(ethnic)或性别,或性倾向,或其他非绩效因素本身作为一个有利考量,来决定是否接收某学生或聘用某教员。这种积极补偿行为要求法学院接收一些少数族裔学生,平均质量低于法学院的非少数族裔学生,他们也更可能因苏格拉底教学法的"突然点名答问"(cold call)而蒙羞。当然,如今考试评卷更隐秘了,公开蒙羞的威胁也就小了。

革命前夜的美国法律

从大约1960年以来,与法律学术领域的变化相比,法律教学的变化很小。[1] 昔日,法学教授都在大学内,却属于法律职业。法学院毕业后,他们通常都会在某法律实务部门干上几年。无论是否在实务部门待过,他们都认为自己主要是训练下代律师的法律人,并通过法律学术——法学论文、专著、模范法典和法律重述——指导法官和实务律师展开坚实的法律推理。这些学术法律人智识很高,加上有很多空闲研究、反思和提出个人职业规划,令他们对某个领域能有一种提纲挈领的总体把握,而这一点令成天埋头于具体案件的实务律师和法官至今困惑。但学术法律人的智识、知识深度和广度都完全服务于法律职业的实务,也即服务于法官和从业律师。

法学教授的举止着装都很职业和入世(和他们的收入一样),有反差的是他们适度的不拘小节(bohemianism),凭此真大牌表明了自己并非芸芸众生。在实务和学术之间,法学教授穿行自如,例子之一就是韦西斯勒的中性原则论文的题注,提及他曾出庭论辩于联邦最高法院。

学术法律人对法律实务界的自我认同是前者的力量源泉之一。这种认同为他们提供了着陆点、平衡和目标。他们的工作就为实务律师提供有用知识。而要有用,知识就必须来源可靠,并且要以便于实务律师使用的方式包装。来源就是人们视为高级法律人的法学教授。形式就是法学论文、专著、模范法典、法律重述或案例教科书;著述都尊重实务律师集中关注的已决案件,尊重他们的保守方法,尊重他们深藏于心的(同时也对他们有利)对作为思考实践主题的法律自主性的确信,尊重他们对传统、常规和稳定性的高度评价,并因此尊重他们对除渐进外的任何变化的回避。在此考察的这种有用的学术性法律也还隐含于学术性法律与法院系统、律师协会乃至整个社会有广泛的政治契合。说到底,法律学术的前提都是政治性

---

[1] 我曾讨论过过去10多年来依次发生的某些变化,请看,"The Present Situation in Legal Scholarship," 90 *Yale Law Journal* 1113 (1981);又请看,"The Decline of Law as an Autonomous Discipline, 1962-1987," 100 *Harvard Law Review* 761 (1987),该文修改补充后成为《法理学问题》的第14章。

的,如果法学教授与法律职业界没有最低限的政治一致,这一共生关系中的任何一方就不会尊重对方的客观性和职业精神。

那时,法学教授与法院系统也一直有某种紧张关系。分析司法判决的法学教授与作出判决的法官的关系就像文学批评家与文学作者的关系,对抗性因素无法避免。和文学作品作者一样,法官总想把技巧掩藏起来,装扮自己的司法意见,就好像是从先前某个司法决定或某制定法或宪法文辞中自然流出来的,没有任何人为的思考。而法学教授的公干就是揭开这些技巧,展示(常常是不赞同)其中在事实或先例上的错误、事实和论证上的错失、犀利论辩和修辞背后空洞,而这就是司法创造的标准方法。

传统法学教授首先是研究法律教义。在美国这样判例法导向的法律体制中,法学教授的所为就是阅读司法意见,努力从判例中发现其中的基本格局,如果无法发现,就把这些判例装进自己的格局。这些法律教义学者是法学研究中的法典编纂者。首先浸淫于具体判例,这是他们的起点。指导其研究的理论是无声、缄默和传统的。他们提出支持改革的论点时,就是来自这一传统,从判例中找到了散乱支离的道德或政策分析。在很大程度上,这种教义性学术是解释和修辞的,研究常常是论辩性的,有时也是历史的,却从来不是经验的或科学的。这时的决疑术,就如同柏拉图《高尔吉亚》中苏格拉底评论的,是一种技巧,是天分不错的法学院学生很快就能上手的一种技巧。因此,当这些天分不错的学生编法律评论时,法律评论就成了很称职的筛选、校订、完善甚至创造(在学生撰写的短文中)教义性学术文献的机构。如今法律学术文献渐渐背离了这类教义学研究了,学习成绩已不再是挑选法律评论编辑的一个很重要的评判标准了(尽管这里因果关系是相互的,也还有其他因素的作用,包括积极补偿行动),而由教员编辑的法律杂志数量也增加了。

没人怀疑法律实务是独特的职业。法律实务不是经济学、心理学或哲学;它是一种自主的职业活动。法学教授越是贴近这一职业模式,学术法律文献就越是一个自主的部门学术文献,与大学的其他院系不同,是个稳当垄断的法律研究。

第二章　法学的成功与艰辛

法学著述的非职业化

　　许多年来,教义法学著述一直在相对衰落[2],许多法学教授,特别是年轻法学教授,尤其是许多精英法学院的年轻法学教授已放弃这类研究了。本书第一章讨论的传统职业规范结构的瓦解是其衰落的原因之一;但在此,我想强调与之相关的另外两个原因。首先是一些学科的兴起,挑战了教义法学著述的研究方法和结果,这些学科已一步步侵蚀了法律学术相对于其他学术领域的自主。还有一个原因是法律职业内部的政治共识衰落了。

　　许多学科都挑战了为教义法学垄断的法律研究,其中经济学战绩最为骄人。过去30年间,经济学取得了重大进展,运用于法律,已经颠覆了法律职业对相互无关的一些法律领域的理解,对反托拉斯、侵权(主要是意外事故法)、合同、公司以及破产的理解。在学术层面,经济学还侵入了其他很多法律领域,从收养到城市区划。与经济学紧密联系的一些领域,最明显是金融理论、公共选择理论以及博弈论也纷纷侵入法律。金融理论已改变了法学界对公司、证券、破产、担保借贷(secured lending)以及信托投资的思考;公共选择理论影响了对立法和宪法的理解;博弈论影响了对合同、程序、破产和反托拉斯的理解。

　　广泛运用于法律的另一学科是政治和道德哲学。作特别宽泛界定时,政治和道德哲学的一端包括了阐释学(研究解释,准确地说,研究作为理解模式的解释之广泛性,其中隐含了现实的社会构成,以及某些阐释学中隐含了现实的政治构成),另一端则包括了政治理论。道德和政治哲学正经历复兴。复兴有许多阶段,包括美国智识界日益愿意接受欧陆哲学传统;

---

〔2〕 这种衰落日益受到批评。请看,例如,Harry T. Edwards, "The Growing Disjunction between Legal Education and the Legal Profession," 91 *Michigan Law Review* 34 (1992); Edward L. Rubin, "On Beyond Truth: A Theory for Evaluating Legal Scholarship," 80 *California Law Review* 889 (1992); Paul D. Carrington, "Butterfly Effects: The Possibilities of Law Teaching in a Democracy," 41 *Duke Law Journal* 741, 800-805 (1992); Mary Ann Glendon, "What's Wrong with the Elite Law Schools," *Wall Street Journal*, 1993年6月8日,页A14。(我在本章后面会讨论爱德华兹法官的论文。)这种衰落的统计证据,请看,William M. Landes and Richard A. Posner, "The Influence of Economics on Law: A Quantitative Study," 36 *Journal of Law and Economics* 385 (1993)。

福柯、德里达、伽德默以及他人对这一传统的继续;承认欧陆哲学传统与美国本土的实用主义传统间关系紧密;以及由罗尔斯领军复活了对康德理论和社会契约政治理论的兴趣。罗尔斯的著作搭起了通向理论政治科学的桥梁,在那里,埃斯特(Jon Elster)、S. 霍姆斯以及沃德隆(Jeremy Waldron)这些学者讨论的也都是法律的或贴近法律的问题。

欧陆专家学者还为批判法学研究提供了一些主导观念,但前者对法律的影响并未止步于此。近年来人们对法律解释的兴趣高涨,部分原因就是法学教授发现了阐释学,从中获取了激励。此外,30年前女权还不是一个有组织的学术领域,今天在欧陆社会构建主义的部分影响下,女权在所有人文学科都相当繁荣了,女权法学的大旗在法律学术界已占据了日益扩展的一块地盘。女权对法学思考的影响还不限于女性法律权利,也还包括了法律推理的特性,甚至有可能会把批判法学赶出学术的舞台中心。麦金农和其他女权者(不全是法律人,A. 德沃金[Andrea Dworkin]、吉利根[Carol Gilligan]和努斯鲍姆[Martha Nussbaum]就不是法律人,但她们都影响了法律思想)的努力,已经令女权法学冲击了校园以外的世界。例如,女权说已说服了法官认定性骚扰不法(是一种性别歧视),说服了立法机关认定婚内强奸是犯罪,令强奸举证也更容易了。

还有一个新学科,黑人和族性研究,这是在特定群体的视角影响下形成的,而该群体的视角被认为长期为常规学科轻蔑。法律中也有其分支,名为批判种族理论。本章下面和第十八章会简单讨论这一理论。我也还会提及现在正浮现的男同女同研究(第十六和二十六章)。

在欧陆传统影响下,英语文学系成了解释理论系,这也进一步冲击了法学思想,英语教授如费希和迈克尔斯(Walter Benn Michaels)出山,同德沃金以及其他法律哲学家就解释的客观性展开了大论战。对文学感兴趣的女权者,以及兴趣从老派"新批评"转向法学的J. 怀特(James Boyd White)教授,也带着各自时新的文学理论家什加入了,令法律与文学的互动和重叠成为又一个法学交叉学科领域(本书第二十三章)。法律人类学也从科恩(David Cohen)、科马洛夫(John Comaroff)、米勒(William Ian Miller)以及他人著作中获得了新动力;法律社会学则从艾贝尔(Richard Abel)、埃利克森(Robert Ellickson)、谢佩尔(Kim Scheppele)以及他人著作中获得了新生机。概率论、统计学和心理学著作也正改变法律学界对证据规则和陪审团功能的观点。

教义法学家就被挤在当中,四周都是法律经济学家、其他法律社会科学家、贝叶斯统计学家、法律哲学家、政治理论家、批判法学家、女权和同性恋法学家、法律与文学研究者以及批判种族学家(这其中,有的人是重复计算了两次甚至三次;例如,批判法学和女权法学就相互重叠,也与常规法哲学重叠),亮着各自非法学的刀枪剑戟。此外,教义法学家与法律职业界、法院系统,乃至与更大的社会间也出现了政治鸿沟。如今,美国各主要法学院的教员都比法院系统、特别是比联邦法院系统和广大公众左得多;也比法律实务界左些。[3]

里根和布什总统都看重从法律职业的政治极右端选任上诉审法官。结果是保守的学界法律人都进了法院系统,这使学界更左的同时法院系统却更右了。由于左派法律人也自我选择从事学术,就更强化了这种分歧。从事商事实务顶级律师会有巨大的金钱回报,很自然,在法学院,商事实务也就会吸引关注常规职业目标并看重金钱成功的学生。而在诸如宪法、济贫法、环保法领域,既好玩回报也不错的法律实务机遇很少,除非是为那些坏家伙干活;还有在里根、布什年代,自由派或左倾者从事联邦法务也不是惬意的选项。时下这会改变。* 但多年以来,左派法律人常常感到,除教书外,自己没有其他选项,也就更受教学吸引,还感到自己与法院、特别是联邦法院的关系相互敌对。法律评论杂志处处散发着当今的法学教授狂轰滥炸当今联邦最高法院大法官的火药味。

在法学界,宪法领域仍然最有声望。它吸引了许多最有能耐的教义法学家。但他们的主要听众——法官——出走了。如今他们只是相互为他们自己撰写论文。教义法学家与法官在许多基本政治前提上缺乏共同点,他们分析法官的司法意见,却无法产出令法官或令试图通过辩论打动法官的律师感到有用的文献,暂且不管这里说的有用是作批判性理解还是作构建性的理解。非教义法学家(有少数例外),尤其是法经济学家和女权法律家,甚至不生产令法律实务人或法官产生潜在兴趣的文献。但这对非教义

---

[3] 这里还没考虑批判法学家、女权和批判种族理论学者施加的左向牵引力。但这些群体在法学教授中至今还不是一大派,他们的左向牵引力也部分地被法律经济学分析家的偏右倾(他们一般说来比法学院其他成员更保守些)以及部分被法学教授中极少数社会保守主义者抵消了。

* 波斯纳法官写作本书之际是民主党总统克林顿当政。——译者注

的法律人也不是什么大问题,因为他们说到底认同的是大学,而不是法律职业界。这样一来,反倒是教义法学家感觉自己被人流放了。

这种政治鸿沟对教义法学家的士气还有更深的意义。这个鸿沟暴露了教义法学研究在认识论上很浅薄。法律推理者赖以起步的主要是道德、政治或意识形态前提,而在一个多元社会中,这一点对任何想坚持法律客观性的人来说就会惹出麻烦。法律教义扎根于诸如契约自由、个人自由和责任以及种族和性别平等这些规范,而如今这些规范都受质疑了。运用令人尊重的法律分析方法,平等派、自由至上派和社会保守派在广泛的法律争议上会得出完全相反的结论,因为自由、责任和平等这些价值出现在每个法律领域中,并不限于宪法。有时人们确实从不同甚至相反的前提下也会推出同样的结论,例如,激进女权者和宗教原教旨派都同意色情品非法,又如,公民自由至上派(civil libertarian)与基督重临安息日派(Seventh Day Adventist)也一致同意,宪法第一修正案的宗教自由条款应作广义解释。只是这些例证无法说明法律推理能使根本观点不同的人达成一致,这不过是偶然的聚合或政治妥协。

今天的法教义学者还有很多不快。法教义学者都关注文本,但阐释学已表明法律解释太天真了(因此即便在法律推理方法上如今也没有共识了),经济学家嘲弄了法教义学者对政策的把握,女权法学家和批判法学家则揭示了渗透于法学著述中种种下意识的偏见。这些新学不仅与旧学竞争,而且与之对立。它迫使法教义学者步步设防。文本是法教义学研究的材料和知识渊源,但其本身也在不断退化。因为如今绝大多数司法意见都是由法官助理撰写的,法官助理又几乎全是刚毕业的法学院学生,因此,法学教授对联邦最高法院最新司法意见的解说风格越来越像对学生论文的评判。

并且,传统法学人也越来越没法回答最急迫的法律问题了。在社会剧变的年代,系统提问有时比教义性提问更有趣也更为紧迫。自1960年以来,美国的法律活动数量剧增。为什么发生这种情况,后果如何?今天美国拥有的律师数量是否拖累了经济?律师收入是否过高?律师启动的改革,有关破产与就业法,有关量刑,有关民权案的原告、刑事被告、青少年以及精神病人的权利,究竟是增进了还是减少了社会福利?或许这些改革有任何效果?[4] 仅细致研读司法意见无法回答这些至关重要的问题。

就拿一个问题来说,美国律师是否"太多"。经济学家有两个研究发现,当其他因素相等时,一个国家律师越多,该国经济增长率就越低。[5] 美国律师最多,即使人均后,还是最多(很明显,在比较各国时,人口总量必须保持不变的一个因素)。但这些研究都太肤浅了,因为它们都忽略了律师贡献的非市场产出。[6] 测度经济活动时,通常会忽略这种产出,不是因为这不是"经济"产出,而是因为很难用货币给这类产出定价。例如,污染规制就是一种律师集约的活动,其主要产出是清洁的空气和水,就不纳入常规测度的经济产出,例如 GNP。避免警方行为粗暴,这也是一种非市场产品,在这种产出中,法律人也扮演了重要角色。更重要的是,法律人增加和拓展了法律救济的渠道,这等于为人们提供了一些有潜在价值的选项,需要时就可以利用。有选项与是否使用这些选项无关;你可能一辈子也不打官司,但你知道,一旦自己的法定权利受到侵犯,不必等候多年,马上可以找到律师,走进法庭,那么你就从中收获了价值,这就好比一位购买火险的人,即便从未失火,却还是收获了效用。当然,起诉更容易了,一个人受法律责任的威胁,这是一种否定性选项,一种税,也就更重了;但有谁知道这两非选项相抵后的净值是多少?在这个问题上,如果对一国经济产出的测度正确,有谁知道法律人数量增加究竟是增加还是减少了该国的经济产出?我这里想说的只是,有很多关于法律的重要问题,传统法律人,即使是顶尖法学院的教授,也没回答,并且无法回答,他们只是尊崇其他学科的专家,但这些专家也许不很了解法律,也无法回答。

交叉学科研究者凸显出职业知识的狭隘。法律训练和经验为律师配备的本质上是一些诡辩工具以及一种对法律教义的感觉,却没有为他们配

---

[4] Gerald N. Rosenberg, *The Hollow Hope: Can Courts Bring about Social Change*? (1991).

[5] Kevin M. Murphy, Andrei Shleifer, and Robert W. Vishny, "The Allocation of Talent: Implications for Growth," 106 *Quarterly Journal of Economics* 503 (1991); Samar K. Datta and Jeffrey B. Nugent, "Adversary Activities and Per Capita Income Growth," 14 *World Development* 1457 (1986).

[6] 其他批评意见,请看,George L. Priest, "Lawyers, Liability, and Law Reform: Effects on American Economic Growth and Trade Competitiveness," 71 *Denver University Law Review* 115 (1993)。对"律师太多"的流行文献也有有效的批评,请看,Marc Galanter, "News from Nowhere: The Debased Debate on Civil Justice," 71 *Denver University Law Review* 77 (1993)。

备为理解法律社会后果所必需的工具。也许,决疑术在媒体中名声很臭,[7]然而,至少看起来,在真需要法律决疑术时,又总不够用。在堕胎和同性恋权利上,法律学术的笔墨惊人,但不解决问题,大都是浪费。法律对性和生育问题的理解也是近来才有所改善,因为出了一些交叉领域的新法学著述:女权、家庭经济学、男同女同研究以及与一般法律和公共政策问题相关的人类性态研究。

一方面把传统法学同文学、哲学这类典型人文学科作比,另一方面把传统法学同物理学和生物学这类典型的科学领域作比,这很启发人。文学或哲学教授研究的是历史上最伟大思想家创造的文本[8],他们也就染上伟人的不少光。生物或物理教授在各自并不雄辩的题目上展现着数学和实验方法的巨大力量。而法学教授则沉浸于文本,主要是法官、法官助理、政客、院外集团以及公务员撰写的司法意见、制定法以及各种规则和法规等。对这些注定,或许正日益,平庸的文本,法学教授运用的是没有多大力量的分析工具,除非是从其他领域借来的工具。教义法学著述的力度和范围都注定有限。

学界和实务界的鸿沟正危险地扩大?

美国哥伦比亚巡回区上诉法院的爱德华兹(Harry Edwards)法官认为,法学院应训练有道德的法律实务者,生产对律师和法官有用的学术文献,律所的实务应符合职业伦理,但他又认为,如今这些制度和机构都不再这么做了。[9]他认为,特别是但也不限于精英法学院,教员尤其是年轻教员变得看不上法律实务和案件判决,蔑视那种有助于法律实务和判决的法学著述。这些教员不打算生产符合职业伦理的法学著述,甚或根本就不打算生产任何与法律实务或与职业有关的法学著述,他们花了大量时间从经济

---

[7] 对这一点的强有力论证,请看,Albert R. Jonsen and Stephen Toulmin, *The Abuse of Casuistry: A History of Moral Reasoning* (1988), esp. pp.16-19. 我会在第二十四章考察这一论证。

[8] 当然,在这两个领域,许多从业者都将其研究限定在一些完全缺乏活力的教义上;有些现代哲学分支,例如形式逻辑和心智哲学,也完全不再大量依赖文本;此外,文学理论家和批评家感兴趣的也不再是经典,而是我会在第二十三章中带上一笔的大众文化。

[9] Edwards,前注2。爱德华兹的论文受到了广泛评论。请看,*Symposium: Legal Education*, 91 *Michigan Law Review* 1921 (1993)。

学和哲学这些领域汲取理论来嘲笑法律。"我们看到从研究生院雇来的没有丝毫法律经验或训练的'法学教授',把法学院当成奚落嘲笑法律职业的最好讲坛。"[10] 法学院也越来越不关心向学生灌输职业伦理,而受此煽动,律所变得对挣钱越来越感兴趣,而对职业道德保持高标准不感兴趣。在爱德华兹看来,这些新派法学教员产出的学术,几乎没什么价值。搞经济学、哲学或文学理论,法学教授不可能赶得上受专门训练并全身心从事这类研究的学人。

这里有个可笑的悖论。这就是,爱德华兹法官的这篇论文本身就与法律教义无关,尽管他是位法官,也当过法学教授,人们可以假定,按照他为该职业确立的严格标准,他认为自己有能力撰写的或法律评论有能力发表的就只能是法律教义学论文。但他的却是篇关于法律教育和实践的社会学论文。这篇论文极为倚重传统的社会学技术——问卷调查,但他又承认自己的问卷调查没得到"在统计学上可靠的数据"。[11] 这话轻了。爱德华兹的问卷调查仅限于他之前的助理。他既没有告诉我们答卷比例,也没告诉我们提问的问题是什么;而且,这些回答显然都没匿名,尽管论文中没有暴露答者名字。

因此,即便法教义者也不得不偶尔撰写些非教义学论文,而写这种文章时,也会犯爱德华兹有理由贬低的业余者的错。但这一点无关紧要,后面会有更严重的问题。在法律学术问题上,而不是在实务问题上,爱德华兹的批评更击中要害。他对后者做了揭露性评论,"我先前的助理中,许多人描述了有巨大的挣钱压力,这全然是新现象。20多年前,我在某大律所从业时,就没感到这种压力,同事也没这种压力。我们都很喜欢自己的工作"。[12] 这种"巨大的挣钱压力"可以很好描述为刻苦工作的竞争压力。自爱德华兹干法务的年代以来,法务已变得更具竞争性了。很自然,也就不那么有趣了。对大多数卖方来说,市场竞争完全没意思;竞争的结果是从大多数产能过剩变成消费过剩,或迟或早,会迫使那些不很有效率的产方关门。

有关法律职业伦理的寓意则复杂一些。我们必须区分两种类型的职

---

[10] Edwards,前注2,页37。
[11] 同上,页41。
[12] 同上,页72。

业伦理责任。一种是对客户的职业伦理责任,例证是不允许过分收费以及利益冲突的规则,并首先是律师是客户的信托人这个规则,因此,律师对待客户必须像对待自己那样,而不能像对待一般的陌生合同方那样。还有一种职业伦理责任是律师对法院或社会的责任,例证是禁止教唆伪证和滥用审前开证的规则等。竞争不会严重侵蚀第一类职业伦理责任;竞争市场的特点是不会损害顾客。确实,由于降低了律师从业的获利,竞争会降低因违反职业伦理而被逐出律师行当的惩罚力度。当一个人被逐出行业时,他受到的主要惩罚就是丧失了未来的职业收入,并且一般说来,如果该行业获利程度越高,他的损失就越大。[13] 但这一点仅限于职业内部,就总体来说,竞争会改善客户获得的法律服务。但竞争也许会严重侵蚀第二类法律职业伦理。律师对非客户的他人和机构履行职业伦理责任会损害自己客户和顾客的利益;而竞争的寓意是其他利益都要服从客户利益。但爱德华兹没有提到,由于竞争程度增加,客户的获利与他人的损失之间的交换,他的视角中没有其他顾客,因此,有关当下的法律实务,他传递的是一个否定过度的形象。

克隆曼教授对这个问题提出了不同视角。他论辩说,由于律师变得过度关注挣钱,法律职业近年的变化削弱了律师的能力,没法为客户提供富有想象力的建议。"相比之下,一个不太看重金钱的文化,就像30年前大多数律所那样,会调动它非自利而是与自利对立的规范性资源,并因此会赋予,而不是——在如今的大律所主导的文化下会趋于——封杀同情的力量。"[14] 克隆曼似乎是把他认为的法律实务越来越唯利是图、事实上贪得无厌的特点同大律所更多向犹太人、女性和来自工人背景的人开放联系起来了。[15] 如同在本书第一章中看到的,社会同质性与规避价格竞争之间很可能正相关。但行会思维的症状之一就是想增加同质性以便减少价格竞争,而且克隆曼并没显示,对于客户或社会来说,这种行会思维比竞争精神可

---

[13] 请看,Gary S. Becker and George J. Stigler, "Law Enforcement, Malfeasance, and Compensation of Enforcers," 3 *Journal of Legal Studies* 1, 6-13 (1974)。贝克尔和斯蒂格勒建议,对于进入这一职业的人应当征收准入费,目的是使他们的终生收入不超过竞争性回报。这一点是通过私人市场自动实现的,在私人市场上高昂的教育、学徒期的低收入或等候入学都压低了初始收入,而报偿则是个人预期在此后职业生涯中获得垄断性回报。

[14] Anthony T. Kronman, *The Lost Lawyer: Failing Ideals of the Legal Profession* 299 (1993).

[15] 请看,同上,页291—300。

第二章 法学的成功与艰辛

能更好些。他只是论辩说,在竞争条件下,可以预期,客户会变动更大,律师更难很好了解客户并提出足够"政治家式的"建议,即有助于客户澄清自己目标的建议。但是,如果这种建议确实有价值并受到珍视,这就会趋于降低客户的大幅变动。在竞争市场上,并非一切合同都是现货合同。竞争厂商常常会同供应商或顾客建立长期关系。当这种关系的收益超过其成本之际,他们就会这样做。为什么法律应有所不同呢?

爱德华兹法官对法学院的批评比他对实务界的批评基础更坚实,他正确批评了那些鄙薄常规——即教义学——法律文献的鲁莽小子。他也正确注意到,各主要法学院正逐渐背离教义学法律文献,但他夸大了这种背离,也夸大了这种背离的意义。就在这些法学院中,还是有人继续撰写教义学法律文献,甚至是专著(立马想起的有阿里达[Areeda]的多卷本反托拉斯法,法恩斯沃司[Farnsworth]的三卷本合同法,以及柯里[Currie]的《清洁空气法》专著)。在这些法学院,一些年轻学者已经成了合作者(值得注意的是在阿里达专著上共同署名的卡普洛[Kaplow]),许多人还撰写了教义学论文(例如,哈佛的梅尔策[Meltzer]和沙利文[Sullivan],纽约大学的布里梅尔[Brilmayer])。许多出色的非教义学者,如桑斯坦,也撰写教义学论文,还有些教义学论文,如麦克尼尔[McConnell]关于宗教自由的论文,还充满了法律以外的洞见,以至于完全化解了这两种风格间的区别。教义学文献的衰落是相对的,不是绝对的,甚或相对说来,也没衰落;发生的一切也许只是教义学文献的生产转移到了二流和三流法学院去了。难道这很糟吗?爱德华兹认为很糟,因为他认为这才是唯一有用且是法学教授可能做好的法学著述,因为他认为不关心这类法学著述的法学教授就不可能有兴趣向学生灌输高标准的法律实务伦理。隐含其中的是,他认为未来的律协领导人还是会像往日那样,大量出自一流法学院毕业生。因此,尽管在许多二、三流法学院,老派法学著述和传统职业伦理规则的老派灌输还在继续,甚至很繁荣,这也不能令爱德华兹感到安慰。

爱德华兹的挽歌忽略了很多东西,比方说,自他当年以来,已经有了更多更大的法学院,法学院教员已经大大扩张;法律成了更挣钱的职业,吸引了更能干的年轻人,其中有部分人当上了法学教授,教员质量也改善了。确实,这一时期的美国法律分支更多也更复杂了。但没有哪个实务领域,或是教义法学领域是二流法学院变得越来越能干的教员干不了的。教义性法学创作更多转移由这些教员承担,这很难说是法律职业的灾难。

对法律职业有用的教义学论文,从比例上看,也许下降了。部分原因也许是非教义的法学家更强调写作,而不是强调教学。这表现出他们更多从大学学术团体中而不是从职业团体中获得学术性提示;前者强调知识的增长,而后者更强调律师训练。因此,对于非教义法学家来说,不发表,就完蛋,他们努力地也部分成功地把这一规范强加于看重法学教义的同事身上。教义法学家则习惯于当有了些对法律职业有用的东西时才发表论文,如今,他们也有压力了,必须发表论文才能获得教职和学术认可。因此他们发表的著述也多了,但这些额外发表的著述也达不到法律职业的效用标准。还有一个新现象,即法学教授和法院系统间在政治上的分歧,也进一步降低了法律学术著述在法律实务中的效用,尽管教义法学家一般要比非教义法学家更少些政治化。

至于精英法学院,或就此而言任何法学院,不向学生灌输法律职业伦理的问题,可以说,说教就能让人变好,这恐怕是这个世界上最不现实的事之一。"我们学习如何像或不像律师、士兵、商人。但教会人该如何行为的是社会生活,而不是人。"[16]由于并非所有伦理原则都出自直觉,因此讲授法律职业伦理会有信息功能。但爱德华兹关心的是精英法学院讲授法律职业伦理课缺乏启示人的戒律和范例,而不是未告知学生谨慎行事。

因此,这里又有一个讽刺。在这些最好的法学院中,针对学生的生动法律职业伦理课,不限于仅仅精心讲解美国律师协会的职业伦理法典。它不得不同西方伦理的反思性哲学传统联系起来。它必须让学生直面柏拉图在《高尔吉亚》中提出的、亚里士多德在《修辞学》中回答的有关代理(agency)和辩护(advocacy)的伦理问题;必须直面像弗里德(Charles Fried)和克隆曼这样的法理学者的关于法律人作为政治家和朋友的讨论;必须直面有关忠诚、承诺、超然和坦诚的哲学文献;必须直面狄更斯和托尔斯泰作品中对律师角色和特点的深刻描述;必须直面现实主义法学家、批判法学家和女权法学家对传统法律人角色概念的批判;必须直面危机时期——例如纳粹德国(本书第四章)——的法律职业行为。教义法学者还能教好这门

---

[16] 霍姆斯致波洛克的信(1926年4月2日),in *Holmes-Pollock Letters: The Correspondence of Mr. Justice Homes and Sir Frederick Pollock 1874-1932*, vol. 2, p.178(Mark DeWolfe Howe ed. 1941)。

课吗?

　　爱德华兹文中提出的最有意思的问题是,在各主要法学院,法学著述的重点已从实务转向理论了,这是否造成了法学著述的社会价值净损失。他确信如此。证据是爱德华兹以及回答问卷的他先前的助理都认为交叉学科法律文献对法律职业毫无用处,甚至对爱德华兹法官作为杰出代表之一的法院系统也毫无用处。[17] 一点点具体例子都没有,就这样认定,这实在离奇。让我们看看过去二三十年间法律交叉学科文献的一些发展。一般认为,经济学在法律中的运用已彻底改变了反托拉斯法。有人可能论辩说,法律经济学不过为保守派法官提供了一种成体系的术语概念,令他们可以得出依据其政治立场本来就可以得出的结果。哪怕情况真的如此,也不能忽视法律经济学;有能力做就很了不起了。法律经济学对放松管制也贡献巨大,在很多法律领域,例如,交通法、通讯法以及法律职业规制,放松管制都已改变了法律前景。这也是法院对宪法保护商业言论的说法越来越友好的一个因素。它已影响环境保护的规制,影响了商业损害赔偿的举证。它支持在人身伤害案件中趋于给予"有关享乐"的损害赔偿(即对失去的生活愉悦予以赔偿)。它令要求离婚的女性可以论称,丈夫的职业学位是一种(人力)资产,妻子对该资产有所贡献,因此应当承认资产中有她的一份利益。法律经济学对证明证券案中的伤害和损害赔偿影响巨大。它改变了侵权中受损收入的计算方法。在就业歧视案的证明(也是通过人力资本收入模型)问题上,法律经济学也提出了新思路,同时对可比价值(comparable worth)提出了怀疑。它影响了联邦量刑指南的总体设计(颁布该指南的量刑委员会成员之一就是位经济学家),已经改变了联邦法院的量刑实践。它使正聚集起来的改造破产法典的运动获得了力量。它甚至影响了法院处理贫困诉讼人的方式。这些例子,爱德华兹法官都没讨论。[18]

　　他也没讨论贝叶斯概率理论家和认知心理学家对证据规则、陪审团指

---

〔17〕 类似的观点,请看,Carrington,前注2,页802("对于法律的理论思考也许是法学教授的与事件进程关系最少的活动")。

〔18〕 一个出色但绝对并非法律经济学的法律学者就肯定了经济学对法律实践的影响,请看,Robert W. Gordon, "Lawyers, Scholars and the 'Middle Ground,'" 91 *Michigan Law Review* 2075, 2084-2085 (1993)。

示规则以及举证责任规则的批评[19];这些批评都有直接的实践意义,对这些问题,提批评意见的学者与法官和实务律师同样有发言权。爱德华兹也没有提及女权理学对有关强奸、性骚扰的法律以及有关淫秽出版物法律保护的论战造成的冲击。(他根本就没提及女权法律著述。)他忽视了政治科学家作为专家证人在选区重划诉讼中扮演的角色。此外,尽管解释是爱德华兹法官所在的法院系统的主要职能,他却对日益增多的关于宪法和制定法解释文献一字不提,这些文献充满了哲学和文学理论,也充满了政治理论、经济学和公共选择理论。

"我不懂的就不是知识",这个口号生动刻画了受过高等教育的无知者的心态。事实上,我们大多数人也都这么想。我们这些法律人,特别是爱德华兹法官那代和我这代法律人,接受法律训练时,据支配地位的是法律过程学派的法理学,他们相信法律是自主学科,因此认为要了解法律,法律职业就必须垄断,一定不能允许其他领域进来的无照经营者、特别不能允许受其他领域诱惑叛变的法律职业者打破这种垄断,他们认为这种信仰惬意,确实也很自然,因为这条路走起来最顺。但法律职业的知识太狭隘了;这是典型的职业化畸变。大多数医生都只盯着正统的治疗方法,治疗已经进了一份永不改变的名单的急病。诸如饮食和锻炼这些非正统的预防方法,或是像针灸和养神这些非正统治疗方法,都受轻视或贬低,而作广义理解的医学领域,诸如饮水安全或改善牙齿健康都受嘲笑,这都被认为属于医学以外的,是不值得干的事。[20] 结果是,人类健康的许多进展,对医学职业的许多批评,都来自医学职业以外。法律也是这种情况。常规法律教育是给学生戴上眼罩,使他们坚定地走在已踩得结结实实的成功大道上,生产着把路沿当成世界尽头的法学著述。常规法律教育对"法律"的解释过于狭隘。当把法律解释为应然时,这种理解支持的就是这样的命题,即"大多数法学界人士……就是待在自己职业中并把法律当真的少数人"。[21]

对这类新型法律交叉学科的文献,我并不过于乐观。其中有许多很糟

---

〔19〕 对于这些学术文献的一个有用综述,请看,Roger C. Park, "Evidence Scholarship, Old and New," 75 *Minnesota Law Review* 849 (1991)。

〔20〕 Diana Chapman Walsh, *Corporate Physicians: Between Medicine and Management* 117-119 (1987)。

〔21〕 Gordon,前注18,页2104。

糕,部分是因为大多数法律研究者很难理解这类学术文献,这对目前这个由学生编辑、法律评论占支配地位的法学著述发表体制是个沉重负担,学生编辑也不利于学术杂志履行学术上把关的职能。但是,S.约翰逊说过,作家活着,以他的最差作品来评价,死后,则以他最好的作品来评价;但他这样说并不是表扬他同代人的评价。我们应当考虑的是,如果没有下列学者的话,法学究竟是丰富了还是贫乏了(我这里提到的还只是活着但已不年轻的法律人,并且他们的主要学术任职都是在法学院):阿克曼、巴克斯特(William Baxter)、鲍克(Robert H. Bork)、卡拉布雷西(Guido Calabresi)、德沃金、易斯特布鲁克(Frank Easterbrook)、埃利克森(Robert Ellickson)、埃博斯坦(Robert Epstein)、埃斯克利奇(William Eskridge)、加兰特(Marc Galanter)、格伦登(Mary Ann Glendon)、戈登(Robert Gordon)、格雷(Thomas Grey)、汉斯曼(Henry Hansmann)、霍维茨(Morton Horwitz)、杰克逊(Thomas Jackson)、肯尼迪(Duncan Kennedy)、克隆曼、利文森(Sanford Levinson)、莱维默(Saul Levmore)、麦金农(Catharine MacKinnon)、曼内(Henry Manne)、米歇尔曼(Frank Michelman)、米勒(William Ian Miller)、米诺(Martha Minow)、努南(John Noonan)、普里斯特(George Priest)、斯皮策(Matthew Spitzer)、桑斯坦(Cass Sunstein)、昂格(Roberto Unger)、R. 韦斯特(Robin West)、G. 怀特(G. Edward White)、J. 怀特以及其他很多乃至无法一一列举的学人,或已完全偏到其他领域的或已师从科宾(Corbin)、威格摩尔(Wigmore)、威利斯顿(Williston)、普罗瑟(Prosser)或斯科特(Scott)*的学人。在上述这些人中,他们之间也有尖锐分歧。但我认为,如果没有这些人,法律职业界不会更好一些,我也不认为他们可以在爱德华兹法官及其助理为学者规定的狭窄地垄上耕作。

　　就算这些一流交叉学科法学家的许多著述对法官或对实务律师的工作确实没有任何贡献,这也算不上个问题。确实,米勒写的是中世纪冰岛社会(本书第十四章);克隆曼写的东西很多有关亚里士多德和韦伯,努南写的东西很多都有关天主教教义,J. 怀特写的很多有关简·奥斯汀,格雷写的很多有关斯蒂文思的诗歌(第二十三章)。但又有什么地方写了,所有法学著述都应为法律职业服务?也许,一切学术文献的最终标准都是效

---

* 科宾、威格摩尔、威利斯顿、普罗瑟和斯科特均为传统教义法学的重要学者。——译者注

用,但这也不必须是对某个具体听众甚或是对当代听众的效用。在许多学术领域中,学生对导师遵循的研究路径不感兴趣,这很常见。爱德华兹法官对基础研究缺乏理解,那恰恰是不能直接适用——其成果没有市场——的研究,除大学外,在其他地方也不大可能进行这类研究。研究法律的某种新进路,诸如经济学进路,也许要一代人甚至更多才能改变职业界的看法(事实上,经济学进路所花费的时间少多了);但这并不令这种研究毫无用处。

我认为,对这种新型法学著述,应当以其中最好的而不是最差的来评价。爱德华兹法官也许会回应说,重要的是这两类文献的比率;如果多数文献都是垃圾,即使偶尔有一颗珍珠,这代价也太高了。但世界上很少有比"废物"更难捉摸或更成问题的概念了。[22] 一只雌性大马哈鱼会产下并为雄鱼受精6 000个卵,其中一般说来只有两个会出生长大成熟。[23] 难道这就意味着其余那5 998个卵就是"浪费"?只有在有其他更有效的物种延续方式时,你才能这样说。学术著述,就如同野生繁殖大马哈鱼,是高风险低回报的活动。美国大学是世界上最好的,但它的绝大多数学术产出都无关紧要,即生即死,无人问津,可以忘却,也确实很快就被人忘记。即使在物理学,所有的学术论文中大约有40%出版后头四年里无人引证,这基本意味着,永远不会有人引证,因为物理学的领域发展迅速。在工程学中,这个比例会升到72%,社会科学则上升到75%,而在艺术和人文学科中则高到令人震惊的98%。[24] 我们不应惊讶或不快,居然这么多新型法学著述对任何人都没价值。而这就是这个作为整体的创造性文献的价格,这些文献与实务的相关性要比爱德华兹法官愿意承认的更多,这些文献还有理论价值,尽管爱德华兹法官关于何谓有价值文献的标准——这个标准可以理解却过于狭隘——妨碍了他承认其理论价值。

---

〔22〕 我们会在下一章遇到含混不清的"浪费时间"的说法。

〔23〕 Robert Trivers, *Social Evolution* 12 (1985).

〔24〕 这些数据都来自,David P. Hamilton, "Research Papers: Who's Uncited Now?" 251 *Science* 25 (1991)。这一引证数据库是由科学信息研究所对数千种杂志编制成表的,该所出版自然科学、社会科学以及艺术和人文学科的引证索引。在次学科中,最低的无引证率是原子、分子和化学物理的9.2%。最高的是戏剧,99.9%。美国文学紧随其后,99.8%。历史和哲学的无引证率也高得惊人,分别是95.5%和92.1%。多谢该研究所的彭德尔伯利(David Pendlebury)为我计算了法律中的无引证率;1987年发表的论文的无引证率为57%。

第二章　法学的成功与艰辛

我说了我不过分乐观,这样说并非礼貌地赞同流传很广的法律职业对新型法学著述的怀疑,这种怀疑明显体现在爱德华兹的论文中。法律学术是人为撑起来的,事实上是吹出来的,因为大多数州都要求,要想成为法律人,你必须在有资格的法学院度过三年时间。这种要求转而就创造了对法学教授的需求,他们必须教授一些高等课程,以此保证学生在整整三年间都有足够课程上。法律职业很繁荣,这些硬标准就限制了新法学院的创建,而专卖性(即,以盈利为目的的)法学院很少可能达到资格认定的标准。同大学的其他多数院系比,法学院的学费收入充足,又有富有的毕业校友的礼赠。每个法学院都夸耀自己的法律评论杂志,许多法学院甚至有几个杂志。法学教授的成果非常容易找到出版渠道,特别是法律评论的编辑都是学生,其中几乎没人有能力评审那些非教义性的法学成果。甚至一些稀奇古怪的东西如今也在法律评论上发表了。

在大多数法律文学都是教义学的当年,这个问题并不严重。当时的学术成果标准很清楚,评审也很直截了当。但新型法学成果借用了其他领域的思想和方法,却不经这些领域训练有素的专家(真正的行家)评审。这就给法官造成很大难题,而且也很难区分行内专家、新手以及滥竽充数者。法律评论的编辑无法判断;教义法学者也无法判断,尽管这类学者数量相对减少了,信心危机使其中一些人也很苦恼,但在大多数法学院,他们仍然在教员中占主导。

大多数美国法学教授,即使是非教义学者,也都接受过与法律实务者相同的法律训练。这种方式培养法学教授只有在法律实务与传统法学成果间有连续性时才是有道理的。非教义法学的教授也没上过研究生,因此基础不足以拓展他们的工作,换言之,他们都不曾在自己感兴趣的领域内撰写过博士论文。尽管从技术上讲,法学院毕业生也是研究生,先前都毕业于本科,但法学院学生在法律上还是本科,而且他们也不写论文。

我不是只看学位的人。大多数研究生教育的精髓并非课程和考试,而是为学术生涯做准备,撰写论文的经历就是为此做准备。但法学教授们,即便从事新型法律学术,也很少有这种经历。

在非教义法学的不同领域内,方法和目的都不相同,这一点就令评审新型法学成果问题更尖锐。如何评价不同领域的实践者?如何判断某位批判种族主义学者有关种族歧视的叙述——作为学术成果来看——优于或次于某位经济学家关于种族歧视的理性模型？只有当某个学术领域的实践者对何为出色的标准一致时，这个学科——在此我把整个非教义法学当做一个单一领域——才能声称其产出是客观的。

然而，我们不应更多哀叹法学客观性的衰落，就像我们不应哀悼宗教法庭废除后人们对宗教的观点日益多样化了一样。1950年代法学的客观性只是学术法律人的背景、训练、经历和观点同质化的结果，是没有来自其他领域的学术竞争的结果。当然，每个思想共同体都必须有一定程度的同质性，这就像为判断象棋下的合不合规矩，就必须知道象棋规则一样。但是，如果同质性太高，或是错误的同质性，就可能产生脆弱、没有繁殖力的客观性。有些真理（因为我们认为它是真理）不可信，因此不被相信。但也有些信仰对所有对此感兴趣的探讨者都可信，最后还是假的。对虚假信仰的信任一定反映出该知识的社会组织的某些特征。先前法律学术界的组织方式是，有一套有关法律自给自足的信仰体系，有一些评价司法判决的标准，有关于美国宪法的范围和含义，还有其他一些东西，它们共同率领着那些被认为无可置疑且广泛流传的一致看法。法律职业的扩展、职业成员的更多样、政治上的骚动以及竞争学科的兴起，已经粉碎了法律客观性所依赖的共识。法律职业已失去一定的职业精神、一定的可靠性、一定的工艺性，但随着法学的扩展以及它第一次能接触且丰富相邻领域，法律职业已获得了智识上的复杂和精细。受惑于理论女神的迷人之歌，称职的法律人已毁了自己的学术生涯，却也有少数人获得了新的学术生涯，在法学成果完全为职业服务、自鸣得意且死水一潭的当年简直无法想象还有这样的学术生涯。

法学教员聘任中的积极补偿

尽管错误地打着真理大旗招摇过市，人们（不仅是一个学科的实践者）还是感到"客观的"学科很"强有力"。并且人们越感到某领域强有力，就越没有理由认为有些能干的少数群体成员被排除在这个领域外是有一些邪恶原因，或是不相信族群（ethnic）、种族或性别的多样化有可能改善这一领域（强有力的领域不大容易让人们感到改善之必要），或是不相信聘任明显不称职的人不影响质量。法学领域如今也许是更好更有趣的领域，但已不再是一个强有力的——即有客观标准的——领域了。因此,人们不应感到惊奇,法学领域在积极补偿行动上存在着分歧。

上述评论为肯尼迪关于法学院提高法学成果质量应优待聘用少数群体的建议提供了一个背景。[25] 为在教员聘用上优待少数族裔成员辩解的人常说,这会为少数族裔的学生提供了榜样,纠正了历史上的不公正,有利于社会安宁,并且可以使学生接触多种观点和背景。但很少有人会提出肯尼迪的理由,说这会提高学术成果的质量。

在对这一主张作出可能的评价前,首先必须讨论几个基本问题。其一是是否区分公立和私立法学院。与宪法上区分政府行为和私人行为完全不相关,基于正当尊重历史这种实用主义的理由,我们应更警惕允许或鼓励公立机构区别对待不同种族的说法*,不管其意图多好。因此,我将讨论限定于私立法学院的积极补偿行动。

哪个种族、民族或其他群体应享有受优待的权利呢？美国法学院教员中亚裔的比例很低,然而亚裔的平均收入大大超过美国白人的平均收入。[26] 难道在法学院教员聘用上亚裔也应享有优先权吗？如果应当,那犹太人呢？就种族而言,他们和西班牙裔一样,而且历史上犹太人受到的歧视更久远,我们记得1492年犹太人就是从西班牙被驱逐的。当然,如果法学院决定给犹太人优待,那会极度荒唐。从人口总数上看,在法学院教员中,如果说有哪个群体"比例太高",那只有犹太人,事实上,他们在精英法学院教员中所占比例太大,因此如果真的大量聘用肯尼迪说的"主要少数群体"的话,法学院教员中的犹太人比例会急剧下降。肯尼迪下意识地举例表明像他这样的"白人统治阶级男性"对一些问题很不敏感,他说"我们

---

[25] Kennedy, "A Cultural Pluralist Case for Affirmative Action in Legal Academia," 1990 *Duke Law Journal* 705, 作为肯尼迪《性感着装及其他》(*Sexy Dressing Etc.* [1993])一书的第二章重印。我引证的是论文页码。

* 英文 discrimination 同时具有"歧视"和"区别对待"的含义。——译者注

[26] Thomas Sowell, "*Weber* and *Bakke* and the Presuppositions of 'Affirmative Action,'" in *Discrimination, Affirmative Action, and Equal Opportunity* 46 (W. E. Block and M. A. Walker eds. 1982); U. S. Bureau of the Census, *Statistical Abstract of the United States*, 39(111th ed. 1991)(tab. 44); U. S. Bureau of the Census, *Current Population Reports*, ser. P-60, no. 174, p. 3 (1991)(tab. A). 当然,亚裔人中也有很大不同;并非所有亚裔在美国都像日裔、华裔、越裔和印度裔那样成功。另一个内部不同的少数民族群体是西班牙裔。这包括一定数量完全西班牙或葡萄牙血统的人,他们很少遇到或根本未遭遇过歧视,却还是被纳入某些积极补偿行动项目之内。

通常认为为某个文化同化与'生于'这个文化,两者非常不同。对被同化者的'原真'(authenticity)或被同化者'非驴非马'的可能总持怀疑"(页741)[27];肯尼迪的这一评论肯定很刺激犹太人的神经。

必须区分是要求还是允许法学院从事积极补偿。尽管肯尼迪否认自己说的是前者,但很清楚,他非常希望法学院实行他认为可欲的高度积极补偿行动。但无论何等真诚相信某种教育改革的观念很好,这也不一定建议美国每个法学院都采用。如果每个法学院都采用,我们就会失去受控实验的收益。这是多样性的一个重要果实,而肯尼迪赞扬多样性。

另一个区别是在法学院招生、教员初始和调进聘用以及教职晋升上的积极补偿行动。这些必须分别予以考察,因为它们各自提出了不同的问题,此后还应联系起来考虑,因为它们的相互关联。就入学而言,必须区分两种积极补偿行动。一种是略微偏离通常基于平均分(GPA)和法学院能力测验(LSAT)的标准成绩,认为这些标准不可能完美预测学生在法学院或法律职业中的表现。但从纯学术立场看,哪怕略微背离也值得质疑,因为很难说本科成绩和LSAT成绩无法预测少数群体学生在法学院的成绩。但从总体上更值得质疑的是另一做法,即大大背离常规的入学标准,一定招收与美国总人口、本科年龄段总人数甚或是本科生总数比例相同的黑人进法学院。[28] 这种积极补偿行动在精英法学院引发了严重紧张关系,大大低于平均成绩入学的黑人排名全堆在班级最后。但如果某法学院决定不为黑人学生设定入学高定额,它会发现为聘用黑人教师设定高定额就很尴尬。作为一个现实的政治问题,无法割断这两种定额,因此,在招生中拒绝设定种族高定额的理由就是在教员聘用上拒绝设定种族高定额的理由。

有人支持对教员的初任聘用和调任聘用以及内部的教职晋升,理由是,如果法学院招聘教员时就有意降低标准,那么当招聘进来的人要求晋升时,风险会更大。这在招生上不是个严重问题。对法学院的大多数学生来说,毕业就足够了,并且因积极补偿行动进入法学院的大部分学生也都能毕业,即便不是班上的尖子。而教职不同。并非每个称职但没获得终身

---

〔27〕 在《性感着装及其他》(前注25)一书中重印此文时,肯尼迪删去了这段文字。请看,同上,页66。

〔28〕 1989年,美国的本科学生总数中9.8%的是黑人。U. S. Bureau of the Census, *Statistical Abstract of the United States*, 前注26,页158(表263)。

教职的教员都可以期望获得终身教职;并且这个教职也是保证其终身就业的一个允诺(而且由于废除教授法定退休年龄,终身就职这就更非夸张了)。那么对于因积极补偿行动而得以聘用的人,什么是他们获取终身教职的标准?如果对他们同对白人男子的标准一样,大量黑人就无法获得终身教职,那这就不只是尴尬了。也许应当实行双轨制?但如果实行双轨制,当就积极补偿行动的终身教职投票时,是否应仅限于黑人?

让我把这些问题暂时放下,先集中讨论法学院初次聘用的黑人,并问一问肯尼迪,关于降低必要标准聘用相当数量少数群体成员是否真的会提高而不是降低法学成果的质量。这个提议并不荒诞。我不认为他提出"在管理自己生活的机构中,人们应当有自己的代表,这个一般民主原则"(页705)很荒诞。这其中隐含的是,一切法学院都应是公立机构,广大公众的生活受法律和法律人影响,受法律教育的影响,因此在法学院治理上公众可以有自己的代表。但肯尼迪正确的是法律学术还有很大的改善空间。而这就提出这样一种可能性,即不应把强调法学院成绩和伶牙俐齿的现有的教员聘用标准看成是不可变的,以及进路的多样化、视角的增加、打破已有思路可能完善这个学术领域。法律经济学就带来了这种效果,女权法学也产生了这种效果。或许少数族群的学术也会产生这种效果。

也许如此。只是这里有几个问题。其一是种族本身与经济学或女权不同,种族并非一种进路,就像性别本身也并非一种进路一样。黑人与黑人的独特生活经验,这两者之间有正相关,因此也许会有某种独特视角。肯尼迪追求的就是这种经验,这种视角。但并非所有黑人在文化上都是黑人。有些黑人已完全为占主导的白人欧洲中心文化所同化。特别是,如果他对有关种族问题的教学或著述都不感兴趣,他们就不可能增加肯尼迪追求的多样性。还有些教员可能不赞同肯尼迪以牺牲常规资质为代价实现文化多样性的追求,这些教员则可能要求在种族聘任时集中关注那些已被同化的黑人。因此,要实行肯尼迪的计划,就要求对何为黑人裔(西班牙裔、印第安裔、亚裔)作文化上的界定,因此会歧视那些已接受主导文化的黑人、西班牙人、印地安人和亚裔人。人们也许会受到类似的压力,对何为女性也采用文化界定,因此只聘任激进女权者,这种压力还没出现,因为能教授法律的合格女性候选人很多,她们对女权的态度非常不同。但黑人中合格候选人不多,情愿降低必要常规标准以便尽可能聘任一两位黑人的法学院也许感到很大压力,一定要聘任一两位"真正的"黑人。结果是,大多数黑人法学教授都局限于学术界的黑人区,即批判种族理论。

歧视被同化的黑人,这是肯尼迪的建议必然导致的一个讨厌结果,但我不认为他会因此退缩。他会认为已同化的黑人是错误意识的受害者。"我们胁迫一些少数群体的人——希望获得我们奖赏的少数群体的人——变得'和我们一样'"(页720)。我不怀疑,有些人已习惯了传统,习惯了一种压迫性的同质化社会环境,乃至相信了一些与他们的实际最佳利益相违背的事。但肯尼迪谈论的不是孟加拉的农妇,他谈的是受过很高等教育的美国人。这些人要比肯尼迪更清楚知道自己相信什么最好。

肯尼迪忽视了他的提议潜在地伤害了学界黑人的自尊。这种招聘定额越大,法学院就必须更深挖掘合格者来填满定额,因此学界黑人的平均质量就会降低。常常不为人注意的是,每次增加少数群体教员定额都提升了非少数群体教员的平均质量;如今,这些非少数群体教员的任职位置更少了,并且,如果挑选教员用绩效标准,那么他们的平均质量还会继续上升。少数群体教员的平均质量下降,非少数群体教员的平均质量还在上升,两者交错,会进一步扩大两个群体的距离,并会培养出少数群体教员就是"不行"的观点。

问题是,为提升法学成果,这个代价是否值得付出?肯尼迪没有提及由批判种族理论——自觉不被同化的少数群体法学人的法学著述——提出任何观点。佩勒(Gary Peller)关于批判种族理论的长文,同肯尼迪的论文登在同一期《杜克法学杂志》上,同样回避了这一点。[29] 事实上,批判法学理论提出了一些观点。特别是,批判理论的法学人一直领军推动了各大学全面采纳规则禁止"仇恨性言辞"。[30] 但是,这个法学领域的主要任务也许就不是产出观点。它最喜好的阐述技巧是"叙述",这是一种文学流派,而不是一种分析流派,我会在本书第十八章中考察威廉姆斯的著作《种族与权利的炼金术》,那就很好代表了这一流派。这是个值得尊重的流派,

---

[29] "Race Consciousness," 1990 *Duke Law Journal* 758.

[30] 请看,例如,Mari J. Matsuda et al., *Words That Wound: Critical Race Theory, Assaultive Speech, and the First Amendment* (1993)。其他引证、概括和批判,请看,Charles W. Collier, "Cultural Critique and Legal Change," 43 *Florida Law Review* 463 (1991); Henry Louis Gates Jr., "Let Them Talk: Why Civil Liberties Pose No Threat to Civil Rights," *New Republic*, 1993年9月20日,页37。

第二章 法学的成功与艰辛

但又不是一种可能改造法学成果的流派。肯尼迪确信,只要更多黑人成为法学教授,他们就会产出一种学术成果,"把我们打得落花流水"(页715)(但这是否全都因归因于种族呢?),这是一种虚假且情感化的信仰,反映出他没有现实感,而这在肯尼迪的著述中是一贯的。就在他这篇论文中也有进一步的表现,他幻想"也许有几百万人能把法学教授的工作干得比获得这一工作的教授们干得更好",他幻想现代民权法律是黑人律师(而不是黑人律师加白人律师再加白人法官再加白人立法者)的创造,他幻想"外观中立的范畴几乎可以实现顽固种族主义者想干的任何事",以及他还幻想法学院的教学岗位是"美国很小但很重要的一部分财富"(页712、717、737)。

但我并不想同肯尼迪就咱俩谁更符合现实展开论辩。我想要的是实验。我认为,圣莫尼卡(Santa Monica)、坎布里奇和纽约为房租设限是件好事,不仅对这些城市的居民好,对我们其他人也好,我们可以根据这种自然实验判断,限定租金会导致经济学家预见的后果,还是会导致那些左派预见的后果。[31] 对我们当中对社会主义有学术爱好的人来说,社会主义在苏联和东欧、瑞典、英国、以色列、古巴以及其他地方的实验,是件好事,因为我们如今知道物质刺激是起作用的,私有产权是起作用的,繁荣起作用,价格也起作用。就让哪所主要法学院建立肯尼迪主张的那种教员种族定额制吧,我们因此会了解,肯尼迪相信的会导致多样化和视角主义的种族定额制究竟会否提高法学成果的质量,是否足以补偿法学成果的丑陋。

---

[31] 经济学家的预测,请看第十八章。

第三章

法官最大化些什么?

寻 常 法 官

109 从霍布斯到布莱克斯东到德沃金到法律经济学家,法官的实际角色和恰当角色究竟如何,这一直占据了英美法理学舞台的中心:对法官有何激励和限制,在裁量与尊崇之间以及在创造与服从之间他应如何保持平衡,伟大司法判决的条件是什么,司法智慧源自何方,如何避开越权能动和消极被动这对孪生陷阱等。该剧中的英雄都很崇高,无论他是自由的斗士还是谦抑的大师,是法律宣示者还是有先见之明的经济分析家;与这一职业的自我膨胀形象相一致,舞台的灯光全射向一些司法伟人。但本章将采取不同的方针,我提出一种关于法官行为的理论,我集中注意的是"寻常的"、职务有保障的上诉审法官,如联邦上诉法院的法官或联邦最高法院的大法官。把关注点从非同寻常转到寻常法官身上,这体现了实用主义者对真实世界的兴趣,因为事实上,大多数法官都是寻常的。[1] 他们绝大多数

110 既不像政客那样追逐权力,因为只有少数法官才有远见卓识或生来喜欢惹是生非[2];也不像大多数科学家那样追求真理。有挑选和奖励科学家的办法,还有其他制度约束,所有这些会促使追求真理成为科学家言之成理但

---

〔1〕 至少,我们正开始从法官那里了解到一些未加修饰的真实法官生涯。除了《法理学问题》(随处可见)外,又请看,Frank H. Easterbrook, "What's So Special about Judges?" 61 *University of Colorado Law Review* 773 (1990); Patricia M. Wald, "Some Real-Life Observations about Judging," 26 *Indiana Law Review* 173 (1992)。

〔2〕 因此,在伯格任联邦最高法院首席大法官的年代里,对联邦最高法院的常见批判是缺乏任何"愿景"或使命感。这对大多数时间大多数法院都是真实的,但这不必然是一个正确的批评。

第三章 法官最大化些什么？

也并非完全现实的目标，只是这些方法和约束没能概括法官活动的环境特点。[3]

美国有很多寻常法官，而且美国人心中有深刻的反智主义、民主平等主义，并对官员是疑心重重，因此，美国人甚至崇拜平庸的司法审判。如果某法官特别能干，人们就会怀疑他是否有他私人的"议事日程"，在诉讼波涛的沉浮中他是否不安当一个浮标，是否不安当一位发令给球和暂停的裁判。有些法官的确曾有自己的政治日程，但一位法官是否能干与他是否有这种日程之间并无关联。

我们都知道，美国宪法创制者当年试图设计的就是有中等道德和智识的人就可以运作的政府。宪法创制者把联邦法官终身任职也纳入了这一方案，这就表明，宪法创制者不指望法官总是会勇敢行动，即便有些法官很勇敢，如布朗诉教育委员会案判决后监督南方公立学校废除种族隔离的那些法官。在任命联邦法官问题上，政治、私谊、意识形态以及偶然的运气作用太大了，因此不能把法院系统视为一帮圣洁天才加英雄，他们不神奇，不会不受自我利益的牵引。我的进路是把法官当成普通人，因此他们可以成为经济学分析的对象；经济学家没有关于天才的好理论。对于经济学分析来说，幸运的是，大多数法律都不是由少数伟大法官制定的，而是由大量平常法官制定的。但是，我也会扩展分析，对非同寻常的法官也作些简要分析。

之所以集中关注联邦上诉审法官，并不仅仅因为我就是其中一员，因此了解这一群体[4]，也还因为为消除他们的激励因素所采取的制度努力也最多。美国宪法第三条设立了一个很高障碍，很难剥夺联邦法官的职务，几乎只有犯罪，他才会丢掉职务。联邦法官可以懒惰，可以没有法官气质，可以糟践下属，可以毫无理由地训斥出庭律师，可以因违反职业伦理而受到谴责，可以几乎甚或就是老得都动不了了，可以不断犯低级法律错误且

---

[3] "大多数法官，甚至联邦最高法院的大法官，都因其智识上确实暗淡无光被遗忘了。" Charles W. Collier, "The Use and Abuse of Humanistic Theory in Law: Reexamining the Assumptions of Interdisciplinary Legal Scholarship," 41 *Duke Law Journal* 191, 221 (1991). 人们也许还会添上一句，也因其政治上的暗淡无光。

[4] 我这样说并不意味着我认为法官有特别好的渠道了解法官的效用函数。效用函数不是一个心理学或现象学概念，而是一种为提出假说的装置。我怀疑有任何法官主观上会以本章模型来感受自己的工作。我认为没有。

判决不断被推翻,可以出于各种考量将本来几天或几个星期就可以完美判决的案件拖上几年,可以向传媒透露机要信息,可以赤裸裸追求政治性日程,还可以有其他不端行为(而如果其他饭碗铁定的公务员或教授都可能因此被炒),他都可以保住职位。他的工资不能降,也不能加;优秀法官也不能加。同级法官工资完全一样,因此,这里是既没胡萝卜,也没大棒。没胡萝卜的另一原因是禁止法官接受当事人贿赂,收取的当事人诉讼费或其他费用不能进自家腰包,他也不能因他人引证其司法意见收取版税。他只有固定的收入。

得,也还有个很小的胡萝卜。通常都从联邦上诉法官中选任最高法院大法官;事实上,眼下最高法院的大法官中,除冉奎斯特(Rehnquist)和奥康娜(O'Connor)两位外,其他人之前都是上诉法院法官。即便某位具体法官属于人们谈论的、可能提升的少数法官之一,他实际受任最高法院的概率仍然很低,当然有些法官会想到这个概率。但任何某一司法决定通常对这种提升前景的影响都非常弱。有些司法决定对这种前景不会有任何影响,并且,就几乎所有其他案件而言,还无法预测这种影响会究竟如何,因为被某个决定冒犯与可能为之拍手称快的权势人物可能数量相同。

报酬结构也令联邦法官不大想在法院系统之外获取晋升,因为法官的大量报酬是靠后支付的。[5] 法官的退休金(即法官最后的工资,并终生享有,每年还有生活费补贴)非常丰厚,但只有你到65岁才给你,任何人若早早离职,就得放弃大量预期收益。这种退休金安排很诱人,对高龄法官退休很有诱惑力。据美国宪法第三条可推定属于第一条的法官不实行法定退休,即便事出有因,也很难强迫法官退休。胡萝卜是一定要起作用的。

联邦地区法官的报酬和任职结构与上诉审法官完全相同,只是地区法官薪酬略低,获得提升的前景略大些[6],但大多是晋升上诉法院。令地区

---

[5] 关于靠后报酬对联邦文职公务员变动的影响,请看,Richard A. Ippolito, "Why Federal Workers Don't Quit," 22 *Journal of Human Resources* 281 (1987)。

[6] Mark A. Cohen, "The Motives of Judges: Empirical Evidence from Antitrust sentencing," 12 *International Review of Law and Economics* 13 (1992). 科恩在文中提出某些经验证据显示,渴望晋升会影响地区法官的行为。科恩的另一篇文章提供了关于地区法官效用函数的额外的经验证据,其中有渴求行使裁量权、回避大工作量以及渴望晋升上诉法院这几点。Cohen, "Explaining Judicial Behavior or What's 'Unconditional' about the Sentencing Commission?" 7 *Journal of Law Economics, and Organization* 183 (1991)。

法官守规矩的更重要制度因素是,地区法院法官多少都得当庭持续主持审判以及其他程序,必须判决,还得同律师和陪审员交谈。如果他太差劲,坏事很快就会传千里,在法律共同体中就落下了坏名声。相比之下,上诉审法官大多——尽管无法完全——躲过了对他们工作的直接评价。他们不必当庭作决定,甚至在法庭上都不必开口说话。只要能挑到称职的法官助理,他们就可以制作出——不论他们是否努力或能力大小——在法律职业看来挺像样的司法意见。司法意见实际是他们唯一的公共产品,并因此实际上是法律职业或整个世界可能评价他们的基础。正由于联邦上诉法官有这种独特方式来区隔其职务责任,因此,上诉法官的行为就挑战了法律经济学,更广泛地说,挑战了经济学理论对人类行为普遍适用的主张。[7]

类比非营利组织

讨论联邦法官行为,看起来最自然地也许是从其他政府官僚的行为开始,而在这个领域内,政治科学和经济学文献都日益增多。但我认为,用普通官僚来类比(非选举产生的)法官,缺乏创意。法官职位更安全,在很大程度上不受上级控制,不受立法监督。更合适的类比是非营利企业,当买

---

[7] 用效用最大化术语分析法官行为的先前努力,除了前注 6 引证的科恩两篇论文外,还请看,Robert D. Cooter,"The Objectives of Private and Public Judges," 41 *Public Choice* 107 (1983); Jeffrey N. Gordon, "Corporations, Markets, and Courts," 91 *Columbia Law Review* 1931, 1967-1971 (1991); Richard S. Higgins and Paul H. Rubin, "Judicial Discretion," 9 *Journal of Legal Studies* 129 (1980); Bruce H. Kobayashi and John R. Lott, Jr., "Judicial Reputation and the Efficiency of the Common Law" (unpublished, Geroge Mason University School of Law,1993); Thomas J. Miceli and Metin M. Coşgel, "Reputation and Judicial Decision-Making," 23 *Journal of Economic Behavior and Organization* 31 (1994); Erin O'Hara, "Implicit Collusion or Social Constraint: Toward a Game Theoretic Analysis of Stare Decisis" (unpublished, Clemson University Departments of Legal Studies and of Economics, n. d.); 以及 Eric Rasmusen, "Judicial Legitimacy as a Repeated Game" (Indiana University Working Paper 93-017, July 1992)。克巴雅西(Kobayashi)和罗特(Lott)指出,一个法官,如果希望自己的判决意见能更多被引证,他就会有激励推翻现有先例,取而代之的不仅以他自己的决定,而且以他自己的无效率决定,因为,当其他因素相符时,无效率的决定有可能引发更多诉讼,因此有更多机会引证这位法官的意见。然而,这样的法官更多属于富于反抗精神的范畴而不是一般法官的范畴,而我关注的是后一类。我暂时不考虑真正富有反抗精神的法官是否可能只简单追求的引证最大化这个问题。

方无法考察企业产出时,通常会采用这种企业形式。[8] 如果你想帮助索马里饥民,同某食品供应商签一个合同,想为索马里饥民提供一定量的大豆,但会发现你很难确定该供应商是否做到了。如果禁止他把分配剩余(在支付一切费用后,我们会看到这个漏洞很大),也即利润,揣进他的腰包,他反倒更可能这么做。因为,这时,他在合同上做手脚的收益降低了。

这种不以营利为目的的企业形式并没解决代理人不诚实问题,只是弱化了这个问题。非营利供应商与利润最大化的供应商相比,前者没多少效率的激励,因为节省下来的费用也不会是他的利润。因此可以预期非营利企业会更懈怠,并且更可能把利润转化为雇员的工资和津贴,限制货币性利润通常就有这样的后果。[9] 为什么它不会把所有利润都转为工资或额外津贴呢?首先,尽管奢侈的津贴也许比奢侈的工资更难暴露,但津贴太多,很快就会超过临界点,这时从该津贴(比方,宽敞的办公室)中获取的效用也许只是其成本中的很小部分。其次,人们也不愿捐钱给大家都知道其雇员工资很高、津贴很多的非营利组织。第三,为获利有限的企业招收的雇员很可能不那么关注金钱收入,至少比盈利企业招收的雇员更少关注金钱收入。前者招来的雇员也许更规避风险,因此愿意以减少货币收入换取工作的稳定,或者说他们的主动性效用函数的是非货币的。但不论何种情况,由于偏好(或"性格"),他们都不大可能利用各自境况榨取每分钱的货币收益。但也有相反的经验证据[10],因此,我不太多强调这一点。

非营利企业与联邦法院的相似性应当很明显了。如果公众试图雇请某个盈利组织来获得法院提供的服务,他们会感到很难确定签约者在多大程度上生产的是"司法正义"。确实,世界上私人性裁判也不少。但仲裁者或其他形式的私人裁判都由纠纷双方雇请,来解决某一纠纷,并不提供全

---

〔8〕 Henry B. Hansmann, "The Role of Nonprofit Enterprise," 89 *Yale Law Journal* 835 (1980);又请看,Hansmann, "Ownership of the Firm," 4 *Journal of Law, Economics, and Organization* 267 (1988)。

〔9〕 在公用事业规制文献中长期以来这都是个主要论题。请看,例如,Armen A. Alchian and Reuben A. Kessel, "Competition, Monopoly, and the Pursuit of Money," in *Aspects of Labor Economics* 157 (National Bureau of Economic Research 1962); *Economic Analysis of Law* 350, 653。"懈怠"最好视为一种休闲,一种津贴,而不是与津贴无关的什么东西;我将采用这个进路。

〔10〕 有关的概括,请看,Edwin G. West, "Nonprofit Organizations: Revised Theory and New Evidence," 63 *Public Choice* 165, 168-169 (1989)。

面的法院服务。所谓全面，包括通过发布司法意见，解释制定法、普通法原则、规则和法规以及宪法条文，以此来确定规则；为无法就中立仲裁达成一致的人提供便利的纠纷解决服务；在国家与公民之间设置一个中立组织执行仲裁决定，用公共裁判者来支持私人裁判。"提供全面服务"的公共司法体制的产出更复杂，很大程度上看不见或至少是无法测度，相比之下，更容易看清仲裁或其他私人裁判者的产出。[11] 私人裁判者的报酬以其能否满足市场需求为条件，因此，这种激励也许能以合乎情理的代价避免与非营利裁判相联系的懈怠，乃至有些纠纷解决领域，尽管公共裁判有财政补贴，私人裁判还是可以同公共裁判展开有效竞争。[12] 在其他行业，也常见营利目的与非营利目的的厂商共存，尽管非营利目的的厂商在税收上有特别的好处。[13]

由于很难评价提供全面服务的法院系统的产出，理性的公众就不大情愿从以营利为目的的企业那里购买这类产出，因为这种企业会有诱惑，在服务费用上做手脚，努力获取大量利润。而且公众也不容易委托立法机构或行政机构来评价法院的服务产出；立法和行政也并非很能信任或容易监督的机构。美国司法部本可以以中立标准来评价法院的工作，但司法部会有以政治标准评价的激励，此外，如果司法部解雇或降职某法官，说他能力不够，不称职，公众也很难评价司法部的决定。

雇用竞争性司法厂商也无法回应这个问题，即便不考虑这会很难保持前后一致的法律决定。当顾客甚至都无法大致确定竞争厂商提供的产品质量时，质量保证或大致相当的保证也不可行，竞争就不大起作用。鉴于无法依靠市场，无法依靠激励性报酬，因此公众禁止法官通过裁判来收取货币收益，如收受贿赂或收取缴付法院的费用、罚金或司法过程产生的其他收入，还禁止法官审理法官亲戚是一方当事人的案件或法官于其中有股

---

[11] 但也不完全如此。私人裁断没有判决意见（如同这一理论所预测的，商业仲裁一般不发布仲裁意见，尽管劳动仲裁一般都发布仲裁意见），这就更难判断私人裁断者的工作质量。一个相关的要点是人们知道仲裁者行使广泛的裁量权，而我很快就会提到，裁量性判决比"有规则的"判决更难评价。

[12] 关于仲裁的经济学分析，以及对一般性私人裁断的经济学分析，请看，William M. Landes and Richard A. Posner, "Adjudication as a Private Good," 8 *Journal of Legal Studies* 235 (1979); Cooter, 前注 7。

[13] Burton A. Weisbrod, *The Nonprofit Economy*, 第八章 (1988)。

份的公司的案件。这样一来,随着法院系统裁量权的增加,有关利益冲突的规则也收紧了,因为法官裁量越多,也就越难判断司法产出的质量。

法院系统一直以非营利为基础,因此应当预料,法官平均说来不会像年龄能力大致相当的律师那么勤奋。我认为情况就是这样,至少上诉法官是这样。[14] 近几十年来,法院案件量增加巨大,这主要是通过增加工作人员消化的,尽管今天的法官也确实比三四十年前的法官工作更努力。法官"第二职业"正当地受到限制,这样法官就不易把自身闲暇转化为现金收入,因为"闲暇"价值增加会诱使某些法官在司法工作上不用心、不努力。

仔细筛选法官人选也可以减少法官的懈怠。特别是,如果行为中有习惯性因素,那么即便没有勤奋的激励因素,一个众所周知的从来工作勤奋的人在很大程度上也许会继续勤奋。事实上,有关联邦法官任命的人事筛选非常详尽(这就像离婚越难人们的婚前考察就越长一样,并且理由也相同),并且多数法官受任时都已工作多年,工作习惯也稳定了。为什么很少任命40岁以下的人出任联邦法官?这也许是原因之一。尽管在一个人还挺年轻时就会给他学术铁饭碗,但学界的工资不固定,学术之外的收入也无有效约束,学术雇主也不止一个,因此学界还有激励,促使人们努力工作。

对非营利组织也没制度要求对同级雇员必须支付同样的报酬。联邦法院系统也没这种限制。法院的秘书以及其他辅助人员可能获得优秀奖和奖金,对联邦法官甚至也有一年一度的现金奖励(德维特[Edward J. Devitt]司法工作杰出奖,15 000美元),但每年仅一人。除这一奖励外,同级联邦法官(除了联邦最高法院大法官外,所有宪法第三条法官只有两级,即地区法官和巡回区法官)的报酬完全相同,无论其产出、地位甚至服务年限。[15] 法官与辅助人员待遇不同反映了这样一个事实:前者更多裁量权,而说到底,也就因为有了这个裁量权才让人们很难评价法官。要辨认产出质量差别或价值差异,会不断产生问题,正是有这些问题才导致非营利的

---

[14] 参看这样一个发现,即宣布自己即将退休的国会议员在其最后任期会较少参加投票,因为偷懒的惩罚小了。John R. Lott, Jr., "Political Cheating," 52 Public Choice 169, 179-182 (1987).

[15] 一个例外是,法官越老,其退休金的预期价值就越大。这是法院系统统一工资中的一个重大例外,但没有哪位法官个人对此能有任何控制。

法院组织出现。假定法官每年案件产出增加1%,收入就增加5 000美元;这种货币激励就可能令他每个案件少花1%时间,这样他就可能以同样的时间多决定1%案件。如果他不是工作更努力了(而且,他为什么要更努力?),这时,这5 000美元收入就是一种纯利润,而这份纯利润的出现就因为购买法官裁判的人没法评价判断该法官的判决质量。我认为有一些非货币激励促使法官履职;如果没有,他就没道理只为工作奖减少自己的工作量。但这些激励(下面探讨)与他在每个案件上减少工作量却不减少自己总体工作量会是兼容的。

法官的效用函数

我说了,我认为联邦上诉法官不像与他们相当的私人从业律师那么勤奋。但他们大多数还是比较勤奋的——常常是他们高龄时,那时与他们相当的私人从业律师都已退休住到斯克斯代尔(Scottsdale)或拉赫拉(La Jolla)去了。*联邦上诉法官因此一定从法官工作中获得了效用,而不只是从法官地位中获得了效用,因为他们完全可以保有法官地位,而很少做事甚至——当到退休年龄时——什么也不做。简而言之,他们的效用函数必定包含了某些休闲和工资以外的东西。让我们考虑一下。

众望(popularity)。库特认为,法官会"在向自己提起诉讼的律师和当事人当中""寻求威望(prestige)"。[16] 要做到这一点,他认为,法官是"只关心自己的判决对争议双方的影响,而不理会该判决对案外其他人的影响"。库特说的威望听起来更像是众望。这无关紧要;正确的是,他看到了,许多联邦上诉法官都关心自己在从业律师中的众望,特别是,如果该法官有许多朋友是律师的话,并且通常也的确如此,尽管他没有任何办法指望这些从业律师喜欢自己(这与选举产生的州法院上诉法官不同)。人们都喜欢别人喜欢自己。然而,很少有法官关心诉讼当事人是否喜欢自己。为什么呢?因为,几乎每个判决都会有一方赢家一方输家,也就是一方满意一方不满意。(律师对败诉会看得更透些。)法官希望自己在律师中有众

---

* 斯克斯代尔和拉赫拉均为美国出名的养老的地方。——译者注
[16] Cooter,前注7,页129。

望,这也许会表现为法官不愿制裁甚或批评那些表现低于通常的职业标准的律师,而我认为这是唯一的可能。

威望(prestige)。在某种程度上,威望既与众望不同,也与敬重(即表现出来的尊重,我后面会讨论)不同,但这无疑是法官的效用函数之一。法官渴求威望主要体现为他们反对以任何方式的大量增加法官数量,至少高层级法官的数量,也反对将"法官"称号扩展到低层法官,如地方治安官(magistrate)和破产裁判官(如今人们通常称其为"地方治安法官"[magistrate judge]和"破产法官",这让那些宪法第三条的法官很沮丧)。法官通常不愿说自己这个群体动机不高尚,他们一直坚持,法官数量大增会冲淡了法官威望,因此增加新法官的难度就大了。[17] 但法官都很愿意委托非法官,如法官助理,来履行自己的工作,这种委托不会淡化法官的威望。但除了反对法官数量增加或"法官"称号冲淡外,法官个人几乎做不了什么事来强化他的司法威望。这种威望内含于整个法院系统。由于搭便车问题,这就使不可能有任何某位法官愿意以其个人的顽强努力来提高法官群体的威望。

公益。把公益纳入法官的效用函数,这与把法官视同"一般"人不太一致。有关公益的看法无疑影响法官的偏好,就像这些看法会影响选民的偏好一样(后面对此会有更多讨论),但我认为,只是当表达这类观点的决定增加了法官的效用时,这种影响才存在。

避免判决被撤销。法官都不喜欢自己的判决被撤销(根据我个人的经验),但是避免判决被撤销,这一点在法官的效用函数中所占比重不大。对于联邦最高法院大法官,就没有这种因素,对上诉法院法官,这也很不重要,因为如今联邦最高法院很少撤销上诉审的决定[18],若撤销反映的也大

---

[17] Gordon Bermant et al., *Imposing a Moratorium on the Number of Federal Judges: Analysis of Arguments and Implications* (Federal Judicial Center 1993).

[18] 并非因为最高法院会很高比例确认下级法院判决,而是因为下层法院案件数量日增而最高法院的案件处理能力相对固定,这导致为最高法院接受审查的下层法院判决的比例逐渐降低。我为第七巡回区上诉法院撰写了千余件多数派判决意见,联邦最高法院调案审查的只有约10件(还确认了其中一些案件)。我认为这个比例有代表性。

联邦最高法院的某些决定是由立法推翻的,请看,William N. Eskridge, Jr., "Overriding Supreme Court Statutory Interpretation Decisions," 101 *Yale Law Journal* 331 (1991),但联邦最高法院大法官很容易将这种推翻视为政治或政策分歧的产物,而不是负责任的对他们工作的批评。

第三章 法官最大化些什么？

多是司法哲学或法律政策上的分歧，而不表明上诉法官错了或不称职。[19] 撤销率显然不影响地区法官的晋升机遇。[20]

声誉（reputation）。就像我提到的批评中隐含的，法官效用函数中的一个重要潜在因素是声誉，无论对其他法官，特别是对同法院的法官，即其同事（在这里声誉和众望聚合了），还是对广大法律职业界。声誉是努力程度的函数，但对于能力一般的法官，这只是最低努力的函数。超出这一点，努力不会使一位一般化的法官伟大起来，这就像勤奋工作不会令数学雇员变成数学专家一样，并且努力还可能引发同事的反感，因此降低了他的效用。雇主喜欢斯达汉诺夫*；但同事不喜欢他，因为他让同事们看起来很烂。此外，工作狂法官很容易增加而并非减少同事的工作，对同事的司法意见他可能有些很挑剔的评论，经常会撰写附和意见和反对意见。

因此，声誉并不能解释为什么法官不总是尽早退休，尽管从金钱上看这时退休最明智。有人会这时退，但许多人不退。然而，我谈论的是寻常法官。对那些非同寻常的法官，就像后面会看到的，声誉也许是支配性的，并且与努力的相关关系或许很高。

投票。我认为，上面讨论的效用函数因子对于一般联邦上诉法官都不很重要，不如我想强调的投票因素重要，而要理解这个因素，最好是把它类比为政治选举中的投票。[21] 尽管选举投票在美国并非义务，却有很多人参加投票，但他们投票对选举结果的影响可能近乎为零。这表明，选举投票对于许多人是很有价值的消费活动。而法官呢，他们不断投票。一位联邦上诉法官一年要投几百次。尽管他的票经常是"浪费"，因为没他这票（不是关键票），此案也会这样决定，但他投票的影响比一般人投票影响大。一位法官的票有时会决定某案结果，而一案结果通常至少对一些人很重要，

---

[19] 在其被提名出任大法官时，联邦最高法院从未撤销鲍克法官撰写或参与的 400 个多数意见中的任何一个，这一可圈可点的事实在提交参议员拜登（Biden）——参议院司法委员会主席——并为其依据的报告中却被认为是无关的。"Response Prepared to White House Analysis of Judge Bork's Record: Statement of Committee Consultants," 重印于 9 *Cardozo Law Review* 219, 238-242（1987）。

[20] Higgins and Rrubin，前注 7。

* 苏联时期的著名劳动模范。——译者注

[21] 在易斯特布鲁克的论文中，这个类比被用作另一目的，即在阿罗不可能定理辅助下解释一个法院如何在不同司法判决中获得一贯性。见，Frank H. Easterbrook, "Ways of Criticizing the Court," 95 *Harvard Law Review* 802（1982）。

在一些上诉法院案件中,在许多联邦最高法院的案件中,这结果会对许多人甚至几百万人很重要。因此,如果选举投票会产生效用,我们就不应惊奇,判案投票也产生效用。

对选举投票的另一解释是,人民出于责任感投票,这种动机推动的活动与一般的消费不一样。[22] 无疑,有许多人出于义务投票。但纯粹消费的因素也很重要,对于法官或许就很重要。联邦法官职务仍然令人垂涎,并且大多数法官都喜欢自己的工作。他们并非不情愿地被迫从事这一工作。

法官效用的另一个来源最终也出自投票。这就是法官从律师和普通公众那里获得的尊崇。[23] 就如同富人获得的浅薄尊崇一样,法官失去职务,富人失去财富,这种尊崇就没了。[24] 敏感的人都意识到这一点,但这也不能消除受人尊重的愉悦。大多数美国法官不摆谱,平等待人,那种"我不比别人高"的举止,都为了获得崇拜,不能当真。法官获得尊崇,因为他们有权力,这种权力就体现在他投的票。他们权力不太大(联邦最高法院大法官则是重要的例外,而人们也知道初审法官的小型暴政),对他们的尊崇也不很多(同样有例外)。但当他们确实受尊崇时,就因为他们——同富人一样——比大多数人有权,而不是因为人们崇拜他们,这与人们崇拜运动员、演艺明星、战斗英雄、圣人和科学家不一样。大多数法官离职后很快就被人们遗忘了。

先前对法官行为的经济学分析也一直关注法官的权力[25],但不是像我

---

[22] Amartya Sen, "Rational Fools: A Critique of the Behavioral Foundations of Economic Theory," in Sen, *Choice, Welfare and Measurement* 84, 97 (1982). 然而,在其他地方,森以很大程度上类似我的这种分析精神表述了投票,视其为渴望接受指导来记录投票人的真实偏好。Sen, *Collective Choice and Social Welfare* 195-196 (1970). 另一篇论文则合并了投票的义务说和消费说,请看,William H. Riker and Peter C. Ordeschook, "A Theory of the Calculus of Voting," 62 *American Political Science Review* 25, 28 (1969).

[23] 与法官相比,律师就像其他服务推销者一样,是提供尊敬的而不是接受尊敬的人。因此,我想,实务律师中而不是法官中有更高比例的先前是推销员。

[24] 当然,也不全都如此。退休法官(即便那些为了法律实务而辞职的法官)通常仍保持"法官"的名号,甚至当此名号与职务分离时也会获得某种尊崇。

[25] 一个应注意的例子,请看,Rafael Gely and Pablo T. Spiller, "A Rational Choice Theory of Supreme Court Statutory Decisions with Applications to the *State Farm* and *Grove City* Cases," 6 *Journal of Law, Economics, and Organization* 263 (1990); 又请看,Eugenia Froedge Toma, "Congressional Influence and the Supreme Court: The Budget as a Signaling Device," 20 *Journal of Legal Studies* 131 (1991).

在此把权力视为尊崇的源泉或投票的装饰,而是把权力当成满足甚或狂喜的源泉,近似富于创造力的人感受到的那种满足或狂喜。艺术家制作的是那种改变人们感受(sensibility)的艺术品;法官制作的是那种改变社会或商业规矩的决定。艺术家把自己的美学幻觉强加于社会,而法官将他们的政治愿景强加于社会。法官这样做主要通过其司法判决的先例作用,因为单独一个决定很少会影响重大。

法官遵循前辈决定,不独出心裁,这会令他的权力受损,但如果法官拒绝遵循前辈决定,也会导致他的权力受损,因为这会破坏依据先例作决定的老规矩,从而降低了后辈法官遵循这代法官之决定的概率。因此,两者之间有利弊交换(trade-off)。[26] 单个法官蔑视先例还不可能严重破坏这个规矩。这个问题可由该辖区最高法院来约束。如果下层法院对先例尊重不够,这个最高法院可以撤销其决定。这种法院很少,它关心如何对待先例,因为这类行为会影响其辖区内遵循先例能否继续下去。[27] 如果它们蔑视先例,会受到批评,对于任何关心自身声誉的法官,这都是成本,尽管对于这位法官,这个成本完全可能小于按自己的主意改变政策他可能获得的收益。但,他的后辈蔑视他创造的这个先例时,就有两个理由不受批评,或受批评较少,一是后辈蔑视先例有了辩解,纠正和惩罚先辈的错误;二是后辈有了一个不遵循先例的"先例"!对受批评者来说,有人批评自己是一种成本,因此,前辈法官蔑视先例会导致后辈蔑视先例少受批评,这就加大了前辈法官创造的先例被蔑视的概率。因此,前辈法官蔑视先例会带给他们自己一种未来的损失,了解这一点后,他们通常就有更大激励不蔑视先例。

然而,如果讨论的是寻常法官,这就是个不重要的问题。寻常法官不关心如何影响未来,因此不必操心找到一个临界点:恪守先例产生的权力收益(即后来的法官更可能遵循他的先例,并因此他影响了未来)与恪守先

---

[26] Lewis A. Kornhauser, "Modeling Collegial Courts I: Path Dependence," 12 *International Review of Law and Economics* 169 (1992); Kornhauser, "Modeling Collegial Courts II: Legal Doctrine," 8 *Journal of Law, Economics, and Organization* 441 (1992); Rasmusen, 前注 7; Edward P. Schwartz, "Policy, Precedent, and Power: A Positive Theory of Supreme Court Decision-Making," 8 *Journal of Law, Economics, and Organization* 219 (1992); *Economic Analysis of Law* 534-536, 541-542。

[27] *Economic Analysis of Law* 542; Rasmusen, 前注 7。如果这是正确的,我们或可预期,如果比较各州最高法院(规模各有不同),会发现法院越小,就越少推翻其先前决定。

例导致的权力损失(即让自己的偏好服从昔日的先例)全等。

对少数至今仍亲自撰写司法意见的法官,以及对一些不亲自撰写司法意见的法官,还有一种效用,来自发表作品,近乎文学作品或学术作品的作者获得的那种效用。对喜好写作的法官来说,写作有内在的快乐。但今天这对大多数法官来说都不重要了;他们很高兴把撰写司法意见委托给迫不及待的法官助理,他们认为(与我的分析一致)法官的核心职能是决定,是投票,而不是表述决定理由。他们愿意把法官责任委托给非法官,如法官助理,这使联邦法院可以大大增加产出,而法官的努力不必增加多少;这也许表明法官的效用函数中休闲偏好是起作用的。

解说法官行为

在选举中个人投票不能影响结果,选民还是会投票;但他们并非乱投票。这里的效用不是投票本身,而是为某人或某事投票。与这相近的是,在某些问题上人们把自己的想法都说开,即便什么都不改变,却还是获得了效用。但法官与一般投票人不同,法官从自己的活动中获得了权力,投票获得了纯消费价值,即便胡乱行使权力,该权力也不因此就小了,事实上,恣意的权力会格外令人畏惧,并因此或许还格外大。因此,我们可以预期,法官投票不像普通选民投票负责。当然,如果所有法官投票都随机,那么这帮子法官最终会被抛弃。但单个法官随机投票不威胁他的职位。然而,法官随机投票还很少。为什么?就像我一直强调的,对法官和对普通公民一样,投票有消费价值,独立于投票的行使权力的工具价值(这种价值,我说过,对普通公民微不足道,但他们还是投票);这种消费价值取决于深思熟虑选择投票赞成谁。

更甚的是,在审判庭审判(上诉法官的做法)中法官不随机投票费用很低。即使由三位法官组成的一个审判庭,假如其中有一位法官对该案恰当结果观点强烈,甚或某法官的助理对这个问题观点强烈,其他法官,如果对此案不是极感兴趣,就可能投票赞同这位"固执己见的"法官。这不会是随机行为,但会有利于他们偷懒,因为如果这两位对此案结果无所谓的法官投票反对这位固执己见的法官,后者也许会撰写一份强烈反对意见,会使这两位无所谓的法官看起来很糟,或迫使他们花时间修改多数意见,削弱

第三章　法官最大化些什么？

对方提出的要点。注意，如果有位无所谓的法官决定顺着固执己见的法官，另一位无所谓的法官也可能随大流。否则的话，他就被迫撰写一个反对意见，因为有这样一个禁忌（相当新，而且我承认有点说不通）：不能只表示反对，不提交任何理由。

审判庭越大，提反对意见就越便利，因为这时更可能反对者不止一个；只要一个人撰写反对意见，其他人就可以参加。我们因此应当预期，如果将那些难办案件的诸多差异予以校正，五人、七人或九人组成的审判庭会比三人组成的审判庭更多提出反对意见。

"顺着"投票只是休闲影响法官行为的一个例子。就此而言，一旦把休闲界定为——也应如此界定——避免任何"纠缠不清"和艰苦的工作，另一例子就是，法官都说他们的决定都是"法律"的要求，因此败诉方或任何其他对结果不满的人都不应谴责法官。让我们称这是一种不承担责任的权力理论。

休闲偏好起作用的第三个例子是这样一个规矩，即上诉法官的工作要平等分配。同一法院的法官听审案件的数量要相同，一般说来，分配撰写的判决意见数量也要相等，尽管在撰写判决意见上，联邦最高法院比上诉法院更灵活些。如果哪位法官听审案件超过了其相应份额，或是判决意见撰写多于相应份额，都令人愤恨，并会被断然拒绝。

第四个例子是区分"判决"和"声明"，后者是判决意见中对结果不重要的部分。与判决不同，后来的法官不认为声明对自己的决定有约束力。可以以另一方式来表达这个原则的道理；休闲是为人们忽视的因素之一。声明没有约束力，因此，一位法官无需押上自己未来的投票就可以加入同事撰写的包含了很多他并不同意的内容的判决意见。作为交换，即使许多方面也不同意，其他法官也可以加入到他的意见。这种"自己活，别人也活"的态度令判决与声明的区别成为可能，它们的权威性不同，也减少了法官的投入，无论在自己判决意见中的投入（回应其他法官对声明的反对意见）还是在同事意见中的投入（清除判决意见中那些令人讨厌的声明）。

现在，让我们考察一下用来避开上诉各方所提争点的装置，其中多数都是法官创造的：争点不切实际（moot）或问题不成熟（unripe），或称其为"建议性意见"（advisory opinion），或提出的是无法司法的（nonjusticiable）政治问题，或当事人没有诉权（standing），或提出上诉的时间晚了，或上诉人未穷尽行政或司法的救济。这些装置可以降低法官的工作量,还能避免政治敏感的难题纠缠不清。减少工作量也许不那么重要。筛选所有上诉,从中辨认出一小部分无需考察其是非曲直就可予以否决的上诉,这工作本身就花时间。(但是,如果没有这种筛选,案件数量也许猛增。想象一下,如果每个潜在诉讼当事人都有权从法院获得一个建议性意见,那将如何!)通过限制依据是非曲直可予以审查的案件数量,法官就能更迅速处理司法事务,这种做法也许减少了法院的积案(这是诉诸法院的成本),但因此扩大对法官服务的需求,就如同修建新公路会减少了交通堵塞,但会引发交通流量增加。

我的进路也许有助于解释为什么法官坚持遵循先例,但不僵硬坚持。如果他们僵硬坚持,现实一点,他们就不可能经常投票,投票中就隐含有裁量;如果不感到是自己作出选择,就不会有选择的愉悦。这也许是很多地区法官都认定联邦量刑指南违宪的原因。[28] 他们认为量刑指南把刑事量刑这个先前几乎是地区法官无限裁量的领域变成了一个机械但很花精力的计算过程。

然而,如果对每个案件都要法官一一从头考察,要对得起良心,他们就不得不更努力;要对得起自己的良心来决定一个案子,却不研读先前判决,这就像是撰写一篇有思想的严肃论文,事先却不作任何研究,不去了解在这个问题上他人写过些什么。这个法官也会无法躲避批评和攻击,因为他有可能批评了什么人(先前的法官)的不受欢迎的决定。诉讼案件也会更多,因为在一个体系中,如果没有遵循先例来保持稳定,法律权利和义务就更不确定。最后这两点,更多纠缠不清和更不确定,也许比第一点,即每个案件要花费更多精力,更重要,因为遵循先例首先要求研究先例。

"顺着"投票和"自己活,别人也活"参加其他法官的判决意见,这两种做法与投票交易("相互捧场")有关联,也有所区别,这种投票有利于休闲但不利于追求权力最大化。也许,这就是人们谴责法官交换投票的道理(这种做法令当事人和全社会都失去了法官对此案的独立判断),事实上也很罕见,但有其他一些常见的做法被人们宽容或忽略了。立法者的效用函

---

[28] Cohen, "Explaining Judicial Behavior or What's 'Unconstitutional' about the Sentencing Commission?" 前注6。

数与法官的效用函数不同,部分因为前者会面临再次当选的问题。权力和影响,对他们要比对法官更重要,因此他们相互捧场。[29] 这是一个经济学理由,可以推定,与现实主义法学家和批判法学家的某些极端主张相悖,法官并非穿着法官袍的立法者。然而,这一分析也预见了,在选举产生的法官中,投票交易也许很常见。

无论"顺着"投票还是"自己活,别人也活"加入其他法官的司法意见,都可以有另一种解释,即这都增加了法官的产出,它们节省了时间,令法官在相同时间内能决定更多案件,并用工作时间休闲。灵活遵从先例,不决定尚未成熟的案件,诸如此类的政策,也都有些符合公益的正当理由。[30] 未来的研究工作之一是要把自我利益同其他司法实践渊源解说清楚。

法官,旁观者或游戏者?

我们还没考察法官为何投票赞同这一方而不是另一方,投票赞同对制定法或法律原则做此解释而不是另一解释,或是采纳这种司法哲学(诸如"保守的""自由的""积极干预的"或"自我约束的")而不是另一种。在法官投票问题上,直到今日,反对无记名投票的理由一直是这会导致投票不负责任。法官投票是公开的[31],尽管有时也会有法官告诉朋友,他之所以加入他并不同意的某判决意见,是因为他不认为这个问题非常重要,乃至必须准备一份反对意见。法官投票公开,这便利了批评,可以预期,在没有更强大激励时,如金钱激励,这种批评一般会对法官的行为影响更大。然而,除了来自其他法官的批评外,大多数法官对批评都很无所谓,他们习惯便利地认为大多数批评都出自政治分歧、妒嫉、自我抬高或是(有意或其他)不了解法官的工作条件。除了对联邦最高法院的决定外,对法官决定的公共评论并不多。每年发布的数千件其他类型上诉判决意见中,只有很

---

[29] Barry R. Weingast, "The Political Institutions of Representative Government: Legislatures," 145 *Journal of Institutional and Theoretical Economics* 693 (1989).

[30] 请看,例如,William M. Landes and Richard A. Posner, "The Economics of Anticipatory Adjudication," 23 *Journal of Legal Studies* 683 (1994)。

[31] 但这不是审判的一个普遍特点:在大多数民法法系国家(如日本和欧洲大陆)大多数法院就不公布反对意见或不公开法官的投票。

少一部分会受到任何形式的批评性关注,有可能反馈到法官那里并可能改变法官的未来行为。

在某案中必须投票的法官面临选择,这一选择的基础是他不能想着增加某人的金钱收入、休闲、名声或其他效用,在生活领域这种选择很常见。例如,我们看戏、看电影所做的选择就是这种选择。体育竞赛则不一样,主要因为其中有固有的偏见,即一般说来,人们总是偏爱自己"家乡"运动队,这种偏见很难用司法例子类比。但在各州法院的管辖中这种偏见还是相关的,这不仅可能有助于解说为什么联邦会有多样性管辖(diversity jurisdiction)*,而且解释了为什么联邦法院对某州居民同联邦纳税人相争的各类案件拥有排他的管辖。

戏剧或电影观众是超然的,无论舞台或银幕上表现什么斗争,观众对结果都没有可见的利害关系。然而,观众也会受诱惑,"选择"这边或那边。这种选择通常受作者操纵,他"告诉"我们这一选择是同英雄站在一起,共同反对那个恶棍。但有些作品,解释多种多样,因此经常特别受智识者欢迎,诸如《哈姆雷特》《一报还一报》或《皮格马利翁》**,这些作品向观众提供的选项都是真实的。作者自己都没能解决这一戏剧场景中的核心紧张关系,或者是还未能(或是不想)清楚传达结果。这种无结果唤起了人们的兴趣,因此这可以解释为什么对文学作品作修正性解释很受欢迎,例如 W. 布莱克就认为《失乐园》中真正的英雄是撒旦。*** 观众,在《失乐园》中则是读者("生动的"演出提供了一个类比,很像司法过程,尽管今天提交审理的许多案件没有任何口头辩论或听证;这很像当年的戏剧,是供阅读的,而不是供演出的),必须掂量证据,得出一个结论。法官的立场与此很相似。[32]如果观众从这类选择中获取了消费价值,那就不奇怪,法官也从自己的选

---

* 即基于诉讼双方是不同州或国的公民而由联邦法院获得的诉讼管辖。——译者注

** 前两者是莎士比亚的戏剧,后者是萧伯纳的戏剧。——译者注

*** W. 布莱克(1757—1827),英国最著名的浪漫主义诗人之一。《失乐园》是英国伟大诗人弥尔顿的伟大作品。——译者注

[32] 法官和文学读者或观众的这一类比是努斯鲍姆提出的,尽管她是为另一目的,请看,Martha C. Nussbaum, "Equity and Mercy," 22 *Philosophy and Public Affairs* 83 (1993). 关于审判的戏剧性特点,请看,Milner S. Ball, "The Play's the Thing: An Unscientific Reflection on Courts under the Rubric of Theater," 28 *Stanford Law Review* 81 (1975); 关于戏剧的法学特点,请看,Kathy Eden, *Poetic and Legal Fiction in the Aristotelian Tradition* 176-183 (1986).

择中获取了消费价值。

通过把戏剧或电影与自己的人生经验勾连起来,同从自己研究或沉醉于戏剧观赏中获得的专门文化能力(他们常同有类似能力的朋友讨论观感,由此获取这种文化能力)联系起来,观众对戏剧或电影含义做出各个选择。而在司法中,法官带进来的并与他的旁观者角色有关联的就不仅有广泛的个人和政治偏好,而且还有一种专长的文化能力,即他的"法律"知识和经验。而如果他是上诉审法官,在决定之前,他还会同他的同事商量。

当然,鲜有法律案件有《哈姆雷特》那么丰富的模棱两可之处。许多案件涉及的难题都可以用法律分析的技术工具解决,这时,法官就像一位侦探小说的读者。陪审团履行的也是类似的事实发现者的职能。上诉法官要决定的并非真理位于何处,而是哪方的案子更强,因此他与我在此强调的观众是不一样的。但无论哪类案件,这里的选择都同戏剧观众的选择一样,是没有个人利害关系的选择;法官或陪审团的选择不会影响他们各自的收入。更进一步的是,审判庭的信息越少,审判就更具戏剧性,就更能抓住"观众"注意力。因此,历史上英美国家陪审团主导的审判比欧陆国家职业法官主导的审判更具戏剧性,并不奇怪。

用投票和观众这两者都可以类比司法决策(尽管我们会看到的,这两个类比并不等同)。在观众众多的场合,一位观众鼓掌就如同选举中一张选票对结果的影响。投票人就是候选人竞争的观众[33],与《安提格涅》的受众大致相似,这些受众就等于安提格涅同克里翁竞争的旁观者。因此,一项选举越是公开和高下难分(即便不非常难分高下,不是某一个人的投票就可能影响结果),投票率越高[34],这就不奇怪。这就像一部大做广告情节生动的戏剧一样,它的观众量很可能超过那些广告不够、情节平平的戏剧的观众量。

---

[33] Geoffrey Brennan and Loren Lomasky, "The Impartial Spectator Goes to Washington: Toward a Smithian Theory of Electoral Behavior," 1 *Economics and Philosophy* 189 (1985).

[34] John H. Aldrich, "Rational Choice and Turnout," 37 *American Journal of Political Science* 246, 266-268 (1993); Gary W. Cox and Michael C. Munger, "Closeness, Expenditures, and Turnout in the 1982 U. S. House Elections," 83 *American Political Science Review* 217 (1989).

人们为何没看到观众与审判的类比呢?[35] 理由之一是太虔敬,大多数关于法官的讨论都有虔敬的包装。而用观众作类比看上去有一丝审判无足轻重的味道。但读者或观众在严肃介入艺术时,他们并不是从事着一种无关紧要的活动。"演戏"(与工作形成反差)也不是与坚持规则不兼容。一个下棋者如果违反了棋规,只会减少而不是增强他从游戏中获得的愉悦,因此,进剧院的人如果因为舞台人物不是真人就拒绝进入舞台人物的生活,同样会减少他们看戏的愉悦;并且,违反司法游戏规则的法官也可能如此。体育迷、戏迷、影迷以及歌剧迷常常会培养出一定程度的鉴赏力,强化他们的愉悦。换言之,他们学会了所观赏的游戏的规则(广义理解),并按照这些规则产生回应。法官做的事是同样的,重要的差别只是有更多的司法游戏规则可能是不确定的或是有争议的。

为什么观众与审判的类比被忽视的第二个理由是,大多数有关法官行为之分析都是法律学术界人士搞的。学术界人士也是观众,但他们观看的不是法官目睹的那个小戏剧——审判或法官解决的其他争议,他们观看的是法官的判决意见。学术界通常并不关心口头辩论,甚至不阅读他为之写作或教授的那些案件的诉讼摘要。因此,很自然,他倾向于认为判决意见、判决推理、判决的修辞以及其他因素更重要,而不是这一决定本身更重要。然而,这些因素对大多数法官而言,还都只是第二等的。对于法官来说,就如同对于哈姆雷特一样,戏本身才是关键(the play's the thing)。[36] 当法官忙起来时,他们委托他人干的第一件事就是撰写判决意见;但是,即使今天,如果法官委托他人听取证言或辩论的话,就会被认为是丑闻,尽管事实上,如今委托地方法官和专家履行这些职能的情况正越来越多。

以观众作类比可以有助于我们看清,司法结果如何既反映了法官的偏好,又反映了具体案件中诉讼摘要和辩论的质量。它还可能有助于我们理解确认提名法官的听证会的功能,听证使立法者能够确定法官候选人的政

---

[35] 也未被完全忽视。请看,Yosal Rogat, "The Judge as Spectator," 31 *University of Chicago Law Review* 213 (1964)。罗伽特的论文批评了霍姆斯大法官,认为他太超然了,太多作为观察者而不是作为生活的参与者(不像霍姆斯的朋友亚当斯和 H. 詹姆斯一样),简而言之,霍姆斯是一位移情不够的观众。

[36] 参见,Joseph Bensman and Robert Lilienfeld, *Craft and Consciousness: Occupational Technique and the Development of World Images* 19-22 (1973)。

策偏好,因为,可以预期,这些偏好会指导或至少影响一位法官的司法决定。我们也许还会预期,"满脑子意识形态的人"(ideologue)当法官只有年龄上比其他当法官的人的一般年龄要低才可能。这不仅因为,除了从其长期职业生涯的行为中推断外,也许很难决定某个并非满脑子意识形态的人的思想轨迹,而且在一定程度上满脑子意识形态者也必定更好预测,因此也不用担心,他年纪轻轻当了法官,在以后的很长时间内他是否会改变观点。[37]

大多数政治竞选者都主要——尽管不是仅仅——诉诸选民的自我利益。[38] 相比之下,对法官就如同对戏剧观众一样,就要求他投票时没有私利。我们很容易看到,观众投票为什么可能没有私利;他无能为力,如果他不玩观众的游戏,他能获得什么?而法官手中有些权力。即便假定利益冲突规则能有效隔阻其决定与他个人或家庭财富间的任何联系,人们还是可能想出一堆可能进入该法官效用函数的不恰当因素:不喜欢某位律师或当事人,对任命他的当权者心存感激,希望获得晋升,对某法官同事或下属不快甚至想做点手脚,喜欢投票交易,想与同事建立良好关系,不愿与自己喜欢或尊敬的人有分歧,担心人身安全,担心被人嘲笑,不想冒犯某人的配偶或密友,以及种族或阶级团结。这些因素在日常生活决定中很常见,为何法官决定中就没有,除非我们认为他们有不同于一般人的效用函数。

那些因素确实影响法官的决定,但要比多疑的业外人士想的要少。理由并非法官的效用函数与他人不同;而是,如果他们经不住我列数的这些诱惑的话,他们从审判中获取的效用就降低了,而不会增加。许多人即便肯定自己的小动作不会被人发现,游戏中,他还是不搞小动作。为什么?其中的道理是一样的。司法裁判的愉悦与服从自我限制的规则息息相关,正是这些规则界定了裁判这个"游戏"。对一位法官来说,裁判支持这个令他不快的当事人,支持这个对法院未表示适度尊崇的律师,支持代表了与法官不同的另一社会阶层,这也产生一种满足。正是由于你做了这些事,

---

[37] 参看,John R. Lott, Jr., and W. Robert Reed, "Shirking and Sorting in a Political Market with Finite-Lived Politicians," 61 *Public Choice* 75, 87-88, 91 注26(1989)。

[38] Brennan and Lomasky, 前注33,强调了政治投票中非利益驱动的因素。(参看其导论中关于协商民主制的讨论。)他们遵循的是 A. 斯密《道德情操论》中的论点,在非利益行动费用很低时,行动者就可能如此行动。

你才知道你扮演了法官角色,而不是其他什么角色;并且大多数法官都是想成为法官的。这与大多数法官不希望工作太累不矛盾,因为像私人从业律师那样努力不是司法游戏的规则,这不仅因为大多数法官比大多数律师年长,而且因为法官趋于认为自己主要是履行一种支撑职能,而不是计件工作职能,有点像消防人员,他们需要保持头脑清醒,以便行使良好的判断。遵循游戏规则也与法官经常按自己的政策偏好和个人信念投票不矛盾。因为,在我们制度中,法律与政策的界限,审判游戏与立法游戏的界限,很模糊。许多案件无法依据常规法律材料来推理决定。这些案件要求法官行使立法性判断,尽管这种判断比"真正"立法者有权行使的判断受限更多。[39]

本章的进路看起来也许从基础上削弱了这样一种理论,即普通法以及其他领域的法官立法总体而言提高了效率[40],因为这种处理方式诋毁了法官有能力和意志去感受并强加一种独一无二且雄心勃勃的愿景,并且是与一般理解的司法游戏规则看上去相当遥远的一种愿景。[41] 但是,意识到法院系统的立法功能也许可以化解这种紧张。当一个确实全新的案件出现时,这些司法游戏规则要求法官按立法者的角色行事,因此是按照他的价值判断投票,即便这些规则并不要求、甚至会禁止他承认自己的所作所为是立法。效率——当然不必以此为名——是一种重要社会价值,因此多数法官已经内化了这一价值,并且,鉴于法官只有有限的救济权力以及我们社会珍视多元,这也许是法官唯一可能有效促进的社会价值。因此,当法官应召行使立法职能时,这应当影响法官的决策。决定一个全新案件,为指导未来案件确立先例,这些司法游戏规则也要求法官遵循先例(尽管并非盲从),而不是完全从头开始决定未来的每个案件。你也许看不到未来案件上有经济学的思考印记,但如果反映法官立法活动并影响未来案件的先例都隐含或明确基于强化效率的追求,那么那些未来案件的决定就都将是有效率的。即便只有一小部分案件关心效率,法律就可能是有效率的。

关于案件裁判与游戏的类比,我想多说几句。规则并非总是令人讨厌

---

〔39〕 法官有立法功能,这是为什么不允许法官以随机方式,如掷硬币,决定那些从常规"法律"观点看来真不确定案件的理由之一(我会在第二十三章讨论这些理由)。

〔40〕 请看,例如,*Economic Analysis of Law*,第 2 部分。

〔41〕 但请看,Kobayashi and Lott,前注 7。

的限制。它们也许是构成性的。十四行诗之所以难,就因为十四行诗是有严格规则的文学类型;但如果没有这些规则,也就没有十四行诗了。游戏也是如此[42],例如,象棋。如果你决定,允许你的象走起来像皇后,或允许你的棋子走出棋盘,你就不是下象棋了。确实,有时,人们认为自己的花招不会被人发现,游戏中他会玩点"猫腻"。这是因为,在他们的效用函数中,游戏的愉悦并非唯一的。一个人打网球时也许也搞点小动作,因为他看重赢球的好处,但只要反思一下,他就会意识到他从玩游戏中获得的愉悦减弱了,就会意识到他是用这种愉悦交换了另一种效用。司法游戏也有一些规则,法律人先在法学院接着又在法律实务或教学中学会。职业的自我选择以及精心筛选联邦法官候选人都有助于保证出任联邦法官的会是喜好这种游戏的法律人。因此,他们可能,或多或少,恪守这些规则,限制某些考量进入他们的司法决定。这正是维特根斯坦的观点,即规则之所以有约束力是因为人们接受这些规则,而不是因为规则有约束力才为人们接受。规则中没有什么强加了遵循规则的责任。服从不服从,这个决定来自外部,来自强力或社会化,或来自这个事实,有规则才会有令人愉悦的活动。[43]

我这里谈论的裁判规则不是社会要服从的那些实质性法律规则,法官以其法官资格作为立法者或法律适用者同这些实质性法律规则的关系是不同的。我这里说的是司法裁判的制度性规则,是法官服从的规则。这些规则,我说过,不完全清楚或统一。某些法官会按"积极干预"规则来游戏,另一些(数量更多)法官则按照"谦抑"规则来游戏,因为后一类规则与法官职业的自我形象更相宜;并且,和其他游戏者一样,有时为了其他价值目

---

[42] 有关讨论,请看,Bernard Suits,"What Is a Game?" 34 *Philosophy of Science* 148 (1967); Arthur Allen Leff, "Law and," 87 *Yale Law Journal* 989, 998-1003 (1978); J. Huizinga, *Homo Ludens: A Study of the Play-Element in Culture*, chs 1, 4 (1950); Thomas Morawetz, "The Concept of a Practice," 24 *Philosophical Studies* 209 (1973); Morawetz, "The Epistemology of Judging: Wittgenstein and Deliberative Practices," in *Wittgenstein and Legal Theory* 3 (Dennis M. Patterson ed. 1992)。我这里用的"游戏"(game)概念与博弈论中的博弈(game)概念无关,后者关注的是战略行为。就我的用法而言,单人纸牌是很好的游戏,但按博弈论来看就不是游戏,因为它不涉及人际互动。我将审判视为游戏的讨论是同 H. 哈特在其著作《法律概念》(1961) 中强调的内在视角相关。从游戏内看待规则,游戏参与者认为自己受规则约束。非参与者则不受约束。摩拉维兹(Morawetz)认为当描述审判时"做法"一词要比"游戏"更好,但这种精细修改就我的用法而言没有必要。

[43] 参见, Sabina Lovibond, *Realism and Imagination in Ethics* 55-57 (1983)。

标,法官也会扭曲规则或打破规则,事实上,这种规则违反很常见,因为很难发现并制裁这种违反。尽管如此,大多数司法裁决都有种"守规矩"(ruled)的品质。用游戏类比有助于显示,司法裁决如何与效用最大化是一致的,并因此司法裁决也就无需假定法官必须英雄般自我克制。

更进一步的要点是,在创造游戏时,就同创造艺术时一样,人们通过想象性转换那些仇恨、疾病、犯罪、背叛、战争、贫困、丧亲、绝望的现实,来创造一个暂时躲避寻常生活凶险现实的避难所。司法游戏就有这种避难所和转换的方面。原材料是生活的丑恶现实,但司法游戏将之转换成有关权利和义务、主张和证据、预设和辩驳、管辖和能力的智识争论。而这就是一种宽慰;除此之外,这种转变也会让那些判处或支持死刑的、认为自己就是杀手的法官宽慰。但要获取这种宽慰,法官必须按司法游戏规则来玩,因为这些规则构建了这个游戏。

也正因为法官是按司法游戏规则玩,而这却是一个立法机关可以通过用标准替换规则——不完善的规则(这里我谈的是法律规则,不是司法游戏的规则)——来控制法官行为的游戏。标准令法官有权把自己的政策直觉同某案决定联系起来。规则则告诉他别将两者联系起来。由于服从立法机关制定的规则本身就是司法游戏规则之一,立法机关可以预期法官在相当程度上会服从立法机关的规则,即便不服从也不会受到制裁。

选举产生的法官也要玩法官游戏,立法者也玩一种与之相关的所谓政治家风范或公共服务的游戏。但是,这些游戏者与终生任职的联邦法官不同,前者遵守其游戏规则会成本更高(并且并无更大收益),因此他们更经常突破这些规则。并非总是突破,这就是为什么选举产生的法官作出的许多——事实是大多数——决定都有守规矩的品质,以及为什么许多立法真的具有公众精神,这不必然因为选民们有公共精神,而是因为,当这类成本很小时,立法者按公益行动获得的满足也许会大于成本。

一个重要问题是,法官愿玩我说的司法游戏,在多大程度上,这是本书第一章讨论的职业意识形态的函数。传统法律教育和从业确实倾向将与传统法律角色极端不吻合的人,包括法官,从法律职业界清除出去,或至少不让他们进入可能被选任法官的那一职业界部分。随着界定法律职业界的这些限制被侵蚀了,随着法律越来越像政策科学,会不会有一天会到达这一点:无论筛选,还是自我选择,都无法保证大多数法官按司法游戏规则活动?后面我会提出一个不完全的答案。

这里对游戏概念有另一种用法。在本书的不同地方,我批评了法律学者的修辞术;在其他地方,我则运用了这种修辞。这并没啥前后不一致。论证与批评论证是不同的游戏,这就像司法游戏与批评司法裁判的游戏是不同游戏一样。更宽泛地说来则是,理论与实践是不同的游戏。这不是说两者有严格的分别。我对学术修辞的批评令我更清楚自己在学术写作中的修辞使用。费希认为我的实用主义法理学不可能影响我的法官实践。实用主义全然是一种描述的方法,因此我的过错在于"错误地认为对实践的描述在另一并非描述游戏的游戏中有兑现价值"。[44] 但费希没有给出任何迹象表明他读过我的司法意见,并以此检验了他的这一断言。

法官效用函数的简单形式模型

可以用一个简单形式模型来阐明本章分析对司法行政中具体问题的寓意。这一模型也有助于区分两类问题,一是法官行为与理性是否一致,我想我已成功展示了这一点;另一问题是法官行为是否是理性的,这个问题更难。职位获得保障的法官仍然做了一些工作,很难说这强劲证明了理性选择理论对法官也适用。

让我们考察下面这个法官效用函数公式,公式中,法官的努力程度大致以时间表示:[45]

$$U = U(t_j, t_l, I, R, O) \quad (1)$$

t_j 是法官每天用于裁判的小时数,t_l 是他用于休闲的时间[46](在此界定为裁判之外的一切活动,因此 $t_j + t_l = 24$),I 是金钱收入,我首先将之限于法官的工资,R 是声誉,而 O 代表了除法官投票本身外的法官的其他效用来

---

[44] "Almost Pragmatism: Richard Posner's Jurisprudence," 57 *University of Chicago Law Review* 1447, 1469 (1990). 他曾在不同语境中作过这一论证。请看,例如,Fish, *There's No Such Thing as Free Speech* (1994); Fish, "Comments from outside Economics," in *The Consequences of Economic Rhetoric* 21 (Arjo Klamer, Donald N. McCloskey, and Robert M. Solow eds. 1988)。

[45] 一个更复杂的模型会考虑精力或强度作为额外的选择变量,就像贝克尔那样,请看,Gary S. Becker, *A Treatise on the Family* 64-79 (enlarged ed. 1991)。后面我还会讨论这一点。

[46] 事实上,闲暇消费也不必在办公场所以外。在我的模型中磨洋工就是一种休闲。

源——众望、威望以及避免司法判决被撤销等。当 t_j 高于底限时,R、O 以及特别是 I 可以假定不随 t_j 变化(可以推定,如果一位法官什么都不干,他就会被弹劾并被撤,在这种情况下,$I=0$);再让我们假定平均水平的法官都在这一安全底限之上。根据这些假定,法官会分配休闲和审判的时间,他用入裁判的最后一小时给他带来的效用会等同于他投入休闲带来的效用,因为,否则的话,他就可能重新配置时间,从不很有价值的活动转移到更有价值的活动上来,以此增加他的总体效用。

在法官效用模型的第一类型中,我们假定金钱收入对裁判和休闲的效用没影响。经济学家通常预期年收入增加会导致——相对于工作——休闲的效用增加,因为金钱的边际效用递减。[47] 但这一预期取决于这一假定,即除了获取收入外,工作不产生其他什么效用。如果工作会产出非货币效用,和休闲一样的话,那么,收入增加是否会导致把工作时间重新配置给休闲,就不会显然了。事实上,惬意的工作,例如裁判,也许可视为一种休闲。[48] 因此,必须就收入对休闲的影响有更细致的分析。

收入更高会以两种潜在方式影响休闲。首先会减少家务劳动时间。收入增加令人们能购买额外的省力工具,雇用额外的家务助手。这会省下时间从事其他活动,不仅是惬意的休闲,而且还有裁判,在我的模型中裁判本身就是效用的来源之一。其次,收入更高会增加惬意休闲——比方说,出游——的效用,因为能够购买更高质量的这类活动。逛一趟南海要比躺在门廊摇椅上更有乐趣。当然,闲暇质量增加无需转化为闲暇时间的增加;另一个例子是,时间相同,以一个昂贵休假替换一个不昂贵休假。[49] 但

---

[47] 隐含在"年"中的限制很重要。每小时收入的增加,会使休闲的成本增加,即当用休闲替代工作时损失的金钱数量增多,这样一来,更努力工作的激励也许会抵消甚或超过因收入的边际效用递减而产生的努力工作反激励。当我们考虑法官兼职收入时,这一限定会变得重要起来,兼职收入不像法官的职业收入,兼职收入会随他们的时间投入多少而变化。

[48] 另一"生产性消费"的例子可以说是商业午餐。Gary S. Becker, "A Theory of the Allocation of Time," 75 *Economic Journal* 493, 504 (1965). 对工作的非货币愉悦和不快的经济学分析可回溯到 A. 斯密关于险活脏活报酬不同的讨论。现代文献的例证,请看,B. K. Atrostic, "The Demand for Leisure and Nonpecuniary Job Characteristics," 72 *American Economic Review* 428 (1982), 以及 F. Thomas Juster and Frank P. Stafford, "The Allocation of Time: Empirical Findings, Behavioral Models, and Problems of Measurement," 29 *Journal of Economic Literature* 471, 495-496 (1991).

[49] 参见,John D. Owen, *The Price of Leisure: An Economic Analysis of the Demand for Leisure Time* 22 (1969).

也有可能,有更多钱用于闲暇的人会增加闲暇的时间,进而提升了闲暇活动的质量。

可以预期,高收入会引发对休闲时间的需求增加,对收入足够高,大部分家务杂活都有他人打理的人来说,主要就是这种影响。因此,我预测若法官工资更高有可能会降低现职法官完成的工作量。"现职法官"这一限定很重要。由于扩大了挑选法官的领域,特别是吸引那些——相对于闲暇——更看重收入并因此也看重工作的人,增加法官工资也许能招到工作更努力的法官。减少人员更替,特别是减少私人从业机会很好的法官(他们一般说来也许是最好的法官)的变动,工资更高也许有利于打造一个经验更多、质量更高的法官系统。但不应忽略法官努力程度降低也是一种可能成本,即便我们应记住花了多少时间与努力程度并不等同。如果精力有限,而休闲需要的精力少于审判所需的精力,那么把审判时间配置给闲暇,事实上也许会令法官在审判投入更多努力,并因此法官司法产出的质量增加了。布兰代兹曾解释为什么自己每年夏季都要休假一个月,他说:"11 个月内我可以干完 12 个月的活,却没法在 12 个月内干完";这就是这一名言的经济学解释。

现在,让我们允许法官兼职获取某些收入。如今这种收入机遇受到很多限制。[50] 法官已不能因演讲或论文收费了,他们的教学收入也被封顶了,不超过法官工资的适当比例(大约 15%)。但对版税尚无限制,人们预料法官们会较少讲演,会更多著书立说。

可以把法官的收入划分为固定和可变两部分,后者是兼职收入,可以建立一个模型,考察限制非司法收入可能产生的效果。有了这种调整,并忽略那些不大可能大大影响法官用于审判的时间的有关法官职能(但不是法官收入)的论点,就可以把法官的效用函数改写为

$$U = U(I_f, I_v(t_v), t_j, t_l). \tag{2}$$

现在 I 有了一个固定部分和一个可变部分。前者是法官的职务工资。后者是他的兼职收入,取决于他分配于兼职的时间(t_v)。因此,$I = I_f + I_v(t_v)$,而 $t_j + t_l + t_v = 24$。在决定审判用多少时间时,理性的法官不仅会考虑这对他

---

[50] Title VI of the Ethics Reform Act of 1989, 5 U.S.C. app. 7 §§ 501-505,1991 年 1 月 1 日起生效。又请看依据 1989 年《伦理改革法》第 6 篇中美国司法会议关于职务外收入、酬金和职务外从业的规定。

休闲可能的消极影响,而且会考虑这对自己的非职务收入的消极影响。如果法官获取这类收入的合法机遇越少,这种影响就越小。因此,我们可以预期,限制法官兼职既会增加在位法官的司法努力(著书立说的在职法官除外!),也会增加他们的闲暇,因为兼职机遇令休闲的成本更高了。对休闲的这一预测比较靠谱。在 $t+1$ 内时间的兼职收入也许是在 t 时间内的司法努力的一个正函数,因此限制兼职收入机遇也许会降低司法努力的回报,并因此减少这种努力的量。更进一步说,有兼职的法官在审判中也许会比其他情况下更努力,避免无兼职的法官同事中不欢迎自己。如果情况如此,那么因限制兼职收入而对兼职约束越多,兼职法官完成司法工作就越少,尽管这种影响会被抵消,因为他们有更多时间审判和休闲了。

尽管我的分析预测,限制兼职收入,加上法官工资增加[51],已导致法官休闲增加,但这一预测很难在经验上检验,除非休闲增加牺牲的是法官的工作和兼职。如果法官的休闲确实增加了,我们就可以预见,会出现没法以其他因素解释的法院积案时间延长。

如同先前一样,对法官的挑选和任职后果要总体考察,这就如同在限制法官的职务外收入机遇时还必须考察这些限制可能引发的政府税收减少。如果为限制对法官挑选和任职的影响,在限制兼职的同时增加法官的工资,政府的税入也许会净减少。但为了保证增加工资,政府的费用就会净增。

另一点要注意的是,即使不限制兼职收入,法官工资增加也还可能减少法官的兼职数量。因为,假定边际效用递减,增加工资就降低了兼职收入带来的效用增量。

让我们更仔细考察一下挑选法官的问题。一个人如果预期出任法官的净效用为正,他就会接受法官任职;所谓净效用为正,就是说,出任法官的效用超过他目前就业(我们假定其为法律实务)的效用加出任法官的费用(放弃法律实务收入除外),如填写复杂表格、接受联邦调查局盘查以及可能还有参议院司法委员会的折磨(这总会有受辱甚或被拒的风险)等带来的不便、恼怒和丧失私隐。因此,就公式而言,接受出任法官之邀请的条

---

[51] 对法官兼职的限制也伴随了法官工资的大幅增加(名义是25%,实际几乎是40%),也从1991年1月1日开始。

件是

$$U_J(t_j, t_l, I_J, R_J, P_J) - U_L(t_L, I_L) - C > 0 \qquad (3)$$

在这个公式中，U_J 是出任法官获得的效用，I_J 是法官工资，P_J 是当法官的声望，U_L 是法官投入工作的时间，C 是出任法官的成本，至于其他术语或者定义则如前，或一看就清楚。这里假定的是律师没有闲暇，更现实点说，l_j 应视为出任法官增获的闲暇。在这个法官的效用函数公式中，放弃了其他因素（即 O 中除声望之外的所有因素），是因为这些因素并不特别有助于分析法官选任。如果要能同 C 比较，这些效用术语都应兑换成现值，而我把这些细节都省略了。

这里有几点很明显。出任法官的成本越高，且相对于律师实务的收入而言，出任法官的收入越低，实务律师就越不可能接受法官职务。尽管这个国家不同地方的生活费用和律师工资都非常不同，但同级联邦法官无论住在何处报酬都一样；因此，这一点扩大了低费用地区——而不是高费用地区——法官选任的范围。因此，我们应当预期，相对于各自地区的实务律师，低费用地区的法官会比高费用地区的法官更精干。而越是喜欢闲暇、声望和审判（相对于律师实务）的律师，就越可能接受法官职务。

更精细一点，如果为了扩大选任法官的范围，以不增加法官数量来提高法官声望，在不危及其名声的前提下法官可能享有的闲暇就会减少，并因此——总体而言——选任法官的范围也许扩大不了。出任法官的预期效用越大，选任法官的范围就会越大。就与此有关的因素而言，法官预期效用是法官声望的正函数，并且是法官闲暇时间量的正函数。这两个因素都受法官数量影响，但方向相反。法官多了，那么法官的平均工作量会减少，而其闲暇增多，但法官的声望也会降低。如果这些后果相互完全抵消，选任法官的范围就扩大不了。但挑选的法官在构成上会有变化，会偏向那些不太看重声望而更看重闲暇的法官。因此，净后果会是这些法官就更少可能是天生更喜欢工作的。考虑到近似关于限制联邦法官数量的呼声，这里的分析就与政策相关了，并且经验上是可验证的，因为它预测，当其他因素不变时，从比例上看，法官的产出增加会低于法官的数量增加。

我关注的是寻常法官，但确实有一些非同寻常的法官；他们与这一模型是否一致呢？你不会期望，都受雇同一雇主，做着同样的工作，收入也一样，不同雇员的工作质量会差别太大。这相同的工资对低质雇员是给的工资太高了,对高质雇员则是给的工资太低了(这两种情况当然都会出现);并且,在后一种情况下,高质雇员会离职,除非他们的技术无法转移为其他雇主所用。有种可能是现有的法官工资水平对非同寻常的法官还够,但对寻常法官则是过高;因此,我们会预期,寻常法官的人选会排队等这个工作,也确实有人在排队等联邦法官的职务。[52] 但还有另一种可能,这就是,尽管寻常法官和非同寻常的法官工资相同,但后者的全部收入(U)同前者是一样的,甚至更高些,因为前者的法官效用函数中的 R_J 要高于寻常法官效用函数中的 R_J。(才华越高的法官越有可能获得更大名声。)在不等式(3)最左边更高的 R_J 值也许会抵消下一项中更高的 I_L 值,在这种情况下,U_J 超过 U_L 的量同寻常法官公式中的量相同。

同样的道理,有人论辩说,增加法官工资实际上可能降低法院的质量,会弱化了法官低工资起到的屏蔽某些法官的作用,因为这些法官预期自己不会获得很多非金钱收益,即不可能获取杰出法官的名声。[53] 更甚的是,法官工资增加了,还有可能——由于法官职务成了丰厚的肥缺——加大选任法官时政治因素(有别于贤能[merit]因素)。然而,这都只是部分的后果。法官工资增加会使该职位更容易吸引另一些候选人:他们从事私人法律实务或教学或其他与法律有关的活动且收入颇丰,一般说来也许是更有能耐的候选人。

如果法官不太重视先例,这也许是支持法官低工资的一个很有说服力的论点。这种低工资会更吸引那些喜好闲暇的人,而恪守先例,就像我们前面看到的,是法官决策时最节省时间精力的方法之一。有时,低工资导致那些看重司法的非金钱收入(不限于闲暇)的候选人自我选择进入司法,后果也许是更多想制定新法而不是仅仅适用现有法律的人进了法院系统。如果(看来可能成立)低工资同时吸引了这两类法官,喜欢闲暇的和没事找事的,绵羊和豺狼,后果也许会像下面说的那样,加速法律变革。

在寻常与非同寻常的法官之间,有没有可见的系统性行为差别呢?我想象法官工作与法官能力的关系函数是 U 型的。能力很弱的法官必须努

---

[52] 联邦法官中的人员流动很低看来进一步证明了:对联邦法官的支付过高,但也许这只反映了联邦法官报酬的靠后支付(backloaded)特点。

[53] Paul E. Greenberg and James A. Haley, "The Role of the Compensation Structure in Enhancing Judicial Quality," 15 *Journal of Legal Studies* 417 (1986).

力工作才能达到一个底限,超过这个底限,法官的声望不会随着其产出变化而变化很大;能力很强的法官自有努力工作的激励,因为他可能预期努力工作会成倍增加其能力的影响,而不是多一点点影响。

也许,看起来,能力强的法官不如能力弱的法官更恪守先例,因为前者不想自己受前辈法官约束,而前辈法官一般都弱于这些能力强的法官。但这一点不明显,并且也不只因为能力强的法官希望自己创造的先例得以遵循。如果放弃或蚕食遵循先例原则会增加法官工作量(这一点,我们想是可能成立的,但并不确定),那就会任命更多法官,单个法官的影响就会弱化。[54] 更进一步,我们应想到前面提到的,即法官无论能力强弱都喜欢玩法官的"游戏"。这游戏有些确定的规则,(在英美法系中)规则之一就是法官应当把先例当成重大权威,即便不是具支配性的权威。霍姆斯和汉德,我们历史上两位最伟大的法官,对先例都是恭恭敬敬。

但是,请注意,寻常法官(不论出于什么原因)越是信奉遵循先例,那些非同寻常的法官信奉先例的激励也许就越弱。他背离先例的做法更可能为人仿效(因此扩大了其影响),同时这也就更不可能削弱依据先例的做法,也还更少可能削弱他决定的那个先例的作用。我之所以说寻常法官越是遵循先例,能力强的法官遵循先例的激励"也许"越弱,而不是"将"越弱,这是因为寻常法官越是信奉先例,他就越少可能加入背离现行先例的司法意见。尽管如此,我前面讨论过,法律职业传统意识形态衰落会否导致更多法官违反游戏规则,而这里的讨论也许为这个问题提供了部分答案。大多数但并非全部法官都服从这些规则,这种情况也许更激励了某些法官违反这些规则。沃伦时期爱冒险的法官常常频繁背离先例,但他们颇有信心,那些接受传统观点的同事和后辈会遵循他们的激进新先例,不会试图将时光倒转。[55]

可以用不等式(3)来预测上诉法院法官与联邦最高法院大法官的行为差异。由于后者的 I_j, $U_j(t_j)$,特别是 P_j 都大大高于前者,我们预期,并且也观察到了,在联邦最高法院大法官任命问题上,"竞选"更强劲,而拒绝接受最高法院任命非常罕见。更甚的是,联邦最高法院大法官还比下级法院

---

[54] O'Hara,前注 7,页 14。
[55] 关于"先例的棘轮效应",请看 *The Federal Courts: Crisis and Reform* 217 (1985)。

法官更少辞职可能,去追求其他职业生涯,也更少可能尽早退休。尽管离职或退休后,联邦最高法院大法官会比下级法院法官私人从业的机遇更好(即有更高的 I_L),但他们损失的投票权和声望也更大。并且,因为 $U_J(t_j)$(用于审判的时间效用)对联邦最高法院大法官比对下级法院法官更高(联邦最高法院的平均投票比任何上诉法院的平均投票都更有冲击力,并且是由大法官决定听审哪个案件,不像上诉法院法官那样必须听审辖区内的所有上诉),因此,尽管推定 $U_l(t_l)$(即用于休闲的时间效用)相同,我们还是可以预期联邦最高法院大法官会比上诉法院法官花费更多时间完成自己的工作。(但这只是平均而言,并且会受下面讨论的其他重要限制。)与此类似的是,人们在为获取总统这类高位而展开的胜负相当的选举中,会比在为获取不重要职位因此一边倒的选举中,更可能参加投票。

也许看起来,由于联邦最高法院的大法官数量比大多数下级法院——如联邦上诉法院的绝大多数案件都由三位法官组成审判庭听审和决定——审判庭的法官数量更多,联邦最高法院大法官就更少可能是中间票,因此他们也就更少可能是案件结果的决定性一票。但由于联邦最高法院的案件争议更大,因一票之差而案件命运改变的情况,同上诉法院的类似案件相比,在比例上要高得多,在上诉法院,反对意见相对说来不频繁。

144　　联邦最高法院大法官比其他法官工作更努力,这一预测,只有考虑到他们与其他法官的年龄和工作量差别,才成立。联邦最高法院大法官平均说来比上诉法院法官年长(这隐含的是,前者的精力更差,因此努力工作的潜能也要弱些),工作量也更轻(与年长相伴而来),这主要因为他们的管辖是裁量性的,他们能自我限制工作量。假定年龄更大和工作量较少相互抵消,大法官的平均工作时间会更少,但占用他们时间的案件也少,因此,我们就有一个简单预测,就单个案件看,平均而言,联邦最高法院大法官的确比上诉法院法官更努力。然而,如果——似乎可以成立——法官努力程度与他从投票中获得的满足度呈递减,工作量减少会降低法官的总和努力,而不只是把努力分摊于更少案件上,因此,我们也许会预见,即便按个案算,大法官的努力程度也不如上诉法院法官。如果就像我认为的那样大法官平均下来工作更努力,这意味着,相对于上诉法院,联邦最高法院挑选案件的权力更大,从中获得的平均效用更高,但这一更大的平均效用被其努力的边际效用递减抵消了。

第三章 法官最大化些什么？

还应注意，工作量的更大差别。联邦最高法院决定的案件一般比上诉法院决定的案件（哪怕是同一案件）更敏感，也更多争议。因此可以预料，为弱化工作中的激烈争论，大法官会善于运用回避决策的原则，诸如，不切实际、未成熟、政治问题以及不存在真实案件或争议等，善于运用从他们实际享有的裁量性管辖中产生的案件选择权，以此回避许多疑难或争议案件。当然，活得更轻松，这并非联邦最高法院大法官或其他法官的唯一动机。但还是其中之一。并且，我在这一章已努力展示，以多数经济学家不熟悉的知识领域，如文学和哲学，为辅助，经济学可能有助于我们对司法中这一以及其他强烈的人的因素有一种条理性的理解。

第四章

危机时期的法律职业：德国和英国

长期以来,法理学研究者对全国性危机会给法律职业理想和行为带来什么压力很是着迷。有两本著作清楚凸现了这一主题,一本说的是第三帝国的法官和律师,另一本说的是"二战"年代英国的行政拘留,但也激发了不安的反思,有关实用主义法理学的道德性。

纳 粹 法 官

没有哪个国家的法律职业曾经历希特勒时期德国法律职业面临的挑战。德国法律职业如何回应这一挑战的？通常的说法如下：在这一时期之前、之后以及某种程度上在此期间,德国司法都保持了普鲁士式传统的正直和效率。应当说,希特勒颠覆了法制(legality)规范；但他是绕过了常规法院,建立了一些纳粹制度,比方说,党卫军、盖世太保以及审理1944年7月20日密谋者的人民法庭,用这些制度消灭他的政治对手,贯彻了他的种族主义和优生学政策。而在这个职业受打压的领域内,基本没有,尽管并非也不是完全没有,被纳粹意识形态和人事触及,普通的法官和普通的律师以普通方式从事着普通法律事务,有时实际上至少消极抵制了希特勒政权。如果这些法官不曾更多抵抗,如果——事实如此——他们常常不加质疑贯彻了纳粹法律,那也不因为他们担心自己的生命安全,而且因为他们一直受德国法律思想中根深蒂固的实证训练：全部法律就是正当建立的权

第四章 危机时期的法律职业:德国和英国

威机构颁布的法令。法官不能诉诸自然法原则来曲解、更不说废除这些法令。[1]

整个"二战"之后,德国法律制度讲的就是这样一个故事;尽管也有人质疑这个故事,德国的批判文献有时也曾以此为讨论主题[2],但在美国,人们仍广泛接受这种说法。如今,一个德国律师写了一本书,有力质疑了这个故事,告诉人们一个法律职业道德腐败和全行业堕落的丑恶故事。[3] 缪勒的故事令人惊奇地始于1871年德意志帝国创立后不久,更令人惊奇地持续到希特勒死后25年,并且与法律实证主义也几乎毫无关联。故事开始时,是俾斯麦用极端保守的国家主义者充填法院,这些人的信条是"我们的军队在抗击外部敌人,而我们的判决一定要抗击内部的敌人"(页9)。魏玛共和国决定保留所有帝国法官的工作,保证不解雇他们,此后,国家主义者在法院系统还是占据了主导。后来的发展证明这些人都是颠覆力量,他们扭曲并歪曲法律,带着野性降落在左翼身上,却解脱了那些更危险的右翼。希特勒参与的1923年慕尼黑"啤酒馆暴动"叛国行为,本来法定最低刑就是5年监禁,而且当时希特勒正因另一违法行为被判缓刑,因此这甚至都不应允许哪怕是部分暂缓执行这一刑罚。当时的制定法还要求驱逐外国违法者出境,而当时希特勒是奥地利公民,不是德国公民。尽管如此,法院还是暂缓执行了这些规定,只判希特勒6个月监禁,被短期关在一个设施豪华舒舒服服的城堡中。法院也拒绝下令驱逐他,因为"鉴于希特勒思想感情都与德国人相通,法院认为,该法的意图和目的都不适用"(页16)。

尽管德国法律规定公开诋毁宪法确立的政府(即魏玛共和国)为非法,德国最高法院还是允许了"犹太共和国"这样的说法,理由是"这可以确指

---

[1] 关于实证法与自然法的区别,请看,*The Problems of Jurisprudence*, ch. 7。美国法学界流行的所谓实证主义为纳粹铺了路的说法,同富勒的联系关系最大。请看,Lon Fuller, "Positivism and Fidelity to Law—A Reply to Professor Hart," 71 *Harvard Law Review* 630, 657-661 (1958)。

[2] 有关的大量参考文献,请看,Markus Dirk Dubber, "Judicial Positivism and Hitler's Injustice," 93 *Columbia Law Review* 1807, 1811 注17(1993)。例证是些短文,集于 *Rechtsgeschichte im Nationalsozialismus: Beiträge zur Geschichte einer Disziplin* (Michael Stolleis and Dieter Simon eds. 1989) ("纳粹法律史:对历史学科的贡献")。

[3] Ingo Muller, *Hitler's Justice: The Courts of the Third Reich* (Deborah Lucas Schneider trans. 1990), 1987年首次(在德国)出版。

德国的新法律和社会秩序,这种秩序很大程度上是德国的和外国的犹太人造就的","在许多公民看来,相对于德国全部人口而言数量很少的犹太人实际拥有的巨大影响力与其人数很不相称"(页18)。但有位工人打出了"工人们,砸碎你身上的锁链"标牌,却因煽动阶级仇恨被送进了监狱。缪勒还给出了其他一些例子,表明魏玛共和国时期,德国法院系统公开地倒向一边,在这种情况下,希特勒上台时不认为有必要大规模改换法院系统,就毫不奇怪。

随后,法院系统内犹太人以及少数社会民主党人当然被驱逐了,犹太人还逐渐被挤出了法律职业,被挤出去的还有一些问题人物,如一位非犹太裔律师,尽管她"知道M医生是犹太人"(页66),却不断向该医生求医,该医生的治疗保全了她的生命。1938年,剩下的犹太律师都归类为"犹太人法律顾问",限制他们只能代理犹太人。"德国法律卫士保护德国人,犹太法律顾问保护犹太人!德国律师可以为他们的律师头衔重新自豪了!"(页62)。该国1/3的法学教授,属于犹太人的那1/3,被解雇了,被一些年轻人取代,这些人直到1960年代仍在教书著述,是为希特勒时期的法律职业辩护的强大集团。但是,还不是这些年轻人中的某人,而是一位自1919年以来一直任职教授的法学教授1933年告诫同事要"赞美元首光辉形象,他是领导德国魂走出深渊、迈向光明的英雄,在这块德国人的祖国大地上,元首展示了通向英烈祠、通向上帝之父的安全途径,为同胞兄弟树立了哥特人的生活榜样,帮助他们自救,因此,所有德国人才会在天父面前成为同胞兄弟"(页70)。

清洗了法院的犹太人和民主派后,德国法院系统开始主动热情为纳粹服务。1933年秋,德国最高法院审理帝国大厦纵火案就是预兆。尽管5位被告中有4位无罪释放,但检察官本来就曾要求无罪释放其中3位,显然出于担心外国对纳粹司法的反弹。法院依据纵火案发生后通过的一项法律判决了第五位被告死刑。法院根本不考虑是否纳粹放火的可能,认为"[国家社会]党主张克制,这一伦理原则就足以排除无原则挑拨者把该罪行和行动归咎该党的可能性"(页33)。

德国法院运用灵活解释,把从继受的先前政权的法律都纳粹化了,又加大了纳粹法律本身的效力。就像一位法官说的,"清除内部敌人的最后踪迹,无疑是恢复德国荣耀一部分。德国法官可以对刑法典作宽松解释,

第四章　危机时期的法律职业:德国和英国

来参与这一使命"(页52)。1934年的一个判决中,法院维持了对被禁社会民主党某成员的定罪,还提到"逃亡国外的社会民主党人旨在以暴力推翻宪法,而该宪法是由获得全体民众支持的新政府保证的"(页54)。这里说的是魏玛宪法,而这个"新政府"——希特勒政府——远非在保证魏玛宪法,而是正忙着颠覆这部宪法。

构建这种新法理(事实上,我们将看到,其根源早于希特勒)的大部分人士都是代表这一体制的保守派,并非纳粹打手。按照这种新法理,德国法律职业领袖解说道,法官就得"作出价值判断,符合国家社会主义的法律秩序和政治领袖的意志";根据这种新法理,人们可以因没有任何明确法律依据只是"依据某刑法基本原则和健康民众意见应予惩罚的"行为而受惩罚;按照这种新法理,"凡罪必罚"(no crime without punishment)的新定理战胜了"无法不罚"(no punishment without law)的老定理;并且依据这种新法理,刑法的"最终职能就是彻底灭绝"(页73—77)。提出纽伦堡种族法的是希特勒,但实施的是法院系统,司法意见中充满愤怒的意味,"犹太人厚颜无耻,犹太人蔑视法律,犹太人淫荡好色以及犹太人肆无忌惮"(页104)。

> 这一无耻事件异乎寻常,1937年11月,在完全知道德国人民坚定不移永保血统纯净进而保证其未来安全的决心的情况下,在完全了解……败坏德国种族者将受到众所周知的严惩情况下,一个犹太人,在大街上,对一位显然当即能认出其血统德国女孩搭讪,令她成为自己的恋人(同上)。

尽管这里提到了"显然当即能认出其血统",但不论犹太人花了多少时间判断性伙伴是否犹太人,他还是可能有罪,而不论德国"血统"是否实际受到了威胁。有位犹太人被关进监狱,就因他"违法瞅了对面街上15岁的(德国血统的)伊尔斯·S.,'尽管他没有强求,但至少他想引起对方的关注'"(页111)。还有位犹太男子,在接受德国妇女按摩时也许性亢奋了,即便该妇女并没注意到他的性亢奋,他还是被判了两年徒刑,签署判决意见的法官(他一直任职到1975年)说,犹太人是"一种劣等人。本案的违法行为是在纽伦堡种族法生效近三年后发生的。此案表现了一种非同寻常的无耻,都到如今了,被控者居然还敢肆无忌惮以这位目击者作为他性欲对象"(页103)。

纳粹党政权还建立了一些新法院,如特别法院、遗传健康法院以及人民法院,同常规法院共同承担起这些肮脏工作,并最终接管了常规法院的大部分刑事管辖。但这种权力移交也没减少德国法律职业界同纳粹政权的同谋。因为任职这些新法院的还是常规法官。弗雷斯勒(Roland Freisler),人民法院的臭名昭著的院长,就不是法律职业界的贱民,而是"法学教授特别喜欢引用的大腕"(页152)。

战前情况就已经很糟了,"二战"爆发后,甚至直到德国战事走下坡之前,情况更糟。在其占领的波兰,德国法院对犹太人和波兰人都特别卑鄙。案件审理使用德语,不论被告是否懂德语。不许犹太人和波兰人以誓言作证,他们的证言被认为生来不值得相信。一位波兰女性被判死刑,仅因为她接受了一件礼物,即一件皮夹克,而夹克来自为东线士兵预备的冬装,但这位女性既不知道也没理由知道这是偷来的。另一波兰女性被判死刑,因为在由一位德国女性挑起的对打中,她——可能意外地——打到了这位德国女性,而这位德国女性没有受伤。法院认定该波兰人"说自己不知道对方巴沙克是德国人的说法'不令人信服',因为她应当看出对方的举止自信,'那显然且无疑是德国人的'"(页162)。[4]

但这些法院对德国人也够糟的了。一位德国人,在大楼失火出面勇敢救助帮助搬运东西时,偷拿了瓶香水和一根大香肠,就同一位偷拿了两块肥皂的同伴一起,被判了死刑。在德国无条件投降盟军生效之后,还有几位德国士兵因开小差被处死,这奇怪回应了康德的看法,即便一个社会都瓦解了,死刑已不具任何震慑收益,该社会仍然有道德责任执行死刑判决。缪勒估计,纳粹时代结束时,德国法院判决了80 000人死刑,80%都执行了。

缪勒的研究表明,只有一位在任法官拒绝为纳粹政权服务。他是克里斯格(Lothar Kreyssig)博士,一位县法院法官。这位刚直不阿的人(一位虔诚的路德教徒)有过一系列不服从的举动,最大的一次是发布了一个禁令,禁止医院依据纳粹的安乐死计划把病人转运到集中营处死,他还曾试图对某纳粹党魁在该计划中的领导角色提出刑事指控。帝国司法部长命令克

---

〔4〕 很奇怪的是,这些法官竟然如此急于接受这样一个傲慢德国人的僵化模式。

第四章 危机时期的法律职业:德国和英国

里斯格撤销这一禁令,他拒绝了,要求提前退休。这一请求不仅获得批准,克里斯格获得了完整的退休金,这是 1942 年。在整个战争期间,克里斯格都生活平静。

"二战"结束和德国被占领后,盟军曾努力清洗既有的法院系统,为被纳粹流放的犹太人以及其他法官和法学教授腾出位置。德国既有法律体制为此展开了生死肉搏战,并最终赢得了这场战争。数年后,战后获得司法职位或大学任职的流亡人士都被解雇了,新成立的德意志联邦共和国通过一项法律,保证重新雇用第三帝国的全部文职官员(包括司法官员),只有少数曾担任"政治性"职务的人除外。(从中可以看出魏玛时期决定保留所有德国法院成员的影响。)所谓的少数人中包括一些在纽伦堡"法官"审判[5]中被定罪的人,都获得了慷慨的退休金。例如,希莱格尔伯格(Franz Schlegelberger),他是纳粹时期司法部次长,一度还代理部长,曾深深卷入了纳粹的各种杀人计划,在纽伦堡曾被判终身监禁(1951 年却被释放了),他得到了每月 2894 德国马克的退休金(这是当时技术工人月工资的 7 倍),加上欠他的 160 000 马克退休金,尽管 1942 年他退休时希特勒已给过他 100 000 帝国马克。[6]

最不像话的是战后的一些任命。一位希特勒时的法官被"提名为汉堡战争受害者赔偿请求案听证委员会的首席法官;在那里,由他决定一些由在他先前的审判中活下来的人以及一些被他判死刑者的亲属提出的主张"(页 215)。我前面提到的那位直到 1975 年还在位的法官 1975 年还发表了一份司法意见,禁止某共产党员教书,理由是这位共产党员知道"联邦政府认为该党的目标与宪法对立"(页 218),就如同犹太人当年知道希特勒政府的纽伦堡种族法体现了种族政策一样。这位法官的一位同事支持了该决定,而这位同事在"二战"期间曾是德国占领区党卫军的一位高级警官。缪勒书中引述的那些在纳粹时期作了恶劣判决的法官,战后都没失去职务。

作为人口政策的一部分,纳粹政权曾扩大非法同性恋的定义,也加大

---

〔5〕 关于这一点,请看,Telford Taylor, "The Nuremberg War Crimes Trials," *International Conciliation*, April 1949, pp. 241, 286-292。

〔6〕 有关希莱格尔伯格的更多情况,请看,Ted Harrison, "Political Police and Lawyers in Hitler's Germany," 10 *German History* 226, 226-228 (1992)。

了惩罚。战后有制定法禁止法官实施纳粹法律对先前的犯罪加大惩罚,却允许实施纳粹时期制定的法律,只要其不以国家社会主义原则为基础。为绕过这些限制,战后一些德国法官首先把纳粹的反同性恋条例修正案归类为一个新法律,不算是对先前的犯罪加大惩罚的法律,然后宣布这一新法律"有一些客观的正当化的理由,不能视为纳粹教义的组成部分"(页228),全然不顾迫害同性恋曾经是希姆莱具体人口政策之一,也是纳粹人口政策的基石之一。

然而,当被告是纳粹分子,不是同性恋或左翼人士时,法官就搬出了全套法律决疑术,供被告自由选用,重演了当年魏玛共和国的历史。一位战争期间曾任但泽地区盖世太保首脑并亲自处死四位英国战俘的人被免于谋杀共犯的指控,因为"在但泽杀害这四位军官的作恶者是帝国前元首和总理希特勒"。甚至对希特勒该法院也适用了疑罪从轻原则(!),认定"无足够确定的证据表明希特勒有哪怕很有限的预谋或恶毒意图"(页251)。因此这位盖世太保首脑只是过失杀人的共犯,被判了两年徒刑。

有人试图重审纳粹时期审理的案件,这些请求统统被断然拒绝了,因为"每个政府,哪怕是集权政府,也有权维护自己的利益。危机时期采取非同寻常的措施,对这一点不能予以任何谴责"(页288)。(这就等于说,银行抢劫者有权对警察实行自卫。)缪勒告诉我们,"没有一家西德法院有勇气宣布某个纳粹判决'非法和无效'",包括人民法院处死7月20日密谋者的那个决定,"在被定罪之前希特勒就向公众宣布即将处死这些告密者"(页285—287)。但有家西德法院却宣布战后对纳粹的某个审判无效,因为程序不当。

西德赔偿法适用于"因反对纳粹或因种族、宗教或意识形态"受到伤害的人,但对该法作了狭义解释,不适用于吉卜赛人,因为"尽管有种族的考量,但对吉卜赛人采取的措施不是基于种族之类的因素,而是基于吉卜赛人的非社会特征"。然而,纳粹的立场是,"就规则而言,欧洲只有犹太人和吉卜赛人[是]外国血统",而且希姆莱也曾指示党卫军和警察,现在是时候"同种族联系起来处理吉卜赛问题了"。

缪勒认为,一个世纪以来,德国法院系统背叛了法制和司法规范,对此他是如何解说的呢?缪勒强调的是德国法官都拒绝受限于狭隘的字面解释,很自然,他是不赞同这样的陈腐命题的,即德国法律教育及文化太实证

第四章 危机时期的法律职业：德国和英国

主义了。其著作拒绝了在美国法理学圈内（特别是在天主教法理学圈内）一部流行的命题，即在制定和适用法律上拒绝用自然法来限定法律实证主义，这是集权主义兴起的因素之一。[7] 他确实指出了，"靠着政府，[是]很多法院的特点"，这令法官很容易适用第三帝国的条件（页297）。然而，他的主要解说很简单，这就是，希特勒从魏玛共和国那里接受的法官是非常民族主义、极端保守的一个群体，他们对魏玛时期的条件不满，普遍同情纳粹政权的目标和方法。加上希特勒时期任命的法官和法学教授，他们共同把纳粹思想习惯带到了战后。更重要的是，他们还想把纳粹时期的法院表现洗刷得干干净净。

上面，我都是让《希特勒的司法》这本书自己说话。但对该书，必须提两个重大疑问。第一，它是否精确且平衡地描述了纳粹时期之前、期间以及之后德国法律和司法的全景。第二，如果是，该书对这一全景的解说是否令人信服。

我没有理由怀疑这本书的精确性，尽管杜伯（Markus Dubber）——他对德国法律和法理学的了解比我多——认为缪勒夸大了这本书涵盖时期内法理学的连续性。[8] 更一般的问题是是否平衡。[9]《希特勒的司法》不系统，由许多轶事构成。它引证了数十个判决，是从数千个判决中挑出来的，这使读者疑惑缪勒讨论的这些判决有多大代表性。他提到在纳粹时期，大多数刑事上诉都不是被告提的，而是检察官提的，检察官抱怨法院无罪判决错了或量刑过于宽厚。难道不应表扬这些下级法院的决定（毫无例外地，都被推翻了）吗？

甚至我知道纳粹时期有个德国法院曾作出过一个人道决定[10]，并在上诉中得以维持，但缪勒没有讨论。该决定认定，为家庭安宁参加犹太新年

---

[7] Edward A. Purcell, Jr., *The Crisis of Democratic Theory: Scientific Naturalism and the Problem of Value* 164-171 (1973).

[8] Dubber, 前注2, 页1816—1922。

[9] 同上，页1814—1815。又请看，Walter Otto Weyrauch, "Limits of Perception: Reader Response to Hitler's Justice," 40 *American Journal of Comparative Law* 237, 243-248 (1992)，以及，Marc Linder, *The Supreme Labor Court in Nazi Germany: A Jurisprudential Analysis* (1987)。林德尔论辩说，该法院至少坚守了传统法制规范，即便这意味着抵制纳粹劳工政策。请看，例如，同上，页61—63、184—185。

[10] Harrison, 前注6, 页227, 提到了另一点。

仪式的某位一半犹太血统的女性与犹太社区没有足够联系,依据纽伦堡种族法,不属于犹太人。[11] 难道这是 12 年间唯一的这类决定吗?缪勒也没有考虑这样的可能,即法官偶尔也许会为了保护被告而判他长期监禁,因为,否则的话,服完刑后被告就可能被盖世太保转运到集中营去了。[12] 缪勒关于魏玛时期和现代的讨论都很马虎,他引证的这些时代的丑恶决定和引文也许很零散,尽管他并非第一个指出是法官破坏了魏玛政权。[13] 然后还有,尽管纳粹对法官克里斯格的处理挺仁慈,但我们这些受保护的软弱美国人不可能理解一位德国法官抵抗希特勒政权,特别当战争开始之后,身体上和道德上要有何种勇气。[14] 但作者还是清楚表明,德国法院系统腐烂了一个世纪,甚至更久,如今要由德国法院的辩护者作出回应。而我没听到回应。

缪勒对德国法院系统之腐朽的解释比常规观点更令人信服。常规观点是把问题归结为德国法律教育和传统的实证主义特性。缪勒研究的这一时期的德国法官,无疑其他时期的乃至今天美国的法官也都一样,搞了些琐细无用的决疑术、严格解释、不承担个人责任,还有其他法律实证主义的把戏。但他们这么做是机会主义的,是想给他们的决定披上一件法制外衣,压制自己良心上的任何不安。他们的行动不是出于教育不良引发的条件反射性逼迫。事实上,他们曾以无情的直率多次拒绝实证主义,这一点应当令我们的司法能动主义者、现实主义者、功利主义者以及实用主义者感到不安。(我就是这种实用主义者之一,并且此刻我就很不安。)在纳粹德国,"抽象"思考受谴责,"目的解释"法受赞赏——"鼓励法官首先辨识支撑某具体法律的具体意识形态的含义和意图,然后依据这一意图来决定"法律的含义(页 80—81);或是整体论方法受赞赏,依据这种方法,法律

---

〔11〕 请看,*Law and Literature* 172-173。如果外观上看不出来,有一半血统的犹太人就不归类为犹太人。

〔12〕 Weyrauch,前注 9,页 244,为这一猜想提供了支持。

〔13〕 请看,Judith Shklar, *Legalism*: *Laws*, *Morals*, *and Political Trials* 72 (1964)。

〔14〕 维瑙奇就强调了这一点(Weyrauch,前注 9,页 247—248),他复述了一位德国法学教授的消极抵抗。我们不应责备法官不勇敢,但我们也不应当忘记这里有一个倒钩,对于这些德国法官来说,最高的法律是自保。而且我们也不应忘记那些司法勇气的典型范例,受毒品卡特尔威胁的哥伦比亚法官,受黑手党威胁的意大利法官,甚至布朗诉教育委员会案后执行废除种族隔离令的美国南方法官,他们都有司法勇气,但在德国这一直不突出。

职业领袖说,案件"不是在分析性调查各种因素的基础上决定的,而是作为整体,在掌握了其本质后而具体决定的"(页73)。"只有不胶着于法律文字,而是于解释中穿透文字内核,努力通过自己的工作保证实现立法者的目标的情况下,法院……才可能执行第三帝国分配的职责"(页220)。既然法官这么帮忙,纳粹就没必要从头到尾全面修订制定法了。

一位法学教授写道:"在判决的法理中,当行为的一般倾向对国家及其成员的危害大于其好处时,该行为即为非法。"另一位教授不认为在什么条件下可强制结扎的问题上(这个手术有5%的死亡风险)有误诊的可能,他评论说"对于家庭成员这个损失自然非常严酷,但人类因错误死的人太多了,乃至多死少死一个人几乎就不是个事"(页76、121)。这些法律人采用的这种利益平衡法,令人不禁想起洛克纳案和巴克诉贝尔案("三代低能就足够了")[15]决定。

而根子同样在希特勒之前。特别值得注意的是,就在美国现实主义法学处于鼎盛的1927年,德国最高刑事法院在一个堕胎案决定中将紧急避险扩大到所有事件中。[16] 一位医生说服病人,一位怀孕女性,实施堕胎,理由是如果她怀孕满月,精神抑郁症可能导致她自杀;这位医生为此受到指控。相关制定法承认紧急避险,但要求提交更多实在的危险事实,而且明确不允许诸如医生这类本人无风险的人提出紧急避险的辩解。这是个挺有意思的案例,法院创造了一个制定法以外的紧急避险辩解,解脱了这位医生。这个司法意见,还有更多学术评论,都提出了国家主义导向的以利益平衡术语包装的正当理由,这就成了后来第三帝国法官的司法意见的特点。例如,一位评论家说,重要的问题是要考虑"时代潮流"这样一些(非常规的)法律责任渊源,要考虑"这种行为一般说来对国家的好处是否大于对国家的损害"。[17]

颠倒常规说法,把希特勒时期法院系统的不公都归结到法律现实主义和实用主义头上,这种做法是颇为诱人的。因为现实主义和实用主义进路

---

[15] 274 U. S. 200, 207 (1927).

[16] 请看对此案及后续事件的讨论,David Cohen, "The Development of the Modern Doctrine of Necessity: A Comparative Critique," 4 *Rechtshitorisches Journal* 215, 225-228 (1985).

[17] 转引自,同上,页227,1927年施密特(Eberhard Schmidt)的文章。

中都有怀疑主义和相对主义因素[18]，因此它们看起来都没有坚定的道德指南，没有对法治的坚不可摧的承诺，而且这些进路都有工具主义特点，看起来它们很容易把人当成棋盘上的卒子。但"卒子"只是个符号，而实用主义是关心后果的，难道关心后果的实用主义不考虑把人当成卒子的人性后果吗？难道不正因为实用主义断然意识到其他人的存在，才有了实用主义这样的道德怀疑主义？难道功利主义不是一贯坚持，社会积分学要把每个人的福利都计算在内，哪怕罪犯和动物的福利都要计算在内？因此，不管怎么说，德国法官的这些行为似乎与这些"主义"都不大可能有什么关系。这些法官都被与法律理论可能没啥关系的强大情感和政治潮流席卷，随波逐流了。

很自然，人们会想到，我们美国的法律制度中是否可以看到缪勒书中刻画的那些邪恶行为的痕迹。我们保留了——事实上我们正扩大使用——死刑，我们有其他非常严厉的刑事惩罚（对许多本质上非常轻微、秘密、古老甚或就是无犯罪人的违法行为予以惩罚），我们实行审前拘留，有些刑事被告得在监狱里焦虑等待多年后才接受审判，此外，我国的监禁人口总量巨大，这个数字超过了100万，这标志着我们是文明国家中最具惩罚性的国家。这个现状令人不安，也许它还很有道理，与纳粹司法风马牛不相及，却同样值得质疑。

"与纳粹司法风马牛不相及……"当然如此。但我们不应认为，在道德上，美国法官比美国政治领袖的优越程度大于第三帝国法官比其领袖的优越程度。美国没出现希特勒，因此就没有与希特勒共谋的法院系统。但我们有过奴隶制，有过种族隔离，有过惩罚种族混杂的刑法（"破坏了这个种族的光荣"），有过红色恐怖，"二战"中拘留过数万无害的日裔美国人；我们大多数法官都追随了这类事，没有任何抗议。[19] 可以肯定，德国法官不比德国政治领袖更坏；他们都来自受过教育的普通德国中产阶级家庭。而我们的法官大部分也出自受过教育的普通美国中产阶级家庭。

《希特勒的司法》给人留下了两点持久印象。一是法律修辞极具可塑性，这使一位聪明法官可以找到似乎很能成立的语言来包装几乎任何决

---

[18] 即便对这些特点都作了恰当限定后。请看本书导论。

[19] 请看，例如，Mark Tushnet, "The American Law of Slavery, 1810-1860: A Study in the Persistence of Legal Autonomy," 10 *Law and Society Review* 119 (1975)。

第四章 危机时期的法律职业:德国和英国

定,而不论这些决定何等野蛮;二是,德国法官过于认同纳粹政权。这也是我们的危险。我们拥有德国法官拥有的相同修辞资源。我们也有些法官,万幸的是数量不很多,对一些毒品小贩也津津有味地施以严酷惩罚,他们应征投入了"反毒品战",这也许令《希特勒的司法》的读者想起德国法官描述他们自己是国内战线上的战士。

也许有一天,种植大麻、"操纵"金融市场、销售淫秽杂志、贿赂外国政府官员、便利病入膏肓者自杀以及违反神秘的政治募捐法规等行为都被认为,和"破坏种族光荣"差不多都不适合用刑罚规制。缪勒可以帮助我们看到,法官一方面不应急于加入广受欢迎的群众运动中去,但另一方面,也不应让自己过于浸淫于法律职业文化,乃至忘记了自己决定给他人带来的后果;此外,法官还应谨慎接受总体理想,例如《艰难时世》中格拉德格林(Gradgrind)的边沁主义就把个人简约为数字或物品,还不是为了清白的便于学术分析的目的。缪勒的书没有提出避免这些危险的建议,但可以帮助我们理解,为什么大多数法官对刑事被告,哪怕都已定罪,也还相当礼貌,为什么刑事司法努力使死刑执行,哪怕对最糟的恶魔,成为一种有尊严甚至人道的程序。德国法官有一种"你死我活"的思维模式。违法者不被认为是误入歧途的社区成员;而是"内部的敌人",相当于第五纵队或害虫。把一个人从社区清除出去,无论这个社区是国家还是人类,就像奴隶制和种族屠杀游戏中那样做,这就是把他变成一个逃犯,对他不予任何适当考量。要想心安理得地虐待一个人或其他生物(比方说,动物或胎儿),首先就要把这个人和这个生物排除在相关社区以外。一个试图允许溺婴的社会也许会决定孩子活到几个月或几岁才算是人。[20]

然而,根据希尔伯格(Raul Hilberg)对参与执行希特勒最后解决办法的德国人的心理分析来看,犹太人是劣等生物,这种说法对这些德国人的作用相对有限,那只是他们为自己参与行动合理化的信念之一。其他相关的信念或感觉还有,这是自己尽义务(这里,实证主义尾随来了),自己在其中没有任何个人收益,他们本人对犹太人并无恶意,自己即便拒绝参加也无济于事,他们对自己的所作所为很后悔,这都是命中注定,他们已经给自己设定了不可逾越的界线(例如,他们转运犹太人,但不参加杀害;会杀外国

---

[20] 请看,*Sex and Reason* 289。

犹太人,但不杀德国犹太人;或杀未受洗礼的,不杀已接受洗礼的犹太人)等。[21] 令自己行为合理化的这种能力不仅无限,而且也没有为增强人们同情心扩大人们社区感的可靠技术;而且,无限制扩大社区范围也不会有任何意义。想象力不是治疗仇外症的灵丹妙药,因为想象力可能扩大同情心,却也可能同样程度地扩大畏惧感;而且,扩大了你关注的社区,这也许会伤害那些更狭小社区的成员,这就好比倡导动物权利者不允许用动物做试验,即便这些实验可能有助于人类。尽管如此,纳粹政权的一个不寻常特点是,通过排挤某些原先被视为属于国家社区和人类社区的人们来缩小这两个社区;而我们至少应当警惕这一点。反堕胎者就说我们没注意到这一告诫,他们也许还会指出,今天的德国宪法法院,更清楚理解到把谁谁谁驱逐出社区很危险,因此拒绝承认普遍的堕胎权;对此,支持堕胎权的人也许会回应,德国法院的这种态度是某个具体民族经验的产物,保护犹太人的理由远比保护胎儿的理由更多。当辩论转到具体问题上的时候,《希特勒的司法》的令人不安的寓意就消退了,但你还是可以远远地看见;这是一个不祥的告诫,它告诫我们,文明不稳定,法律文化也挺脆弱。

"二战"时英国的行政拘留

我已经说了,美国法官与第三帝国法官的性质不同实际是美国与第三帝国的不同,而并非英美法官与德国法官的不同。为了支持这一点,并且也为了可能更深入考察缪勒著作对法律实用主义的批评,我转向英国法律史家辛普森(Brian Simpson)对"二战"期间英国行政拘留方案的研究。[22]

该方案的法律根据是英国内阁的一个法令(法令18B),是依据英国国会在德国入侵波兰前通过的紧急国防法颁布的。"一战"期间,英国也曾实行过类似的法令,当时的内政大臣论说成功,反对严格区分德侨和德国出生归化英国的公民、德国出生归化英国的公民和德国血统但英国出生的公民,以及原籍德国的英国公民和那些不论原籍何处却有"敌对联系"的英国公民(页13);他们都很危险,都可以未经审判而予以拘留。对这个显然实

---

[21] Raul Hilberg, *The Destruction of the European Jews*, vol. 3, pp. 993-1029 (rev. ed. 1985).
[22] A. W. Brian Simpson, *In the Highest Degree Odious: Detention without Trial in Wartime Britain* (1992).

第四章　危机时期的法律职业：德国和英国

用的做法，辛普森评论说："任何认真信奉法治的人都不可能接受[这个]论点。法律工作就是划出确定的界线——你我之间，有罪无罪之间，公民非公民之间"（页 13—14）。

　　法令 18B 授权内政大臣拘留任何人，如果大臣有"合乎情理的理由相信"此人"原籍敌国或与敌国有联系，或相信此人近来一直关注一些不利于公共安全和国家防卫的行动或正准备并煽动这些行动"。[23] 被拘者有权向内政部任命的建议委员会提出反对意见。委员会主席将"通知被拘者关于[拘留，或更轻的限制，例如软禁或仅限于在某地活动]这一决定的理由，并向被拘者提供在委员会主席看来足以令被拘者提出辩解的一些具体细节"。在听取反对者的辩解后，建议委员会将向内政大臣建议，是继续还是取消这一拘留令。对拘留没规定司法审查。

　　总共执行的有 1 847 个拘留令，其中 1 145 项针对的都不是外侨，而"直接是英国公民"（页 223），一些在正与英国打仗的国家出生的人，以及一些国籍不明的人。其中绝大多数拘留令是在 1940 年 5、6 和 7 月间发出的，当时英国的战况最糟；拘留最多是在 6 月，共发出 826 份命令，但并非所有命令都执行了。拘留人的名单由安全部（Security Service）——人们通常（今天仍然）称其为"MI5"，是军情部门的一个分支——向内政部提供。内政大臣——常常很马虎地——审查安全部的建议，获得他同意后，马上就拘捕，不给任何警示，关进监狱。如果被拘者反驳，会由一个委员会听审，但要等几个月。反驳者可以寻求律师帮助，但听审时律师不许在场。委员会由一些杰出的私人公民组成；主席是律师。听审常常导致委员会向内政大臣提议释放被拘者；即便安全部常常反对，建议一般都能得到执行。大多数被拘者几个月后都释放了，很少有谁被关到战争结束。也有人走进法院，主要通过人身保护令来挑战对自己的拘留，但都不成功。

　　被拘的英国公民中，最多的是由莫斯利爵士（Sir Oswald Mosley）为首的英国法西斯联盟成员或前成员，或是其他亲纳粹或法西斯协会成员或前成员。被拘者中有一位国会议员，一位退休的海军上将，还有一位贵族。安全部认为自己想拘捕的这些人代表了潜在的第五纵队，他们腐蚀英国人的战斗意志，如果德国人入侵，这些人会帮助德国军队。如今回头来看，很

------

[23]　该法令重印于辛普森著作中页 424—425。

清楚,安全部太夸大了第五纵队在英国的活动。潜在的第五纵队分子很少,其中大多数都是无害的狂热者;比方说有位兽医,释放后写过自传,题名《脚步错了:一位反犹骆驼医生的两种生活事件》;大多数都属这类人。甚至英国法西斯联盟的领袖和核心成员,除少数外,也都忠于他们的祖国,即便他们趋于钦佩德国人,批评英国在战争中同法国和波兰站在一起。安全部门甚至自己就发现这错误太显著了,但1940年夏季之后它没撤销法令18B,主要是想拉拢工党,因为工党极其仇视英国法西斯联盟。丘吉尔早就怀疑英国到底有没有第五纵队。也正是丘吉尔,在战争后期说,该行政拘留是"最高度的丑恶","是一切极权(totalitarian)政府——无论纳粹还是共产主义——的基础"(页391)。

在这个人口4 700万正为了生存而决一死战的国家,拘留的人数不很多,拘留时间大都短暂,夸大第五纵队也可以理解,因为当时的信念之一就是,敌视德国的国家之所以纷纷垮台,就因为"内部敌人"。确实,德国人自己,就像本章第一部分所说的,就集中关注"内部敌人",把德国1918年突然垮台归咎于这种阴谋诡计,此外,"第五纵队"这个词也出现在刚结束的西班牙内战中,佛朗哥认为这是他内战获胜的因素之一。在这种远比美国于珍珠港事件后还危险的境况下,英国对"内部敌人"的回应比美国政府的回应更节制,当时,美国政府决定拘留西海岸的所有日裔美国公民。[24]

"二战"时期,辛普森还是孩子,但也足够大,所以成年后他还有生动的记忆。他这样批评英国战时的拘留方案,表现出超然,值得赞扬,却也值得批评。他集中关注这一方案涉及的三个机关:安全部、内政部和法院。他对安全部的评价中要害是他断言,"情报组织吸引了一些奇怪且不可靠的人"(页92)[25],至少和平时期是如此。在两次世界大战之间安全部一直一潭死水,因此"二战"开始时,它没有足够人员履行堆给它的任务,包括执行法令18B。它"干的事是追寻幽灵"(页92)。但随后,"那些认为敌人就在我们当中的人"——安全部门很自然会这样认为——"心里都已不管证据了;因为缺乏证据恰恰证明敌人手段极高"(页108)。"隔离[安全部]令其

---

[24] 对美国这次以及其他战时中止公民自由问题的讨论,请看,J. Gregory Sidak, "War, Liberty, and Enemy Aliens," 67 *New York University Law Review* 1402 (1992)。

[25] 比方说哈罗德·克茨(Harold Kurtz),他后来"受雇记录被美国执行官不称职地绞死的纳粹战犯的遗言,但这一工作也没改善他的酗酒毛病"(页368)。

第四章　危机时期的法律职业：德国和英国

不向公众负责的机制也助长了该机关的不可靠"（页 410—411）。

辛普森笔下的内政部要好一些。（安全部并非内政部一部分；显然，安全部直接向内阁报告工作。）"一般说来，内政部官员看来还真是尊重法制的，但当从公共利益来看必须牵强时，他们也愿意牵强一下，突破规则"（页 415）。辛普森的主要批评在于，内政部的文职官员总是错误地敌视开放的政府和司法审查。但他也批评突然逮捕，由内政部的机构之一伦敦警察厅刑事（Scotland Yard）特别支部官员实施；他还批评关押被拘者的监狱条件（这也由内政部管）。"就直接社会后果而言，一场逮捕就像一场心脏病发作，或事实上像盖世太保一次来访"（页 87）。没有任何规定通知被拘者亲属，某人已被拘留或他被带到什么地方了。尽管被拘者，由于还未受任何犯罪指控或定罪，理应对待他们比较周到，但事实上，对他们很像对待一般的监狱囚犯，至少在大规模拘留期间如此。有时把母亲同其孩子分开。对被拘者的医疗需求也未总是给予适当关注。辛普森将拘留的"明显不人道"归咎于内政官员冷酷无情："内政部官员做的大量事情，或还正做着的事情，本质上都是非常令人不快的……要执掌这些事情需要有某种超然……文职人员处理的是公文，不是人"（页 415）。

辛普森笔下法律职业界的表现则非常糟糕。"法院实际没有为这些被拘者做任何事，无论是保证其安全，还是维护他们依法拥有的权利，无论是严格审查内政部行动是否合法，还是在出了差错时为之提供赔偿。法律职业界也如此，作为一个职业，他们啥事也没做；人们告诉我，实在不容易说服律师为被拘者采取行动"（页 418—419）。法院的基本立场是，只要内政部采取行动的根据是合乎情理的怀疑，即被拘者就属于该法定的几条标准，拘留就合法。然而，由于法院不要求内政部提交其怀疑的证据，法官就不可能决定这种怀疑是否合乎情理，因此无法对拘令予以有实际意义的审查。证据主要就是安全部文件。这些文件都是机密，但法官可以秘密（in camera）检查这些文件。他们没有检查。他们念叨着"关于国民自由的传统司法空话"（页 364），却满足于接受"内政部的书证［拘留令有合乎情理的理由］的结论性，只要形式上不反常就可以了"（页 328）。确有一位法官对拒绝发出人身保护令表示反对，称"法官不应是'内政部椅子下吱吱叫的小老鼠'"（页 328），但在公开的司法意见中，他还是删掉了这个令人难忘的短语。不管怎么说，"他对公民自由的关切都不如他对司法地位的关切"

(页329)。"唯一会让法官激动并采取行动的就是公开不尊重他们的地位……这些法官都准备好了,只要把他们当成狮子接待,他们就会像老鼠那样行动"(页331)。

我没什么事实根据来反驳辛普森的具体批评。但我认为他对战时拘留方案的总体判断过于严厉——不务实。从我引用的文字来看,批评严厉很明显,但在散落全书的总结性判断中这一点更清楚。在辛普森看来,成为法令18B的这一方案赋予法律的角色,就是"废除法治的一个工具,代之由一些绅士为了公共利益秘密行使行政裁量"(页44)。"英国展开这场战争所依据的法律体制是一个极权国家的体制"(页46)。"仅仅几星期内,在自由的名义下,英国就成为一个极权国家"(页190)。"在这场战争期间,英国在任何实际意义上都不是一个民主国家"(页282)。

辛普森得出了这一严厉判断有几个理由。其一是他不加鉴别地使用"民主"和"极权"。他隐含的是,这些都是唯一可能的政体形式,因此,非此即彼,特别是,如果有任何地方不符合对民主政体的某种具体理解,那就是极权。这种两元对立的分类混淆了一些重要区别。在战时短期内英国实际上暂停人身保护令,这与纳粹德国和苏联不论战时或和平时期完全消灭自由、法制和民主是不能等同的。我们不应忘记,英国选民在战争结束前就抛弃了丘吉尔和保守党,这在一个极权国家是不可思议的。尽管美国1942年也曾根据一些非常脆弱的理由拘留了数千美国公民,但并不因此美国就不再民主了。

说允许行政拘留就中断了民主,这种说法错失了本书导论就提到过的法制(legality)与民主的紧张关系。就像辛普森承认的,即便英国通过紧急状态令时,民众也没强烈要求废除法令18B。当时法西斯分子和法西斯同情者——毫不奇怪——很不受欢迎;英国人民很高兴看到这些人被拘;这一"不民主的"法令是在实现,而不是在挫败,当时民众的意愿。确实,民众的这种要求打压政治讨厌者的压力会破坏民主;平民民主制,甚至雅典的民主(在那里非常显著的就是对权利不予法定保护),都不是最好的民主形式。但仅因为一个政权没有充分限制民主偏好就宣称它是极权政权,这就言过其实了。自由民主制是一种手段,而不是目的,作为手段,它要实现的目的之一就是,在面对一个一心征服世界的极权国家时,这个民族该如何

第四章 危机时期的法律职业：德国和英国

生存下来。[26] 一个自由民主国家战时暂停某些公民权利，这不比在自由民主制国家中军官由任命而不是由选举产生更"极权"。

辛普森否定英国战时拘留的另一渊源是他不愿接受人民和制度的本来面目。这是一个事实，并且是一个很容易理解的事实，情报机关在和平时期会吸引一些特别且不可靠的人，因此对战争考验准备不充分。还有一个事实，同样很容易理解，文职人员反感政治和司法干预他们的工作，为警察或监狱工作吸引的人当然不如教授精细，并且这种工作本身也会令他们更冷酷；就像哈姆雷特说的，"不干活的手总是更纤细"。还是一个事实，法官都关心自己的地位，在国家安全问题上也不愿制约行政部门。我们自夸独立的美国法院就曾支持强制搬迁日裔美国公民，一直等到整个风向都彻底转了才认定史密斯法案*违宪，还设计了一些独到原则尽可能减少司法对军事和外交事务的干预。不能对人指望太高；由于人性弱点和职业畸变，你不可能指望战时行政拘留方案的实施会是效率与公正的范本。问题在于，考虑到不可避免的滥用权力，综合看来这个方案是否值得。如果值得，那么还有必要提出滥用权力的问题，但不因此就得判该方案死刑。

辛普森之所以看低了他的国家对紧急状态的回应，一个紧密相关的来源是他少了一个比较的维度。和平时期的公民自由是一种奢侈品，正进行生死之战的国家会认为（还不是没有道理）这种奢侈品他们享用不起。即便拒绝——也应当拒绝——德国法官对国家利益为重（raison d'état）的过度理解，对于自由至上者来说，这里要问的现实问题也不是，英国对公民自由的限制是否超过了当时看来或反观起来的必要限制，而是英国的反应是否比类似境况下其他国家可能或已经采取的反应多少温和一些。就我之所能来判断，回答是比——例如——美国的反应更温和[27]，尽管美国当时所受威胁要小多了。当然，使用纯相对的标准会有一些风险；说我们永远不可能改进现有做法，这很不务实。实施法令 18B 带来了许多困难，事后看来，实施该法至少看来对英国的生存和缩短战争都没有什么实质贡献。如果在这个事件中有什么教训令英国和美国下一次遇到这种问题时可以

---

[26] 参看杰克逊大法官的警告，在 Terminiello v. City of Chicago, 337 U. S. 1, 37 (1949) 的反对意见中，他反对把权利法案变成一个自杀契约。

* 美国联邦政府 1940 年针对"二战"制定的限制言论和反间谍法律。——译者注

[27] 辛普森对这一点确实有评论（页413），但他很快又放弃了。

更有效处理战时的内部安全问题,我们就应当汲取这种教训。而辛普森汲取的唯一教训只是,英国不应当"按照一般性做法"销毁了"大约99%的有关这一拘留问题处置的公文记录"(页422),不应当半世纪后还拒绝人们查看大部分剩余记录。这当然正确,但就此书而言,这个结尾太平淡了。可能吗,在这个战时拘留方案上,英国政府的最大罪过就是令学界很难撰写这一方案的历史?

我不敢肯定辛普森会拒绝我上述的哪些批评,因为他的书对法令18B表现出相当程度的矛盾和两可。他注意到"二战"前英国官方担心"对战争的极端厌恶会带来这样一种状态,标志就是1933年牛津联盟上广受赞扬的国王和国家动议,也许令英国政府极其难以进行战争"(页46)。他承认当时"广为传播的"——尽管是错误的——"看法是,挪威垮台是由'吉斯林'*造成的"(页98—99)。他也承认英国的法西斯联盟"亲德国,破坏了士气,并有可能捣鬼"(页167),以及事实上"确实英国存在一个第五纵队,有一定数量的个人,他们以某些组织化因素秘密帮助着敌人"(页171)。尽管辛普森认为,"下院接受在完全秘密的条件下拘留了一位下院议员","在一个自由民主国家非常奇怪",但他也承认这是"一个令人绝望的时代"(页282)。并且"常识表明,依据法令18B作出的一些拘留,在某些情况下,也许防止了一些亲德个人企图进行的间谍破坏活动,很有利于控制IRA或防止了诺曼底登陆信息的泄露"(页412)。法令18B甚至可能"使一些个人免受了暴力,免受了长期监禁甚或死刑",因为它提供了一些相对温和的手段来应对那些被人们仇恨并被视为很危险的人(页422)。[28] 此外,这些法官"也许正确感到了[自己与内政部之间]的地位冲突:大多不是他们个人的地位,而是他们所属机构的地位"。

最重要的是,1940年5月曾有人向内阁建议,即使法国陷落,英国还可以战斗,"只要英国人保持斗志……随后的建议之一就是对第五纵队采取无情行动"(页185)。"这是一种很特别的政治必需——要展示一种无情的决心,即不惜任何代价继续抗德战争"(页412),该建议为法令18B提供了最强有力的正当理由。至于那些"认为行政拘留从原则上就彻底错了

---

* "二战"时期挪威的内奸,后泛指内奸。——译者注
[28] 这有点像德国的监狱刑,至少在那段时间内,某些人因此免受了盖世太保的迫害。

的人,……也许应记住,完全拒绝不经审判的拘留就会遇到另外一系列麻烦,除非把对刑事被告的审前拘留、对精神病患者的拘留全都排除,或至少要解说为什么这些做法还有些道理"(页413)。尽管辛普森声称只要信奉法治,就不可能接受法令18B重新划定传统上明确的法律界限,但最终他把是否需要该法令的思考还是建立在"实用主义的怀疑主义"基础之上(同上)。

辛普森的矛盾令读者可以形成自己的判断。如果,如同他暗指的,正确的标准应当是实用主义的,那么我的判断是,英国政府颁布并执行法令18B是正确的(事先看,而不是事后看,如果事后看,我们可以非常肯定这个方案是错误的),此中的错误、不公正和痛苦,由于该方案的给定性质,以及可供实施此方案的人力和制度资源有限,不过是难免的。无疑,在某种普遍化的层面,对法令18B的这种实用主义正当化,会与对纳粹法理的实用主义正当化聚合,就像辛普森宽泛使用的"极权政权"一词会引发我们去思考,但这个层次太高了。实用主义要求更贴近事实。是英国的那些事实令这个方案正当化了,而德国的那些事实则判定了德国方案的死刑。

第二编 宪法性理论

第五章

自上而下的推理与自下而上的推理

本编五章考察一些当代的主要宪法理论家。这些理论家都关注,就和今天大多数宪法理论家一样,联邦最高法院数量不多的有关个人权利的著名决定是否成立或是否合法。即便我们忽视这一点,即美国宪法远不只是赋予人们权利,宪法理论也不必然关注点如此局限,也不必然如此关注规范性;宪法还限定了不同政府部门的各自权力。如果美国宪法研究者对其研究对象的实证一面给予更多关注,特别是宪法性权利、义务、权力以及结构的起因和后果,那当然很好。[1] 但这不是本编要点。我打算以这些理论家之道治其人之身,展示他们的宪法理论不比本书第一章讨论的韦西斯勒的宪法理论更令人满意。究其原因很多,是常规法律推理本身的缺憾(这一点在宪法性理论思考中到处可见,且不论该理论家提出的理论有多么不同凡响),也是与常规法律推理类似的分析哲学方法本身的缺憾;是宪法理论家不够专业;以及,与上述两方面相关的是,事实感的太弱,而这一点在众多法律文献中则非常显著。不论这些理论家政治上何等先进,职业卡特尔的死亡之手都死死掐住了他们的思考。

---

[1] Richard A. Posner, "The Constitution as an Economic Document," 56 *George Washington Law Review* 4 (1987). 有关宪政实证研究的好范例,请看,Donald J. Boudreaux and A. C. Pritchard, "Rewriting the Constitution: An Economic Analysis of the Constitutional Amendment Process," 62 *Fordham Law Review* 111 (1993), 我会在第七章讨论。

两种法律推理风格

现代宪法理论思考的主导风格,我称其为"自上而下的"推理。我主要用德沃金有关堕胎权的论证来例证[2],并同"自下而上的"推理作对比;此外,这两种风格我都拒绝,我偏好实用主义的进路。

在自上而下的推理中,法官或其他法律分析者会创造或采用一种有关某法律领域——也许有关所有法律——的理论,用它来组织、批评、接受或拒绝、解释或辩解、区分或强化那些已决判例,令这些判例符合这种理论,并得出未来每个新案的结果都将与这种理论一致,并与在该理论内被作为权威采用的判例相一致的结果。这种理论无需,或许从来不可能,"来自"法律;但它也肯定无需用法律人的术语来表述。

自下而上的推理,包括了诸如"类推"和依"字面意思"解释这些熟悉的律师技巧。这种推理从某制定法或其他法令的言词开始,或是从某判例或一堆判例开始,前行,但每一步都不走太远。自上而下的推理者和自下而上的推理者是各持己见。

我与几种自上而下的理论都有关。一种主要是实证(描述的)理论认为,最好从"法官努力使社会财富最大化"这个"虚拟"假定上来理解普通法。另一种主要是规范理论认为,法官解释反托拉斯法应当符合财富最大化的要求。鲍克——他是德沃金厌恶的人[3]——是开发这一理论的前锋。鲍克称自己的是"消费者福利最大化"理论[4],但这只是重申财富最大化

---

[2] Dworkin, "Unenumerated Rights: Whether and How *Roe* Should Be Overruled," 59 *University of Chicago Law Review* 381 (1992); Dworkin, *Life's Dominion: An Argument about Abortion, Euthanasia, and Individual Freedom*, chs. 1-6 (1993). 我们如今知道(特别是在联邦最高法院,由于金斯伯格大法官替换了罗伊案的异议者怀特大法官),在可预见的短期内,罗伊诉韦德案,特别是就该决定认定的美国宪法不允许政府禁止成年女性在怀孕早期堕胎而言,不会被推翻。Planned Parenthood v. Casey, 112 S. Ct. 2791 (1992). 但这并不影响德沃金的分析提出的那些理论问题。

[3] 请看德沃金的下列论文:"Reagan's Justice," *New York Review of Books*, 1984 年 11 月 8 日,页 47; "The Bork Normination," *New York Review of Books*, 1987 年 8 月 13 日,页 3,重印于 9 *Cardozo Law Review* 101 (1987); "From Bork to Kennedy," *New York Review of Books*, 1987 年 12 月 17 日,页 36; "Bork's Jurisprudence," 57 *University of Chicago Law Review* 657 (1990).

[4] Robert H. Bork, *The Antritrust*(原文如此。——译者注)*Paradox: A Policy at War with Itself* 7 (1978).

而已。他把联邦最高法院的反托拉斯判例分两块,一块是受财富最大化指导的主流,另一块是偏离传统的枝枝蔓蔓,他主张把这些枝枝蔓蔓都清理干净。[5]

德沃金本人同一种宪法理论显著相联,这种理论使宪法性法律成为对自由——这对德沃金来说就是平均主义——原则的系统阐述。埃博斯坦有与德沃金的广度相似的一种宪法观点,但他不是用平均主义,而是用经济自由来强化宪法理论的自由主义分量。伊利有同样雄心勃勃的一个不同宪法理论,他把不同的宪法条款捆在一起,得出了一个他称之为推进代议民主价值的理论。阿克曼(Bruce Ackerman)有一种宪法理论,鲍克本人也有一种,尽管也许最好称其为反理论。(鲍克、阿克曼以及伊利的宪法理论将在后面几章讨论。)年代更早,普通法还有一位著名的自上而下推理者,兰德尔,对他来说,最重要的判例只是一些入口,通过它们可以用识别法来辨认一些纯粹法律概念。[6] 在他之前,则有霍布斯。

然而,人们更熟知的是自下而上的推理,甚至也是更令人崇敬的。[7] 解释一部制定法,法官必须从其语词开始,现代司法意见中反复演唱这一副歌,就是这个传统。并且,法律人全都记得,第一天进法学院,每门课,当时要求我们阅读的都不是该领域的综述或理论讨论,而是某个判例,更甚的是,前不着村后不着店,这个判例就横在领域当中,不是该领域的历史开端或逻辑开端。我们上诉法院法官也记得,第一天上任,交给我们的就是一沓诉讼摘要,而对这些案件所属的那个领域也许我们一无所知,还告知我们,几天之后,就要听取口头辩论并当即预投票。

这里有个问题,自下而上的推理的意义有多大。德沃金认为不大。他的大量著述显示他对美国宪法语词,或是宪法结构(所谓结构,即宪法的不同部分——条、款、句和修正案——是如何构成一体的),或是他著作讨论过的复杂法规(例如1964年《民权法案》的第七章)的肌理细节,或是任何

---

〔5〕 Bork, "The Rule of Reason and the Per Se Concept: Price Fixing and Market Division (Part I)," 74 *Yale Law Journal* 775 (1965); Bork, "The Rule of Reason and the Per Se Concept: Price Fixing and Market Division (Part II)," 75 *Yale Law Journal* 373 (1966).

〔6〕 参看,Thomas C. Grey, "Langdell's Orthodoxy," 45 *University of Pittsburgh Law Review* 1, 16-20 (1983).

〔7〕 这一经典命题是莱维提出来的,请看,Edward H. Levi, *An Introduction to Legal Reasoning* (1949).

庞大判例体系都不感兴趣。他未明言的法律世界由一小撮概括的原则构成，体现为一小撮常常没多少血肉的典型案例。他比较了一个"原则的"宪法和一个"细节的"宪法，令人无疑相信他喜好前者。他走得太远了，乃至于他说，他想要的，并且我们拥有的，"并非男人和女人统治的政府，甚至不是法律至上的（under law）政府，而是原则至上的政府"，这个原则就是联邦最高法院以美国宪法名义铸造的原则。[8]

我不那样看法律，但我同意这种说法，即自下而上的推理没多少干货。我们从来都并非"始于"一堆判例或某制定法或美国宪法某条款。阅读一个判例，阅读一部制定法、一条规则或一个宪法条款，都是以有一套语言、文化和概念的巨大体系为前提的。还不仅如此：你就看不到有哪个司法判决说，例如，"美国法典第二十九篇第532页有下列句子……"司法意见一贯是给出法规名字（"谢尔曼法规定……"或者"ERISA规定……"），而读者会立刻以某种特定方式准备对语词作出反应。很经常的是，如果这个判例或制定法或其他法令含义不清，有时甚至似乎相当清楚，但读者要抽象出或更准确地说想转嫁其含义，就必须解释它；而解释，就和发现一样，在很大程度上是一种创造。[9]

另外，"从"一个判例推到另一判例，这是自下而上法律推理的核心，究竟是什么意思呢，也不清楚。听起来像是归纳，但从休谟到波普尔，归纳已受到哲学家的沉重打击。大多数所谓的法律类推实际是一种拐弯抹角的逻辑推理。判例被当成有意思的事实和观点的渊源，作为材料可以用来创建一种可演绎适用于新案件的理论。但它不是（有人希望如此）创建这种理论的唯一材料。那会毫无正当理由地把其他学科和洞见都排除在外。

类推有一种经验的功能。如果在你的理论中判例甲很权威，接着出现了案件乙，而你的理论隐含的是案件乙的结果应当与甲不同，你最好要确定这两个结果逻辑上前后一致；否则你的理论就有问题。因此，为某理论接受的判例为该理论的继续适用提供了检验性的范例，但这里必须有一个理论。一个人不可能只是从判例到判例，什么也不管。你不能说：我没有什么私隐的理论、正当程序的理论或任何其他理论，但由于有了格里斯沃

---

[8] *Life's Dominion*，前注2，页124。
[9] 请看，*The Problems of Jurisprudence*, chs. 9-10；以及本书第十九章。

德案,跟着就有了罗伊案。你必须能说清楚,究竟是格利斯沃德案判例中的什么决定了罗伊案。格利斯沃德判例并没告诉你该宽泛或狭窄地理解格里斯沃德案。[10]

未列举的宪法权利,特别是堕胎权

美国宪法中没提到堕胎权或私隐权。这都是未列举的宪法权利。这些权利的范围和合法性都是现代宪法争议的前沿——而当运用自下而上而不是自上而下的进路时,这些问题看来是不同的。

如果是自上而下推理者,我们就会像德沃金、埃博斯坦、伊利以及其他人那样展开。我们会从各种材料——美国宪法文本、历史以及背景(并未赋予文本什么特别的首要地位,因为对深知解释理论的人都知道在阐明意义时文本并非第一位的),解释美国宪法的司法决定以及其他杂七杂八的政治、伦理和制度的价值和洞见——先创造一个全面的权利理论,这个理论还应被视为是宪法承认的。有这样一个理论后,我们会选择一个主要判例传统,抛弃或者是压低那些外围判例,我们还要以一种既与该理论保持一致,也与(删剪得当的)先例保持一致的方式来决定新案件。

如果我想做这样的工作,我也许会更接近德沃金,而不是像许多不熟悉我的全部司法和学术著述的人可能预期的那样。尽管我比德沃金更看重经济自由而不是平等,我也比他更倾向给各州和非司法政府部门更宽大空间进行实验,但我俩的实际差别也许很小,特别是就个人自由而言,如言论自由、宗教自由以及性和生育上的自由。并且确实,使用避孕品的权利以及焚烧美国国旗的权利(假定烧的是你自己的国旗),都已为许多学者和法官予以肯定,其中还有认定罗伊诉韦德案决定不正确的斯葛利亚大法官。这些权利,如果就已列举和未列举的区别而言,它们是在同一层面的。[11] 因为对于一个全面宪法理论来说,这些区分没有意义。这种理论也许会用宪法文本作为它的跳板,但会超越并最终淹没那些文本上的区别,因为诸如焚烧国旗或使用避孕品的权利都产生于理论,而不是(直接)源自

---

[10] 关于类比推理的更充分讨论,请看第二十四章。
[11] 联邦最高法院曾判定,禁止焚烧国旗法违反了宪法第一修正案。Texas v. Johnson, 491 U. S. 397 (1989); United States v. Eichman, 496 U. S. 310 (1990)。

文本。

但是,如果你遵循自下而上的进路,情况就不同了。因为这时,你从翻美国宪法开始,翻到底,也没发现什么看上去与避孕品、性、生育或家庭有关。你还会发现宪法文本也没提到国旗,发现只提到言论自由,并很容易从严格的言论类推到焚烧国旗,就像下面这段内心的苏格拉底对话一样:

"这里,我看不出什么有关国旗或有关用火的意义。言论是言辞。而焚烧国旗不是言辞活动。"

"那么,首先的问题是,难道言论都必须用言辞?手语是言论——难道这不就表明言论不仅是语词,还包括了姿势?而且旗语交流怎么说?事实上,旗语就是旗帜。"

"哑语和旗语都是表达语言的替代方法,它们把语词编码,就像摩尔斯码或书写摩尔斯码一样。放火则不是。"

"但是,埃斯库罗斯在《阿伽门农》一剧中,就曾在几百里之外用火链向克吕泰墨斯特拉发出攻陷了特洛伊的信号,这怎么说呢?"

"这算不上言论,因为火未将语词按特定方式编码,尽管它确实传达了一个简单信息。"

"但宪法保护言论的精髓不就是信息的传递?"

"是的。"

"那么,传递信息的火不就是受保护的言论吗(当然,不能有安全问题,等等)?"

"我想是的。"

"当用火作为抗议示威的一个因素,而不是用作废弃一件破衣服的手段或引起一场(字面含义的)大火的话,焚烧国旗不就传达了一个信息吗?"

"也许如此,但这涉及破坏财产,这是不同的。"

"我们允许人们破坏自己的财产,难道不允许吗?为示威目的焚烧国旗甚至不是随意破坏。事实上,这是种消费,就像砍伐一片森林来生产《纽约时报周末版》一样。"

这种"证明"方式会令大多数法律人无法抗拒,因为他们只要读少量法律书就能得出结论,但它不合逻辑。它显示的是,"言论"这个词中有某种

第五章 自上而下的推理与自下而上的推理

含义,包括了焚烧国旗,就像这个词中还包含一种联谊权和不被迫支持自己不喜欢的事的权利一样。[12] 但是,它并没提供理由,为什么要接受这种含义,而不是一种更窄的含义。你必须了解的更广,要考虑焚烧国旗与法院已认定或肯定会认定受宪法保护的其他形式的交流之间有何差异,而不只看到两者相似。事实上,你必须提出或采用一个关于言论自由的理论,然后将这个理论适用于手上的案件。在一篇文章中鲍克就想提出这样一种理论,尽管后来他部分撤回了这篇文章。[13]

然而,即便自下而上的推理不是推理,最多是推理的准备,并且即便名副其实的法律推理难免涉及创造理论来指导司法决定,我们还是必须考察一下什么是这些理论的恰当范围。这些理论是否必须包容诸如联邦宪法或普通法的全部领域?或许它们还必须包容所有法律?或是可以将之限定于更窄的法律经验上,例如美国宪法的某些具体条款,或某些具体制定法,或某些相关的制定法?而且,如果结果是多个相互不一致的理论,乃至制定法或宪法的不同条款有时会基本方向都不同,这种受限定的理论可能吗?

德沃金对后两个问题的回答都是否定的。如果对众多个别条款的解释不能获得原则上的前后一致,就不具合法性。宪法性法律理论必须包括整个美国宪法,或至少整个《权利法案》加宪法第十四修正案在一定程度上必须融贯和全盘。"联邦最高法院有义务发现某些受保护的自由概念,一些界定哪些自由必须保护的命题,它们必须是可辩解的,无论是作为一个政治原则,还是因其同美国宪法创立的一般政府形式保持了一致性。"[14] 德

178

---

[12] 请看,NAACP v. Alabama, 357 U. S. 449, 460 (1958); West Virginia State Board of Education v. Barnette, 319 U. S. 624, 633 (1943)。

[13] Robert H. Bork, "Neutral Principles and Some First Amendment Problems," 47 *Indiana Law Journal* 1 (1971). 请看,"Nomination of Robert H. Bork to be Associate Justice of the Supreme Court of the United States: Hearings before the Senate Committee on the Judiciary," 100th Cong. , 1st Sess. , pt. 1, 268-271 (1989)。

[14] Dworkin, "Reagan's Justice," 前注 3, 页 30。他又说, "必须尽可能把[宪法]权利体系解释为表述了一个融贯的正义理想。" Dworkin, *Law's Empire* 368 (1986)。这里的限定"尽可能"令德沃金可以留下空间作某些实用主义的妥协。请看,例如,同上,页 380—381。

沃金对鲍克的最基本的批判就是,鲍克没有宪法哲学。[15] 但德沃金清楚地了解,鲍克有一个很醒目的言论自由理论,也还有一个很醒目的反托拉斯理论。[16] 鲍克的理论在很大程度上还是自上而下的,而不是从判例到判例。他先抽取一个支配性原则,然后将之适用于诸多案件,也放弃许多案件。但鲍克的理论要有一些具体的规定,缺乏德沃金珍视的政治和道德的一般性和勃勃雄心。鲍克唯一的一般性宪法理论,我们会在第九章中看到,就是宪法性法律没有一般理论。

宪法性理论的恰当范围是什么,与这个问题相关的是另一个讨论很多的问题,该用何等概括的立宪者意图来指导法官解释美国宪法。如果要问同等保护条款的意图是什么,你会发现它既是以某些方式而不是以其他方式有利于黑人,同时也为了促进与立宪者某些具体意图方面不一致的平等理想,这个更具体的意图是要使黑人获得与白人相等的民事平等但不是社会平等。选择实施哪种意图,这决定了——例如——联邦最高法院认定公立学校种族歧视非法是否正确。但这只有关某个条款的意图。超出这一点,假定从这一堆由不同时间撰写且涵盖各种不相关论题的文件构成的美国宪法中真能抽象出一个单一且统一的意图或题目,也能了解概括这个意图,这就是要进入一个根本不现实的幻境(cloud-cuckoo-land)。这并非贬低这种整体性的进路,只是说这并非倚重立宪者意图——不论是从宽解释还是狭义解释——的进路。在许多法律职业者眼中,整体进路的很大缺点就是它与立法者意图无关。

宪法是整体性推理还是逐条推理,这不仅仅是个美学的或方法论的问题。尽管德沃金做了很多努力,想把罗伊诉韦德案落实到宪法的某个具体条款上,却无法确信从个别条款(罗伊案当年依据的正当程序条款)的宪法理论就能得出他特别珍视的那些权利。对正当程序作实质性解说在现代

---

[15] "我对另一个问题……感兴趣:问题并非鲍克有没有令人信服或言之成理的宪法哲学,而是他究竟有没有任何宪法哲学。"Dworkin,"The Bork Nomination,"前注3,页3。鲍克的"宪法哲学空无一物:不仅仅贫乏和不吸引人,而是完全没有哲学……他认为自己没有责任要把美国宪法作为一个道德政治原则整体结构来处理……他完全没理论,没有保守主义法理学,只有右翼教条指导他的司法决定。"同上,页10。

[16] 鲍克关于言论自由的论文是这样开始的:"宪法长期存在的一个令人不安的方面就是它缺乏理论。"Bork,前注13,页1。

第五章　自上而下的推理与自下而上的推理

自由派和现代保守派看来都太臭,臭不可闻,因为实质性解说司各特案[17]、洛克纳案以及其他契约自由案相联系,解说起来漫无边际,该条款深藏于宪法第五修正案(这就令人们怀疑它能是那么重要吗,尽管,就算该条款在第十四修正案中很显著),而且实质性解说与这一条款的告知和听证等程序性内容也不相称。如果一定要逐条解说我们的宪法理论(实际上根据这一进路,是多个理论),德沃金一定会认为,我们给那些反对性自由的人会留下太多话语弹药了。

可否以宪法第九修正案化解逐条式进路与整体性进路之间的紧张关系呢?但说到底,第九修正案毕竟也只是宪法文本中的一小块。它说的也就是"宪法列举特定权利不应解释为否认或贬斥由人民保留的其他权利"。这可以确保法官有权承认一些新权利吗——针对联邦政府,或是针对各州?这方面的文献非常多[18],但几乎没啥影响,因为,也有罕见的例外,无论逐条式进路还是整体式进路都不愿将判决建立在宪法第九修正案上。这一修正案并没分辨出任何保留给人民的权利,也没提出某种方法具体辨认被保留的权利。如果该修正案给了法庭什么东西的话,那就是给了一张空头支票。[19] 无论法官还是法官在学界的批评者或辩护者都不希望公开宣称司法审查没有任何外在标准。同宪法第九修正案相比,同——就此而言——宪法中另一流浪儿"特权和豁免"相比,"正当程序"和"同等保护"看起来就指出了个方向。因此,第九修正案的问题并不是文本不足以支持未列举的宪法权利;而是这个文本太宽泛了。

罗伊诉韦德案在宪法中一直没根,到处流浪。其生命始于正当程序,但这使它成为一个实质性正当程序案件,因此招来了雨点般的批评。却伯(Laurance Tribe)先是把它搬到宪法第一修正案的建立宗教那一条款下,后来又公开收回了。[20] 如今,德沃金接过火炬,靠的是把宗教信仰自由同建

180

---

[17] Scott v. Sandford, 60 U. S. (19 How.) 393 (1857).

[18] 请看,例如,*The Rights Retained by the People*: *The History and Meaning of the Ninth Amendment* (2 vols., Randy E. Barnett ed. 1989)。

[19] 换种说法,它只是否认了任何这样的推论:由于《权利法案》制定者未具体确定额外的权利,这就意味着,这些制定者认为,其他所有权利都在联邦政府控制下。Raoul Berger, "The Ninth Amendment," 66 *Cornell Law Review* 1 (1980)。

[20] Laurance H. Tribe, *American Constitutional Law* 1349-1350 以及注 86—88(2d ed. 1988)。

159

立宗教两个条款合并。[21] 女权者,我们会看到,试图把罗伊诉韦德案塞进同等保护条款。其他人则试图把它搬到第九修正案里(当然,如果我是对的话,该修正案就没有这个"里面");其他人(包括却伯)还想把它放进宪法第十三修正案,禁止非自愿的奴役。[22] 我还等待有那么一天,谁会把它装进没收条款或共和政体条款(大胆的法官可能从中发明《权利法案》的全部以及宪法第十四修正案),或是装进宪法第十四修正案的特权和豁免条款。这其实不像德沃金认为的,是一个令人越来越高兴的事;这是令人绝望的追求,想找到一个有充分文本根据的家园,但就找不到。

可以考察一下用同等保护条款来支持堕胎权。[23] 这种论证一开始就说,法律禁止堕胎更多影响女性而非男子。也算是如此。但区别对待,只要有道理,就不违反同等保护条款;就这一具体的区别对待来看,至少乍看是有正当理由的,事实是,正因为男人女人的生理不同,他们各自与胎儿的关系情况也就不同。要展示这种区别对待与政府的重大利益没有实质性关系,依据第十四修正案的性别歧视审查的通行标准,这种区别对待是违宪的,这就必须考察胎儿生命的社会价值或道德分量。但这种讨论很难展开,或至少是罗伊诉韦德案的辩护者也不愿意展开。

他们想关上讨论的大门,办法是专断地要求各州承担起不现实的举证责任,或是说,不论对禁止堕胎可能提出什么正当理由,提出这些理由的人其实就是不想女性翻身;而法律目的令人厌恶,这一点就注定了该法律必须完蛋。但现实地讲,立法目的令人厌恶只会令一部边际性法律完蛋,比如,人头税征收法或要求投票者通过文化考试的法律。法官不会仅因某些法律(例如,强奸是犯罪的法律)的某些支持者动机邪恶,就剥夺该社区重

---

[21] *Life's Dominion*,前注2,页165。宗教信仰自由条款禁止政府干预宗教自由;建立宗教条款禁止政府创设一个宗教,但这一条款的解释一直很宽,包括禁止政府大多数对宗教的轻微协助。

[22] Tribe, "The Abortion Funding Conundrum: Inalienable Rights, Affirmative Duties, and the Dilemma of Dependence," 99 *Harvard Law Review* 330, 337 (1985); Andrew Koppelman, "Forced Labor: A Thirteenth Amendment Defense of Abortion," 84 *Northwestern University Law Review* 480 (1990). 请注意后文题目的双关。关于宪法第十三修正案的更多讨论,请看下一章。

[23] 请看,例如,Catharine A. MacKinnon, "Reflections on Sex Equality under Law," 100 *Yale Law Journal* 1281, 1309-1328 (1991); Sylvia A. Law, "Rethinking Sex and the Constitution," 132 *University of Pennsylvania Law Review* 955 (1984); Cass R. Sunstein, "Neutrality in Constitutional Law (with Special Reference to Pornography, Abortion, and Surrogacy)," 92 *Columbia Law Review* 1, 29-44 (1992).

要的法律保护。更进一步,反对堕胎者主要也不是厌女者或"大男子主义者"(唐璜那样的花花公子反倒会赞同堕胎随叫随到,因为这会降低他性行为的成本),而是那些认为堕胎渎圣的男人,特别是女人,而无论是否罗马天主教徒(当然其中有许多确实是罗马天主教徒)。[24] 这并非性别主义的信仰,也不是其他类型的歧视性信仰,或令人厌恶的信仰,即便这与女性的传统角色——在女权者看来,并且历史上也有很多证据证明,这是种从属男子的角色——信仰正相关。的确,在许多甚或大多数或全部反堕胎者看来,反堕胎就没法同反对女权这一整套做法和价值细细分开。[25] 但对于许多支持堕胎的人来说,堕胎随叫随到才是女权的本质象征。在这个象征符号的冲突中,法院应当选边站吗?

在象征、意识形态甚至宗教信仰背后,也许潜藏着具体利益。堕胎争论,以及更大的关于女性的性和生育自由争论,都是于此中或有所失或有所得的女性争论的一部分。[26] 女性若有更大生育自主和性自由,男子对婚姻就越没兴趣,因为对男子来说,婚姻的主要收益之一是确保亲子权;男子一般不希望赡养关照其他男人的孩子。因此,性自由伤害了那些更愿专长于家务而不是市场生产的女性,而有助于那些更愿专长于市场生产的女性,因为任何可更多控制生育的东西都有助于这些女性,尽管她们会为婚姻机遇的减少付出代价。这两个阶层女性间的冲突是一种利益冲突,这种事通常留待立法机关——政治力量记录者——来解决。这个受保护群体内的这一冲突有助于我们看清性别平等和种族平等是不同问题,因为很少有黑人(如果还有的话)会因否认种族平等可能获益,尽管本书第二章中提到过,法学院聘任教员上的积极补偿行动也许会令文化上已同化的黑人受伤。

德沃金死磕的宪法条款与女权者不同。他把生命神圣的观点视为宗教观点,即便此人不信神;他还说,政府要求一个人按此种而不是另一宗教观点行动,这必然违反宗教自由条款。德沃金意识到,某些(我会说大多数)堕胎女性之所以堕胎并非因为相信自己有什么神圣权利,追求不为孩子拖累的生活计划,或相信自己有什么神圣义务,避免一个没人要的孩子

---

[24] Kristi Luker, *Abortion and the Politics of Motherhood* 186 (1984).
[25] 请看,同上,页158—175、214—215。
[26] 参见,同上,页217。

来到这个世界,而是因为这些堕胎女性珍视自己的利益,高于她们未出生的孩子的利益。自我中心没错,但很难说神圣。[27] 尽管如此,德沃金还是论辩说,有些女性是因一些"无法追溯、甚至不能为生命神圣观点所湮灭"的理由选择了堕胎,如果否认她们的堕胎权,这就使政府处于"一种高于其他信仰但本质上是宗教信仰的支配立场",这就违背了禁止建立宗教的条款。[28]

人们生命"神圣"或"神圣性"——包括否认其神圣——必然是宗教性观点,这种说法混淆了宗教术语的比喻用法和字面用法。一个说了"神牛"的人并不必然就是印度教信徒。如果有人想像德沃金那样宽泛理解宗教,那么他就得承认有关于自由市场的宗教(在德沃金的意义上,对于罗思巴德[Murray Rothbard]、M. 弗里德曼和 D. 弗里德曼、哈耶克以及兰德[Ayn Rand]等,经济自由就是宗教),有关于动物权利的宗教,有关于环保、艺术以及其他的宗教。那么,德沃金就可以引用尼采和爱默森,把每位堕胎的母亲都放在宗教自由条款下,因为尼采和爱默森就提过这样的命题,即坚持自己的权利,这是种非常深刻的道德义务,应具有宗教义务的地位。因此,不允许某唯美主义者改变自己有历史纪念意义的房屋外观,这样的禁令就损害了宗教自由;累进所得税就会是渎神;保护濒危物种则是建立宗教的行为。

德沃金试图区分这各种情况,提出了一个标准,检验某信仰的"内容"是否宗教。适用于具体信仰,这一标准就是"追问该信仰的内容与显然的宗教信仰是否足够相似"。[29] 然而,"宗教"的实践含义,就是对一个或多个超自然神的信仰,一旦不以此作为宗教信仰的试金石了,宗教信仰就变得多得不计其数了。不仅个人行为,而且艺术、动物、民族、种族以及环境,在这种过分延展的意义上,都有了宗教的意义。因为一旦抹去了有神论因素,唯一区分宗教信仰与非宗教信仰的就是人们相信的理由和相信的强度。一个女性相信自己应把自己的利益自由放在她未出生的孩子的利益之上,同相信(毫不动摇地深信)艺术构成一种比个体生命价值更高的美丽和意义的永恒秩序以及坚信功利主义、世俗人文主义、马克思主义或社会

---

[27] "主张女性有权选择的人,他们的世界观不以神的存在为中心。"同上,页188。
[28] *Life's Dominion*,前注2,页165。
[29] 同上,页155;又请看,同上,页163—165。

第五章　自上而下的推理与自下而上的推理

达尔文主义相比,前一种相信更少宗教特点。在所有这些例子中,信仰形式都是始终如一地信奉某些重要且紧迫的力量或形而上的概念,且不为论证或证据改变这一信奉。某些人的堕胎决定也有这种性质。某个女性也许认为,一个孩子如果生下来就严重畸形或自己不能予以足够护理,这就是亵渎。但德沃金认为堕胎权不应限于这种案件。这种案件很少。在谈到为什么堕胎时,堕胎妇女给出的最常见理由是,"有了孩子,可能会如何如何改变她(即母亲)的生活"。[30]

法律定义的宗教比德沃金的定义窄多了。美国税务总署只对组织化的宗教豁免宗教税;也就是说,至少它得有些常规教派结构的痕迹。[31]联邦最高法院也不会因某位非有神论者真诚自称宗教禁止自己服军役就豁免他的军役,除非他的伦理信仰体系在其生活中扮演的角色同常规宗教信仰在常规信教者生活中扮演的角色一样。[32]现在还没有主张堕胎权的宗教组织,也很少有哪位女性是基于某个全盘伦理体系而决定堕胎的。

我们社会中,几乎没有人认为,可以用宗教——无论信仰何等激烈——为违反普通刑法正当化,或可以原谅违反普通刑法。德沃金所以能把堕胎变成一个美国人对生命是否神圣的看法不同的问题,而不是一个杀人的问题,就因为他不想由各州界定胎儿是否是人以及堕胎是否谋杀。(如果他真允许了,就无法区分堕胎和溺婴了。)然而,出于正当程序条款的目的,宪法允许各州决定何为财产以及(例如在犯人问题上)何为自由;那么为什么不许各州界定何为一个人?难道各州不能认定死亡意味着大脑死亡而并非心脏停止跳动吗?而且,如果各州可以决定生命何时结束,为什么它不能决定生命何时开始呢?伊利诺伊州有制定法规定堕胎是谋杀,规定堕胎是民事的不公正死亡。[33]美国宪法至高无上,因此不许适用该制定法,因为堕胎问题上罗伊诉韦德案为此设定了特权,但有个限定(任何情

---

[30] Aida Torres and Jacqueline Darroch Forrest, "Why Do Women Have Abortions?" 20 *Family Planning Perspectives* 169, 170 (1988) (tab.1)。

[31] 请看,26 U.S.C. §501(c)(3); Terry L. Slye, "Rendering unto Caesar: Defining 'Religion' for Purposes of Administering Religion-Based Tax Exemptions," 6 *Harvard Journal of Law and Public Policy* 219, 259-261 (1983)。

[32] United States v. Seeger, 380 U.S. 163 (1965)。

[33] Homicide of an Unborn Child, 720 ILCS 5/9-1, 2; Fetal Death—Cause of Action, 740 ILCS 180/2.2。

况下都不能用这个限定为罗伊诉韦德案辩护),即不得怀疑该制定法合宪。这就表明,各州已经界定了人的生命。因此各州是可以把胎儿纳入人的范畴的;而这样一来,问题就成了,各州在多大程度上可以保护其新承认的人不受威胁。德沃金承认,当胎儿"可生存"后,各州可以禁止堕胎。[34] 但他没有解释,为什么应禁止各州变动这个可生存点,为何不能更接近于受孕,令胎儿早点成为享有全部权利的人。

把堕胎权放进第一修正案宗教条款的努力,除了在具体方面被反驳外,德沃金的努力也模糊了他的整体式进路。这里没有实在的前后不一致,因为他解释条款所依凭的价值都出自他对宪法其他规定的反思,这与他坚持认为宪法文件整体性的观点是一致的。但是,如果他乐于从自己的一般宪法理论中提出堕胎权的话,他的立场会更清晰,我会认为更有说服力,因为在他的一般宪法理论中,诸多条款都混在一起了,失去了各自的区别,堕胎权争议就会成为,在自由派国家理论中,这种权利的位置何在。第一个性自由案,格利斯沃德案,实际就是从这条路上起步的。以其惯常的马虎,道格拉斯大法官想从一堆看上去无关的宪法条款中抽象出一个普遍的(或至少是可以普遍化的)性自由原则。但至今还没有哪位法官拣起这根具体的长矛,试图把它扔得更远。

反对这种整体式进路的论点,我们都熟悉。基本要点就是,整体式进路给了法官太多权力。你就想想那些挤成一堆你争我夺的宪法理论吧——埃博斯坦的会废除罗斯福新政,阿克曼的和桑斯坦的会认为新政合宪,米歇尔曼的认为福利国家合宪,图希内特的会把美国宪法变成一部社会主义宪章,伊利的会带来另一个沃伦*,还有的理论会按阿奎那的自然法理论来塑造美国宪法,你会看到这类整体式进路会使很多选择都合法,但同时这种进路又预示着宪法教义不稳定。仅仅说埃博斯坦错了,米歇尔曼错了或阿奎那错了,没用。由于气质、情感或个人经验不同,就有人喜欢这些理论,在他们眼中,反对这些理论的任何论点都不可能战胜这些理论,甚

---

[34] *Life's Dominion*,前注2,页114—115。"可生存性"指怀孕期的某点,从这一点开始,在理论上胎儿可以脱离母体生存。

* 沃伦(Earl Warren,1891—1974)是1950—1960年代美国联邦最高法院首席大法官,在他的推动下,这一期间美国宪法的实践发生了重大变革;沃伦因此成为司法能动和自由派的象征。——译者注

至不可能令之重创。如果唯一约束宪法决策的只是出色的论证,那么尴尬就在于,在许多热点问题上,各方都有大量出色的论证。

这里的"热"很重要。如果有人对争论结果无所谓,他还会掂量掂量双方的论证,并认可论证更强的一方,即便较弱一方也有些出色论证。但是,如果有人已经对一方有了强大情感承诺,那么,如果仅仅根据反对方的论证略微优越或更为优越就放弃这一承诺,他的行动就不仅不自然而且也不慎重。我们最深层的承诺不是那么脆弱的。因此,即便在无偏见的旁观者看来,双方的论证并不相等,这个争点在实践上却还是可能不确定。[35]

一个全盘的宪法理论,如果没有决定性论证的支持,会伤害很多深刻的信念。这就是为什么,宪法理论总是处于实践上不确定的境况,并逼着谨慎的法学家回归逐案式进路。先就某一具体条款总结一个目的,然后用这一目的提出并限定该条款的含义(这就是我提到的鲍克的言论自由和反托拉斯"理论"的全部含义),这比给整个美国宪法总结出一个目的并提出有力理由要容易多了。但这种节制的进路也有问题,它在宪法保护问题上留下了很大空白。随着18世纪的远去,随着原始文本变成了一份重写的文件,加上两世纪来的修正案,不仅立宪者的看法看不清了,甚至是立宪者的身份也看不清了。而且,如果你逐条考察,你可能最后得到的是这样一个文件,它所回答的问题都没人提问了。美国人喜欢认为美国宪法保护了自己不受种种政治暴行伤害,哪怕这些保护不可能轻易符合这个或那个条款。这实际诉诸的这样一种进路,即把美国宪法当成一个轮胎,无论漏气还是破了,都会自动修补。1791年时,这种进路也许没用;那时,温和节制的自上而下进路、雄心勃勃的自上而下进路以及自下而上的进路可能都一致。但往事不再,佳期不再。随着岁月流逝,这些进路一步步分道扬镳,那种雄心勃勃的自上而下的进路变得越来越吸引人。令今天的宪法理论思考比一个世纪前更重要的并不只是学术的时尚。

德沃金的堕胎权分析中最可圈可点的方面是他确信这是一个分析性问题。他声称:"只要对正当程序以及对联邦最高法院先前适用该条款的决定做像模像样的解释,就会自然而然得出有关生育自主的权利。"[36] 联邦

---

[35] 请看,*The Problems of Jurisprudence* 124-125。
[36] *Life's Dominion*,前注2,页160。

最高法院的决定之一当然是罗伊诉韦德案本身。但德沃金说的还不是生育权自动来自罗伊诉韦德案和凯西案（凯西案再次确认了罗伊诉韦德案的核心判决）。他说的是，罗伊案和凯西案决定是自动来自对正当程序和最高法院先前对正当程序案的像模像样的解释。这几乎是在说，成千上万的法律人，其中许多高水平、有专长的杰出法律人，有几位还是美国联邦最高法院的大法官，都不称职甚至是上当了，因为他们都不认为堕胎权判决自动来自对正当程序以及正当程序法理的像模像样的解释。德沃金认为"女性选择权"和"胎儿生命权"运动各自立场不依不饶都只因为"智识混乱"[37]，把胎儿的人性特征（personhood）同生命神圣混为一谈，而他的书将澄清这些混乱。因此，堕胎之所以争论就因为一个错误。

有些分析哲学家认为哪怕最激情的政治分歧和意识形态分歧都不过是分析上的错误，德沃金就是这种例证之一。这种观点有助于解释为什么会有那种看起来很不协调的现象，即这些分析家中有很多人，尽管对理性有巨大信念，却还是认为对手胡搅蛮缠，因此有时干脆开骂了。如果你把分歧等同于错误，你就很容易感到对手太不合情理，因此恼羞成怒，就像有人就认为2加2等于5，那一定会把你惹毛。

如果反堕胎者这些年来就因为头脑糊涂，那么就奇了怪了，为什么在德沃金出书之前，怎么就没人能纠正他们呢。我同意德沃金，有些反堕胎的论证，包括某些神学论证，确实自相矛盾，或在其他方面有缺陷[38]，是应指出这些问题。但分析哲学家和法律推理老手的装备库里也没有哪件武器能使或会使一个坚信胎儿是人、堕胎就是谋杀的人改变观点。这些信仰，同其他基本信仰一样，都活在理性之下，也完全值得这么活着。关于公众对堕胎的态度，我见到的最佳研究指出，有各种因素影响公众的态度，包括魅力型领袖、媒体广告以及个人经历。而智识论辩和讨论却不在其列。[39]

---

〔37〕 同上，页10—11。

〔38〕 *Sex and Reason* 272-290. *Life's Dominion*，前注2，页35—50，其中有关堕胎的宗教谴责中的紧张和矛盾有出色讨论。

〔39〕 Hyman Rodman, Betty Sarvis, and Joy Walker Bonar, *The Abortion Question*, ch. 8 (1987); 参见, Luker, 前注24, 页225—226。

关于堕胎权的其他分析性辩解

和德沃金一样,罗尔斯也认为分析可以化解堕胎争议。他认为,女性在怀孕头三个月拥有宪法堕胎权是最抽象的自由主义的要求,他称其为政治自由主义,还认为这种自由主义应当博得我们社会中每个合乎情理的人的同意。政治自由主义是从关于我们应如何生活的各种全盘理论——功利主义、天主教义、福音新教教义、马克思主义、伊斯兰教乃至密尔式自由主义中抽象出来的。其构成是一套有限的政治原则,是一切合乎情理的全盘学说(例如,"合乎情理"地承认我们社会存在无以改变的多元的全盘学说)最终都会同意的。罗尔斯认为,这些原则将不可避免地导向一种宪法性堕胎权。他提出,"从以下三个重要政治价值:正当尊重人的生命、政治社会包括某些家庭形式的长期有序再生产以及作为公民的女性平等"来考察这一宪法问题。在未予深入论证或分析的情况下,他宣称"对这三种价值的任何合乎情理的平衡都会赋予女性"在其怀孕头三个月"一种有恰当限定的堕胎权",因为"在怀孕早期,女性平等的政治价值压倒一切,必须赋予这一权利以实质内容和力量"。[40] 罗尔斯认为尊重人的生命也是一个合法的政治价值,但当胎儿太小乃至没有太大分量时,这个价值就缺少分量。他没有解释为什么如此。他还假定了这样一个命题,也没有为之辩解,即若无堕胎权,性别平等就失去了实质内容和力量。除非女性不理性,或被迫怀孕和生育对女性的成本远低于堕胎权倡导者的断言,那么禁止堕胎的主要后果(假定这个不现实的禁令能强制执行)会是,女性对性行为会更小心,不想要孩子就不愿性交、性伴侣和性交时机的选择也都更挑剔,还会格外注意学习和恰当使用有效避孕技术,而不是将她们排除在劳动力之外、减少她们的受教育机会、降低她们的收入、阻挠她们投票或是以其他方式剥夺性别平等的其他实质内容和力量。如果这个说法不对,罗尔斯就应提出某些证据。我也不是说罗尔斯的《政治自由主义》应当多写一章,谈堕胎问题。但他不应认为,从一些无懈可击的基本原则开始,可以迅速推理断

---

[40] Rawls, *Political Liberalism* 243 n.32 (1993). 他并不认为他讨论的三种价值是唯独与堕胎有关的政治价值。但"其他政治价值,如果混进来,在我看来,也不会影响这个结论[女性拥有宪法权利在怀孕早期堕胎]"。同上。

定禁止堕胎法违宪。

我们自身的优点又都是弱点。毫不奇怪,那些智识强者都趋于过度相信智识本身可以解决社会问题。正是这种视角上的盲点导致智识者会把民主描述成一种智识讨论,或是把思想辩论的自由高置于经济自由之上。另一个很好例证是斯特劳斯为堕胎权的辩解。有人说堕胎是谋杀,斯特劳斯回答说,胎儿的伦理地位很不确定,因此不能要求女性从属于胎儿,他认为禁止堕胎会造成女性从属于胎儿。胎儿伦理地位之所以非常或根本不确定,部分是因为"抽象道德理论难以处理胎儿的生命地位问题……道德理论之所以在此问题上犯难,原因就是没人真正知道该如何系统思考这个问题",因此"我们几乎提不出什么可以说服对方的理由"。[41] 这里的潜含义是,当我们可以为社会规范或法律规范提供很好理由时,我们才能认为这些规范基础牢靠,斯特劳斯认为自己无法为胎儿生命提出有竞争价值理由,却可以为性别平等提出理由,而这是张制胜的王牌。他这一步就把反堕胎者给将死了。但是,我们许多最坚信的规范都有个特点,那就是没有基础。谁应当被视为共同体成员,因此必须考虑他的福利,有许多这样的边界问题是理性说不清的,胎儿生命的伦理地位如何也是其中之一。如何看外国人、动物、严重畸形痴呆的人、谋杀者、树、婴儿、基督教社会的犹太人、犹太教社会中的基督徒、奴隶、8个月的胎儿以及3个月的胎儿,也都有这个问题。有人认为,由于人们对这些问题看法不同,并且哪方都无法说服对方,因此决定这些问题时社会应当迟疑;这种说法夸大了推理在保证社会有序中实际扮演和应当扮演的角色。其实,我们都是从自身的基本信仰开始推理的,而不是通过推理得出信仰的。我们的社会禁止奴隶制和溺婴,并不因为反对这些做法的论证比支持的论证更强有力,而是我们厌恶这些做法。即使有谁打算提出支持这些做法的论证,我们也不会听。而且,由于"抽象的道德理论很难处理"未获得共同体成员资格的人的"地位问题",斯特劳斯的论证中还隐含了,当一个民族的少数派,但其人数并不少,赞同黑奴制时,剥夺奴隶主对奴隶的产权是不公道的。

凯姆(Frances Kamm)勇敢论辩说,哪怕胎儿是人,堕胎也正当,并且不

---

[41] David A. Strauss, "Abortion, Toleration, and Moral Uncertainty," 1992 *Supreme Court Review* 1, 10.

限于诸如强奸或乱伦、胎儿严重畸形或母亲生命危险等极端情况。然而,她不愿承认胎儿不仅是"人",而且是"婴儿",因为承认了,就会使我们"仅仅出于生物学和情感动机也更不愿杀它"。[42] 无疑,情况是会这样。我们不杀孩子的基本动机确实是生物学的和情感的,这也为开明的道德提供了一个比哲学反思更为坚实的基础,众所周知,哲学反思很难从伦理上区分计算机、会说话的猿以及痴呆者。

我一直在找支持堕胎权论证的茬,但我不想留下这样一个印象:波斯纳认为反对派论证更强。这只是说学界大多数智囊人物都支持堕胎。也不是这一派的内在逻辑更强,只因为堕胎有利于受过高等教育的女性的实在利益,而学界人士,要么是受过高等教育的女性,要么是他们的配偶、朋友和同事。

实用主义进路

尽管我倾向拒绝提一种全盘的宪法理论,拒绝这种"不谦虚"、自上而下、旨在指导法官理解美国宪法每个条款和宪法修正案的理论,认为这样做太不审慎、志大才疏、爱抬杠并缺乏说服力,但我也不拒绝法官对某些条款搞点牵强附会,哪怕是对诸如正当程序这些令人质疑的备用条款,条件是,你必须有一个只能这样决定的实在的案件,或是感到必须这样干预。这是霍姆斯的路子,也是后来卡多佐、弗兰克福特和哈兰二世的路子。* 霍姆斯说过(尽管是私下),所有法律都合宪,除非是某个法律令他"呕吐"。[43] 如果遵循这条路,我们就须小心一点,别任命肠胃太娇惯的法官。霍姆斯这话当然不是就字面含义说的;而我也不是。这里的要点是,我们

---

〔42〕 F. M. Kamm, *Creation and Abortion: A Study in Moral and Legal Philosophy* 6 (1992). 她提到的这些当然就是反堕胎者的动机。

* 均为美国历史上联邦最高法院的大法官。哈兰二世(John M. Harlan Ⅱ)是1950—1970年代美国联邦最高法院大法官,之所以"二世"是因为美国在1877—1911年间有位同名同姓的大法官。——译者注

〔43〕 Letter to Harold Laski (Oct. 23, 1926) in *Holmes-Laski Letters: the Correspondence of Mr. Justice Holmes and Harold J. Laski 1916-1935*, vol. 2, p. 888 (Mark DeWolfe Howe ed. 1953). 这个"呕吐标准"赋予一个笑话新含义,这个笑话是,在现实主义法学家看来,对司法判决最重要的预测是该法官早饭吃了什么。

思想下活跃着的是最深层的价值,即霍姆斯说的"不得不"[44],它们为我们的活动提供保证,哪怕我们无法为这些价值提出令人非信不可甚或任何理性的正当理由时,也是如此。这一点对司法活动也成立。对一位法官来说,即便他深感某极度不公正的法律或其他官方活动做法还算不上违宪,而他知道自己也不必须认可这些常规法律材料,这是对他的一种安慰。他为良知保留了一个角色,这就是我们希望德国法官在第三帝国时期应当扮演的角色。

对法律职业人士来说,对每一类型的智识者来说,都很容易嘲笑如此实用主义的路子;顺便说一句,由于这种实用主义把司法活动的基础放到了本能之中,而不是分析之中,因此这一进路既超越了自上而下的推理,也超越了自下而上的推理。可以嘲笑它不像话、太主观、非认知主义、相对主义、没根基以及非民主的特点,而且无法用门第或原则来补救。但其他的替代吃起来都不可口(继续用前面的消化隐喻);对霍姆斯足够好的东西对我们也足够好。这一进路不必像我暗示的那样,很不像样,太贴近内心世界。肯定地说,它不必定是无法表述的(在这一方面,消化的隐喻就不合适了);因为霍姆斯就是我们历史上最雄辩的法官。负责任的法官不会满足于赤裸裸的价值陈述。他不会忽略反对派的论证,也不会拒绝用属于其陈述语义范围的虚构案件来检验自己的价值是否始终如一。此外,他会以比司法决定更彻底的经验研究来增加自己的了解。审慎感要求,在作出强烈反应之前,你一定要尽可能清楚,这到底是个什么东西。

例如,在格利斯沃德案中,部分由于此案律师(其中一位是耶鲁法学院教授 T. 爱默森[Thomas Emerson])为计划生育诊所这一当事人提供了出色诉讼摘要,此案子本来有机会(联邦最高法院没利用这个机会),展现各种材料,支持得出一个在法律职业界中会比如今从道格拉斯大法官的多数派意见和附和意见中呈现的先例更令人尊敬的先例。这个摘要强调了一些为后来的研究[45]予以肯定的事实。其一是,各州禁止避孕品的法律都是19世纪一段时间内匆匆制定的,此后,除康涅狄格和马萨诸塞两州外,其他

---

[44] 在致拉斯基的另一封信中(1929年1月11日),霍姆斯写道:"当我说这个东西是真的,我的意思只是说我不得不信它,但我没根据假定我的'不得不'就是宇宙的'不得不'。" *Holmes-Laski Letters*,前注43,卷2,页1124。

[45] 我在《性与理性》(*Sex and Reason*)一书第七章和第十二章有概述。

第五章 自上而下的推理与自下而上的推理

州都已撤销了这些法律。这两个州也曾多次想撤销,却都被影响大量教徒的天主教会的游说阻拦了。康州该法的唯一一次但获得成功的执法努力就针对了计划生育诊所,而光顾诊所的大多数是穷人和未受教育的人;中产阶级女性更情愿找私人妇科医生寻求避孕建议和用品。当时这类诊所都关张了,堕胎违法,这令贫困女性在性和生育问题上更是两难,中产阶级女性可以不受限地获得避孕品,即便他们避孕失败的概率更低,失败后也能有安全的非法堕胎。

该法也没区分已婚和未婚,这就给婚姻增加了负担,特别是对穷人和工人阶层,增加的也非常专断。当初该法制定的基础是清教徒(也就是反天主教的,这确实是历史的反讽)的关注:私通、通奸和卖淫,以及想象中移民和广大下层人士的不道德行为。但该法也许实际上阻碍了穷人的婚姻,因为它会促成这类不道德行为。该法律之所以存活下来,完全是由于一种信仰,阻断生育后果的性交是万恶不赦的,但到1965年时,这种信仰仅限于天主教徒,并且也不是全部天主教徒都接受这种信仰;其存活也还因为立法的惰性,即很难撤销一部少数人强烈支持的立法,哪怕如今这些少数人已不强有力也不可能重新颁布该法了。

动机和理由都有强烈宗派意味,实施起来让人捉摸不定,与这个国家主导性公众意见不合拍,确实很压迫人,又还是因立法机关的惰性得以保留的历史残余,这就是康涅狄格州的反避孕法。这种法律是这个民族的耻辱,就像禁止重婚、限制孩子数量、基因有缺陷的人必须绝育、私生子母亲丧失亲权、同性恋者不得从医、哪怕为防止母亲残疾或虚弱也不许堕胎、艾滋病毒感染者必须文身或——与格利斯沃德案最相近的——除证明无法生育外夫妇俩最少得有几个孩子这样一些法律。让一些愿意废除这类法律的法官以美国宪法的名义废除它们,这不是世界上最糟的事。然而,格利斯沃德案的后遗症还是表明,这种进路风险巨大,但如果同德沃金坚决为之辩解的那种总体性进路可能带来的风险相比,我认为,这种进路的风险更小。

德沃金认为,只有他的进路才能防止美国宪法教义随着联邦最高法院的每次人事变动而变化。这种信念是智识者谬见的另一个典型范例,它既过分夸大了整体性进路隐含的、在高度抽象层面建立起无法辩驳之理论的可能性,又过于夸大了法官——特别是不容审查其决定的联邦最高法院大

194

法官——对前任法理的忠诚度。如果法官真想干点什么的话,那么除了上帝外,没有什么可以防止法官的政治和个人价值影响他的决定。当然,如果全身渗透了坚持先例和严格解释的形式主义传统美德的法官也许不想这样做。但显然,德沃金不希望法官是这样的。他赞成的是布朗案、格利斯沃德案和罗伊案的判决。他希望给新东西全披上正统教义的外衣。

为支持我提议的实用主义进路,要提醒读者,首先,司法判断总是先于系统理论阐述,因为法官的首要义务就是解决手边的纠纷;其次,有禀赋创建甚或评价全盘政治理论的法官数量很少;第三,一般说来,我们任命法官不是因为他们智识优越;以及,最后,就指导行动而言,本能比分析更确定。看起来也许我正挣扎于悖论之中,因为我说的这个路子,既承认个人价值在审判中起作用,又要求个人价值只能同经验材料联系起来。但是,个人价值尽管受气质和养育的影响,却并不独立于成年的人身经验。研究事实,而不只是研究前辈法官说了些什么,这可以作为经验的替代,可以扩大和纠正受气质和世界观影响的事实材料,并会使法官深深认识到某个禁止避孕、禁止堕胎或禁止肛交法律的实在情况究竟如何。大多数法官处理事实的能力都强于他们处理理论的能力。当然,自下而上的推理者在为自己的进路辩护时就是这么说的。但自下而上的推理不过伪装成推理而已。

如果不放弃这样的伪装,我们也许就必须把霍姆斯从法律圣庙中驱逐,尽管他不仅是我们美国法律史上最伟大的法官和学者,他还拥有审判史上最精巧的哲学的头脑。他最著名的司法意见是他在洛克纳案的反对意见,如果按常规法律推理的标准来判断,这一意见是个大失败,典型反映了霍姆斯身上根深蒂固的倾向,"用警句替代分析:霍姆斯不是用洛克纳案来展示正当程序条款究竟说了什么,而是满意于那种自命不凡的断言——这一条款并没有'颁布斯宾塞先生的"社会静力学"'"。[46] 就如同我在其他地方评说的,我同意,洛克纳案中霍姆斯的反对意见不是"一个好的司法

---

[46] David P. Currie, *The Constitution in the Supreme Court: The Second Century: 1888-1986* 82 (1990). 又请看,同上,页81—82,130。这类批评近乎批评莎士比亚没遵守古典的三一律(文艺复兴时期意大利戏剧理论家首先提出,后由法国新古典主义戏剧家系统表述的理论,它要求戏剧在时间、地点和情节三者间保持一致。——译者注)。而且,正当程序又究竟是"什么"呢?难道这算是个很有意思的问题吗?

第五章 自上而下的推理与自下而上的推理

意见。它只是过去100年间最伟大的司法意见"。[47] 常规标准都有些不完整的地方:它们都忘记了法律生长和洞识中的精髓。我们要超过霍姆斯,但不是变得更法条主义和更少雄辩,而是要变得更经验性。

如果霍姆斯有审判史上最精制的哲学头脑,也许会有人认为,如果制定德沃金希望的、与宪法解释问题相联结的、自上而下的全盘理论,霍姆斯会是头号候选人。但霍姆斯的哲学爱好不表现在他试图制造一个全盘的宪法理论,德沃金的术语则是,一个与"讲求细节的"宪法不同的"强调原则的"宪法。霍姆斯的哲学爱好体现在他把稀奇古怪、杂七杂八的东西都同互不相关的宪法问题联结起来了,这个杂七杂八中有实用主义、社会达尔文主义、逻辑实证主义、存在主义、生机主义及其他"主义",而这才是他远非单声道的丰富哲学遗产。[48] 霍姆斯察觉到各利益集团为立法获胜展开的斗争中有达尔文主义的性质,加上他敌视自然法,这使霍姆斯不愿因某些立法违反了被视为绝对自然法的契约自由而判定这些立法无效,尽管从中抽出契约自由概念的那个"自然"本身就是(经济)丛林生存的(社会)达尔文规律,真实的自然。实证主义令霍姆斯怀疑有离开州法院具体判决而存在的"普通法"。他喜好实验的实用主义,因此他赞同联邦制,赞同有限的全国(national)政府哲学;也还是出于实用主义,他又不信任终极真理,因此他不支持以政府来取代观念和意见的市场——这是他的隐喻。在他那些最可圈可点的司法意见中,霍姆斯都不是从权威文本开始推理,无论有没有全盘法律理论。这些文本,以及广泛的法律以外的阅读和生活经验形成的价值,是形成他那种更直觉而不是分析的决策风格的资源。

当霍姆斯暗中很大程度上模糊地但确实无误地汲取了众多哲学教义,形成他的许多宪法观点的实质内容时,霍姆斯是否违反了罗尔斯的禁令:反对把政治、包括司法判断建立在某些全盘性教义,有别于罗尔斯称为政治自由主义的基本纲要(这里是这个社会主张的所有合乎情理的全盘性学说的重叠交叉)?罗尔斯认为联邦最高法院只应从他所说的"多重公共理性"(public reasons)——从政治自由主义中汲取的理性——中汲取

---

[47] *Law and Literature* 285.

[48] 请看,Introduction, in *The Essential Holmes: Selections from the Letters, Speeches, Judicial Opionions, and Other Writings of Oliver Wendell Holmes, Jr.* ix, xvii-xx (Richard A. Posner ed. 1992)。

思想。[49]

> [联邦最高法院的]大法官当然不能诉诸他们的个人道德,也不能诉诸一般的道德观念和美德。他们必须把这些都当成无关的。同样,他们不能诉诸自己或他人的宗教观点或哲学观点。他们不能不加约束地引用政治价值。相反,他们必须求助于一些他们认为属于对公共概念、对正义和公共理性的政治价值最合情理的理解的政治价值。这是他们真诚——文明义务的要求——相信可以合乎情理地指望一切合乎情理的理性公民都会赞同的价值。[50]

由于不可能"合乎情理地指望""一切公民"都赞同霍姆斯的各种哲学要素,因此,我引用的这段文字就暗示了,当霍姆斯把司法观建立在他本人的各种哲学要素之上时,他已经超出了恰当的边界;而且,不仅是霍姆斯,其实我们历史上的每位伟大法官都是如此。因此,罗尔斯不可能正确。毫无疑问,一个法官当然不应用职务上的自由试图以美国宪法名义把阿奎那的自然法观点,或——就此而言——斯宾塞的观点或边沁的功利主义哲学,甚或密尔的功利主义哲学,整体强加于这个民族。宽容和约束都是判决的重要美德。但一位法官的哲学或宗教或经济或政治观点一定会影响他对开放领域内——因此司法决定是裁量的——特定案件的回应。不这样做,何以决定这些案件?我们社会中一切合乎情理的理性人都赞同的价值会太纤薄了,不足以解决那些难办案件。司法确有暴政的危险,但不应夸大,因为我们社会是多样化的,这一点也反映在法院构成上,这就防止了法官建立什么全盘性教义。上诉法院法官审理案件都取合议庭制,因此在难办案件中,多数派意见一般说来都反映了各种全盘性教义之间的一个妥协。

罗尔斯努力给政治(包括司法)话语加一些限定,但他的这种努力不实用主义。如果法官推理只能从可以指望美国社会中一切合乎情理的人都分享的贫瘠前提开始,说这个法官很有创造力就是自相矛盾。霍姆斯有个观点很有影响,即他把言论自由理解为一个开放的市场,这种观点更多得感谢密尔和达尔文,而不是感谢一切合乎情理的美国人都可能同意或最终

---

[49] Rawls, 前注 40,页 231—140。
[50] 同上,页 236。

可能同意的那些价值。伟大法官之所以丰富了政治思想和实践,恰恰因为他把一些有争议的价值,无论是平等主义的、民粹主义的还是自由至上的价值,带进了公共政策的形成。马歇尔、霍姆斯、布兰代兹和布莱克——仅列举少数几位最重要的美国法官——都是美国政治自由主义史上的重要人物,他们都利用自己的司法职务在法律上打上了个人化愿景的印记。

第六章

我们有宪法性理论吗?

民主和不信任

当年,伊利的著作首次出版时[1],似乎自由派只是又多了一本书,怀念着当年联邦最高法院首席大法官沃伦(该书是献给他的)率领着同气相投的大法官重塑了法律,而这种著作和论文当年就已经成堆;而我得承认,我不是那种自由派,因此,当年读此书时我就读得不够认真仔细。[2] 十多年后重读此书,我感到这本书优点突出,特别同其他宪法理论著作放在一块读时,却也是反映宪法理论深刻问题的一个范例。

伊利著作中最著名的是,它提出了一个理解和延伸沃伦法院工程的统一原则;这也是自上而下宪法理论思考的一个例子。该书最后三章就是这样一个工程。书的头三章构成了有独立意义的一个批判性专论,目的是重申,必须把宪法性法律(所谓宪法性法律指的是法官实际运用的一系列原则)限定在美国宪法文本和历史中。它反对有人把宪法性法律作为实施法官以道德哲学发现的"根本价值"的工具[3],同时它也击败了各种所谓"严格解释""文本主义"以及"原旨主义"的解释进路(伊利称其为"受条款约

---

[1] John Hart Ely, *Democracy and Distrust: A Theory of Judicial Review* (1980).

[2] 也因此,我也就没把我在《联邦法院:危机和改革》(*The Federal Courts: Crisis and Reform* [1985])第七章和《法理学问题》(*The Problems of Jurisprudence* [1990])第七章对司法能动和司法谦抑的批评适度归功于伊利。

[3] "基本价值"学派是伊利抨击的最佳目标。"美国宪法也许要跟随旗帜前进,但它真就应当与《纽约时报书评》保持一致吗?"(页58)"也许在我们碰得鼻青脸肿之前,姑且承认立法机关还不完全民主,但这不会使法院比立法机关更民主"(页67)。"在这些文献中,那种通过非民主精英团体可以更可靠分辨这个民族的真正价值的说法,有时被称之为'元首原则'"(页68)。

第六章 我们有宪法性理论吗？

束的解释论")。那种"根本价值"进路给了法官太多裁量权,而"受条款约束的解释论"进路给的裁量权又太少了;不偏不倚、恰到好处的是有节制的解释。

但伊利的著作有助于我看清的是——尽管恰恰与他本人意图相反——不存在中间道路。或者说,世界上是有两种他强调的法官可能出错的路(当然,还有无数其他会出错的路)。"根本价值"会出错,是因为这条路太愿作政治性判决了;而"受条款约束的解释论"也会出错,是因为它不太愿作政治性判决,结果是以法治的名义认可了实质不正义,甚至为此沾沾自喜。第一种错误招来责难,说法官无法无天,第二种错误会引来指控,说法官没心没肺。第一种错误招来的责难是,法官判决太精英、反民主和太傲慢,违背了人民代表的判断;第二种错误招来的指控是,法官太容易屈服于民众的压力,对多数人暴政不敏感,对民主意识形态太虔诚和轻信,太无情、太奴性——甚至太胆小了。有人反对把避开这两个极端的称为"解释论"进路,理由是,解释论的寓意是有客观技术,就像密码学或翻译(本书第二十三章)技术一样,或像根据 X 光胸片发现肺病症状的技术一样,只要坚持这种技术,法官就不会走向任何一个坏极端。但如果世界上确有这种技术,令宪法"解释"可以远离看手相和释梦,那么,如今还没人发现。

至少伊利没发现。在该书第二部分,伊利提出了他的有节制的解释宪法性法律的进路。他做的,或至少他声称自己做的,是发现一些可以公道地说"就在"美国宪法中、并通过法官的经验和职务特点予以推进的价值。参照《联邦党人文集》以及宪法创制者在其他地方表达的有关美国宪法的言词,伊利阅读宪法文本发现,宪法文件的基本目的,同时也是从《权利法案》到时下为止一些主要宪法修正案的基本目的,是要创建一个由选举产生的代表组成真诚且名副其实代表全体人民利益的政府制度。这种代议制政府的前提有两个价值,并且两者都是广义的程序性价值,即所有有能力的成人都参与选举政府官员,以及这些官员公正代表了所有人。司法决定只要推进了这些价值就合法,因为它们与被解释的宪法文件在精神上是一致的,不能批评这些司法决定反民主,因为这些决定推进了民主的价值。

因此,伊利做的就不止是从美国宪法中发现沃伦任首席大法官的鼎盛期间联邦最高法院大力运用的并受精英主义责难的那些价值;因为,为沃伦时代辩护的任何人,只要发挥点想象力,对这份古老文件提供的可塑解释材料稍做手脚,都能做到。伊利不一样,他论辩说,远不是什么精英主义,也不是其决定是否有宪法创制者某种程度的许可,联邦最高法院推进的是民主参与和代表的基本原则,因此使美国变得更民主了。例如,联邦最高法院要求以"一人一票"为基础重划选区、宣布选举税非法、在歧视非住民问题上限制各州权力(这些人不能在他们居住的州表达自己的政治声音)以及保护政治表达和结社的自由,这些决定推进了民主参与。代表性也获得了推进,因为联邦最高法院确定了一些少数群体,由于代表主要出自多数族裔,不大可能同情理解这些少数群体的利益,政府如没有非常充分且非邪恶的理由,不得对这些少数群体施加不平等的负担。歧视外侨这种事就表明在这两方面民主的失败(而伊利针对的就是这种民主的失败)。外侨没有投票权;而立法者——全体公民——对外侨(女仆和保姆除外)也缺乏第一手的了解,因此不能同情理解外侨的问题和需要。

201 伊利非常出色地把美国宪法(包括宪法修正案)条款同参与和代表的价值勾连起来了。他指出,比方说,联邦最高法院发现宪法第四条的特权和豁免条款以及第十四宪法修正案的同等保护条款(如移居外州后无须住满法定期限就有资格享受该州社会福利)中隐含了外出旅行的宪法权利,这种权利所起作用就是政治过程中增加了"退出"这种参与"发言"的方式。伊利指出,商业条款有"否定性的"或"蛰伏性的"一面,限制了各州对本州生产却主要在外州消费的稀缺商品征税,从而把政府费用转移到外州居民身上。与此相类似,信仰自由条款在多数情况下一直是用来保护一些不受欢迎的边缘性宗派,例如耶和华目击者信徒。并且,《权利法案》的保护还延伸到刑事被告身上,这种保护也是一种代表方式,代表的是位于社会边缘、被人们鄙视且很少了解,其中又产生了大多数罪犯的特定居民(denizen)。伊利的分析有时实际是自我循环。例如,否定性商业条款就是司法对商业条款文字的自由解释(有人认为,这不能成立),因此,你不能用那个文本来论证伊利的路数是美国宪法固有的路数。另一方面,有不少宪法规定,如同等保护条款、宪法第四条特权和豁免条款[4]、有关投票权修正案以及共和政府形式的条款,都适合他的模型,没啥牵强的。当然,他这样做是把3个世纪内撰写的这一系列文件当成一个整体,而他的工程的难堪处在

---

[4] 宪法第十四修正案中还有个特权和豁免条款,但没人能说清楚。请看第九章。

第六章 我们有宪法性理论吗？

于,在这一层面上他无法直接找到一个投票权。但是,这些反驳都不具决定意义,而只凸现了一点——宪法解释非常不确定。

根据该书的献词人们当然会想到,伊利的进路生发出来的这套宪法性法律与沃伦时期的宪法法理有普遍的相似。但两者之间也有些很有意思的差别,他的进路并非仅仅根据沃伦时期的宪法法理来推断解决1970年代的问题:

1. 女性,作为选举上的多数派,不享有任何宪法的特别关注。然而,基于同样的道理,在女性获得投票权前颁布的歧视女性的法律是违宪的,只是如果这些被认定违宪的法律得以重新颁布,也就不违宪了。

2. 可以实行积极补偿行动,因为这是白人歧视自己的问题。优待黑人的政策对白人同胞会有不利影响,对此白人显然有足够的同情理解。

3. 不存在宪法性私隐权。以罗伊诉韦德案为顶点的那些"私隐"决定(这实际是关于女性的性和生育自由的决定)与"以促进参与、强化代表的司法审查进路"无关(页87)。而且,这些问题上也没有其他"解释论"基础;这些决定都是也仅仅是"根本权利"理论的产物。

4. 与第三点显然冲突的是歧视同性恋;这一点很可疑,因为立法者不大可能同情理解什么同性恋的问题和关切。但是,如果将同性恋行为定为犯罪的法律是出于"道德上真诚反对这种行为(或不是出于伤害同性恋的动机)"(页256,注92),只要满足了这一点,法官就应当支持这类法律,法官不应因有人主张同性恋有性自由权感到难堪,因为伊利认为谁都没有宪法上的性自由权。外侨比同性恋明显更有权得到司法的关注,因为外侨无权投票。

5. 可以强力论辩说,死刑违宪,因为对来自教育良好富裕阶层的谋杀者从未执行过死刑,而我们的议员、法官以及其他公职官员都来自这个阶层。

当然,在伊利看来,上述这些并非宪法性法律的全部内容。伊利承认,美国宪法的某些规定赋予人们一些实质性权利,与参与或代表完全无关,并且他自然很赞同沃伦和伯格时代那些促进参与和强化代表性的司法决定和学说,例如,有关选区重划、投票税以及政治言论的决定。然而,我列举的这些命题都是伊利理论的独特产品。

不考虑其他,仅就其本身来看(并因此承认这些论证是"解释"),这些论证的说服力有多大？不错，无论宪法原始文本还是大多数宪法修正案的创制者，都关心代议政府问题。也确实，一直纠缠代议政体的两个麻烦就是缺乏参与以及缺乏有效代表。但是，首先，这两者实际是一个问题，不是两个问题。因为如果不允许某些人投票，或其候选人因鼓吹这些人的利益被关进了监狱，因此这些人就得不到有效代表，或因为这些人的名义代表与他们本身非常不同（比方说，被代表者是外侨或黑人或同性恋），因此这些名义代表并不真正理解或关心被代表者的问题和需要，那么被代表者也就没有得到充分代表，在这些情况下，代表性就欠缺。

但在伊利没有讨论的一些情况下，也可以发现代表性的欠缺。利益集团政治常常令团结紧密的群体可能利用政治过程把财富从某个分散的更大群体——比如消费者或纳税人——那里转移给自己，这个更大群体的成员事实上完全无法保护自己不受掠夺。乱哄哄的多数人也许会听任利益群体摆布，而在伊利看来宪法保护的根本目的就在于此。因此，哪怕选举中女性人数占优，这个政治过程却不一定反映她们的偏好；黑人虽是少数，这个过程却不一定没反映他们的偏好。与此相关的一点是，选举人普遍不理解公共政策的后果。更甚的是，代表们也不是选民的完美代理人。代表都有自己的利益，私利和其他利益。如果自我利益和利益群体压力相互完全抵消，只剩下公共利益左右代表们的投票，这就纯粹是幸运。此外，除允许全民公决或公民提案的州外，我们都是就候选人投票，而并非就政策投票；这意味着，最好的情况也就是，我们投票赞同的是一堆政策，而不是某个具体政策；这就很容易显示，最终被采纳的具体政策也许并非大多数选民喜欢的。

代议问题基本不是法院能解决的。但如果这样留着问题，就根本不清楚伊利推荐的司法建议是否会改善代议政府运作，或者他反对的司法建议是否不改善。为了例证第一点，我们考察一下积极补偿行动。我们暂时不考虑有些城市的多数选民是黑人；而假定，尽管"白人有罪"，白人立法者却没有忽视积极补偿行动是白人支付的代价。不能说，这个积极补偿行动就能满足伊利关于代表性的标准。积极补偿行动的目的在于把传统受歧视的少数族裔扶上马送一程。这种"扶上马"也许表现在文官考试上，特殊资历考量或有加分，或是降低进名校所需的成绩。这种"在天平上动手脚"会伤害谁呢？受伤的是边际的白人，是那位不敢肯定裁员后自己是否还会受

第六章 我们有宪法性理论吗？

雇的白人，是那位最后受雇的白人，是那位最后被接受入学的白人。在考虑问题时，中上层的立法者和支持积极补偿行动的教育者会首先想到此人的状况，这现实吗？还有这样的可能性，即黑人和白人也可能为了某些与社会正义无关的自私的政治原因联合起来，牺牲某些白人的利益，推进某些黑人的利益，我们能排除这种可能吗？

并且，格里斯沃德诉康涅狄格州案，是否就真如伊利认为的，与代议完全无关？这里不正有关某个利益群体吗？这个群体主要是天主教会和虔诚的天主教徒，他们有能力冻结一项主要会使下层和中下层女性受益的法律改革。但下层和中下层女性是分散的，她们没都到投票年龄，政治声音很弱。康州的这一制定法不正是阻挡了她们获取家庭规划服务吗？在讨论女性获投票权前通过的、至今未取消的歧视女性的法律时，伊利对政治过程的惰性很敏感；但正是这种惰性阻碍了康州废除有关避孕品的陈旧禁令。

再考虑一下选区重划问题。初看起来，不调整选区，各选区选民人数就不大致相同，州内某区人投票就比另一区的人投票作用更大，没有比这一点更可能与代议政府原则相抵牾的了。但反思一下后，就很明白了，即使每州各选区选民人数相等，人们的投票权也很少力度相等。按人均计算，特拉华州就比纽约州有更多参议员；因此，美国参议院选举中，特拉华州选民就比纽约州选民有更大投票权。这是宪法特许的选区划分，我就不说了；但我居住的国会选区中，众议院选举中，共和党人完全没有投票力量，因为选区中共和党人太少了，都推不出一个像样的候选人。并且投票力只是政治力量的因素之一；其他因素还包括金钱、教育程度、年龄、属于哪个在宪法上有特权的阶层——例如出版界，有无进入该阶层的良好渠道，以及是否属于政治功能生动活跃的利益群体，等等。有很多政治权力的配置差异都与州立法机关的选区划分不当根本无关，因此，很难预见选区重划对政策后果是否有任何系统影响。毫不奇怪，在选区重划是否有这类影响的问题上，政治科学家就意见不一。[5] 伊利有意忽略了这个经验问题。

---

[5] 有篇综述回顾了直到 1980 年的研究，请看，David C. Safell, "Reapportionment and Public Policy: State Legislators' Perspectives," in *Representation and Redistricting Issues* 203, 204-210 (Bernard Grofman et al. eds. 1982)。莎菲尔尽管注意到职业界对此的分歧，却还是站在"反怀疑主义"一边。然而，此后一些人论证了怀疑主义的文献，请看，Larry M. Schwab, *The Impact of Congressional Reapportionment and Redistricting* 196-200 (1988)，以及，William H. Riker, "Democracy and Representation: A Reconciliation of *Ball v. James* and *Reynolds v. Sims*," 1 *Supreme Court Economic Review* 39, 41-55 (1982)。

这些例子都暴露了伊利论证中的内在漏洞(美国参议院选举上所谓的"选区不当"表明美国宪法体现的民主理论就不是伊利想以美国宪法名义强加各州的那种民主理论),同时也证明他对事实不敏感,例如,他对格里斯沃德案的讨论。这些漏洞也是其理论的弱点。几乎是伊利引证的唯一政治科学家就是达尔(Robert Dahl),而达尔的主要著作都是1950年代完成的。伊利没引用任何有关选区重划或其他宪法判决后果如何的政治科学文献,没引用任何利益集团研究的政治科学或经济学文献,也没引用任何公共选择文献,而当伊利撰写其著作时,这些文献都有了。[6] 他引证了奥伯特(Gordon Allport)和其他一些心理学家有关偏见的文献来支持自己的主张:我们很难同情理解那些种族或宗教或社会阶层或性倾向与我们不同的人。但这些心理学家或伊利本人都没拿出证据表明,在政治领域内,经常出现这种无法同情理解的情况。其实,不论政客在其他方面有多少弱点,但在辨识选民利益上,他们都是行家。

因此,伊利的书不是一部社会科学杰作;但这是个事吗?伊利要做的是解释,不是?难道解释美国宪法还需要社会科学?伊利称自己的进路为解释。而解释的意思就是说这与某个文件有关,无论相互链接有多远。美国宪法创建了一种代议政府形式。伊利认为,只要克服了代议制的某些缺陷,法官就可以令现在的政府更具代表性。宪法有些规定极其含混,令人难堪,这就给了法官很大权力来实行这一工程。事实上,美国宪法有促进参与、强化代表的主题,以此名义,法官可以做任何事,可以废除死刑、要求各州允许同性恋婚姻、要求各州把普选权拓展到非居民甚或外侨身上。我已经提到,法官们还可以——即便伊利反对——把性私隐也归在这个旗号下,而事实上,如今有些私隐案(不仅是同性恋提出的案件)都已经在这个旗号下了。

如果这就是解释,那么什么才是"非解释的"或"根本权利的"法理学呢?要说你是解释,你就得在宪法文本中有个立足点(但可以肯定,"自由"

---

[6] 请看,例如,除了莎菲尔(Safell,前注5)引证的研究外,还有,David B. Truman, *The Governmental Process: Political Interests and Public Opinion* (2d ed. 1971); James M. Buchanan and Gordon Tullock, *The Calculus of Consent: Logical Foundations of Constitutional Democracy* (1962); Mancur Olson, Jr., *The Logic of Collective Action: Public Goods and the Theory of Groups* (1965); George J. Stigler, *The Citizen and the State: Essays on Regulation* (1975)。

同样可以很好扮演"代表"扮演的角色),然后出发了。不错,在这个领域中,如果从"自由"起跑,你会遇到责难,说法院太精英了;如果从"代表"起跑,回旋余地就大些。但如果你想跑得漂亮,你就要有更多的社会科学,比伊利《民主与不信任》中多一点。也许在这点上,似乎伊利耍了些小手段,因为尽管引证达尔和奥伯特,但他更喜欢以"代表"而不是"自由"为主题,理由之一是,他认为律师和法官更适合处理程序问题而不是实体问题。如果是就审判层面,伊利自然正确。但他谈的是政治制度设计。在政治治理层面上,律师和法官了解的,就同他们对我们社会的基本价值的了解一样多,或一样少。选区划分后果如何,积极补偿行动在政治上是如何运作的,少数群体政治有效性需要什么条件,群体内部利益冲突的意义何在,政治过程中的惰性是什么,这些以及其他问题对于构建和评价促进参与、强化代表的法理学是很核心的问题,是社会科学中很有争议的问题。它们并非"程序"问题,在与法律人能力相关的任何意义上,它们都是"实体"问题。

当在解码意义上使用"解释"时,你需要的一切就仅仅是文本和密码。而当在创造新含义的意义上使用解释时,你就需要更多东西,仅仅法律人工具箱中的玩意就不够了。

为什么宪法性理论如此薄弱

到最后伊利还是没能说服人,尽管他的雄心和派头令人难忘。他(华丽)失败的原因,如同我暗示的,说到底,与美国宪法理论的性质以及学院派法律研究的性质有关,而与伊利本人的智力失败无关。美国宪法是一份古老文件,由一些洞察力并不超凡(尽管崇拜他们的民间说法与此相反)的人撰写。又有了两个世纪来的诸多修正案,这潭水就更浑了。由此出来的就是一个——就大多数现代问题而言——没法理解的文件,再加上数十万页司法解释,许多解释自身也不一致。所有这些语词加总不构成指南,而只构成资源;因此,深入的解释性探索,无论来自伊利,还是来自他左右双方的反对者,都注定例证:解释是创造,而并非约束。你不可能基于语义理由或概念理由选择解释。要选择,就一定要考虑哪种选择看起来最好,也就是说,要包括但也要超越忠实于某个文本和某个传统的诸多考量。解释问题最终是一个政治、经济或社会问题,对这些问题,社会科学可以比法律有更多贡献。

至少,当以一种狭隘方式(在我们的最好法学院中,这是公认模式)对待法律问题时,情况会是如此。把宪法性法律作为单独一项专长,有了个伊利,你就能言之凿凿地讨论社会该如何对待外侨和非婚生子女,如何对待同性恋和女性,如何对待政治煽动者、宗教反对者和被判死刑的谋杀犯,这种假定多么的荒谬!法学也以特定方式受法律条款的约束。如今在外侨、非婚生子女、少数族裔、贫困刑事被告、老兵以及女性问题上,所有政府方案都受到质疑,并且提起诉讼的依据都是美国宪法一个小小条款——宪法第十四修正案同等保护条款,人们会认为一个人就应当有能力评价政府的所有方案,还应当有能力评价那些影响胎儿、同性恋以及影响其他一些人(他们提起诉讼的依据是与同等保护条款相近的正当程序条款,主张自己的权利或自己拥有的权利)的法律和政策。这样想很自然,却仍然错误。这些政府方案性质非常不同,其社会后果也非常复杂。

研究宪法的法律人对自己的恰当研究对象,这个政治、社会和经济现象复合体,了解很少。他们只知道判例,仅阅读联邦最高法院的司法意见,而阅读偏食必导致智识上营养不良。

可以看看斯特劳斯(David Strauss)有关联邦最高法院德山尼案(DeShaney)决定的论文。[7] 尽管父亲虐待孩子的迹象明确无误,受雇公共机构的某社会工作者还是没有把孩子德山尼(Joshua DeShaney)从其父监管下转移。其父后来把杰斯华打成了植物人。孩子母亲就此对该机构提出了民权诉讼,要求赔偿。联邦最高法院认定该州确实未能保护杰斯华免受其父伤害,但不认为这违反了宪法第十四修正案的正当程序。因为该州没对德山尼做任何事;该州只是未能保护他免受私人暴力侵害。最高法院认定,宪法第十四修正案只保护消极自由,即不受州政府打扰的自由,而不是积极自由,即获取州提供服务的自由。斯特劳斯对联邦最高法院的决定批评有加,并在一个脚注中讨论了该法院的一个主要理由——碰巧是一个很实际的理由。这个理由认为,如果允许就该州的不作为提出诉讼,就会把

---

[7] DeShaney v. Winnebago County Department of Social Service, 489 U. S. 189 (1989). 该文是,David Strauss, "Due Process, Government Inaction, and Private Wrongs," 1989 *Supreme Court Review* 53。我对德山尼案也有司法和学术兴趣,我撰写了此案上诉审决定,得到了联邦最高法院的肯定。请看,812 F. 2d 298 (7th Cir. 1989)。

社会工作者置于剃刀刀锋上。他们不仅可能因剥夺双亲的亲权(这是宪法第十四修正案规定的自由的一部分)被起诉,而且可能因没有剥夺他们的自由——如果孩子应从双亲监管下转移——而起诉。斯特劳斯在脚注中说:"为什么政府雇员面对这种两难对该社会很糟糕呢?"而且,如果与他的先验判断相反,确实糟糕,那么"处理这种两难的恰当方式也应是设计一些实质性和豁免性原则,以获取正确激励"。[8] 但就这些原则的内容他没提出任何线索。他还忽视了,为什么不能把解决这一两难的方法留给各州;因为斯特劳斯没有提及,对于因儿童福利工作者的过失受伤的人,各州都提供有赔偿救济。[9] 此外,斯特劳斯也没考虑这样的可能性,对福利机构的诉讼增加,在目前这样政府预算很紧的时期,也许导致福利的削减。

斯特劳斯在芝大法学院教书,法学院西面一个街区就是该校的社会服务管理学院,全美社会工作排名第一。步行两分钟,斯特劳斯就能和专家共同探讨一下,如果德山尼案决定相反,实际后果会怎样。[10] 东面一个街区则是芝大的公共政策研究学院,斯特劳斯可以咨询那里的公共管理和财政专家,如果联邦法院以公民权利名义强制执行有关公共雇员救护服务(广义界定)的正当行为标准,后果又会如何。因为,如果社会工作者有宪法义务保护儿童不受其双亲伤害,那么可以推定,他们也有宪法义务救助落水者、森林驾车迷路者和心脏病突发者;如果这种情况,联邦法院就会为管理警局和消防队以及社会福利机构的事务所淹没。这到底是不是件好事?对实用主义者来说,这个答案与评价德山尼案的决定是否在理并非毫不相关,因为正确的决定并非明显出自宪法第十四修正案文本。斯特劳斯的智力完全可以给出这个答案,但他必须全身心投入现代宪法性法律的说到底只是一个角落。进了这角落,他就不能天马行空了,在法学的等级系

---

〔8〕 Strauss, 前注7, 页80注63。

〔9〕 请看, *Liability in Child Welfare and Protection Work*: *Risk Management Strategies* (Marcia Sprague and Robert M. Horowitz eds. 1991), esp. chs. 1, 2, and 6。

〔10〕 有篇文章从社会服务视角对儿童福利工作者的责任作了启发性讨论,表达了对剃刀刀锋问题的关注,请看, Rudolph Alexander, Jr., "the Legal Liability of Social Workers after *DeShaney*," 38 *Social Work* 64, 68 (1993). 又请看, James Strickland, "Risk Reduction Techniques for Child Welfare and Protective Service Programs: 'Putting in Stop Bells and Whistles,' " in *Liability in Child Welfare and Protection Work*, 前注9, 页105, 106; 参见, Jim Stickland and Stuart Reynolds, "The New Untouchables: Risk Management of Child Abuse in Child Care," *Exchange*, April 1989, pp. 51, 52。

统中,就从美国宪法专家降低为福利问题专家了。

斯特劳斯也许会还击说,法官(比方说,我波斯纳)应首先展开必要的事实研究,才能拒绝德山尼的主张;他还会说,你们这些法官说把社会工作者置于剃刀刀锋后果如何如何时,这不过是借助隐喻的猜想。确实如此。但法律不允许法官就其正审理的案件向学界私下咨询;法官也没必要的时间或资源展开像样的经验研究,尽管布兰代兹在他的一些反对意见中曾做过这类努力。[11] 法官要了解案件事实,与案件有关的事实,都依赖诉讼摘要与记录以及已公开发表的材料。在法律职业的各部门之间,该由谁来就法学前设作细致经验调查?任何合理的责任分工都会把该任务交给法学院。有太多宪法学者设想自己是影子法官,觉得自己写的好像是论文,其实是正为联邦最高法院审理的案件撰写着替代性司法意见。

由于德山尼成了植物人,因此即使他赢了这场官司,对他也没用。由于各州对有过失的儿童看护者,对雇用机构都有侵权救济,增加一个联邦侵权救济,额外的震慑效果可能很小;而由于剃刀刀锋的因素,或由于侵权责任扩大会削减福利收益,这种额外震慑效果的社会收益也许会被完全抵消。由于杰斯华的母亲可能付不起杰斯华终身住院费用,因此,不论官司谁输谁赢,最终可能都是该州为这个灾难的埋单。也许这里真正受影响的只是律师费(公民权利诉讼中,原告获胜通常有权从被告那里获取自己的律师费)。但斯特劳斯对德山尼案的实际意义也许根本就不关心。他也许只反对有限政府,即政府的法律责任只保护消极自由,不保护积极自由,因为这个有限政府的概念影响了联邦最高法院在德山尼案中对正当程序的解释。斯特劳斯珍视积极政府,他希望象征性地肯定,哪怕在家庭事务上,政府也有义务积极能动。但这种支持原告立场的象征性理由,若作为辩解,同经验性理由一样,只靠常规宪法学者的工具不够(不论该学者成就多大),他必须有一些不同的工具。

阿玛尔(Amar)和维达斯基(Widawsky)关于德山尼案的论文,乍看起

---

[11] 若根据俄克拉荷马州冰业垄断案(New State Ice Co. v. Liebmann, 285 U. S. 262, 280 [1932])中他雄心勃勃的反对意见来判断,可以说没啥显著成功。请看,*Economic Analysis of Law* 626-628。

第六章 我们有宪法性理论吗？

来,可能避开这样的批评。[12] 斯特劳斯想做的是,以德沃金、罗尔斯和伊利的抽象分析方式,表明法官在此案区分积极自由和消极自由是枉费心机,经不起考察;阿玛尔和维达斯基做的则是一个表面条理细密的文本论证和资料翔实的历史论证,他们的结论是:由于威斯康星州未能保护德山尼免受其父亲的伤害,违反了宪法第十三修正案。[13] 该修正案规定"除为惩罚犯罪且当事人已获公正定罪,在美国或受美国管辖的任何地方都不得存在奴隶制或非自愿劳役"。根据该修正案的"涵盖广泛的语词和支撑它的理想",阿玛尔和维达斯基抽象出一个"奴隶制"的定义:"奴隶制是一种支配的、降低人格的和从属的权力关系,在这种关系中,人成了物品,而不是人。"[14] 正常的亲权监管,尽管可以说涉及一种支配性权力关系,却不是奴隶制,因为此种监管不涉及降低人格和从属,而且,尽管儿童不自由,却是把儿童当人而不是当物来对待的。但是,当亲权监管人肉体虐待孩子时,这个监管人就补足了奴隶制的构成要素。这两位作者没论说德山尼是威斯康星州的奴隶;他只是其父亲的奴隶。但与宪法第十四修正案正当程序条款不同,宪法第十三修正案不仅仅禁止州的行为;该修正案针对的奴隶主是私人个体而不是州政府机构。

反对阿玛尔和维达斯基这种说法的数不胜数。首先,这两位作者把实体同实体之特征混为一谈。有一点他们无疑是正确的,即采纳宪法第十三修正案原因之一是黑奴制的特点是野蛮、降低人格和非人。[15] 但不能由此得出,每种野蛮、降低人格和非人的关系都是奴隶制,这就像不能从所有法官都聪明这一点得出所有聪明人都是法官的结论。不错,美国黑奴制只是奴隶制的一种,宪法第十三修正案认定其他奴隶制也非法。但当我们谈论"工资的奴隶"时,说某些丈夫把妻子当成"奴隶"时,称某个执行官是工作

---

[12] Akhil Reed Amar and Daniel Widawsky, "Child Abuse as Slavery: A Thirteenth Amendment Response to *Deshaney*," 105 *Harvard Law Review* 1359 (1992).

[13] 但德山尼的律师没论辩宪法第十三修正案问题,也许是担心——若提出——法院会认为这个论点法律上过于琐碎,可能会受罚。可以推断,阿玛尔/维达斯基的论文就是爱德华法官认为毫无用处不予考虑的那种文章(请看第二章)。也还不只是爱德华法官,请看,例如,J. M. Balkin, "What Is a Postmodern Constitutionalism?" 90 *Michigan Law Review* 1966 (1992)。

[14] Amar and Widawsky, 前注12, 页1365。

[15] 另一个理由,就像林肯在美国南北内战前看到的,是个很实际的问题,即如果允许有些州搞奴隶制,而另一些州禁止,这个国家就不可能整合为一体。

"奴隶"或把卖淫描述为"白人奴隶制"(《曼恩法案》原初的正式名字就是"白人奴隶运输法案")时,我们都意识到这是在隐喻意义上而不是字面意义上用"奴隶制"这个词。我们说的实际是,这些关系或做法并非奴隶制[16],只是与奴隶制有共同之处。如果在隐喻意义上使用宪法术语,比方说用"生产"的双关把堕胎归在宪法第十三修正案的门下(本书第五章),这就抹杀了宪法解释中的任何文本限制。这与作者自诩细读宪法第十三修正案形成了悖论,这也表明,哪怕是逐条思考宪法条款,也会很快无法收拾。

不错,阿玛尔和维达斯基改变了德山尼案的关注点,把注意点从宪法第十四修正案转到第十三修正案上了,这避开了斯特劳斯分析中最过分的寓意:我们每个人都拥有某种可强制实施的联邦权利,要求各州在某个层面上履行名副其实的社会服务,体面的治安和火警保护、救护车服务、禁止虐童等。如果你开车掉进湖里,依据宪法第十三修正案,就不可能得出你有宪法权利要求州政府把你从车中救出。但对于宪法保守派来说,这就不是个安慰,他们震惊地发现阿玛尔和维达斯基理解的"奴隶制"太宽泛了,甚至说宪法第十三修正案"也许可以为未受州保护被丈夫打伤的妻子提供一个诉由"。[17]

并且,即使在第十三修正案的意义上德山尼是父亲的奴隶,这也得不出,由于没有保护他免受其父亲伤害,该州就违反了该修正案。没有保护与纵容是不同的;事实上,该州因德山尼受伤对其父提出了指控。因此,"尽管该州知道杰斯华受害,却还是有意不管自己辖区内存在事实上的奴隶制,这就如同该州法官有意忽略有人代表杰斯华提出人身保护令的请求一样,因此违反了这一宪法修正案"[18],这种说法是法律上的拟制。"该州"其实什么也不知道。该州雇用的某社会工作者很蠢,但并非恶意,他没把德山尼从其父亲监管下转移。可是,难道威斯康星州就因此成了实行奴隶制的州了?

更同情阿玛尔和维达斯基文章的读者也许会被该文说服,认为两位作者已表明德山尼的境况与受奴役很相似,甚至认为允许对宪法第十三修正

---

〔16〕 请看第二十四章对隐喻的讨论。
〔17〕 Amar and Widawsky,前注 12,页 1385 注 112。
〔18〕 同上,页 1381。

案的语言和历史作广义理解,因此可以认为德山尼的境况实际是某种奴隶制,甚至可能令德山尼的母亲有权在联邦法院向州要求金钱救济。但这里还是缺少了一个环节。说可以像阿玛尔和维达斯基那样宽泛地理解这一修正案,并不是说就必须或应当这样理解。缺少的一环是,为什么要用奴隶制类比,而不是用其他类比,理由是什么。你可以很容易用其他情况类比德山尼案,比方说,警察在场,你被人行凶抢劫了,警察因装备不足,没能防止这一犯罪。这会是一个纯粹因州政府过失而未能防止私人暴力的案子。没有谁会硬把它同第十三修正案扯到一起。德山尼的情况是更像这个抢劫受害者呢,还是更像1850年密西西比棉花种植园内某个奴隶呢?要从这两个类比中选择,这就要求考虑阿玛尔和维达斯基忽视的一系列因素,其中突出的就是在讨论斯特劳斯文章时我提出的经验问题。

有人赞扬阿玛尔,认为他提供的这个替代,比德沃金把宪法规定当成"抽象道德原则"的做法,更像法律人的工作,因为阿玛尔建议对宪法"文本、历史和结构"都给予适度尊重。[19] 因此,阿玛尔是自由派的鲍克;左派原旨主义者。[20] 但这种宪法研究方法说到底不就是一番练习拳击的比划?难道我们不应赞扬德沃金的坦诚——他不总装作自己阅读更细,钻研更深,他的解释与其个人价值和政治哲学无关?

对斯特劳斯和阿玛尔—维达斯基都可以更深入地批评:他们都不考虑自己建议的全部后果。自由派宪法理论家总希望联邦最高法院承认一系列新定的宪法权利,比方说,不受私人暴力侵犯的权利。阿玛尔和维达斯基的解释法会令宪法成为新权利不断涌现的沃土。如果要对会增加相当数量宪法权利的工程作出负责任的辩解,支持这个工程的人就必须考虑,如果他想要的全部权利都得到承认,其总和影响将如何,无论对司法工作量的影响,还是对联邦最高法院政治合法性的影响,或者是对不同政府部门间权力分配的影响。假定,如果某种进路要求德山尼和其他大量"保守"宪法决定得出另一结果,如果估计这种进路的总和影响会让法院眼大肚子小,那么很清楚,这个进路就错了。自由派宪法理论家们忽视了这种可能。

---

〔19〕 Jeffrey Rosen, "Jeffrey Rosen Replies," in "'Life's Dominion': An Exchange," *New Republic*, Sept. 6, 1993, pp. 44, 45; 又请看,"A Womb with a View," *New Republic*, June 14, 1993, p. 35.

〔20〕 我承认,这种概括对阿玛尔的全部著作不充分。

他们无法感知什么重要,什么不那么重要。他们的分析只知道零敲碎打,和法官没啥两样。

最后,请注意,斯特劳斯和阿玛尔—维达斯基——堕胎案上还有德沃金——都例证了这种宪法理论思考的滞后。宪法性争议都是先在下级法院来来往往了多年,最后才到了联邦最高法院。然而,只有等到这些问题都进了最高法院而且已经决定之后,对这些问题的学术兴趣才会高涨起来。宪法学者对联邦最高法院很是着迷(也就是说,对权力着迷,因为很少有宪法学者过度赞扬最高法院大法官的判决意见的质量),他们因此常常拖很久,才有机会写点什么影响一下宪法性法律。而当他们终于赶到时,战斗都已结束了。

第七章

没有实证法的实证法学

当众人不假深思而行动的那一刻,他们是愚蠢的。[1]

数年前,阿克曼提出了一个令人吃惊的——在法律职业者看来则是难以置信的——说法:1930年代出现了宪法性混乱,联邦最高法院废除了新政的一些关键措施,罗斯福提出"重新包装最高法院"计划,以及最高法院"及时回头救了9位法官"(这预告了最高法院年迈大法官的退休并为新政拥护者取代),这构成了美国宪法的一次法定修正。在他设想的三卷本的卷一中,阿克曼展开了这一主题,为之辩解,把它置于我想予以考察的关于宪法合法性的一个更大观点中。[2]

阿克曼首先简要勾勒了他想取代的一些理论对手。其一是他所谓的"一元论"。这种观点认为,宪法的理论思考就是要把由选举产生、终身任职的法官废除立法之权威同美国首先坚持民主制这两点协调起来。通常,一元论解决办法是预先设定:立法是合法的。然而,一元论的一位领军人物伊利试图化解司法审查立法中固有的这一紧张。就像我们看到的,伊利的观点是,宪法权利就是让民主制运作更好,因为它清除了普选权和自由辩论中的障碍。第二种进路,阿克曼称之为"权利基础论",这种观点认为宪法理论的任务就是发现有价值的因此先于民主选择的原则。德沃金是突出的权利基础论者,也试图以一元论方式解决与民主制的紧张;他的说

---

[1] Edmund Burke, "Speech on the Reform of Representation of the Commons in Parliament," in *The Philosophy of Edmund Burke: A Selection from His Speeches and Writings* 211 (Louis I. Bredvold and Ralph G. Ross eds. 1960).

[2] *We the People*, vol. 1: *Foundations* (1991).

法是,"美国人理解的民主制就是依据对美国宪法文件的最佳解释而建立的无论形式的政府"。[3] 既然美国宪法隐含授权司法审查立法是否合宪,那么司法审查就不可能是反民主的;宪法允许的任何都不可能反民主。这终结了一切对话。它使我们不仅无法讨论古希腊雅典人的民主比现代美国人更多(或更少),也无法谈论,如果法官不那么愿意废除立法,是否会令美国更民主一些。

阿克曼称自己的方案为"两元论",这一路子的基础是,世界上有两类民主政治活动,一种高,一种低。一元论者认为,民主是基本的,阿克曼也认可。差别在于,一元论者认为民主是单一的,而阿克曼认为民主有高低两种。较高的制法发生在有革命自我意识的时期,阿克曼认为,美国建国、内战和南方重建以及罗斯福新政就是这样的时期。这些时期表达了一种深刻、广泛、真正的且无可挑剔地有合法性的民意,这时人们作为单独的(private)公民思考和行动。较低的政治活动发生在常规时期,这时人们作为单独的公民行动和思考;这是普通政治生活中日常的讨价还价和诡计多端。[4] 当法官用革命意识很强时期采纳的原则来废除日常政治的立法产品时,他们并非不民主;他们是忠于一种更深刻的民主概念,而不是世俗的代议民主。他们关注的是公共辩论和真诚思考过程中经历了检验并精制化的民众意愿。

阿克曼根据《联邦党人文集》论辩说,国父们既认为革命时期的政治与常规时期的政治不同,也认为他们当时从事的是前一种政治。阿克曼辩解说,有真正公众精神的政治是可能的,这种政治是他从这个国家的革命时期发现的,而为令他的观点有说服力他也必须发现。他反对公共选择学派的观点;因为这些理论家说,投票总有搭便车问题,有偏好加总的难题,因此民主政治无法表达真正知情的民众意愿。至于革命意识高涨时期涌现的可信民意是否以符合有法定约束力的规定形式体现于某个具体文件中,阿克曼认为这些是枝节问题。阿克曼认为,有些完全符合规定的常规修正案,比方说,禁酒和废除禁酒的修正案,就仅仅是"超级制定法"(superstatut-

---

[3] Ronald Dworkin, "Unenumerated Rights: Whether and How *Roe* Should Be Overruled," 59 *University of Chicago Law Review* 381, 385 (1992).

[4] 这与库恩区分的"革命性"科学与"常规性"科学很类似,米歇尔曼就注意到了这一点,请看,Frank Michelman, "Law's Republic," 97 *Yale Law Journal* 1493, 1522-1523 (1988).

第七章　没有实证法的实证法学

es)，其影响力仅限于文字[5]；而某些无效(invalid)甚或无迹可寻(invisible)的修正案具有转型的力量，因为它们体现的是更高的制法(lawmaking)。

无论原初宪法还是南方重建宪法修正案都不是正常采纳的，甚至是非法采纳的。因为，如果以大陆会议来算，1787年的制宪大会已经过期；因为，南方各州必须批准重建修正案才能恢复他们在国会的代表权。用阿克曼的话来说，这就使这些修正案都"很假"(amendment-simulacra)（页51）。因此，1930年代第三次伟大宪法革命，除了撤销了禁酒令外，没产生任何文字的修正案来限定美国宪法，这种情况在阿克曼看来没啥大不了的。唯一有关的只是，联邦最高法院在此期间废除了一系列新政法案，这就迫使美国人民认真思考，他们到底想要什么样的宪法结构，结果1936年绝大多数人重新选举了罗斯福，真正表现了民众的意志，他们希望有个大政府(big government)。阿克曼坚持这种两元宪法革命说。"共和党人重建联邦就是创建宪制的活动，其深刻程度丝毫不亚于建国"，而在罗斯福新政时期，联邦最高法院"开始为能动性全国政府确立了新的宪法基础"（页46、49）。

而邪恶的里根提名鲍克出任联邦最高法院大法官，试图贸然发动第四次宪法革命，以为鲍克"可以为重写司法文本提供必备的智识弹药，重新塑造法律，产生同罗斯福新政时期伟大司法意见相同的基础性作用"（页52）。这一图谋失败了，同先前的许多类似努力一样，比方说，威布赖恩的民粹主义以及麦卡锡破产的反共图谋。作为一个"原旨主义者"，鲍克图谋恢复美国国父的宪法，这种恢复会是天翻地覆的，因为这会推翻第二次和第三次的宪法。[6]

阿克曼认为，在两次如火如荼的革命之间，联邦最高法院仅仅扮演也只应当扮演维持会的角色，维持先前革命时期创建的宪法结构。但这一角

---

[5] 参看，Donald J. Boudreaux and A. C. Pritchard, "Rewriting the Constitution: An Economic Analysis of the Constitutional Amendment Process," 62 *Fordham Law Review* 111 (1993)。他们认为，最好是把宪法修正案视为利益群体的立法，当某利益群体预想未来有人会反对他们主张的政策时，就想把自己喜欢的政策凝固为一个难以撤销的立法，就希望搞出宪法修正案。但如果当下就有人反对，修正案的路就不大可行。又请看，W. Mark Crain and Robert D. Tollison, "Constitutional Change in an Interest-Group Perspective," 8 *Journal of Legal Studies* 165 (1979)。

[6] 阿克曼忽略了这样一个事实，即大法官斯戈里亚的基本信念与鲍克是相同的，在一些有转型力量的司法意见中他也有足够智识弹药来体现这些信念。

色要求有伟大的解释技巧,因为这时要解释的并非一个文本,而是一场革命,而革命无需留下任何文字痕迹,至少不以宪法修正案的形式。更重要的是,现代法官——即新政时期的法官,这仍是我们的时代,因为新政以来还未有成功的宪法革命——必须解释这三场革命,而不是只解释一场革命,因为第二次革命和第三次革命并没完全清除第一次革命。因此对解释的挑战是"多时代如何综合这么一个问题"(页88)。

阿克曼对司法功能的分析令他能拯救洛克纳诉纽约案,令这一决定不再受一贯的"篡权"责难。尽管这一判决远远超出了美国国父对联邦权力的理解,但这反映出联邦最高法院意识到美国内战和南方重建已创制了一个新的宪法,依据这个新的宪法,各州都不能继续随意限制自由了。明确无误的是它们不再能赞同奴隶制了。但此外(阿克曼因此认为洛克纳案是决定性的),也不许各州以家长式法律对财产和契约自由施加较弱却仍很重要的干预,例如规定工资或工作时间的法律。

阿克曼用两个判决作为他解释新政宪法的例证。他认为,布朗诉教育委员会案的关键在于新政赋予公立教育日益增加的重要性,格利斯沃德诉康涅狄格州案则把第一部和第二部宪法中非常重要的契约和财产权转化为一种私隐权,这回应的是第三部宪法——即新政宪法——改变的政府权力与个人自由之间的平衡。

阿克曼的独特分析——无论在规范还是在实证层面——是否充分,令人质疑。首先,他没有解释为什么我们应当承认革命激情有合法性。假定未来经济危机的某个时期,像新政时期那样,一个希特勒那样会煽情的政治家当选总统了,说服国会颁布了某个显然违宪的制定法,基本公民权利统统取消了。最高法院自然会撤销这些法律,民众对这种司法阻挠很愤怒,就在这浪尖上,这位煽情政治家又当选了,几年内他用赞同其观点、支持其法律的法官重新包装了法院。在阿克曼看来,这一系列事件就造就了一个宪法革命,下一代法官有法定责任来维系它,直到再次爆发宪法革命,哪怕这会导致法官无视从未正式修正过的成文宪法。为什么要鼓励法官这样行事,还告诉他们,他们不这么做反倒是无法无天?阿克曼没回答这个问题,但他对这一潜在担心足够警觉,他提出,修订宪法,不许废除《权利法案》。简单说来,他希望"固守"《权利法案》,防止未来出现希特勒。但当他这么说的时候,他既从自己说法的寓意前后撤了,也同这一进路有矛

第七章　没有实证法的实证法学

盾,因为他忘记了自己的基本观点,即约束法官的修正案不必符合宪法规定的修宪程序。这种方式固守权利法案所能做的就是防止正式修正案,但照阿克曼的解说,那些最重要的修正案又都是非正式的,此外,究竟什么样的语词才可能排除这些非正式修正案,这一点很不清楚。从法律上看,固守权利法案的前提是正式修正案至上,而阿克曼恰恰否认这个前提。

有关法律实证主义的争议很多,我们在第四章中已经看到了。阿克曼提出的是,让我们给一个更值得质疑的东西,即没有实证法的法律实证主义,披上一件合法外衣。"无论是南方重建还是新政时期,联邦最高法院都承认,人民发声了,即便政治领袖拒绝遵循宪法修正案的技术性规定"(页195)。阿克曼认为,联邦最高法院这是做了件好事,不只是一件审慎的事;但是他没给理由。他至少应当问一问,为什么人民领袖不运用修正案程序。因为太费时间?因为修正案提议通不过?难道这不是让人们怀疑——"人民"是否真的发言了——的理由吗?

原初的宪法是一个很细致的文件,《联邦党人文集》对各条款的含义及其背后的政治理论细节也作了解说。反联邦党人把反对意见也一条条列出来了。选举代表出席各州批准美国宪法大会的人民从这些充分辩论中因此有所获益。那时,没谁怀疑这些争议问题很重要。因此,如果原初宪法忽视了18世纪的有限普选权(女性、奴隶以及无财产者不能投票),可以公平地说,那也精细表达了知情的公众意见。阿克曼说的后两次"宪法时刻"却不是如此。南方重建修正案,仅就其表面来看,就没有革命性地改变联邦政府与各州的关系。这些修正案都相当含混,富有进取心的法官如果不想在法庭外受嘲笑,就不可能把这些修正案转化为保护黑人自由,不受南方各州的压迫,保护经济自由在任何地方不受州的规制。[7] 但阿克曼没有展示这种转换实际体现了修正案中表达的民众意志。

当年新政工程确实获得了公众的强烈支持,但也有公众的强烈反对,这种反对表现为他们成功否决了罗斯福包装并借此要挟联邦最高法院支持新政项目的计划。更重要的是,支持新政的民意并不很知情的;这一点阿克曼是应当关注的。许多人支持新政,动机是他们相信新政会令国家摆

---

[7] 本书第六章讨论阿穆尔和维达斯基基于宪法第十三修正案的反虐童建议时,我们就已看到一个很极端的例子,南方重建宪法修正案的可能流变。

221 脱大萧条。但这个信念是错的。[8] 许多新政工程都旨在提高价格和工资，这就减少了经济增长和就业，也就推迟了经济复苏，（最有可能）罗斯福在"二战"前总统任期特别典型的不安分实验和敌视商业的精神就造成了这样的效果。此外，还有许多新政项目，不论其动机如何，在宏观经济上有无意义，从微观上看都是站不住脚；这些项目都阻碍了资源的有效配置。例如，分离商业银行和投资银行、大水电公司被分解、打击连锁店、农产品价格保障并限制种植面积、对电话通讯加大规制、鼓励工会[9]，或许还包括设立联邦储蓄保险公司。

也许，在当时情况下，这个国家也只能如此。但从行政程序法和塔夫特/哈特利法案开始，一直到今天，联邦不得不用许多立法来修剪新政的过分扩张。阿克曼认为新政是整体一致的努力，要建立一个现代的福利国家，打破自由放任的桎梏。事实上，新政是一系列党派的、特定的、机会主义的措施，回应那令人畏惧却理解糟糕的经济危机，回应了焦躁的利益群体压力。在这样的混乱中，很难分辨其中有什么坚定不渝地对社会正义的承诺。新政的税收政策令最富有者和最贫困者的税后收入都降低了，而收入分配格局基本没变。[10]

222 因此，这一点所展示的一切是，民意也可能出错；还有一个事实，即这是民意，这也许就足以赋予其合法性。但说民主制是规范性的，你就得有个论证；阿克曼没作任何论证，如果要论证，也会有麻烦，因为他希望法院，以半个多世纪前民众的情绪浪潮为根据，随意推翻当下的民主偏好。无疑，导致民主立法的审议越是真诚和广泛，该立法就越可能是民意的真切

---

[8] 请看，例如，Robert Aaron Gordon, *Economic Instability and Growth*: *The American Record* 72 (1974); Herbert Stein, *Presidential Economics*: *The Making of Economic Policy from Roosevelt to Reagan* 62-63 (1984); Ellis W. Hawley, *The New Deal and the Problem of Monopoly*: *A Study in Economic Ambivalence* (1966), esp. chs. 7, 14, and 20; Stanley Lebergott, *The Americans*: *An Economic Record*, ch. 35 (1984); Bradford A. Lee, "The New Deal Reconsidered," *Wilson Quarterly*, Spring 1982, p. 62。对新政早期宏观经济政策影响的更积极看法，请看，Peter Temin, *Lessons from the Great Depression*: *The Lionel Robbins Lectures for 1989* 96-100 (1989); 然而，即使他也把1937年的重度萧条归咎于政府的政策失误。同上，页121—122。

[9] 即使原则上很赞赏建立工会的人对瓦格纳法案的实际设计和后果也持批评态度。请看，例如，Mark Barenberg, "The Political Economy of the Wagner Act: Power, Symbol, and Workplace Cooperation," 106 *Harvard Law Review* 1379, 1489-1496 (1993)。

[10] Mark H. Leff, *The Limits of Symbolic Reform*: *The New Deal and Taxation*, *1933-1939* 3-7 (1984). 所有这些问题阿克曼都没谈；他和斯特劳斯或阿玛尔一样，总是不去碰事实。

第七章 没有实证法的实证法学

表达(除此之外,民主偏好还意味什么呢?)。但这并不能得出,当民众的思潮在表达为实在法之前,法官就应屈服于这种强大的潮流,就用他们对这些潮流的理解来限制民主选举的官员的权力。

阿克曼自己对"协商民主"的确信显然有限。他就担心,正当的审议能否保证不出错甚或会带来邪恶,由于这个担心,他建议,某些基本权利应永存于美国宪法,不可清除。因此,阿克曼的民粹基础就不可能是认识论的,不可能基于这样的理念,即鉴于知情且反思性的公众意见发生的理想条件,这种意见最接近我们可能获得的真理。此外,尽管阿克曼是自由派的理论专家[11],他却没有追求从自由派的理论中演绎出他的民粹主义。他把自己的民粹主义建立在民众主义中(即"两元的美国"中,即"作为权利渊源的人民"之中[页15]),建立在原初宪法创制者的观点中。他采取的这种立场很有点奇怪。因为这是一个反两元论的立场:它允许原初宪法的创制者来控制未来。

在一定意义上,阿克曼的理论对法官要求的太少(不要求他们凭良知来判案),而在另一种意义上,要求得又太多。要求法官来决定那些并无定型的历史"时刻"的"含义"究竟是什么。也许,那个令人畏难的术语——"多代综合"——还是很贴切的,因为它意味着阿克曼想要法官做的与法官能做的相距遥远。这实在是太难了,你判案时必须在考虑历史事件的背景下来解释诸多法律文本,但你又何以可能不对整个美国政治史予以解释!

对两元论还有一个反驳,这就是,有些好东西比另一些好东西更精巧。阿克曼注意到在采纳原创宪法和南方重建修正案时都有不合法处,这些不合法都发生在重大内战后的动荡中。在这两个情况下,采纳的还都是文本。新政不是战争产物,也没产出一个宪法性文件。新政产出的是一些集体主义的联邦立法,以及一个之后重塑了宪法的自由派法院系统。

对此阿克曼也许会回应说,我只是在描述,而不是在赞美我们的宪法体制;我的分析是实证的而不是规范的。他希望恪守某些权利,以此抵抗哪怕绝大多数人的意志,就此而言,他显然不希望超出两元论。但是,阿克曼将这个超越两元论的工程说成是"乌托邦"。两元论并非乌托邦,也许是对美国宪法的结构以及这个结构下的宪法实践的最好描绘,在这个结构

---

[11] 请看,他的著作,*Social Justice in the Liberal State* (1980)。

中,法官是这些"革命性时刻"的解释者。

对此我很怀疑。那些影响政治家(我们一般称那些在很大程度上长期改变了公共政策的政客为政治家)思想的力量也会影响法官的思想。南北内战胜利后席卷联邦的民族主义冲动就推出了一些联邦最高法院法官,认为建立一个强大的、不受狭隘地方规制——如洛克纳案推翻的最高工作时间法——阻碍的全国经济要比黑人获得公正更重要,他们也就这样解释了宪法第十四修正案的富有弹性的语言。造就罗斯福新政的是混杂的"自由派"观点,这些观点推出了另外一些大法官,很自然地改变了宪法性法律的关注点,关注如何推进自由派的观点。处于不同阶段的法官并非在解释一场革命。他们就是(或是其中的)革命者。决定他们历史地位的并非他们对革命的忠诚,而是这场革命是否成功,这就是为什么霍姆斯(他反对第二场革命但预见了第三场革命)、杰克逊、斯通(stone)和沃伦成了英雄;而唐尼(Taney)、布朗(Brown)以及帕克安(Peckham)成了坏蛋。*

宪法第十四修正案采纳仅仅 5 年之后,屠宰场案[12]的判决就拒绝了下面的观点,该修正案保护商业人士免受州法对契约自由的干预。联邦最高法院判定,南方重建的修正案只在种族问题上改变了联邦与各州的平衡。对这一决定,阿克曼解说是,它"引发了两种[多代]综合方式中的一种,界定了中间那次[即第二次]的共和派法理。这涉及以某种方式把时代二宣告的宪法原则特定化,并以某种方式限制这些原则对陈旧的时代一原则的冲击"(页 95,原有的着重号)。南方重建时期的大法官通过法律著作了解了(第一个)宪法,这些法律著作形成了一个概念结构,一个由宽泛原则组成的结构。但他们"以一种非常不同的方式,通过他们时代最伟大事件的生活经验,了解了南方重建文本的含义"。因此,很自然,"对他们来说,南方重建是某种具体且特定的东西——反奴隶制斗争——的顶点"(页 96—96)。只是到了下一代,随着"生活经验的衰落以及法律对话的兴起"(页 97),这些法官才把南方重建修正案提升到引发洛克纳案和其他类似案件

---

* 这里提及的都是美国联邦最高法院的著名大法官。霍姆斯因反对联邦政府限制各州福利立法并主张言论自由,杰克逊因主张言论和宗教自由,斯通因支持罗斯福新政和保护民权,沃伦因扩大民权,获美名。唐尼因反对联邦干预南方奴隶问题,布朗因支持实行种族隔离的平等,帕克安因反对联邦干预经济,获恶名。——译者注

[12] 83 U. S. 36 (1873).

第七章　没有实证法的实证法学

的普遍原则层面。

有人会认为,就指导解释而言,"生活经验"也许比"法律对话"更好。但洛克纳时期的法官的所作所为很难说是解释,一个更有力的证据是他们并没保护黑人。阿克曼死死抓住普莱西诉佛格森案多数派意见中臭名昭著的评论,即只有当黑人选择将种族隔离视为一种耻辱时对于黑人才是耻辱[13],认为这暴露了根深蒂固的自由放任的观点,和洛克纳案完全相同。但普莱西案认定合法的那部法律却禁止黑人与铁路公司根据双方同意的条款签订合同。阿克曼没有解说,一个诚实的法官何以可能认为南方重建修正案禁止各州干预白人的契约自由,却允许各州干预黑人的契约自由。普莱西案—洛克纳案时期的法官并非在解释南方重建修正案;他们在转换这些修正案。

布朗案和格利斯沃德案也并非新政"宪法"与先前宪法的综合。不错,当联邦最高法院在布朗案中区分普莱西案时,法院强调了公共教育在1954年要比在1868年采纳宪法第十四修正案时更重要,也比1896年判决普莱西案时更重要。但强调这一点的理由与新政没有任何关系。这些理由都是修辞的;是为了解说为什么联邦最高法院无需受宪法第十四修正案立法史的约束(那段历史表明当年该修正案的创制者或支持者都不认为该修正案要求黑人同白人一块上学[14]),是为了表明推翻南方赖以建立种族隔离公共制度的决定完全正当。表明诉诸公共教育增长只是种修辞的证据是,布朗案决定后几年间,在一系列无署名(没有署名)司法决定中,联邦最高法院废除了大量种族隔离法,这些法律涉及海滩、高尔夫球场、公园、公交车以及其他非教育设施,却与公共教育完全无关,最高法院都没解说其判决,似乎这就是布朗案决定的显然要求。[15]

联邦最高法院提到公共教育本来就可以与新政无关。尽管公共教育

---

[13]　163 U. S. 537, 551 (1896).

[14]　在一份未发表的专题研究中,麦克尼尔挑战了对立法史的这一理解。McConnell, "Originalism and the Desegregation Decisions" (unpublished, University of Chicago Law School, 1993). 但在决定布朗案时,这是常规看法。

[15]　请看,例如,Mayor and City Council of Baltimore City v. Dawson, 350 U. S. 877 (1955); Holmes v. City of Atlanta, 350 U. S. 879 (1955); Gayle v. Browder, 352 U. S. 903 (1956); New Orleans Parks Improvement Association v. Detiege, 358 U. S. 54 (1958); State Athletic Commission v. Dorsey, 359 U. S. 533 (1959).

在1950年代要比在19世纪末更广泛,但在19世纪末,它也已足够重要,联邦最高法院在普莱西案中本来是可以用公立学校种族隔离合法——普莱西案的律师也承认——来为交通设施隔离正当化。[16] 并且,新政也完全没有推动公共教育。1932—1940年间,无论是入学总人数还是公立学校入学数都降低了。[17] "罗斯福及其助手将一堆后来以新政闻名的项目汇总时,他们发展教育的项目主要不是学校。他们认为'青年问题'才是这个国家面临的关键问题之一,但他们理解的就是青年就业问题;并且,他们怀疑同'现有教育体制'有联系的人,他们倾向绕过正式的教育设施。"[18] "由于新政,公立学校可能已具有新的象征意义,它们不再反常,而例证了能动主义政府的新承诺"(页148),阿克曼这么说的时候,他的时间不对。认为公立学校反常的时代早就过去了,罗斯福没把公立学校视为任何全新的例证。

而且不管怎么说,新政也不只是产出了一些新政立法。它在全国范围内增强了先前某些被排斥者——天主教徒、犹太人、工人、知识分子、南方人——的权利。新政有平等主义的成分,表现之一是道格拉斯和弗兰克福特这些在种族问题持自由派观点的人被任命为联邦最高法院大法官。这些大法官的观点,以及希特勒和"二战"激发人们更强感受了种族主义,都为布朗案作了铺垫。但用布朗案来解释新政,或是在新政氛围中来解释南方重建修正案,这没啥用处。阿克曼实在是来自耶鲁法学院的:对新政魂牵梦绕,像法律现实主义那样鄙视诸如宪法规定的宪法修正程序这样的法定手续。

要把格利斯沃德案同新政拴在一起,这得同样的牵强附会。禁止避孕品的立法在19世纪下半叶就颁布了,是当时清教运动的一部分,表达了维多利亚时代的观念,而到了1965年,决定格利斯沃德案时,只有两个州还没

---

〔16〕 163 U. S. at 544-545,551.

〔17〕 U. S. Bureau of the Census, *Historical Statistics of the United States*: *Colonial Times to 1957* 207(1960)(ser. H 223-233); Joel Spring, *The American School 1642-1990*: *Varieties of Historical Interpretation of the Foundations and Development of American Education* 277-280(2d ed. 1990); David Tyack, Robert Lowe, and Elisabeth Hansot, *Public Schools in Hard Times*: *The Gereat Depression and Recent Years*, ch. 3(184)("有教育新政吗?")。像民间节约团和全国青年管理会这样的新政工程都强调于中学。当然,也有些成人扫盲专项。但这些项目都不强调公立学校教育,并且罗斯福政府与当时的教育体制也关系紧张。

〔18〕 Lawrence A. Cremin, *American Education*: *The Metropolitan Experience 1876-1980* 311(1988).

废除这些法律。废除这类法律的浪潮反映了维多利亚时代性道德的衰落和生育控制运动的兴起;这两股潮流都先于新政。由于康涅狄格州的这个法律只针对生育控制门诊部,在那儿就诊的主要是贫困女性和工人女性,因此该法是不公平的。但联邦最高法院没提及这一点。阿克曼也没有。他试图以另一方式把这一点同新政联系起来,他论辩说,政府越大,就越需要法院承认新权利,以此保护个体不被大政府压垮。根据"第二次宪法",人民已有了强健的契约权和财产权,这自动保护了他们的私隐不受各州侵犯。而新政剥夺了契约和财产权利,因此私隐权比以前更重要了。

但是,如果更大的政府令先前政治上无能为力的群体更强大了,这些群体对司法保护的需求也许就更少了,而不是更多了。黑人最需司法保护的是在私刑猖獗和种族隔离横行的时期,那时他们却未得到保护,法院抛弃了他们,霍姆斯在比洛克纳案早两年的一个司法意见中就曾以他特有的坦诚宣告了这一点,认定联邦法院不会为南方各州没有普选权的黑人提供救济。[19] 不管怎么说,这一点都与格利斯沃德案不沾边。在格利斯沃德案中被推翻的法律并非大政府的体现,而是小政府时代的遗留。不错,如果"第二次宪法"真的保护契约自由,已婚夫妇购买避孕品就无需诉诸宪法私隐权;他们受宪法保护的契约权就应足以令他们可以购买销售者向他们出售的任何东西。但是,在"中期共和国",没有谁认为禁止销售避孕品法违反了受宪法保护的契约自由。在宪法教义最受自由放任影响的日子里迅速传播的这些法律,在当时被认为天经地义地属于各州的规制权。

我不打算夸大我同阿克曼的分歧。我同意应根据我们的全部经验来解释美国宪法,包括南北战争、南方重建、新政以及"二战"剧变。我也同意一个修正案的某条款可能变化,即便该条款的语词没有变化(所以,联邦最高法院有完全正当的理由在勃灵诉夏普案[Bolling v. Sharpe][20]认定,宪法第十四修正案的同等保护条款扩大了宪法第五修正案的正当程序概念,因此如今的正当程序禁止联邦政府在哥伦比亚特区公立学校实行种族隔离)。许多非常不同的思想家都指出过这一点,例如艾略特就说过,"当创造出一个新艺术品时,发生的情况是,所有先前的艺术品也都同时发生了

---

[19] Giles v. Harris, 189 U.S. 475 (1903).
[20] 347 U.S. 497 (1954);请看,*The Problems of Jurisprudence* 144-146。

某种变化"[21],德沃金则用链锁小说来描述法律,链锁小说中先后承继的作者既受先前各章的制约,同时也会改变先前各章的含义。[22] 我同意,法官受深厚且广泛的舆论潮流影响没错(而且不可避免)。这些都是耳熟能详的,但是阿克曼的说法将之强化了。

　　但这个说法本身是错的甚至是危险的。错,在于不能把自1868年以来的宪法历史解说成法官在努力解释和维护革命意识高涨的时刻。危险,则在于它要求法官把民意视为更高形式的法律,因此法官有权无视通常的合法性概念。就像我们在本书第四章中看到的,希特勒的法官就是那么做的。他们从公众态度中正确感受到社会发生了巨大变化(在"二战"爆发前的德国,希特勒一直极受欢迎,事实上,直到他垮台,一直是这种状况),他们实施了新的展望,对法律的精细只给予最低尊重。因此,有必要回想一下,在同一时期因新政引发的阿克曼认为非正式但具合法性的修宪。

[21] "Tradition and the Individual Talent," in Eliot, *Selected Essays* 3, 5 (new ed. 1950).
[22] Dworkin, *Law's Empire* 228-250 (1986).

第八章

法官不是盆栽

前几章一直抨击自由派,但这不是为给保守派的宪法性理论清场开道。本章和下一章会把矛头对准最有影响的保守派宪法性进路。这一进路的核心很简单,也不限于保守倾向人士,他们就认为,现代美国法官太咄咄逼人了,太"能动"了,太喜欢用个人政策偏好置换选举产生的政府部门的政策偏好。也许情况确实如此,但许多批判司法能动的人士认同的法律观都过于狭隘。而事业再伟大也不会令糟糕的论证跟着就神圣起来。

从拒绝司法能动中发展出来的法律理论有时称为"严格解释论";用于宪法,这就是"原旨论"或"文本论";其最广泛的含义就是"形式主义"。如今最著名的严格解释倡导者是鲍克和斯戈里亚(Antonin Scalia)。我下一章讨论鲍克的观点;这里用作这派代表的是一个强有力的争论,作者是政治科学家伯恩斯(Walter Berns)。[1] 他的论述当然不如鲍克说得细致精巧,却还是非常清晰暴露了其立场的弱点。[2]

伯恩斯论辩说,"只有得到被统治者的同意,才可能合法决定公共善品问题"。法官对这些问题没有合法性结论。法官的公务是解决私人权利的争议,也就是,"决定这些权利是否存在于宪法或某制定法中,以及,如果存在,是什么权利;但追问到这点时就到头了"。法官不能用"裁量和掂量后

---

[1] "Government by Lawyers and Judges," *Commentary*, June 1987, p. 17.
[2] 本章最早发表于《新共和国》杂志,也就是鲍克提名联邦最高法院大法官的听证会开始的那天,有人认为此文间接表达了反对这一提名。这根本不是我的意图。此文写作和邮寄《新共和国》杂志都在鲍威尔大法官宣布辞职因此才可能有鲍克提名之前;至于文章在那一刻发表则纯属偶然。我同鲍克有分歧,但打他被提名之际,我就认为,并至今认为,应确认他的提名,我还认为,他会是位出色的大法官。

果"来获取决定,他也不应创设新权利(页17)。只有在宪法规定的"基本且明确阐述的治理原则"范围内,宪法才是可强制的法定权利的渊源(页19)。一定不能有司法创造或"政策性决定"(页20)。简而言之,有这样一个政治领域,在这里人民是统治者;还有这样一个固定的权利领域,法官可以管理但不能创造或变更。前一个领域是裁量的领域,后一个是适用法律的领域。立法者制定法律;法官只是发现和适用法律。

历史上从来没有哪个时期,美国法院,无论是州或联邦的,始终如一按照这样的理想行事。而且,法院也不可能这样。原因根植于法律和法律制度的性质,根植于人类知识的限度,以及根植于政治制度的特点。

当人在处理确定且界定完善的权利时,"公共善品问题"与"私人权利问题"可以分开。但,特别是在变革时期,社会会不断把有关既定权利范围的问题塞给法院,如果不考查公共善品,法官就没法回答。救人者能否依据合同法主张他在救助时还不知道的奖赏?可能受答案影响的救助数量与该问题的答案就不是毫不相关了。遗嘱继承人谋杀了遗嘱者,他是否还有权继承被害者的遗产?一个相关的公共善品考量就是不能鼓励谋杀。几乎全部所谓私法——如财产、合同以及侵权——对实现争取自由市场的社会利益这种公共目的都很重要。并且,由于大多数私法是普通法,由法官制定而不是由立法者或宪法创制者制定的,因此法官从一开始就有制定政策的权力。人们对水、石油、天然气以及其他"流动"资源可否享有非占有性权利?答案要有道理,就不可能不对何为有效资源配置这个政策考量保持敏感。如果火车轮子擦出火花,农民的庄稼着火了,铁路是否侵犯了农民的财产权,或是铁路拥有的道路通行权中已经隐含了擦出火花的权利?如果铁路有此权利,是否还有条件限制,条件是铁路是否采取了合乎情理的预防措施使失火危险最小化了?如果铁路没权,是农民有权不遭火灾,这个权利是否也要有条件限制,即该农民是否采取了合乎情理的防火措施?要对这些问题回答得有道理,同样不能不考虑比较各种答案的不同社会后果,而典型的就是授权法院回答这类问题。私法无法同公共善品概念分离,对我们这些古典自由派尤为如此。对我们这些人来说,社会就是所有成员的总和,并非独立于他们之外有其自身利益的什么东西。

当立宪大会、立法机关或法院宣布一个法律规则时,它必定不可能完全了解未来诉诸此规则时的具体境况。当出现未预见情况时,也许有了机动车,或是有了电子监视,或是人们对宗教、种族或性规范的态度变了,要求法院运用规则,法院就必须考虑规则制定者当年无法获得的信息,并决定在如今的新情况下该规则应当意味什么。现实点说,这是要求法院制定一个新规则,几乎等于立法。这导致了创造一个决定,涉及裁量,要掂量不同后果,尽管更准确说来这是个受很多限定的决定,并非真正的立法机关决定。当决定把版权保护扩展到黑白片上色时,该法院就在制定一个创造性决定,因为版权法就没提影片上色问题。法官并不因其比较掂量了不同后果后作出裁量,因此就是无法无天了,或是篡权了。法院(如联邦最高法院在一个争议不大的现代判决中作出的)[3]决定,即便窃听不侵入他人地界,因此不侵犯后者财产权,宪法第四修正案禁止不合情理的搜查和没收也应包括窃听;这就创造了一种新权利,并制定了政策。你不可能从宪法中简单读出宪法创制者对他们自己当年未能预见也未明确规定的情况会作出什么政策判断。

宪法没说联邦政府享有主权豁免,即未经政府同意政府不受起诉这种传统权利。联邦最高法院却还是认定联邦政府享有主权豁免。[4] 填补这个空白是篡权?《联邦侵权索赔法》放弃了主权豁免,公民可以对联邦政府提出诉讼了。某军人因上级的过失受伤了,他可否依该法提出诉讼,该法并没规定这种情况例外。但联邦最高法院还是认定该法的初衷不是为士兵提供救济。[5] 这些决定可能对,也可能错,但如果错了也不只因为它是创造性的决定。宪法第十一修正案禁止,未经某州同意,外州公民在联邦法院对该州提起诉讼。这难道意味着无需你的州同意,你可以在联邦法院对自己的州起诉吗?这条修正案语言似乎有这种寓意,但联邦最高法院结论说,该修正案旨在维护更广阔的各州主权豁免,因此对这个问题答案是"不行"。[6] 联邦最高法院认为这是宪法创设的联邦体制的结果。同样,联邦最高法院也许对,也许错,但不是因为这是创造性的所以它才错了。

与法官只适用法律从不创制法律的不现实图像相反,伯恩斯还总抓住另一个不现实的图像,即民众立法机关是"根据被统治者的同意"而行动的

---

[3] Katz v. United States, 389 U. S. 347 (1967).
[4] United States v. Lee, 106 U. S. 196 (1882).
[5] Feres v. United States, 340 U. S. 135 (1950).
[6] Hans v. Louisiana, 134 U. S. 1 (1890).

（页17）。（左右翼都可以很容易地诉诸"民主"，这一点表明民主这个词也许是空空如也。）我就发现我投票赞成的许多政治候选人都没当选，而当选的随后就投票赞成大量我不希望看到的立法。考虑到政治过程中利益群体的有效性问题，可以说，许多这类立法都没获得大多数公民的同意。从政治上看，我感到自己更多是受人统治，而不是什么自我统治，这是我为什么更喜欢有限政府而不是大众政府的原因之一。在考虑是否把如今人们认为宪法卫士的东西减少到宪法字面解释的程度时，我们应当小心，对政府立法和行政部门一定要有一种现实的而非理想的想象，如果减少了这些宪法卫士，这些部门甚至会比它们今天更强大。

宪法的创制者如果希望宪法成为自由的宪章而不只是一套构成性规则，会面临艰难选择。他们可以撰写很具体的规定，他们的工作会因此注定很快过时，他们也可以撰写概括的规定，因此给了权威解释者——在我们体制中就是法官——相当大的裁量权。美国宪法混合了具体规定和概括规定。有许多具体规定成功经受了时间的检验，有些已经修改了也没引发什么争论。有关国会的结构和程序规则尤其如此。然而，有关权利传授的许多具体规定，遭遇很差。有些已被证明太陈旧了，令人无法忍受，例如，宪法第七修正案赋予的权利，由联邦法院审理的所有争议超过20美元的案件都必须由陪审团审理。有些规定已变得危险，不合时宜，如携带武器的权利。有些甚至完全颠倒了，如关于大陪审团决定指控的规定。大陪审团已经成为检控调查的手段，而并非如《权利法案》作者想象的是对刑事嫌疑人的保护。如果《权利法案》全由这些具体规定构成，它对政府官员就不再是个重要制约。

然而，美国宪法有许多规定文字很概括。当面临未预见到的变化时，这就创造了弹性，也创造了替代性解释的可能，并令否认法官有任何裁量权的司法合法理论很尴尬。在某个问题上，如果多种语义上解释都成立，在远离当年撰稿者设想的情况下，你就得作出选择，就要行使裁量权，掂量比较后果。阅读不是演绎；理解要求你必须考虑不同的后果。如果我说，"我会吃了我的帽子"，听众不会按字面含义给这句话"解码"，理由之一是，无论我怎么努力，我也吃不了我的帽子。适用于宪法但也同样适用于口头表达的宽泛原则是，对模棱两可的陈述，如果一种可能的解释会导致荒谬可怕的结果，这就是拒绝该解释的很好理由。

第八章 法官不是盆栽

甚至当你决定对宪法作狭义解读,"限制"司法解释,也不可能从文本中直接解读出这个决定。宪法没说,"对我做广义解读"或"对我做狭义解读"。你必须作出这样或那样解读的决定,与政治理论问题有关,并且这还取决于你对其他一些问题的看法,例如,司法的合法性来源是什么,以及在处理特定类型争议上法院与立法机关的相对能力如何。

宪法第六修正案规定"一切刑事指控中,被指控者享有……律师帮助其辩护的权利"。狭义理解,这是说,不能禁止被告获得律师。但如果他请不起律师,或请不起称职律师,那就是他倒霉。而广义理解,这是说,哪怕是一个人付不起账,也要保证他得到律师的有效帮助。这就不只是一种否定性权利——允许被告请律师,而是一种积极权利,要求政府财政支持那些无法自己付钱辩护的人,帮助他获取辩护。无论哪种理解,与这一规定的语义都兼容,但第一种理解抓住了宪法创制者的具体意图。当年撰写宪法第六修正案时,英国规定的是,如果刑事被告的案件没有提出一些深奥法律问题,就禁止刑事被告获得律师的帮助。美国宪法创制者希望废除这一禁令。但更宽泛地看,他们也希望给予刑事被告一些保护,而不是草草了事。当年,宪法创制者撰写这一条时,政府不可能付得起这笔钱,至少不认为政府付得起钱为贫穷刑事被告请律师。更重要的是,当时的刑事审判很短促,很简单,因此,有人认为,没钱请律师,被告也能为自己作出像样的辩护,这种看法也不是全然没道理。今天的情况不同了。不仅社会有钱了,可以为受犯罪指控的穷人提供律师,而且现代刑法和程序也太复杂了,被告无人代理通常地位会很不利。

当认定穷人有权让州花钱获取律师帮助时[7],我不知道伯恩斯是否认为这个联邦最高法院篡夺了立法权。但他明显认为,联邦最高法院废除公立学校的种族隔离是个错误。为了让司法裁量最小化,他对宪法第十四修正案的语词做了最狭隘的解读,并且提到,没证据表明修正案撰稿者想消除种族隔离。伯恩斯论辩说,"法律的同等保护"只意味不加区分地实施已颁行的任何法律,不管这些法律本身是否带有歧视。至于"教育设施上的种族隔离就一定不平等"这样的命题,是"逻辑荒谬的"(页20)。

因此,根据伯恩斯的理解,当年颁行同等保护条款只是对那些刚获得

---

[7] Gideon v. Wainwright, 372 U. S. 335 (1963).

自由、政治上同白人平等的奴隶们(以及南方的其他黑人,当年他们的地位与奴隶类似)作的一个姿态,无关紧要,在他看来,这一条款只是禁止行政官员否认平等。各州不得撤销对黑人的治安保护(除非通过立法?),各州却可以禁止黑人与白人同坐公交车。这样理解宪法第十四修正案当然也行,但并非只能如此,除非法官对美国宪法的解释是,法官不得行使判断权。

没有正常人会相信这一点。从事法律职业的人都知道,就像霍姆斯说的那样,法官是在"空隙间"立法,这是说法官制法不仅更谨慎、更迟缓,而且方式上也比立法者更有原则且不那么党派化。要否认这一常识,严格解释派就一定会自相矛盾。伯恩斯说,法官只能执行"清晰阐明的原则"(页19),同时又说,法官可以废除违宪的法律。但美国宪法中就没有"阐明"这种废除立法的权力,而是隐含其中的。法院解释说宪法第一修正案保护校报发表的下流语言;伯恩斯认为,这解释错了。但"言论或出版自由"的语词似乎并未排除校报上的下流语言。伯恩斯说自己的结论是从某个原则演绎出来的,即属于第一修正案语言范围内的表达一定同代议制政府有联系。但他从哪儿得出该原则的呢?美国宪法中读不出这一点。

宪法第一修正案还禁止国会制定"设立宗教"的法律。伯恩斯说,这不意味着国会"在宗教与非宗教间一定要保持中立"(页22)。但这些语词就是有这个意思,因此,他应当以什么为基础来确定这些语词有另外的含义呢?他认为应根据托克维尔关于宗教在民主社会中很重要的观点。简单说来,在他看来,正确的决策基础是要看该决定对民主制后果如何。然而——在他特别为之辩护的严格解释派看来——由法院来考虑后果很不恰当。伯恩斯很遗憾地认为现代联邦最高法院忘记了托克维尔说的"女性的意义",托克维尔主张"不仅要用宗教,而且要用限制其'想象'的教育来保护姑娘们的贞洁"(页21)。如果某个法院接受这种看法,考虑的后果就太过分了。

司法能动自由派总想把自由派政治议程纳入宪法性法律,他们这样做也许很不谨慎且方向错误。但,只因其所作所为涉及裁量权行使,涉及对后果的关注,得出了200年前没想到的结果,就说这些自由派不是解释而是"解构",不是搞法律而是搞政治,这么说是没有用的。那也许真是些很糟的法律,因为在宪法文本、结构、历史、共识或宪法性法律的其他合法资源中,这些法律都没坚实的根据,或是他们的后果考量过于轻率,或是他们把道德和政治疑难问题都过于简单化了。却不是因为违反了严格解释的信条,这些法就成了坏法,或根本就不是法了。

第九章

鲍克与贝多芬

就像上一章看到的,《评论》杂志一向独树一帜,文章明晰率直,专心致志倡导以某些相互勾连的保守主义社会文化价值为主题建立的"新保守主义"哲学,它大力反共,决意反对自由派民主党人和大学校园急进派倡导的平等主义纲领。它从未有意发表背离这个党派路线的文章。然而,1990年2月号中有两篇文章,在按作者本人的理解来忠实解释作者的文本这个原旨主义问题上,表现出对立的立场。两篇文章之间的紧张关系被遮蔽了,因为一篇文章说的是鲍克,另一篇谈的则是音乐演奏,并且两篇文章都接受新保守主义信条。尽管如此,两文之间却有一道很能说明问题的深刻裂缝。

伊斯特兰(Terry Eastland)是里根总统任期内司法部的公关主任,他撰写的"再谈鲍克"[1]一文讨论了关于鲍克出任最高法院大法官提名失败的三部著作,其中包括鲍克本人的一本。[2] 伊斯特兰的主要目的是想展示两点,一是为了搞垮鲍克的提名确认,左翼展开了史无前例同时也令人厌恶的社会动员;二是鲍克未被确认,不应指责司法部,因为有关鲍克提名确认的工作都是白宫人员操办的。这后一点对于伊斯特兰的自尊心很重要,但一般人不关心,因为,即便当初这件事处理得再灵光些(司法部也许做到了,也许没做到),鲍克最终也会失败(事后看,这点很明显)。不错,在这场左翼一手导演的粗鄙威吓运动中,目标就是打击鲍克,伊斯特兰的错误在于他还以为这是什么新战术。在美国宪法历史上,围绕联邦最高法院提名

---

[1] *Commentary*, Feb. 1990, p. 39.
[2] Robert H. Bork, *The Tempting of America: The Political Seduction of the Law* (1990).

第九章　鲍克与贝多芬

的恶毒政治斗争,当年一开始就有过。[3] 对一位原旨论人士来说,这一点应当很重要,对伊斯特兰当然也应很重要;因为,伊斯特兰太抬举鲍克的这本目的为原旨论辩解的书了,伊斯特兰的说法是,该书"恢复了当年占主导的宪法观点,即法院应按批准宪法文本的人们所追求的原则来适用美国宪法"。[4]

《评论》杂志音乐评论人利普曼(Samuel Lipman)写的是"被阉割的贝多芬",人们或许会认为该文会进一步强化这种原旨论进路。[5] 此文讨论的是原真表演(authentic performance)运动。这一运动对于音乐解释的意义就如同原旨主义对于法律解释的意义一样;它"要求使用原初的乐器,即尽可能类似乐曲创作时代演奏时的乐器";"要依据作曲家的原始乐谱,不存在任何因传播、发表以及版本校订过程中粗心造成的错失";并且"运用原先演奏的风格——完全遵循作曲家的明显标记,竭力恢复一切可知的不成文、习惯和理所当然的解读并落实作者所写简谱的方法"(页53)。因此,"原真表演追求完全再现作曲家时代的风格,包括节奏、乐器技巧和标准音高等细节,是作品首次提交时(作品完成时或此后不久)作曲家可能听到的、由当时最好且最具代表性的演奏者的演奏"(页54)。

这听起来很像鲍克的原旨论。但利普曼痛恨原真性演奏运动。"这种新方式的基础是用学术文献来重现那已经失去了的物质实在,包括实际存在的乐器、文本以及独特风格,与此不同的是,在过去一个世纪里,且更多在音乐大厅和歌剧院内,最好的演奏是强调对精神的洞悉,即通过移情理解把演奏者的心智和才华投射到伟大作曲家的创造性灵魂中"(页54)。[6] 利普曼憎恶英国指挥家诺因顿(Roger Norrington)对贝多芬交响乐的演奏

> 气韵短促,音乐缺乏生气。因为音乐本身没生气,这部从根本上

---

[3] James E. Gauch, "The Intended Role of the Senate in Supreme Court Appointments," 56 *University of Chicago Law Review* 337, 365 (1989).

[4] Eastland,前注1,页43。

[5] *Commentary*, Feb. 1990, p. 53.

[6] 持这种观点并非只是利普曼个人。"一个年轻学生,开始时总倾向于'尊重印好的音符',很担心那种看上去没有根据、没有正当理由的自由幻想,担心随意放弃了正轨,但他很快就发现,好老师和大多数作曲家,特别是早先的,而非我们时代的作曲家,首先希望,对这些印制下来的想法作出生动有力的回应。" Desmond Shawe-Taylor, "Keeping to the Score," *Times Literary Supplement*, Nov. 5 1993, p.6.

> 说应当激情洋溢的音乐就没有激情……简而言之,演奏始终很糟,糟糕在于它把原真性演奏运动有关音乐知识的一切荒谬说法都实在化了……引证贝多芬的节拍标记不能为这种音乐犯罪辩护。任何音乐家,如果演奏过在世作曲家的乐曲,都知道,这些作曲家的所有演奏指导、节拍标记都是最没生命力的,前后不一致,也最不值得信赖。(页56—57)

作曲家的节拍标记不可靠有多个原因,"包括,演奏与作品实际创作有时间距离、作曲家不熟悉演奏要件、常常看不起演奏以及最重要的是作曲家对音乐内容和结构的前在和完全理解,而不可能期望观众——以及有多少演奏者——能有这种知识"(页57)。[7]

利普曼文章的一个突出特点,也补救了《评论》杂志的正统性,就是他不像人们也许会预期的把原真性演奏运动归咎于文化保守主义,而是归咎于知识分子的文化激进主义、美学相对主义以及平等主义的情结。诺因顿"全面抨击贝多芬伟大的基石",这是"一种贬低当年的伟大艺术家、思想家和价值的后现代努力"(页56)的组成部分。

我不希望人们认为我是赞同利普曼对原真性演奏的批评;要评价这一运动会提出许多疑难问题。[8]而且我也不相信,如果某人在这个解释领域内是原旨论者,必定在所有领域也都是原旨论者。[9]更重要的是,如果有关音乐解释的原旨论和非原旨论进路都有些优点,它们可以和平共处,无需非此即彼,必居其一;当法官无法就如何解释制定法和宪法达成一致时,法律会变得难以预见。我想说的只是,作为解释某给定文本的方法,原旨论既非不可避免,甚至也不是天然的,甚或对保守主义者,这也不是他自然或不可避免遵循的解释方法。

---

[7] 利普曼严厉批评了贝多芬音乐演奏中严格恒定的节奏,并得到了支持,请看,George Barth, *The Pianist as Orator: Beethoven and the Transformation of Keyboard Style* 1-2, 161-162 (1992)。

[8] 一个出色的讨论,请看,Peter Kivy, *The Fine Art of Repetition: Essays in the Philosophy of Music*, ch.6 (1993)。克劳斯(Michael Krausz)律师在一篇关于音乐解释的迷人短文中承认,文学解释与宪法、制定法解释有无数相似之处,他注意到"忠于音符原则"与"风格统一原则"之间的紧张,他认为应以这种紧张作为解释的指南,他明智评论说"不存在什么原标准,据此给忠于音符的解释与风格统一解释给出结论性排序"。Krausz, "Rightness and Reasons in Musical Interpretation," in *The Interpretation of Music: Philosophical Essays* 75, 79-80 (Michael Krausz ed. 1993)。

[9] 请看,*Law and Literature* 209-268。

第九章 鲍克与贝多芬

《美国的诱惑》要捍卫这样一个立场，在解释宪法的法官看来，"他所关心的一切只是宪法[颁布]时人们对宪法所用语词的理解"（页144）。但为什么法官应当采用原旨论呢？鲍克没给出令人信服的理由，他似乎根本就不想就此展开理性的辩论。否则，他如何解释书中随处可见的宗教比喻？甚至该书的书名都是。如果你对这种诱惑有任何怀疑，该书第一章的题目"创世和堕落"也会打消你的怀疑。这一章一开始就说："当一位联邦最高法院大法官向这枚最终导致堕落的苹果投下贪婪目光时，美国宪法就不得其所了"（页19）。（这必定是宪法原罪。）鲍克接受这种观点，即宪法是"我们的世俗宗教"，他不厌其烦地重复，原旨论就是这种宗教"信条"（页6、153）。因此，很自然，反鲍克者就犯下"异端"罪，他还引用了天主教辩护士比洛克（Hilaire Belloc）的话来阐释这个词（页4、11）。由于是异端，"因此关键就是……要根除它"，因此"如果某人对原初理解之哲学没有展现足够的把握和投入，就不应当被提名或确认[进入联邦最高法院]"（页9、11）。鲍克恳求联邦最高法院"'滚吧，别再作孽了'"，他呼吁纽曼大主教以及莫尔同比洛克一起来帮助他，他还以令人吃惊的手法把自己比作异端："如果这种政治判决的哲学是美国政府制度中的异端，而这就是法学院和左翼文化的信条。我会牢记昔日没人烧死不信教者（infidels），却会烧死异端（heretics）"（页159、343、352、354）。[10]

呼唤圣战并非支持原旨论的论证。鲍克的好战和教条主义会令追随者振作起来，也会清扫某些怀疑者，却说服不了中立者。为信服原旨论，人们很想有个比"人应当虔诚"更好的理由，因为鲍克正确地尽管是前后不一致地提醒我们，"绝对主义"和"抽象原则"都很危险，他批评宪法过分依赖"历史和传统"，并在很有意思的讨论原旨论的历史根源时，他暗中提及对美国宪法的原初理解也许就有些非原旨的异端（页19—27、119、353）。显然，当初这里也不是伊甸园。因此，伊斯特兰说宪法解释上原旨论"曾是支配性"观点，一定是错的。

鲍克认为，为限制司法裁量，必须有原旨论，而为防止一小撮非选举产生的法官从人民代表手中攫取支配权，也必须约束司法裁量。但如果目标

---

[10] 并非没人被烧死。在基督教激情高涨的十字军东征、宗教审判以及其他时期，许多犹太人、阿拉伯人和其他不信教者都被以各种宗教理由杀害了，常常用火烧死。

是实现民主,那原旨论就是个笨拙手段。鲍克提到,罗斯福新政后,联邦最高法院从美国宪法中读出了一些限制,即宪法第一条商业条款对联邦政府的规制权似乎有些限制。如果依照原旨论的标准,联邦最高法院就出错了。但又因为这个错,最高法院把权力转交给了人民代表。

并且,民主也不是目的,至少不是纯而又纯的目的。我们的政府体制对民主(实际上即鲍克说的民粹主义)原则就有所淡化。各种政策都由人民的代理人制定,不是人民自己制定,而恰恰因此,职业人士和专家缓和、文明、指导和调停了原始的民众欲求,深思使他们明智起来了。甚至代表们也不能随意行事。他们处处受宪法限制,而宪法本身应当说代表的是民众的偏好,但那是两世纪前一小部分人的偏好。因为德沃金会说,原旨论的法院与能动主义或实用主义法院提出的问题其实都不是什么民主不民主,而是我们想要什么样的民主。

如果以此书为证,鲍克本人并不崇拜民众政府。而且他也不应崇拜。他任职联邦最高法院的提名就被美国参议院拒了,这个机构,哪怕有种种明显的毛病(鲍克书中有很好的记录),却是一个质量中等以上的立法机关,尽管它不像其他许多类似机构那么有代表性(参议院不实行"一人一票"*)。鲍克被拒是因为基层发动的政治动员,而在此书中,他用了1/4的篇幅谴责了这种政治动员。该书第一页就警告要反对"政治的诱惑",并哀叹"政治总是努力支配"这一"当年曾有过独立生命和结构"的法律职业和学术圈。随后,鲍克谴责了民粹主义,尽管他未言明的民主定义就是民粹主义——公共政策要符合民众之偏好,他对法院不时地以宪法名义阻挠民众的偏好很不高兴。他没有解释,减少法官限制立法权的权力、增加立法机关的权力何以可能矫治他哀叹的美国生活的普遍政治化,以及何以可能把政治同民主分开。

鲍克声称原旨论对于联邦最高法院这个不民主制度的存在必不可少,这与他赞美民主制有了更大的紧张关系。他担心,如果成功驱逐原旨论,"会摧毁联邦最高法院这一伟大且至关重要的制度"(页1,又请看页349)。但按照鲍克的说法,美国联邦最高法院两个世纪以来主要是做了些坏事,

---

* 美国参议院的组成是每州两名,由于各州人口不同,因此,在参议员选举上,各州选民的选票分量不同,人口少的州选民的选票对参议员选举分量更大。——译者注

第九章 鲍克与贝多芬

他还指出,有些西方国家,虽然没有可以与我们的最高法院媲美的法院,却拥有大致与我们同样的自由。其中寓意是,如果没有一个宪法性法院,我们也可以过得很不错。

不管怎么说,都没有证据表明,最高法院的权威取决于它是否坚持原旨论。鲍克知道这一点,因为他说(这与他关于联邦最高法院可能被摧毁的说法很是冲突),"几乎无人可以伤害联邦最高法院";"只要它的判决结果获得了数量重要的选民的政治支持,它就可以为所欲为,还几乎没办法制止它"(页77)。这个评论很有道理。联邦最高法院的存活和繁荣都取决于其判决结果在政治上是否为人们接受,而不取决于它是否有某种深奥的解释哲学。联邦最高法院从来也没始终如一坚持原旨论,它却活下来了。也许大法官们都比批评他们的人更了解自己该如何活下来;我们这些有点经济学头脑的人都认为,当局者一般都比旁观者更知道如何保护自己的利益。

鲍克论辩说,假如评价联邦最高法院判决的唯一标准就是该判决在政治上能否成立,那么任何人,如果认为最高法院政治上错了,"只要可能,就规避其判决,只要可能,就推翻最高法院,用能得出他喜欢的结果的机构取代最高法院,这种做法在道德上就正当了"(页265)。他还令人不安地加了这样一句:"一个人如果更喜欢结果,而不是过程,他就没有理由说最高法院比其他权力运用机构更具合法性。如果联邦最高法院不同意你的理由,你为什么不向其他群体说说自己的理由呢?比方说,向参谋长联席会议,因为就执行决定的手段而言,该机构会更棒。没法回答"(页265)。

其实,回答还不少,其中一个是,鲍克提出的是虚假的两元对立:要么是信奉原旨论的法院,要么就是作为"赤裸裸权力器官"的法院(页146)[11];要么盲目服从,要么桀骜不驯。这种非此即彼的说法中的寓意不能成立,即对一个法院来说,正当化的唯一方法,规范司法裁量并以此区分法官和立法者的唯一方法,就是原旨论,而不存在任何其他方法,比方说强调自然正义、合理的正义、社会福利或中立(不必然是原旨论的)原则的方法等。"当法官从历史性的美国宪法以外寻求什么时,他实际是在向自身而不是向其他地方寻求"(页242)。

---

[11] 请回想韦西斯勒在他的中立原则论文中使用的这一短语(第一章)。

此外,人们也还可以怀疑,参谋长联席会议之所以没试图接管美国政府,是否有任何一点取决于联邦最高法院坚守了原旨论。如果有人根据鲍克提出的证据断定,联邦最高法院从一开始就多次背离了原旨论,那么为什么参谋长联席会议(或其前身)从来没试图接管政府呢。而且,它们也不大可能这样试图。说参谋长联席会议执行决定的手段比联邦最高法院拥有的更好,这不是事实。如果参谋长联席会议下令军队接管政府,该命令就不会被执行。而鲍克认为联邦最高法院发出了类似的接管命令,从选举产生的政府部门手中"接管"了政府,并且他认为这个命令获得了服从。这就正确指出了,除在战争年代外,联邦最高法院比参谋长联席会议权力更大。

鲍克用参谋长联席会议作例子,这只显示了他喜欢军力,几乎与他喜好宗教比喻同样强烈。他特别喜欢用夺取"制高点"或"高地"这种列宁式的隐喻(页3、338)。军事和宗教术语已成为我们日常说话的一部分了("战争""政变""革出教门"等);只是在鲍克书中,这种比喻的系统密度令其有种好战和教义口吻,给这本书增加了争辩力。

尽管鲍克谴责试图把宪法教义建立在道德哲学基础上的学者,但到现在为止,应当很清楚,他自己就俯首听命于一位名叫霍布斯的道德哲学家,因为霍布斯也认为政治合法性的唯一渊源就是那些辞世很久的人们相互间的契约。在一个君主宣称神权统治的时代,这是个进步的观点,但对现代联邦最高法院来说,这个合法性理论就不完整了。为什么要服从司法决定,理由不只是联邦最高法院能够——像纯种艾尔古狗的主人那样——展示自己的判决血统纯正,无可挑剔,能一直追溯到遥远的18世纪祖先那里。服从有其他一些理由。

宪法是一个有约束力的契约,这是一个不完整的政治合法性理论,而并非一个错误的理论。一个契约会引发人们依赖,据此强烈要求保护;它还使人们无须不断重新检查和修改他们相互关系的条款。无论原始和约的各方是否活着,这些价值都独立存在。但一个长期合同要有最终约束力,就要求,如果不是正式修改(如果是宪法,只有通过修宪程序),就要灵活解释,才能有效应对已变化的环境。修改和解释相互作用;正式修改越难,就越是需要灵活的解释。鲍克完全理解修宪的实际障碍,却又不愿得出这样的推论:要防止宪法陈旧过时,必须灵活解释。

第九章 鲍克与贝多芬

他更多强调的论点是虚伪的,所谓虚伪是指其言不由衷。法官甚或那些能动的法官说的大多是原旨论的,因为原旨论是法律职业最正统的正当化方式。说法官是宣示者,法律经法官得以表达。这个姿态也许反映了人们觉得不考虑立法原旨的决定缺乏合法性,更简单的说法就是公众接受程度不够;或者是,很简单,法官和大多数人一样,也许都想把做困难决定、不受欢迎决定的责任塞给他人。你可以很方便地把决策责任都推给已过世很久的宪法创制者。尽管法官也都有这些人人都有的人性倾向,推卸自己的令人疼痛不爽的行动的责任,但这一点的意义何在,却是另一回事。如果说司法活动的唯一合法理由就是不坦诚的法官要为自己行动提出虚伪的理由,这说法就是个很大的悖论。

如果说结果导向的或能动主义的法官对自己判决的根据有点诚惶诚恐的话,那么原旨论的法官(至少就《美国的诱惑》一书的证据而言)则会对自己判决的后果惴惴不安。这两种不安都对。完全不考虑后果的宪法解释理论并不比不考虑将当代法官判决与昔日权威文件勾连的政治意义的宪法解释理论更令人满意。你很难说服美国人,让他们接受,在评价政治理论时,不应考虑政治后果。鲍克没打算论证;他只是不断向读者保证,原旨论不会导致可怕的结果,与此同时,他又谴责"结果导向的"法官。我们可以调转这种言不由衷,对准原旨主义:你鲍克实际上也不是原旨论者。

美国宪法纳入原则(doctrine of incorporation)认定宪法第十四修正案令《权利法案》的一些甚或全部规定都对州政府有约束力。这一原则成立吗?鲍克只是说,"这里不是解决《权利法案》是否适用于各州这个问题的适当场合"(页93)。为什么不是?这个问题对确定宪法在当代的适用范围非常核心,而且在其他地方鲍克也不羞于讨论这种争议问题。在这一点上鲍克的不自信非常令人吃惊,因为他讨论过宪法第十四修正案的一个条款(也许可以说是把《权利法案》纳入第十四修正案的唯一条款),他明显拒绝了这一纳入原则。联邦最高法院也曾用第十四修正案的正当程序条款作为纳入的工具。但鲍克断然认为,这一条款所要求的一切仅仅是,各州在适用本州实体法时要适用公道程序。因此,联邦最高法院用这一条款要求各州尊重言论自由和宗教实践自由,要求各州尊重《权利法案》中任何其他实体自由就不太恰当。至于程序性自由,由于第五修正案的正当程序——如果这纯粹是一个程序条款的话——只是《权利法案》中的程序条款之一,因此,依据原旨论的解说,第十四修正案搬用这一条款时,就不可能代表《权利法案》的其他程序性自由。

第十四修正案还有另一个条款,特权与豁免条款,也许会是个手段,把针对各州的《权利法案》纳入进来,该款保证各州公民都享有美国公民的特权和豁免。但鲍克认为该条款是"死去的文字",是一个"死尸",一具"尸体",因为他认为其含义无法确定(页166、180)。对于一位决心尊重死者遗愿的原旨论者来说,他不能用这具尸体作为工具把《权利法案》强加给各州;鲍克认为把它用于这一目的不很恰当。[12] 但为什么不能从特权和豁免条款中推出纳入原则呢?一个理由是,这会使宪法第十四修正案的正当程序条款成为多余,因为如果从特权和豁免条款中就可以推出纳入原则,这个条款就不仅包含了宪法第五修正案的正当程序,也会把《权利法案》的其他东西都包含了,但第五修正案的正当程序是针对联邦政府的,除此之外,与针对各州的第十四修正案的正当程序完全相同。

鲍克不愿遵循其逻辑分析得出的必然结论,即纳入原则完全没有合法性。相反,在书中的大部分,他始终认为这一原则天经地义,他不想碰它。他知道,如果人们认为他的观点是《权利法案》对各州完全不适用,人们马上就会拒绝他的原旨论立场。在此,他很实用主义,并不原旨主义。

今天,如果有任何宪法理论暗示布朗诉教育委员会案错了,人们就不大可能公道地听一听其道理,然而如果始终如一地运用原旨论,这个决定在当时是不正确的。[13] 就其表面来看,同等保护条款保证的并非法律平等,而只是说不论法律本身如何都要给人们同等保护,这一条款的时代背景是南方各州执法部门拒绝保护自由人不受三K党的私人暴力侵害。如同伯恩斯认为的,这一语言同这一背景合起来意味着,这一条款禁止以种族为根据选择性地予以或不予法律保护:一个州不能因犯罪或侵权的受害者是黑人就拒绝实施该州的刑法和侵权法,令黑人得不到法律的保护。一

---

[12] 在这一点上,他是对的。David P. Currie, *The Constitution in the Supreme Court*: *The First Hundred Years, 1789-1888*, 345-351 (1985);又请看鲍克著作页181—182。

[13] 鲍克的崇拜者和原旨主义伙伴,格莱戈里亚在文中承认了这一点。Lino A. Graglia, "'Interpreting' the Constitution: Posner on Bork," 44 *Stanford Law Review* 1019, 1037-1043 (1992),此外还有,Walter Berns,就像第八章以及下面希斯这篇文章中看到的,Bernard H. Siegan, *The Supreme Court's Constitution: An Inquiry into Judicial Review and Its Impact on Society* 93-107 (1987)。格莱戈里亚和希根都因他们关于布朗案的观点而不可能成为联邦法官。

第九章 鲍克与贝多芬

个始终如一的原旨论者会认为,这就应是这一条款的全部适用范围。鲍克则加了一句说,宪法第十四修正案的创制者和批准者并不打算创造种族间的社会平等,他们也不关心未实现这种平等是否在心理上伤害了黑人。此外,鲍克还反对从宪法条款中抽象出"一个会随时间流逝而变化巨大的概念,并用它来革除当年修正案批准者并没打算革除的东西"(页214)。

但在构建了一个无法回答的反对布朗案的理由(据他自己的说法)后,鲍克畏缩了(页82):

> 到1954年决定布朗案时,从经验上看已很明显,种族隔离几乎不可能带来平等。这与任何心理学问题都没啥关系[据鲍克对第十四修正案的理解,这是全然无关的问题],问题是为黑人提供的物质设施就是不如为白人提供的物质设施。这一点在很多系列个案研究都有例证。当时,联邦最高法院面临的境况是,或是各法院不得不持续接受有关小学、中学、大学、盥洗室、高尔夫球场、游泳池、饮水龙头以及其他各种无穷设施隔离的诉讼,或是废除隔离但平等的原则。如果是无休止的诉讼,除法院工作量太大外,还永远不会获得美国宪法允诺的平等。因此,联邦最高法院的现实选择只能是二者必居其一,或是允许种族隔离,放弃平等追求,或是禁止种族隔离以实现平等。

因此联邦最高法院选择了平等,鲍克也赞同。这一"平等"的说法令鲍克站到了天使这边,但上面这段引文却表明,鲍克赞成废除种族隔离的唯一理由是,他认为,只有这样才能去掉法院监督种族隔离的学校(以及其他设施)保证物质平等的麻烦,而且可能是没有效果的麻烦。这个理由不令人信服。测度物质上的平等,即使对平等做广义理解,除种族混合本身外,把其他都纳入有关公共服务设施的规定内,这还是要比法院要做的许多事更容易些。比防止南方各州以各种很有想象力的方式绕开布朗案决定也更容易。可以用各校每个学生的费用、教师工资、教师学生比、按学生数量划分的学校大小以及投资或其他方面来衡量学校的物质平等。对布朗案来说,另一有相当分量的理由是,监督一个隔离但平等的学校体制是否可行。请想一想,如果一个判决意见只取决于测度物质平等的难易,却不管不问种族隔离对隔离者的心理影响,这个判决会是何等软弱无力。与其布朗案辩解理由不一致的还有鲍克对有关"米兰达"规则的司法决定[14]（该决定要求各州必须采纳米兰达规则）的批评。米兰达判决的明确前提是行政费用问题，即要保证实施宪法隐含的禁止强迫招供，行政费用会很高。鲍克没有解说，为什么在种族问题上法律行政费用应具有决定意义，而在刑法中却没有合法性。

鲍克的布朗案辩解很勉强进一步表现为，他把这一决定归纳为"自由派"和"平等派"的政策措施（页92—93），而鲍克认为自己既非自由派也非平等派。在他看来，自由派人士都是现代福利国家的自由派，而平等派人士相信的是结果平等而不是机会平等。鲍克忽视了更古老的自由主义传统，即古典自由主义，他们相信有限政府，并且不认可美国南方各州以法律支持的种性等级制。这一自由主义传统为布朗案提供了基础，而无需采用鲍克反对的平等原则。但鲍克无法靠自由主义立足。因为，尽管自由至上论者或古典自由派都不是平等主义者，但他们也不是社会保守派。社会保守派的根本因素，比方说，宗教观念和态度、怀旧、对智识的疑虑以及畏惧变革，都不是古典自由派的要素。《评论》杂志的新保守主义就是一种社会保守派的；斯蒂芬对密尔的抨击——本书下一章的内容——则是另一形式。社会保守派的精神弥漫于鲍克书中，并化为这样的评论，"没有任何社会会认为，不道德的行为本身不会伤害他人。对于认为这些行为非常不道德的人来说，仅仅知道有这种行为发生，这本身就是伤害"（页123）。这是与《论自由》完全相反的哲学。

鲍克不敢触犯的并非只有布朗案。鲍克说，如果是他，他会用宪法中那个人们通常认为难以司法的模糊条款，即保证各州实行共和政体，来纠正立法代表名额分配极端不公。他这个说法不但混淆了共和制和民主制，并且与鲍克自己的说法——只要州政府不是变成了"'贵族制或君主制'"（页87，引证的是麦迪逊的话），各州就可以自由实验各种形式的政府——也自相矛盾。鲍克提出，也许可以用"保证"条款来要求各州"撤销明显且过分背离法律的行动"（页86注）。如果采纳了这一建议，联邦法官就成了各州法律的最后裁断者，就许可法官有一定程度的司法能动，这么一来，倘若沃伦在天有灵，也会自叹不如。

---

[14] Miranda v. Arizona, 384 U. S. 436 (1966).

第九章 鲍克与贝多芬

鲍克注意并明显赞同这样的说法,"如果有谁试图实施一个多年无人使用、陈腐不堪的法律,就应以该法已被废止为理由宣布该法无效"(页96)。他这里说的是格利斯沃德诉康涅狄格州案推翻的禁用避孕品的制定法,但是这种"已被废止"的逻辑同样也应用于鲍尔斯诉哈德威克案中支持但长期未实施的反肛交法,而鲍克又完全赞同后一决定。此外,鲍克也没告诉我们应从宪法的何处找到这个"已被废止"的条款。

鲍克暗示,在某些不太具体的宪法条款中,隐约有某些剩余的权利,可用来废除那些"可怕的"法律(页97)[15],他还认为,法院有权围绕宪法权利创设"[一些]缓冲区",方法是"禁止政府做一些就其本身并非不能做、但做了可能侵害明确的宪法权利的事"(页97)。换一种说法,这就是明言的宪法权利创设了受宪法保护的更大阴影区。但鲍克又嘲笑道格拉斯大法官在格利斯沃德案中用的阴影区概念,说法官"永远不能创设新的宪法权利"(页147),哪怕是从旧概念向外推断。

但从原旨论立场后撤的最惊人一步是,鲍克甚至认为"任何受质疑的立法区分[一定]要有理性根据",因此,"一切有关人的立法区分都[必须]合乎情理",否则就会受到同等保护条款的强烈谴责(页330)。这是斯蒂文斯大法官的进路,这种进路与已经成为(请原谅这里的用词)正统的进路了,因为它就没提什么基本权利。鲍克痛恨由法官决定什么是、什么不是基本权利(例如,不因性别或非婚生或外国人而受歧视的权利,以及进入法院提起诉讼的权利)且更多保护基本权利的进路。但鲍克喜欢斯蒂文斯的进路。事实上,"斯蒂文斯大法官的阐述也许不能给同等保护条款的适用带来重大变化,但这种进路会使法官集中关注这种区分是否合乎情理,而不是依据某些可能主观专断的标准来包容或排除某些群体的过程"(页330)。换言之,就受他怒斥的基本权利法理而言,鲍克似乎接受了大部分现代有关同等保护的法律,接受基本权利法理的原则。[16] 同(想象中)比

---

[15] 尽管他可能发现,Skinner v. Oklahoma, 316 U. S. 535 (1942)案中没有任何宪法根据支持此案判决;该判决撤销了授权对纵火犯(但不是贪污犯)施行绝育的制定法,理由是某些犯罪倾向会遗传的说法未经考察。

[16] 尽管在该书其他地方,鲍克又同这样一个观点眉来眼去,即同等保护条款只禁止基于种族或族群的歧视。因为"宪法不禁止仅仅基于偏见的法律",并且"联邦最高法院何以知道某特定少数群体在立法机关中的失败是由于'偏见',而不是由于道德、审慎或任何其他合法理由呢?"(页60)。如果鲍克相信这一点,那么他就不可能接受斯蒂文斯大法官的同等保护观。

较客观的合乎情理标准比较起来,他只反对基本权利的主观说法而已。他也没讨论斯蒂文斯大法官的进路中有什么——如果有的话——原旨论基础。

看起来,原旨论的嚷嚷(至少鲍克这位原旨论的嚷嚷)并不那么真实锋利。原旨论也许确实是完全可塑的;除了上面给出的这些例子外,一个显然可以接受的原旨论说法就是为禁止损毁国旗法的辩解,说是"没人对美国总统大印表示忠诚,也没谁走过总统印玺时会对其致意"(页128)。因此,原旨论不是一种分析方法;而是一种修辞,用它可以获得法官想要的任何结果。鲍克批评的保守派自由至上论者(埃博斯坦以及希根[Bernard Siegan])都是原旨论者;鲍克与他们的分歧不在方法,而在结果。司各特案决定——鲍克认为是现代司法能动的鼻祖——就充满了原旨论的修辞。[17]

当然,我们应当区分好的原旨论和糟糕的原旨论。就像鲍克提醒的,司各特决定的关键认定——密苏里合约违宪——是对实质性正当程序的无耻适用。[18] 并且,尽管鲍克并不打算拒绝第十四修正案正当程序条款可能纳入《权利法案》的说法,与此同时,他又坚定认为,无论是宪法第五或第十四修正案的正当程序条款都不可能允许以实质性程序正义为名创设新权利。但好的原旨论也许应仔细想一想司各特诉山福特案中糟的原旨论的教训。一些最能动的法官,无论左翼还是右翼,无论名叫唐尼还是布莱克,都属于那些最喜欢原旨论修辞的法官之列。因为这件外衣太漂亮了。法官可以做最疯狂的事,同时还得把自己打扮成神圣宪法创制者的消极代理人,你别跟我来劲,要吵架找他们去!

通过这些有意的悖论,我已暗示,鲍克原旨论的问题也许出在它原旨得还不够。[19] 鲍克是一位公众人物,他试图缓和批评,在听证会上他向怀疑者保证,这就令他无法把自己的原旨论推到其逻辑顶点;并且,鲍克撰写这部畅销书也很急迫,他就不可能智识上非常严格。因此,要发现纯粹的

---

[17] 例如:"我们认为,没有谁认为公众对这一不幸种族的看法或感受的任何变化,无论是在欧洲文明国家还是在我们国家,应令我们法院对宪法语词作出比起草和采纳此文件时之所欲更自由且更有利于这一种族的解说。" Scott v. Sandford, 60 U. S. (19 How.) 393, 426 (1856).

[18] 请看,60 U. S. (19 How.) 页450; Currie, 前注12, 页263—273。

[19] 鲍克的一位原旨主义盟友也曾指出:"鲍克可能出错,因为他不总是遵循自己的规定,并且他界定的原旨主义也给法官留下了太大裁量权。" Graglia, 前注13, 页1044。

第九章 鲍克与贝多芬

原旨论、始终如一的原旨论、严格的原旨论,我们就不得不从其他地方寻找。但说鲍克的原旨论还不纯粹,这其实是该书的优点,不是缺点,因为当他在可行性以及社会舆论问题上后撤时,从他散落全书的评论中,你可以找到一些材料,重新构建一种严格原旨论的替代。你也可以称这种替代是实用主义,这不是一种讽刺,这不是那种只顾眼前不管此后的实用主义,而就是我说的那种实用主义,即主张在法律解释中,就像在其他实践理性部门一样,后果具有首要的意义;主张法律和道德话语要有连续性;主张对历史和传统要抱一种批评而不是虔信的态度。

下面我就介绍这个——不确定的——实用主义的鲍克:

1. "如果后果特别奇怪,在没有反证的情况下,这就可能不是[宪法创制者]意图的后果"(页165)。幸运的是,你可以通过灵活解释避免这种后果:"宪法以一种宏大的一般性表达了其原则,我们知道不能像语词本身可能意味的宽泛程度来接受这些原则"(页147)。

2. "法律如果'与有助于形成人类行为的更大道德话语宇宙'无关,人们就不会认为其合法"(页354)。这里有个解释麻烦,因为鲍克一方面怀疑"世界上是否有任何道德的'事实'"(页121),但下一页,他又谴责"道德相对主义",跟着后面他又断然否认自己是"激进的道德怀疑论者"(页259)。此外,他还认为"道德上的忍无可忍是支持禁止性立法的足够理由"(页124)。似乎,他认为民众的自然偏好(raw preference)有很重的道德分量,而法官的道德观点只是没有道德分量的自然偏好(请看页125、257、259)。也许他说的只是,在我们社会中没有足够的道德共识作为坚实基础,因此法官不能以宪法名义用道德原则来废除任何反映了政府政治部门中暂时占据上风的道德理论的立法。法官总会不可避免地把自己有可能非常离谱的道德偏好强加给社会。

3. 服从传统也会出错:"并非所有传统都值得钦佩"(页235)。"历史并没有约束力,传统的用处在于告诉我们以往有过的明智和愚蠢,却不会把我们同任何明智或愚蠢链接起来……我们的历史和传统,就如同任何民族的一样,展示的并不只是对伟大道德原则的坚持,它还有一些非常不道德的事"(页119)。但就在同一页,鲍克又赞同地评论说,"多少世纪来,同性肛交一直被禁,因此,怀特大法官[在鲍尔斯诉哈德威克案中]说,那种认为这类行为'深深扎根于我们民族的历史和传统'的说法'最多是滑稽可笑的'"。在无法设想的意义上,这整个问题的讨论都很滑稽。同性肛交一直广泛,自人类最早的有文字记载的社会以来,甚至可能自人类从树上下来——甚至更往前——之后一直都有,在这个意义上(这当然不是怀特大法官的意义),它确实深深扎根于每个民族的历史和传统中。尽管一直得不到赞同,但压制它的努力也一直零零落落。因此,历史和传统认定的究竟是什么,很含混不清,并且,不管历史传统怎么认定,都不应有决定意义。至于理由,鲍克的雄辩已经展示了。但鲍克本人——和怀特大法官一样——似乎认为"压制同性恋可能在宪法上有问题"的说法是司法能动派的归谬,因为鲍克认为,同性恋不想受人管的道德主张并不比惯窃癖不希望被人管的道德主张更强有力(页204)。

原旨论者向后看,但它也会不时偷偷瞄一眼后果。实用主义者只是把法律决定的后果都明明白白摆出来。实用主义法官不否认解释宪法时,自己的角色只是解释,并非无法无天。在当事人之间,他不为实现短视的公正而违反宪法和自己的司法誓言,他完全清楚,在司法上,无法无天会有什么样的系统后果。然而,就像利普曼心目中的理想指挥家一样,实用主义法官认为宪法解释涉及的是如何把法官的思想和才情都移情投射到宪法创制者的创造性灵魂中,而不是奴性地服从宪法创制者的每一个节拍标记。在这种我称为实用主义的对解释的开阔且向前看的理解中,不同的解释可能带来的不同社会后果常常具有决定性意义;对一位始终如一的原旨论者来说(如果世界上还有这样的人的话),这些后果与如何解释无关。

说到司法决定的后果,我认为鲍克误读了自己被参议院否决的教训。他把失败归结为"新阶级"——左翼自由派学界和记者界的"知识阶级"或"智识阶级"——的阴谋诡计(页337、339)。确有这么一群人,作为群体,他们对美国大学和大众传媒有重大影响,鲍克的失败中,他们也起了作用,这都不假。但我不认为,在鲍克的失败中,他们起了决定性作用。除了里根因伊朗门事件成为跛脚鸭以及民主党控制了参议院外,决定性因素在于有大量美国人(我不是说多数美国人,但激情洋溢且善于言辞的少数人在代议政府制度中可能会非常强有力,此外,还有一定数量来自南方的保守的民主党参议员得靠黑人选民来保证自己的参议员席位)不希望宪法解释太狭窄,而鲍克可能解释得太狭窄。他们认为,不应允许各州禁止堕胎(鲍克说罗伊诉韦德案是"本世纪司法篡夺民主专有权的最重大例证和象征,

第九章 鲍克与贝多芬

应当推翻"[页116]),不应允许各州实施有种族限制的合同(谢莉诉克莱默案[20]撤销了这种合同,而鲍克认为此案判得不对)。他们认为联邦政府不应随意种族歧视。(鲍克认为勃灵诉夏普案[本书第六章]也判错了。)他们认为,各州不应随意颁行"野蛮的"法律,法官也不应像鲍克敦促的那样搞什么"道德节制"(页259)。对宪法未明文保护的一些少数群体,他们怀疑是否应全由多数人的良知来决定其权利。他们不担心这样一个事实,"没有任何大法官宣称在宪法没有规定的案件中有权推翻民主多数的决定"(页240)。(鲍克论辩说,目前联邦最高法院的大法官都不是真正的原旨论者,而从该书可能给人的印象来看,鲍克认为最高法院从来就没有过始终如一的原旨论者。)他们不相信,在冉奎斯特首席大法官的领导下会像在先前的首席大法官领导下那样,"法律受政治诱惑的情况会加速"(页240)。他们不认为应彻底杜绝司法创新,不允许司法创设新权利(而鲍克告诉联邦最高法院"别再"作孽的意思就是司法不要创新)。他们认为结果比理论更重要,并且他们还不喜欢鲍克想——根据鲍克本书以及他先前的著述来看——要的那些结果。

就思考这些问题而言,我们的公民同胞在道德上或政治上也许都不成熟,对鲍克批评的那些司法决定的后果也许没有完整了解(尽管我认为他们是了解的)。普通人的法律概念甚至可能是不融贯的,因为他们一方面认为法官的决定应当就是实在法的要求,而不是道德原则的要求,同时他们又认为法官决定的结果应当符合道德原则,因此从一个层面看,他们既赞同鲍克,也赞同鲍克最凶狠的对手德沃金;但在另一层面上,他们也同时拒绝这两人。最后,大多数美国人究竟是否赞同我描述的这些具体政策观点,也不确定。

但这些都是枝节。在一个代议民主制中,许多(无需是大多数)人不喜欢某位法官的司法哲学可能带来的后果,这一点就提供了可以接受的且怎么说都不可避免的一个理由:人民代表可以拒绝同意他就任法官,哪怕民众对这位法官的反感并没有深思熟虑的审判理论作基础。人民有权追问,

---

[20] Shelley v. Kraemer, 334 U. S. 1 (1948). 鲍克还说,如果以中立方式适用谢莉案原则"会同时是革命性的却又荒诞的"(页153)。

对他们来说,这种原旨论好处何在? 在《美国的诱惑》中,他们找不出任何答案。让我再次附和利普曼,尽管原旨论具有、甚或恰恰因其具有精细的历史真实,但如果原旨论带来的音乐很糟,人民又为什么应当聆听这样的音乐?

第三编 法律理论的多样性和意识形态

第十章

最早的新保守主义者

本编的主题是法律理论的多样性和意识形态标签。本编注意的大部分是左派法律理论,但我会从政治派别另一端,一位被不公正忽略了的人物谈起;这位人物,可以公平判断说,是伯恩斯和鲍克的思想渊源。这就是斯蒂芬(James Fitzjames Stephen)爵士。他生于1829年,死于1894年,同时或曾先后是位出庭律师、多产的散文家、道德家、政治思想家、有影响的刑法专著作者、殖民地官员以及英国高等法院法官,此外他是 L. 斯蒂芬(Leslie Stephen)的兄弟,因此也就是沃尔弗(Virginia Woolf)*的伯伯。他死后,他兄弟以他为主人公撰写出版了一本出色传记,成就了一项无法完成的任务,既虔敬又挑剔,既贴近又超然。[1] 斯蒂芬最有名的著作是《自由、平等、博爱》(1873),该书抨击密尔在《论自由》(1859)以及其他著作中提出的规范性政治理论,还勾勒了一个替代理论。本章集中讨论这本书。[2]

《自由、平等、博爱》是非凡时期的一部著作,它生动且富有启迪地记录了如日中天时的大英帝国,因为巴肯(John Buchan)**的长篇《祭司王约翰》

---

* 沃尔夫(1882—1941),英国20世纪著名女作家,以意识流小说著名。——译者注

[1] Leslie Stephen, *The Life of Sir James Fitzjames Stephen* (1895). 近来还有一本不错的传记,K. J. M. Smith, *James Fitzjames Stephen: Portrait of a Victorian Rationalist* (1988)。

[2] 《自由、平等、博爱》的第二版于1874年出版。此书停印了很久,直到1967年才再版。1967年版(怀特[R. J. White]编辑,有序论和注脚,剑桥大学出版社出版)还是脱销了,1992年芝加哥大学出版社重印了该书;此外,1993年自由基金会出版了由瓦尔纳(Stuart D. Warner)编辑的版本。我提及的该书页码都是芝加哥版。

** 巴肯(1875—1940),苏格兰政治家和小说家,曾任加拿大总督。——译者注

以及吉卜林(Kipling)*的诗歌都完成于下一代。该书是斯蒂芬作为印度理事会——大英帝国统治这块宝地的机构——成员服务完毕后撰写的,处处散发着那种可以说当年罗马人的帝国自信。最能说明问题的是斯蒂芬为彼拉多(Pontius Pilate)**的辩解,我从中摘录一小段:"如果……有人说彼拉多应尊重密尔先生阐述的宗教自由原则,那么回答是,如果当初他尊重了宗教自由,他就面临着巴勒斯坦全境都燃起熊熊大火的风险……如果彼拉多的做法看来太残酷,我也会用我的印度经历为之见证"(页115)。如果有谁认为斯蒂芬是帝国野兽,认为现代美国是帝国主义或经济学家是帝国主义者(因为他们,或其中有些人,寻求将自己的影响扩展到其他诸如法律和历史和社会学领域中去),他们都会从斯蒂芬书中了解问题的症结所在:这就是他太愿意统治其他民族了,根子则在于他对自己文明的优越性有最高的自信。"你必须准备说,我对了,你错了,你的观念应当给我的让道,悄悄地、逐渐地并且是平静地让道;否则的话,你就完全不可能规定任何立法原则;我们两人中只能有一个统治,一个服从,而我打算统治"(页90)。英国仅用了少数士兵和文职人员,就惊人地成功统治了印度(斯蒂芬曾亲眼目睹这一点,并对此有所贡献),这也许在相当程度上可以解说《自由、平等、博爱》一书中的这种威权色彩和自信口吻。

　　文字强劲、精练、格言化,在英国的那种不容争辩的质朴言说传统中,斯蒂芬是非凡的散文风格家。"要能够实施惩罚,在道德上你就必须有压倒性的多数"(页159)。"如果不是纠缠不休或随风倒,那么就一定会有且总是会有斗争"(页111)。"议会制政府只是一种温和且伪装了的强迫而已。我们同意以计算人头而不是打破人头来较劲,但原则是完全一样的……少数人总是让道并不因为他们相信自己错了,而因为他们相信自己是少数"(页70)。"粗野社会与文明社会的区别并不在于,动武时,文明社会比粗野社会有更多的指导性关切。林肯总统是动用了泰山压顶的暴力,打垮了查理曼(Charlemagne)和他的散兵游勇,才达到了目标"(页71)。"[智识]战争的结果是较弱的意见——那种不强劲的、扎根不那么深的感觉——被连根拔去了,它当初生长的地方就像被熨斗烤焦了;监狱、火刑柱以

---

　　* 吉卜林(Joseph Rudyard Kipling, 1865—1936),英国作家、诗人,1907年诺贝尔文学奖获得者,作品表现了英帝国的扩张精神。——译者注
　　** 彼拉多,古罗马的犹太总督,主持对耶稣的审判并下令把耶稣钉死在十字架上。——译者注

第十章　最早的新保守主义者

及剑都只是把这些较弱的意见打倒了,但反倒让它们在更好的环境中重生了"(页121)。

古板的修辞学家认为只有真实有益的修辞才值得赞美;但我们这些普罗泰戈拉斯(Protagoras)的真正后人(请看本书第二十四章)可以从斯蒂芬的机智、气势和自信中感到快乐,并为之喝彩,哪怕在他最势利和最短见时:"还有一个问题,在此我只能用两个词打发,即美国平等的巨大发展,迅速产出了大量自我满足但本质上并不重要的常人,这是否一个全世界都要跪倒予以膜拜的功绩"(页220)。

如果美国法律人,包括法学教授和法官,都比如今更聪明,他们就会承认这个生动的智识人物就是自己的前辈。事实上,斯蒂芬通过对霍姆斯的影响,无可怀疑地是美国法律思想史中的一位重要人物。我说的还不是他的刑法理论对霍姆斯的影响[3],尽管这种影响可能相当大;我说的是《自由、平等、博爱》一书中清晰展现的文风和思想品质。其中一点就是,斯蒂芬直截了当、强健有力、诙谐机智、生动活泼和文字经济的写作风格,这一点与任何时代的美国人的著述都很不同,却与霍姆斯的风格非常相似。霍姆斯时代和他那个阶层的波士顿人都从英国获得文化启发,霍姆斯一生频繁访问英国,在那里遇到了斯蒂芬并成了熟人。[4] 我想,霍姆斯的文风就是以当时英国最好的散文作家为范本的。[5] 斯蒂芬不仅是这一阶层中引人注目的一员,而且是位律师,是霍姆斯的私交。他的年龄也适合当霍姆斯的导师。他比霍姆斯大12岁,出版《自由、平等、博爱》时44岁,霍姆斯这时则刚开始学术著述。也许霍姆斯还从斯蒂芬身上学到了,尽管更可能是霍姆斯从斯蒂芬那里找到了大人物对自己天性的肯定,在这两位作家身上都很典型的一些天性,例如道德上的无情。斯蒂芬的上帝

> 是一位无限智慧且强大无比的立法者,其本性可以说无人理解,但这个上帝为一个既不愚蠢也不胆小的审慎、坚定、果敢、坚韧的人种

---

[3] 关于这一点,请看,Mark DeWolfe Howe, *Justice Oliver Wendell Holmes: The Proving Years, 1870-1882*, 213, 227, 267-268 (1963)。Smith,前注1,页63—65,强调了他们两人刑法进路上的分歧。

[4] 然而,两人"没产生友谊"(Smith,前注1,页63),不像霍姆斯与L. 斯蒂芬之间。

[5] 哈佛法学院图书馆有段为庆祝他90岁生日霍姆斯发表的简单电台讲话录音。聆听这段录音令我触动的是这个事实,即至少对许多现代人来说,霍姆斯说话是英国口音。

创造了现在这个世界,他对现在的人、对于那些非常了解自己想要什么并决意运用所有合法手段获得其所要的人并没有特别的厚爱。这种宗教是坚实确定的英国民族的未言说的但根深蒂固的信念。这些信念构成了一个已经消耗了无数铁锤且将继续消耗无数铁锤的铁砧,无论是宗教狂热分子还是人道主义者。(页252)

与这种道德无情紧密联系的是这样的信念,即统治这个世界的是强力(force),尽管斯蒂芬全力关注的宗教是其著作中的主导色彩,尽管霍姆斯的法理学也是如此。

斯蒂芬的著作(霍姆斯没有接受他提供的这一引导)大力为一种观点辩护,他认为,法律的一个恰当功能就是改善人们的道德,而不只是防止对第三方造成明显伤害,尽管,由于法律的实际限制,他认为应有节制地运用法律这一功能。斯蒂芬称刑法是"社会可以为任何目的而使用的最粗野的引擎"(页151)。如今,刑法的恰当范围究竟是什么,这样的辩论仍在继续,比方说,哈特(H. L. A. Hart)与德夫林(Patrick Devlin)的著名论战。德夫林就坚持了斯蒂芬的立场[6],尽管雄辩程度上差多了。不仅德夫林反射了斯蒂芬,而且哈特重复的也就是霍姆斯;因此在这场辩论中,霍姆斯和斯蒂芬是对立的两方,尽管他俩在其他方面有很多相似之处。最突出的是在《法律的道路》一文中,霍姆斯把法律完全从道德中解脱出来,让法律独自自由地起作用,霍姆斯还是一位坚定的无神论者。斯蒂芬是坚定的基督徒,尽管斯蒂芬,我们会看到,是一个类型相当特别的基督徒。他们两人都认为,最终的裁判者是强力,但只有斯蒂芬才认为扎根于基督教信念的道德法典是保持人们有序和社会完整的公共价值体系中不可缺少的一部分。

但《自由、平等、博爱》的最大意义是对密尔的大胆挑战,这使该书成了保守主义思想的一部(被忽视的)经典。[7] 要理解和评价斯蒂芬的这一挑战,我们必须首先确定密尔在古典自由主义历史中的地位。古典自由主义的基础之一是边沁的功利主义原则,根据这原则并辅以其他原则,就可以得出与M. 弗里德曼这样的经济自由至上主义者相联系的自由放任的进

---

[6] Hart, *Law, Liberty and Morality* (1963); Devlin, *The Enforcement of Morals* (1965).

[7] 并没被完全忽略。R. 柯克(Russell Kirk)1955年版的《论自由》的导论就宣称《自由、平等、博爱》是对密尔的决定性否决。

路。但边沁的原则是一个千面人,密尔强调的是其中尊重人类偏好多样性的一面,边沁的口号是每个人都是一票且仅仅一票。这是功利主义中最重要的平等主义因素(某些现代功利主义者强调另一点,即收入的边际效用递减),这直接导致了对民众政府的信念。但是,尽管密尔的许多思想都来自边沁,密尔却没有把民主制作为古典自由派大厦的基石。作为基石的是自由。自由通过紧紧限制政府的权力范围而高于民主。自由是这样一个原则,即人们应当自由做任何他们想做的,想任何他们想要的,说任何他们想说的,崇拜任何他们想崇拜的或不崇拜任何东西,并追求和追随他们自己想追随的生活计划,唯一的条件就是(应当说,这是一个很大且很含混的但书)他们不干任何不合情理地干预他人同等自由作为的事情。自由至上原则[8]是密尔政治哲学的核心,但即使不考虑他对社会主义不时流露的同情,自由至上也不是其全部的核心。他认为,世界上的愉悦有高(智识的、艺术的、利他的)下之分,相信通过教育、产权保护和经济自由可以通向繁荣,认为鼓励普选和陪审等形式的公民责任社会可以改变并提升人们的偏好,并且社会应当如此做。当总人口中有越来越多的人以高等偏好替代了低级偏好时,社会的底层就上升了,人们相互间在一种好的意义上就变得更平等了。在高级偏好中(即那种强化平等主义的倾向中)有仁爱尊重他人福利的因素。因此,其中就有自由、平等、博爱的因素,尽管法国大革命的这些口号贴在密尔和密尔传人身上,这是斯蒂芬的恶作剧。

  由于政治气候变了,也由于我们这些现代的密尔传人反对福利国家的各种特点,我们很容易被归类为保守派而不是自由派,因为我们不是强烈的平等主义者,不像密尔本人那么强烈;而应当被称为社会主义者或集体主义者的支持福利国家的人却占用了"自由主义者"这个词;甚至当他们倡导以种族平等或性别平等的名义限制表达自由时,他们还保有了这个名号。实际上,真正的保守派并非我们这些密尔的传人;真正的保守派是那些社会和宗教保守派或新保守派人士,比方说克里斯托(Irving Kristol),布卢姆(Allan Bloom),本奈特(William Bennett),巴克里(William Buckley)、伯恩斯(Walter Berns)、柯克(Russell Kirk)以及鲍克。他们像柏拉图和L.

---

〔8〕 但我们一定要细心,要把这种密尔式自由至上论同教义和极端的自由至上论分开,后者的基础是形而上的人类自由概念,是同兰德(Ayn Rand)的追随者、哈耶克和米塞斯(von Mises)的某些追随者以及如罗思巴特(Murray Rothbard)这些"无政府的资本主义者"相联系的。

斯特劳斯（Leo Strauss）一样，认为国家不应仅仅满足于保护财产和人身权利，满足于人们有渠道获得教育和公民参与，满足于为培养物质繁荣和造就自由探讨和辩论的氛围，满足于多样化、实验（包括生活实验）以及温和的仁慈；国家还应灌输美德、推动虔信、惩罚不道德、鞭挞享乐主义。正是在这些认为国家有道德职责——即国家必须知道什么正确，什么错误，并把国家认为正确的观点强加给社会——的人们当中，我们找到了斯蒂芬《自由、平等、博爱》的位置。

上面我称斯蒂芬的著作是对古典自由主义的大胆挑战，其实，也许称其为好斗的挑战更合适。在剥离了古典自由主义的自由、平等和博爱（利他、仁慈和同事情感）脉络后，斯蒂芬用相反的一些东西来替代。他用权力和限制替代自由（他称自由为一种"虚无"），并提到"权力先于自由"，自由"从事物的根本性质来看，依赖于权力……只有在一个强有力的、组织良好且聪明的政府下，才可能存在任何自由"（页166）。他用人的身体和智力的自然不平等（例如，他认为男女之间天然不平等）替代了平等；他还用敌意替代了博爱。他说"在我的生命进程中，如果我碰上任何人或任何一群人，他们像敌人那样对待我，对待我的人或我所关心的人，我就会把他当做敌人，我绝不关心我和这些人之间经由亚当或某些原始猿猴可否追溯某种联系"（页240）。斯蒂芬还用强力、舆论和地狱之火组成的暴政替代了作为公正政府之最高指南的人道主义。

那么，斯蒂芬是否就是陀思妥耶夫斯基的英国版宗教大法官呢？* 无论是《卡拉马佐夫兄弟》中宗教大法官那一章还是《自由、平等、博爱》都惊人的直截了当，这里没有通常的遮遮掩掩，把我们带到了当下实实在在的威权主义传统。但对我们来说，斯蒂芬的批评更有意思，因为斯蒂芬是在边沁和密尔的自由思想中浸泡出来的英国人，他对两人都非常钦佩。因此他的批评就来自这一传统内部。不知不觉地，他的批评就展示了区分自由派与反自由派的这条界限是何等出色。

密尔与斯蒂芬的分歧，说到底，在于对人性的看法。在所有的英国政治思想前辈中，斯蒂芬最钦佩的是霍布斯。密尔认为人们可以通过讨论得

---

* 这里说的宗教大法官是陀思妥耶夫斯基长篇小说《卡拉马佐夫兄弟》中挑战基督教教义的虚构人物，他认为，至少就广大普通人而言，人天生是叛逆的，并不真渴望自由，而更渴望对强权的依赖。——译者注

到改善。斯蒂芬认为这不可能。"你算一算有多少男女自私、世俗、琐碎、懒散、绝对平庸且成天埋头在日常蝇头小利上,然后你再想想怎么可能通过最自由的讨论来完善他们。对他们可能还有些影响的唯一现实就是强迫或约束"(页72)。(他可不是"协商民主制"的粉丝。)同宗教大法院一样(还和尼采也一样,尼采是19世纪另一位伟大的反自由主义者),斯蒂芬认为大多数人都像儿童或家畜,天生就是奴隶,他还认为宗教的意义与真假无关,在于宗教是有效驱赶人们的棍棒。"一切经验都表明,几乎所有人都不时需要希望的鞭挞和恐惧的约束,也表明宗教的希望和恐惧就是有效的鞭子和缰绳,尽管有人是啥都听不进去、鞭子对他也没用"(页98)。儿童就是"一种服从、依赖和听话的状态,他们通常对命令内容理解最不完善",这在斯蒂芬看来就是一个恰当的"爱、敬畏和服从的联合体"模本,比"自由、平等、博爱这类警句格言"更能让人们理解什么才是"保持国家永远繁荣的根本条件"(页193)。

宗教是驱赶牲口的棍棒,这隐含了一种特殊的宗教教义。宗教大法官拒绝了基督耶稣;斯蒂芬也拒绝了。"从没有哪个明智的民族真的相信或会装作相信耶稣基督的圣山训示,在任何意义上,该训示都与以尽一切武力维护民族独立、光荣和利益不一致。如果圣山上训示真的禁止后者,那么,就应抛弃该训示"(页261)。即使对于虔诚的基督徒,圣山训示也只是"对义务的可悲夸张"(页259)。但在宗教信仰上斯蒂芬从没真有过问题。因为他对宗教的看法就是工具性的。宗教是附着于治安。在斯蒂芬的理解中,上帝激起的是畏惧而不是爱。上帝就像人类的法官,只不过更强大,也更精准罢了。

我摘了另一段精彩文字,在此斯蒂芬把智识交锋描述得比智识迫害更具毁灭性。这从另一角度表现了他的一般倾向,即在任何地方,他看到的都是强力。"不论你如何掩饰,它都是这种或那种强力,它决定了人类的关系"(页209)。法律,当然了,"不过是受规制的强力罢了"(页200)。并且,"说服其实也是种强力",因为"构成说服的就是向人们展示这么行动你会有什么后果"(页129)。(权力与说服是连在一起的,在这一点上,斯蒂芬预告的是多年后霍姆斯系统阐述的言论自由理论。)[9]对斯蒂芬来说,所谓进步,并非社会中强力的作用衰减了,而只是表现形式变了。"把[中世纪苏格兰和现代苏格兰]做个比较,第一印象就是14世纪的苏格兰完全服从强力之法,而19世纪的苏格兰就全然不是强力剧场了"(页203)。但相反的说法也成立:现代苏格兰政府强力更大了,乃至"如今,个人为了私利故意抵抗国家法律已不可能,都不会有人还会想试试"(页204)。"因为今天的强力使用是常规的、无人反对的和仁慈的,因此说今天已放弃了强力之法,这等于说白天和黑夜制度是如此确立完备,太阳和月亮都太多余了"(页206)。

斯蒂芬强调强力,而不是统一、传统、惯性或双方利益,才连接整合了社会,这隐含的是人们当中有天然且非常重大的不平等。这个世界必须有个拿鞭子的精英阶层,因此必须有主人与奴隶之分。他断然相信这种分别不可避免,而特别有意思的是他的另一个断言(很奇怪,很马克思主义,后来的韦伯对此也强调很多),即密尔式的资产阶级自由只会加剧而不会修补不平等的后果(页207—208):

> 往日里,奴隶漫不经心,也许无疑主人会残害或处死或鞭挞他;但主人不得不想想,这样做是毁坏自己的财产……如果现代仆人行为不端,主人可能当即赶走他,另雇一位,就像招呼出租车那么容易。拒绝给被解雇者人写人品[推荐信]几乎就等于判处他数月受苦并在社会等级中永久堕落。没有上诉,没有反省,惩罚就这样施加了,日常生活平静如水,没有微涟。

"相当不错,我们已把政治权力成功切成细致的片断,还在继续剁它,还哼着我们习惯的胜利之歌"(页207),结果"却是出了一个人,他可以聚集起最大的权力,统治他人"(页211)。"在纯粹民主制中,实施统治的会是幕后操纵者和他们的朋友;他们与选民并不平等,就像士兵和大臣们与君主制下的臣民不平等一样"(页211)。

---

[9] Abrams v. United States, 250 U. S. 616, 630 (1919) (反对意见); Gitlow v. New York, 268 U. S. 652, 673 (1925) (反对意见)。特别贴切的是吉特洛案中霍姆斯的话:"如果长期来看,社区中的主导力量注定接受无产阶级专政中表达的信念,那么言论自由的唯一含义就是应当给它们机会,给它们让道。"不管这究竟是什么意思,或者这是否会变成宿命论。

第十章 最早的新保守主义者

斯蒂芬同意其朋友梅因(Henry Maine)的看法,在人际关系的调整上,有个从身份到契约的运动。但结果仅仅是不平等的加剧(页209):

> 我们想想这种情况,法律令男女尽可能的平等,而舆论也服从了法律。我们再设想婚姻变成了仅仅是合伙,像其他合伙一样,可以散伙;想想这个社会要求女性像男人一样赚钱谋生;想想完全没有了对不同性别予以适度不同保护这种概念了;想想男人对女人就像对男人完全一样;想想我们从其他秩序继承的观点,比方说,在人们共知的弱点*前心甘情愿认输,有责任为女性做各种事情(如果是为男人做,就是种侮辱),连这都被摧毁了;结果会怎样呢?结果会是,女性成了男人的奴隶和苦役;女性会感到自身弱点并接受最极端的后果。其实,顺从和保护相互关联。失去了这个,也就失去了另一个;强力就会通过合同法而不像当年通过身份法百倍般严酷地显示出来。

斯蒂芬担心的这种可怕——男女间在法律上以更大程度的实际上的平等——今天已经出现,但女性并没成为"男人的奴隶和苦役"。在这方面,就像他对美国的诋毁一样,历史已证伪了斯蒂芬的预见。但另一方面,这一预见的核心是这样一个信念,即法律必须有个道德基础,道德必须有个宗教基础,政府如果不支持某个宗教就是默默接受了怀疑主义的非宗教观点,政府必须选择宗教,选择包含有政府希望向人们灌输的道德法典的那种宗教,必须支持这个宗教,而忽略其他宗教;他的这个信念也被历史证伪了。自斯蒂芬时代以来,特别是自"二战"以来,欧洲尽管还保持着其确立的宗教,但大部分人都已失去了宗教情感,但并未因此不讲道德;美国人尽管严格分离教会和国家,却继续保持强烈的宗教情感,而他们的道德标准并不高于欧洲人。[10]

尽管在斯蒂芬看来,密尔很"糊涂",但密尔关于政治共同体的看法仍然是最现实的,同时也是——一种幸福且罕见的结合——最启示人的。然而,尽管《自由、平等、博爱》没有击中其预定目标,还是有些重要洞识,使它

---

* 指爱情。——译者注

[10] 关于欧洲人和美国人的宗教情感,请看,*Gallup Report* No. 236, May 1985, p. 50; Richard A. Posner, "The Law and Economics Movement," 77 *American Economic Review* 1, 9-12 (Papers and Proceedings issue, May 1987); *Sex and Reason* 161.

不只属于某一时代,也不止是有其修辞的绝技。和 A. 斯密一样,斯蒂芬也怀疑博爱,这回他是对的,他怀疑自己或有任何他人能否"关心大量与自己没有任何交往的人"(页240)。他还正确注意到了自由市场制度下"谁输谁倒霉"的特点(而在这一点上,应当说他的音符与现代社群主义是和谐一致的)。并且,如果说平等没把女性变成奴隶和苦役,但平等确实令女性境遇下降了:美国贫困的女性化部分是离婚容易了的一个函数。[11]

斯蒂芬(在这点上,他同边沁和密尔都决裂了)还正确指出威慑并非刑事政策考量中的唯一因素;因为除其他方面外,法律"还断言了这样一个原则,即仇恨感受和复仇欲望……都是重要的人性因素,在此情况下,应以恒定、公共和法律的方式来满足这种感觉和欲望"(页152)。而这就是为什么"有很多无须具体指明的行为,仅仅因为被认为非常不道德,就被当做犯罪处理了"(页154)。[12]

斯蒂芬正确强调了作为规制工具,刑法的能力其实有限。"要将某个行为作为犯罪处理,对此行为首先应当能明确定义并有具体证据,并且该行为是值得防范不让其发生的,即便惩罚该行为会有风险,会直接和间接伤着行为人"(页151)。尽管怀疑自由,他却认为

> 有个无法界定其边界却很真实的领域,如果让法律和舆论侵入,会造成伤害更大而没有好处。想用法律或舆论压力来规制家庭内部事务,规制爱情关系或友谊或其他许多性质类似的事情,那就好比想用钳子夹出落入眼中的睫毛。也许眼珠子拔出来了,却永远夹不住那根睫毛。(页162)

"人们会感到一种浮躁却又不说它很糟的激情,也不直接伤害他人,法律如果同这种激情直接竞争,一般说来,造成的伤害会多于好处;这也许是为什么不大可能针对淫邪直接立法的主要原因,除非其形式令每个人都认为太

---

[11] Lenore J. Weitzman, *The Divorce Revolution*: *The Unexpected Social and Economic Consequences for Women and Children in America* xiv (1985); H. Elizabeth Peters, "Marriage and Divorce: Informational Constraints and Private Contracting," 76 *American Economic Review* 437, 449 (1986) (tab. 6)。

[12] R. 怀特(R. J. White)说,这时斯蒂芬心中想的是肛交和其他"不自然行为"(页154注3)。我们没必要就因为承认斯蒂芬的观察没错(他描述了情感会影响刑罚),就赞成斯蒂芬,就认为这些行为应当属于犯罪。

丑恶恐怖了"(页152)。

这些文字也许会令人奇怪,在关于法律是否应规制道德或仅仅防止明显可以察觉的伤害的辩论中,斯蒂芬究竟站在哪边呢? 在大多数务实问题上,明智威权者和明智自由至上者是否可能没有分歧? 当他们都从边沁出发时,答案或许是肯定。因为我们一定不要忘了边沁强硬的那一面[13],他为刑讯辩护、崇拜星室法院、建议监禁乞丐、相信监视和灌输、贬低权利,这都显露边沁有一定程度的威权色彩,显露他赞同自上而下的改革,并且他热衷于用强力和诡计作为控制和改良社会的手段。当然,威权并非边沁思想的全部,但我们可以从边沁思想的这一脉络中看到这样的逻辑结果,例如,斯蒂芬对宗教的断然的工具性理解。因此《自由、平等、博爱》是一份功利主义文件,也是一份保守主义文件,并且我们还会回想起,尽管边沁的种种无情,他还是认为通过惩罚对罪犯施加痛苦是一种恶,只有当这种恶防止了其他人的更大痛苦时才能正当化。斯蒂芬对刑法有第一手了解,他这样的功利主义者不大可能看不到,作为效用最大化的社会控制工具之一,刑法实际的局限,并且,我们也已看到,斯蒂芬事实上是看到了这一点。我们不应看不到他的实用主义脉络,看不到给创造性的思想家分类定性很危险,看不到在许多方面斯蒂芬和密尔是完全一致的。[14]

---

[13] 请看,"Blackstone and Bentham," in Richard A. Posner, *The Economics of Justice* 13, 33-47 (1981)。

[14] 又请看,Smith,前注1,页170—172。

第十一章

左派的美国法律思想史

霍维茨是位法律史家,也是批判法学的创始人之一,他以南北战争前的美国法律思想史研究确立了其学术声誉。[1] 他集中关注了美国普通法的演化,而普通法起初是英国法官制定的原则,主要处理事故、财产、合同以及商业票据问题。霍维茨论辩说,美国独立后,大胆且勇于创新的美国法官重塑了这些原用于后封建静态农业经济的原则,令普通法便利了——事实上是滋养了——工业化和经济增长。这一转型过程完成于1850年。此后,法官们就追求模糊化、神化和合法化与这个民族从农业向工业的经济转化相伴的收入不平等和财富再分配上的不平等[2],法官自己也培育了这种不平等,他们放弃了目标导向的自由决策方法,而赞同法律形式主义——"对法律作科学、客观、职业化并且是非政治化的理解"。[3]

尽管霍维茨论题言之成理,扣人心弦,马克思的(如果还不是非常马克思主义的话),并且论证也清楚,它还是容易受集中批评。霍维茨的证据使用不细心、有选择性甚至有倾向性。[4] 他把18世纪的法律浪漫化了,因此

---

[1] Morton J. Horwitz, *The Transformation of American Law*, *1780-1860*(1977, reprinted 1992).

[2] 到了美国内战前夜,"普通法已经变成承认这一市场体系造就的种种不平等了"。同上,页210。

[3] 同上,页266。"一个社会中法律形式主义得以繁荣的必备最高社会条件就是该社会的强势群体有巨大利益来掩盖压制法律不可避免的政治和再分配功能。"同上。

[4] A. W. B. Simpson, "The Horwitz Thesis and the History of Contracts," 46 *University of Chicago Law Review* 533 (1979); R. Randall Bridwell, "Theme v. Reality in American Legal History: A Commentary on Horwitz, *The Transformation of American Law*, *1780-1960*(原文如此。——译者注), and on the Common Law in America," 53 *Indiana Law Journal* 449 (1977).

第十一章 左派的美国法律思想史

夸大了 19 世纪法律的剥削性。[5] 他忽略了法律教义得有效率,也误解了补贴(subsidization)概念[6],这个概念要有意义就得有个底线,而他没提出底线,他把所有法律变化都说成获益者的某种"补贴",这种说法就几乎没用了。并且,如果法官们都一心把某个群体置于公众之上,那么,为什么那些重要的"再分配"决定一直都把法律原则直接建立在经济政策上,而不是只建立在通常关于权力、正义和先例的模糊话语上呢?[7] 为什么 1850 年之前那么久,这些法官一直看不穿法律形式主义的修辞好处呢?形式主义并不像霍维茨认为的,是发展出一个分化、组织起来并知识化的法律职业后才发明出来的。它可以追溯到西塞罗,更近一些,则可以追溯到《联邦党人文集》以及马歇尔的司法意见。

这些批评都不能摧垮霍维茨的著作;这本书对历史材料的综合是非常出色的,是美国法律思想的一个强有力尽管可能片面的版本。但这些批评都很实质,对这些批评,人们也许认为霍维茨会重新考察自己的主题并作出反应。但并非如此,多年后,他又写了一本书,接着他前书结尾处 10 年后即 1870 年的故事说,一直讲到 1960 年,看起来,两书的唯一区别仅仅是编年。[8] 其实,差别还不少。[9]

后一本书并没直接提到对前书的批评,但这些批评不可不影响作者的思考。第二本书的序言就承认作者深刻疑虑,对历史现象是否可能有客观的、决定性的因果解说。第一本书是一般的经济决定论著作。在那本书

---

〔5〕 请看,例如,Simpson,前注 4,页 600—601。

〔6〕 Stephen F. Williams, "Transforming American Law: Doubtful Economics Makes Doubtful History," 25 *UCLA Law Review* 1187 (1978); Herbert Hovenkamp, "The Economics of Legal History," 67 *Minnesota Law Review* 643, 670-689 (1983); Gary T. Schwartz, "Tort Law and the Economy in Nineteenth-Century America: A Reinterpretation," 90 *Yale Law Journal* 1717 (1981), esp. pp. 1772-1774; *Economic Analysis of Law* 256-260.

〔7〕 请看下面这段引文,引自马萨诸塞州首席大法官肖伊(Lemuel Shaw)在法维尔案(Farwell v. Boston and Worcester R. R., 45 Mass. [4 Met.] 49, 58 [1842])的著名意见:"在考虑因具体关系而发生的权利义务时,司法法院有能力考虑政策因素和一般的便利因素,并从中得出将实际用于最好地推动有关一切安全保障方面的规则"。霍维茨(Horwitz,前注 1,页 209)称法维尔案是美国法律自由市场革命的一个"里程碑"。关于肖伊的司法意见充满了政策因素、非形式主义的特点,请看,Leonard W. Levy, *The Law of the Commonwealth and Chief Justice Shaw* (1957), esp. ch. 2。

〔8〕 *The Transformation of American Law*, 1879-1960: *The Crisis of Legal Orthodoxy* (1992)。

〔9〕 G. 怀特(G. Edward White)对后一本书的书评也注意到了这一点,91 *Michigan Law Review* 1315 (1993)。

中霍维茨论辩说,阶级偏见扎根于经济利益,日益通过形式主义修辞予以伪装,这种偏见塑造了19世纪法律教义的状况,这些教义成为精心制作的工具,用作把财富从农业向工业、从被动者向积极者、从弱者向强者、从劳动力向资本再分配。在第二本书中,阶级偏见和剥削则成为法律变化的中介原因,而对经济环境中的一些无政治性的重要变化,如新型财产的增长(知识产权,比方说),情绪或心理因素变化,其中包括了——特别是——爱情及其兴衰,以及人生观(Weltanschauung)变化,其中包括了非常神秘的量子理论发展,都成了法律变化的原因,并且该书对这些因素的强调是同等的。但同等强调并不意味非常强调。霍维茨对马克思式解说的确信消减了,他新获得的对弗洛伊德式以及其他心理学解说模式的确信却没能补上这一消减。他变得羞于谈论有关历史的因果解说。

霍维茨头一本书考察了美国法律史一个非连续时期内——从美国独立到南北战争——主要教义的发展。在霍维茨看来,这是美国法官继受英国普通法的时期,是普通法变得更有利于商业利益群体的时期,也是司法部门采纳形式主义给这一转型封顶的时期。该书涵盖非常全面(尽管不完整),因为,尽管限定在普通法上,但这一时期的大部分美国法就是普通法;并且这一时期已经公认是"历史"了,因为一个多世纪前它就结束了。而第二本书从半中腰开始(in medias res),在形式主义长期统治了几十年后开始,结束于形式主义统治结束的1960年;故事既没一直讲到今天,也没切在历史连续的某个自然断裂处。

不错,从某些方面看,1960年可以说是美国法律史的一个分水岭;本书第一章和第二章都是这样处理的。令人难忘的"沃伦最高法院"的巅峰时期大致从这时开始,随后联邦诉讼开始巨大扩张并持续至今,法律职业的深刻变化也从这时开始。但在霍维茨看来,这都不是美国法律的分水岭。该书突出展示了在近一个世纪的动荡中美国法律影响深远的教义发展和制度发展,但该书对这一时期的种种变化几乎没说什么,无论是侵权责任的巨大扩张,还是联邦民事诉讼规则引发的程序革命,无论是如反托拉斯、劳动和公用事业规制等新领域的兴起,还是人们对所得税、证券法、工伤赔偿、公民自由的日益关注以及民权法和民权诉讼的非同寻常的增长,无论是法律职业内的日益专业化、联邦和州司法权限的流变、全国性或是国际性大型律所的出现,还是法律职业主导教育方法从学徒制向课堂制的转变、法院中法官助理的兴起以及商法法典化等。在霍维茨看来,美国法由一些有倾向性的混乱概念实体——如"财产""因果律""公司"以及"治安权"——组成。这座危险的形式主义大厦(霍维茨称其为"古典法律思想")是由一些反动派及其辩护士完善的,主要是在19世纪最后25年间;首先动摇了这座大厦是当时的社会经济变革,随后法律现实主义以及其他心态反叛的进步运动法律思想家又揭穿了其真面目。霍姆斯在此是关键的转型人物(因一次婚外恋引发的转型),他参与创建了,也抨击了这座古典大厦。最后,到了1950年代,甚至法律现实主义者也被他们自己的概念——如"司法自律"——害惨了,当年的进步运动派也都成了反动派。我这里有点搞笑此书,但也就有点而已。

前书集中关注的是书中那个时代最重要的法律教义,后书却跳到了更高的抽象层面,集中关注法理学辩论,形式主义与现实主义的辩论。这一辩论到1940年代就逐渐消失了,因此后书的时间跨度以及论题范围都大大低于该书书名给人的预期。该书用很大部分讨论法律现实主义,但即便像霍维茨那样从宽理解,现实主义也只是美国法律史复杂迷人的织锦中的一根,只有法学教授,而且只是其中少数特精细的,才会认为这是美国法律史的中心问题。随后该书主要讨论了法学教授(或是法官在司法以外的法律著述中)说了些什么,其次是讨论司法教义,几乎完全没有谈论操作层面的法律。你可能认为"法律"指的是一种社会控制,既不同于伦理,也不同于政治;或认为"法律"是指构成法律制度的一些人和组织;或是认为"法律"仅仅是一套法定规则体系;霍维茨前一本书中隐含的法律概念就是这三种。但在本书中,霍维茨在第四种意义上思考法律:即把法律视为法学教授和其他法律人的话语。因此,这本书的真正主题是"作为一个融贯学术领域且独立于宪法历史的美国法律思想"(页273)。

我不想过于夸大霍维茨这两本书接不上。头本书中,恶作剧的现实主义者肖伊(Lemuel Shaw)1850年后摇身一变就成了形式主义者了。后一本书中,弗兰克和卢埃林这样的淘气鬼到处抨击形式主义,到最后他们又摇身一变成了形式主义者。这也是接茬,但两书还是很不一样。我想首先考察对他上本书的主要批评,对于他后一本书是否还适用。霍维茨对历史证据是否还是那么掉以轻心,这个问题我留给专家,但他在讨论霍姆斯合同法观点上留下的标记令我关切。霍维茨指向了霍姆斯这篇最著名论文中

"与[霍姆斯]撰写的任何其他具有同等影响力的"(页38)"三句话"。这三句话是:"在一个合同中,你总可以隐含一个条件。但你为什么要隐含它呢?这是因为一些与该社区或阶层的做法相关的信念,或是因为某些与政策有关的看法,或简而言之,因为你对某个问题的态度,无法精确测定,因此也无法找出其精确的逻辑结论。"[10]这段文句同霍姆斯的任何文句具有同样的影响力?想想"普通法的生命从来不是逻辑,其生命是经验"以及"宪法第十四修正案并未规定斯宾塞先生的社会静力学",这话说的,特别是从承认自己很怀疑因果推论的霍维茨的口中说出,实在是太轻率了。我的关注还不在这句话是否确切。霍维茨说得是,这三句话标志着"革命的时刻",这一刻,合同理论发生了一个"范式转换",即从以双方合意为基础转向了强加给"双方某种政策,不论他们任何所谓的意图"(页38)。但在霍维茨引用的这三句话之前还有一句话,表明霍姆斯在此并非就合同法中意图的作用提出了一个看法。这句话是"对任何结论,你都可以给出一个逻辑形式"。随后那句话则是用一个合同中"隐含"了一个条件这么个例子来例证了该命题,其实是用演绎法来得出这个条件,而这时,霍姆斯认为,事实上是在合同中插进一些条件,这反映的是一个社会政策的判断。然而,这个政策有可能就是,在可以辨认双方意图的情况下,依据双方意图强制执行合同,以及,当无法辨认双方意图时,依据推测的、双方在有机会就争议谈判时可能同意的情况来强制执行这一合同。就合同的最重要条件——一方履行义务的条件是另一方实质性履行了己方义务——而言,这是足够清楚了。

在该文其他地方,霍姆斯确实强调了法律并非按照"合同是严格的合意"这个假定前行的,因为法官没法钻进人们脑瓜;他们以外部符号为基础采取行动。但这并不就否认合同和合同法的社会功能就是便利人们达成协议(有时法院可能会以双方签订合同若曾想到这个问题就有可能这样做为根据来填补双方成文合同中的空白),而不是告诉人们应当如何生活。这甚至未必是霍姆斯思想中的一个变化。许多年前,霍姆斯就曾写过,合同履行中哪一步应视为他方必须履行的一个前提条件,"只有参照社区惯习和便利"方能确定,"不可能从任何一般理论中获得答案……做决定的理

---

[10] "The Path of the Law," 10 *Harvard Law Review* p. 466.

第十一章 左派的美国法律思想史

由纯粹是务实的,从来都不能从语法或逻辑中引申出来。人们会发现在所有关于[条件]的问题上,自始至终都参考了可行性因素"。[11]

确实,不惜一切代价来寻求这个合同中这些当事人的意图,与追求提出——就一般运作来看——一些会令合同达成和实施成本最小化的合同法规则,这两者间是有差别的。前者有一种康德的或自然法的味道,后者则有功利主义或经济学的味道。取第二种进路的法院也许会拒绝实施一个不成文的合同,不管相关各方意图的证据,因为法院认为在一般案件中书面证据会减少在合同意图确认上出错的概率。这后一种进路(这实际更合霍姆斯的心意,但与霍姆斯的这段引文中的观点不一致)获胜,也许算是法律教义上的一个重要变化。但在霍姆斯思想中,这不是变化。在这一进化中,下一步也许就是追求实质性的可欲后果,而不是便利自愿交易的过程,这就是寻求超越契约自由。霍姆斯从来没迈出这一步,而霍维茨的看法相反。

霍维茨提出了早已为人们遗忘的艾希利(Clarence Ashley)的两篇文章作为证据,表明霍姆斯的这三句话有"压倒性的"影响力。霍维茨告诉我们,这两篇文章都抨击了契约自由,为了支持这个说法,霍维茨提出这样一段很有说服力的引文,"在侵权责任和合同责任之间……似乎没有任何差别"(页39)。[12] 要注意,霍维茨用的省略号。[13] 被省略的是"就此而言"。艾希利的观点因此只是,一旦双方表达了他们同意接受某个合同的约束,法律就将决定法律后果。"在侵权中,法律给某些行动附加某种责任,就是支付损害赔偿。在合同中,法律则给另一些行动附加责任,即合同。"这确实是霍姆斯似的,而不是革命性的。

对霍维茨第一本书的第二个主要批评是,霍维茨对经济学无知,导致他把再分配动机归于一些可能反映了效率考量的概念,对后一本书,这个批评不适用,因为他用经济解释智识变化的兴趣小了。但偶尔还会出现,特别是谈到公司时。霍维茨不加批判地接受了这样的命题,即"寡头"董事

---

[11] *The Common Law* 337-338. 在这段文字中霍姆斯提到的可行性因素涉及合同和合同法在市场交易中的便利作用。

[12] 引自,Clarence D. Ashley, "Mutual Assent in Contract," 3 *Columbia Law Review* 71, 78 (1903)。

[13] 前一本书中的类似例子,请看,Simpson,前注4,页591。

和公司管理层(他反复用了这些词)剥削股东和消费者,各州竞相提供了一些公司法原则,便利了这种剥削,这就是"臭名昭著的'无底限竞争'"(页84),而霍维茨写作时显然不了解,在这个问题上其实当时已经有大量学术文献。[14] 他最严重的经济错误在于假定:支持公用事业定价的生产成本(而不是原始成本标准)造成了垄断暴利。竞争性定价的基础是眼下成本,而不是沉没成本,因此,如果某公用事业打算替换自己的工厂,假定这一定价过程正试图模仿竞争定价,那么替换成本反映的就是这一公用事业价格的恰当成本。这个错误本身不大。但它例证的问题很重大,那些不懂经济学的人夸大了无规制市场的垄断和剥削特点。霍维茨全书中充斥着资本主义是个巨大的犯罪游戏的感觉,那种私有企业存在主要就是剥夺工人、消费者以及其他容易受伤者的感觉;这表明,比方说,霍维茨未加批评地挪用了进步运动对商业的攻击,尽管他的挪用几乎没有将之浓缩成有关法律教义的经济后果的一个可证伪命题。

该书的主题是,至少自 1850 年以来,在每代人中,思想常规的人、方法上保守的人、既得利益法律人创造了一个逻辑、齐整、圆融、符合职业标准或"科学"的法律概念体系,从中可以演绎具体的法律结果,也因此可以令法律家避免直面零乱的现实。尽管这些概念实际都是肤浅的理性化(因为它们都出自智识不融贯的政治或怀旧心理),内部充满冲突,但人们刚开始都忽略了其内部冲突。但社会变迁的大潮最终侵蚀了它脆弱的概念结构,为勇敢的思想家展示和揭露其内在的基本矛盾清理了道路,加速了因旧概念派同造反派求和以及新概念主义大量衍生而暂时化解的"合法性危机"。但不久,这些内在的基本矛盾再次浮现,暴发了新的合法性危机。"一代代人继续狂乱躲藏在非历史和抽象的普世主义背后,以便否认其政治和道德的选择,甚至对自我否认"(页272)。反对非历史和抽象的普世主义法律概念体系很难,19—20 世纪之交的保守派法官曾用非历史和抽象的"契约

---

[14] 请看,例如,Ralph K. Winter, Jr., "State Law, Shareholder Protection and the Theory of the Corporation," 6 *Journal of Legal Studies* 251 (1977); Roberta Romano, "Law as a Product: Some Pieces of the Incorporation Puzzle," 1 *Journal of Law, Economics, and Organization* 225 (1985); Roman, "The State Competition Debate in Corporate Law," 8 *Cardozo Law Review* 709 (1987); Lucian Arye Bebchuk, "Federalism and the Corporation: The Desirable Limits on State Competition in Corporate Law," 105 *Harvard Law Review* 1435 (1992)。

自由"来废除对自由经济的限制(如在洛克纳案中),进步主义者为此接受了"司法谦抑",但后来司法谦抑却阻碍了他们支持布朗案。因此,伟大的进步主义法律家汉德在其晚年就谴责布朗案侮辱了司法谦抑(类似的还有,像在第一章中看到的,韦西斯勒,他也是进步主义者)。进步主义者当年曾要求行政裁量权,后来罗斯福新政时全国劳资关系委员也就挥舞着这种权力,但这时他们羞愧地发现,"二战"之后,麦卡锡委员会同样严格地挥舞着这种权力,进步主义者也曾赞成用平衡标准消解形式主义分类,如今却沮丧地发现这个平衡隐喻完全可能被用来限制言论自由。霍维茨认为,要打破这个贫瘠僵化的抽象循环,唯一出路是承认法律是一种政治工具,而并非一个自我完善、自给自足的概念体系。洛克纳判决之所以错就因为最长工作时间是好的;布朗判决之所以对就因为公立学校种族隔离很糟。

但如果每代人,无论左派右派,都只是吹起抽象的警笛,就很难给这种邪恶钉一个确定的政治符号;这就更多是认知上和心理上的一个缺陷。因此,是在这个认知领域和心理学领域,而不是在政治领域或社会科学领域,我们应当寻求"批判性"思想的线索,霍姆斯和进步主义的、现实主义法学的以及今天批判法学实践者的思想(该书结论部分简单提到批判法学是现实主义法学的继承人)。然而,究竟是像老派智识思想史家认为的那样——思想不堪自身之重,也即霍姆斯因看清了这一点才放弃了契约自由(霍维茨错误认为霍姆斯是这样的),还是人们因自身的某些心理怪癖而接受某些具体思想,对此霍维茨非常含糊。在结束有关霍姆斯那一章的一个冗长脚注中(页142—143注),霍维茨告诉我们,在他完成这一章正文——把霍姆斯的思想变化归结为实用主义"与神学思想模式和教义思想模式根本决裂"——之后,他发现了霍姆斯给卡色唐夫人写的信,霍姆斯与这位夫人在1890年代曾有过,或不曾有过,一段婚外恋情。[15] 但毋庸置疑的是,他们之间有过些什么。霍姆斯给她写过滚烫的情书,其中几封就在他写作"法律的道路"期间。根据这些信函,霍维茨在脚注中说,"现在人们一定要问,是否以及多大程度上这种深厚——先前未实现的——爱情发现造就了霍姆斯的那种弗洛伊德称为'海洋般的'情感,诱使他超越了先前自己的思

---

[15] 关于他们的关系,有细致但猜想性讨论,请看,G. Edward White, *Justice Oliver Wendell Holmes: Law and the Inner Self* 230-252 (1993)。

想范畴"。

霍维茨宣称弗兰克和卢埃林是现实主义法学的创立者。他告诉我们,弗兰克的著作《法律与现代思想》写于"[弗兰克]心理分析期间",该书诊断形式主义是一种发育不良的产物,就像"孩子企盼有父亲式不会出错的法官"的产物(页177的引证)。弗兰克宣称霍姆斯是"完全成年的法律家",他突破了这一期盼,因此"不再要有严父"(页178)。至于卢埃林这个自称的反叛者、怪人和桀骜不驯者,霍维茨指出他结过三次婚,还酗酒,借此来印证"这幅灵魂不安的图画"(页186)。他还说卢埃林和弗兰克"似乎都为对方的情感多变、表现狂以及反叛精神所吸引"(页187)。

对法律有两种理解,一种是把法律理解为一套客观、自足并且无政治利害关系的概念,可以用逻辑方法从中推演具体案件的结果,另一种则把法律理解为一种依据其后果来评价的实用治理工具;霍维茨正确感受到这两种理解之间长期存在着紧张关系。但是,他认为前一种理解是某个派别或某个学派的特点,这就错了。在写完《法律与现代思想》多年后,弗兰克成为一位联邦上诉法院法官,他的逆反心理就逐渐消失了。他的司法意见与同事的意见的区别主要是他的篇幅更长,引用案例更多。卢埃林则继续撰写《统一商法典》,赞美各州上诉审法官。除其他著名现实主义法学家外,阿诺德(Thurman Arnold)嘲笑反托拉斯法,随后却成了一位不知疲倦的反托拉斯老手,后来又成为华盛顿某律所的创始人,而道格拉斯在厌倦联邦最高法院大法官职务之前撰写的司法意见也都相当规矩。弗兰克、卢埃林以及阿诺德,跟着汉德、弗兰克福特、H. 哈特、韦西斯勒以及其他前一时期因受形式主义限制而烦恼的人,都成为体制内的人;只有道格拉斯还保持他淘气的逆反心理。

第一代批派,自称是现实主义法学的传人,如今同样正为既定法律制度同化。许多年长些的批派人士如今很舒适地位于顶尖法学院的终身教授行列,其中一位还是这类法学院的院长(斯坦福的布莱斯特[Paul Brest])。并且,即使在青年人中,现实主义法学家、特别是批派人士实际上只是用了另一套同样未予考察的僵化抽象概念——平等、自由、社会主义和民主——替换了原来那一套僵化抽象概念——财产与合同。霍维茨明显津津有味反复诵读的一个僵化抽象就是,一切私人行动都是公权力对私

第十一章 左派的美国法律思想史

人的授权[16],这实际把私人个体当成了官员,而这样一来征收一般所得税就只是削减政府的工资(页163—164)。而我吃土豆片时,我其实是在政府许可下食用政府的土豆片,因为是政府创设、承认并保护了我对土豆片的产权。对于任何断言私性是形而上概念的人来说,这种抨击实在有效。但是,一切东西实际上都是公共的,这种观点同世界上实际上有纯私人活动领域的观点一样都是形而上的,都非实用主义。甚至这也不对,因为国家并不先于产权和合同。[17]

霍维茨不了解形式主义与现实主义的紧张是具有创造性的。他看不见这一点是因为他敌视科学。他不能接受那种在法律上追求(当然,失败了)运用社会科学方法的现实主义法学。对于他来说,现实主义的意义就是他的"认知相对主义",就是怀疑被确定的思想结构。他称赞弗兰克的"举止糟糕"和"口味糟糕",认为这是弗兰克对"文化政治"的贡献(页177)。他喜爱破坏者形象;他最喜欢的语词之一是"瓦解"。19世纪下半叶的法律教义追求抽象、概括和系统化,"最终播下了毁灭自身的种子",因为它"只揭露了先前的条块结构能够成功压制的内在矛盾"(页15)。"只"这个词表明,霍维茨不理解抽象、概括和系统化的重要功能是令反常浮出水面,并为新的思想革命搭建舞台。对于他来说,科学是柏拉图式的,因此他暗暗提到了宗教。他不接受波普尔描绘的那种错误难免的科学图画,这种图画与霍维茨本来也许会接受的实用主义有亲缘关系。他同样不接受实用主义承认的、规范意义上的而非规定意义上的规则是公正法律制度应具有的有用特点,这些规则并不只是神秘化和压迫人的工具。霍维茨这位自称的实用主义者(页271)对诸如法律制度这些实在的东西都不感兴趣。他感兴趣的只是法律学人关于法律制度的言辞。

他也没清楚展现深度的个性不适或心理震撼在反形式主义的斗争中的角色。霍姆斯与卡色唐女士可能有婚外情,这段婚外情也许影响了霍姆

---

[16] 这是"批派人士"最喜欢的现实主义法学家黑尔(Robert Hale)的发明。请看,Robert L. Hale, "Coercion and Distribution in a Supposedly Non-Coercive State," *Political Science Quarterly* 470 (1923);又请看,Neil Duxbury, "Robert Hale and the Economy of Legal Force," 53 *Modern Law Review* 421, 439-444 (1990)。

[17] 请看我的著作,*The Economic of Justice*, pt. 2 (1981),讨论了前政治社会的法律原则和制度。

斯在《法律的道路》中表现出立场剧变,但这一猜想不能成立,因为霍姆斯的立场并无剧变。不错,《普通法》与《法律的道路》的着重点是有些差别,但这些差别主要与这两部著作的范围和场合有关,与学者和法官视角不同有关。霍维茨认为霍姆斯直到1894年才理解"法律是社会斗争的产物,在国家与个人间没有其他东西"(页130)。然而,20年之前,霍姆斯就写道,

> 在人类进化尺度上,生存斗争⋯⋯并非到猴子这一级就打住了,这同样是人类存在的规律。无论是立法还是其他形式的集体行动,这都确定无疑。你可能期望的现代改进仅仅是,立法应很容易且很快——但不会太快——会按照社区中实际的最高权力意志修改⋯⋯立法中一定或多或少反映了更强大的利益;法律就像人类或野兽的其他设置一样,长远来看,一定趋于有助于最适者的生存。[18]

霍姆斯思想的连续性要比其曲折性更为显著。

但即便在这个连续性问题上我错了,我还是不能接受霍维茨的心理学分析。这是个不负责任的业余爱好。如果有心理学文献,或想象性文学作品,或传记作品,无论是精神分析的或其他类型的,预测人到中年的婚外情会令一个人抛弃他的整个思想体系,霍维茨就应引证这些文献让我们看。这一命题很难说是直觉的,而且霍维茨也没为读者提供足够的细节,令这一命题作为对其所涉具体当事人间的特殊关系的解释之一言之成理。至于弗兰克和卢埃林,就算有某位精神病学家在他们身上有意外收获。但他俩的精神病问题似乎与霍姆斯同卡色唐女士的绯闻涉及的任何事情无关,因此什么是解释这三人思想合流(或为此想让他们合流)的最小心理学公分母呢?并且如果有人收集了更多进步主义/法律现实主义运动的样本,我认为,他会发现其中古怪人所占的比例要大于任何其他随机的群体。霍维茨还有其他更宽泛的心理学概括,比方说,"中性化理想代表了一种否认:随着社会冲突层产生更多焦躁不安时,那种相信中性化理想绿洲的呼吁也就相应地更大"(页20),这只是一种断言。在《法律与现代思想》一书中,不仅其术语,而且其主题都是弗洛伊德式的,人们也都知道,这都是弗兰克从那位心理分析学家那里拿来的;但是,要支持一种心理学理论,你并

---

[18] Holmes, "The Gas-Stokers' Strike," 7 *American Law Review* 582, 583 (1873).

第十一章 左派的美国法律思想史

不必须有一个心理学的问题。

霍维茨最好是从他所描述的法律职业结构的思想格局中来寻求一个解释，既不同于法律客户的社会阶级归属，也不同于法律职业成员的心理状态。一个职业主张垄断某种服务，如患者的治疗或法律的运用，是通过说服公众才强化这一主张的，他们会说这个职业掌握了一套很难掌握的、有社会需求的并且独有的技术，在法律中，构成这种技术的就是对似乎有能力得出精确、客观结果的概念家族做逻辑和分类处理。法律职业的成员很难对那些源源不断产生职业自尊和社会意义的规范和做法不屑一顾。因此，弗兰克和卢埃林这些现实主义法学家才退回去了，成了形式主义者；因此，死不悔改的现实主义法学家罗德尔才被边缘化了。也因此，我们才在第一章中看到，法律职业精英们对布朗案决定才会感到很狼狈。

甚至霍维茨也无法对形式主义坐怀不乱。就像我们看到的，公私的不可分割性是他的一个教义，就像公私的可分割性是古典自由主义的教义一样。更重要的是，他似乎不能就法律现实主义提出个替代[19]，这种想象力的失败令他也掉入了形式主义陷阱。在霍维茨看来，所有法律就分为形式主义和政治这两种，后者把法律视为权力角斗场，是无法言说的斗争场所。"人民司法"的精神遍布他的这本书：废除法官和律师，让人民统治、裁判和惩罚。但这不是一种形式主义吗？可以想想当年那些现实主义法学家，为回应洛克纳案，提出了以立法实现民主选择的口号，提出了行政过程中饱含着专业知识的口号。无论对专家的还是"人民"的智慧，不加批判地确信，就是不加批判地确信法律职业的智慧。因为它回避了在政策疑难问题上决策的责任，而形式主义所做的就是回避责任。为什么怀疑敌视洛克纳案就未必敌视形式主义？一个理由是洛克纳案的多数意见并非形式主义的。这一决定平衡了两方利益：一是工人和雇主有能力就双方同意的条款达成协议，另一方面是该州保护了公共健康；该决定还认为在这个具体案件中，前一利益分量更重，也简单提及了之前联邦最高法院的许多判例，联邦最高法院都曾认定这种平衡要倾向另一方。由于霍维茨把美国法律思想等同于美国法学界的思想，因此他夸大了司法判决中的形式主义。其实，在联邦最高法院 1970 年代开始转向保守之前，法官极少像法学教授当

---

[19] Cass R. Sunstein, "Where Politics Ends," *New Republic*, Aug. 3, 1992, p.38.

年那样高度崇拜逻辑;也没有法学教授的那些因素激励他们这样做。

霍维茨为什么偏爱用人民司法来替代法律形式主义呢?民粹主义只是一种解释。另一种解释就是他的左翼思想。也许,那些与司法判决有关的政治和道德选择都不是人民选择的,而是法官选择的,或许出了毛病的是挑选法官的标准,是那种形式主义诱发的胆小,令"好"法官在决定中不敢直接表达他们的政治和道德价值。还有第三种可能,如果法官工作中更开放、更好奇、更开阔、更多想象、更愿意依据新经验重新考察自己的观点、更多接受更好的社会科学家和自然科学家在理论和经验上的严格和创新,他们本来会做得更好些,而霍维茨没想到这些。

该书主旋律下面——其实也是该书令人痛苦的次旋律——是与他上本书关联更紧密、记录更完善、也更少猜想的主题。这是一个令法律概念努力适应变化了的社会经济条件的故事。当一种新制度,例如公司,出现时,必须通过类比、延伸或重新界定使该制度适合已经存在的法律分析范畴;并且,由于范畴改变了,这个调整过程也许会改变人们对其他制度的思考。起初,人们很自然把公司类比为合伙,把股东类比为合伙人。但是,当这些股东只想当(至少,在大公司中)消极投资者时,如果给他们合伙人的权利,就达不到成立公司的目的。一个公司并非一种民主或团结的实验,它只是一种融资设置。逐渐地,法官意识到了这一点。他们开始把公司当作一个"自然实体",就像是一个个人。就现代公司的经济功能来看,这种类比比合伙更贴切。但是,公司仍不是一个天然的实体。它只是为州承认和保护的人为的实体。州赋予公司享有个体拥有的许多权利,但这样做只为了一些实践的目的。

当人们开始理解公司远不是一个享有权利的"自然"实体,而只是为了现实目的而赋予其权利时,人们开始意识到,甚或个人权利也是州赋予的,特别是财产权,那就是为了一些功能性的工具目的赋予的权利,而并非与生俱来的。这样一来,赋予公司稳定的法律地位,就会破坏19世纪广泛流传的信念之一:财产权是"自然"权利,是前政治的权利,如果没有非常强有力的正当理由各州就不能限制这种权利。但为什么有人会关心权利是否"自然"呢?这实在有点奇怪。这些权利可以是前政治的,甚至在某种字面含义上是自然的,但它们还是可变更的。霍姆斯在说明权利的含义时,总喜欢指出,哪怕是只狗,它也会为自己的肉骨头而战;霍姆斯不是追溯权利

第十一章 左派的美国法律思想史

的自然来源来赞美权利。同样的,权利可以完全是人为的,却仍然非常珍贵,或权利只深深渗透在文化中,因此不能予以限制。但在许多人看来,"自然"具有规范的力量,至少是在修辞上。意识到对公司做这种现实主义理解是这一滑坡的顶点,而那谷底躺着的是我前面提及的炸土豆片的例子,因此那些反动法官抵制对公司的"现代"观念,而最早的那些现实主义法学家却因同样理由拥抱了公司的现代观念。这才是霍维茨讲得很不错的故事。

第十二章

实用主义还是乌托邦?

> 世界上无所谓好坏,只看你怎么想。[1]

287 　　米诺的著作[2]讨论法律,关注点是法律与传统上处于不利地位者的关系,主要是身体和智力上的残疾者,也有女性和少数种族;可以明显看出,该书中生动有力的原则是实用主义的,不相信分门别类的范畴。特别是那些范畴,严格区分"我们",那些"常规者",那些作为基准的人——事实上,这常常只是一般人、多数人或是政治上、社会上或经济上占主导地位的人——与其他阶层的人,那些在我们看来似乎不太正常、不正常的或边缘化的人。白人与非白人、男人与女人、健全人与残疾人、正常人与智障者、完人与瘸腿者、正常人与越轨者、甚至成人与小孩:这一些两元对立的分类,不论对于整理我们的混乱知觉上多么有用,它们在架构我们知觉的同时也限制了我们的知觉,并通过限制我们的知觉,来理性化麻木地甚或压迫性地对待与一般社会成员不同的人,那些没多少、有时根本就没有政治或经济权力的人。

288 　　这种两元分类之所以有这种效果,部分因为这些分类似乎自然、天生如此且不可避免,而不是——尽管事实上是——社会构建的,为了便利、政策甚或剥削的目的。当然,白人与黑人、男人与女人、成年人与孩子、健康者与患者、聪明人与智障者的这些分类是真实的——"自然的"(事实上是生物的)——又都是社会的差别。但是这些生物差别的社会意义却是社会赋予的,而不是天然的。在有楼梯和没楼梯的社会中,腿是否瘸有不同意

---

[1] Hamlete to Rosencrantz in *Hamlet*, Act II, sc. ii, ll. 251-252.
[2] *Making All the Difference: Inclusion, Exclusion, and American Law* (1990).

第十二章 实用主义还是乌托邦?

义。同样的,以生物差别为根据分配法定权利义务,这是社会行为而不是自然的命令,因此是可论争、可修改的;尽管很不容易。这部分因为熟悉的东西看上去就像是自然的,而自然的东西看上去就像是不能改变的,因此,我们必须警惕自满。只有我们变得自我挑剔,增加我们的怀疑主义,增加我们的视角,增加我们的同情理解,才可能做到这一点。

所有这些都对,都很重要,也值得反复说,因为它们仍然很顽固。这个教训特别值得向法律人强调,因为法律推理是两元分类的堡垒,法律推理总是把社会现实过于简化,把地方性的、临时的、有时是无知的公众意见混同于持久不变的甚至是形而上的现实。但是,这个教训只提醒人,却不具建设性。无论这个教训穿的是美国实用主义哲学家的外衣,还是女权者的外衣(这些女权者认为法律把女人当做男人,因此——当年联邦最高法院就这样认为——拒绝认定怀孕是残疾,为雇员设立医疗收益计划的雇主因此不应为雇员怀孕付账[3],这种法律还不够),都如此。米诺著作中同时展示了这两件外衣。

在民众理解中,实用主义者是实干家,是能解决问题的人。但实用主义哲学家却是摧毁形而上以及其他为人崇拜的实体的一些人,是摧毁实在以及理念这些哲学基础的一些人,是摧毁诸如自然这些本质主义概念的一些人。女权者从这些哲学家那里获得部分启发,她们摧毁了关于何为女性恰当角色的传统观念,而坚持这些传统观念的人常常认为这些观念是天然不变的。但更大挑战是得有些什么来取代米诺以实用主义和女权思想武器有效摧毁的那种贫瘠的两元分类。米诺的著作没有接受这一挑战。这本书属于"面面俱到"。一方面,强迫移民儿童第一天上公立学校就说英语,这是个典型例子——对以英语为常规不加批判。另一方面,双语教育也许会阻碍移民儿童开发在英语国家至关重要的语言能力。一方面,让聋童分班上课就是对他们分类,贬低了他们,使他们成了一种非正常人。另一方面,如果忽略他们的"不同",让他们与听力正常的儿童同班上课,聋童学习更多困难,甚至不可能。一方面,对少数种族实行积极补偿行动会贬低他们,似乎这些人有残疾。另一方面,一项"不问肤色"的公共政策也许会令他们在社会中继续处于不利地位。大自然这本书没有规定社会要以

---

[3] General Electric Co. v. Gilbert, 429 U.S. 125 (1976).

不同方式对待外国出生者和本国出生者、对待聋人和非聋人、对待非白人和白人。但是,要消除这些差别,也许会使处于不利地位的群体境况更糟,而不是更好,甚或还带来其他一些无法接受的代价。

那么该做些什么呢?米诺不愿说。她把自己大多限定于提出这些两难,提出问题,并告诫读者抛弃偏见,超越贫瘠的两元分类,共同思考。在这些麻烦的社会问题上,不匆忙表态,可以理解,哪怕这种迟疑给这本书带来的味道是不果断,这也比还没充分事实就鲁莽选择更好些。米诺了解错综复杂的社会改革史,这进一步强化了她律师式的谨慎(我想说的是"天生的"律师式谨慎)。比方说,当年设立青少年法院本来是要把孩子放在专家手中,因此可以免受成人惩罚制度的残酷和污名;但事实上,这一运动只是拒绝了儿童享有他们的程序权利。又比方说,为女性规定最低工资和最大工作时间,不让她们从事危险职业,这本来是要保护女性的健康和福利,而且毋庸置疑,某种程度上,也确实做到了。但是,这种做法也减少了她们的工作机会,还推进了这种观点,女性最好待在家中或是从事教学或看护这些传统女性的工作。

米诺也提出了某些具体建议,只是一进入实践,结果就不确定了。例如,就聋童而言,她非常认真地提议说,让聋童与非聋童同班上学,用哑语教授课程。这一建议很符合她的概念框架,因为这把我们通常以非聋童为标准的"常规"倾向颠倒过来了;聋童成了规范。但至少就她书中提出的未展开的论述来看,这一建议没有说服力,只是玩了个小把戏。因为在用哑语上课之前,你必须教会这些孩子能理解并能"说"哑语。这需要拉长教授的课程,这会抢走对孩子非常有用的课程时间,会有很多父母对许多东西——在他们看来,这是不负责任地用他们的孩子做教育实验——表示愤怒。米诺没有告诉读者,一旦这些孩子掌握了哑语,有声童的班级是否用哑语教授所有课程,或是某些课程,或是只有一门课程,还有,这个项目持续多久。是否要有类似的盲文教授,轮椅操作以及专教城区黑人方言的教授?

实用主义者对不同改革建议的后果很感兴趣,其中一种后果就是成本如何。米诺没有考察学校把特殊人当做正常人对待的成本如何,没有考察把怀孕或带小孩作为工人正常工作环境(这要求工作地的组织有更宽松的产假和育儿假、灵活工作时间以及"随意性"日间看护)的成本如何。要作

第十二章 实用主义还是乌托邦?

这些调整,费用都很高,对米诺这样一个既实用主义又平等主义的人来说,特别重要的是要考虑该谁来付这个账,而她没有。付账的主要会是工人。工人工资会降低,因为,如果雇主必须为产假、育儿假、日间看护以及灵活工作时间付账的话,就会增加劳动力的成本。消费者因此会受损,因为雇主会把更高成本的一部分以更高价格转移给消费者,并且穷人比富人会更多受损。价格提高就像增加销售税,如果不把它限于奢侈品,它就是累退的。减少工资就分配后果而言与此相类似,并且那些不工作的妻子以及那些没孩子的已婚和未婚女性会最强烈感受这一后果;因为这些群体不会从雇主被迫提供的怀孕和生育收益中获益。[4] 这本书几乎没有反映那些没子女者、家庭主妇、纳税者、消费者的视角。

对那些生来有重大身体或精神缺陷的婴儿,米诺就这些人的两难说了很多。强调"生命权"的积极分子希望不惜任何代价救助这样的婴儿,完全不考虑这些孩子活下来,他们可预期的生命质量会如何。强调"生命质量"的积极分子认为如果婴儿不能过正常生活,就让这些婴儿死亡。米诺同生命权主张者站在一起,这就同她支持堕胎权构成了紧张关系,她用了一个脚注来处理这一紧张关系。但她真正希望的是,超越由残疾婴儿提出的这个两难,因此,每个人都很愉快。照这个路子,她提出了一个唐氏综合征新生儿的(真实)案例,以前,人们会残酷且不准确地称这种孩子为"先天性白痴"。唐氏综合征还常常伴随如今可以通过手术修复的严重心脏缺陷。米诺讨论的这个案例中,孩子父母不同意做手术。他们认为对孩子来说,死了比活着更好。这个孩子生活的那所医院有一对自愿者夫妇,在决定这孩子命运的期间,喜欢上这个孩子,与这对父母展开斗争,并成功被指定为孩子的监护人,事实是对孩子的生身父母作了限制,他们只有不很经常的探视权。手术进行了,如今这个孩子,已经十多岁了,一切都挺不错。这种灰姑娘结局[5]令米诺认为,社会可以解决这种两难,无需固执己见。但这个

---

[4] 政府规制雇佣关系对工人的影响会在下一章更多讨论。

[5] 然而,米诺夸大了这一点。唐氏综合征儿童的面容不很好。至于那些先天心脏异常的孩子,比方说,米诺提到的那个孩子,只有50%概率活到30岁。Patricia A. Baird and Adele D. Sadovnick, "Life Expectancy in Down Syndrome," 110 *Journal of Pediatrics* 849 (1987); Richard K. Eyman, Thomas L. Call, and James F. White, "Life Expectancy of Persons with Down Syndrome," 95 *American Journal of Mental Retardation* 603, 610 (1991). 至于那些熬过了成年初期的人,也非常可能在30多岁或40多岁赶上早衰痴呆症。Marlis Tolksdorf and H. -R. Wiedemann, "Clinical Aspects of Down's Syndrome from Infancy to Adult Life," in *Trisomy 21: An International Symposium* 3, 23-28 (G. R. Burgio et al. eds. 1981). 在唐氏综合征问题上米诺未参考什么医学文献。

案例太简单了,因为这对父母实际是放弃了孩子,该州也正确地把亲权分派给了一对对孩子未来非常乐观的夫妻。米诺把这个简单案例搞的看上去很难,目的只是想让那些难办的案子看上去不难。

有些人认为"现实"都是构建的,不是发现的,这些人很容易忘记,并非每个社会构建都是专断的。这种倾向在米诺著作中很突出,有时甚至令人发笑,比方说,她居然惊叹一对夫妇一方面为他们儿子的宠鼠举行隆重葬礼,同时又设陷捕获野鼠。也许她会困惑,为什么这个民族哀悼林肯之死,而不哀悼林肯的刺客之死。米诺赞同地引证了一位社会学家的陈述,"社会群体通过制定一些规则——违反这些规则就构成不轨——来创造不轨"(页174),似乎谋杀者是刑法创造的;在某种意义上,这确实不错,但这种意义不很有用。此外,她还提到,"老人受到人称'衰老'的伤害"(页127),似乎衰老只是一种称号。她把精神障碍者描绘成一些只是"沿着每个人的发展道路前进但进展迟缓"的人(页134),似乎只要有时间和耐心,我们全都可以成为爱因斯坦;然而,在其他地方她又肯定人的精神能力确实有真实差别。〔6〕

也许看起来更清楚的是,人的身体能力有实在差别。然而,在米诺看来,身体正常人仅仅是"暂时正常"(在一定意义上,确实如此,因为他们最终都会死亡,而在此之前他们可能行动不便),有人问严重残疾者"如果可以离开轮椅,你首先想干什么",残疾者回答是"马上回到轮椅上",她还把此话当真了(页155)〔7〕,这在我看来,令人非常难以置信。米诺喜欢寓言,但她忘记了那个没有尾巴的狐狸的寓言,这个寓言的寓意今天叫做认知不谐。她追求把正常人与残疾人的差别最小化,因此正常人就不会看低残疾人了,而与此同时,她又追求正常人对残疾人的同情最大化,而这又要求正常人对那些令残疾者不利的真实差别保持活生生的感知。

米诺拒绝接受"残疾人缺乏——但想获得——正常人拥有的某些东西"(页155注25)这样的观点,这一拒绝的寓意就是我们不应花钱治疗腭裂、兔唇、畸足、脊柱伤、矮小以及其他外观伤害或行动不便,因为有这些状

---

〔6〕 唐氏综合征患者赶不上正常人;随着年龄增长,他们的情况会更糟,上注就提到这一点。

〔7〕 Cf. Felicity Barringer, "Pride in a Soundless World: Deaf Oppose a Hearing Aid," *New York Times*, May 16, 1993, p.1,认为"那些主要倡导聋人利益的人"都有种残忍的观点,他们想把一种内耳植入器塞进聋童耳中,"只想夺走这些儿童与生俱来的寂静"。

况的人都没受伤,只是与其他人不同而已。米诺不大可能真的这样相信,但这意味着她对自己的前提审查批判得还不够。并且,由于这种说法鼓励人们满足于自己的命中注定,这其中还有某些非常不实用主义的东西。

如果米诺区分下面两种情况,她的立场会更坚实一些。一种是天生残疾,这种残疾要等他完全成人后才可以治疗;另一种残疾是残疾后很快就可以治疗,无论残疾发生在生命哪个阶段。(位于两者之间的案例,从分析上看,不构成一个独特问题。)在第一种情况下,比方说,一个人生来失明,到中年才获得视力,这个人也许变得完全适应了自己的残疾,以至于这种残疾成了他身份的一部分,因此,这种治疗也许就是某种死亡。但只是在这种非同寻常的境况下,"残疾只是不同而已"的说法才说得过去。

米诺说"孩子也可以参与法律对话,用权利来获得社区的关注,他们一点也不比成年人差"(页308;我加的着重号)。她不会把这话当真,因为她刚才还承认,对一个落进法律程序的孩子,法院也许必须指定不止一位法律监护人,而是"数个代表",以便"为孩子的利益和权利提供有对比的观点"(页306)。[8] 孩子不大会说话;成年人必须代他们说话。这些话都相当正确;但这样一来,谈论孩子的"权利"就同谈论孩子参与法律对话一样,很误人子弟。这里的问题是法律应当给孩子多大保护,用什么手段。说权利也许实际上有损孩子的利益。米诺很关心普遍存在的对孩子的性虐待,但她又反复肯定孩子有权利、有行为能力同成年人平等,可以认为这里隐含的是应大大降低有关意思表达的年龄限制,而降低这个限制会带来废除大多数虐童犯罪的影响。米诺也许会回答说,你可能有行为能力,但无能为力;这点不假。但这种区别与强奸儿童更相关,与诱奸儿童则关系不大,而后一虐待更为普遍。

吉利根(Carol Gilligan)发现女孩男孩对一些伦理问题反应不同[9],在评论这一点时,米诺既肯定同时又否认男女不同:"吉利根的研究并没断言男女间有天生的甚或描述性的很大差别,乃至构成了一种替代性视角,令研究者可以包容女性、根据女性的陈述构建分析框架,而不是以男子为标准构建的框架来判断女性"(页196注84)。如果女性陈述反映了一种与男

---

〔8〕 法律人随意提议令法律程序变得日益复杂、冗长和昂贵,例证之一就是米诺关于增加监护人的建议,法律人的这种倾向很令普通人胆战心惊。

〔9〕 Gilligan, *In a Different Voice: Psychological Theory and Women's Development* (1982).

子的概念或道德不同的框架，那么男性与女性就是不同的。米诺因此退回到本质主义了。更进一步的例子是，尽管米诺嘲笑把公共政策建立在生物学基础上，但她又批评"代孕生母"的说法，因为这个说法"模糊了这样一个事实，即这个说法指的人实际就是生物学上的母亲"——是"真正的"母亲（页4 注5）。[10]

米诺很聪明尽责，也很努力。她著作的缺憾是，忽视了成本和影响（即谁来付账？），优柔寡断，一厢情愿，又要马儿跑又要马儿不吃草，堕入了本质主义思考，司法表述不够，这些都是体系的欠缺而不是她个人的缺点。这个体系就是学院派法律。就像本书第六章中讨论伊利、斯特劳斯以及艾玛尔时看到的，这个体系内部没有米诺感兴趣的那类问题的答案，也没有资源来生成答案。

米诺并非狭隘的法律人。她广泛阅读了哲学、历史、社会学以及其他领域的著作，并且她还深陷于女权文献中；但在智障、劳动力市场、身体残疾或公共财政问题上，她不是专家。在处理书中的这些实际问题时，米诺运用了大量由历史学家、哲学家、法学教授以及其他在智障、劳动力市场、身体残疾以及公共财政问题上并非专家的人撰写的二手文献。她写的更多是某些作者对这些残疾人问题的看法，而不是这些残疾问题本身。并且，她对外国在类似问题上的经验也没有什么兴趣，这是美国法律人的可悲特点。唯一例外就是，她简单赞美地提到"在其他国家尊重双语以及事实上是尊重多语的态度"（页27 注22）。只要问一问一位比利时人、一位马来西亚人、一位加拿大人或前南斯拉夫居民，你就知道多语社会的快乐是什么了。与米诺著作的题目有关的一些最关键的事实和数字，比方说，究竟有多少严重身体和精神残疾者，是哪些类型，可以以多大费用来减轻，由谁付账，这些都没有。这一空白没法靠大量引证女权的、后现代的、法学教授的以及法官的话来填补。这不是一本政策分析著作，而是一本关于政策分析话语的著作。它对抽象概括的批评恰如其分，但它本身就是抽象概括的。

米诺的书不但凸显了学术性法律的弱点，更一般地说，也凸显了实用

---

〔10〕 在女权思想中，"自然"含混不清很常见。没有哪位女权者会接受这样的论点，既然生活在美国这样的富裕现代国家中的女性一般说来比男子活得更长，医疗资源就应从女性向男人作重新配置，以便消除这种"自然"不平等。

第十二章 实用主义还是乌托邦？

主义社会思想的弱点。我在本书导论中说过，实用主义者一般倾向于以含混的态度对待常识。他们并不仅因常识通常没有可系统阐述的基础就鄙视常识，并且他们注重实践，这也要求他们认真对待常识。但又恰恰因为他们意识到常识缺乏基础，意识到常识可变且无法预测，他们又不崇拜常识，事实上，他们更趋于质疑常识。把对常识的怀疑主义态度强调过了，乃至排斥常识了，实用主义就进了构建主义甚或是乌托邦的套。常识告诉我们，残疾人就是——残疾的人。米诺拒绝这一点，她的大胆拒绝是她的洞察力的源泉，但就像我们看到的，也是她偶尔的天真和回避现实的来源。

在现代法学著述的不谐合唱中，自我清醒的乌托邦正在增长，尽管声音还很小。让我们看看杰斐的一篇文章，《法律经济学的一些麻烦》，文章标题就蒙人。[11] 蒙人是因为，尽管此文确实批判了法律经济学进路，这些批评却只是这篇文章的序，文章的"干货"是想推动无政府素食主义。在杰斐看来，法律经济学分析是资本主义的缩影，而资本主义是贪婪的哲学；素食主义是贪婪的解毒剂；如果治愈了贪婪，我们就不需要政府了。

这可能不错，如果人类整个种族都成素食者，那么在难免的转型混乱后，养活这一种族费用会比今天更低；也许医疗费用同样会更低。但是，这并不能自然而然地得出——乌托邦者经常犯这种错误——世界上的贪婪就会少了。今天许多东西的成本都要比先前低了，例如交通运输成本、通讯成本、照明成本或是听音乐的成本，结果却并非是人类的贪婪指数下降了。如果某类物品或服务成本下降了，人们就多出一些资源可用来购买其他物品和服务。在这个问题上，今天家庭预算中用于购买食品的部分比20世纪初少了一半[12]，但我们，我们中的大多数，还是食肉者，而且仍然很贪婪。要支持素食主义，本来可以有一个道德的论证，其基础是动物会感到痛苦[13]，但是杰斐没抓住这一点。

乌托邦人士把希望的眼光总是投向更简单的社会。杰斐赞美美国的

---

[11] Leonard R. Jaffee, "The Troubles with Law and Economics," 20 *Hofstra Law Review* 777 (1992). 有自我意识的乌托邦法学著述的另一标本，请看，Robin West, "Law, Literature, and the Celebration of Authority," 83 *Northwestern University Law Review* 977 (1989)。

[12] Eva Jacobs and Stephanie Shipp, "How Family Spending Has Changed in the U. S.," *Monthly Labor Review*, March 1990, pp. 20, 22 (tab.2).

[13] James Rachels, *Created from Animals*: *The Moral Implications of Darwinism* 211-212 (1990).

印第安人和中国的穷人。他认为金融玷污了德国犹太人的性格。他非常贬低电视、快餐、保鲜剂、未受精的蛋、维生素片、白面包以及人工哺乳。事实上,他贬低的是西方、进步、现代性及——它们的侍女——技术的象征。他希望我们适应环境,而不是改造环境使之更好适应我们,同时增加我们的需求。他甚至挑剔轮子,并无疑会拒绝马洛的命令(在《泰姆勃兰大帝初编》中),伟大文艺复兴的老话,"大自然……告诉我们所有人都要有不断追求的大脑"。杰斐说,"不要追求欧洲的遗产,而要转向罕萨人(Hunzas)、传统格鲁吉亚人、秘鲁安第斯山脉中印第安人以及中国的普通民众。他们不多要(want),因为他们不索取(demand)"。[14]

我们都知道格鲁吉亚人、秘鲁人以及中国人,尽管你想杰斐该对格鲁吉亚和秘鲁的内战以及中国人的快速中产阶级化有所评论。但罕萨人是谁呢?杰斐也许应当告诉读者,这些罕萨人或洪祖库兹人是今天巴基斯坦北部山区居民。[15] 19世纪末英国人首先发现他们时,罕萨人的生活极端贫困,主要靠杏子维生。但根据研究罕萨人且着迷的英国人类学家,罕萨人都很诚实、很健康、没有犯罪和其他社会问题;罕萨人对男女非常平等。[16] 这个国度非常美丽,人民生活如田园诗般的,在这些人类学家以及其他西方人看来,罕萨人就是传说中香格里拉的模本。但田园诗并不完美。罕萨人有种性等级,英国人来之前,就以武士、强盗和贩奴闻名。巴基斯坦独立后,特别是1970年代后期修建了连接罕萨与巴基斯坦其他地区的公路,该地区开始现代化了。旅游以及其他商业设施拔地而起,由于接触外部世界更容易了,许多罕萨人到外地找到了更挣钱的活。我想杰斐不是让我们仿效这些罕萨人吧。

通常对怀旧的批评是,怀旧忽视了往日美好时光中的许多问题,小儿麻痹症、宗教审判、居住地的栅栏、贩奴、黑死病、许多职业不接受黑人和女

---

[14] Jaffee,前注11,页912。

[15] Hermann Kreutzmann, "Challenge and Response in the Karakoram: Socioeconomic Transformation in Hunza, Northen areas, Pakistan," 13 *Mountain Research and Development* 19 (1993); Sabrina Michaud and Roland Michaud, "Trek to Lofty Hunza—and Beyond," 148 *National Geographic* 644 (1975); Timothy J. O'Leary, "Burusho Cultural Summary" (Human Relations Area Files, unpublished, 1965); E. O. Lorimer, "The Burusho of Hunza," 12 *Antiquity* 5 (1938). 罕萨人口总数大约30 000人。

[16] 这与第十四章米勒描述的中世纪冰岛有亲缘关系。

第十二章 实用主义还是乌托邦？

性,这些问题可以说是无穷无尽。对于这类批评,杰斐的手法是把他的黄金时代大大推后,不是推到1950年代,不是19世纪,甚至不是恺撒大帝或拜占庭或罗马共和国时期,而是,就像他提及的罕萨密友一样,一直推到石器时代。[17] 然而,即便海德格尔也不会想回到苏格拉底之前。而且,当机会随公路一块来到时,这些罕萨人就迅速拥抱了现代性。他们曾经素食,那仅仅因为他们吃不起肉;他们和平,那仅仅因为英国人征服了他们;他们平等,那仅仅因为他们太穷了。

杰斐的基本观点是,处理稀缺问题,是限制我们的需求,而不是增加产出。这个观点出身高贵,可以一直追溯到伊壁鸠鲁那里。因此,杰斐的同伴很出色。不幸的是,怎样才能从我们现在回到石器时代呢,他没给任何建议。他的想象力长着翅膀,但没有双脚。世界上如今50多亿人。他们的幸福——他们的根本生存——都取决于现代技术、劳动分工、政府存在甚至经济科学。

杰斐追求以人类精神的改变,而不是制度的改变,来解决社会问题。[18] 他是个布道者,一位先知。他希望自己文章的第一部分令国人撇开法律经济学,更宽泛地说,抛弃资本主义,希望美国人受文章第二部分启发,改变他们的生活,停止食肉、不打防疫针、不吃快餐,并且不看电视。杰斐文章最不现实的就是他推断,这声号角会非常有效。

米诺当然不是杰斐,但是和他相似,米诺对事实世界缺乏把握。米诺才刚起步,杰斐已达终点,但路是同一条。阅读他们非常不同却又相互联系的著作,得到的教训是相同的。我们不能仅通过颠倒已被人们接受的范畴,一厢情愿地消除身体和精神的异常,或仅通过摧毁某些基础来建设某些明智的社会政策。

---

[17] 并不很有效,因为罕萨人是贩奴者,而石器时代的人也并非素食者。
[18] Cf. George Orwell, "Charles Dickens," in *Collected Essays, Journalism and Letters of George Orwell*, vol. 1, p. 413 (Sonia Orwell and Ian Angus eds. 1968).

第十三章

黑格尔与自由择业

不仅在一般哲学中,而且在法理学中,黑格尔都是巨人,就像斯蒂芬这位与黑格尔最不相似的人物一样,英美法学家对两人都了解很少。康奈尔(Drucilla Cornell)是少数致力于将黑格尔本土化贡献给美国法律思想的学者之一。[1] 特别值得一提的是,康奈尔把黑格尔的思想运用于择业自由这一重要的普通法教义上[2],这种具体研究在黑格尔法理学研究中很少见。本章关注她的这一努力。同其他各章一样,我会努力先清理下太密的理论灌木,开出一块可经验探讨的空间。在择业自由问题上,我们应当问的并非择业自由是否符合黑格尔的观点,而是如果废除择业自由会有什么可能的后果。

择业自由指的是任何一方,雇主或雇员,任何时候无需任何理由都可以结束就业。主要针对埃博斯坦[3],康奈尔运用了黑格尔的几种思路,辩

---

[1] 请看,例如,Drucilla Cornell, "Institutionalization of Meaning, Recollective Imagination and the Potential of Transformative Legal Interpretation," 136 *University of Pennsylvania Law Review* 1135, 1178-1193 (1988);又请看,Michel Rosenfeld, "Hegel and the Dialectics of Contract," 10 *Cardozo Law Review* 1199 (1989)。无论是罗森费尔德的文章还是本章(请看注2)讨论的康奈尔的文章都发表在雄心勃勃的专书篇幅的 *Hegel and Legal Theory Symposium*, 10 *Cardozo Law Review* 847 (1989)。

[2] Cornell, "Dialogic Reciprocity and the Critique of Employment at Will," 10 *Cardozo Law Review* 1575 (1989). 有关自由择业争论的最好介绍是,Paul C. Weiler, *Governing the Workplace: The Future of Labor and Employment law*, ch. 2 (1990),对这一制度最彻底、最严格的经济学分析是,Edward P. Lazear, "Employment-at-Will, Job Security, and Work Incentives," in *Employment, Unemployment and Labor Utilization* 39 (Robert A. Hart ed. 1988)。

[3] Richard A. Epstein, "In Defense of the Contract at Will," 51 *University of Chicago Law Review* 947 (1984)。埃博斯坦同时在经济学和伦理学基础上为自由择业辩护。对这一制度的其他经济学辩解,请看,Lazear, 前注2;Mayer G. Freed and Daniel P. Polsby, "Just Cause for Termination Rules and Economic Efficiency," 38 *Emory Law Journal* 1097 (1989);以及,Gail L. Heriot, "The New Feudalism: The Unintended Destination of Contemporary Trends in Employment Law," 28 *Georgia Law Review* 167 (1993)。

论认为应当禁止择业自由。她认为,每个雇员完成简短试用期后,都将有权工作终身,除非是经济不景气要裁员,或是有仲裁者或其他中立裁断者认定雇主有好理由解雇他。目前,有终身教职的学院和大学教师、文职官员(包括公立学校的教师)以及依据集体谈判协议的工人都享有这种工作保证。康奈尔的建议是颁布制定法,明确规定一些禁止性的解除雇员理由,因此,解雇都必须有"合理的理由"。这个禁止性理由的清单,康奈尔随意得惊人,还得在人们不能确定是否会大大限制雇主自由时就确定下来。这很可能限制雇主自由;假定它会限制,我反对该建议,该建议没有效率且是倒退的。此外,我很怀疑,通过挤压黑格尔是否能得出很有说服力的理由,来支持这种建议。

康奈尔强调黑格尔的论点,即个人主义是社会构建的,而并非前社会的,而埃博斯坦当年支持择业自由的论证中伦理那部分就建立在个人主义基础上。[4] 我承认黑格尔的论证很有力。确实,个人没有订立契约的"自然"权利。人类在自然状态下不是平等的,而是依赖更强者的状态。经济自由,包括契约自由,在古典自由主义的意义上都是因社会组织起来了才成为可能的奢侈品。现代美国人一般生命预期更长、自由更广并且财产更多,这都不是单个美国人的独自创造,而是社会的创造,也就是说,是大量活着或死去的个体总和的创造,还有运气——地理、气候、自然资源——的创造。在这个限度内,黑尔和霍维茨质疑断然区分公私领域是对的。两个能力和努力都相同的人,一个生活在富裕社会,一个生活在贫困社会,前者会有更高生活水准;这差别应当归结为富裕社会中其他生者和死者的努力以及这两人的性格、能力和努力以外的其他因素。个体在这个社会的财产"权利"不是"自然的",因为,即使不考虑运气,他占有财产也是社会互动的产物,而不只是他个人技术和努力的产物,并且这些技术也许部分或全部都是社会的产物。因此,我赞同黑格尔和康奈尔,反对霍布斯(1984 vin-

---

[4] Epstein,前注3,页951—955。我之所以使用"当年"是因为如今他已放弃把自己的法理学观点建立在自然权利哲学上的努力,而赞同一种功利主义的/经济学的进路。请看,例如,他的文章,"A Last Word on Eminent Domain," 41 *University of Miami Law Review* 253, 256-258 (1986);"The Utilitarian Foundations of Natural Law," 12 *Harvard Journal of Law and Public Policy* 713 (1989);以及"Holdouts, Externalities, and the Single Owner: One More Salute to Ronald Coase," 36 *Journal of Law and Economics* 553 (1993)。

tage)和埃博斯坦,我认为,不可能以自然自由为参照,很有说服力地为契约自由——支撑择业自由的原则——辩解。

但承认这一点并不令反对择业自由者获胜。推倒了这个教义的一根哲学支柱,并不表明应当放弃这一教义。如果结论是,由于在重要意义上个人福利都是社会产品(这是罗尔斯著名的"差别原则"的要点),国家因此应有权消除我与孟加拉国居民的收入差别,这就会很奇怪。是的,公私之分是人为,但承认这一点就一定导致私财——如,我输入这句话的键盘——成为公财,这种推论是简单归谬。自由择业是契约自由的必然结果,但契约自由是一项有大量经济社会正当理由(但"自然"不在其列)的社会政策。从奴隶制开始,经农奴制、契约苦役、非自愿苦役以及行会限制,这条路的逻辑终端出现了择业自由。这一点应是支持择业自由的。黑格尔本人,就像康奈尔提到的,会认为择业自由是个不错的理念。仅就自由市场"提供物品"的实际成功[5],就足以保证这个有利于择业自由的预设,而无需康奈尔将其理由建立在黑格尔的权利属于社会而并非自然的证明之上。

康奈尔知道自己不可能就此打住,她非常强调黑格尔的这个信念,即占有财产是一个人觉得自己是人的重要组成部分。[6] 就字面而言(康奈尔并没只管字面),这是个不大说得通的奇怪观点。但真实的或至少是言之成理的是,如果我们不能干预外部世界,就很难说我们是人。一个不能影响其环境的人也许都不意识到自己是个人,也就是说,不会意识到自己同环境截然不同。这些干预在更深入的意义上还构成人格,即我们感受自己是人,这有一部分是我们回忆以往经验的一个函数,并且就像普罗斯特告诉我们的,这些回忆会因与回忆关联的物品和活动而永远新鲜。这就是为什么哪怕我们给所有东西都上了全险,在大火中失去住宅和个人物品,却还可能是可怕的痛苦(远不止是不方便)。

---

[5] 在这个问题上,请看,例如,Samuel Brittan, "How British is the British Sickness?" in Brittan, *The Role and Limits of Government: Essays in Political Economy* 219 (1983); Alan Ryan, "Why Are There So Few Socialists?" in Ryan, *Property and Political Theory* 118 (1984); 以及第二十二章的讨论。

[6] 对黑格尔财产理论的很好描述,请看,Alan Ryan, "Hegel and Mastering the World," in Ryan, 前注5,页194。

第十三章 黑格尔与自由择业

从经验上看,情况也许真的是这样,没财产的人就不像有财产的人那么清楚意识到自己是一个单独的人——修道院生活的目的就是要使恪守教规者感到自己是更大有机体的组成部分。在 M. J. 拉丁(Margaret Jane Radin)看来,黑格尔的财产分析中隐含的是,祖传财产比现金和其他可替代财产应受更大法律保护。[7] 这看起来也许是令人新奇的提议,但破产法就是不让破产债主触及破产者的某些个人财产,在某些州,这包括破产者的祖传财产。拉丁还建议,黑格尔的财产理论支持房客有权——只要他们行为端正——无限期继续租赁住房。[8] 这一建议太成问题了。如果推向极端,会摧毁租房制度,因为这给了房客太广泛的权利,几乎是全部所有权。很难理解,摧毁了房屋租赁制度,怎么可能有助于那些无钱购买自有住宅的人呢。这种做法令现有房客受益了,但未来那些想租房的人怎么办?

康奈尔心中的黑格尔产权理论不像拉丁心中的那么刻板,尽管两者与择业自由都没多少关系。自由择业的雇员可以任何时候离职并为他人工作。确实,他也可能被任意解雇。但被解雇的后果,至少在我们社会中,不包括成为某人的奴隶。由于有失业保险和福利,这些后果中甚至不包括成为穷人,即完全贫困没有财产,我们可以回想斯蒂芬曾把这种致命后果同失业相联(本书第十章)。在美国,穷人也有足够食物,保持着自己是人的生动感受。谁要说这还不够,那就是以保护人自居。

但如果把——我们的人格感受体现为我们习惯了的占有和活动——这种观点更向前推进一步,我们就可以看到一个支持工作稳定的算是黑格尔式的论点,类似支持房客权利的黑格尔论点。一个人长时间拥有一个工作,就像在某地住了很久——尽管每年续签租赁合同——的房客一样,他也许会有种依恋,中断工作会令他痛苦。但这距离没有财产的人(僧侣、强征的士兵、乞丐)也许会自我不稳定的观点还差很远。我们这里说的仅仅

---

[7] "Property and Personhood," 34 *Stanford Law Review* 957 (1982);又请看,Radin, "Time, Possession and Alienation," 64 *Washington University Law Quarterly* 739, 741 (1986) ("随着时间流逝,随着财产持有者与该物品的关系紧密了,他对这一物品的主张也更强了")。这也是霍姆斯的财产理论。请看,"The Path of the Law," 10 *Harvard Law Review* 页 477。

[8] "Property and Personhood," 前注7,页 991—996;又请看,Radin, "Residential Rent Control," 15 *Philosophy and Public Affairs* 350, 362-368 (1986)。

是,每个人都不喜欢失去习惯拥有的东西。我们这样就把黑格尔变成了一位浅薄的功利主义者,不考虑自己的幸福最大化建议会有什么样的长远后果。

更重要的是,产权隐含了有权放弃。如果我拥有劳动力,我就应有权按我认为合适的条款出让它。我们会看到自由择业的雇员可能工资更高,比定期就业合同或其他稳定工作制——包括康奈尔的有"合理理由"保护的制度——的工资更高。由于工资更高,他就可以获得额外财产。要迫使他放弃喜欢的工资/终身职(tenure)计划,并以低工资来换取更大工作保障,也许有人会认为,这就是对他人格的否认。如果雇员没意识到自己是自由择业的,这种分析就不成立。但是,特别如今,由于大雇主很多大张旗鼓成批裁员,几乎没有雇员会认为自己就职是终身的;被解雇不是,至少已不再是,人们想不通的低概率事件了。也许我们需要加重制裁那些误导雇员的雇主,他们令雇员认为自己工作有保障而实际没保障。但这远不是要废除自由择业。

说某人应当能自由放弃自身的劳动权利,这说法看起来与不允许人们卖身为奴似乎不一致。禁止卖身为奴是同本质性人身概念相联系的,但还有一个实用主义因素,这就是我们大多数人都想不出任何理由,在我们富裕社会中,一个精神正常的人为什么会签订卖身为奴的合同。无论让其放弃自由的这个价格多么丰厚,成了奴隶都不可能获得,除非是他对家庭或其他人有强烈利他主义情感并且这些人或是走投无路或是对他的关切无动于衷,因为如果这些人对他有感情回报,他们就会因他成了奴隶而痛苦,他的利他主义努力也因此失败。而如果这些人对他的福利无所谓,对他成了奴隶无动于衷,那么他就不大可能对这些人还有如此的利他主义,不大可能愿意为这些人牺牲自己。在这里,令人吃惊的寓意是,一个人越是不知感激他人为自己作出的牺牲,这个牺牲就越可能是作出牺牲的人的理性选择。

在允许卖身为奴问题上,我不打算更多强调功利主义的正反论点。我们对奴隶制的反应既受文化限定,也受情感影响。我们不大可能说,在古代,战俘选择做奴隶而不是死亡,这是放弃了他的人格。而今天,一个人公开做了类似卖身为奴的事,如果大家都认为其理由还不错(比方说,参军、当天主教教士,或因抢银行成了国家的甚至终身的"奴隶"),我们也不说他

第十三章 黑格尔与自由择业

放弃了自己的根本人格。只有令我们厌恶的非自愿苦役才被称为奴隶制,在美国,这些非自愿苦役几乎全同黑奴制历史相联系。奴隶制不表示对一切非自愿苦役的厌恶。并且,所有这些都与择业自由没任何关系,在劳动契约问题上,择业自由恰恰是与奴隶制直接对立的另一端。

在个人关系上,康奈尔强调互惠对称很重要:"这个形象是,两个人互相看着对方,知道对方的回望。没有谁居高临下。"[9]这一对契约自由体制的描述不错。雇主和雇员作为自由个体相遇,可以达成他们希望达成的任何交易;可以推定,对双方也有利。交易中也许有、也许没有,长期工作的保证,这全看双方喜欢什么。如果,因制定法要求,雇工可以左右这些条款,那他就是居高临下,就违反了对称的互惠。

康奈尔对互惠对称的理解不同,她的理解是,我们每人都有权要求打算伤害我——例如解雇我——的人在这样做时有强有力的理由,还一定要说出这个理由。如果推到逻辑极端,这是无法运作的。只要在经济市场和其他市场,有竞争,我们每个人每天都因不知名的他人的行动而受伤,我们的行动也伤害着不知名的他人。要求给所有受伤害者——被无情抛弃的男友、著作被批的作者、面对鱼价上涨的消费者、网球比赛的失败者——一个告示、一场听证,这非常荒谬。就算一个人丢了工作受到的打击更大,但这是个事先就知道的风险,并且,任何人如果渴求——并且愿意为此付出——不受这种伤害,他都可以就这样的就业合同谈判;或更现实一点(因为要求雇主给自己这样的合同,会向雇主暗示自己就不是个令人满意的工人),他可以进入自动有这种就业保护的部门。

让我们暂停片刻,想想这个部门的条件。确实,有数百万美国工人享有工作岗位的保证。他们的经验是否表明普遍采取这种做法就能改善人际关系呢?加入工会的是否比未加入工会的工人人格感更强呢?公务员是否比私人领域工作无终身职保证的工作人员人格感更强呢?公校教员是否比私校教员人格感更强呢?即使黑格尔的财产即人格的说法有部分道理,即使人们的互动应互惠对称的说法也有些道理,却也非常不清楚:采纳了康奈尔建议是否会比现在更充分实现对称互惠的说法。而清楚的只是,它会减少契约自由,而契约自由是黑格尔自由概念的重要组成部分。

---

[9] Cornell,前注2,页1587。

反对被解雇者有权要求给出理由的另一理由则是,从逻辑上看,这会导致雇主有权要求辞职雇员也给出辞职理由。如果这个结论看上去合乎逻辑,就请想一想,在荷兰,雇佣关系的任何一方都不能不给理由地终止这一关系,如果工人辞职不给理由,可以把这个工人送进监狱。[10] 这个正当理由原则实际与奴隶制很相似,这点最清楚表现在下面这个例子中:一个不能给出正当辞职理由的雇员也许会被迫在他痛恨的工作岗位上待一辈子。当然,这种情况不大可能发生;因为要监督不快活工人工作是否努力,成本会很高。这就是奴隶制不再流行的理由之一。尽管如此,对雇主这般要求,就应对雇员也这般要求。康奈尔不否认有时雇员也能用不辞而别或无理辞职来伤害雇主,有时伤得还很重。她认为一般说来裁员对雇工的伤害要大于辞职对雇主的伤害,情况是否如此,我们会看到,并不清楚。即便康奈尔是对的,这也没提出强有力的正当理由,在因关键雇员辞职受伤的案件中,不给雇主某种救济。

康奈尔提出了一个反对自由择业的很好论点(或至少是反对赞同择业自由的论点),这个论点与黑格尔无关,但如果因此而拒绝这个论点,就太狭隘了。自由择业的经济学辩解建立在这个事实上,即雇佣关系常常是双向垄断。[11] (这一点隐含在我提到的关键雇员辞职问题中。)雇员在为特定雇主做特定工作中,开发了一些从事该工作的专门技术。因此,如果他为另一位雇主工作,产出就不那么高;如果他向雇主要求获得相当于其边际产品的工资,他目前的雇主,基于了解双向垄断这一点,也许会明确或隐含地威胁要解雇他。但是,也正因为该雇员会比替代者产出更多,因此,如雇主不支付他的边际产品的全部价格,他就可以用辞职来威胁雇主。这像是斗鸡,结果很可能是相持不下,这种情况下,双方都获得了保护,至少在某种程度内,不会让对方占太多便宜。

另一分析也得出了这样的结论。假定,某工人开发了一些对于其雇主相当专门的技术,该工人变得更有价值了。如果雇主支付了开发这些技术的全部成本,那么,雇主拒绝支付该工人的更高边际产出(因为那是雇主投资开发了该工人的技术),这个工人就很难抱怨什么;而在一定程度内,这

---

[10] Donald L. Martin, "The Economics of Employment Termination Rights," 20 *Journal of Law and Economics* 187, 188-189 (1977).

[11] Epstein, 前注3,页973—976。

个工人反倒可以(以辞职相威胁)要求更高工资获取被雇主"占有"的那部分更高的边际产出。相反,如果该工人是以他本人的投入获得这些技术的(也许他起初接受了低工资),他就会受雇主支配,雇主可能拒绝支付这位工人的边际产出,征用了这位工人的投资。如果该工人辞职,他就失去自己的全部投资,因为从定义上看,这些技术在另一岗位上是一文不值的。考虑到这些情况,会引出这样一个预测,工人和雇主将分担开发专用人力资本(为某雇主专用的技术)的费用。[12] 这样,无论哪方都不会因结束雇佣关系而获得或失去很多,这样就没有多少激励来虚张声势或搞其他把戏,而且,即便无论哪方都没获得不得单方终止合同这样的保护,却也很少人员变动。

但这里假定的是,该工人开发了专门技术;并且,就像康奈尔正确指出的,并非每个雇员都如此幸运。这个观点很好,但不完整。如果雇员没有专门技术,他就没有对付雇主的致命武器,这没错,但反过来看,该雇主也没有应对该雇员的致命武器了。该雇员换个岗工资会同他在此岗工资一样高,因为依据这一假说,他拥有的技术是流动的。如果劳动力大量剩余,那么无技术的工人工资就会非常低,而工作的终身制不能缓解这种状况。

还有其他一些理由令人们怀疑择业自由是否真的是剥削性的。有可能,一个雇主起初鼓励雇员开发专门技术,后来却拒绝给雇员足够补偿,因此该雇主就占了技术不可流动的便宜;但这样的雇主会发现,在未来,他必须支付更高工资才会有人为他工作。(与此类似,由于关心自己名声,关键雇员也不愿不辞而别,或是不增加工资我就辞职,他们也不愿以这类方式来占雇主的便宜。)该雇主还会发现,自己的雇员会很容易加入工会。康奈尔提出的这个普遍"合理理由"规则还有个奇怪副产品,会弱化工会,因为它给了每个工人这样一种保护,而之前要得到这种保护是必须支付工会会费的。我本来认为康奈尔,先前是工会组织者,会支持工会,支持理由也不只是为了集体合同中的终身制条款。但我也说了,她先前是工会组织者。也许现在她认为组织工会是很失败的。

尽管在美国并非每个雇主都是有效的利润最大化者(因此也是成本最

---

[12] Gary S. Becker, *Human Capital: A Theoretical and Empirical Analysis*, with Special Reference to Education 40-49 (3d ed., 1993).

小化者),但是像择业自由这种长期存在并广泛实践的自由市场制度,你可以推定它比其他可能由政府强加的替代更有效率。它为什么更可能有效率,理由不难发现。纠纷解决,哪怕是仲裁,而不是在法官和陪审团面前诉讼,是很费钱的。法律上可强制执行的终身职会有直接成本,此外,它还会弱化工场纪律(因为只有经历了费用昂贵且不确定的程序后才能解雇工人),因此也就要加上这笔间接成本。不应低估这些费用的总和。如果这些费用不超过雇工的收益,雇主们为什么不自愿提供正当理由的保护呢——像雇主为雇工提供的其他边缘收益那样?而那些提供这类保护的雇主,例如,政府机关、有工会的企业以及各大学,是否市场中最有效率的产出者?法学教授是否比商人更了解什么是有效率的经营?一位主张废除择业自由的倡导者说,我们不必害怕废除后会没效率,因为"根据英国制度,比方说,就是由产业裁判庭决定解雇雇员是否正当"[13],这令人发笑。规制就业的"英国制度"模式,对我国经济来说,并不比我们的非盈利和政府部门的就业做法前景更广阔。尽管劳工与管理层之间确实是合作比敌对更有利于增加产出[14],但工人终身职是促进合作的有效方法不能成立。如果真是,为什么公司不采用它,要等政府插手呢?

我们一定不要忽视正当理由或合理理由原则的成本有多大。在一定程度上消费者会受伤害,程度取决于雇主会以多高的产品价格将多大部分成本转嫁给消费者。工人受损害最大。在考虑自己有多大支付力时,雇主要考虑的就不仅是直接的劳动力成本,还会考虑间接费用(例如,雇主的社会保险税、失业保险费以及工人赔偿保险费),其中还会有终身职的费用。雇工间接成本越高,雇主愿支付的工资就越低。[15] 因为正当理由保护本身就是一种边缘性收益(与裁员费和失业赔偿一样),工人不全是输家。但如果工人本来就更喜欢这种保护,而不是更高的工资,雇主就会给他这种保护。正当理由保护也许强迫雇主提供了一种在一般雇员看来是低质量的补偿规划。

---

[13] Arthur S. Leonard, "A New Common Law of Employment Termination," 66 *North Carolina Law Review* 631, 677 (1988).

[14] 有关的证据,请看,Robert Buchele and Jens Christiansen, "Industrial Relations and Productivity Growth: A Comparative Perspective," 2 *International Contributions to Labour Studies* 77 (1992)。

[15] 这运用了本书第二十章讨论的科斯定理。

第十三章 黑格尔与自由择业

如果,由于工会合同、最低工资法、习惯、惰性或其他因素,雇主无法以较低工资或更少(其他)收益把工作保护的全部成本找回来,失业率就会上升,因为劳工费用如今更高了。[16] 雇主的激励是更少雇人,更多自动化,以及把工厂搬到那些没有这类保护的外国去。就像在第三章中看到的,由于工作的终身职令人们工作不那么努力,因此,在正当理由保护体制下,雇主也许需要更多工人来保证完成工作;而这一前景会令他加快工厂自动化和在国外设厂。

一些工人,在自由择业体制下本可能会失去工作,如今在终身职下会保住工作,但可以推定,这些人不会很多。一个理性雇主不会无缘无故解雇其雇员。尽管许多解聘都由低层管理者决定,这些管理者也许不是企业的完美代理人,但在解雇工人问题上不理性,这种事似乎不普遍[17],特别是盈利企业中,这些企业犯错误会受市场的惩罚。(这也许是为什么择业自由在非盈利和政府部门很少见的理由。)但不论怎样,这不是康奈尔为自己的建议辩解的基础。

在一个工作普遍终身职的制度下,理性雇主在雇用一个工人前会搜寻更久[18],因为他如果不挑选,解雇该工人的成本就会更高。把正当理由保护推迟到工人经历完整的就业试用期后,可以减轻但也不能消除这种

---

[16] 关于工作保护法其实增加了失业人数(包括所有没工作的正常人,而不只是正搜寻工作的无工作者,后者是狭义界定,用于失业统计)的经验证据,请看,Martin,前注10,页199—201;Richard Layard and Stephen Nickell, "Unemployment in Britain," 53 *Economica*（n. s.）S121, S165（1986）;以及,Layard, Nickell, and Richard Jackman, *Unemployment: Macroeconomic Performance and the Labour Market* 508（1991）。然而,这些证据都不强。同上,页508;Organisation for Economic Co-Operation and Development, *Flexibility in the Labour Market: The Current Debate: A Technical Report* 123（186）。(从科斯定理来看,这不奇怪。)海默米希(Daniel S. Hamermesh)在一篇有关欧洲工作保护法经验研究文献的评论性回顾中结论说,这些法律"为一个工业化的经济提供了一个选择,要么是更大就业稳定性(一般说来工作总时数更少),要么是更大的就业波动(一般说来工作总时数更多)。更重要的是,由于这些法律只涵盖了部分市场,在这个限度之内,这些法律协同创立了一个双层劳动力市场,一部分是衰落部门内有保障的工作,另一部分是扩展部门中无保障的工作"。Hamermesh, "The Demand for Workers and Hours and the Effects of Job Security Policies: Theory and Evidence," in *Employment, Unemployment and Labor Utilization*,前注2,页9、29—30。

[17] James E. DeFranco, "Modification of the Employee at Will Doctrine—Balancing Judicial Development of the Common Law with the Legislative Prerogative to Declare Public Policy," 30 *St. Louis University Law Journal* 65, 70-72（1985）.

[18] 有关的证据,请看,W. W. Daniel and Elizabeth Stilgoe, *The Impact of Employment Protection Law* 78（Policy Studies Institute, June 1978）。

影响。

311   正当理由解雇法会有反就业的影响,这种影响会主要由新进劳工和其他边际工人来承担。[19] 在美国,这些新人大多会是女性、非白人或残疾人,都是康奈尔最想在互惠对称利益中予以保护的人。雇主不那么愿意在可能惹麻烦的工人身上或没有出色工作历史的工人身上碰运气,因为一旦雇错了人,雇主会比在自由择业制度下更难纠正这个错误。因此,他们也许更愿鼓励已有的工人超时工作,而不是多雇人,而这仍然会减少就业人数。[20] 并且,如果像欧洲的工作保护法一直以来那样,临时工和半工工人不受此法保护,雇主就会趋于用这类工人来替代全工工人,并因此创造出整整一层第二等工人。[21]

这个问题的要点在于,采纳康奈尔的建议也许会令美国沿着"欧洲式僵化"——由于劳动力市场过度规制造成长期失业率很高[22]——的道路越走越远。或许不会。我不打算说所有经济学家都接受我提出的这种分析,或者,即使所有都接受,也不证明这一分析就正确。我反对他的建议不是说可以证明这个建议错了,而是说她不负责任,因为,如果采纳这一建议,就非常可能带来她不曾考虑过的巨大社会成本,而这个成本将主要由工人——这一建议意图中的获益者——来承担。她努力用黑格尔的政治理论替代对后果的研究。她例证了哪怕是最有能耐的学术法律人身上的一个非常突出的特点——脱离实际。

---

[19] 有关欧洲的证据,请看,例如,Franco Bernabè, "The Labour Market and Unemployment," in *The European Economy: Growth and Crisis 159*, 179, 185 (Andrea Boltho ed. 1982)。

[20] 有关证据,请看,Wolfgang Franz and Heinz König, "The Nature and Causes of Unemployment in the Federal Republic of Germany since the 1970s: An Empirical Investigation," 53 *Economica* (n. s.) S219, S243 (1986)。

[21] 有关的仍来自欧洲的证据,请看,Samuel Bentolila and Guiseppe Bertola, "Firing Costs and Labour Demand: How Bad is Eurosclerosis?" 57 *Review of Economic Studies* 381, 395 (1990); Bernabè, 前注19, 页185;并请回想海默米希对这一问题的评论, 前注16。

[22] 一般的讨论,请看, David Henderson, "The Europeanization of the U. S. Labor Market," *Public Interest*, Fall 1993, p. 66。

第十四章

后现代的中世纪冰岛

如果知道,但也许他真的知道,自己出任法官前任教的法学院(密歇根法学院)如今有位教授致力于研究中世纪冰岛,法官爱德沃兹[1]会认为这恰恰证实了他对法学教育的最大担心。如果发现米勒进法学院前还不是历史学家或德语研究者,而是英语教授,或是发现米勒关于冰岛的著作[2]居然与后现代主义眉来眼去,展示了对古朴社会的怀旧(这也许令不喜欢古朴社会的读者想起杰斐[第十二章]),这更会增添他的忧虑。

《血战与调停》说的是中世纪冰岛的社会制度和政治制度,特别提到了纠纷解决办法。米勒写作此书时想着两群读者。一是极少数研究中世纪冰岛的专家,另一是社会历史学家、学术法律人、政治科学家以及其他对纠纷解决和更一般的社会控制(包括国家基础)感兴趣的社会科学家。对后一群读者来说,中世纪冰岛无论政治上、社会上还是宗教上都比较简单,使得那里的社会制度很是迷人,因为那是在实验条件下观察的。作为米勒的第二类读者之一,我没法评价它学术上精准与否。但若比较一下这本书和就其讨论的问题而言我认为一流的研究冰岛的现代著作[3],则表明这本书的学术评分一点不逊色。

---

[1] 请看第二章。

[2] William Ian Miller, *Bloodtaking and Peacemaking: Feud, Law, and Society in Saga Iceland* (1990).

[3] Jesse L. Byock, *Feud in the Icelandic Saga* (1982); Byock, *Medieval Iceland: Society, Sagas, and Power* (1988). 又请看,Henry Ordover, "Exploring the Literary Function of Law and Litigation in *Njal's Saga*," 3 *Cardozo Studies in Law and Literature* 41 (1991). 米勒的冰岛研究有彻底的职业特性,进一步证据就是他共同创作的著作,Theodore M. Andersson and William Ian Miller, *Law and Literature in Medieval Iceland: "Ljósvetninga saga" and "Valla-Ljóts saga"* (1989).

米勒讨论的是冰岛独立时期,公元930—1262年间,北欧传奇中对此有所刻画,我们有关中世纪冰岛的主要知识都源于这些传奇。那时的冰岛是一个简单游牧社会,没有中世纪独具特色的华丽,也没有扩张的社会形态。没有国王和贵族,也没有骑士或高雅的爱情,没有比武、战争或军队,也没有城市,甚或就没有村镇,除了最古朴的艺术、建筑和装饰外,其他艺术都没有。那时天主教会非常弱,被迫与异教徒和平共处。但是,当然了,也正是中世纪冰岛的古朴,特别是其治理上的简洁,才令它着迷。这不是一个没有治理的社会,但它的政府比最弱的守夜人国家还弱。正式治理制度仅限于有些法院和一个议会,并且同古雅典的类似制度一样,机构人员都是普通公民而不是职业人士。事实上,只有陪审员,没有法官;而且也没有上诉。议会议长是冰岛唯一拿工资的官员。那里实际没有税收,议长的工资来自婚事收费。特别是,那里没有政府的行政部门,因此没有执法官、警察、士兵和检察官。所有诉讼,包括刑事诉讼,都由私人个体提出,而这种最小政府艺术的更大创新(因为也有其他一些我们不称其为无政府社会,包括古希腊、罗马以及盎格鲁-撒克逊的英国,也都把提出刑事指控的权利留给私人个体[4])在于,所有司法命令的强制执行(如果有的话)都是私人的。

在那里,案件审理不是解决纠纷的唯一合法手段。血族复仇也合法,因此(不那么令人吃惊的是)私人仲裁也合法。私人仲裁时,纠纷交由争议各方挑选的某个人或某些人,找出有约束力的解决办法。由于人们会从远近亲戚中寻求帮助来实施司法命令,同时有血族复仇,那里的亲属概念就比现代社会的复杂精细得多。亲戚的帮助甚至还不够,因此,一些强力不足的人就为那更强有力的人也即首领服务,换取后者的支持和保护。这是封建制的萌芽。但这里没有在中世纪欧洲可以看到的那种复杂精细的封建义务、等级、仪式和责任。并且首领的位置也可以出售,市场会如此深入,这在封建体制下是无法想象的。

冰岛人都是出色的业余律师,尽管他们文化的其他部分简朴单一,他们的法典却复杂巧妙。北欧传奇中最著名的英雄尼亚(Njal)就是个业余律

---

[4] 请看,例如,Douglas M. MacDowell, *The Law in Classical Athens* 237-240 (1978)。关于英美法学中私人指控刑事案件的历史,请看,Harold J. Krent, "Executive Control over Criminal Law Enforcement: Some Lessons from History," 38 *American University Law Review* 275, 290-295 (1989)。

第十四章 后现代的中世纪冰岛

师。在那里,发现事实的程序比大多数中世纪法律制度使用的程序更理性,发现事实很少依赖超自然方法。然而救济制度很僵化,令人吃惊。冰岛法院判处的唯一惩罚,除最微不足道的违法行为外(适用固定额的罚金),都是放逐(outlawry)和轻度放逐(lesser outlawry)。放逐使一个人成为严格意义的法律之外的人(outlaw),即任何人都可以杀死他而不受惩罚。轻度放逐意味着在冰岛之外流放三年。这种僵化的法律救济才使得仲裁成为一种替代,比一般的诉讼更诱人,因为仲裁者可以判罚金,提出一个我们可能称之为衡平的命令,很适合案件的具体情况。拒绝服从仲裁则可能受到类似严重违法的其他惩罚。

这种显然非集权的治理制度存活了三个多世纪。没人知道那里有过多少暴力,但那里的社会并非无政府状态,尽管上述制度结构看上去会导致无政府状态。北欧传奇的冰岛也没陷入暴政,尽管这种制度看起来很脆弱。甚至血族复仇也受到规范的约束(例如,不为流放者被杀而复仇,也即,这不适用血族复仇),尽管没有正式制裁,服从规范却比较恒定的,尽管并非完全确定。

对这些米勒的描述都非常清楚。只是在理论层面,他碰到些麻烦。这部著作既太理论了,又理论得不够。太理论了,是因为它太想往两套理论——更准确地说是两套文献——上靠,而这些理论对理解中世纪冰岛毫无用处;结果是一些很糟的行话拼凑,在一些一目了然的问题上叨叨不休,还毫无必要地向一些政治正确的规范低头致意(在这方面米勒任职的大学可谓是出了名的[5])。一套文献是历史文献,特别是人类学有关纠纷解决的文献,这些文献是一座很有趣的信息矿,都同与冰岛类似——就国家制度很弱这一点而言——的社会有关,这些文献大都是非理论的或前理论的,偶尔,它们也大胆提出了一些有意思的概括,但通常只强调其具体考察的社会的独特性。(人类学家,就像历史学家一样,对自己努力理解的那些个体文化的特殊性有既得利益。)哪怕是你不同意 W. 布莱克的名言,"傻瓜才概括",概括性知识也并非唯一的知识。但是,如果没有把知识组织起来的理论,你就很难调配这些知识,而米勒似乎就在如何处理他发现的这

---

[5] 请看,Doe v. University of Michigan, 721 F. Supp. 852 (E.D. Mich. 1989),撤销了该校有关仇视性语言的校规。

些类似于人类学和历史学的材料问题上犯难了。

米勒使用的另一套理论是后现代主义;而我们应暂停片刻,考虑一下这指的是什么。最基本地,后现代主义表示了对现代性的幻灭,现代性被理解为启蒙哲学的胜利,但这种幻灭又拒绝怀念诸如宗教和等级制这些前现代的价值。在后现代主义的批评中,启蒙运动的基本要素是知者(或主体)与被知者(或客体)的两元分类:后者是物理或社会现实(社会是机械回应激励因素的"理性"男女之总和)的消极领域,而前者是积极的、自给自足的自我领域,运用了智力和语言来理解、交流和控制,并因此追求着知识和物质的进步。物理学、医学、经济学、工程学以及法律都是建立于启蒙思想前设之上的一些学科领域,而自由主义,由于强调个人的自给自足,是建立于这些前设之上的政治理论。后现代主义挑战这一图像,方法是拒绝主体客体的两元分类。这一拒绝发生在两个层面,我大致称其为历史的和哲学的层面。历史层面的基于对当代美国文化的观察。巴尔金(Balkin)在一篇本书引证过两次的文章中说,不论50年或100年或200年前的实际情况如何,如今这个文化都是后现代的,因为物质发展已经摧毁了启蒙社会的一些前提条件。[6] 他给的例子是,现代广告(包括政治性广告)操纵了人们的偏好和信仰,破坏了自给自足的自我,另一个例子是,法律服务"产业化"已经引发了法律工作断裂,包括司法意见的撰写也被分派给法官助理,因此,司法意见已不再是法官与读者间建立的直接交流通道了。

哲学层面上的后现代主义根源于尼采和维特根斯坦,其中最著名的人物是法国的福柯和德里达以及美国的罗蒂和费希。哲学后现代主义运用逻辑、修辞学、历史和社会学调查以及其他论证分析手段来揭穿启蒙运动的哲学信条和预设——客观性、观察者的独立性以及其他。哲学后现代主义既否认客体的给定性,也否认主体的自由,而取决于哲学后现代的否认重点,他们可能是乌托邦者,也可能是清静无为者。当他们强调社会现实甚至——在某类后现代者那里——物理现实的偶在和构建特征时,世界和社会的激进转变就被视为可能和可欲的。许多激进女权理论都有这个特点;与此类似的还有社会构建论者对性态的看法。但当他们强调自我具有

---

[6] J. M. Balkin, "What Is Postmodern Constitutionalism?" 90 *Michigan Law Review* 1966 (1992).

第十四章　后现代的中世纪冰岛

种族中心的深嵌的社会构建特点时,社会批评就变得自相矛盾了;因为它必须假定有一个为后现代否定的外在立场。因此,我们既有政治激进的后现代主义,又有对后现代的激进政治批评,认为后现代阻碍了社会批评。[7]

后现代主义在我称之为历史的层面与非市场行为经济学很亲近,因为这两个学科都研究物质发展如何影响思想,都对诸如语言和声誉这些社会实践的理想画图持怀疑态度。[8] 后现代主义哲学与实用主义明显有亲缘关系,罗蒂和费希都是实用主义的杰出阐发者(请看第十九章)。但我却不愿说自己是后现代思考者。后现代主义是过度的实用主义。后现代主义不仅反形而上学(这一点是对的),而且反理论。[9] 他们几乎所有人都感染了政治正确。尽管也有些值得注意的例外,他们的文字都是让人不知所云的丑陋行话[10],有时还有这样的借口,说文字清楚就是接受了启蒙运动关于作者与读者无中介交流的神话。

法律中的后现代主义到目前为止还只是用"解构"来威胁思想常规的法学教授[11],尽管巴尔金的论文,希莱格(Pierre Schlag)和温特(Steven Winter)的新著提出了某些东西前景看好。米勒从后现代主义那里得到的似乎就是一些很不连贯又令人不舒服的巧妙行话,把常识神秘化的欲求,坚信世界复杂神秘因此无法展开会发现类似自然科学规律的比较研究,以及担心他人会认为他太爱下判断了。"含义的可流通性"(页3),"居住地语文学"(页115),"养育孩子是一种社会构建,在建构中人们理解了孩子的流转"(页154),亲属关系是"一种有组织力的隐喻"(页154),"可以这样说,这种平衡交换模型起到了某种构成性隐喻的作用"(页184),"权利是个困难的概念,至少自福柯以来它变成这样了"(页245),"权力确实具有强烈的话语构成部分"(页246),以及"如果不是同'公共'结伴而行且予以区分,'私人'可否作为分析范畴而存在呢?"(页305);《血战与调停》中

---

[7] Sabina Lovibond, "Feminism and Postmodernism," 178 *New Left Review* 5 (1989). 无论是罗蒂还是费希,特别是后者,都断然属于清静无为派。

[8] 请看,例如,Pierre Bourdieu, *Language and Symbolic Power*, pt. 1 (1991); Gary Taylor, *Reinventing Shakespeare: A Cultural History, from the Restoration to the Present* (1989)。

[9] 请回想一下第三章中关于费希的讨论。

[10] Bert O. States, "Notes on the Poststructural Code," *American Scholar*, Winter 1994, p. 111, 对此有可笑的讨论。

[11] *Law and Literature* 210 n. 3.

的这些表述例证了后现代倾向何以可能导致一位作者脱离对社会制度展开头脑清晰的分析,而陷入术语学的乌烟瘴气中。

上面的最后那段引语是米勒不想让他笔下的冰岛人被自由至上论控制了,自由至上论倡导执法私有化,还发现北欧传说中的社会就是这样的范例。[12]但是,在一个缺乏"公共"领域的社会中,"私人"就没啥意思,对此如果不予深入阐述,就会很吊诡地说一大通废话。自由至上论说到底很简单,但容易让人误解:冰岛历史显示出,一个没有公共暴力垄断的社会也可以维系某些最低限度的法律与秩序。米勒的修辞性提问没触及到这一点。但米勒也许想说的是,如果这里没有强制的政府,其他强制制度就取代了政府的位置,而这些制度——或许是麻木的传统或专横的家长或贵族的恫吓——也许就会像密尔认为的,同现代福利国家那样限制很多自由。难道社会保险出现之前的人们更少依赖性吗?

更前面的引文还说明,一旦恢复了其语境,会发现米勒有种倾向,即用后现代衣衫裹着一个简单、合理有时甚至是显然的观点:"因为权力与名誉联系如此密切,特别是与追求拥有权力的名誉联系(也就是,权力确实有强烈的话语成分),因此权力丧失常常是逐渐地,既要求慢慢累积尴尬,也要求随后社区评价此人相对于他人的地位"(页246)。这样谈论政治权力含混且多余,这说的只是,政治权力是一种潜在的强力,即便运用强力的实际欲望或能力都没了,它常常继续存在,因为要花费时间才能知道这种强力已没了。在美国官员秘密同意永远不再用武力来支持本国外交政策后,美国在相当长的时间内还可以继续对其他国家施加权力影响。

米勒还有些观点也许根本不值得提出来,而不是要说清楚。例如,他说,"无论是早期冰岛,还是现代工业社会,法律从来没有远离暴力"(页232)。这没错,因为总能用暴力来强迫人服从法律判决的,针对有机体的抵抗而行使物理强力就是暴力。但这并不自然得出,像米勒似乎认为的,比较了早期冰岛和现代我们之后,在法律和秩序上我们就别无选择了。在结语中,米勒操心着冰岛比我们社会是更多还是更少暴力,他问道,与我们的社会相比,冰岛看上去更暴力,这是否只因为

---

[12] 事实是,还真有这样一位自由至上论者,请看,David Friedman, "Private Creation and Enforcement of Law: A Historical Case," 8 *Journal of Legal Studies* 399 (1979)。

第十四章 后现代的中世纪冰岛

> 当我们想到没有国家来保证我们的权利行使或保护我们不受那些一心行使其权利的人的伤害,因此我们想象自己畏惧和焦虑呢?换言之,冰岛文化看上去更暴力是否因为当时实际从事暴力行为的责任分布要比现在更均衡,因为那里没有国家代理人,不可能把这些脏活交给他们做,也没国家代理人站出来主张垄断这些脏活?(页304;又请看,页256)

这些提问认为,血族复仇社会仅仅使我们更看清了我们自己社会的条件。用同样的语气,米勒评论说"这些北欧传说并没显示当时人们一直生活在对暴力、强暴或财产被剥夺的预感中,而今天许多美国城市居民每天都必须忍受这种预感"(页304),他还说,"我倒是猜测,早期国家的形成肯定涉及再分配,然而,不是把富人的财产分配给穷人,而是把穷人的分配给富人,把弱者的财产分配给强者"(页306)。米勒自己对中世纪冰岛的描述与其对进步观念的抨击不一致。他描述了,在血族复仇中有许多无辜者遇害。尽管冰岛社会很贫困,那里却有大量不平等,那里有首领,在社会等级的另一端则有奴隶。并且,尽管就在某种具体生态环境下人类生存之必须而言,中世纪冰岛的制度变通很了不起,那却不是我们这些生活在不同环境中的人希望模仿的制度,就如同我们不希望像罕萨人那样用杏子作为食物。如果米勒想说的只是强调冰岛人对于环境的适应,我当然没什么可说的,但是,特别在他的结语中,他似乎正做着其他一些事,擦亮自己的后现代证书,确立自己政治上不冒犯他人,否认自己书中有什么支援和安慰了自由至上论者或辉格党自由主义者,甚至他试图为讨好女权者而说中世纪冰岛的好话,像杰斐那样,说那时女性的地位比中世纪欧洲其他地方的女性地位更高。

米勒的著作也不够理论化,这是因为他没有更深探讨复仇社会的特点,在这类社会中,人们将贪婪和暴力都保持在一定限度内,却没有国家的安全机器。最重要的制约设置就是由受侵的潜在受害者实施报复威胁。但这种威胁要想成为完全可信的震慑,就要求受害者有帮手;否则就不能震慑谋杀。这一点不仅表明亲属关系很重要,而且显示了——就像米勒强调的——修辞也很重要。甚至亲属也未必愿意为你的利益而拿他的生命冒险,因此你必须有能力让你的亲属认为这个侵犯者不公,并能说清楚这种报复对于你的亲属群体的未来安全也意义重大。

在一个复仇社会中,亲属具有双重(事实上是三重,我们会看到的)意义。它不仅扩展了潜在违法者的级别,而且扩大了报复者实施报复的对象范围。如果甲杀害了乙,乙的家庭会决定报复甲的兄弟,而不是直接报复甲本人,因为甲的兄弟采取的保护措施也许不如甲。换言之,责任是集体的,这就给了人们一种激励,要监管自己的亲属,以免某个亲属行为不端会导致对该集体中的某人而不是对该亲属本人的报复。

如同其他研究血族复仇的作者一样,米勒强调了荣誉感的重要。耻辱,这是失去荣誉的反应,有助于克服畏惧,它令受攻击或被虐待的受害者更可能实施报复,如果他不报复,他就是个省油的灯,复仇制度就无法维系和平。因此,记仇很重要,把荣誉感同交换、平衡以及互惠概念联系起来也很重要。

这种威慑系统的难点在于,它可能很不稳定,尽管有相反的例子,比方说,核威慑均衡。震慑很少能完美有效,因此,会发生一些不公,因此也就有报复,而每个报复行动都可能被原侵犯者或其亲属视为一个侵犯行为,并要求对这个侵犯/报复者再次实施报复。由此导致的血族复仇有可能循环往复,乃至失控,这就造成一种需求,希望有个足够强有力的保护群体来震慑报复。由此,会出现这种群体形成的竞争,有时会用虚构的亲属关系来扩展亲戚的等级,这种竞争最终导致强力的垄断,形成国家。冰岛后来也发生了这种情况。但这用了三个世纪,这一事实表明冰岛人一定已经有了一些规范或制度,这些规范或制度在血族复仇体制中所起的作用,就如同核反应核心中石墨棒所起的作用一样:减缓连锁反应。

法律就是这样一种制度。法律判决不是自我执行的,并且,如果被定罪的被告蔑视判决,原告就召集亲属强力实施这一判决,这很像当年原告针对被告的不公行为(今天引发的则是诉讼)直接实施报复。但就像米勒解释的,一个法律判决也许有足够说服力,令原告能召集其朋友,并使被告的潜在盟友更容易拒绝被告的求助,因此被告被孤立了,这就使原告更有理由决定寻求法律而不是打仗。冰岛人亲属关系具有双向特点,即父亲和母亲两系的人都算作亲属,而许多社会只把父系的人算作亲属,有的只把母系的人算作亲属。冰岛亲属制的这个特点使得争议者更可能在争议双方都有亲属。卡在中间的亲属很自然会努力在争议双方之间调停。

所有这些看起来都不很有异国风味。霍姆斯就曾认为,在社会秩序

第十四章 后现代的中世纪冰岛

上,法律是紧随复仇之后的一个阶段。[13] 古雅典人的法律制度与米勒描述的也没什么不同。在雅典,即使是对诸如谋杀和叛国这样严重的犯罪也由私人个体启动并进行指控,审判则由随机挑选的公民组成审判庭进行,没有职业法官,也没有上诉。尽管诉讼人会雇请修辞家为自己撰写发言,但也没有律师这样的人。刑事判决由公务官员执行,这与冰岛的程序不同;并且雅典的陪审团也更大。两者还有其他差别。但是类似之处令人吃惊,甚至包括用放逐作为制裁手段,如果米勒参考一下雅典制度——包括法学雄辩者在其中的作用——的大量学术文献,米勒一定会有所收获。[14]

然而,与北欧传说中的冰岛最相似的古希腊社会并非雅典;而是荷马史诗中的社会。(并且这里还有个问题也类似,即如何把想象性文学作品中的事实同虚构分离开来。)荷马史诗中的社会只显露了最基本的治理制度,就如同在北欧传奇中看到的那样,那里同样强调复仇是社会秩序的基本原则。多年以前,我曾像米勒处理北欧传奇那样,努力从荷马史诗中抽取社会秩序体系。[15] 但我的进路与米勒的不同,我用了经济学理论来理解复仇制度。[16] 其他人也已经把经济学理论运用于中世纪冰岛[17]以及其他没有国家的体制,例如加州淘金热时期在一个基本没有政府权威的时间和地点出现的维系秩序的采矿社区。[18]

经济学家感兴趣的是激励因素,并因此对威慑感兴趣,米勒也承认这些因素对于北欧传奇中冰岛的社会体系具有核心作用。他对荣誉和血族复仇之间的关系感到不解,但他很快就承认关键是威慑:"荣誉是这样一种能力,即让他人相信下一次对付你确实很难"(页 303)。他直觉到了复仇

---

[13] *The Common Law*, lect. 1.
[14] 请看,例如,Robert J. Bonner and Gertrude Smith, *The Administration of Justice from Homer to Aristotle*, vol. 2 (1938);其他参看资料引证于,*Law and Literature* 110 n. 57;以及,Thomas C. Brickhouse and Nicholas D. Smith, *Socrates on Trial* (1981)。
[15] "The Homeric Version of the Minimal State," 90 *Ethics* 27 (1979),重印于我的著作,*The Economics of Justice* 119 (1981)。
[16] 又请看,"Retribution and Related Concepts of Punishment,"重印于,*The Economics of Justice*,前注15,第八章;以及 *Law and Literature* 一书第一章("Revenge as Legal Prototype and Literary Genre")。
[17] Friedman,前注 12;Thráinn Eggertsson, *Economic Behavior and Institutions* 305-310 (1990)。
[18] 请看,例如,Robert C. Ellickson, *Order without Law: How Neighbors Settle Disputes* (1991);Gary D. Libecap, *Contracting for Property Rights* (1989)。

体系中至关重要的经济学逻辑,但如果他配备了某些经济学理论以及(与之紧密联系的)博弈论(对战略互动——突出包括了威胁与反威胁——的系统研究),他的这本书本来可以写得更短且更明确一些,并多一些中世纪冰岛与其他有最基本或薄弱国家制度的社会的比较。他只是在一个脚注中对博弈论瞄了一眼,引证了埃克瑟罗德(Axelrod)的著作,那本以计算机博弈为基础发现,在一个无中心的体制中,获取合作的最佳战略是"针锋相对":如果你不跟我合作,我也同样不跟你合作,但我不加大这种报复。[19]米勒毫不客气地拒绝了埃克瑟罗德,他认为,"埃克瑟罗德对囚徒困境博弈的战略计算分析给人很大启发,但是,看起来,如果不予相当限定,就不大适用于冰岛的血族复仇"(页374)。他没有说为什么不适用,而是说了一句,"我不是博弈论研究者,因此,我在此提出的观点完全可能有我不了解但很简单的答案"。这种说法没回答问题。博弈论是关于冲突和解决冲突的科学。如果你想就解决冲突写些什么,你就应当查查这门科学,看看其中是否有些什么你可以用。(我会在第二十五章讨论敲诈时涉猎一点博弈论)。

为什么这种无国家的均衡在冰岛持续了如此之久,但不是更久?经济学也许能解决这个难题。冰岛没有外敌,在冰岛独立即将结束时,在挪威开始对冰岛施展相当程度的影响之前,冰岛都没有入侵的威胁。在这之前,建立大规模保护性联合体获得的收益要小于正常情况下的收益。并且这片土地非常贫瘠,这使任何人都难以养活一群封建随从,由前者提供食物和住宅,作为交换,后者组织一支军队交由主子支配;没有这样的军队,这个主子就没有多少力量为社会其他人提供保护。没有多少,也不是完全没有;那时也有一些首领。但他们可支配的力量少得可怜(有少数亲戚、侍从以及客户,他们只能有半天时间,不用照看自己的羊群),这就限制了他们的权力,只能限于执行简单的复仇。没人能提供国王统治下的和平。

要养活一些专事执行的人员,社会需要有经济剩余。然而,一旦有了剩余,这种无国家之国家的日子就屈指可数了。埃格森(Eggertsson)曾指出,大约到冰岛独立结束时,教会至少已有能力征收很重的税赋,但还不能保证大量税入不被少数主要首领拿走。其中有6位首领已发展到可以展

---

[19] Robert Axelrod, *The Evolution of Cooperation* (1984).

开相当规模上的内战,并且他们也发动了内战,这时人们很高兴转向挪威国王寻求保护,冰岛的独立也就结束了。[20]

《血战与调停》不仅本身很有意思,而且是个例证,例证了我在第二章中描述的法学著述的变化。该书出版后不到一年,就出现了埃利克森(Ellickson)关于法律外的纠纷解决的著作,格雷(Grey)关于斯蒂文斯的著作,罗森堡(Rosenberg)对里程碑法律判例的研究,以及科恩对古雅典性态法律规制和道德规制的研究。[21] 埃利克森和格雷都是法学教授,科恩是修辞学系主任。这些著作全由出色的大学出版社出版,就总体而言,评价都很热烈,尽管在一些学究们看来,每本书作者的职业身份与他们的研究主题都不大相配。[22] 然而,这是一个专门化的时代。韦伯在将近一个世纪前不就警告过吗?"限定于专门化的工作,摒弃工作中涉及的任何个人的浮士德世界,这是现代世界中任何有价值工作的条件之一。"[23]那么,今天怎么了?我认为,有五点:

1. 学术性法律图书——不是教材——市场很小,部分因为法学教授习惯待在出色的图书馆中,尽管他们有钱,并不是法学书籍的天然购买者。因此,大学出版社,尽管一般不出教科书,却也不大愿意出那些学术影响过窄和单一的法律书。在这些出版社出的法律书单上,超出本学科的书籍比例很大。

2. 按照目前美国的学术标准,法学教授收入很高,要求不高,竞争也不大,因此,教法律就吸引了不少杰出人才,这些人的真正爱好在法律之外,很明显,米勒就是这情况。这些人中,一部分已成为很有追求的学者,尽管他们有闲适的港湾。

3. 法律作为题材,而不是作为方法,其他学科——如,经济学、政治学

---

[20] Eggertsson,前注 17,页 309—310。埃格森的分析后来有了扩展,请看,Birgir T. R. Solvason, "The Evolution of the Institutional Structure of the Icelandic Commonwealth" (unpublished, Dept. of Economics, University of Iceland, June 25, 1992)。

[21] Ellickson,前注 18;Thomas C. Grey, *The Wallance Stevens Case*: *Law and the Practice of Poetry* (1991); Gerald N. Rosenberg, *The Hollow Hope*: *Can Courts Bring about Social Change?* (1991); David Cohen, *Law, Sexuality and Society*: *The Enforcement of Morals in Classical Athens* (1991)。第二十三章会讨论格雷的著作。

[22] 至少科恩情况如此,他同时有古典博士学位和法律学位。

[23] *The Protestant Ethic and the Spirit of Capitalism* 180 (Talcott Parsons trans. 1958)。就像我在第六章中提到的,韦伯的话在讨论宪法理论家太不专业化时很有道理。

甚或文学批评——的人,或是运用这些学科工具的法律人都可以研究。

4. 专门化引发了对通才和交叉学科研究者的需求。神秘难解的第二专业日益增多,这造就了一个勾连建设者和转换者的空间。转换者或融合多种进路,或运用某专业开发的某种进路,来研究其他专业中的问题。

5. 社会科学正迅速进步,在诸如文学和历史这些曾长期抵制理论的领域如今也日益强调理论了,这就增加了其他领域同法律勾连的机会。结果是交叉学科法学著述日益增多且日益完善。它可以进一步完善,而这并非它的唯一优点。

第四编　性别与种族

第十五章

亚里士多德女士

敌人的敌人即我的朋友。自由主义是我的敌人。亚里士多德反对自由主义,就这一点而言,亚里士多德就是我的朋友。并且,这位朋友的伦理学洞见也有助于我展示女性应当按与男性平等的标准在军中服役,这位朋友的伦理学盲点和生物学无知还有助于我展示代孕很邪恶。赫希曼(Linda R. Hirshman)的论点可以这样概括[1],此外,这个概括也为了解激进女权法理学提供了适当的导论。

赫希曼的论证会招来一些疑问。首先是,为什么应当把自由主义当做女权的对头呢?各类自由主义大多都有个共同点,就是信仰人身自由,而一切形式的女权也有个共同信仰,就是女性地位应当改善。因此,很难理解为什么这两者间有任何冲突。在自由主义社会中,女性比在传统社会或其他反自由主义社会中过得好多了。自由主义推动了经济和科学进步,现代社会中女性解放因此获得了动力。因为女性解放的完善主要归功于婴儿死亡率降低(因此女性不必持续怀孕以保证可以合乎情理地预期自己的孩子能够长大)、出现了节省家务劳动的工具、避孕方法改进、较轻快的工作("服务业经济")增加了以及有关性和生育的生物知识完善了。当然,技术进步并不总是解放人的;发明轧棉机就远不是解放奴隶,而是增加了对奴隶的需求。但是,技术进步已经消除女性受压迫的一些主要原因(在这一点上,请看下一章)。

自由主义,即使在其最狭窄的"古典"意义上的自由主义,也反对不流动的社会地位,反对限制职业准入,反对以宗教信条影响政治决策。自由

---

[1] Linda R. Hirshman, "The Book of 'A,'" 70 *Texas Law Review* 971 (1972).

主义者带着其反对和相应的赞同,指望竞争(包括公职上的竞争)、自由进入市场和职业以及社会流动性——而不是反自由主义社会的意识形态——会创造一个更有利于女性从传统约束和规定的角色中解放出来的氛围。密尔就是位热情的女权者。[2] 赫希曼希望亚里士多德有助于"打破自由主义框架"[3],但在有关女性地位问题上,亚里士多德的观点即使在他的时代也是保守的。亚里士多德的开明程度显然不如欧里庇德斯、埃利斯托芬、《奥德赛》的作者,也不如第一位激进女权者——就《理想国》和《法律篇》[4]中的证据来看——柏拉图。[5]

赫希曼不喜欢自由主义的抽象,她认为,抽象一方面是科学实在论的精髓,另一方面也是个人主义的精髓。赫希曼认为,在认识论方面,亚里士多德的实践理性(指的是,不是正统的,而是推理与亚里士多德归在对话和修辞门下的说服相结合)[6]同抽象展开了决战,而在政治方面,亚里士多德强调美德和社区的伦理学同抽象也拉开了战场。然而,科学与自由主义(一种伦理和政治的意识形态,而并非认识论)的最强联系并不是对抽象的喜好,而是相信自由探索的美德,这种信念既是科学进步的基础,也是政治自由的基础。这种哲学传统不强调科学理论与客观实体的对应,而是强调思想开放、尊重证据、反对教义、主张意见多元、智识独立以及广泛公开的辩论,认为这些科学美德非常重要,当然,这就是实用主义。而女权者,包

---

[2] John Stuart Mill, "The Subjection of Women," in *On Liberty and Other Writings* 117 (Stefan Collini ed. 1989).

[3] Hirshman, 前注1, 页 1003。

[4] David Cohen, "The Legal Status ad Political Role of Women in Plato's Laws," 34 *Revue internationale des droits de l'antiquité* (3d ser., pt. 2) 27 (1987).

[5] "男子的节制与女子的节制[*sophrosynē*],或男子的勇气和正义与女子的勇气和正义,并不像苏格拉底所言是相同的;男子的勇气表现在他统帅,女子则表现为她服从。并且,这一点对所有其他[美德]都适用。"Aristotle, *Politics* (B. Jowett trans.), in *The Complete Works of Aristotle*, vol. 2, p. 1999 (Jonathan Barnes ed. 1984) (p. 1260, col. a, ll. 20-23 in Bekker's Greek edition) (着重号为引者添加)。亚里士多德解释说,理由在于女子灵魂中的思考部分与男子的部分不一样,前者不能完全支配人。同上,(ll. 1-14)。关于亚里士多德与柏拉图的女性观对比,又请看, Nicholas D. Smith, "Plato and Aristotle on the Nature of Women," 21 *Journal of Historical Philology* 467 (1983); Maryanne Cline Horowitz, "Aristotle and Woman," 9 *Journal of the History of Biology* 183 (1976); Stephen R. L. Clark, "Aristotle's Woman," 3 *History of Political Thought* 177, 179-180, 182 (1982); Martha C. Nussbaum, "Comments," 66 *Chicago-Kent Law Review* 213, 221, 227, 230 (1990); Nancy Sherman, *The Fabric of Character: Aristotle's Theory of Virtue* 153-154 (1989).

[6] 请看, *The Problems of Jurisprudence* 71-72。

括赫希曼,一般都认为实用主义与她们的意趣相近。科学鼓励并奖励这种实用主义美德。[7] 并且,自由主义有容忍不同观点和不同生活方式的理想,是世俗的,对社会和政治变革持包容态度,拒绝总体化的至善理论和其他不切实际的理论,在政治上,自由主义也同样如此。获得解放的女性,不是在像伊朗这样的伊斯兰国家,不是在印度或在非洲部落,而是在西方自由主义的富裕国家,才找到了其社会、政治和经济空间,追求她不合常规的个人工程和意识形态工程。

亚里士多德的思想很复杂。他的思想中有许多线索滋养了自由主义意识形态。然而,赫希曼用亚里士多德非自由主义的思想材料支持自己的具体政策观点时,前后就不一致了。她说,就服军役而言,更出色的支持女性获得同等待遇的论点根本不是平等,而是服军役的功能,服役是"一种仪式,这种仪式以法律道德力量来统帅完美自我的形成",或是"社区参与的精髓"。[8] 这就是说,向公民强行灌输特定的美德(普遍军役制),如勇敢、纪律、服从以及自我牺牲,这是政府的恰当工作之一;任何人不服从这种思想灌输,就不是个完全成熟的公民。这种观点并不荒谬。对于面对严重受攻击威胁的民族来说,培养全民皆兵的一般精神也许完全有道理。但即便在这样的国家中,女性的角色也不取决于抽象公民概念,而取决于具体考量,即女性在什么地方对国防会贡献最大,也许会让她们到工厂劳动,而不是让她们上火线。至于像我们这样的国家,很幸运,眼下没有急迫的军事威胁,且由于种种原因,军事普训还会浪费巨量资源,因此,雅典式军国主义与我们是否相关,这一点就很不清楚。我们当然也面临其他威胁,但有某种国家支持的意识形态,在我们这个政治和道德都高度异质化的社会中即便可行(且不说实际上行不通),也几乎不能驱除这种威胁。

所有这些都不是否认有很多好的理由允许女性与男性平等进入我们的(自愿的)武装力量。剩余的怀疑也已为我国女兵在波斯湾战争中的表现彻底清除了。但这里的关键恰恰是实际表现,而不是从亚里士多德著作中可以找到什么东西。此外还必须注意,柏拉图(在《法律篇》中),而不是亚里士多德,就赞同女性服军役。

---

[7] Richard Rorty, "Is Natural Science a Natural Kind?" in Rorty, *Philosophical Papers*: *Objectivity, Relativism and Truth* 46, 61, 62 (1991).

[8] Hirshman, 前注1,页994—995。

赫希曼认为，尽管亚里士多德的生物学如今名誉扫地，却还是可以——事实上，恰恰因为它的名誉扫地——同代孕(surrogate motherhood)争议联系起来，也很有用。亚里士多德认为，父亲提供了种子，母亲提供了土壤，因此从基因观点来看(我们会这样说)，孩子实际是父亲的孩子——克隆了父亲。[9] 很早以来，人们已认识到这个看法错了，但赫希曼认为，那些有关代孕的辩解犯了同样谬误。她的代孕观是，父亲付钱让代孕母亲生育"他的"孩子，也就是说，代孕者对孩子没有任何亲权。赫希曼认为这就像古希腊的观点，亚里士多德生物学实际支持的观点，即父亲对孩子有独占的权利；因此，如果——比方说——他同孩子的母亲离异了，父亲就拥有完全的监管权，母亲没有任何权利。

赫希曼在此忽视了一些关键不同。[10] 确实，代孕者出租了自己的生育能力，但是她因此获得了补偿。她并非终身出租(或出租到男子厌倦抛弃她时为止)，而只是代孕一次。并且，她也不只是向未来的父亲出租，她也在向将成为孩子养母的那位妻子出租。[11] 如果真的如赫希曼似乎想做的，这个交易中涉及的3位成人都有完全的信息，智力健全，行为时未受身体或经济的强迫，那么无论是代孕者还是这位父亲的妻子，即画面中的两位女性，都因这代孕获得了改善，并且像这位父亲一样，我们可以推定这个孩子也得到了好处(否则的话，他就不会出生)。赫希曼在此暗中提到了女权者的一些理由，即总体看这种安排还是可能令女性状况变糟；但她本人的理由，即代孕与作废的亚里士多德生育理论很相似，却不是个好理由——即便还算是理由的话。她对"商业化"以及以市民友好模式——介乎市场关系和社会等级——重建社会关系说了些话也让人不明不白。她没有解说在实践中这可能指什么。

赫希曼一方面强调生物学上的母子关系，借此抨击代孕，但另一方面她又把母子当成陌生人，借此为堕胎辩解。这后一点很像汤姆森(Judith Jarvis Thomson)，汤姆森就曾在一篇很有影响的文章中把母亲比作全然的

---

[9] 这是对亚里士多德观点的过度简化。请看，Johannes Morsink, "Was Aristotle's Biology Sexist?" 12 *Journal of the History of Biology* 83 (1979). 但就我的使用来说，这已足够准确。

[10] 更完全的讨论，请看，*Sex and Reason*, ch. 15。

[11] 威廉姆斯在讨论代孕时犯了同样的错误，她也忽略了妻子。请看，Patricia Williams, *The Alchemy of Race and Rights*, 将在第十八章讨论。

陌生人,却被用各种管子同一个可能死亡的肾病患者——一位著名小提琴家——连接起来,还要在床上躺9个月。[12] 赫希曼忽略了她这两种做法间的紧张。我无法理解一位女权者何以可能以这种方式既强调,同时又淡化,母亲的生物角色。但不管怎么说,我不认为,女权想留着亚里士多德,赫希曼就一定要展示,即使亚里士多德有厌女症[13],却也可能推进女权事业。数年前,芝加哥法学院有位杰出的荣休教授做了个晚宴讲演,他表示吃惊,女权者竟然用黑格尔理论提出了女权理论,而黑格尔是出名的厌女者。其实他不应吃惊;这里没什么前后不一致。黑格尔、亚里士多德、尼采——在此问题上,还有诗人庞德(Ezra Pound)和画家达利(Salvador Dali)——的思想都不是完美的网,不会因为你抽了其中一根线,这个网都散了。可以抛弃他们信仰体系的主要部分,剩下的仍然无损。你可以抛弃亚里士多德的生物学,也可以抛弃亚里士多德的贵族价值,这无损他就人们面对不确定性时如何推理问题的言辞,也不会危及他关于校正正义和法律解释的论述。但在这些必要的删减后,其剩余就不损害自由主义了,或者,也无助于令人可疑的反自由主义的女权了。

---

[12] Judith Jarvis Thomson, "A Defense of Abortion," 1 *Philosophy and Public Affairs* 47, 48-49 (1971). 又请看,Laurence H. Tribe, *Constitutional Choices* 243 (1985),他将怀孕女性描述为"孵化器"——观点与亚里士多德相似。

[13] 如果应这样称呼的话。摩辛柯认为亚里士多德关于男人女人的生物学观点在当时科学状况下是可能的最科学的理论。请看,Morsink,前注9,页110—112。

第十六章

生物学、经济学和激进女权对《性与理性》的批评

作为一个知识分支,女权研究社会中的女性;其研究角度强调社会实践和公共政策对女性的影响,非常关注——这一点先前常为人忽视——自己都说过或说着什么,真诚关切自己的福利,并很正当地怀疑各种有神学或教条意味的理论,因为这些理论告诉女性她们前世注定要服从男子。按照女权的这种说法,那么密尔就是女权者,和麦金农(Catharine MacKinnon)、沃尔斯东克拉夫(Mary Wollstonecraft)、A. 德沃金(Andrea Dworkin)、米诺、努斯鲍姆(Martha Nussbaum)、费因曼(Martha Fineman)以及赫希曼一样。也按照这种说法,拒绝生物科学和经济学、拒绝自由主义、拒绝人们感到的证据、充满"父权""霸权""殖民化"和"阶级观点"(classism)词汇的左翼行话,乃至厌男或至少是怀疑直男,就只是女权的偶发特点,而非其有机特点。这些特点反映的是,在学界,激进女权暂时占据支配地位。这样一来,麦金农把激进女权与女权完全等同,就错了。[1]

对于激进女权来说,我的书《性与理性》就像根避雷针,引来了不断的

---

[1] Catharine A. MacKinnon, *Feminism Unmodified: Discourses on Life and Law* 137 (1987); 又请看,Katharine T. Bartlett, "Feminist Legal Methods," 103 *Harvard Law Review* 829, 833 以及注8(1990)。麦金农对淫秽出版物的抨击是下一章的主题。

第十六章　生物学、经济学和激进女权对《性与理性》的批评

批评。[2] 我曾努力展示，用简单的经济学模型就可以解释不同文化和时代中种种性行为和规范的大致格局，还可以提出违反直觉但可验证的有关各类性行为发生范围的种种新假说。我的模型（本书最后一章有深入描述）把性行为视为理性选择的后果，这一选择会考虑各种相关成本（大多是非货币的，包括搜寻、预想受惩、生育以及患病的成本），也考虑受固有或无法动摇的性偏好影响的收益。例如，在性伴侣问题上，是偏好同性还是偏好多样化。我不教条地坚持认为，经济学是理解人类性态秘密的唯一答案。我承认性态经济学理论取决于心理学家、历史学家和社会学家（包括从事女性和同性恋研究的专家）的描述和分析著作。我感兴趣的是，生物学对理解人类性态的心理特征，对理解性态的社会维度——包括男女性态的差别以及某些男子和女子更喜欢同性而不是异性关系——能有些什么贡献。我希望把科学和社会科学研究进路与似乎影响性道德和公共政策的性态道德理论作个一般性比较。此外，我希望评估一下司法（如果还有所作为的话）在处理有关，诸如同姓肛交、代孕、堕胎、婚内强奸和淫秽色情读物等公共政策问题上表现如何。

结果是一本不小的书，一本折中的书，尽管经济学占据中心。这本书的着重点是描述和解说，因此是实证的，而不是规范的。但也不全然如此。对一些规范问题，该书提出了些看法。该书依照密尔的精神分析辩论说，除非行为可能对不同意该行为的第三方有不利后果，成年人（宽泛界定，包括许多十几岁的人）之间相互同意的性关系都应自由，其他相关行为也都应自由，如消费淫秽读物，签订并执行代孕协议。

---

[2] 请看，Katharine T. Bartlett, "Rumpelstiltskin," 25 *Connecticut Law Review* 477 (1993); Margaret Chon, "Sex Stories—A Review of *Sex and Reason*," 62 *George Washington Law Review* 162 (1993); Martha Ertman, "Denying the Secret of Joy: A Critique of Posner's Theory of Sexuality," 45 *Stanford Law Review* 1485 (1993); Martha Albertson Fineman, "The Hermeneutics of Reason: A Commentary on *Sex and Reason*," 25 *Connecticut Law Review* 507 (1993); Gillian K. Hadfield, "Flirting with Science: Richard Posner on the Bioeconomics of Sexual Man," 106 *Harvard Law Review* 479 (1992); Hadfield, "Not the 'Radical' Feminist Critique of *Sex and Reason*," 25 *Connecticut Law Review* 533 (1993); Jane E. Larson, "The New Home Economics," 10 *Constitutional Commentary* 443 (1993); Ruthann Robson, "Posner's Lesbians: Neither Sexy Nor Reasonable," 25 *Connecticut Law Review* 491 (1993); Carol Sager, "He's Gotta Have It," 66 *Southern California Law Review* 1221 (1993); Robin West, "Sex, Reason, and a Taste for the Absurd," 81 *Georgetown Law Journal* 2413 (1993)。不能认为海德费尔德是非常激进的女权者，但就我在书中讨论的问题而言，她的立场类似于那些公认的激进女权者。

范围这么广[3],主题又如此富有争议和情绪,相关的坚实数据也很难获得,因此,这本书注定有错失[4],也有强调不当,明显的偏见和不敏感,逻辑不完整,反映了作者个人有限经验和作者扭曲怪异的心理等。更重要的是,这本书没同任何性态理论学派结盟,无论是福柯的建构主义、激进女权、托马斯主义、新保守主义、老保守主义、马库塞主义还是男同女同解放者。它只是从一个经济学分支——非市场行为的经济学——获取灵感,而即便在经济学圈内该分支也争议颇多,并被其他社会科学的大多数研究者视为"帝国主义",非常痛恨。它还汲取了进化生物学中一个最有争议的分支——社会生物学知识,把达尔文原则运用于社会行为。这样一本书不可能不受各方的批评;而激进女权的批评告诉了我们有关女权运动的许多信息。

三　岔　口

费因曼质疑《性与理性》提出的三个具体说法。其一是女同伴侣一般说来性交少于异性伴侣,而异性伴侣的性交一般要少于男同伴侣。费因曼不说这个说法——它得到了研究女同性态的女权学者的支持[5]——错了,而是说,这个说法包含的假定掩盖了性交的定义,以及性交与其他性形式的关系。这点没错。说到底,到底什么是"女同性交"呢?难道不能认为这个术语本身就硬想把同性关系纳入某种异性关系模式吗?甚至用"至少一方有高潮的性活动"数量来替代"性交"也无法回答这个问题。因为,即便

---

[3] 对此书有个书评长达 101 页。C. G. Schoenfeld, Book Review, 20 *Journal of Psychiatry and Law* 515 (1992)。

[4] 我对先前的经济学文献回顾(*Sex and Reason* 33-36)错过了两篇文章,一篇是基于理性选择的统建模型的经验研究,另一篇是对堕胎的规范经济学研究;请看,Ray C. Fair, "A Theory of Extrmarital Affairs," 86 *Journal of Political Economy* 45 (1978);以及, Thomas J. Meeks, "The Economic Efficiency and Equity of Abortion," 6 *Economics and Philosophy* 95 (1990)。

[5] Lillian Faderman, *Odd Girls and Twilight Lovers: A History of Lesbian Life in Twentieth-Century America* 248 (1991) ("女同一般趋于比异性恋者和男同更少性行为"); Marilyn Frye, "Lesbian 'Sex,'" in *Lesbian Philosophies and Cultures* 305, 313 (Jeffner Allen ed. 1990) (女同关系是,"就界定明确的欲望和欲望满足而言,频度很低的一种关系")。又请看,Federman, 同上,页 246—248、254。

第十六章　生物学、经济学和激进女权对《性与理性》的批评

我提的这个关联关系(即性活动频度与男性是否在场有关)能够成立[6]，人们也还可以认为这个定义太专断从而拒绝它。然而，如果因为性高潮对女性来说不像对男性那样是最重要的爱欲情感的表达[7]，因此认为这个定义太专断，我却认为这个理由还是确认了基本的生物学要点，即一般说来，男性性冲动比女性更强烈。我从来不曾说，女性的爱不如男性的强烈；然而，如果性高潮(或更宽一点包括阴蒂刺激)对女性不像对男性那么特征显著、迫切、渴求和频繁，那么这就是一个重要且可以说是一个生物性规定的差异。但费因曼的基本点成立：选择某特定爱欲经验或其中某类经验作为性活动单位，用来比较男女的性冲动，就不可能不专断。

费因曼质疑的第二个说法是，人工哺乳能力与乳房大小呈正相关。她的质疑很对[8]；我撤回这一点。最后，她质疑我提到"通常的观察"是，一般说来，同性男和异性女的穿着要比异性男或同性女更讲究。她不说我断言错了，而说这没有足够的文件记录。在缺少文件记录这一点上她是对的。现在我补救一下。《同性恋百科全书》告诉说，"男同常常以着装向其他男性暗示自己是潜在性伙伴"。随后，该书描绘了男同使用的各类"信号"装。但有关女同只有一段简短文字，其中提到她们先前喜好"男正装"，如今她们更喜欢"一些没型的外套，也不化妆"，尽管该书也说了"有其他女同则喜欢高雅的服装，且这类服装也有几种式样"[9]。有本时装专著的索

---

[6]　除非是以纯粹性高潮次数来测度性活动，因女性与男子不同，从生理上讲女性可以有相继的几乎是连续的多次性高潮。罗伯森说，女同性交常有多次高潮。Robson，前注2，页498—499。

[7]　Sarah Lucia Hoagland, *Lesbian Ethics*: *Toward New Values* 167-168 (1988)，她描述的女同性态是性高潮从属于弥散化情色。

[8]　这一主张仅根据一篇文章，也受到了海德费尔德(Hadfield, "Flirting with Science," 前注2，页492注33)的质疑，有可能不正确。请看，Joan M. Bedinghaus and Joy Melnikow, "Promoting Successful Breast-Feeding Skills," 45 *American Family Physician* 1309, 1310 (1992); Barbara K. Popper and Constance K. Culley, "Breast Feeding Makes a Comeback—For Good Reason," *Brown University Child Behavior and Development Letter*, Feb. 1989, p.1。

[9]　"Clothing," 1 *Encyclopedia of Homosexuality* 246, 247 (Wayne R. Dynes ed. 1990). 又请看，Lisa M. Walker, "How to Recognize a Lesbian: The Cultural Politics of Looking Like What You Are," 18 *Signs*: *Journal of Women in Culture and Society* 866, 867 (1993)。

引中就有"男同着装",但没有与女同有关的索引。[10] 说男正装或没型女外套"性感",这令人奇怪,然而,这是公认的异性恋女装范畴,以及同性恋男装范畴。[11] 我猜到会有反驳说,女同之所以着装不像直女和男同那么好[12],是因为她们的收入比直女和男同都低;男子收入一般高于女性,还有许多直女至少部分靠男子养活。[13] 但是,女同贫困这种僵化说法已经过时,如今大多数女性都外出工作。今天,一般的女同要比一般的直女受教育更多,收入也可能更高。[14]

费因曼的最大关注是她所谓的"厌女症概念系统和思想格局"。[15] 她的例证是我的一个说法,在极端贫困社会中,溺女婴降低了成年女性的数量,也许因此增加了活下来的女性的福利。[16] 巴特勒特(Katharine Bartlett)指出,如果知道了溺女婴,这些活下来的女性的福利(广义解释,应包括身体的以及物质上的存在)也许就会减少。另一成立的女权论点是,由于社会不让女性从事生产劳动,养育女孩很昂贵,进而令她们成为被溺杀的唯一候选人。但费因曼不是质疑我以这些和其他理由展开的有关溺女婴讨论是否精确或完整,她指控我有厌女症,就因为我对这一令人不快的事实的评论:你说这些令人不快的真相,显然你就想成为厌女者。但是,我

---

[10] Susan B. Kaiser, *The Social Psychology of Clothing and Personal Adornment* 491 (1985). 这本专著支持了我的另一受挑战的关于男士服装的观点,高跟鞋有类似中国人裹小脚的象征功能:限制女性的流动。因为凯瑟评论说,只有当女性表现出不舒服时,女鞋才被认为是诱人的。同上,页243。尽管该书后来的版本都不再提同性恋的衣着选择,却保留了鞋子不舒服的说法。Kaiser, *The Social Psychology of Clothing*: *Symbolic Appearances in Context* 88 (1990).

[11] Mary K. Ericksen and M. Joseph Sirgy, "Employed Females' Clothing Preference, Self-Image Congruence, and Career Anchorage," 22 *Journal of Applied Social Psychology* 408, 411 (1992). 参看,Fred Davis, *Fashion, Culture, and Identity* 35 (1992)。

[12] 如果人们认为在社会科学研究上说"着装更好"太含混,那可以用收入中用于衣着、化妆品和修饰的比例——或许应参照同性别异性恋者的花费为标准——作为替代。

[13] 《性与理性》一书触及了收入对与性相关行为的影响(页133—136),但也许像努斯鲍姆指出的那样,太轻描淡写了;请看,Martha C. Nussbaum, "'Only Grey Matter'? Richard Posner's Cost-Benefit Analysis of Sex," 59 *University of Chicago Law Review* 1689, 1726-1728 (1992)。

[14] Ertman,前注2,页1500、1510注168。

[15] Fineman,前注2,页512。

[16] 一个有关但不那么糟糕的现象是,年轻女子与男子的比例下降会减少未来丈夫要求的嫁妆数量,也就是降低了丈夫的价格,因此令女性更容易结婚。关于(相对于年轻女性)男子数量与嫁妆水平成反比关系的经验证据,请看,Vijayenda Rao, "The Rising Price of Husbands: A Hedonic Analysis of Dowry Increases in Rural India," 101 *Journal of Political Economy* 666 (1993)。

第十六章 生物学、经济学和激进女权对《性与理性》的批评

关于溺婴的讨论很符合一位出色女权人类学家的思路,这位人类学家强调,之所以往往是母亲首先提出溺女婴,就因为母亲照看婴儿的负担更大,如果允许婴儿活下来,也许损害母亲的能力去照看她眼下的或未来的后代。[17]

费因曼还批评我关于强奸的一个说法,我说大多数强奸(甚至,如果当强奸不构成刑事犯罪时,尤其如此)是种性盗窃(意思是,男子不是在自愿的性"市场"通过商谈获取性满足),而并非某种表达男子意志(支配女性)的装置。她没说我这个观点错了,而是说有人曾用这种观点主张废除强奸罪;因此,这里我说出的就不是令人不快的真相,而是说出了一个危险的真相。但令我奇怪的是,并没有谁主张废除盗窃罪呀,何以把强奸概括为盗窃就为主张废除强奸罪的人提供了武器?这些主张者又是谁?眼下大潮流恰恰相反。强奸防范法和婚内强奸刑罚化是近来的发展。也许,有人认为"性盗窃"的说法转移了人们的关注,无视了强奸的暴力特征,因为大多数盗窃都不暴力,尽管其中有些当然有暴力。但我用盗窃的意图不在于否认强奸的暴力特征,有时还有性虐待的特征;事实上,我也强调了强奸罪的这些特征。某些盗窃就是暴力犯罪,强奸就是其中一种。我否认的仅仅是某些人的说法:强奸犯代表的是其他男性,这些男性任命了这些强奸犯来威胁女性,使女性总处于恐惧和依赖状态。[18] 女性当然害怕强奸,也确实增加了她们的心理负担,限制了她们的行动自由。但男性同样害怕成为暴力犯罪的受害者。

罗伯森(Ruthann Robson)声明说,她根本不打算反驳我的事实断言(尽

---

[17] Sarah Blaffer Hrdy, "Fitness Tradeoffs in the History and Evolution of Delegated Mothering with Special Reference to Wet-Nursing, Abandonment, and Infanticide," 13 *Ethology and Sociobiology* 409 (1992)。关于荷蒂著作的女权特点,请看她的短文,"Empathy, Polyandry, and the Myth of the Coy Female," in *Feminist Approaches to Science* 119 (Ruth Bleier ed. 1986)。Larson,前注2,页456—457,该文论辩说,荷蒂和他人对灵长类的新近研究展示,非人的灵长类动物表现出相当多样的性行为,其中有许多不符合(过于简单化的)社会生物学家发现的属于人类性态的固有倾向,如雄性好斗乱交而雌性温顺的格局,这些研究因此从根本上削弱了对人类性态的社会生物学分析。然而,这些研究的真正意义在于,它们展示了不同灵长类物种间的生物差异规定了它们的性战略和性行为有所不同。*Sex and Reason* 页20 注7,页97,特别是页260。拉尔森似乎认为所有的灵长类构成了一个单一物种,因此某些灵长类的任何行为都可能是人类的"自然"行为。

[18] 这种观点的一个变种是,所有男子都从强奸中获益了,因为对强奸的恐惧"使相互同意的异性恋性态和婚姻制度成了[在女性看来]可欲的安全措施了"。Robin L. West, "Legitimating the Illegitimate: A Comment on 'Beyond Rape,'" 93 *Columbia Law Review* 1441, 1454-1455 (1993)。

管她的寓意是,她很容易就能做到这一点),因为只要她一打算就危及到女同的生存;她以坦白的政治术语描述了自己的学术雄心,即要"为无论作为个体还是作为认同的女同之生存作出贡献"。[19] 对于一般女同穿着不如一般直女也不如男同的这个说法,她同意费因曼对我的批评,但加了一点令人意想不到的曲解,她认为我这个说法是个人身攻击。我意想不到在于,女权者一般都反对女性穿着必须漂亮诱人这种社会压力并赞扬女同勇于挑战这一规范,而不是接受这一规范并否决女同的挑战。

  罗伯森文中还有些令人莫名其妙的断言,比方说,"女同'不非常性感',这一'事实'也许可视为规制女同性态的一个命令,或至少是一个理由"。[20] 我第一次阅读这段文字时想的是,罗伯森也许提出了一个并非荒诞不经的观点,即,如果认为女同(或者简单说来所有女性)"天生"不性感的话,那么女同的性活动看起来就会更"不自然"。但这段文字不是这样解释的,这就令我奇怪,怎么会有人认为,一个群体的性活动越不积极,国家就应越多限制该群体的性活动。我不知道罗伯森从哪得出这样的印象,我波斯纳认为女同"不很合乎情理"。[21]（后面,她同样没根据地说,波斯纳认为女同比男同更理性。)广义上讲,理性行为就是受成本收益指导的行为。如果一个人某种性偏好很强,那么,哪怕社会蔑视、歧视和患病的风险,满足这种偏好因此成本很高,他也许还是会努力满足自己的这种偏好,因为他从中获得的收益还是超过了其成本。[22] 即便这种偏好不很强烈,即便某人只是机会型的同性恋者(请看第二十六章),只要机会许可,尽管社会反对同性恋,他也还会用同性恋行为替代异性恋行为。附带说一句,罗伯森说女性中有10%是女同,这明显夸大了,也许夸大了10倍。同性恋权利倡导者试图说服公众,无论男女有10%是同性恋,说这个数字是真的。但这个数字是根据金西的男同数据作出的解释,解释本身就令人质疑,对

---

[19] Robson,前注2,页504—505。
[20] 同上,页500。
[21] 同上,页501。
[22] 因此,艾滋病流行降低了——相对于异性性行为——女同性行为的成本。

第十六章 生物学、经济学和激进女权对《性与理性》的批评

男子来说,它也可能高出了3倍。[23] 这是一个政治利用的统计数字。

厄特曼(Martha Ertman)说我持这种观点,即女同是个选择问题,不是生物问题。[24] 而我说的只是,在全部女同行为中机会型女同行为的比例比全部男同行为中的机会型男同行为的比例更大;我没说,我也不认为,这个比例接近100%。[25] 根据对我立场的错误概括,她推论说,经济学分析隐含的是所有女性都应是女同,推理是,因为男人对女性很坏,因此如果女性的异性性偏好不是比对同性性偏好更强烈的话,女同性行为的收益就会大大超过她们异性恋性行为的收益。然而,她不敢确定,女同是天生的还是选择的,哪种说法在政治上更有利,看来她其实喜欢的是,既非天生也非选择。[26] 我们会看到,这是种标准的女权论含糊其辞,模棱两可。

像罗伯森一样,厄特曼也大力推动女同,因此,她对《性与理性》中的说法——即便消除了(如果可能的话)对男同女同的歧视,男同女同可能还是

---

[23] Sex and Reason 294-295;又请看,本书第二十六章。应当承认,前面讨论过专断的性行为界定令对同性恋者数量的任何估测努力都复杂化了。最基本的问题是以什么界定同性恋者,用行动还是用偏好,如果是前者,什么行为才算?这里有极困难的边际情况。比方说,一位离婚女性,她同丈夫一起时从没喜欢过性行为,也不喜欢男人,只同女性交往,有过拥抱和亲吻,但从来没有生殖器接触,她算不算女同?

[24] 又请看,Larson,前注2,页459、461。

[25] 新近关于女同有生物基础的证据,请看,J. Michael Bailey et al., "Heritable Factors Influence Sexual Orientation in Women," 50 Archives of General Psychiatry 217(1993)。有些女性的同性恋行为,或有很多这类行为都不是出于生物原因,而是因与男子关系很糟的反应(Sex and Reason 179),这一事实对利奇(Adrienne Rich, "Compulsory Heterosexuality and Lesbian Existence," in Powers of Desire: The Politics of Sexuality 177 [Ann Snitow, Christine Stansell, and Sharon Thompson eds. 1983])的猜想是个沉重打击。利奇猜测女同是女性的正常性倾向,如果没有男子的洗脑和威胁,全部女性或大多数女性都会是女同。

厄特曼在其他几个方面也错误概括了我的观点。我并没说女同从未受迫害或其他歧视,我说的只是她们更少受刑事惩罚。例如,当年男同肛交在英国是死罪,女同关系却完全不犯罪。我也没有说女性"对异性性行为不感兴趣"(Ertman,前注2,页1516),而只是说,平均而言,她们的性冲动不如男子强烈。厄特曼说,因为波斯纳认为传统天主教关于同性性行为"不自然"的观点"并非荒唐",Sex and Reason 226,引自,Ertman,前注2,页1519,因此,波斯纳就是认为这个观点有道理;事实上,《性与理性》拒绝了天主教的这种观点。她还说我说过古希腊没有男同,只有机会型男同。恰恰相反,我认为每个社会都有与机会型同性恋不同的"真正的"同性恋。("真正的"或"偏好型的"同性恋,按我的术语,是哪怕可以同样"成本"获得异性关系,却仍偏好同性关系的人,而广义的成本包括非货币的和货币的成本。)我也不敦促父母"向自家孩子灌输异性恋性态"。Ertman,前注2,页1513。

[26] 请看,同上,页1505。

不如直男直女们幸福——感到不安。[27] 她甚至否认今天同性恋者不如异性恋者幸福,但她又自相矛盾地指出,同性恋者自杀率很高,还提到了"流落街头的青少年中,男同或女同高达25%"这个证据,她将之归结为"家庭拒绝"。[28] 她希望我"倡导结束这种相互的疏远"。[29] 但如果我没错的话(她也没提出任何证据表明我错了),那么这种疏远扎根于人的基因,不大容易通过倡导来根除。

自然与文化

罗伯森顺带提到,巴特勒特和海德费尔德(Hadfield)都强调了,即我显然是把经济学分析建立在社会生物学真理之上,尽管我对此曾一再否认。实际情况是,在同性恋问题上,我说的那些话取决于我相信同性恋偏好主要是或完全是先天的,而不是由于个人选择、文化影响、他人诱惑、倡导或被强奸而后天获得的。但先天不先天并不决定什么,因为某种或某组偏好同性性态的基因某种程度上也许会强化生物的包容性适应(inclusive fitness)*,或许有多少恒定比例的婴儿生来就是或在婴儿早期获得的某种精神或心理条件,令他们长大后受同性的性吸引。我对同性恋形态的大部分经济学分析,例如巴特勒特、海德费尔德以及罗伯森提到的有关同性恋搜寻成本的分析,机会型和境遇型同性恋的分析,就完全不依赖同性恋偏好发生原因的理论。对女性性态的讨论也基本如此。例如,女性性战略一般比男子更为保守,这是一个事实,无论解说是基因的还是纯文化的。大体而言,我对男女性行为差别的分析,要求的也就仅此而已。

当然,如果导致女性偏好保守型性战略的理由是文化的,不是生物的,那么该理由也许就是一个经济学理由;因此,未解释这一点的经济学分析就不完整。但大多数经济学分析都是部分的,因此不完整,它们只寻求解

---

[27] 我说到了这一点,对于男同来说,尤为如此(*Sex and Reason* 307);厄特曼忽视了这一限定。

[28] Ertman,前注2,页1500以及注99;又请看,同上,页1505—1506。

[29] 同上,页1500—1501。

* 社会生物学(又称演化心理学)的重要概念之一。1964年由汉弥尔顿(W. D. Hamilton)提出,认为利他主义对于个体所属的那个群本身是有利的。——译者注

第十六章 生物学、经济学和激进女权对《性与理性》的批评

释社会世界的一部分而不是全部。《性与理性》并不想用经济学和生物学术语来解说男女性战略的差异,它强调的是,当女性就业状况与男性就业状况聚合时,如现代瑞典那样,她/他们的性战略就趋于聚合了。因此,巴特勒特说我理论的要害在于认为男女都不受社会因素影响只受进化力量影响,她错了。其实正好相反,我的理论要点在于人类性行为和性道德都受经济力量塑造,不仅仅受生物力量塑造。

我的著作也很容易受相反方向的攻击,来自进化生物学家,他们认为我归结为经济因素造成的性行为和性习惯差别其实都是进化的结果。他们指出,不同人类社会的性行为特别是性习惯差异都只是表象的回应,因为在不同生态环境中动物也会有不同的行为。家猫的行为就与野猫非常不同,比方说,更少吃老鼠,与环境更相关的是,一般说来家猫后代也更少。尽管可以用经济学术语来解说这种差别(家猫的食物来源更便利,但性搜寻成本更高),但生物学解说可能更充分。对人类性行为态势的生物学解说最不利证据是所谓人口转型,即当一个社会越过某些富裕程度的"槛"后,就出现生育率急剧下降的趋势。如果人类像进化生物学家认为的那样,与其他动物没什么不同,都是生育机器,那么,就很难解释当有能力更多生育时,人们生育却更少的倾向。这里可以有一种生物学的解说,尽管生物学解说为经济学分析开辟了空间。人类到达他们目前的生物发展状态时才理解生育机制。因此,更有利的生物选择是性活动、某些情感和对后代的关心,而不是生育活动本身。避孕、堕胎、人工受孕和人类进化阶段肯定不了解的其他做法(堕胎也许例外),把人的性与生育分离开来了,人类行为的"生育机器"模型肯定会丧失很大部分的解说价值,而为人类性现象的经济学解说打开了通道。

开放亲权市场可能对女性、儿童有何心理影响,对此,巴特勒特提出了很好的观点。她认为,有些男子认为自己属于支配地位的性别,因此感到快乐,她还指出,当我称提出了"无道德的"以及"与道德无关的"性概念时,我实际提出的是一种基于特定(密尔的)道德的概念[30];她的话不错。然而,与道德无关的性道德,这种说法并不真的是矛盾修辞。认为性与道德

---

[30] 提出这一点的还有,Nussbaum,前注 13,页 1701—1709,以及,Hadfield,"Flirting with Science,"前注 2,页 489。

无关,这就是用我们看待驾车的眼光来看待性。驾车是有潜在危险的活动,无论是对己还是对人,但对驾车作伦理和政策分析却不会遇上禁忌、耻辱或诉诸自然或神的麻烦。人们都承认驾车有用、令人愉快、理性,因此总体而言是私人活动,意思是只能受有限的法律和社会压力的约束。就可能性而言,排除性的道德意味,会为以密尔的方式处理性问题打开通道,当我们讨论诸如驾车、吃饭(对于我们这些既非素食者也非有饮食限制的宗教信仰者来说)和桥牌这些与道德无关的主题时,很自然,我们采用的都是密尔的方式。

虽说不算错,仍然误导读者的是,说我波斯纳说了,"社会完全可以暂时不表示赞同同性婚姻,也不赞同由同性恋者监管儿童"。[31] 我讨论了赞同和反对同性婚姻的理由,但没得出结论,我也论辩了,别一刀切地禁止同性恋监管孩子。为了孩子的最佳利益,有时也许需要这样的监管;这个问题应个案考查,而不是一刀切。我也并非完全不顾反堕胎的意见,或是认为可以通过理性论证来否弃这些反对意见。我指出,这些道德化反对意见中都有前后不一致的地方,但我承认,事实上,我还强调了,过多的讨论不大可能有益。我还承认,对"非常(但不是最)看重胎儿生命价值的个人"来说,堕胎不大可能得到理性正当化[32],但我也认为(因为巴特勒特总会忘记),反堕胎的人事实上未赋予胎儿最高价值。若是赋予了,那么即便母亲生命受威胁,他们也会反对堕胎。他们并非如此。

347 有位女性说"女同的女儿就像世界各地的自由战士,在婴儿期就要征集她们,别让她们受直女的言辞和行为伤害"[33];如果有人同该女性争夺孩子监管权,质疑她作为家长是否合适,我确实认为不应自动假定她合适。为什么?我不认为有必要给出理由。但更难的问题是,如果这里用"直女"替代"女同",并用"女同行为"替代"直女性行为"时,答案是否应相同?不可能给出一个包括一切的答案。考虑到这个社会中的公众意见,宣布某个竭尽所能阻止女儿成为女同的母亲——即便其努力毫无效果——自动不适于监管女儿,会令人非常奇怪。但人们可以想象这样一种情况,这位母亲阻止女儿成为女同,太努力了,很有破坏性,乃至她不再适合当家长。

---

[31] Bartlett,前注2,页481。
[32] 同上,页486。又请看第五章,讨论了德沃金以及罗尔斯支持堕胎权的论点。
[33] *Sex and Reason* 429.

第十六章 生物学、经济学和激进女权对《性与理性》的批评

我对伴侣婚姻的界定并非"妻子一定得是丈夫想要的(或在此,可作为伴侣的),足以抓住他[她的丈夫]"。[34] 巴特勒特从我的一段文字中得出这个解释,而这段文字并没打算描述伴侣婚姻,而只是试图测度有了有效避孕后对伴侣婚姻的冲击。我对伴侣婚姻的描述出现在其他章节。我并不看低巴特勒特所谓的"非理性的利他主义"(并非出于获取互惠的利他主义),在性和家庭行为中,这是个因素,我也不嘲笑这是个"天真的"因素。[35]

我不认为谈论"他人的福利"太"优柔寡断",但"应改变令女性长期从属于男子的不公正社会条件"[36]这类断言也给不了我什么启发帮助。如今没有多少人认为自己在为"令女性长期从属于男子"的社会条件辩解。问题在于如何界定"从属于",如何辨认那种造成从属的条件,以及如何设计出消除这种从属的恰当手段。[37] 有人说"要坚守女性自我控制生育决定……或改善将出生儿童的生活质量"的事业;但如果就像这段被引文字认为的,这个坚守同时要求,只要孩子还没生,女性就有权流产[38],以及从出生那一刻开始,孩子就有权获得高质量的生活,那么,从这样的话中,我们也不可能有所收获。我不是说不能为这种陡然的断裂辩解;但巴特勒特确实无法自我辩护,因为随后的辩解让她自己下不了台了,她评论说"什么时候社会获益最多?就是当人们面对无论什么趋势展开不屈斗争时,他们必须首先想到自己"。[39] 也许有人会认为许多堕胎就因为女性"趋于首先想到她自己"。巴特勒特可以以无私作为社会政策的灯塔,但在这之前,她也许应当仔细想想其中的寓意。许多女权者都认为女性问题之一就是她们一直都太无私了。

---

[34] Bartlett,前注2,页487。
[35] 同上,页488、494。就这个问题而言,我不认为非互惠的利他主义(相互依赖的效用函数,因此,甲方效用的增加也许也增加了乙方的效用)不理性。
[36] 同上,页493。
[37] 同上。
[38] 这也许不是巴特勒特的立场。就我所知道的而言,她也会限制怀孕很久后的堕胎。但她没有对这种女性"控制自己生育决定"的权利给出任何明确限定。
[39] Bartlett,前注2,页494。

所谓来自经济学内部的女权批评

海德费尔德(Gillian Hadfield)并不质疑经济学是否适于理解性态问题。但在我的书中,她发现"在性究竟是什么这个问题上,到处都是男性中心观的漏洞"。[40] 尽管她的第二篇论文又变卦了[41],但在究竟怎样才算性态经济学分析的恰当问题上,海德费尔德还是没给出线索,我臆测文章会把女性受压迫视为性态度行为中最重要原因。换言之,"性的一切一切"就是男性支配。

海德费尔德提出了几个不错的观点。其一是我忽视了经济学性态分析中某些重要潜在的内生互动。[42] 女性的性活动不只像我强调的那样,仅受女性职业选择影响,也会影响这些选择。如果为保证女性贞洁(婚前)或贞节(婚后)把她们关在家里,她们就没有机会在市场上工作。这是我的分析中忽视的一点,但可能只是一小点。女性出去工作并不是因为男人不再把她们关在家中了;男人不把女性关在家中是因为机会成本太高了,没法继续关下去了。

海德费尔德论辩说,避孕不仅是避孕方法之成本与有效程度的函数,也是限制家庭规模和特定性爱偏好(其中不全有关生育)之实践的函数。该命题的前一部分——限制家庭规模的想法会引发避孕,即便在出现现代避孕品之前成本非常高——显然正确;事实上这个命题在人口出生率文献中很常见,《性与理性》中也讨论过这一点。我在该书中就说过,避孕必须作广义理解,包括非技术性手段,例如性交中断、偶尔停房以及各种非阴道交媾,比方说肛交和口交。不错,我在写避孕的全部成本下降如何便利了将女性从家庭解放出来时,我没说,如果当初人们在有避孕性质的性交(如口交)中偏好不同,这种解放本会更早发生。这种可能性是有,但影响有限,因为大多数男子女子为了阴道交媾,都情愿承担怀孕这种重大和必然

---

[40] "Flirting with Science," 前注2,页502。

[41] "Not the 'Radical' Feminist Critique of *Sex and Reason*," 前注2。

[42] 在经济学模型中,与外生因素不同,内生因素是受模型内某些变量影响而不是仅仅影响这些变量的因素。因此在一个关于面粉工厂的模型中,价格就是面粉市场的内生因素,气候则是市场的外生因素。

第十六章 生物学、经济学和激进女权对《性与理性》的批评

的风险。避孕品市场中的其他内生互动更为重要。避孕药的出现降低了婚前性交的成本,因此增加了婚前性交的需求,但是婚前性交的需求更大也是避孕药需求增加的因素之一。我承认避孕经济学分析可做的工作比我在《性与理性》一书中所做的要多得多。[43]

不太有道理的批评是,海德费尔德批评我忽视了看护孩子的社会组织化;事实上,这就是《性与理性》第六章讨论的性道德演化的核心。她还硬说我认为在古希腊所有女性都只被当做繁育者,她忽视的事实是,我讨论的是古希腊上层社会的女性,不允许她们工作。在书中其他地方,我强调了女性在传统农业社会中的产出,讨论了这种产出对性习俗的影响。[44] 但我是应当对看护孩子的社会组织化讨论更多些,特别是更多讨论一下奴隶制对性习俗形成的影响。当看护孩子可以让奴隶承担时,就像古雅典或古罗马或美国内战前的南方那样,就用奴隶,就不允许(自由)女性从事农业或其他劳动活动,并因此削减了她们的产出。这些女性的最重要角色被限定为繁育后代。在妻子唯一功能就是繁育后代这样的体制中,伴侣婚姻——由深厚情感联结起来的平等婚姻——就很罕见;而且越是有奴隶从事本来由自由女性从事的工作,就越有可能用这一功能来限制女性。因此,奴隶制培育了非伴侣的婚姻。在性自由问题上非伴侣婚姻转而促成了人们熟悉的双重标准,因为当婚姻中亲密接触或情感联系很少时,丈夫就有激励因素把妻子关在家中以确保自己是她孩子的父亲,同时又会从其他地方寻求婚姻中无法得到的色性满足。一方面有奴隶来照看孩子,他就不用承担本来很可能繁重的家务责任[45],另一方面,有女奴隶,很容易就成为他婚外性满足的来源;因此,他也更容易这样行为。随着奴隶制衰落(这是古典时代向基督教中世纪转化的突出特点之一),妻子的家庭责任增加了,

---

[43] 请看,Tomas J. Philipson and Richard A. Posner, *Private Choices and Public Health*: *The AIDS Epidemic in an Economic Perspective*, ch. 9 (1993)。

[44] *Sex and Reason* 129, 170. 但是,我本应提到,那些贫穷古希腊公民的妻子显然常常在户外工作。

[45] 有关证据,请看,Richard Saller, "Slavery and the Roman Family," in *Classical Slavery* 65 (M. I. Finley ed. 1987); Keith R. Bradley, *Discovering the Roman Family*: *Studies in Roman Social History* 55-56, 127 (1991)。然而,应注意,与我这里提出的论证有某些冲突的是,罗马上层社会的妻子,尽管相对说来不大涉及喂养孩子,特别是她们年幼的孩子(Suzanne Dixon, *The Roman Mother* 109-111 [1988]),却还是有很高的社会地位和相当程度的自由。同上,页233—236;*Sex and Reason* 176。对与此论点一致的经济学解说的尖锐批评,请看,同上,页177。

丈夫的家庭责任也增加了。[46] 基督教义都开始强调双亲——父亲和母亲——在教育孩子中的角色。[47] 很自然,新观点出现了,即婚姻是同等人之间的全职工作搭档,这种搭档关系不能接受把女性继续关在家中,也不能接受男子的婚外性行为——同其他异性和同性。

海德费尔德对《性与理性》提出了一些很奇怪的断言,什么该书贬低了女性,因为该书索引中有女性,而没男性;什么该书讨论男同比讨论女同的篇幅更长;以及该书对男同的关注太多,很"不成比例"[48]——相对于该书对女子性态的关注,就因为女性数量明显比男同多很多等。海德费尔德忽视了我关于女性的大部分讨论;我说了我没打算对卖淫作系统经济分析,她还是抨击了这一点;同时她又忽视索引"卖淫"下所列的数十条索引。她正确的是,由于男性(显然在所有社会中)比女性更"花",因此,女性的性搜寻费用不很高(街头妓女是例外),当然,这得把女性为增加自己靓丽度的广义花费除外。如果搁置海德费尔德未予评论的这一重要限定,这个关于性搜寻成本的分析(因为在刚刚起步的性经济学分析中这类分析更少)看上去肯定会集中关注男子行为。她进一步忽略了这样一点,即研究非异性恋的关系,也会有助于我们了解关于异性恋的一些情况。男同关系可以告诉我们不少女性给性关系带来了什么,女同关系也可以告诉我们不少男性给性关系带来了什么。

同费因曼和巴特勒特一样,海德费尔德认为我的分析中,生物学是关键。鉴于她指责我花了太多时间研究男同,这就是她的一个奇怪的错误;我的同性恋理论分析(这与我的政策建议完全不同)与同性恋有无基因基

---

[46] 一些推测性证据是家庭平均人口下降了,这一点已被归结为奴隶社会与自由社会的差别。Andrew Wallace-Hadrill, "Houses and Households: Sampling Pompeii and Herculaneum," in *Marriage, Divorce, and Children in Ancient Rome* 191, 204 (Beryl Rawson ed. 1991).

[47] H. I. Marrou, *A History of Education in Antiquity* 314-315 (1956). 相比之下,在古希腊,"家庭不可能是教育的中心。妻子被关在后台;人们认为妻子适于照看婴儿;但也仅此而已;当孩子7岁时,就从她手中夺走了孩子。父亲完全专注于公务,因为我们一定不要忘记,我们所说的希腊原是个贵族制社会;男子在成为家长之前,首先是个公民,并且是个政治人"。同上,页31。参见,Charles de La Roncière, "Tuscan Notables on the Eve of the Renaissance," in *A History of Private Life*, vol. 2: *Revelations of the Medieval World* 157, 279-281 (Philippe Aries and Georges Duby eds. 1988), 该书还描绘了14和15世纪的意大利,双亲在儿童教育中扮演的个人角色,甚至在富裕家庭也是如此。

[48] "Flirting with Sex,"前注2,页485注16,页490—491。"波斯纳似乎认为,一个性理论要解说的最核心现象就是,从一大堆可能的选项中,为什么选中了男人的肛门。"同上,页490。

第十六章　生物学、经济学和激进女权对《性与理性》的批评

础全然无关。她的错误造成了她对我有偏见,因为她承认对人类行为的生物学解说有说不清道不明的一般怀疑主义。[49] 她看来也很反感这个说法,即女性一般说来,征服性情欲和性骚动都不像男性那么强烈。但为什么她对此不高兴,是个谜。女性天然从属于男性,这种意识形态的支柱之一就是这样一个错误信念:女性比男性更受自身性欲支配,这种信念如今已经改变,取而代之的是另一错误信念,一般女性全然没有任何性欲。[50]

为避免过正的矫枉,应当注意,卖淫现象也许导致了对一般女性性兴趣的低估。人们会认为妓女大都来自从频繁性交中获得更多愉悦(多于其他女性)的女性,因为当其他因素不变时,这些女性卖淫的成本更低。一个人是否当妓女,决定因素并不只是偏好频繁性交,或喜欢有多个性伴侣;但如果假定与此种偏好相关的其他因素随机分布,那么,说妓女比一般女性性兴趣更强,这种概括应当成立。但这就会得出结论,一般的妻子通常比一般的女性对性更少兴趣,因为大多数妓女都未婚。并且,由于几乎没有女性(尽管有某些男性)找男妓,因此,即便嫖妓分流了那些从频繁性交和多个性伴侣中获得最大愉悦的男性,已婚男性的平均性兴趣也不会因此降低。从频繁性交和多个性伴侣中获取了最大性愉悦的男性在某种程度上也许更少可能结婚,但这也适用性欲完全相反的男性;这么一来,已婚男性的分布在两端都被裁了,而已婚女性的分布主要只裁去了一端。因此,从观察"可敬"女性得出的概括就趋于低估女性的性兴趣;然而,造成这一印象扭曲的现象本身——卖淫——就有力证明了,女性性欲一般说来比男性低。除少量的例外,只是男性——通常不比女性多——有无法满足的性需

---

[49] 参见,Larson,前注2,页463,表达了对"社会生物学论证后果"的关切。我也因她的关切而关切这一后果。当学者因政治或道德关切而偏离了继续本来大有希望的研究分析途径,这时学术就受到了损害。我承认,当问题是是否用人做实验或是否造武器时,道德关切是相关的,但当问题是是否进行纯室内研究时,道德关切是无关的。

科学怀疑主义是激进女权的主旋律。哈里批评支持同性恋有生物基础的科学证据(Janet Halley, "Sexual Orientation and the Politics of Biology: A Critique of the Argument from Motibility," 46 *Stanford Law Review* 503 [1994]),让人想起某香烟公司的一个论点,即还没"证明"吸烟导致肺癌。在晚近的同性恋性史中,科学怀疑主义扮演了灾难性角色。当首次发现艾滋病时,一些同性恋权利倡导者谴责该发现是针对同性恋的阴谋,还发起运动反对安全性行为,反对关闭同性恋浴室。Randy Shilts, *And the Band Played On: Politics, People, and the AIDS Epidemic* (1987),处处可见。

[50] 请看,例如,Thomas Laqueur, *Making Sex: Body and Gender from the Greeks ot Freud* (1990).

求,大到足以支撑卖淫业。

要比较男女的性需求,必须在其他方面也予以限定,有些我在书中强调不够,比方说,讨论女同时我提到的定义问题;多妻制造成女性人为短缺;生命周期不同,随着年龄增长,男性的性欲衰减比女性更激烈等。与女性不需要男妓这一点反映男女性欲强度不对称的说法有关,更进一步的是,男性性兴趣更多集中于年轻女性,比女性对年轻男性的性兴趣更强,这使得卖淫有助于缓解女性的"缺乏"。然而,对性伴侣年龄的偏好不同进一步证明了人类性活动的生物学理论,这表明性兴趣同生育共变,因为男性的生育年龄比女性的生育年龄长得多。

把异性间相互同意的性交说成强奸[51],激进女权的这一工程中有一部分是她们喜欢强调,女性常常同意性交却不真正渴望性交。[52] 如果一般说男性比女性性欲更强的话,那么人们就恰恰应这样预期。但从中得不出这就是强迫。人们喜好不同时,他们通过交换喜好来令自己的满足最大化。男性为女性提供服务,而接受却非渴望的性交就是女性为此服务支付的一种通货[53],并且,即使男女在经济、政治和社会上完全平等,也会如此。只要想想一对女同,她们当中如果谁性欲更强,我们就可以清楚看到,前者习惯更频繁的性交,而要得到这一点,她就必须在其他方面提供补偿,也许是承担更多家务或尊重对方在家务或娱乐上的偏好。从这一视角看,R. 韦斯特对异性婚姻的质疑,"为什么即便女性不想性交还得性交,而男性想性交时不性交就不行?"[54]这表明她不懂易货贸易。

还有一点,海德费尔德说我忽略了,却正是我强调的,即在养育后代上,若最佳投资的数额越大,对男子来说,采取处处留情的性战略费用就越高。[55] 不仅讨论性生物学时我强调了这一点,而且就我讨论的多配偶制和(我前面提到的)伴侣婚姻制,这一点都至为根本。对于不同男子来说,无论是处处留情还是相反("妻管严")的性战略都可能是最佳的,与这一差别

---

[51] 请看讨论麦金农关于淫秽出版物观点的下一章。
[52] 这是R. 韦斯特的主题,West,前注18。请看,特别是,同上,页1455—1457。
[53] Douglas W. Allen and Margaret Brinig, "Sex, Property Rights, and Divorce" (unpublished, Simon Fraser and George Mason Universities, Nov. 1993)。
[54] West,前注18,页1456。
[55] 请看,例如,*Sex and Reason* 95。

第十六章　生物学、经济学和激进女权对《性与理性》的批评

对应的就是经济学上的粗放边际增加和集约边际增加之别。处处留情的男子会有许多孩子，但他不在家中保护孩子，孩子存活的机会就降低了（当然，我说的是人类进化时期，不是今天），这就降低了该男子的包容适应性（不只是第一代，而是所有后裔）。妻管严型男子孩子较少，但他保护孩子，孩子存活下来的机会大，因此他的包容适应性增加了。这两类男子，且不说取混合战略的男子，最终的孙辈后裔数量相当。然而，女性受到了限制，就因为她们的生育能力先天有限，因此只能取强化集约边际的战略。她们处处留情在生育上没有战略意义，在生物进化期，取此种战略的女性，她们的基因会趋于最终被彻底清除。

《性与理性》论辩说，生物学，包括男子性冲动以及母性焦虑，会同缺乏现代医药卫生知识的社会中婴儿的高死亡率，进一步解说了古代社会和初民社会中女性的高度从属性，而技术和经济发展，包括医药卫生完善，因此婴儿死亡率大大降低，节省家务劳动的工具完善，有效避孕，女性工作机会改善，这些因素令现代西方社会的女性在社会、政治、经济和性上能够走向男女完全平等。海德费尔德在此回应了激进女权路线，她认为，就女性历史和女性性态特点而言，男性的权力和剥削是比生物学和技术更重要的因素。（女性从从属于男性的传统角色中解放出来，主要归功于男性推动的技术进步，这种可能性就这样令人痛恨吗？）与这种观点一致，海德费尔德认为，强奸表明男性有用性来威胁女性的持久欲望和能力。

在一个社会中，当时的技术条件令女性只能是母亲，不可能从事其他职业，我认为确实可以想象，完全知情的女性会自愿同意用自身的生育控制来换取男性的经济支持。结果就是女性的从属地位，但从她们的观点来看，同她们在社会中其他可能的替代角色相比，这会是她们更情愿接受的角色，即便没有男性对某女性使用或威胁使用暴力也会如此。我认为下面的观点不能成立：直到最近之前，军中作战部队一直排斥女性，就因为男性主导的政治治理。晚近战争技术的变化已降低了肌肉、耐力和好战在战争中的角色。军队要求人有能力扛着100磅的背包穿过泥塘，要求近距离用拳头或匕首或枪托或冲锋枪杀人，这些要求还没消失，但都已降低。我们如今生活在按键战争的年代，女性可以同男性一样按键。

强调男性权力和暴力，这种人类性态理论是一种假说，它同经济学理论对立。如果海德费尔德说我应更多关注这个假说，我的辩解只能是：篇

幅有限,很难把该假说填进标准的经济学人类行为模型,在没有解说为什么男性如今会放松支配女性的情况下,这种假说无法成立,这个假说有逻辑难题(例如,如果男性控制着社会且所有男性都从强奸中获益,那么为什么强奸非法?),还有我汇集的她却忽略的那些相反证据。[56] 激进女权者认为,女性的从属地位是因为男性使用了暴力。如果情况如此,女性又如何可能从这种强制性支配中解脱出来?一个回答是,女性并没解脱出来;近年来女性看来享有的巨大进步全都是海市蜃楼,那些防范强奸的法律、那些将婚内强奸定罪的法律以及诸如此类全是骗人的。海德费尔德文中没有任何地方表明她接受这种回答。但是,如果女性已经获得了巨大或至少是确定的进步,这就隐含着,如果男性支配假说不错,女性取得的这点进步是因为男性支配在某种程度上已经弱化了。但这究竟怎么发生的呢?或多或少,我们还知道奴隶获得自由的一些原因,路易十六被废黜了,沙皇被推翻了,伊朗国王被迫退位了;但,是什么令女性突然挣脱了套在她们身上的许多枷锁,尽管还不是全部的话?经济学家可能指向服务业的扩展、节省家务劳动的工具改善、避孕完善以及其他经济技术因素,认为这是女性日益从依附男子中解放出来的原因。但男性支配理论的理论家可能指出什么原因呢?自己的著述?——一声号角,就把女性从数千年无言的被动中唤醒了?

---

[56] 例如,有证据表明在淫秽出版物或强奸很少的社会中,或是在都少于美国的社会中,女性对男性的从属性更大。请看,*Sex and Reason*, chs. 13-14, 以及本书下一章。哪怕是在初民社会,女性的地位也与她们的经济贡献相联系,有关的证据,请看,Gary S. Becker and Richard A. Posner, "Cultural Differences in Family and Sexual Life: An Economic Analysis," 5 *Rationality and Society* 421 (1993). 又请看, Ester Boserup, "Economic and Demographic Interrelationships in Sub-Saharan Africa," 11 *Populaton and Development Review* 383, 388-389 (1985)。

第十七章

剪不断理还乱的色情

麦金农这本书[1]的书名原想反讽淫秽出版物只是"语词而已"(不像棍子和石头),永远不会伤人的观点。没想到的是,它有了更深的讽刺意味。《语词而已》只是本修辞之作,不是分析之作;它只是些语词而已。该书雄辩,充满激情,但就像大多数激进女权法理学一样,它缺乏人们有权期望从学术著作中获得的精细区分、谨慎的证据掂量以及对相反观点的公道考量[2]。这本书是道语言洪流,很像麦金农自己认为的淫秽出版物那样,诉诸人的基本激情(担心、反感、愤怒、仇恨),而不是介入了理性的智识。这里没有细致,没有限制,没有分寸感。"你父亲从小搂着你,捂你的嘴,这样长大,因此,另一男子可以在你大腿间搞出可怕灼热的疼痛。当你老了,丈夫把你捆在床上,把滚烫的蜡滴在你乳头上,把另一个男子领进家观看,还要你一直微笑"(页1)。"[淫秽出版物]传达的信息……就是'干她'……这个信息直接发送给阴茎,通过勃起送达,并且从真实世界的女性那里获取"(页21)。"社会由语言构成"(页106),而"话语……就属于拥有这些话语的人,主要是些大公司"(页78),这些公司是生产淫秽出版物的帮凶,由男性经营,在自由出版的任何可获利的东西中都有金钱利益。我们生活在"由淫秽出版物构成的世界"(页67)。"'对女性来说'"——麦金农赞同地引证了她经常的合作者A. 德沃金的话——"'所谓法律就是淫秽出版物'"(页40)。

这种愤怒、夸张、挖苦和影射——"无疑有些[淫秽出版物消费者]撰写

---

[1] Catharine A. MacKinnon, *Only Words* (1993).
[2] 我们在前一章看到了其他一些例子,我们还将在下一章看到另一个例子。

了司法意见"(页19),"假如此案[3]中的孩子是女的而不是男的,也许联邦最高法院就不会认为这种儿童淫秽出版物非法了"(页91)——之下,却还是可以看出一个论证。这就是,淫秽出版物不仅摧毁了出现于出版物上的女性的生活,而且造成男性淫秽出版物的消费者强奸和性谋杀、对女童性虐待、鄙视并威胁女性。"或迟或早,以这种那种方式,这些消费者会想着生活在三维的淫秽空间",希望"世界保持淫乱,因此他们每天都可以继续性亢奋"(页19)。

既然淫秽出版物"促成的行为程度上独特且后果是毁灭性的"(页37),为什么法院还给它蒙上宪法第一修正案的外衣呢?部分原因是大多数法官是男性,部分则是在值得赞美的反麦卡锡(Joe McCarthy)运动中,法官们把言论自由和出版自由变成了宪法第一修正案的教条。这个教条使男性法官看不见这样的事实,"女性更可能受淫秽出版物伤害,其程度远超过美国政府被共产党人推翻"(页39)。更重要的是,法官不知道,语词与行为并没有任何站得住脚的界限;"对一只受过攻击训练的大狗说'咬死他',也只是语词而已"(页12)。法院从来没法解释"如果以淫秽出版物有精神因素为由属于受保护言论,为什么同样有精神因素的强奸和性谋杀不属于[受保护言论]呢"(页94)。

麦金农进一步说,司法进路的不融贯还进一步表现在,法律禁止工作场所的性骚扰,但这些性骚扰有许多也只是言辞而已;且为什么仅仅是在工作场所女性得到这种保护?而最重要的是,法院未承认平等与言论自由之间的紧张关系,前者受宪法第十四修正案保护,而后者受宪法第一修正案保护。当有人用言论自由来诬蔑和威胁某容易受伤害的群体时,比方说种族歧视的称呼和其他"仇视性言论",包括授课说大屠杀不曾发生过,在这种情况下,禁止表达也许是为获得完全平等之必须,因此应当同意。我们不应当担心,接受这一论证后,少数群体成员的言论自由会比白人男子的更多。"支配者的言论越受保护,他们就变得越有支配性"(页72)。我们不应只因"各种研究都无法按原则性中立说清压迫者与被压迫者的区别"(页86)就接受并屈服了。但麦金农没想到另一可能性,即因粗略且没根据的强奸、虐待孩子和工作场所性骚扰这类指控,因言论法典和政治正

---

[3] New York v. Ferber, 458 U. S. 747 (1982).

第十七章 剪不断理还乱的色情

确规范,因配额制和积极补偿行动,因集团投票和利益群体政治以及示威和书报审查,被压迫者成了压迫者,一言以蔽之,她没想到以政治正确进行政治迫害的可能性。

在一般语言中,"淫秽出版物"这个词指的是有关性的记录表达,或是言辞或是图像,异性间的或同性间的,旨在令读者或阅者得到性的愉快和性的兴奋。但在麦金农那里,这个词的意思不完全清楚。在这本书中,尽管不是在她同 A. 德沃金共同起草并被印第安纳波利斯采纳随后又被法院认定违反宪法第一修正案的反淫秽出版物法令中,麦金农似乎用这个词指一切活生生的色情演出(例如脱衣舞)和所有裸女图片或——真的或假冒的——性活动图片。她说,"所有淫秽出版物都是在性别不平等条件下制作的"(页20),这看起来排除了纯语言或漫画的表现。尽管要算作淫秽出版物,其表现就必须刻画女性以某种方式"臣服"于男子,但几乎任何裸女图像都可能满足这个标准,因为麦金农认为《花花公子》也算淫秽出版物(页22—23)。[4] 她最关心的是暴力淫秽出版物,特别是涉及对色情模特或女演员使用真实而非假冒暴力时,但她隐含界定的范围还更宽。

奇怪的是,她会说不清楚淫秽出版物的定义。更奇怪的是,她让自己著作造成了这一印象,她界定的所有淫秽出版物,除了以儿童做模特的淫秽出版物,在美国都合法。这不真实。在美国销售"赤裸裸的"(hard core)淫秽出版物——主要用明确图像来表现真实或高仿真的性行为或直立阴茎,且没有什么作掩饰的美学或科学的目的[5]——是非法的,哪怕是被摄者当时已是成年。[6] 麦金农没像可能的那样抱怨执法不力,令赤裸裸的淫秽电影工业几乎是公开运营,它们认为只要外观有薄薄一层美学装饰就可

---

[4] 又请看,MacKinnon, *Feminism Unmodified: Discourses on Life and Law*, ch. 12 (1987).

[5] 这一限定很重要。请看,例如,Piarowski v. Illinois Community College, 759 F. 2d 625, 627 (7th Cir. 1985),讨论了比尔兹斯利(Aubrey Beardsley)的明确的性图画。

[6] 请看,例如,Miller v. California, 413 U. S. 15 (1973); Walter v. United States, 447 U. S. 649 (1980); Alexander v. United States, 113 S. Ct. 2766, 2770 (1993); Kucharek v. Hanaway, 902 F. 2d 513 (7th Cir. 1990); United States v. Bagnell, 679 F. 2d 826, 833, 837 (11th Cir. 1982); Dunlap v. State, 728 S. W. 2d 155 (Ark. 1987); State v. Simmer, 772 S. W. 2d 372 (Mo. 1989); City of Urbana ex rel. Newlin v. Downing, 539 N. E. 2d 140 (Ohio 1989); Minnesota v. Davidson, 481 N. W. 2d 51 (Minn. 1992); Butler v. Tucker, 416 S. E. 2d 262 (W. Va. 1992); Catherine Itzin, "A Legal Definition of Pornography," in *Pornography: Women, Violence and Civil Liberties* 435, 446-447 (Catherine Itzin ed. 1992)。

以躲过法律指控。[7] 麦金农认为美国司法制度是男人控制的,男人在淫秽出版物中利益巨大,因此她无法想象事实上有许多法律打击这些内容。还有,她对淫秽出版物的理解也远超出了目前的法律,因此她会禁止许多实际受宪法第一修正案保护的东西。《花花公子》的干货就是一些经润色修饰的含笑妖娆并摆出各种有性意味姿势的年轻女子的裸照。如果这些照片都是淫秽的,并因此应当打击,那么美国的大部分电影和戏剧,相当数量的有线电视节目,大量录像带、某些贺卡和广告、相当数量的高等艺术品(有可能,提香的《欧罗巴的强奸》这样的作品也不例外),甚至某段歌剧(例如,《莎乐美》,7位蒙纱女郎的舞蹈就是脱衣舞),都是淫秽的,应当予以打击。

这就得从市场上清理掉许多东西。这就要求,但麦金农没提到,不仅有些印第安纳波利斯式的地方法规,而且规模上要有相当于但前景会是同样不成功的禁酒时期和"毒品战"的执法努力。这值得吗?用麦金农独特的话来说,"得有多少女性的尸体堆起来才能对抗宪法第一修正案表现出来的男人的利润和愉悦?"(页22)用更中性的话来说,《花花公子》这样"非赤裸裸的"(soft core)淫秽出版物有什么伤害,或赤裸裸的淫秽出版物又有什么伤害,令人们有理由反对用图画展示女性身体,以伊朗的方式?在这个重要问题上,这本书基本上没有说什么。有个脚注(页119—120注27)引了几个研究,发现淫秽出版物可能激起男子性侵犯行为。麦金农还添了些轶事,如某个性谋杀的作案方式曾为8个月前出版的某杂志描述过,即便没有任何证据表明谋杀者看过这种杂志。[8] 麦金农试图从撤销印第安纳波利斯法令的那个司法决定获得些好处,她指出,这一决定接受了该法令的前提,即淫秽出版物伤害了女性。但是正像该法院解说的,"我们说接受该法令界定的淫秽出版物导致不幸后果的发现时,我们只是说有这样的且与许多人的经验一致的证据存在,并且作为法官来说我们必须接受立法

---

〔7〕请看,Gary Indiana [假名?], "A Day in the Life of Hollywood's Sex Factory," *Village Voice*, Aug. 24, 1993, pp. 27, 35。

〔8〕关于淫秽出版物造成伤害之证据,有个更广泛但片面性并不因此更少的考察,请看,*Pornography: Women, Violence and Civil Liberties*, 前注6,pt. 3。有人提出了与我对麦金农证据运用的批评相类似的批评,Ronald Dworkin, "Women and Pornography," *New York Review of Books*, Oct. 21, 1993, pp. 36, 38。

对这种有争议的经验问题的决定"[9]。

美国人口超过了2亿5千万,大量新闻记者成天盯着它。每件可能发生的坏事都发生了,许多也还在传媒中报道了,把一大堆轶事堆在一起,可以令无论多么罕见的坏事看上去都很常见。麦金农不承认这些轶事的证据力有限,或是不承认这些非轶事性的证据范围很有限,即它们几乎全都涉及暴力淫秽出版物,而她想禁止的却包括了那些非暴力的淫秽出版物。她也不承认相反的证据。[10] 丹麦即便对赤裸裸的淫秽出版物(儿童淫秽出版物例外)也不加法律限制,还有日本是自由出售淫秽出版物,其中占主导的还是强奸和奴役场景,但日本的强奸率比美国低很多。尽管由于录像带的出现,美国消费的赤裸裸淫秽出版物一直在增加,但美国的强奸率可能一直在下降或保持稳定[11],至少就一般暴力犯罪率而言,肯定没增加。在那些打击淫秽出版物的社会中,例如伊斯兰国家,女性地位一般比那些不打击淫秽出版物的社会——如斯堪的纳维亚国家——中的女性地位低得多。[12] 麦金农的保守派盟友在反淫秽出版物的战斗中认为,淫秽出版物令男子不注意性交,只注意自慰,没有激发起男子强奸:用经济学话语来说则是,淫秽出版物是性交(包括强奸)的替代品,而并非补充。而在左派人士中,我们看到肯尼迪赞同地引用了这样的断言,淫秽出版物为许多男子对女人的"基本性狂热"提供了一个"无受害人的出口",否则的话,这种性

---

[9] American Booksellers Association, Inc. v. Hudnut, 771 F. 2d 323, 329 n. 2 (7th Cir. 1985),维持原判, 475 U. S. 1001 (1986) (增加了着重号)。

[10] 概述见于,*Sex and Reason* 366-374,以及,Nadine Strossen, "A Feminist Critique of 'the' Feminist Critique of Pornography," 79 *Virginia Law Review* 1099, 1176-1185 (1993)。甚至麦金农的一位最强有力的学术支持者,在同情理解地考察了麦金农所依据的证据后,也发现"在阅读性暴力读物与性暴力行为之间的联系不过是有此一说(plausible)",且仅此而已。Cass Sunstein, *Democracy and the Problem of Free Speech* 218 (1993)。"有此一说"的联系并非"被证明了的"联系,并且麦金农理解的淫秽出版物也不限于暴力材料。如果仅凭"有此一说"的伤害就可以进行书报检查,我们就会失去言论自由。

[11] 官方的统计数字显示,在1970年代按人口计算的强奸发生率急剧增长,自那以后则增长微弱。U. S. Bereau of the Census, *Statistical Abstract of the United States* 195 (113th ed. 1993) (tab. 306)。但司法部的一个研究发现,在1978年至1987年间强奸以及强奸未遂的发生率大幅减少。*Sex and Reason* 33 n. 39。官方统计数字显示出来的增长也许完全是因为犯罪报告制度更好了。

[12] 尽管没有国际性证据,她的说法"没有淫秽出版物,就没有男子的性态"(MacKinnon, *Toward a Feminist Theory of the State* 139 [1989])仍然是异想天开。

狂热就会以强奸来"发泄"。[13] 麦金农自己也说过,"淫秽出版物是自慰物质"(页17)。

但如果认为一直就没有证据表明淫秽出版物造成伤害,这就是个错误。目前的证据不具结论性。我们目前的知识不能保证一个令人确信的结论:根除淫秽出版物就会导致性犯罪以及其他虐待女性事件的减少、增加或没有变化。如果认为,在今日美国,淫秽出版物是伤害女性的主要原因之一,这个结论会特别鲁莽。量的问题很重要;投入主要社会资源来消除一个较小伤害,这不划算。

我提出这个问题,并不代表淫秽出版物的大量消费者(其中并非全是异性恋男子)[14],认为,如果接受麦金农的建议,就剥夺了这些人享受一种可能无害的愉悦。我的关心在于,麦金农坚决拥护一个极雄心勃勃却可能是唐·吉诃德式的执法项目,只为给美国女性带来,任何知情者都知道,也许只是很小或完全没有甚或是反向的改善。要努力清除某种相互同意的行为(如毒品交易、赌博或卖淫),除了直接费用外(这总是相当大的),就《语词而已》界定的淫秽出版物大动干戈,还会有沉重的间接成本,其表现形式就是侵犯公民自由。高等艺术也会不时被套进这张大网[15],针对"无受害人"犯罪的任何运动都会危及公民自由,因为它必然大量靠搜查、窃听以及其他偷偷摸摸的监视手段,靠对阴谋作宽泛解释,以及靠便衣侦探、收买报信人以及钓鱼执法(sting operation)。这种行动如果没效,代价也会小点,但这么做的意义又何在?

麦金农闭眼不看,赤裸裸的淫秽出版物在美国就是非法的,这就玷污了她强调的关于野蛮对待淫秽出版物模特和女演员的问题。因为在非法市场上,所能预料的正是这种情况。我们从禁酒、反卖淫、反毒品和反雇用非法移民运动中知道,当某种经济活动不受法律保护时,活动参与者就会诉诸威胁和暴力,而不是诉诸合同和其他合法救济,因为他们无法使用。

---

[13] Duncan Kennedy, *Sexy Dressing Etc.* 247 n. 93 (1993),引证了,David Steinberg, "The Roots of Pornography," in *Men Confront Pornography* 54, 57 (Michael S. Kimmel ed. 1990)。

[14] 《语词而已》没讨论描绘同性恋的淫秽出版物,但是麦金农/A. 德沃金的这一法令禁止任何表现男子以及女子"臣服"的淫秽出版物,不论臣服者性别(页122注32)。这极为奇怪,因为麦金农抨击淫秽出版物的大前提是,淫秽出版物是男性伤害女性的手段之一。

[15] "如果有位女性都成了臣服者,还为什么应关心这个作品是否有其他价值呢?"MacKinnon, 前注12,页202。又请看下面关于加拿大新色情法的讨论。

第十七章 剪不断理还乱的色情

拉皮条者就是卖淫非法化造就的,淫秽出版物模特和女演员之所以受雇主剥削,与非法移民受雇主剥削的原因相同。如果所有淫秽出版物都合法了,这些女性的境况会得到改善。奇怪的是,麦金农对淫秽行为可能传播艾滋病没表现出丝毫关切。她实在应当关切。[16]

麦金农抱怨法律对淫秽出版物处理与对工作场所的言词性骚扰处理不相称,她在此错失了一个重要区别。在后一种情况下,言辞被认为构成了可诉的伤害,她问,为什么在前一种情况下就不可诉呢?她忽略了明显的答案。在性骚扰问题上,至少在有适当限定的情况下[17],这些语词针对的是某一女性;她就是这些语词侵犯的目标。但就淫秽出版物而言,这些语词(麦金农实际关心的是图片)指向的是男性,是淫秽出版物的读者或阅者,其目的是使他们愉悦,而不是侮辱或威胁他们。由于女性并非这些出版物意图的阅者和读者,她们也很少真的阅读这些出版物,那么就只有当某淫秽出版物的男性消费者受该出版物激发而虐待女性时,女性才可能受伤害。这种后果是间接的;是否重大,则是麦金农没有讨论的最重要问题。一定要把儿童淫秽出版物同成人淫秽出版物等而观之,理由是只反对儿童淫秽出版物就是主张儿童和成人不平等,而成人淫秽出版物却建立在与之类似的不平等之上,即男女不平等(页36),这都太不动脑筋了。此外,说谋杀和淫秽出版物都涉及精神因素,因此惩罚这种而不惩罚另一种行为就很不正常,这种论辩就是胡扯了。

麦金农想把女性同其他传统的受害者群体联系起来,因此她把淫秽出版物比作号召种族歧视的语言,比作纳粹军队和否认纳粹大屠杀的人,所有这都是痛苦之源的表达。但这些比较,特别是最后一个,令麦金农模糊了表达的形式与内容之别。她大多数时候把淫秽出版物视为绕开理性智性的东西("这一信息直接针对阴茎")。因此,不为明显的性表达传递的厌女信息就不属于她的淫秽出版物法令范围;"淫秽出版物不只[是]语词,而共产主义语词则只是语词"(页39)。只是语词就有特权。但她随后就赞

---

[16] 请看,Indiana,前注7,页34、36。
[17] 做出这一限定的理由是,有些案件发现,性骚扰发生时,并没哪个女性是实际骚扰的目标;例如,工作场所艳照曾被认定创造了敌视女性雇员的环境,雇主要对此承担法律责任。请看,Kingsley R. Browne, "Title VII as Censorship: Hostile-Environment Harassment and the First Amendment," 52 *Ohio State Law Journal* 481 (1991)。

美加拿大惩罚纳粹大屠杀不曾发生的宣传,尽管她曾有过诸如"共产主义的语词则只是语词"这样的告诫。同样的,她说,"应当认真重新考虑呼喊'宰了那个黑鬼'与倡导从美国国土上彻底清除非裔美国人两者之间的法律界限"(页108)。但是,如果在煽动与提倡之间、在淫秽与厌女之间的界限都没了,书报审查制度就会成为美国公共生活的普遍特点。到那时,共产党人的案子处理起来就会很简单,共产主义伤害的人比淫秽出版物伤害的更多,这样一来,我就无法理解为什么麦金农认为保护共产党人的言论自由是美国宪政的亮点。

麦金农赞同纽约时报诉萨利文案[18]的决定,该决定限制公众人物就诽谤提出诉讼的权利,只因这些公众人物涉及白人种族主义;如果这些人是黑人,她认为,就应给他们更宽松的诉权(页79—80)。她嘲笑法院不区分压迫者和被压迫者,拒绝赋予后者更多权利。但是,并不总是清楚的是,谁究竟属于哪个范畴。有人认为罪犯——这在美国大量是黑人,并且大量也当然是强奸和其他性罪案犯——是被压迫群体。魏玛时期和希特勒时期的德国法官曾认为德国人是被压迫的群体,犹太人则是压迫者。斯大林消灭了数以百万计的所谓压迫者。美国的宗教原旨主义者完全可以声称自己受到了压迫,因为在一些有影响的领域内他们的信仰都受嘲笑,他们就像犹太人对否认大屠杀的疯子一样愤怒。难道我们希望法官选择他们喜好的群体,宣布他们是被压迫者,然后赋予他们额外权利吗?

加拿大最高法院曾认定以麦金农/A. 德沃金法令为模版的某反色情法合宪。[19] 麦金农对这一决定激情满怀,但她没考察该法的实际运作。一位法国杰出作家杜拉斯(Marguerite Duras)的长篇小说就被加拿大海关官员没收了,因为小说中有女性被打的场景。[20] 并且"这是本最常为各国当局没收的、为男女同性恋读者写的书"。[21] 一本杰出女作家写的书;一些为男女同性恋读者写的无疑具有文学优点的书被没收了。如果麦金农想去

---

[18] 376 U. S. 254 (1964).

[19] Butler v. Regina, [1992] 2 W. W. R. 577.

[20] Sarah Lyall, "At Canada Border: Literature at Risk?" *New York Times*, Dec. 13, 1993, p. A6. 艾特伍德(Margaret Atwood)、奥特斯(Joyce Carol Oates)以及 A. 德沃金本人都属于这类女作家,她们的作品都刻画了女性被残酷虐待,她们的著作也许因此会被列入被禁名单。

[21] 同上。

第十七章　剪不断理还乱的色情

研究一下,她一定会认为加拿大的执法方式有悖常理。

但是,这种情况会让她止步吗?很自然,她准备接受巨大社会成本来拯救女性免受压迫。但美国女性真是个受压迫的阶层吗?今天还是吗?难道麦金农能忘记近年来女性地位的变化?难道她是处在另一时空中?如果美国女性今天仍是受压迫阶层,淫秽出版物是否要对此负责?淫秽出版物可能,像她认为的那样,对"女性化"(feminity)负责吗?(页7)如果书报检查制度能解决女性问题,我们岂不该对女性爱看的各种鼓励女性化的表达予以审查,比方说,那种表现家庭主妇幸福地给厨房地板打蜡的电视广告,或者是电影《多丽斯的日子》?

近年来工作女性的数量增加了,公众注意力已集中到就业条件上来了,例如性骚扰以及有关看护孩子和产假的规定不够充分,这些对许多女性雇员不利。工作女性的增加既是女性日益从家务中解放出来的原因,也是其后果,这种增加已经转而增加了女性对性自由和生育自主的要求,因此对免受强奸的安全要求和堕胎权要求也都增加了。她们不那么依赖男子了,她们有了更好的教育,更好的收入,更意识到婚姻的替代方式,女性在政治上已变得更为果决,更强有力了。政治家在迎合她们;她们中有些人本人就是有影响的政治家。结果是,那些设计用以帮助女性获得性自由、生育自主和职业生涯的法律滚滚而来。一个被压迫阶层何以获得如此多的保护性立法?

当然还有些单个女性受虐待。麦金农估计38%的美国女性童年时受过性虐待(页7),这可能夸大了两倍[22],但较低的数字也仍然令人吃惊。尽管如此,她把美国女性看成永远的受害人,因淫秽出版物而胆小、怕事、唯唯诺诺且沉默,这种理解则明显错了,并且和激进女权的许多观点一样,其中有居高临下的味道。我不知道什么令麦金农与淫秽出版物如此地剪不断,理还乱,就像我不知道是什么令她把性交同强奸等同起来。[23]我所知道的一切只是她在这些主题上的感受,就像我下一章要讨论的威廉姆斯对性别和种族主题的感受一样,都太超乎事实了。

---

[22]　*Sex and Reason* 399. 其中大多数是抚爱,而不是性交,但这是淫秽的东西,并明显可能造成长久的心理伤害。儿童淫秽出版物已肯定非法;至于成人淫秽出版物在儿童性虐待中是否起了任何作用,人们还不了解。

[23]　"性交(正常的)与强奸(不正常的)的主要区分就在于,正常的经常发生,乃至不可能有任何人看到它有什么不对的地方。"MacKinnon,前注12,页146。想一想,如果把麦金农的话当真,用"强奸"这个词替换每句话中出现的"性交"这个词,后果会多么荒唐。

第十八章

批判种族理论中的精微、叙述和移情

> 事实是这世上就没有种族：世上没任何东西可以做我们要求种族为我们所做的一切。[1]

《种族与权利的炼金术》[2]写的是此书作者,一位年轻黑人女性,威廉姆斯;她是合同法、商法教授,她持久感兴趣的是美国黑人的处境或多重处境,因为她特别关注的是她本人的不适应。作为黑人职业女性,她的条件令她不大适应这个主要为白人支配的法学社区的态度和预期,作为在这个女性相对少,黑人非常少因此几乎就找不到黑人女性的学术领域的教授,她主要就在该社区流动。这种不适应不时引发她一种几乎是找不到北的感觉。因此,这本书说的既是这社会等级底层如同她本人这些"有特权的"黑人,也说了她的那些没有基本社会权力的同一种族朋友(coracialists)的情况。

这本书就有关的一些做法和制度提供了一位黑人女权者的视角：法律自称的客观性和非个人性、代孕、消费主义、宪法对仇恨言论的保护和对政府积极补偿行动之谴责、本意良好的白人自由派学术人不适当且感觉迟钝的行为,以及首先是她认为是以各种方式表现的白人种族主义。她的批评可以重新编排,但没多少新东西。其新颖之处在于其形式,说文学形式可

---

[1] Kwame Anthony Appiah, *In My Father's House: Africa in the Philosophy of Culture* 45 (1992).

[2] Patricia J. Williams, *The Alchemy of Race and Rights: Diary of a Law Professor* (1991).

第十八章 批判种族理论中的精微、叙述和移情

以说恰如其分,威廉姆斯用这种方式表达了她对这些法律和社会问题的讨论。就在法律文献中运用文学方法而言,她并非独一无二;更早的这类零散偶然例子我就不说了,这种风格是批判种族理论的方法论标志。但威廉姆斯是其最老到的实践者之一。[3]

该书副标题——"一位法学教授的日记"——就流露了她的技巧。如果死抠文字,这本书算不上一本日记,尽管其中有作者日记的摘录。但在表达作者对法律和社会问题的分析,对本人日常经验——无论作为消费者、法学教授、电视观众还是女儿——的反应,其形式确实像一本日记。读者逐渐了解到,威廉姆斯应对生活中许多不快的办法就是在发生令人不快或惹人注目的事件后尽快记录自己的反应。因此,日记方式的写作是一种治疗方式。但这也限定了她强有力的叙述天分。

她的方法有个很好例证,这是题名为"语词奴役之痛"那章。题名没说任何东西。这一章一开始说的是威廉姆斯和朋友盖贝尔(Peter Gabel)——批判法学创始人之一——在纽约寻找住房,两人准备共同教授合同法。"结果是,皮特把900美元押金交给了一位此前仅有片刻愉快交谈但没有其他关系的陌生人,没有租约,没拿钥匙,而且也没收据。皮特说,他不需要签租约,这带来太多手续。对他来说,握握手和有好感就是信任的标志,这比一份合同更有约束力"(页146)。形成鲜明对比的是,威廉姆斯"让朋友在他们楼里为我找到一个套间。急于表达诚实信用和可靠,长时间谈判后,我签了一份印制良好的细致租约,努力让对方认定我是一位亲兄弟明算账的理想交易者"。她反思了自己与盖贝尔的不同。皮特"似乎非常清楚自己作为白人、男子或法律权威人物的权力潜能(无论真实还是想象的)。因此他似乎花费了一定精力来超越这种形象可能带来的与他人的隔阻"。然而,对威廉姆斯来说,"从小我就养成了这样一种尖锐意识:不论我是何种职业人士,都有这种可能,即他人会认为黑人女性靠不住、不能轻信、敌对、愤怒、无权、非理性并可能贫困,并如此应对","因此,展示我可以谈论租约,这是强化他人在商务上对我信任的方式"(页147)。

我们开始理解在皮特和威廉姆斯之间,处理住房租约的不同进路象征

---

[3] 请看,Robin West, "Murdering the Spirit: Racism, Rights, and Commerce," 90 *Michigan Law Review* 1771, 1773 (1992)。

的是批判法学与批判种族理论对待权力的不同态度。朋友间应对个人问题的差异反映了友好的左翼法律理论之间对某个理论问题的差异。皮特"会说,租约或任何其他正式机制都会在自己与他人的关系之间楔入不信任,因此他异化了,他的存在商品化了,他个人被贬为财产",而对威廉姆斯来说,"若与另一世界没有正式关系会令我同该世界疏远"(页148)。作为黑人,"这个社会一直给我一种非常熟悉、非常个人化的强烈感受,即我隶属于白人"(页147)。"因此,对黑人来说,获取权利就意味着行为要令人尊敬,要有集体责任感,要把社会欠自己的账适当归结到自己身上"(页153)。当她思考这个问题时,她一直在"研究合同,也许是当年出售我老祖奶奶的合同"(页156),这使她深切感到:美国黑人的遗产包括了这样一种无所不在的感觉,"被他人拥有,或不为他人拥有,但从不是拥有者",即权利持有者〔4〕

这一章政治上很重要,它是左翼阵营一种针对左派批评的努力,想为自由主义法理学的一个重要因素辩护,尽管如此,这尚未包容威廉姆斯叙事技巧上最突出的例证。我们必须等到另一章,看她对一个奇怪事件令人可圈可点的描述。在此事件中,华盛顿警方逮捕了"一百名违反假释者,为华盛顿红人队与辛辛那提孟加拉队的橄榄球赛免费球票吸引,他们赶来参加一场早餐会"(页166)。威廉姆斯报告说,电视新闻

> 展现出一百名黑人进入晚会大厅,他们有人穿着小礼服,有人卷发闪闪发光,有人西服领上还别着鲜花,有人则显然饿了,到处寻找备好的食品,有人穿着橄榄球赛的观众服,浣熊外套,鸭嘴帽上面是"红人"二字。一百名黑人随自动电梯来到大厅,迎接他们的是彬彬有礼微笑着的白人(便衣侦探)主子、跳跃的闪光灯、众多照相机以及袒胸露臂的白人美女。他们每个人都微笑着,大笑着,就像生日晚会上的孩子。看上去每个人都在谈论如何共同度过这段美妙时光。我们看到这一百名黑人男子被众多白人男子团团围住,穿着拉拉队服装的白人女子(她们也是便衣侦探)在一旁上蹿下跳,一位着装如雄鸡的男警衣袖中藏着自动步枪,穿着游击绿军装的一队特警端枪冲进来了。

---

〔4〕 R. 韦斯特提出了关于一般女性(不考虑种族)的一个类似观点。请看,Robin West, "Jurisprudence and Gender," 55 *University of Chicago Law Review* 1 (1988)。

第十八章 批判种族理论中的精微、叙述和移情

(页 166—167)

在一个层面上,这是非常瓦夫(Evelyn Waugh)、鲍威尔(Anthony Powell)或沃尔夫(Tom Wolfe)(有关他的情况,请看本书第二十三章)的高级喜剧。这种不带感情色彩的风格非常有效,特别是在这些未预期客人的到来与被捕之间没有分段或其他过渡,也没为读者说明故事中最奇怪的地方——化装成雄鸡的警察。但这里有淡淡的痛苦。即便这一百名黑人男子违反了假释,是罪犯,我们也还是感到他们被残酷欺骗了;甚或,我们会把这个故事视为在白人美国,黑人男子境遇的隐喻。请注意描述白人警察的那个微妙提示"彬彬有礼的白人(便衣警察)主子"(我加的着重号)。

另一段简洁优美的短文甚至更接近沃尔夫的风格。纽约大学校园临近有个商店向"时髦女生"出售"略为过时的朋克式邋遢服装,但衣服与鲜红的口红和高腰黑女靴很般配"。一天,威廉姆斯注意到商店窗户上有个标签:"削价处理!外套两美元。乞丐免进,酒鬼免进。"她感到有点刺眼,转过身来,她看到近处"有个黑人男子,穿着非常旧的粗花呢外套,双臂鹰翅一样展开,似乎要飞翔,事实上他正在向双向疾驰的汽车乞讨。他醉了,喊叫着,还努力保持自己不摔倒……这一符号剥夺的正是这样一位最需两美元外套的人——人称叫花子——的权利"(页 42)。

然而该书的修辞亮点却是对贝尼顿服装店发生的小故事的描述。"纽约市门铃很重要。那些小商店和女装小店尤其喜欢门铃,整个城商家都安装了门铃,作为减少抢劫发生的筛选机制:如果门前看看脸还可以,按下门铃,门就开了。如果脸看上去就不怎么样,门就继续锁着。可以预见,这种'可以还是不可以'问题就暴露出这是一个种族决定",就像威廉姆斯某周六下午发现的,当时她

> 正在索霍店内买东西,我看见一家橱窗中有件毛衣,我想送给母亲。我把我棕色圆脸紧贴窗口,指头摁着门铃按钮,想进去。一位十多岁的窄眼白人,穿着双跑鞋,嘴里嚼着泡泡糖朝外看了眼,用他最大的社会理解力打量我,评价我。大约 5 秒钟之后,他说"我们关门了",并对我吐着粉红色泡泡糖。这是圣诞节两周前的周六,下午 1 点;店里有几位白人,似乎正为他们的母亲选购什么东西。(页 44—45)

这一勾勒的力量在于凝练,在于其棕色圆脸与销售店员窄眼以及粉红色泡

泡糖之间的生动对比,在于其用物理排斥作为社会排斥的隐喻,在于其暗示一个啥都不是的白人(嚼着、吐着泡泡糖的十多岁销售店员)完全心安理得地对一位更年长、也更有成就的黑人行使权力,以及在于对该店员对她之反应的精致概括("用他最大的社会理解力打量我,评价我")。但也就在威廉姆斯艺术手法的最顶端,细心的读者开始感到不安。威廉姆斯是否真的把脸紧贴在窗口上——即,她的脸是否真的触到了玻璃窗?或她是在渲染这一事实,以获得戏剧性效果——使她受的侮辱看上去更严重,因为这个侮辱粉碎了她孩子般的急切和无辜。还有,她何以知道这位店员拒绝她进店就因为她是黑人?她的所有证据,一是圣诞节快到了,商店不大可能关门;二是商店里也还有其他购货者。第二点没有说服力。商店一般都会在顾客离开前就不让顾客进了,否则的话,商店就永远关不了门。第一点的说服力更大一些。尽管许多周六关门会早一些,但在圣诞购物季,在纽约,一家贝尼顿商店提前关门的可能性很小。但是威廉姆斯并没说,她是否努力了看看这家商店是否还开着。她也没有表示,被拒绝后,她是否看见允许其他顾客入内。如果该店没有已关门标记就可表明该店还没关张,但威廉姆斯也没说,到底有没有这种标记。许多商店都把它们的开张时间列在门上。威廉姆斯也没提到这一点。就种种可能性来看,商店当时是开着的,但我奇怪的是她——一位律师——居然没有试图核实一下。

当然,这种努力也许没结果。甚至有可能,尽管我在文本中没发现这样的线索,这件事上她的愤怒部分反映了黑人同白人相遇时会面临令人无能为力的普遍不确定性。并非黑人遇到的每个失望都是歧视的结果,然而也许就难以确定哪些是,哪些不是。我们想知道我们与他人立场如何,而这一点对同白人打交道的黑人也许很难。

然而,她从一开始就为她以说故事的方式从事法学辩解,她告诉我们,"把'客观真理'重新理解为修辞事件的最重要结果之一是对法律和社会责任有更微妙的感受"(页11)。如果"微妙"不是虚构的委婉说法,那么威廉姆斯就是说她要把一个事件或境况的特殊点都弄清楚,而不是让这些特殊点被淹没于概括中,比方说白人仇视黑人。这一允诺就隐含着要努力发现,当那位十多岁的白人告诉她商店关张时,该店员他头脑中究竟想的是什么。也许,就像我说的,商店当时是关门了;或是没有关门,但该店员忙店内的顾客都忙不过来了。也许该店员不是一个诚实的雇员,想给雇主惹

第十八章 批判种族理论中的精微、叙述和移情

麻烦；也许他很懒、恶作剧、粗野、不负责任或干脆就是很蠢。

除了受伤、受压迫的黑人视角外，《种族与权利的炼金术》一书压制了其他任何视角，唯一例外的是婴儿 M 案[5]中的代孕母亲怀特海（Mary Beth Whitehead）女士，威廉姆斯把她纳入受压迫的黑人，方法是把代孕合同描述为奴隶制。威廉姆斯没有提及斯邓（Stern）女士，与怀特海女士签代孕合同的那位男子的妻子；事实上，斯邓女士不仅是婴儿 M 案的共同原告，她还想成为怀特海女士所生的她丈夫孩子的养母。[6] 斯邓女士想要个孩子，但不敢怀孕，因为她患有多种硬化症。因此她与丈夫决定领养个孩子。常规领养会耽搁很久，作为替代，斯邓夫妇同已有几个孩子的怀特海女士签了合同，怀特海女士同意以人工授精方式怀上斯邓先生的孩子，也同意孩子出生后交给斯邓夫妇，并以此交换 10 000 美金。论辩支持和反对代孕的文献很多，但双方都承认，孩子父亲的妻子于其中也是利害关系方，对她的偏好也应给予某些考虑。但在威廉姆斯的故事中，似乎斯邓先生既没妻子也没女朋友，只是他自己决定（很奇怪）向怀特海女士买个孩子。斯邓女士消失了。

这是个定式，并非偶然。威廉姆斯还讨论了格茨（Bernhard Goetz）案，格茨在地铁中枪杀了 4 位黑人青年，格茨的行动不可能是合乎情理的正当防卫，但他的这些杀人都被宣告无罪，只有非法拥有枪支罪；讨论中，威廉姆斯压低了白人对黑人犯罪的恐惧，说格茨开枪打死的黑人的犯罪记录只是"指控"（页 77），还修辞性地提问，如果格茨是黑人，死者是白人，且该犯罪发生在商店而不是地铁（她以这一笔虚构来强化格茨行为的邪恶非理性），社区对格茨会如何反应，她还引证了一些不相关的数据显示白人比黑人更多犯罪。而她省略的是，尽管黑人只占总人口 12%，但监狱中几乎一

---

[5] In re Baby M, 537 A. 2d 1227 (N.J. 1988).
[6] 斯邓夫人之所以不是这个代孕合同的一方当事人，仅仅因为斯登夫妇担心，如果斯邓夫人是合同一方的话，那么该合同就会违反该州禁止出售婴儿的法律。537 A. 2d 页 1235。（这种法律考量起了作用：斯邓先生不是购买婴儿者，因为他是孩子的"天然"父亲；他妻子则会成为购买婴儿者，因为她不是孩子的"天然"母亲。无论是威廉姆斯还是米诺都反对赋予生物性关系以特权。）该合同确实规定了，一旦斯邓先生去世，斯邓夫人将对孩子有排他的监管权。

半是黑人[7],而城市街头(以及地铁)的犯罪大多数是黑人所为。黑人犯罪是严重社会问题。而假装情况并非如此,这是一种回避[8]。艾滋、毒瘾、憎恶同性恋、不管孩子、反犹以及糟糕的政治领导则是威廉姆斯忽视的其他黑人社区问题[9]。

在对布洛里(Tawana Brawley)故事的长篇讨论中,威廉姆斯尽量避免提及布洛里谎称自己受了种族主义白人的残害。她说布洛里是"一桩无法言说之犯罪的受害人……无论是谁残害她,即便是她残害了自己,都是如此"(页169—170)。但如果布洛里是自残,这就不是犯罪,至少不是针对她的犯罪。威廉姆斯对这个故事的处理进一步表现了她混淆虚构与真相的界限,而使用了一种好用但受哲学挑战的界限。"塔瓦纳的悲惨故事中包藏着每个黑人女性最可怕的担心和经验。因为很少有人相信白人男子强奸黑人女性"(页174)。威廉姆斯似乎根本不在意这个所谓"悲惨故事"的真假。这种不在意提出了一种意想之外的讽刺,因为一位钦佩者在赞扬威廉姆斯时说:"我就像相信一部优秀文学作品那样相信威廉姆斯的故事。"[10]

有位黑人学生告诉斯坦福的一位白人学生说,贝多芬是黑人混血儿,这个白人学生表示不信,在张贴贝多芬海报时,这个白人学生因此把贝多芬的脸涂成了黑色,又把他的面容也黑人化了。这位白人学生不轻信这位天才祖上还会有黑人,威廉姆斯对此不安。当然,也许这个学生只是不轻

---

[7] 1990年的数字是47%。计算根据来自,Louis W. Jankowski, *Correctional Populations in the United States*, 1990 83 (U. S. Dept. of Justice, Bureau of Justice Statistics, NCJ-134946, July 1992) (tab. 5.6)。该年白人比例是48%。如果监禁率足以作为犯罪率的指标,这些数字意味着黑人犯罪率比白人高七倍多。(黑人杀人率则是白人杀人率的7.7倍。U. S. Bureau of the Census, *Statistical Abstract of the United States 1993* 195 [113th ed.] [ser. 305]。)由于大多数犯罪都在同一种族内部,因此犯罪率上的这种差别意味着有许多黑人受其他黑人"剥削"。对于这些精细的问题,威廉姆斯都给蒙上了一层面纱。

[8] 一位黑人法学家(当然不是一位保守派黑人法学家)的著作就没有回避这个问题,请看,Regina Austin, "'The Black Community,' Its Lawbreakers, and a Politics of Identification," 65 *Southern California Law Review* 1769 (1992)。

[9] 当然,提出这些问题,在某些人那里就是找骂,说是在"诬蔑黑人穷人",以及"诬蔑黑人中产阶级"。Robin D. Barnes, "Politics and Passion: Theoretically a Dangerous Liaison," 101 *Yale Law Journal* 1631, 1645-1646 (1992)。

[10] Kathryn Abrams, "Hearing the Call of Stories," 79 *California Law Review* 971, 1003 (1991)。

第十八章　批判种族理论中的精微、叙述和移情

信贝多芬有黑人祖先而已,就像我不轻信我的猫是暹罗猫一样,尽管我知道有些猫是暹罗猫。这个学生也许并非任何真正意义上的种族主义者,尽管在海报上涂黑贝多芬面容,至少表明他不管别人的感受。我感到,在处理这个故事时,威廉姆斯特别突出的是她不加批判地假定,贝多芬事实上就是黑人。这首先不可能是事实;只可能是一个分类。贝多芬是作为白人流传至今的;他的父母双亲以及(以及我们将看到的)他的所有其他已知的祖先都是白人;一个人有 1/8 或 1/16 或 1/32 的黑人血统,在某种很有意思的意义上,他属于黑人成员,这种观点并不非常需要考察。但威廉姆斯没看到这里的一点讽刺,令这个白人学生很容易把贝多芬黑人化的因素,恰恰因为贝多芬是白人。

贝多芬是黑白混血儿吗?威廉姆斯没给我们任何肯定的证据。[11] 贝多芬的标准传记把贝多芬的祖先追溯到 1500 年,贝多芬出生前两个半世纪以上,他的家庭之树没有提到任何黑人或其他非欧洲人。[12] 贝多芬面容黝黑,头发卷翘,他的一些同代人就曾这样评说,他的某些肖像也显现了这一点;还有段轶事,没有很好证实,即由于他的外貌,他被称作"摩尔人"。[13] 这一点不证明任何东西;德国人类学家贺兹(Friedrich Hertz)关于"人们从贝多芬身上可以很容易地发现黑人特点"的说法也不证明什么。[14] 贺兹写作针对的是张伯伦(Houston Stewart Chamberlain)的说法,张伯伦认为有一种德国人,特点是金发、蓝眼(Himmelsaugen——"苍天的眼睛")以及长头,张还说,天才——包括音乐天才——都是种族的函数。贺兹则指出,有不少德国天才,包括歌德和贝多芬,个子都很矮、皮肤很黑并且头很圆,事实上属于"阿尔卑斯"人,不属于张伯伦理想德国人所属的北欧人种。在这个语境中,贺兹提到贝多芬有"些许黑人"特点。他没说贝多芬是黑人或有黑

---

[11] 她引证了关于这一事件本身的一些文件,包括这所大学的"Final Report on Recent Incidents at Ujamaa House," *Campus Report*, Jan. 18, 1989, p. 15,但这些文件都没努力证明贝多芬是黑人混血的命题;和威廉姆斯一样,这些文件只是把这一点视为天经地义。

[12] *Thayer's Life of Beethoven* 44 (Elliot Forbes rev. ed. 1967). 我找到的关于黑人成就的最完整学术研究列举了一些有黑人祖先的"白人",比方说,亚历山大·普希金,但没提贝多芬,尽管贝多芬的生卒年月属于该书涵盖的范围,也尽管在应对这些两可问题时该书似乎都倾向于将其归类为黑人。Ellen Irene Diggs, *Black Chronology: From 4000 B.C. to the Abolition of the Slave Trade* (1983)。

[13] *Thayer's Life of Beethoven*,前注 12,页 72、134、646。

[14] Hertz, *Race and Civilization* 123 (1928)。

人血统。他只是强调贝多芬与北欧人种相距遥远。

"摩尔人"的说法,贺兹的引文,以及其他类似边边角角在罗杰斯(J. A. Rogers)的《性与种族》一书中汇集起来了,用来支持这个令人惊叹的命题,"没有一丁点证据支持这种观点,他[贝多芬]是个白人"。[15] 罗杰斯书中充满了有趣的信息,有些还有记载,但是这本私下印刷的毋庸置疑有显著造假标志的书,总体说来,不重要且不可靠,罗杰斯搜集的支持贝多芬种族的证据全然没有说服力。我发现,有一位黑人学者对这个问题做了彻底考察,结论认为,说贝多芬是黑人完全没有根据。[16]

我猜到会有这样的反驳,即,贝多芬是否黑白混血不重要,只有种族主义者(不相信天才,一位如此忠实于欧洲文化传统的天才,可能是黑人的人)才会怀疑威廉姆斯的主张,这就足以研究这个问题了。我同意这一点,白人不应对贝多芬有黑人祖先的观点感到不快。但当学者对事实漫不经心时,有这点关注还是正当的。[17] 实用主义者会怀疑大写的真理,但他们尊重那些我们称之为事实的小写的真理。[18] 就算种族身份最终是个分类问题,不是个事实问题,那么说贝多芬是黑人或黑白混血的断言就传达了一种与贝多芬祖先的已知事实差别太大的印象。威廉姆斯应当对这些事实非常谨慎,或是承认自己是在写小说。

更早一些,我提到黑人的反犹主义。似乎平均而言(这一向都是个重要限定)美国黑人比白人更反犹,而且两者的差距正在扩大。[19] 这种外观也许令人误解。有人提出,黑人反犹并非他们格外讨厌犹太人,是他们不

---

[15] Rogers, *Sex and Race*, vol. 3: *Why White and Black Mix in Spite of Opposition* 306 (1944).

[16] "看来贝多芬家族在1500年之前并持续到1917年,都完全住在佛莱芒人中,那里没有西班牙人,没有比利时人,没有荷兰人,也没有非洲人。"Dominique-René de Lerma, "Beethoven as a Black Composer," 10 *Black Music Research Journal* 118, 120 (1990).

[17] 对这一点的强调,请看,Daniel A. Farber and Suzanna Sherry, "Telling Stories out of School: An Essay on Legal Narratives," 45 *Stanford Law Review* 807, 832-835 (1993),该文是对当代法学著述的"叙事学"运动的一个批判性回顾。

[18] 对于否认屠杀犹太人的说法,一位实用主义领军人物就曾评论说,"当真理的目前形式非常强有力,不存在合乎情理之怀疑之际,我们的道德责任就是依据它来行动,而不是以一种也许永远不会到来的解释未来的名义推迟行动"。Stanley Fish, "There's No Such Thing as Free Speech, and It's a Good Thing, Too," in Fish, *There's No Such Thing as Free Speech* 102, 113 (1994).

[19] Gregory Martire and Ruth Clark, *Anti-Semitism in the United States: A Study of Prejudice in the 1980s* 42 (1982) (tab. 4.5); Jonathan Kaufman, *Broken Alliance: The Turbulent Times between Blacks and Jews in America* 273-274 (1988).

第十八章　批判种族理论中的精微、叙述和移情

喜欢白人,几乎所有犹太人都是白人;因此,黑人反犹主义增长只因黑人对白人的厌恶增长了。[20] 不管意义如何,黑人反犹还是个问题,而这个问题给《种族与权利的炼金术》中另一个购物小故事投下了一片阴影。这发生在某个奥考顿商店接近关门的时刻。这次威廉姆斯没被关在门外。当时职员们正开玩笑,关于犹太人的,"'魔鬼说',当四个年轻人进店时,一个职员说"(页126),这些职员认为威廉姆斯很"安全"才让她听到了他们的反犹笑话。威廉姆斯强烈反对反犹(事实上,她告诉我们,她曾同朋友争吵,就因为这个朋友说了一个不太过分的反犹笑话),但她还是无法完全压制作为知情者、与这些职员一起偷偷嘲笑犹太人的兴奋。反思这事件时,她感到羞愧,并结论说"一个非种族主义者要做的艰难智性工作是跨界……搅乱一个不错的晚会,打破自己周边的圈子,从安全走向不安全"(页129)。

威廉姆斯没说这些职员什么种族。图希内特(Mark Tushnet)指责说,威廉姆斯省略这点,也就回避了"持久考察非裔美国人社区中的反犹主义"。[21] 如果威廉姆斯说了这些职员的种族,她就不得不面对令她常常回避的那类难题。如果他们是黑人,就是黑人反犹,这本身就是病态的一个象征,而威廉姆斯一点也没讨论。如果这些人是白人,这就表明白人愿意接受黑人一起反对其他白人,问题是怎样才能把这点同威廉姆斯对美国种族关系的长期惨淡看法一致起来。

提到黑人反犹又让我回到贝多芬的肤色问题。贝多芬是黑人,这是非洲中心运动一个典型且经常的说法。该运动的成员还断言说,黑色素与智力正相关;古希腊偷窃了埃及黑人的哲学,特别是,亚历山大大帝掠夺了亚历山大图书馆,为其年迈的私人教师亚里士多德偷窃了埃及人的哲学观点(至于亚历山大大帝建立了亚历山大,这个图书馆也是他去世多年后兴建的,这些不管了);拿破仑敲掉了斯芬克斯的鼻子,从此就没人知道斯芬克

---

[20] Ronald T. Tsukashima, *The Social and Psychological Correlates of Black Anti-Semitism*, ch. 10 (1978).

[21] Tushnet, "The Degradation of Constitutional Discourse," 81 *Georgetown Law Journal* 251, 269 (1992).

斯本来是黑人面容;不仅贝多芬是黑人,而且海顿[22]、克娄巴特拉(Cleopatra)[23]和林肯全都是黑人;贝多芬是黑人表现为他对自身能力的自信,与拳王阿里(Mohammed Ali)的自信很像[24];艾森豪威尔的母亲是黑人;美洲是黑人首先发现的;艾滋病是白人发明出来为根除黑人的;电话和碳钢都是在非洲发明的,科学、医学以及数学也是;"[非洲]黑人理解的上帝,就其规模巨大而言,西方人的思想都无法接受"[25];以及犹太人控制了非洲奴隶贸易并且今天正同黑社会头子计划从财政上摧毁黑人种族。[26] 应当肯定,并非所有非洲中心主义者都反犹。说话不负责任似乎是该运动的标记。我本应想到,作为律师和学界人士,威廉姆斯本会尽可能与这一运动保持最大距离,而不是不加批判地接受其中一个有代表性的疯狂断言。

努斯鲍姆认为,一般的想象性文学作品,特别是长篇小说,会提供某种程度平衡、精细和具体的社会现实,对于那些从抽象概括的社会科学进

---

[22] 这是罗杰斯的断言之一。Rogers, 前注 15, 页 306—307。其根据是海顿和贝多芬一样,面部很黑。

[23] 她是古希腊人,不是埃及人。

[24] 这里说的"穆罕默德·阿里"当然是指拳王阿里,而不是 19 世纪埃及统治者穆罕默德·阿里,后者是一位阿尔巴尼亚人。

[25] Chancellor Williams, *The Destruction of Black Civilization: Great Issues of a Race from 4500 B. C. to 2000 A. D.* 246 (rev. ed. 1976).

[26] 关于非洲中心论的这些断言,请看,例如 Arthur M. Schlesinger, Jr., *The Disuniting of America: Reflections on a Multicultural Society* 64, 67-71, 79 (1991); Molefi Kete Asante, *Kemet, Afrocentricity and Knowledge* (1990); Rogers, 前注 15; Williams, 前注 25; Jerry Adler, "African Dreams," *Newsweek*, Sept. 23, 1991, p. 42; Alvin P. Sanoff, "Sorting out the African Legacy," *U. S. New & World Report*, March 16, 1992, p. 63; Edward Lucas, "Black Academic Blames Jews for His People's Ills," *The Independent*, Aug. 8, 1991, p. 6; Frank Phillips, "Wilkerson Says History Was Bleached," *Boston Globe*, Dec. 24, 1992, p. 16; Godfrey Hodgson, "The Smelting Nation," *The Independent*, Jan. 11, 1993, p. 23。非洲中心论断言中最受支持的断言是西方借助的古埃及思想一直被低估了,以及许多古埃及人是黑人。请看,Martin Bennal, *Black Athena: The Afroasiatic Roots of Classical Civilization*, vol. 1: *The Fabrication of Ancient Greece* 1785-1985 (1987)。然而,后一断言(请看,同上,页 240—246; 又见于, *Black Athena: The Archaeological and Documentary Evidence*, vol. 2, [1991], pp. 248-262, 以及, Cheikh Anta Diop, *The African Origin of Civilization: Myth or Reality* [1974])很值得怀疑,请看施莱辛格引证的文献,Schlesinger, 同上,页 76—78,尽管肯定有黑人与古埃及人跨种族婚姻,就像有黑人与古希腊人以及黑人与古罗马人有婚姻关系一样。请看,Frank M. Snowden, Jr., *Blacks in Antiquity: Ethiopians in the Greco-Roman Experience* (1970)。无须多说,许多黑人作者撰写的非洲及其人民的历史是清醒的,没有我讨论的那种不负责任的断言。请看,例如 Joseph H. Harris, *Africans and Their History* (rev. ed. 1987)。

第十八章 批判种族理论中的精微、叙述和移情

路——例如经济学进路——中得出的不完全视野,这是必要的解毒剂。[27] 尽管如此,会不会片面性就是以文学刻画现实的特有风险,而并非威廉姆斯的具体特点之一？相信文学本身给人启发,这种观点与第二十四章考察的所谓修辞学本身给人启发的信念是一脉相承,这使得"邪恶的修辞"成为自相矛盾说法。如果你不接受托尔斯泰,不像他那样认为所谓伟大文学作品一定包括提高道德水平的因素,那么就不得不承认许多伟大文学作品都是种族主义的、厌女症的、反犹的、性虐的(sadistic)、势利的、反同性恋的或反民主的。在这一问题上,许多文学作品都不精细、不注重特殊性,不明智公平。有些则是受规则限制的、形式主义的、抽象的、符号化的、寓言式的,这可以以卡夫卡的伟大短篇"刑法殖民地"为例,这篇小说中就没有专有名词。亚里士多德曾强调,同历史相比,文学更具典型性,文学努力提供的是可能性,而不是实在;在亚氏看来,历史学科坚持的是搞清楚一件件分散的具体事件。在第二十三章,我们会看到,福斯特(E. M. Forster)的伟大长篇小说《霍华德庄园》就很片面;福斯特想象性资源不足以从内部描绘威尔考克斯和他的儿子代表的那个商业阶层。《艰难时世》也很片面,狄更斯根本不能同情理解地描绘那种功利主义的或经济学的世界观。H. 詹姆斯(Henry James)无法公道表现犹太人,莎士比亚也无法公道表现工人阶级成员。因此,与威廉姆斯为伴的并不是坏人。但是,一位作者因不能把握白人的观点而无法理解种族关系问题的全部复杂性,那么,即便她可以毫无困难地从狐狸的视角重新解释皮尔森诉波斯特案(页156)[28],却不可能有能力解决这些问题。

我们接受文学作品中的片面性,更重要的是,因为我们能体谅时代不同风俗也不同,也因为文学的游戏规则不要求事实精准和学术超然。这些是学术游戏的规则,而威廉姆斯是作为学者写作的。如果本章对她的批评片面、误人子弟和有倾向,她肯定会不依不饶,即便我说这一批评只是这场对话中的一种声音,我话中的任何错漏或不平衡都会有其他人来纠正,她也不能接受这种回答。

如果文学移情的具体性另一面是片面性,那么,移情理解陌生人的痛

---

[27] Martha C. Nussbaum, *Love's Knowledge: Essays on Philosophy and Literature* (1990).
[28] Pierson v. Post, 3 Caines 175 (N.Y. Sup. Ct. 1805), 此案判定,对一个野生动物例如狐狸要拥有产权,你必须通过诸如杀死狐狸的方法占有。

苦和欢乐就是经济学家葛擂硬式(Gradgrindian)*的超然那想不到的一面。想想房屋租金控制的例子。你可以清楚看到受益者是谁,实行房租控制法时的房客。但看不见的是受害者,即未来租房者,他们会面临可租住宅的有限供给,因为弱化了房主建筑住宅出租的激励,而现有公寓楼主人也更情愿出售而不是出租公寓。经济学家把这些受害者都摆在分析家眼前[29];文学作品,以及那些模仿文学作品的法律文献,没做到这一点。

也许经济学文献根本就不移情。经济学家根本不通过想象走进租房者失败的痛苦;经济学家所做的一切只是把某些额外的成本都加总。但就政策研究而言,这种方法也许比培养移情的方法更有道理。移情法理学可能培养起目光短浅的实质正义,因为想象性进入他人世界观、情感和经验的能力会随着物理、社会和时间距离加大而弱化。[30] 更根本的一点是,设身处地——即通过移情想象而获得——的内在视角缺乏规范意义。我们可以比较这样两条定理,一是完全理解就会完全原谅(tout comprendre c'est tout pardonner),另一是没有谁认为自己是恶棍(这是演员的格言)。这后一条定理应提醒我们,当我们成功透过他人的眼光看世界时,我们就会失去判断所必需的视角。我们会感到自己陷入理性化的乖戾感知和压倒一切的情感困境。(任何律师都知道,过分认同自己的客户,就会有这种风险。)而前一条定理表达了一个不同的要点:完全理解一个人就是理解其行为的因果关系,把他的行为视为一连串原因的结果,因此视他的行为是被决定的,而不是要承担责任的。这就是完全像科学家理解动物那样来理解某个人,把动物视为一种自然现象,而不是视为一个自由行动者。如果我们对某罪犯行为的理解就如同我们对响尾蛇行为的理解一样,我们就不大可能赋予该罪犯太多尊严和尊重。

---

　　* 葛擂硬是狄更斯小说《艰难时世》中的人物,他把一切关系都看成金钱关系。——译者注

　　[29] 对租房控制之成本(以及暗藏的成本)有广泛的经济学研究文献,部分文献,请看,Edgar O. Olsen, "An Econometric Analysis of Rent Control," 80 *Journal of Political Economy* 1081 (1972); Peter Linneman, "The Effect of Rent Control on the Distribution of Income among New York City Renters," 22 *Journal of Urban Economics* 14 (1987); Michael P. Murry et al., "Analyzing Rent Control: The Case of Los Angeles," 29 *Economic Inquiry* 601 (1991); Choon-Geol Moon and Janet G. Stotsky, "The Effect of Rent Control on Housing Quality Change: A Longitudinal Analysis," 101 *Journal of Political Economy* 1114 (1993).

　　[30] *The Problems of Jurisprudence* 412-413.

第十八章 批判种族理论中的精微、叙述和移情

这种移情法理学要求我们选择,获取某种扭曲的内在视角与一种非人道的诊所超然,过分投入与过分冷酷。移情的情感维度会导向认同某人,并涉及他的命运或福利;而智识维度会把一个人置于因果网络之中,把他从一个有自由意志的人转变为(尼采的话)一小片不负责任的天命。我在第四章中讨论德国法官时就曾说过,记住其他人也是人,这非常重要,这里,我丝毫不打算收回。但这并不要求我们能钻进他们心里。事实上,自由主义的支柱之一就是要真切意识到,在重要意义上其他人都与我们紧紧相连,要意识到他们都有自己的计划和视角,我们只能——即便可能——不完美地走进他们的计划和视角。这就是个体性假定。

威廉姆斯的方法还有个问题,这就是不清晰。在某章结尾处,针对批判法学运动,威廉姆斯强调了一些权利,说要"[把权利]赋予树。赋予牛。赋予历史。赋予河流和岩石。赋予社会的一切物体和贱民私隐、正直和自主的权利;赋予它们距离和尊重"(页165)。但赋予历史权利,或赋予牛私隐、正直和自主权利,这究竟什么意思?说牛,是要我们牢记印度的动物神圣信条?威廉姆斯是动物权利者,或是"绿党"?她是惠特曼(Walt Whitman)重临吗?(她更可能是桑德堡[Carl Sandburg]。*)而这一切一切又何以可能同她这位很有时尚感的购物者吻合呢?

威廉姆斯称"积极行动(affirmative action)就是一种肯定(affirmation);雇用——或聆听——黑人的积极行动就是承认包括黑人作为社会存在的个人性"(页121);但读者明白这一断言吗?与没雇用比起来,雇了一位黑人申请人,这毫无问题是"肯定的"行动,但"积极行动"的常规含义并非如此。在美国的种族关系语境中,积极行动至少指为黑人的就业做格外的努力,至多则意味给黑人保留一些工作位置而不许白人竞争。威廉姆斯没说清,她希望社会在两极之间的什么地方,或是她希望社会在这之外的什么地方,就像她建议可能隐含的——只要雇黑人就算作是积极行动。我认为,她是既希望在这两极之间,又希望在这两极之外,就像男同女同都希望同性恋既是先天的又是后天的。这一点表现为,在该书的同一页,威廉姆斯对"积极行动"与"作为社会和职业普遍概念的积极行动"所作的区分,

---

* 桑德堡(1878—1967),美国著名诗人、传记作者和新闻记者,赞美工业、城市和现代化。——译者注

并且她对这两者都表示赞同。

通常的积极行动涉及对白人的直接歧视,而威廉姆斯告诉我们,她的法学研究恰恰会推动人们对歧视予以移情的精细关注。积极行动常常把那些并不歧视或未从歧视中获益的人手中的财富或机会转移给那些未因歧视受过什么伤害的黑人手中,并趋于令处于最有利地位的黑人受益,而以牺牲处于最不利地位的白人为代价。结果是,积极行动也许很少有助于结果平等,对机会平等则毫无贡献。可以想想上大学问题上的积极行动。放松常规入学标准后,一些黑人有机会上学了,他们肯定挤不掉最强的白人申请者,但把那些边际的申请人挤掉了,而事实上,这些被挤掉的申请人跟这些黑人的境况相似,只是种族不同。

批判种族理论宣告"叙事学"是其法学方法上的突出贡献。叙事有两方面,与亚里士多德关于历史与文学的对比相对应。在讲故事的意义上,叙事是理解在历史中展开的系列事件的方法之一。[31] 黑人学者喜欢它,是因为他们认为如果不参看黑奴史就无法理解当今美国黑人的状况。然而,尽管威廉姆斯提到了她的祖母,一位奴隶,她书中却没运用历史叙事。

叙事又是种文学技巧。以故事的形式——如威廉姆斯和盖贝尔签租约的经历——提出问题,如批判法学与批判种族理论的冲突,以此强化抽象论点;或是用肖像画取代抽象论点。肖像,包括我们称之为文学的那种语词肖像(描述性作品而不是展开论辩的作品),可以改变人们的思维。在我们难以看清某问题的某些重要方面时(因为他人经验与我们的经验的距离太远),语词肖像的作用,以及照片的作用,都特别重要。就其所受的教育和从事的职业而言,威廉姆斯同其他成功法律人士是一样的,但就种族以及种族在本世纪意味的其他方面来看(至少当是黑人种族时),她与其他成功法律人士又不同,因此,人们也许必须学会通过她的眼光,同时也必须以人们自己的眼光来看这个世界,之后才可能全面评价各种种族政策的正反两面的论点。就此而言,威廉姆斯的片面性表述,无论按常规学术标准甚或按照批判种族理论宣称的标准(记住,它允诺我们的是精细)多么值得疑问,对于洞察黑人的心理和修辞却都很有价值。只是,如果有效处理我们社会的诸多种族问题,白人必须获得一个双种族的立体视角,那么黑人也须如此。

---

[31] Arthur C. Danto, *Narration and Knowledge* (1985), esp. ch. 15.

第五编　哲学视角与经济学视角

第十九章

实用主义能给法律贡献啥?

> 实用主义的重大弱点就是,说到底它对谁都没用。[1]

我已经对一些法律思想者作了实用主义的批评,与此同时,我也批评了一些自称的实用主义法律思想者,如霍维茨和米诺,并贬斥了现实主义法学——实用主义在法律中的体现。现在我该再多说几句,有关实用主义,以及它与现实主义法学和其他法律思想流派的关系。说到底,这个术语有用吗?它是否具体指什么?我们能否谈论一种"新"实用主义:实用主义能给法律贡献些什么更具体的?在哲学史和法律史上,它有什么地位呢?

实用主义和法律:一个简史

最简单地说,实用主义运动令现实主义法学获得了时下它有的那种智识外形和内容。然后,实用主义就死了(或汇入了其他哲学运动,失去了它自立的身份),而现实主义法学也死了[2](或同样是被吸收了和超越了)。近来,实用主义复活了,人们因此疑问,地平线上是否出现了一种新法理学,它与新实用主义的关系是否有点类似现实主义法学与旧实用主义的关系。对这两点,我的回答都是否定的。与旧实用主义相似,这种新实用主

---

[1] T. S. Eliot, "Francis Herbert Bradley," in *Selected Prose of T. S. Eliot* 196, 204 (Frank Kermode ed. 1975).

[2] 对现实主义法学死亡的精彩描述,请看, Neil Duxbury, "The Reinvention of American Legal Realism," 12 *Legal Studies: Journal of the Society of Public Teachers of Law* 137 (1992)。

义也不是什么独特的哲学运动,而是一个大包大揽的术语,涵盖了多种哲学思想倾向。更重要的是,这是用来概括一些相近似倾向的术语;新实用主义并不新。构成实用主义传统的一部分倾向,已主要通过霍姆斯和卡多佐的论述,很有成效地为现实主义法学吸收了;其他一些倾向则曾趋向,并继续趋向,不知何方。多年前现实主义法学吸收的那些倾向可能事实上有助于提出新的法律研究进路,但其新颖主要在于它抛弃了现实主义法学的政治天真以及不成熟和过分。然而,现实主义法学的这种重振旗鼓和现代化很少或没有什么可归功于新实用主义——如果还真有新实用主义这种东西的话,这样说是因为我真怀疑。

实用主义的历史通常都从皮尔士说起,尽管皮尔士本人却把功劳归于他的律师朋友格林(Nicholas St. John Green)。[3] 这并非空穴来风。比这早得多,就可以找到类似的预见,例如,在伊壁鸠鲁那里[4] 皮尔士把接力棒(按照常规说法)传给了詹姆斯(William James),再传给了杜威、米德(George Mead)以及(在英格兰)希勒(F. S. C. Schiller)。与实用主义并行不悖,并且在实用主义影响下,舞台上出现了现实主义法学。它们受霍姆斯、格雷(John Chipman Gray)以及卡多佐的著作启发,体现在弗兰克、道格拉斯(William Douglas)、卢埃林、科恩(Felix Cohen)、罗德尔、M. 拉丁(Max Radin)、黑尔(Robert Hale)、詹姆斯(Fleming James)、格林(William Green)以及其他人(大多是耶鲁或哥伦比亚的法学教授)的著作中。在杜威的法律论文中,实用主义和现实主义法学联手了。[5] 但到"二战"结束时,无论哲学实用主义还是现实主义法学都过时了(尽管晚至 1970 年代,人们还可以从吉尔摩[Grant Gilmore]和莱夫[Arthur Leff]的著作中找到现实主义法学的痕迹)。替代它的首先是逻辑实证主义以及其他"强实的"分析哲学;现实主义法学的其他因素则被主流法学吸收,特别是被因 H. 哈特和萨克斯的《法律过程》1958 年到达巅峰的法律过程学派(请看第一章)吸收。随后,逻辑实证主义退潮,以罗蒂为代表(但不只有罗蒂,还有伯恩斯坦[Richard Bernstein]、费希、波伊利尔[Richard Poirier]以及其他人),实用

---

[3] 请看,Philia P. Wiener, *Evolution and the Founders of Pragmatism*, ch. 7 (1949)。

[4] Martha C. Nussbaum, "Therapeutic Arguments: Epicurus and Aristotle," in *The Norms of Nature: Studies in Hellenistic Ethics* 31 (Malcolm Schofield and Gisela Striker eds. 1986)。

[5] 突出的是 "Logical Method and Law," 10 *Cornell Law Quarterly* 17 (1924)。

第十九章　实用主义能给法律贡献啥？

主义杀回来了,紧随其后的是批判法学——现实主义法学的激进后代,再后来是更多的实用主义者(例如,C. 韦斯特),以及包括埃斯克利奇、法伯、弗利基(Philip Frickey)、格雷、米歇尔曼、米诺、M. J. 拉丁、桑斯坦等人的新法律实用主义。这些其他人中也包括我,或许还有——罗蒂这样认为(请看本书导论)——德沃金,尽管德沃金公开敌视实用主义,甚至还包括昂格。我们现在又有了霍维茨的加入。值得注意的是,这一群体意识形态差别很大。

就我的理解(这并非表示赞同)而言,实用主义,无论老派新派,都支持更断然地逐步拒绝启蒙运动的两元论,如主体和客体、心智与躯体、感觉和实体、形式和实质等。这些两元论被视为保守的社会、政治和法律秩序的支柱之一。17、18世纪的科学胜利,特别是牛顿物理学,令大多数思想家都相信物理世界有统一的结构,可以为人的理性认识。于是,一些人认为,人性和人类社会体制或许也有与之类似的机械结构。这种科学世界观把人类放进了一个观察模型。通过感知、测量和数学,人的心智或许能揭示自然的秘密(包括作为自然一部分的心智本身的秘密)以及社会互动的法则(自然法则,不是法律),包括均衡政府的法则,符合供需原则的经济行为以及基于不可变的心理学和人类行为原则的道德法律规范。心智就如同一台照相机,记录着自然和社会活动,并同样为自然法则所决定,是一台计算器。

浪漫主义诗人和哲学家挑战了这种观点。他们认为这种观点广义上看是科学的,却带有柏拉图理解的理念世界的色彩,即在混沌感觉印象的背后有不可变更的秩序;因此,他们强调世界的可塑和人类想象的融合力。布莱克(William Blake)在《精神旅行者》中说,"目光改变会改变一切"。浪漫主义者鄙视制度约束以及对人类追求的所有其他约束,认为这都不是逻辑的必然。他们大步前进,追求婴儿感到的那种无限潜能,以及与人类、事实上是与整个宇宙化为一体的感觉,在这种追求中,他们发现,即便科学也很沉闷。他们都是普罗米修斯式的人物。*"让我成为你吧,迅疾的风!"雪莱就因此这样迎着秋日西风而呼唤。甚至济慈的《希腊古瓮颂》开篇中的演艺狂欢,也很快变了,处处是欲望受挫、孤寂、冰冷和失落的形象。

---

* 在此指勇敢且富有创造力的人。——译者注

在美国这一流派的主要代表是爱默森,皮尔士和霍姆斯身上都有他思想的痕迹。欧洲的爱默森(同时也崇拜爱默森)则是尼采。这些人都不是精确的"浪漫主义者",当然这是假定还有这种精确的话。但同浪漫主义者一样,他们都希望重塑观察主体和客观实体(无论是自然的还是社会的实体)之间沉思性的被动关系,使人类的努力与人类一心征服但不时受挫的问题之间变成创造性的积极关系。这些思想家认为,思想是意志的体现,是人类欲求的工具(在此,我们看到了实用主义与功利主义的联系)。社会制度,无论科学、法律或宗教,都是人类欲求变化的产物,而不是欲求之外某种实体的产物。人类不仅可以观察,还可以创造。

这一讨论可能有助于我们理解,对于许多实用主义者来说,为什么大写真理一直是个很成问题的概念。真理这个词的根本含义是观察者是独立的,而这恰恰是实用主义者趋于质疑甚或予以否弃的。也毫不奇怪,实用主义者努力界定的真理都受悖论的折磨——真理就是那些注定为人们信仰的,是信仰了有好处的,或是思想竞争中得以存活下来的,或是与之相关的社区一致赞同的东西等。实用主义者的真正兴趣根本就不在于真理,而在于信仰的社会基础("有保证的可断定性"[warranted assertibility])。追求方向的这一改变不必然令实用主义者敌视科学(对科学的态度,实用主义群体中差别很大)[6],但它改变了科学思考的重点,从发现永恒自然法则转到了在人类欲求推动下提出系统理论,来预测和控制人类的自然和社会环境。这其中的寓意就是,后来库恩(Thomas Kuhn)说得很清楚,科学理论是人类需求和欲求的函数之一,而并非自然万物存在方式的函数。因此,特定问题上的理论承继不能令我们更接近"最终实体"(这不否认科学知识可能不断增长,特别是关于如何做的知识,但这种知识与抽象知识不同)。但这故事讲得太快了,我还想在1921年这里停一下,考察一下卡多佐对法律实用主义的系统表述,这年他发表了《司法过程的性质》,这是法律实用主义既清晰又精到的一个宣言。

---

[6] 请看,Isaac Levi, "Escape From Boredom: Edification According to Rorty," 11 *Canadian Journal of Philosophy* 589 (1981); Paul Kurtz, *The New Skepticism: Inquiry and Reliable Knowledge* 66-72 (1992)。胡克很好例证了实用主义中喜好科学的那一支,Sidney Hook, "Scientific Knowledge and Philosophical 'Knowledge,'" in Hook, *The Quest for Being, and Other Studies in Naturalism and Humanism* 209 (1963)。

第十九章 实用主义能给法律贡献啥？

"法律的最终起因",卡多佐写道,"是社会的福利"[7]。对于形式主义者关于法律是不可变的原则体系这种观点来说(这明显源自科学,也很自命不凡),这就够它受了。这种形式主义者是人为树立的靶子？完全不是。有多少现代自由派会描述种族平等或性别平等就是个便利的原则？有多少宪法原旨论者会描述原旨论只是个便利的原则？

卡多佐并没说,法官"可以用法官关于理性和正义的个人观点来自由替代他们为之服务的普通人的观点。他们的标准必须客观"。但这是实用主义意义上的客观,并非符合外在实体意义上的客观。"在这类问题上,真正作数的不是我认为正确的东西,而是我有理由认为其他智力良心都正常的其他人可能合乎情理地认为正确的东西"(页88—89)。

应当把法律规则看成工具。"在我们时代,很少有什么规则是确定不变的,很可能哪天就要它证明自己是顺应某个目的的手段并因此是正当的"(页98)。对法律的这种工具性理解,与很有影响的亚里士多德校正正义理论断绝了关系。作为校正正义,法律的功用是恢复某种均衡,而卡多佐的解说是,"重要的问题并非法律的来路,而是法律的目标。如果根本就不知道道路会通向何方,我们就不可能明智地选择道路……那些作用良好的规则会获得为人们承认的权利证书……对法官来说,选择的最后原则……就是符合目的的原则"(页102—103)。"权利证书"这句话批的是形式主义者,他们相信有效的法律就必须展示自己的权威出处。

尽管《司法过程的性质》的关注点是普通法,但卡多佐不认为,遇到文本解释挑战时,就一定要消除司法想象的创造力。马歇尔"给美国宪制打上了他个人心灵的印记;我们宪法性法律的今天之所以如此,就因为在它仍具弹性和可塑性之际,马歇尔用强烈信念的烈焰锻铸了它"(页169—170)。[8] 另一位现实主义法学家M. 拉丁在一篇文章中也澄清并因此强调了制定法和普通法的对峙。[9] 法官并非修改制定法;法官不是像对待普

---

[7] Benjamin N. Cardozo, *The Nature of the Judicial Process* 66 (1921).
[8] 回想一下本书导论,霍姆斯对马歇尔的成就有更精细微妙的看法。
[9] "Statutory Interpretation," 43 *Harvard Law Review* 863 (1930);又请看他后来的论文,"A Short Way with Statutes," 56 *Harvard Law Review* 388 (1942). 兰迪斯强烈抨击了M. 拉丁的观点,请看,James M. Landis, "A Note on 'Statutory Interpretation,'" 43 *Harvard Law Review* 886 (1930). 这位"法律过程"学派创始人之一提出的批评几乎是说,制定法案件有难的,但也有容易的,容易是制定法含义一看就清楚或可以诉求立法历史予以澄清。这对拉丁的怀疑主义给予了合乎情理的限定。

通法原理那样可以自由改动。但解释是创造性的而不是沉思性的工作,事实上,在决定困难的制定法(当然还有宪法)案件时,与决定困难的普通法案件一样,法官都有很大的自由空间。[10]

尽管现实主义努力把法学著述的关注从普通法转移到新出现的制定法领域,立法还是提出了一个挑战,一个现实主义传统——从霍姆斯到1940年代逐渐消失的现实主义法学以及1950年代取代现实主义的法律过程学派——无法应对的挑战。这个麻烦始于从霍姆斯关于法官是空隙立法者的著名概括,卡多佐在《司法过程的性质》中也应和了这一观点。霍姆斯的概括是有用的,它指出法官有立法的职能,但其误人之处在于,它隐含地认为法官和立法者都是官员,类型相同,只是身处的领域不同,他们受同样的目的、价值、激励和限制的指导和控制。如真是这样,法院在制定法上的作用就会大大简化,基本就是填补立法机关产品中不可避免的空白,并经此来帮助立法机关。事实并非如此。立法过程比司法过程更受利益压力集团的冲击。而由于这一点和其他理由,制定法受合理政策判断的影响远小于罗斯福新政鼎盛期现实主义法学家所相信的。人们无法继续设想实用主义的好法官是制定理由充足之公共政策之立法机关的快乐合伙人。法官如果按照他理解的理由充足的政策来行动,会很容易在目的上与立法机关交叉,就像昔日法官对那些"有损普通法"的成文法采取的立法是狭义解释那样。忠于立法目的,这已成为现代形式主义的标志,即不论被解释的成文法何等堕落,法官都应当是立法机关的忠实代理人。

与此相联系,法律形式主义的另一不足是它天真热情地支持政府,这种热情表明现实主义法学是一个"自由派"运动(现代的,而不是19世纪意义上的),这也是现实主义法学留给今天新实用主义的部分遗产;新实用主义中占了很主导地位的都是自由派人士或激进派言辞,乃至这个运动看起来是一个左翼流派,尽管他们自己完全不这样认为。不仅实用主义没有固有的政治信条,而且那些极力抨击右派信条同时不加批判地致力于左翼信条(诸如种族和性别平等、收入和财富分配平等的可欲,以及现代西方社会

---

[10] "制定法的'字面含义'给了我们很大选择,可以最大延伸,也可以最小延伸。'立法意图'是一个没用的拟制。'目的'要求我们从许多目的中挑选一个。'后果'涉及预测,而法院对此并非特别有准备,即当有多种结果的选择时,能以概率计算搞定。"Radin, "Statutory Interpretation,"同前注9,页881。

第十九章　实用主义能给法律贡献啥？

中普遍存在压迫和不公）的实用主义者也并非真实用主义者；他们只是披着实用主义外衣的教条主义者。

现实主义法学的另一弱点是它缺乏方法。现实主义者知道要做些什么，思考事物而不是思考语词，追溯法律原则的实际后果，在竞争性政策之间保持平衡，但他们不知道如何做好其中任何一件事。这也不是他们的错。经济学、统计学以及其他相关科学工具发展还不够，还不足以社会工程的进路来研究法律。其当年的真正过错是他们太不负责任了，这点被批判法学（他们也喜欢以现实主义法学的后裔自居）承继了。这是我为什么避免用"现实主义法学"术语描述我做的工作的最后理由，并且是我的最佳理由。现实主义法学中有一流法律学者，诸如 M. 拉丁、帕特森（Patterson）以及鼎盛时期的卢埃林，但其中也有《法律和现代心智》和《你们麻烦大了，法律人！》这样的著作，道格拉斯的司法表现，一些漫无边际因此令法律经验研究名誉扫地的研究，天真的统制主义政治科学和崇拜新政，以及那些从未实现的诸多宣言。

当年《司法过程的性质》出现时，杜威是首席实用主义哲学家，杜威版实用主义在卡多佐著述中最为明显。此后多年间，杜威一直多产。但直到1960年代，实用主义都几乎没啥新东西。但在这期间，哲学界却有许多事情，都支持了实用主义进路。逻辑实证主义就是实用主义的，因为它强调可证实性，与之相伴的是反对形而上学，要求理论对经验世界有所成就。波普尔的证伪主义科学哲学与皮尔士的科学哲学也颇为相近；两者都以怀疑作为进步的动力，把真理看成是一个不断退隐的目标。后期维特根斯坦和奎因的反基础主义、反形而上学和拒斥确定性的主旋律，也可以看成是延展了詹姆斯和杜威的观点。到1970、1980年代，这些溪流汇合了，形成了当代实用主义，分析哲学中的代表人物有戴维森（Davidson）、普特南（Putnam）和罗蒂，政治哲学中有哈贝马斯，人类学中有吉尔兹，文学批评中则有费希，此外还有我一开始提到的那些学术法律人。

然而，称实用主义的这一振兴为"新"实用主义，没什么好处。这隐含的是曾（至少）有两派实用主义，可以对它们予以各自描述并比较。其实，实用主义，无论新旧都不构成一个学派。皮尔士与詹姆斯之间或詹姆斯与杜威之间的分歧就很深。目前的实用主义倡导者之间分歧甚至更深，并因此人们可能发现，新旧"实用主义学派"内部有更多跨越，而不是更有姻亲关系,皮尔士与普特南之间的共同之处多于普特南与罗蒂之间的共同之处,而我与皮尔士、詹姆斯和杜威(我自己认为)的共同之处要比我与 C. 韦斯特或费希的共同之处多得多。像我这类——亲科学、古典自由派的——实用主义者并不造启蒙运动的反,也不梦想乌托邦。对我们来说,实用主义与启蒙运动关联的意义在于,实用主义揭露了启蒙思想中柏拉图的、传统主义的和神学的残余,并提出了挑战。

比辨认比较新老实用主义的工作更有用的是要看到这一点,即今天比 30 年前,人们更能理解了实用主义的长处了,这是因为其他哲学——如逻辑实证主义——未能实现其允诺,也因为人们日益承认这些其他哲学的长处就是它们有实用主义同样有的一些特点。其中最突出的是敌视形而上学和对诸多科学方法的同情理解,却不相信科学可能取代宗教的位置,能提供什么终极的真理。

实用主义在法律中的运用

如果无论新老实用主义都如同我认为的那样,并非单一,就会有个问题,即实用主义是否有共同的核心?如果没有的话,那么让法律更实用主义一点,这又是什么意思?本书导论中我说过,我喜欢 C. 韦斯特的说法,实用主义的"公分母"是"一种以思想为武器、使行动更有成效并以未来导向的工具主义"。[11] 然而,即便这种说法也相当含混,能包容大量政治法律层面不一致的哲学,大量不和谐的法理。请回想本章题记引证的艾略特(T. S. Eliot)的话,人们也许会质疑,实用主义是否足够确定,除了像我在书中一直力图做的那样——推翻那些雄心勃勃的法律理论——外,对法律,他还有任何其他用处?

事实上,这就是它的主要用处之一。另一用处就是,它有助于改变法律事业的特点:它将促使法学更接近社会科学,令司法游戏更接近科学游戏。就像我们已看到的那样,实用主义暗中弱化了许多拒绝这些方案的理由。请考虑一下保护言论自由的问题。如果实用主义对,真就不可能获得真理,这看来或许会削弱法律对自由探讨(这被视为通向真理的唯一可靠

---

[11] Cornel West, *The American Evasion of Philosophy: A Genealogy of Pragmatism* 5 (1989).

第十九章 实用主义能给法律贡献啥?

路径)的高度保护。但事实上,它可能强化这种保护。柏拉图相信审查制度。但如果与柏拉图的观点相反,真理是不可能得到的,那么审查官或为审查官装点门面的专家就没法诉诸更高的真理,以真理为理由封杀对某问题的深入探讨。主张思想自由的人可以用业已证明的、自由探讨能有效增长知识这一点来抵制审查制度。你可以怀疑我们最终能否到达"真理",但又不怀疑对我们有用的知识宝库正稳步增长。即使我们接受的每个科学真理注定某一天都会被推翻,但我们治疗结核病、发电和建造飞机的能力却不会受损。科学理论的承继不仅与科学知识的增长共存,而且是增长的主要动力。这里的关键不在于个案的审查官信仰错了;在许多个案中,他们完全可能是真确的。关键在于这种审查制度限制了观念的竞争,因此阻滞了知识的增长以及知识带来的收益。

然而,尽管有霍姆斯为例(他的艾布拉姆斯案反对意见为言论自由作了影响重大的辩护,这无疑与皮尔士的一篇著名论文有关)[12],如果认为有一种关于言论自由的实用主义信条,即你可以用实用主义告诉法官如何决定某个具体的言论自由案,那就是个错误。如果说实用主义者很清楚激情洋溢的言辞带来的收益,他对这类言辞的成本也很明白。激进女权者论辩说,淫秽出版物确实害人;种族批判理论家也论辩说,仇视性言论确实伤人。实用主义没说应当忽略言论引发的这些伤害;也没有证据表明言论自由就应高于其他社会利益。对实用主义者来说,色情品和仇视性言论的问题都是经验的:这些东西造成了什么伤害,防止这些伤害的后果——收益和成本——又是什么?

在《民主和言论自由问题》(1993)中,桑斯坦(Cass Sunstein)对言论自由采取了一种明显实用主义的进路。他指出,对言论自由予以某些限制也许实际增加了言论的数量(例如,强迫报纸为批评其编辑方针的评论提供版面,就会如此),而其他限制(例如,限制淫秽出版物)带来的非表达收益也会大于对言论的伤害。这两个论点都是形式主义言论自由捍卫者根本不愿考虑的。这样一来,收获的就是一本慎重甚至不果决的著作,但这是负责任的,因为,不同形式的言论和规制言论的不同提议后果究竟如何,作

---

[12] 请将 Abrams v. United States, 250 U. S. 616, 630 (1919) (反对意见) 同 Peirce, "The Fixation of Belief," in *Collected Papers of Charles Sanders Peirce* 223 (Charles Hartshorne and Paul Weiss ed. 1934) 比较一下。

者对这场因经验非常不确定而一头雾水的辩论保持了适度的敏感。

因此,我们开始看到,实用主义的最大价值似乎在于防止早早结束讨论,而不在于实际解决这些问题。例如,实用主义可能有助于我们对许多法律领域(如侵权法和刑法)中作用重大但混乱的某些实体保持恰当的批判态度。这类实体有心智、意图、自由意志和因果关系等。有关民事责任和刑事责任的论辩曾不断诉诸这类实体。如果用实用主义重视实际后果这种标准来验测,就表明这些实体非常捉摸不定。法官们和陪审团并没深入被告的心智,寻求法律要求的那个意图,也不以此作为认定杀人为故意的前提条件。他们注意的是证据,即被告都干了些什么,据此推论是否事先有计划,或有其他迹象表明其行为成功率很高,是否隐藏证据或有可能逃脱的其他迹象,以及犯罪情况是否表明有可能再次犯罪。所有这些考量都与危险程度相关,与意图或自由意志无关。在刑罚背后,社会关心的主要是危险程度,而不是精神状态,而诉讼方法也不能令调查事实的人穿透这种危险程度,进入那也许从来就不存在的虚无缥缈的思维或精神层面。

与此相类似,尽管法律关心结果,因此也关心原因,但法律并不把"因果关系"当成崇拜的偶像。法律以社会因素而不是哲学因素为基础判断责任有无,因此避开了因果关系是否存在,其性质如何这些古老的哲学争论。由于计划被打乱而未造成任何实际伤害的人还是会因犯罪未遂或密谋犯罪受惩罚;即便某人行为不是其后发生的伤害的必然条件之一,侵权法有时也会判定他有侵权责任(例如,两个被告各自独立地、同时造成了仅一人行为就会发生的伤害);即使某人行为在无可争辩的意义上"造成了"伤害,但因他无法预见该行为会引出这一后果,对他也许会免责。不用心智和因果关系为参照,我们可以重新描述在哪些条件下会对人的行为追加法律责任。

我的要点不是说,由于某种意义上意图和因果关系等此类东西不存在(在这种意义上,却可以说大脑或卡车是存在的),因此它们就不是客观的。检验实用主义理解的客观性标准不是物理实体。许多东西,诸如"边际成本"以及想象的数字,无法触摸,在账簿上找不到,但它们和物理物体一样是客观的。这里的客观是指,就像有关物理物体的命题一样,人们可以有很大确信地判定有关它们的命题为真或为假。这就是本书导论中谈及象棋走法的要点。人们有理由抱怨这些想象性法律实体,因为它们有时阻碍

第十九章 实用主义能给法律贡献啥?

了思考而不是有助于思考,它们成了贬义的"形而上"。但它们有自己的用处。例如,当把意图和自由意志这些联系性概念用于刑罚时,就支持了这样的观念:人不同于其他危险品,如,不同于响尾蛇。[13] 这种观点,对于希特勒时期玷污德国法域的那种"敌我分明"的观念,对于不加区分地以"危险程度"为根据采取预防性拘留的做法,都是解毒剂。因此,尽管自由意志和意图在科学游戏中没什么地位,在司法游戏中或许还有其位置。因此,我们又一次看到,实用主义戳穿了一些糟糕论点(例如,人们有决定了其选择的"意志"之"官能"),但并非解决实际问题(比方说,法律是否继续使用自由意志这个"拟制")。

戳穿法律人的形而上气球,这种努力没啥新颖的(这恰恰是我的观点,新实用主义没啥新东西)。它曾是现实主义法学家的最爱。但当年他们带着左翼倾向这样做。他们嘲笑过公司有自然权利这种命题,因为所谓公司不过是一套契约的名称而已。然而他们不曾有嘲笑公司税的念头,尽管公司不是人,也不可能纳税。交纳公司所得税的都是有血有肉的人,他们不都很富裕,他们当中有(或也许有,因为公司所得税究竟落在谁头上,在经济学上,这是个争议很多的问题)雇员、消费者和股东。现实主义法学家还忽略了这样的可能性,即拟制的公司人格也许有很有用的经济功能,就像拟制的自由意志也许有很有用的政治功能一样。

今天,实用主义仍是形式主义的解毒剂。认为只要深入探讨概念之间的关系,无需深入考察概念与真实世界的关系,就可以回答法律问题,这是反实用主义同时也反经验主义的观点。它不问什么起作用? 它只是问,什么样的规则和结果以逻辑链同某个权威法律渊源——如美国宪法文本或某个无人质疑的普通法教义——构成了联系?

形式主义追求的是要割裂知识与观察,很顽固,在某种程度上也很有成果。当某人把圆珠不断漏入瓮中时,如果仔细数,凭着算术规则,他就知道瓮里有多少圆珠,无需查看瓮内。凭着"对野生动物不存在未实际占有权"这个法律规则,要适用这个规则,你所需知道的全部就是该动物是野生的还是家养的? 法律规则使信息经济了,这是好事。但如果认为"对未占有的野生动物不享有权利"这个规则自动就概括出一个规则,对任何非固

---

[13] 参看,Sabina Lovibond, *Realism and Imagination in Ethics* 174 (1983)。

定的自然资源都不享有权利时,危险就来了。我们可以如此得出关于石油和天然气的"正确"产权规则,而无需探究这类资源开发的经济学;这当然也好,但会有很大风险,会引出无效率的石油和天然气生产体制。实用主义进路把这个推理顺序颠倒过来了。它会问,就石油和天然气而言,什么是正确的规则——有道理的、适合社会的、合乎情理的、有效率的?在调查这个问题时,实用主义者不会自然而然地趋于允许扩大现存规则的语义限定,即因语词相似而让该规则占据更大经验领域。形式主义者强迫把商业实践和普通人都装进诸如"合同"这些现有的法律概念模子中,把这些概念视为不可改变的。实用主义者则认为概念应服务于人的需要,因此希望法律总能考虑调整其范畴,以适应法律之外的社会实践。

这就是"形而上"实体导致混乱的地方。世界上有自愿的行动;这并不能自然得出自愿是行动的特点之一。某些承诺是合约性的,意思是说可强制执行;但这并不自然得出:因为是"合同"所以它们就可强制执行。我们可以谈论一个有原因的行动而无需提出一个称之为"因果关系"的实体。

目前,法律形式主义的最顽固堡垒不是普通法;而是制定法解释和宪法解释。在这里,我们发现了以表面类似的演绎法推出法律结果的最有影响的现代努力。这种努力会失败。文本解释并非一个逻辑练习。而且"解释"的边界也很有弹性(想想除了语词和其他物外,被解释的还有梦、外文文本以及第九章中我们看到的音乐作品),乃至这个概念究竟效用多大,很令人怀疑。在进入一个有关制定法解释出现的争议时,实用主义者会问一下,哪种可能的解决办法后果最佳,要考虑律师感兴趣或他们应当感兴趣的一切事情,包括维护语言作为有效交流中介的重要性,以及一般说来要遵循立法机关的政策选择维护分权的重要性。

关于制定法解释理论的更大复杂性在于,我们不再认为制定法是,更不是始终是,作为选民忠实代表的立法者投身并推动公益的善意努力的典型产品。社会选择理论告知我们通过投票方式将偏好汇总的难处,由经济学家复兴的利益集团政治学理论也已告诫我们:立法过程常常会迎合狭隘联盟的再分配追求,而这样的迎合会损害任何可能意义上的公益。在这两种理论的压力下,就不知道该从何处来发现制定法的含义了,谈论法官辨认立法意图就很成问题了,为什么法官应通过解释来完善受特殊利益集团支配的国家命令,这个问题也变得不确定了。这些新知识允许法官在各主

第十九章 实用主义能给法律贡献啥？

要解释理论中作出选择，或是某种形式的严格解释，或是实用主义解释，而后一种进路则承认制定法解释的特点就是疑难和争论不休，承认法官用后果指导他们的决定，并总是牢记与之相关的其他后果，包括了贬低制定法文字流行后可能引发的体制性危险后果。

说到体制关切，应当有助于打破这种不实之词，即法律实用主义就是要在具体案件各方当事人之间实现目光短浅的实质正义。实用主义者关心的相关后果很多，有长期的，也有短期的；有体制性的，也有个人性的；有稳定性和可预测性的重要性，也有正义对当事人个体的重要性；有维护语言作为可依赖的交流方法的重要性，也有灵活解释制定法和规定以便恰当适用于法律起草者未想象到之境况的重要性。确实，虔信法律、代际间有机联系或整个时代保持道德义务的一贯性，这些考量都不可能打动一位实用主义的法官。但总会有这样的可能，即基于实用主义，也许会认为形式主义法律话语中的某些东西，如严格解释、自由意志或严格遵循先例，是司法决策的最佳指南。例如，当严格解释论者被迫承认忠实解释实际上不支持其方法时，他们有时会说，尽管如此，就可行性而言，用严格解释方法来限制司法裁量、增加制定法判决的可预测性并迫使立法者明确其所言，规训司法过程，却还是情有可原的。实用主义者有义务考虑这样一个回答是否合理。我们必须仔细区分实用主义哲思和实用主义审断，不要夸大以前者支持后者的可能性。

我们甚至必须——本书导论就提到过——考虑这种可能性，一位实用主义法官或许会认为最实用主义的就是形式主义，就像一位科学家也许认为坚持科学实在论才比较务实一样。然而，尽管法官的话语一直是形式主义占主导，但大多数美国法官，至少当他们面对疑难案件时，一直是实践的实用主义者。这部分因为美国法律中供作决定的材料一直都非常不同，且相互冲突，因此在大多数疑难案件上，形式主义都行不通，还有部分则是因为法官不像学界人士那样，有很多自我训练，智识上非常精细且喜欢自我想象。这就像霍姆斯在洛克纳案——人们常常指责这个案件是形式主义思考"契约自由"的范例——反对意见中指出的，该案多数派法官的错误不在于其决策的形式主义，而在于他们把决策建立在这个民族许多人不接受的某种经济学理论(自由放任理论)上。[14] 针对"实用主义为法官务实决定案件提供了最好解释"的说法,硬说实用主义"没有解释司法实践的突出特点之一,即在难办案件中法官对制定法和先例的态度,因此只有一个令人尴尬的假说,说这没解释的特点就是在公众不同意某种做法的案件中存心欺骗公众"[15],这种说法就是从司法意见的修辞来推断法官态度。法官是常常不坦诚,但他们更常常意识不到这一点。也很容易将个人的强烈政策偏好同法律混为一谈。至于说公众是否同意实用主义司法决策,即便否定性回答也无法削弱实用主义理论的解释力,而这种解释力与其规范力是截然不同的。在任何事件中,公众是否赞同的问题都是人为的。司法意见,除少数外,都是为法律人研读而撰写的,而不是让普通人阅读的,事实上也几乎没有普通读者。除此之外,对司法决定中原则与结果究竟该如何平衡,公众似乎也没有融贯一致的看法。

确实,在一场惹人注目的持续了几十年的司法能动主义较量之后(从1950年代开始,1960年代达到顶点,1970年代一定程度减弱了,此后大大减弱了),如今人更感兴趣的是与昔日保持连续的司法进路,而不是那种为了未来而推进实施社会工程的司法进路。这些进路,对于急于保持美国最高法院1960和1970年代自由派决定不受保守派法官侵袭的曾经的司法能动派法官来说,对许多认为法院系统至今仍信奉自由派政策的保守派法官来说,以及最不平常地对德沃金——他认为鲍克这样的保守派才是真正的能动主义者——来说,都很有吸引力。如今许多东西都重新讨论起来了,如传统,实际体现但未予以系统阐述的智慧(这些智慧体现在他们赞赏的先例、职业训练、法律习惯用语中),个人理性有限和社会快速变革的危险等。这些进路隐含的谨慎与实用主义是志趣相投的,因为对实用主义者来说,历史上全力改革的记录充满了令人警醒的教训。但实用主义者不满足于含混的新传统主义。他们知道,仅仅告诉法官别变革,就按目前状况冻结法律,是解决不了他们的疑虑的,更不可能回到我们永久性宪法革命(1950年代? 1850年代?)中的某些昔日插曲了。随着这个国家的改变,在由立法者和宪法制定者确定的宽泛限制内,法官必须调整法律,来适用改

---

[14] 198 U. S. at 75.
[15] Ronald Dworkin, *Law's Empire* 161 (1986).

第十九章　实用主义能给法律贡献啥？

变了的社会环境和政治环境。没有哪种传统主义会告诉他们如何做到这一点。他们需要确立目标,需要开发出关于社会变化如何影响恰当手段的意识。他们需要工具意识,而这种意识是实用主义的根本。

德沃金不承认实用主义也是种规范性法律理论,理由是实用主义不是他称之为"整合"(integrity)的理论。[16] 关于他的理论,我说不过是,只是试图用些术语把自己的理论正当化而已,而这些术语无法满足实用主义的要求,即一定要有实在的回报。德沃金说,"整合令政治场合与私人场合的精神相互融合,共同获益",使"每个公民,最终为了自身,忠实于作为其社区原则体系的他有责任认同的原则体系"这种"新教理念"成为"政治性义务"。[17] 因此,作为整合的法律"最终看来,是种博爱态度,是关于我们如何成为统一体——即便我们在计划、利益和确信上各持己见——的表述"。[18] 从这种玄而又玄的文字中,我一无所获。

必须对实用主义与最高发展程度的工具性的——经济学的——法律概念的关系作更深考察。为经济学方法的辩解称,经济学进路是法律改革的有用指南;而对这些辩解,不断的批评是,这些辩解者未能将经济学进路安全建立在某个伟大的伦理学传统之上,如康德主义的或功利主义的传统。这听起来更像是评论,而不是批评。法律应当努力促进和便利竞争性市场,并在市场交易费用为禁止性的情况下模仿市场的结果,我称之为"财富最大化"的这种观点与康德主义的和功利主义的伦理学都有亲缘关系,因为这种进路保护了生产者或至少有此潜能者(我们大多数人都如此)的自主性,因为自由市场和人类福利之间存在经验联系。即便这种经济学进路不是从其中任何一个伦理体系中演绎出来的,也不与其中任何一个完全一致,但从实用主义立场看,却无法断然否定这种联系。实用主义者不为缺乏基础而惴惴不安。我们要问的不是,法律经济学进路是否充分地建立在康德或罗尔斯或密尔或哈耶克或诺芝克的伦理学之上,也不问这些伦理学本身基石是否足够牢靠,而是问,就我们对市场的了解(我们每天也还从外国经济和政治变化中更多了解市场)、对美国立法机关的了解、对美国法官的了解以及对美国人价值的了解而言,它是否是当代美国法律体制遵循

---

[16]　同上,第五章。
[17]　同上,页190。
[18]　同上,页413。

的最好进路。

我们无需认为财富最大化规范是,从边沁和密尔那里借一点,又从康德和哈耶克那拿一点,想在相互对立的综合性伦理学说间搞个妥协。我们是可以从罗尔斯的"重叠性共识"[19]来思考它。尽管人们会认同不同的综合学说,但他们也许还是更赞同以某个政治原则,如财富最大化,来治理某个特定的社会互动领域。因此,一个平等主义者、一个密尔式自由主义者、一个经济自由论者以及一个亚里士多德校正正义迷恋者也许都会赞同,我们目前的侵权法体系,其基本导向可以理解为财富最大化,这是规制大多数事故的恰当体制。[20]

这种经济学的进路不可能囊括法律实用主义的全部。这一进路的特点是自由至上,它不适合治理以财富再分配为政治道德共识之主导价值的领域;并且,由于这一进路只在至少目的适度一致的地方才能运作良好,因此,它就不能用来回答,比方说,是否应限制堕胎这类问题,尽管在这种限制的有效性及后果上,它还是可能告诉我们些什么甚或很多。事实上,实用主义的价值之一就是,它承认有些话语领域,在那里,由于缺乏共同目标,因此缺乏理性的解决办法[21];而在这里,对法律体制的实用主义建议(或是某种实用主义的建议)就是"对付过去"(muddle through),保持变化渠道畅通,别没必要地惹出政治风潮。从某种实用主义的观点看,罗伊诉韦德案的错不在它把美国宪法理解错了,因为有相当数量受尊重的司法决定都表现出与罗伊诉韦德案对宪法解释同样的轻率态度,其错在,过早把一个法律争点全国统一化了,那本来最好是留在州和地方层面来慢慢解决,直到基于不同进路解决堕胎的经验产生出某种共识。

由于"对付过去"是作为实用主义法理学方法提出来的,人们也许会疑惑,今天的法理学是否比《司法过程的性质》有些许进步。回顾我提出的实用主义在法律中的用途,就可以看出,卡多佐对形式主义的弱点有坚实的实用主义把握,并对审判有很好的实用主义理论。但他并不非常关注言论

---

[19] John Rawls, *Political Liberalism* 39-40 以及讲演 4 (1993);又请看,Cass R. Sunstein, "On Legel Theory and Practice" (unpublished, University of Chicago Law School, 1993)。

[20] 参看,*The Problems of Jurisprudence* 387-391。

[21] 参看罗尔斯,同前注 19,他建议以自由主义作为我们这种社会——人们的价值观无法通约——的合适的政治哲学。

第十九章 实用主义能给法律贡献啥?

自由问题;他对意图和因果关系的批评也不像今天铺得那么开,在他思想中也肯定不那么显著;他对解释没兴趣,他对立法过程也很不现实;此外,他也完全不知道作为自觉方法的法律经济学进路——1921年时还没这一进路,或者说是半个世纪之后才真正出现,尽管卡多佐,就像大多数普通法优秀法官一样,对这种方法有直觉的把握。[22]

尽管实用主义法理学包容了比见于《司法过程的性质》或《法律的道路》更丰富的一套观点,人们却很难说这有多大进步,或许就实用主义的性质来说,也不可能有多大进步。实用主义法理学真正意味的一切,而且它在1897年或1921年意味的同其今天意味的同样多,就是拒绝法律基于某些永恒原则并以逻辑操作予以实现这样的观点,就是决心把法律作为服务某些社会目标的一种工具。如果说,我为之辩护的这种实用主义法理学没栽下大树,但至少它清除了许多灌木。它标志了一种态度,一种导向,同时也标志了方向的改变。这就是它所提供的,并且还不少。

---

[22] 兰德斯和我在书中曾讨论过卡多佐的一个判例,Adams v. Bullock, 227 N. Y. 208, 125 N. E. (1919)。请看 William Landes and Richard A. Posner, *The Economic Structure of Tort Law*, 97-98 (1987)。

第二十章

科斯和方法论

科斯永远不会获经济学诺贝尔奖。[1]

说到科斯(Ronald Coase),沿着科斯著述前行的经济学家和有经济学头脑的法律人很容易说:他写的太少了,但一语中的的比例很高。特别是,他写了两篇伟大的理论文章,发表间隔了四分之一世纪,主题却一以贯之,为他赢得了 1991 年诺贝尔经济学奖。这两篇文章就是《企业的性质》[2]和《社会成本问题》。[3] 后一篇被广泛认为是所有经济学论文中引证次数最多的文章,它引出了(尽管文章并未如此名)科斯定理:如果交易费用为零,产权的初始分配——如产权是分配给污染者还是受污染者——都不影响资源配置的效率。这一定理的主要意义一直是,令经济学家把注意力放在经济体系中被忽略但非常重要的一个方面,即市场交易的费用。将科斯定理重述为一个假说——如果交易费用低,那么法律对权利责任的分配就不大可能对资源配置有重大影响,这一定理已指导了重要的经验性研究,例如,无过错离婚并没增加离婚率,这个结果与科斯定理是一

---

[1] Stewart Schwab, "Coase Defends Coase: Why Lawyers Listen and Economists Do Not," 87 *Michigan Law Review* 1171, 1190 n.62 (1989).

[2] 4 *Economica* (n.s.) 386 (1937).

[3] 3 *Journal of Law and Economics* 1 (1960).

致的。[4]

著述一生被压缩成两篇文章,科斯接受诺贝尔奖的讲演[5]也没有赶走人们这样的印象。因为他也只谈论了这两篇文章,还谦虚地评说自己"在高层理论上没啥创新"。但他很快又补了一句:这两篇文章的思想,一旦被纳入主流经济学的分析,就会"给经济学理论的结构,至少是对被称之为价格理论或微观经济学的结构,带来全然的变化"。[6] 这两篇文章因此必定是理论贡献,事实上是基础理论的贡献;对人的一生来说,这贡献已太大了。由于这两篇文章是瑞典皇家科学院给科斯颁奖时挑选的,很自然,他也应以这两篇文章作为他获奖讲演的焦点。但它们不应成为科斯谈论的仅有的文章。一生著述被压缩为两篇文章,这个印象实在是因他评论自己思想之"精髓"即交易费用的重要性而强化的。科斯在1932年的一次讲演中提出交易费用很重要(他认为这是两篇文章的要点),当时他只有21岁;"在我80多岁时因为我20多岁时的著述受表彰,这种经历很奇怪"。[7] 诺贝尔讲演结束时,他解释说,由于这两篇文章证明了,市场运作中,交易费用占据着中心位置,因此,下一步的研究就是要对契约展开经验研究,因为契约是商业企业适应交易费用的方法(更准确地说,是方法之一)。

如果科斯著述的目的是要给"经济学理论结构带来全然的变化",还要通过创立和研究"大规模汇集的商业契约"来实现这一点[8],那么他一定认为现代经济学的主导倾向不坚实。在诺贝尔讲演中,他对此并没说太多,但在其他地方,他对这个问题一直毫无保留。他曾清楚地多次表明他"不满意大多数经济学家一直做的工作……这种不满并非针对经济学基本理论本身,而是针对如何使用理论。我的反对意见从根本上说就是,理论

---

[4] 例子,请看,H. Elizabeth Peters, "Marriage and Divorce: Informational Constraints and Private Contracting," 76 *American Economic Review* 437 (1986)。并回想第十三章讨论的就业保护"正当理由"问题上科斯定理的运用。

[5] R. H. Coase, "The Institutional Structure of Production," in Coase, *Essays on Economics and Economists* 3 (1994).

[6] 同上。

[7] 同上,页8;又请看,Coase, "The Nature of the Firm: Origin," 4 *Journal of Law, Economics, and Organization* 1, 4-5 (1988)。

[8] Coase,前注5,页14。

都飘着,就像研究血液循环的人没有躯体一样"。[9]"我们过去200年来都干了些什么? 分析肯定变得更复杂了,但对经济体系的运行并没有展示出更大的洞见,在某些方面,我们还不如 A. 斯密。"[10]

无论是对科斯著作的常规印象,还是科斯自己"看重"的著作,都反映出他集中关注的是方法论,而常规评价忽视了这一点;这在我看来是很有意思的错误。首先,说科斯只写了不多的论文,这不真实。他的履历上列了6本书或专著以及75篇文章。这些著作可分成三组。第一组是理论性的,包括那两篇关于交易费用的文章,除此之外,还有一系列关于公用事业定价的非常精细的论文[11],以及关于耐用消费品垄断的一篇重要论文。[12]第二组大多由对具体的公共制度个案研究构成,如不列颠邮局、不列颠广播公司以及联邦通讯委员会等。[13]第三组文章涉及经济学方法论,通常是讨论某个具体的经济学家,例如 A. 斯密和 A. 马歇尔(Alfred Marshall)。如本章题名显示的,我具体讨论的关注点就是这个系列文章。但如果不把科斯的全部著述作为一个整体,就不可能懂得科斯总的经济立场的特点和局限。否则的话,一个人就不能理解,比方说,他为什么会对现代经济学宣战。[14]

---

[9] "The New Institutional Economics," 140 *Journal of Institutional and Theoretical Economics* 229, 230 (1984). 又请看,Coase, *The Firm, the Market, and the Law: Essays on the Instituional Structure of Production* (1988)(特别是第一章),该书重印了科斯的几篇主要论文,并有所补充。这是对科斯独特观点的最佳导读。

[10] "The Wealth of Nations," 15 *Economic Inquiry* 309, 325 (1977).

[11] 最重要的文章是"The Marginal Cost Controversy," 13 *Economica* (n.s.) 169 (1946)。

[12] "Durability and Monopoly," 15 *Journal of Law and Economics* 143 (1972).

[13] 请看,例如,"The Federal Communications Commission," 2 *Journal of Law and Economics* 1 (1959),这篇文章第一次勾勒了科斯定理的轮廓。

[14] 这里有两段代表性引文:"我年轻时,有人说,那些因太傻而不能说的东西也许可以唱。在现代经济学中,那些因太傻而不能说的东西也许可以放进数学中去。"*The Firm, The Morket, and the Law*, 前注9,页185。"当经济学家发现他们没能力分析真实世界中的事情时,就发明一个他们有能力处置的想象世界。"Coase, "The Nature of the Firm: Meaning," 4 *Journal of Law, Economics, and Organization* 19, 24 (1988). 又请看,"Marshall on Method," in Coase, 前注5,页167、175。科斯认为会有数理经济学那一天,但现在还不到。"一旦我们开始揭示影响经济体系绩效的真实因素时,它们之间的复杂相互关系就会明确要求数学处理,就像在自然科学中那样,像我这样以散文方式写作的经济学家就会低头听命。愿这一天早日到来。"Coase, 前注5,页14。

第二十章 科斯和方法论

科斯的法律经济学贡献

我将从有关边际成本争议的系列文章说起。霍特林(Harold Hotlling)和另一些精明的经济学家曾论辩说,在平均成本下降的条件下的服务产出,只有一个公共实体才能有效率地提供;标准例子是一座被假定没有交通堵塞危险的桥梁,尽管人们假定这种分析适用一切平均成本下降条件下的服务产出,如煤气、电话、自来水和电力。只有一个公共实体可能征收等于边际成本的价格,即便边际成本为零,它仍然可以通过税收来弥补财政亏空,继续开业。而如果是私人企业,就不得不将价格定得高于边际成本,这就会引出桥梁以外的无效替代。科斯指出,如果将价格定为边际成本,就无法发现公众事实上是否认为此桥的价值高于替代物的价值(即不是在边际成本下降条件下产出的、无税收补贴,独自进入市场的必要价格)。当然,如果政府就像霍特林的隐含假定中那样无所不能,这个问题也会消失,只是,政府并非无所不能。[15] 科斯在整个职业生涯中,都很有道理地坚持,在对公共干预进行评价时,人们一定要用真实的市场同真实的政府作比较,而不是用真实的市场同理想的政府作比较。

霍特林是某些"高等理论"的创制者之一,科斯告诉我们他本人不属其中。和很多经济理论家一样,霍特林受自己的理论化导引,提出了一个社会主义的解决办法,针对的却是,就像科斯显示的,一旦抛弃通过分析可以发现其虚假的政府无所不能的假定,就可以以私人的替代进路(如两方或多方定价[16])予以处置(当然不是完美地)的经济问题。多年之后,萨缪尔森(Paul Samuelson)就反对收费电视,理由是这会使电视节目的价格——对观众来说——超过其边际成本,而边际成本(即再增加一个观众的成本)是零。[17]

---

[15] 此外,如果政府无所不能,就像科斯指出的,政府会直接对桥梁使用者收费;也就没理由要求纳税公众整体来补贴这个项目。

[16] 例如,价格中有部分代表了固定的服务成本,另一部分代表了服务顾客的边际成本。因此桥梁使用者也许会一次性支付费用,补偿计算的桥梁投资,加他们每次使用桥梁的磨损费用。请看,*Economic Analysis of Law* 354-356。

[17] 请看布坎南(James Buchanan)、萨缪尔森和米纳辛(Jora Minasian)在 *Journal of Law and Economics*(1967)第十卷上的观点交锋。

科斯著作中不中断的副歌就是高等理论中的这种社会主义陷阱。[18]因为在他职业生涯的头40年里,微观经济学家集中关注的是垄断问题。他们发现到处都有垄断——"垄断性竞争"和"寡头式相互依赖"就是这样的理论建构,他们把垄断概念从古典的一商垄断和卡特尔不断向外延伸,并且他们很快推荐用反垄断诉讼或其他规制手段来进行政府干预。例如,他们很容易把纵向联合视为一种垄断措施,用"影响"或"准入障碍"来延伸或保护垄断权。《企业的性质》(注2)为纵向联合提出了一种非垄断的替代解释。当通过市场交易协作公司的输入成本超过以等级结构来协作的成本时,商人们就会把部分生产过程带进企业,而不是与其他生产者签约作出安排。这种等级结构当然也是一种契约结构。但是,雇主有权指挥雇员的雇佣契约与他同外部供货商(独立契约者)签订的契约不同,后一种契约规定了输出品的价格、品质、数量和交货日期以及履行的其他方面,但对输入的控制权属于供货方。

科斯坚决反对这样解释垄断,近年来人们对反托拉斯的法律和政策兴趣衰落都证明他的反对是正确的,这使科斯在为斯蒂格勒获诺贝尔奖撰写的对斯蒂格勒的评价时有点尴尬。[19] 斯蒂格勒有许多著作都探讨了垄断问题,许多是理论的,甚至是数理的;其中许多有回归分析。科斯对经济统计学很怀疑[20],就像他怀疑经济学的数理模型一样。因此,除了那些把芝加哥大学聘用的经济学家都不加区别地装进"芝加哥学派"的人外,人们感到这篇有关斯蒂格勒的文章很勉强,就不令人奇怪了。

科斯一开始就说,斯蒂格勒"最光彩的一面"在于他有关经济思想史的著作,但经济学中其实已没有这个主题。科学都趋于忘记其创始人:如今很少有人阅读牛顿或爱因斯坦的著作了。但是,科斯不认为经济学建立以来有多大进步;他认为A. 斯密几乎仍然是唯一值得阅读的经济学家。这使他很自然地看好经济思想史研究。尽管如此,宣称斯蒂格勒的著作在这

---

[18] 在《社会成本问题》中有段挺惊人的文字,他似乎将一切污染归罪于政府。Coase, 前注3,页26。

[19] Coase, "George J. Stigler: An Appreciation," *Regulation*, Nov. -Dec. 1982, p.21.

[20] "如果你充分拷问数据,它总会承认的。"Coase, *How Should Economists Choose*? 16 (American Enterprise Institute 1982)。又请看,"Economists and Public Policy," in Coase, 前注5,页47、58。

第二十章 科斯和方法论

个深奥且正衰落的边缘领域中是最好的,这很像带刺的恭维。科斯很快掠过了斯蒂格勒有关垄断的著述,因为"在处理广义说来是竞争的经济体系时,如果只注意垄断问题,经济学家的关注方向就错了,并因此他们对我们经济体系的许多突出特点未予解释,或是满足于很有缺陷的解释"。[21] 就像瑞典科学院引证斯蒂格勒时一样,科斯挑选并表示赞赏的是斯蒂格勒的信息经济学论文,因为这一论文对各种经济安排——如广告和专业商店——都提出了一种非垄断的解释。瑞典科学院还强调了斯蒂格勒的规制理论,科斯将这一理论精确概括为"以效用最大化来处理政治行为[并]把政党视为提供规制的企业,其实际提供的规制是能在政治市场上击败其他群体的群体(或联盟)希望政党提供的规制"。[22] 科斯对此持怀疑态度,因为他不相信政治行为"最好描述为理性的效用最大化"。在其他地方,他曾认为,即使用于市场交易,理性最大化这一经济学关于人的标准假定也"没有必要并误人子弟"[23],而且我们会看见,他对在明确的常规市场领域以外运用经济学也表示异议。

除了平均成本下降现象和垄断现象外,外在性,无论正负,也是公共干预市场的标准理论根据(而无论平均成本下降还是垄断,也都可以用外在性的术语来表述)。在《社会成本问题》以及后来在关于灯塔的文章中,科斯把枪口瞄准了外在性。在后一篇文章中,他显示了,公共物品的古典(也许更好的词是,陈腐)范例之一灯塔,事实上很久以前就由私人提供了。[24] 尽管这篇关于灯塔的文章不属于科斯最著名的著作之一,但在《企业、市场和法律》一书中,科斯还是重印了此文,无疑是因为这篇文章非常有效地说明了他反对理论的中心要点:经济学家用大量例子来例证其理论,却就是不愿稍微查一查这些例子是否真确。

---

[21] Coase,前注 9,页 22。

[22] 同上,页 24。

[23] "The New Institutional Economics," 前注 9,页 231。"没什么理由假定绝大多数人都把各种东西最大化,不幸福除外,即便这一点也不完全成功。" *The Firm, the Market, and the Law*,前注 9,页 4。那么为什么要假定企业努力交易费用最小化,或者当交易费用许可时企业和个人都希望有利的贸易呢?因为"对于人的群体来说,几乎在所有情况下,都是任何物品的更高(相对)价格会导致需求降低"(同上)。但如果人们想最大化他们的不幸福,他们为什么不尽快购买更多相对价格上扬的商品来耗尽其资源呢?科斯在其他地方说道,他很欢迎经济学放弃"个体选择始终如一"的假设。"Duncan Black," in Coase,前注 5,页 185、190。

[24] "The Lighthouse in Economics," 17 *Journal of Law and Economics* 357 (1974)。

《社会成本问题》一文的反干预主义要点并不是,科斯定理(这是后来斯蒂格勒概括的)显示了市场会内化污染和其他负外在性。市场有时可以,有时则不能。科斯认为我们生活在一个交易费用为正的世界,否则的话,《企业的性质》就是无的放矢。但是,明智的公共干预决策要求很多信息,比政府实际拥有或可能获得的更多。庇古假定,处置污染者就是征税或规制;而科斯显示,这一假设太浅薄了,因为污染受害者也许能以比污染者更低的成本来减少或消除污染造成的费用。要补充庇古的进路,可以这样说,在这样的案件中税收应当为零;因此,如果污染者继续污染,受害者就会迁走,这才是最佳结果。但人们是直到科斯的《社会成本问题》出来后才注意到这一补充。

科斯在这篇文章提出,英国普通法法官比经济学家更早认识到污染的相互性特点,即在污染中,污染者和受害人共同"造成了"这一污染,尽管处理这一问题的更好进路是忘掉因果关系,只追问就这个有害互动而言,应诱导哪方改变行为(当然,也可能双方都应改变)。这一建议,就像我们看到的,是普通法的实证经济学理论源头,普通法法官,无论有意还是无意,都曾试图用这种进路来分配产权和制作自由规则;将因禁止性交易费用引发的不当配置最小化。

坚决反对对市场的公共干预(在严格的财富最大化意义上可辩护的干预除外),这是科斯著作的主旋律。这养成了科斯对现代经济理论的怀疑。20世纪有很多经济学家都是干预主义者,乃至经济学理论本身已被一些概念支配,诸如"完美竞争"(这是真实世界从没出现的状态)、"外在性""公共物品""社会福利函数"以及"市场失败",这些概念听起来就像在请求公共干预。这些术语以及围绕这些概念发展起来的大量形式化理论,都假定市场脆弱,而政府强劲,而科斯认为,只要仔细观察市场和政府,就发现,市场是强劲的而政府是脆弱的。我认为这一观察从根基上是正确的,但在解释干预主义者的(在他看来的)盲目性时,科斯把因果关系颠倒了,他有这样分智识倾向,对各种意见总是从智识上而不是物质上或心理上寻找原因。其实并非形式化经济学理论天生喜欢公共干预;而是由于一些经济学家因为气质或生活经验趋于喜欢大政府,趋于提出与他们的偏好相应的理论。最终,他们的理论会同实在冲突并被推翻,就像如今,相当程度上,在集体主义和干预主义经济学理论中已经发生的情况那样。但即使在此之前,这些理论中的偏见就已经被人揭露了,科斯自己对庇古传统的抨击就很突出。

相反的危险是,有些经济学家,由于气质或生活经验,趋于偏好孱弱消极的政府,他们会忽略政府有成效的干预机会。例如,很难相信,全部污染问题都可以留给市场来清理,或是可以用市场加普通法的公害法来清理。一定不能忽视法规在建立市场(如污染权市场)中的作用。科斯对这些都了解。他不是固守自由放任的教条主义者。但他怀疑政府,他坚持比较政府干预的成本和收益,而不是假定其成本为零。

科斯的经济学研究方法与他的偶像 A. 斯密的很相似。科斯曾解释说,A. 斯密向自己提出了"极困难的问题",这就是,"世界各国广大人民的合作——即便是中等生活水平也必须有的合作——究竟是怎样产生的?"[25]这个问题听起来很像是,如何协调生产过程的输入供应商?两种可能,与独立合约者签约(有时,这种契约已标准化了并聚成了正式市场),以及与雇员签约,哪种便宜,就采用哪种方式。[26] 因此,"这里会有最适度的计划,因为一个企业只有以比市场交易费用更低且比其他企业实现协调成本更低的方式完成其协调,这个小型计划社会才能持续存在"。[27] 因此,科斯预测,如果在厂商内部,表明企业联合不是组织生产的有效方法,那么这些企业就会甩掉一些部门,结果是该厂商协调的活动会减少,而市场协调的活动会增多。[28] 这恰恰是 1960 年代和 1980 年代大企业兼并浪潮过后发生的事。

当私人协调成本是禁止性的时候,法律也许会通过产权明确具体化或规定责任来予以干预,而在科斯看来,这里的分析任务只是比较以不同方式处理交易费用问题时的不同成本。必须进行的比较是,运用访谈、司法记录、报纸文章以及类似的定性研究数据资料,透过个案研究的棱镜来考察具体制度运作;经验调查的形式化定量方法——对此,我说过,科斯很怀

---

[25] "The Wealth of Nations," 前注 10,页 313。
[26] "我们有一个生产、管理的因素,其功能是协调。如果价格体系提供了所有必要协调,为什么还要有这个因素呢"? Coase, 前注 5,页 7。
[27] 同上,页 8。
[28] "Working Paper for the Task Force on Productivity and Competition: The Conglomerate Merger," 115 *Congressional Record* 15938 (1969).

疑——并非至关重要。科斯大学本科时上过些法律课程,在《社会成本问题》中他也考察了几个普通法的领域,特别是侵扰法(nuisance law),并大加称赞,因为它们都没遵循庇古的做法,没总是把责任加在造成伤害的一方身上。他概括说,

> 在需要成本才能重新配置由法律体系建立的权利世界中,这些法院,在与侵扰相关的案件中,实际就经济问题作出了一个决断,并决定了应如何使用资源……这些法院意识到这一点,而且它们经常,尽管不总是以非常明确的方式,对防止某种有危害效果的活动的收益和损失做了比较。[29]

科斯理解的经济学

人们理解科斯为什么认为他的 A. 斯密式研究进路很有成效。这种进路在科斯以及其他与其思想类似的经济学家手中一直并将继续很有成效。以简单的经济学理论加经验研究的历史方法甚或新闻报道的方法(有别于随机抽样和统计推论方法),可以干成许多事。但这只是开始解说科斯著述最不寻常的特点,即他对经济学领域和方法的理解很狭窄。我已说过,科斯认为自己的进路不但有成效,而且注定要转变经济学;我也说过,科斯认为自《国富论》出版以来两个世纪的经济学大都荒废了,我们必须开始研究已大量汇集的商业记录。他对自己最显著的成就,即《社会成本问题》给法律经济学注入的关注点和推动力完全是漫不经心。[30] 法律的许多原则、程序和制度都可以(也很有用)视为为回应交易费用问题,或是为减少交易费用,或是,当交易费用有无法校正的禁止作用时,令资源配置像交易费用为零时应出现的情况。法律努力使市场运作起来,并在法律失败时尽力模

---

[29] "The Problem of Social Cost," 前注3,页27—28。
[30] 克隆曼描述这是"今日美国法律教学中最强有力的流派。法律经济学如今完全控制了某些领域,重要地存在于其他大多数领域。没有哪个负责任的法律教师,无论是赞同还是不相信,能忽视它"。Anthony T. Kronman, *The Lost Lawyer: Failing Ideals of the Legal Profession* 226 (1993). 尽管克隆曼在论文,"Mistake, Disclosure, Information, and the Law of Contracts," 7 *Journal of Legal Studies* 1 (1978)中对法律经济学作出了重要贡献,但他对法律经济学仍持不相信态度。请看,*The Lost Lawyer*, 同上,页226—240。

仿市场。在他的诺贝尔讲演中,科斯有句话,浓缩了他对待法律经济学的态度:"在此,我不想就它[即《社会成本问题》一文]对法律文献的影响——这种影响一直很巨大——多说什么,我想主要考虑一下它对经济学的影响,而这一直不很巨大,尽管我认为它的影响很快将巨大。"[31] 1976年至1990年间,根据《社会科学引证索引》,引证科斯的全部文献中,超过三分之一出自法律杂志而不是经济学杂志[32],而这一比例还在增加。[33] 尽管得到的是诺贝尔经济学奖,但科斯在法律界也许比在经济学界更声名显赫,对这种排序他感到不快。但必须马上加一句,作为芝加哥法学院法律和经济研究项目主任和《法律经济学杂志》主编,科斯给予了兰德斯(William Landes)、我和其他法律经济学实践者巨大支持。他对自己曾有如此贡献并培育起来的这一运动缺乏兴趣,这格外令人困惑。

理解科斯的方法论立场,特别是理解他敌视形式化理论的关键在于,我认为,科斯的英人气质(Englishness)。尽管自1950年代中期以来他一直生活在美国,但要说他是美国人,这就好像说19世纪在印度担任文官的英国人是印度人一样。他声称,除奈特(Frank Knight)外,没有其他美国经济学家对他有重要影响[34],他很少就任何美国制度写作,美国联邦通讯委员会除外;但在来美国前,科斯就曾研究过与该委员会相似的英国机构对于电话和广播公司的功能。

他的英人气质表现多样,一种很表象的是,他精细和犀利思维中蕴含的机智和狡黠,一种古老的英国学院式尖酸偶尔会惹翻他的经济学同行,例如,"他(A. 斯密)的讨论笨拙且没有结论,这一直受到某些经济学家的强烈批判,事实上,批判是如此强烈,似乎是,若是1776年时有这些作者在,

---

[31] Coase, 同前注5, 页10。

[32] William M. Landes and Richard A. Posner, "The Influence of Economics on Law: A Quantitative Study," 36 *Journal of Law and Economics* 385, 405 (1993) (tab. 6).

[33] 在1986—1990年间,这一比例高达40%。同上。

[34] "The Fire of Truth: A Remembrance of Law and Economics at Chicago, 1932-1970" (Edmund W. Kitch ed.), 26 *Journal of Law and Economics* 163, 213-215 (1983) (科斯的评论)。即使奈特,科斯说:"我很少怀疑,我后期著作很受他的影响,尽管影响的方式不好说。""The Nature of the Firm: Meaning," 前注14,页20。无疑,他发现与奈特志趣相投的是奈特确信,即经济学自A. 斯密以来进步很小,以及奈特对经济学命题的量化验证持怀疑主义。Neil Duxbury, "Law and Economics in America" 44-45 以及注172 (unpublished, University of Manchester Faculty of Law, 1994)。

A. 斯密就可有可无了"。[35] 但科斯其他方面的英人气质意义更深刻。他的写作风格属于斯密和马歇尔、科斯的导师普兰特(Arnold Plant)以及19世纪自由放任运动塑造的英国的经济学传统,而且,尽管他著文反对霍特林和其他非英国的经济学家,特别是萨缪尔森,但他的主要目标一直是庇古。[36] 经济学中的数学统计学运动,主要是美国人的(或至少主要是非英国人的)经济学,科斯完全掠过,事实上是他嘲弄的对象。他文字清莹透剔,就像造诣高深的英国散文家。他文字中有自觉的朴实、温和、重视常识并拒绝高深理论,这使科斯成了现代经济学中的奥威尔。

怀疑理论是贯穿英国思想总体的一根明亮主线。只需回想一下 S. 约翰逊、边沁和休谟以及本世纪摩尔、艾耶尔和奥斯丁(J. L. Austin)的反形而上学(与欧洲大陆哲学传统可谓截然不同),回想一下普通法的反理论传统(这与欧陆法学的抽象、先验和系统化特征也是泾渭分明),就可以看到这一点。即使是研究理论,英国人和其他人也有些差异。A. 斯密的看不见的手和达尔文的自然选择,尽管这两种理论也很概括和精细,却都是非数学的简单概念,而一旦掌握后,看上去(尽管并非对每个人都如此)就像完全直觉和显然正确的。(请比较一下库诺特和斯密,再比较一下孟德尔和达尔文。)科斯的交易费用理论就属于这一简洁理论传统,因为在否决自己"有高深理论创新"后,科斯的诺贝尔讲演的下一句解释说:"我对经济学的贡献就是敦促人们把他们趋于忽略却又如此明显的(就像切斯特顿[G. K. Chesterton]的布朗神父故事中的邮差)那个'看不见的人'纳入我们对经济体制特点的分析。"[37] 但是,科斯的理论,不仅是以科斯定理之名流行的那部分,而且是(与之关联的)他质疑责任应追随因果关系的那部分,都不是显而易见的,事实上是与直觉抵触的,这要求很高程度的智力才可能发现(或是创造),无论是否有数学天分。尽管,部分由于其简单,它确实容易理解,特别是对那些没有在庇古传统下长大的年轻人来说。科斯定理可

[35] "The New Institutional Economics," 前注9,页317。请回想他对数理经济学的不屑一顾和他对定量方法的挖苦。

[36] 请看 *The Firm, the Market, and the Law*, 前注9,页216—217 索引提到庇古和萨缪尔森的次数。更准确地说,应当说是"不列颠"而不是"英国"经济学传统,因为 A. 斯密是苏格兰人,和休谟一样,后者是我下面将涉猎的更广义的"英国"智识传统中的一个创新人物。

[37] Coase,前注5,页3。

第二十章　科斯和方法论

以用数学来证明,但科斯在"社会成本问题"中提出的是初等算术"证明",用火车造成的火星和走失的牲口为例,也完全足够。科斯生动例证了怀海德的名言:"要分析显而易见的现象,这要求一个非同寻常的大脑。"[38]

对科斯来说,科斯定理的意义是"一块垫脚石,通向交易费用为正之经济的分析之路"[39],这种分析无需花哨的工具,无论是理论的,还是经验的,而只要"经济学基本理论"指导下的个案研究。这种基本理论不(或至少声称不)包括最大化概念。也许还不包括均衡概念。在科斯眼里,A. 斯密经济观的巨大优点之一就是,他"认为竞争……作为对手,作为过程,而不是作为一个由需求高弹性规定的条件,对绝大多数现代经济学家都是真的。我不需要向你们掩盖我的信念:斯密的竞争思想将最终获胜"[40]。在此,科斯的基础是危险的。竞争是过程、是对手,而不是市场的条件,在这个市场中,因为对每个卖家产品或服务都有很高的弹性需求,因此没有任何卖家可能通过限制产出而获得超竞争的收益(换言之,一个竞争性均衡市场),这种观点其实正是科斯极力批评的没有根据的关于垄断思考的源头。如果一个市场只有少数企业,如果某种产品的所有卖家都标出同样价格,天真的人就只看到竞争太弱或没有竞争,就开始讨论什么"寡头相互依赖"和"清醒对应"(parallelism)。也许这时某厂商完全没有对手,但出的价格仍然是竞争价,因为这里有新人进入市场的巨大可能。

为什么科斯认为自己已牢牢锁定与经济学形式主义——事实上那就是整个现代经济学以他为首的那一小部分勇敢的"新制度经济学家"除外——的生死搏斗呢?[41] 我认为,这主要因为我描述的他那种英国人对抽象的不信任。人们事实上并非理性最大化者,价格事实上不等于边际成本,市场从来不处于均衡状态。经济学的形式化模型只是作为近似值才成

---

[38] Alfred North Whitehead, *Science and the Modern World* 4 (1925).
[39] Coase,前注5,页11。
[40] "The Wealth of Nations,"前注10,页318。
[41] "现代制度经济学应研究受实在制度限制范围内活动的实在的人"。"The New Institutional Economics,"前注9,页231。然而科斯批判旧制度经济学家——康芒斯(John R. Commons)及其同伴——敌视古典经济学理论,因为"没有理论的话,他们就没有什么可以传下去,除了大量等待理论或焚烧的描述性材料外"(同上,页230)(又是尖酸的机智)。而所谓"理论",科斯指的就是 A. 斯密的经济学观点。科斯提到的现代制度学派——"新"制度经济学家——包括埃格森(Thráinn Eggertsson)、戈德伯格(Victor Goldberg)、克莱恩(Benjamin Klein)、诺斯和威廉姆森(Oliver Williamson)。请看下一章。

立的。而科斯对近似值不感兴趣。他感兴趣的是可以观察到的实体。对他来说,斯密"看不见的手"的价值就是它指导我们要关注看得见的现象,即可以观察、描述和比较的经济实践和制度。当然,"芝加哥学派"——人们经常却是经常错误地把科斯同这一派相比——经济学家,诸如弗里德曼、贝克尔和斯蒂格勒,也认为理论只有在对看得见的世界有所指导的限度内才有价值;这就是芝加哥学派的标识。他们认为形式化理论在这一方面是有价值的,而科斯认为不需要什么比 A. 斯密的更细致的——即便无害——理论装置,认为这无所帮助。然而,这个看不见的手毕竟也是看不见的,也是理论世界的一部分而不是现实世界的一部分,数学则可以为理论提供精确性,可以暴露前后矛盾,可以生成假说,可以令表述更简洁甚至使之更容易理解,可以把复杂的互动加以分类[42],统计分析则可以组织和解释大量数据。严肃的交易费用研究者不大可能避开科斯不喜欢的形式化方法,而满足于一页页翻商业记录。事实上,这种研究的指导性理论如今日益是博弈论,一套形式化理论。由于科斯的论文不说现代经济学语言——数学,他也没试图提出交易费用理论,这都削弱了科斯对经济学的影响。

由于科斯没有尽可能使他的论点易于进入,此外交易费用的操作内容也很含混,科斯已被误解了。科斯避开了几何学和数学……他使用笨重的算术来解释其理论。尽管,这不妨碍科斯认识并讨论这些理论中的精细差别,但是,如果将他的论点形成概念,译成一种更形式化的语言,许多读者就会从中获益……科斯……没做这类努力,也不认可他人的这类翻译努力。科斯著作中一个长期存在的问题就是交易费用概念含混……尽管科斯明显承认这一概念需要操作化,但他还没有系统讨论这个问题。[43]

提到数学,这就提出了一个更大的问题,即表述上复杂与简洁的对立。许多人都认同奥威尔,认为写作应像窗户玻璃那样澄净,意味着语词朴素

---

[42] 就像我在第三章中试图以温和的进路建立司法效用函数模型那样;又请看第二十四和第二十六章。

[43] Oliver E. Williamson, Book Review, 77 *California Law Review* 223, 229 (1989) (省略了脚注)。

第二十章 科斯和方法论

和句子简洁。就许多目的来说,确应如此。但并非普遍如此。因为,这里有个受众问题。没什么地方说,每个作者都应当努力尽可能赢得最大量受众。有许多作品,感兴趣的受众很少,这一点是无法改变的,并有一套专门语汇;作者没理由不用这套语汇。一个人宣布某位作者的书自己就是"读不下去"时,他应当确定自己是否作者意图中的受众之一,别只是个窃听者。更重要的是,即使我们不同意维特根斯坦派学人没有语言就无法思想的观点,但明显的是,限制一个人的语汇就会限制一个人思想的广度和深度,具有讽刺意味的是,这正是奥威尔本人在《1984年》中强调的(记得"新话"吗?)。更大量丰富的语汇,甚至是更复杂的句法,也许会使重要的理解成为可能。当今经济学家也许数学用得太过分了,但因此就说数学是一种愚民政策也是不正确的。

这不意味着我赞同重复累赘、故意含糊其辞、专业术语(无论是因表述需要还是有意令读者眼晕和迷惑)、委婉掩饰令人不快的现实、孔雀般炫耀博学、令人受罪的累赘的政治正确表述、混杂的隐喻、做作的幽默以及其他人们熟知的职业写作和学术写作方法。(请回想本书第十四章对后现代主义的严厉批评。)事实上,日益增加的交叉学科文献的特点应当是鼓励无专业术语的清晰文风,一种混合语,以便能同其他领域的学者展开交流。我只是坚持认为,"文字出色"和风格朴素并不总是同义词。为把水搅得更浑,我还要说,并非所有明晰的思想者都是明晰的作者;有些糟糕的作者却是出色的作者,例如罗尔斯文风就不出色,但他有天赋,提出了一些蕴涵丰富的惊人短语("原初位置""无知帷幕""反思性均衡""重叠性共识")*,而某些优秀作者又是糟糕作者。斯蒂格勒是职业经济学家中最机智、最精致的作者,他就批判自己有"简洁的恶习"。他很正确。他的作品过于凝练,乃至常常是不必要地难解。我跑题了。但这只是通过批评科斯的方法论姿态来提醒一点,即简洁也会有代价。

敌视理论这点,在讨论经济学是什么的时候,科斯表现得尤为显著。对他来说,经济学不是一个理论、进路或技术整体,尤其不是理性选择的科学。经济学只是"一个普通主题",即"经济体制",更具体地说是"是组成经济体制的诸多社会制度——企业、商品和服务市场、劳动力市场、资金市

---

* 这些短语均出自罗尔斯的两部著作《正义论》和《政治自由主义》。——译者注

场、银行体制、国际贸易等等——的运作。是对这些社会制度的共同兴趣凸显了经济学职业"。[44] 这样,我们就能更好理解,科斯为什么对斯蒂格勒把经济学模型运用于政治过程持怀疑主义了,以及为什么他对法律人借用科斯定理不感兴趣。科斯不赞成斯蒂格勒和贝克尔这些经济学家的努力,贝克尔是非市场经济学最重要的实践者和阐述者,他们把经济学理论推进到诸如法律、社会学、社会生物学、教育、健康、人口和政治等其他学科中去。下面这段话中相当明显表达了这种尖酸的机智:"经济学家之所以转移到了邻近领域,其原因肯定不是我们已解决了经济体制的问题;更为可能的也许是经济学家正寻找那些能令他们获得某些成功的领域。"[45] 科斯承认,经济学理论的普遍性便利了它在其他领域中使用。但在科斯看来,一个领域的约束力量是其研究对象而不是理论,因此其他领域的实践者从经济学家那里学会少许相关经济学理论,获得了装备,他们比经济学家更有决定性的优势:即拥有他们领域内的具体研究对象的知识。他也承认经济学是最先进的社会科学,但他不将此归结为任何理论的精细,而归功于经济学家碰巧有便利的测量尺度,即货币,令他们能够作出精确观察。当经济学家进入并不研究明确的市场的学科之际,这种测量尺度就不见了(或大致如此)。在科斯看来,经济学扩展到其他领域标志着放弃了经济学。理论——正由于它的力量,它的形式主义,以及与之相伴的它的普遍性,才使经济学家试图从一些羸弱学科中寻求一些轻易的胜利——正在毁灭经济学。

　　这种观点一定有错。社会学家、心理学家、马克思主义政治理论家、历史学家、人类学家,甚至是古典研究者(例如后期的芬利[M. I. Finley])都研究经济体制,但他们不是经济学家。这种从根子开始的谬误反映了一种哲学上的天真,即科学哲学家已经代表了科学家(包括经济学家[46])的方法论观点,这是一种很固执的信念,即每个词都有个正确定义,而理解的任务就是发现那个定义并按定义来行动。我们之前也遇到过这种谬误,就是

---

[44] Coase, "Economics and Contiguous Disciplines," 7 *Journal of Legal Studies* 201, 204, 206-207 (1978).

[45] 同上,页203。

[46] 请看,例如,Daniel M. Hausman, *The Inexact and Separate Science of Economics* (1992); Hausman, *Essays on Philosophy and Economic Methodology* (1992)。

第二十章 科斯和方法论

法律形式主义的根本错误。19世纪的法律思想家就认为,契约的意义就是心智的契合,因此,如果甲为找回遗失的猫张贴了悬赏,发现并归还此猫的乙如果事先没看到这一张贴,那么对这一悬赏,乙就没有合法的主张权。是否应当允许发现失物者就他事先不知道的悬赏提出权利主张呢?这种处理问题的进路毫无用处。答案应取决于对实际问题的考量,例如,答案对寻找失物有什么影响,用法律制度强制执行对偶然发现者的悬赏,成本是什么,而不取决于"契约"这个词的定义。关于经济学家应当干什么,这个问题不大可能通过探求经济学含义而展开有收益的研究,特别当用经济体制来界定经济学的循环定义条件下,更不可能。

科斯预测,在同其他学科实践者的面对面竞争中,经济学家最终会无所成就,当他这样预测时,他其实隐含承认了,学科边界是由诸多实际考量确立的,而不是由定义确定的。这是向正确方向迈出的一步,并且是偶然的一步,也许是科斯的企业理论照亮的。他认为这些入侵会失败,为此他提出的理由是,一个学科由其研究对象界定而不是由其理论或方法界定的,而这首先就要回答经济学的研究对象是什么。这种观点不符合他自己曾强力论辩过的观点,与库恩类似的观点,即在一个科学内(包括经济学),一种理论的接受是由竞争过程决定的,而不是由该理论是否符合某些理论坚实性的先验标准(如成功预测)决定的。[47]

即使用经济学的比较优势概念可以说服科斯,改变他的经济学定义,把经济学定义为经济学家比其他人干的更好的事业,这也只是略有帮助,因为这还取决于谁是或什么是经济学家这个问题。一个把法律作为经济最优化的方法来研究的法律人,也许用了科斯不了解的经济学方法,他是个法律人呢,还是位经济学家,或两者都是,或两者都不是? 也许(尽管我对此非常怀疑)经济学系会完全变成"高深理论"的禁区,而令科斯感兴趣的那种经济学会在商学院、法学院、公共政策学院、政治学系、社会学系、公共卫生系和教育系等继续(贝克尔就同时在经济学系和社会学系任职),也许由同时有两种学位的人展开。除了大学官僚——而科斯绝对不是——外,人们为什么应关心这个问题呢? 我们应当为统计同数学的断交,或为

---

[47] 这是科斯在美国企业协会出版的小册子中的主题,引于前注20,在我看来,这是他关于方法论的最佳文字。

某些大学有分立的纯数学系和应用数学系而深感遗憾吗?福柯对我们理解古希腊罗马人的性观念的贡献要大于除多弗(Kenneth Dover)外的任何古典学者,但人们不认为福柯是古典学学者。古典系会决定谁应属于古典学者,使用的标准包括但并不限于其贡献和影响。各州管理机关会决定谁应被视为律师。学科的灵活性是不同的。古典研究是其中最不灵活的,经济学和哲学是其中最灵活的,因为它们各自都愿接受那些没有标准资格证书但在其领域内成就不错的人并算作自己的成员,例如经济学中的西蒙(Herbert Simon)和塔洛克(Gordon Tullock),以及哲学中的德沃金。因此,如果像科斯担心的,法律人完全接管了法律经济学分析,他们也许就会被称为经济学家。但对于谁,这些问题重要吗?

在过去30年间,经济学的许多令人兴奋的成果,并不只是科斯本人的,一直都发生在那些通常被认为属于非市场行为的经济学领域,如教育、政治过程、健康、家庭和法律的经济学。[48](因为这些工作的成功,许多经济学家如今也认为这些都是"市场"行为的领域了。)因此,如果这些工作中很少或没啥是真正的"经济学"的话,那么人们就可以懂得科斯为什么对经济学的理论现状感到不安,懂得他为什么迫切呼吁经济学来"一个完全的变革"。因为,也许科斯认为应属于经济学的领域中,经济学的主导动向一直是追求经济学理论更大程度的形式化,而不是追求对经济体制有更大程度的理解,尽管这肯定不是唯一动向。科斯承认劳动力经济学是经济学的一部分,这一分支在这一时期有很大迈进。研究资金市场——科斯将之理解为经济学领域的一部分——的金融理论同样如此。科斯认可的还有政府管制经济学[49],以及研究同一商品在市场上的价格分布但不是用于研究(比方说)求偶——这在科斯看来就超出了经济学——的信息经济学。即使作狭义界定,经济学也并非30年来停滞不前,更不说200年来了。但是,一旦人们理解了科斯对研究对象的界定非常狭窄以及他厌恶形式化的话,那么就可能理解,这样一个聪明人何以可能持这样一种如此令人质疑

---

[48] 请看,Gary S. Becker, "Nobel Lecture: The Economic Way of Looking at Behavior," 101 *Journal of Political Economy* 385 (1993);又请看,Jack Hirshleifer, "The Expanding Domain of Economics," 75 *American Economic Review* 53, 59 注24(周年专号,Dec. 1985),以及 *The Problems of Jurisprudence* 页375 注15 的其他参考目录。

[49] Coase, 同前注20, 页19。

第二十章 科斯和方法论

的观点了。

人的缺点往往就是他的长处。天才的偏执,以及由此养成的偶尔的怪脾气[50],这都是智识独立的另一种说法而已。这种状态是由长期沉思性智识隔断促成的。

> 他的许多主要观点在其很早期的生活中就已经形成了……他想出了这些观点,并通过在大学30年的阅读和观察,丰富了他的分析。他的生活包括了在本职岗位上完全单独的长期工作,与其他对经济学感兴趣的人很少或没有交往……毫无疑问,他对于天马行空独往独来很愉快,不需要任何他人的刺激,他也可以独自工作得很好。[51]

这是科斯这位活着的、最伟大的英国经济学家对 A. 斯密这位最伟大先辈的描述。若用来描述科斯,同样恰如其分[52],而且,这还不仅因为《社会成本问题》是科斯研究经济学大约三十年后发表的。要了解科斯规定的方法论对科斯很有效,我们无需留意科斯对方法论的规定。

---

[50] 有篇《企业、市场和法律》的书评,评论该书有些部分有"吵架"的口气:"意思是'我被误解了'。"Michael C. Munger, Book Review, 65 *Public Choice* 295, 296 (1990)。

[51] "The Wealth of Nations," 同前注10,页310。

[52] "罗纳德是彻头彻尾的英国人,[并且]是天然的隐士"。George J. Stigler, *Memoirs of an Unregulated Economist* 159 (1988)。

第二十一章

新制度经济学遇上法律经济学

上一章我引用了科斯的话,说新(科斯称之为现代)制度经济学"就是应当如此的经济学"。[1] 科斯也是反托拉斯法之后法律经济学的主要奠基人之一。因此可以说他矗立在这两大运动的交叉点上,很自然可以假定,这两者有相当程度的重合,甚或它们就是同一个东西。两者确有重合,但不等同,尽管说到底两者的差别很不重要,因为两个领域都是经济学的组成部分,而经济学正日益成为一个单一领域,使用着库恩意义上的共同范式,此外也因为,许多外在的差别仅仅是着重点的不同或术语的不同而已。

何为"新制度经济学"?

"新"这个词隐含了先前也有过一种制度经济学。确实有过[2],事实上现在还在。[3] 最著名的原初制度经济学家,凡勃伦(Thorstein Veblen)和

---

[1] 有关新制度经济学的介绍,请看 Economics as a Process: Essays in the New Institutional Economics (Richard N. Langlois ed. 1986)。

[2] 出色的相关概述,请看 Terence W. Hutchison, "Institutionalist Economics Old and New," 140 Journal of Institutional and Theoretical Economics 20 (1984)。

[3] 请看,例如,Geoffrey M. Hodgson, Economics and Institutions: A Manifesto for a Modern Institutional Economics (1988),尽管该书书名为制度经济学,却对我在此说的新制度经济学持强烈批判态度。这种"旧"制度经济学有自己的学会,进化经济学协会,也有它自己的刊物,《经济问题杂志》。

第二十一章 新制度经济学遇上法律经济学

康芒斯(John R. Commons),在20世纪最初几十年间曾盛极一时。他们也有传人,也还活着,其中最著名的是卡尔布雷思(John Kenneth Galbraith);而领军的实践者是格鲁奇(Allan Gruchy)。该学派的另一成员是赫斯特(Willard Hurst),现任威斯康星法学院的法律荣休教授。西北大学法学院的麦克尼尔(Ian Macneil)也可归入他们的阵营。(后面我还会讨论赫斯特和麦克尼尔。)旧制度经济学的主题过去是(现在仍然是)拒绝古典经济学理论,某些旧制度经济学甚至拒绝一切理论,这就招来了科斯的否定性概括,就像前一章引证的:"如果没有理论的话,他们就没什么可传递,而只有一大堆描述性材料,等待着某种理论,或者等等被付之一炬。"[4]我也曾试图阅读赫斯特的杰作,一部研究威斯康星木材工业的巨著[5],但读不下去。该书浓缩了大量的描述,清晰、睿智,而且我肯定它也是一丝不苟的精确,但它缺乏某种理论框架(在可察觉的点上),乃至令人无法读下去,该书作者几乎忘记了应如何调整他的语词而形成句子[6]。这对喜好事实——在法官和法学教授当中我倒希望看到这种发展——提出了一个警告:如果不同时伴随着对理论的喜好,就会酿出苦酒;当然,这里的理论不是指规范理论,因此不是指在宪法中被当做理论的那些东西,而是用来指导研究发现重要事实的实证理论,经济学的或其他什么的理论。

旧制度经济学家拒绝古典经济学理论,A.斯密的理论,因此,这令他们很受批判法学实践者的青睐。新制度经济学,至少某些新制度经济学,拒绝或至少严厉质疑了新古典经济学理论,如萨缪尔森阐释的那种新古典经济学。他们的拒绝理由既有方法论的,也有政治性的。为便利数学公式

---

〔4〕 在说到这种(旧)制度学派时,斯蒂格勒说,"这一学派已经像任何会死的学派一样完全死了,也就是说,即便对一些成功学派它没有生存影响力,目前也没有重要的后继者"。"The Fire of Truth: A Remembrance of Law and Economics at Chicago, 1932-1970" (Edmund W. Kitch ed.), 26 *Journal of Law and Economics* 163, 170 (1983) (斯蒂格勒教授的评论)。有篇文章指出,事实上是庆贺,旧制度学派有反理论的特点,请看,Jon D. Wisman and Joseph Rozansky, "The Methodology of Institutionalism Revisited," 25 *Journal of Economic Issues* 709 (1991)。

〔5〕 James Willard Hurst, *Law and Economic Growth: the Legal History of the Lumber Industry in Wisconsin 1836-1915* (1964).

〔6〕 对此有些更多同情理解的评价,出自批判法学视角,它们喜欢旧制度学者的政治和他们对新古典经济学理论的敌视,请看 Robert W. Gordon, "Introduction: J. Willard Hurst and the Common Law Tradition in American Legal Historiography," 10 *Law and Society Review* 9, 44-45 (1975); Mark Tushnet, "Lumber and the Legal Process," 1972 *Wisconsin Law Review* 114。

化和阐述,出自既是物理学的又是心理学的立场,新古典经济学理论常规采用了一些看起来且经常确实是非常不现实的假设:个人和企业都是理性的最大化者,信息无需费用,个别企业的需求曲线弹性无限制,输入和产出可以无限划分,成本和收入的计划像数学那样恒定,诸如此类。这些非现实的假定夹在经济学理论与这种理论试图描述、解释的经济体制之间。由于现实不符合这种理论,这些理论家自然但并非不可避免地试图改变现实。而对新古典理论的政治性拒绝就发源于此。因为现实世界的各种条件从来也不满足理论家关于有效资源配置(价格等于边际成本、无外在性、无次佳问题、市场完全等)的规定,因此新古典经济学理论就变成了一种秘方,支持公共干预,比方说,反托拉斯法、污染控制法、义务教育法、就业规制法、公用事业和公共交通规制以及其他许多法律。由于对完全竞争的每种偏离都被贴上了"市场失败"的标签,而这种偏离又随处可见,这就很难对不受规制的市场保持强烈确信。这就令经济自由派(如今更可能被称为保守派)不安,因此,他们在新制度经济学中占主导地位也就不足为怪了。(当然,其中也有传统保守主义者怀疑一切理论的因素。)

然而,新制度经济学家不全盘反对经济学理论。这是他们与旧制度经济学家的重要区别。他们中一些人,例如科斯,想回到早先更为简单的非数学化的 A. 斯密的理论上去。他们担心数学化的高深莫测,他们很高兴能松动下新古典理论的一些严格假定。其他一些人,如威廉姆森(Oliver Williamson),则对新古典理论的某些具体方面有所保留,但他希望丰富而不是抛弃新古典理论。某些新制度学派学人完全不想改变经济学理论,只希望将其运用于跨文化和跨时代的所有制度中。[7]

拒绝经济学形式主义或拒绝某种版本的经济学形式主义,这是新制度经济学的否定性方面。其积极方面是研究诸多制度。对制度感兴趣,这一点何以可能将新制度经济学同一切最艰涩的数学经济学区分开,也许很难理解。在那些令人眼花缭乱的高深数学中,所有经济学家都相信自己正从事制度研究:构成广义理解的或狭义理解的经济体制的诸多制度。相信"完全竞争"的理论家认为,他们正研究一种称之为价格体制或市场的制

---

[7] 例如,Thráinn Eggertsson, *Economic Behavior and Institutions* (1990),书中就对自己的方法与其他质疑理性选择模型的新制度学派人士的方法作了细致区分。

度。而新制度学派人士,就像他们的前辈旧制度经济学家一样,讨论的是更粗糙意义上的制度。他们研究的不是"市场",而是令市场得以运转的一些具体制度,例如,芝加哥交易委员会的规则,或铀工业的长期契约、公用事业如何定价、为零售商提供钻石的条款、普通法关于野生动物的产权、未有分区令的城市的限制性协议如何操作、大型联合企业公司的治理结构、加利福尼亚某县庄园主对擅入野生动物的处置、民族国家的出现甚或婚姻"市场"上订婚戒指的功用。[8] 对这些具体制度的细致严格考察转而意味着,更强调个案研究,并以历史学和人种学、司法意见和其他法庭记录、报刊报道甚至访谈为基础,而不强调按现代统计推理理论研究分析已累积的数据。因此,人们的印象是,该领域不仅怀疑形式化经济理论,而且怀疑计量经济学。

我被分类为新制度经济学家[9],因此我的批评必须非常小心。我一刻也不怀疑非形式化理论指导下的个案研究在经济学中有其地位,事实上,对我自己的许多著述,这就是贴切的描述,因此新制度经济学在经济学中也有其地位。但是我拒绝任何关于新制度经济学应如何取代其他微观经济学的提法。这种认为应予取代的观点必定出于不喜欢抽象,出于那种关于抽象扭曲了事实的感觉。抽象并不寓意着背离描述性现实主义,就如同弗里德曼很久前就论辩过的那样,理论并不仅因其所依赖的假设不现实(即细节虚假)就必然虚假。[10] 这种观点错在误解了理论的目的,理论的目的不是描述所调查的现象,而是增加于我们有用的知识,主要有关因果关系的知识。就这一目的来说,一个不现实的理论也许相当有用,事实上也许还很关键。假定有这样一个问题,对卷烟征收消费税是否会引发卷烟价格上扬以及销售额下降。对不懂经济理论的人来说,答案不显而易见,而这个答案对预测该税收对健康和税收收入的实际影响却很重要。这个人也许会认为卷烟生产者会全盘接受这些税,不改变价格和产量。你则可

---

[8] Margaret F. Brinig, "Rings and Promises," 6 *Journal of Law, Economics, and Organization* 203 (1990).

[9] Kaushik Basu, Eric Jones, and Ekkehart Schlict, "The Growth and Decay of Custom: The Role of the New Institutional Economics in Economic History," 24 *Explorations in Economic History* 1, 2 n.4 (1987).

[10] 然而,科斯拒绝了弗里德曼的方法论立场。R. H. Coase, *How Should Economists Choose?* (American Enterprise Institute, 1982).

以将这个问题模型化,作出卷烟业完全竞争、产量可无限分割、卷烟价格也可以无限分割、消费者消息完整、价格可能当即变化以及其他假定,而这个模型会预测该消费税会引发价格上扬产量下降。因此,如果征收此种消费税且效果也和预测一样,我们就有理由认为,我们发现了因果关系,继续使用这一模型,我们则可能发现其他因果关系。

对这种评论,统计学的回应是,人们不可能提出一个回归方程式,在该方程式中,各独立自变量的协同系数在统计学上有很高意义,即便该方程式解释的方差量很小。[11] 这就意味着,尽管这个方程式不是个完整甚或充分的描述,但它已发现很强的关联。这些关联完全可能具有因果的意义,因此可用来预测和控制。

431　　还是回到卷烟的例子上来,如果我们想了解卷烟消费税对受过教育的购买者是否比对未受教育的购买者有更大影响,我们就需要更精致的模型。我们也许会把卷烟的全部价格划分为两块,名义价格和已知健康损耗,并假定对受过教育的消费者来说,吸烟对他们的健康损耗更高,并因此卷烟的全部价格也更高。这个假定是有理由的。一个人收入越高,如果身体不好,他花费就越大(如果由于身体不好而不能工作,他会失去更多);收入和教育正相关;受教育越多的人获得健康信息的成本也越低。因此,其他因素除外,这个精致化模型就放松了新古典经济学关于信息完全且无费用的假设。这个精致化模型预测,受过教育的卷烟消费者与未受教育的消费者的需求不同,前者不那么有价格弹性,因为与未受教育的人相比,卷烟价格在受过教育者吸烟的全部费用中所占份额更小,因此,这种销售税对受过教育者的购买力影响会更小一些。如果证明了这一预测正确[12],我们就学到了一些有关经济行为的知识,尽管这个精致化模型仍然很不现实,因为它假定了对价格和产出无限可分以及其他。但一个模型即便不现实,仍然可能是有用的发现工具,就如同托勒密宇宙理论是有用的航海工具一样(并因此是另一种意义上的"发现"),尽管其基本前提错了。相反,一个完全的描述,比方说在赫斯特木材著作中的描述,可能毫无用处。

---

[11] 回想本书导论在对犯罪和惩罚作经济学分析的背景下对这一点的简单讨论。

[12] 有关的肯定性证据,请看 Gary S. Becker, Michael Grossman, and Kevin M. Murphy, "Rational Addiction and the Effect of Price on Consumption," 81 *American Economic Review* 237, 240 (Papers and Proceedings issue, May 1991)。

第二十一章 新制度经济学遇上法律经济学

对待理论我们应采取实用主义。理论就是个工具,而不是对终极真理的洞察,而工具的衡量标准就是它的效用。如果那些在被发现时看来没任何效用的数学发现(例如19世纪发现的非欧几何)不是后来一次次发现其实际效用的话,你可以怀疑到底还会有多少纯数学研究。就我的了解来看,赫斯特著作提供的真相要比有关消费税的全部经济文献提供的真相都多。只是我看不出赫斯特著作的效用是什么。

不仅反对形式化理论是错误的,而且想象形式化经济学理论必定是干预主义的,这也是个错误。也许糟糕的形式化理论确实如此,但那是不同问题。新古典理论家通常很随意就提议用公共基金来校正"市场失败",因为这些理论家假定,通过所得税获得的公共基金不会引发重大资源配置错误的后果。在一篇理论性文章中,而不是通过对美国税务总局的个案研究,弗里德曼就显示了,从理论上看,没有任何理由可以预期由某一所得税引发的资源配置错误效应会比另一消费税的同类效应更小些。[13]

科斯的关于企业、关于平均费用下降条件下服务产出之定价以及关于社会成本的那些伟大论文,也许出自他的实践导向的教育(他本科学位是商业,不是经济学),出自他的个案研究,例如他对联邦通讯委员会的研究——在此研究中,他第一次勾勒了科斯定理的轮廓。这些都是理论性文章。这些文章在分析框架中增加了交易费用(就如同斯蒂格勒增加了信息费用一样),否证了霍特林支持对自然垄断实行公有的理由,展示了庇古的假定——校正负外在性的有效办法是对实施伤害者征税或管制——是错误的,这些文章因此纠正了新古典理论。科斯帮助我们看到了社会主义者沿着社会主义方向前行损害了经济学理论,要求像他这样的经济自由派来纠正。这就是一个理论性工作。

尽管,不信任经济学以及其他领域中那种轻飘飘的理论思考,这是正确的,然而我们不应忽视理论的效率。乌龟并非次次都击败了兔子。弗里德曼是当今世界上最有影响的经济自由派。他对美国职业者的收入和货币政策史展开了著名的制度研究,但对于他在经济自由主义中的重要性而言,这些研究都很边缘。他的重要性在于反对累进所得税,在于坚持认为政治自由取决于经济自由,在于倡导自愿军役制并倡导预算平衡宪法修正

---

[13] Milton Friedman, *Price Theory*, ch. 3 (1976).

案,在于对凯恩斯主义的批评,在于反对职业许可制度并反对父权式立法(例如反毒品立法),以及在于提议实行教育担保人制和累退所得税。除了在金融货币领域和(就像本书第一章提到的)职业许可问题外,弗里德曼对自己所持政策立场的研究对象都没进行任何细致艰苦的个案研究。指出这一点并非不尊敬弗里德曼。他是作为理论问题获得这些立场的。如果他沿着个案研究的路,他的研究范围会更狭窄,结果则是经济学更贫乏。

还有个例子,表明形式化经济学理论对制度研究的累累硕果。家庭是一种经济制度,对经济学来说,其重要性就如同企业一样。它还是一种很容易为新古典理论家忽视的非标准组织形式。但不应当忽视:由于节省劳力的新方法(不仅是厨房设施,而且有冷冻食品)、计划生育方法的改进、交通改善以及家庭娱乐技术推进(这对女性劳动力增加非常重要),结果是,近几十年来,家庭的产出增加了,这就改造了一些富裕国家的经济。研究家庭产出的领军者贝克尔,就是位令人生畏的理论家。他的基本理论工具,是旧制度学派学人和新制度学派学人都趋于嘲笑的,就是假定人都是自我满足度的理性最大化者。这个假设指导着贝克尔和其他人展开了硕果累累的经验研究,保证了把家庭带进经济学分析的轨道。我们无需后悔没研究个别家庭的经济学个案。

我本打算粗略描述新制度经济学,但我事实上描述的一致是科斯以及高度认同科斯的人们对这一领域的理解。威廉姆森对新制度经济学的理解有某种不同,也许说着重有所不同更确当些。[14] 他的进路比科斯的更为折中,无论是方法论上,还是政治上,都如此。威廉姆森原则上不反对形式化模型,也不反对计量经济学研究,事实上,他不渴望回归 A. 斯密的非形式化研究,他希望建立新的经济行为模型,这样其包容的就不仅有 A. 斯密以及"旧制度学派人士"的某些洞见,而且有现代心理学和组织理论的洞见。他希望将这丰富化的模型主要用于研究纵向兼并、公司治理以及长期合约。他似乎对正式市场(如证券商品交易)、产权、外在性或对批评公共

---

[14] 请看,例如,Oliver E. Williamson, "The Economics of Governance: Framework and Implications," 140 *Journal of Institutional and Theoretical Economics* 195 (1984),以及 "Reflections on the New Institutional Economics," 141 *Journal of Institutional and Theoretical Economics* 187 (1985)。对威廉姆森之进路的最完全表述见于其著 *The Economic Institutions of Capitalism: Firms, Markets, Relational Contracting* (1985)。

第二十一章 新制度经济学遇上法律经济学

规制不特别感兴趣。他的注意力反倒集中在远离即时契约(在此,最满足或至少最接近完全竞争的条件,即有众多买家和卖家、有完全的知识、有标准化的商品等)、充满信息不对称的双向垄断和不确定性的各类契约(作广义理解)上。科斯指导经济学职业界关注交易费用的重要性。威廉姆森则追求落实科斯著作中隐含的研究计划,方法则是探求高交易费用的来源,探求商业人士设计用来克服这类费用的合约方式和组织方式。新制度经济学的其他信徒,如诺斯(Douglass North),则比较了国家和长期合约,用交易费用经济学丰富了政治制度研究。[15]

但在使科斯思想温和化的过程中,威廉姆森走得太远了,他把新制度经济学都归到主流经济学中,尽管我对此无所谓。他认为自己正在做的是些新东西,认为自己正拒绝新古典经济学的一些关键性假设,如理性最大化,正提出些新概念,如"有限理性""财产特定化""信息碰撞""维度化"和"机会主义";他认为自己把一些新学科带进了经济学,引人瞩目的是法律与组织理论[16];此外,他认为自己正指导经济学家重新关注他们先前轻视的一些制度。最后一点是正确的,但不清楚的是,威廉姆森的进路有多少还可以说是新理论,有多少是以新术语包装旧理论;就清晰和精确而言,这种新术语不必然是对旧理论的改进。例如,难道"有限理性"说法比经济活动者的信息不完全并只能据此来(理性)活动的说法有更多寓意吗? 自斯蒂格勒1960年代早期发表信息费用的论文以来(请看第二十章),无论是信息费用的生产还是吸纳或处理都已经是主流经济学理论的组成部分。它们可以——并且已经——被纳入经济学理论,却没有改变任何诸如理性最大化这样的基础性假设;因为理性并非无所不知。威廉姆森论辩说,将有限理论等于信息费用为正,这种做法忽略了"这种不可能性,即不可能想

---

[15] 请看,例如,Douglass C. North, "Transaction Costs, Institutions, and Economic History," 140 *Journal of Institutional and Theoretical Economics* 7 (1984)。在研究对象层面上,而不是在方法上,与诺斯著作相联系的是旧制度经济学的一支,例证是默达尔(Gunnar Myrdal)的著作,强调落后国家发展的制度障碍。请看,Christer Gunnarsson, "What Is New and What Is Institutional in the New Institutional Economics? An Essay on Old and New Institutionalism and the Role of the State in Developing Countries," 39 *Scandinavian Economic History Review* 43 (1991)。

[16] "NIE(新制度经济学的英文缩写)的交叉学科三条腿是法律(特别是合同法)、经济学(无情强调经济理论化)以及组织理论(它负责更多行为内容)。""Reflections on the New Institutional Economics," 同前注14,页190。

清那些结构完善的复杂问题,例如,你不可能描述一局象棋比赛的完整决策谱系"。[17] 但是,这不正是信息处理费用很高的一个例子吗?[18] 象棋机器能以比人类更低的费用处理这类特殊问题。至于"心智作为稀缺资源的观点"[19],这说的难道不就是心智只有有限信息处理能力吗,换言之,不正是说信息生产的费用而且信息处理的费用都很高吗?

威廉姆森评论说,人们"没有正确处理低概率事件的能力"。[20] 这听起来好像是说处理信息的费用很高,但威廉姆森说的是一些心理学文献,这些文献发现人类缺乏精确处理特定类型的信息——如低概率事件或以特定方式提供信息——的系统能力。[21]

"有限理性"因此可以是指(1) 获得信息的费用,(2) 处理信息的费用,(3) 某种无法根除的不确定性,对这种不确定性的制度回应之一是保险,(4) 由于人脑结构造成的信息处理中的扭曲,或者(5) 上述各项的结合。[22] 如果威廉姆森以这些术语来解释"有限理性"并说明他理解的这个概念的功用,那就好了。

威廉姆森喜好的另一术语,"财产特定化",至少是清楚的;它指的是有特定化的资源,并用来指双向垄断问题。"机会主义"也清楚。威廉姆森和其他经济学家使用这个术语来指占便宜,有时通过暂时的垄断,有时则通过优越的信息("信息不对称");换言之,这是在无法依赖私人激励促进社会福利的境况下的自我利益追求。这些术语完全没有围绕"有限理性"的那些令人不快的含糊。但它们只是对经济学中旧主题使用了新词语。为开发这些主题,博弈论使用日益增加,这出自博弈论,而不是出自新制度经济学的任何特有东西。

---

〔17〕 Williamson, "Transaction Cost Economics Meets Posnerian Law and Economics," 149 *Journal of Institutional and Theoretical Economics* 99, 109 (1993).

〔18〕 威廉姆森的宗师西蒙就这样描述,Herbert Simon, "Theories of Rationality," in Simon, *Models of Bounded Rationality*, vol. 2: *Behavioral Economics and Business Organization* 408, 416 (1982).

〔19〕 Williamson, 同前注 17, 页 110。

〔20〕 同上, 页 109。

〔21〕 请看,例如,*Decision Making: Descriptive, Normative, and Prescriptive Interactions* (David E. Bell, Howard Raiffa, and Amos Tversky eds. 1988)。

〔22〕 一个很有用的讨论,请看 Kenneth E. Scott, "Bounded Rationality and Social Norms," 150 *Journal of Institutional and Theoretical Economics* 315 (1994)。

第二十一章　新制度经济学遇上法律经济学

　　威廉姆森著作的新颖之处不在于发现了"市场失败"的新渊源并将之驯化成理论，也不在于他系统阐述了交易费用理论；而在于他邀请经济学家关注一堆探索还不够的问题[23]，在探索商人于不同境况下以不同设置克服交易费用的方式上作出了贡献。例如，威廉姆森论辩说，大型集团公司特有的分散化组织，与传统的等级结构相比，令信息费用更经济了，这种做法也扩大了公司经营控制的跨度。而如今有丰富文献显示，企业如何适应长期合约的不确定性以及随之而来的双向垄断和机会主义诱惑的问题。[24]

　　但这类文献究竟有多少应归功于威廉姆森，或，就这一点而言，应归功于科斯？在威廉姆森对"芝加哥的实用价格传统"（在我看来）相当不正常的观点中有一丝线索。[25] 他表扬芝加哥学派"坚持从价格理论棱镜来考察非标准化组织形式"，然而，他又批评芝加哥学派鼓励经济学家"集中关注垄断特点"，诸如价格歧视，批评他们以此来解释那些非标准形式（系结经营、纵向结合等）。[26] 这种批评忽略了信息不仅在斯蒂格勒的信息经济学论文中而且在他的卡特尔理论中占据了中心角色。在斯蒂格勒的卡特尔理论中，信息费用是个重大主题，机会主义则是另一重大主题。[27] 芝加哥大学的法律经济学研究——这些工作在很大程度上属于威廉姆森正确地同弗里德曼、斯蒂格勒以及他们的追随者联系起来的实用价格理论传统——就完全关注了不确定性、双向垄断以及机会主义问题，关注了法律制度和经济制度如何解决这些问题。[28] 所有这些著作，威廉姆森一篇也没

---

　　[23] 威廉姆森的重大功绩是他愿意在提出研究经济学重大问题的理论工具之前就讨论这些问题，例如，企业的行为，如今理论已经赶上来了。

　　[24] 有关这类文献的一个例子，请看，Keith J. Crocker and Scott E. Masten, "Pretia ex Machina? Prices and Process in Long-Term Contracts," 34 *Journal of Law and Economics* 69（1991）。新制度经济学这一支的领军人物之一，克莱恩在自己文章中作了很有用的概述，请看，Benjamin Klein, "Self-Enforcing Contracts," 141 *Journal of Institutional and Theoretical Economics* 594（1985）。

　　[25] "Reflections on the New Institutional Economics,"同前注14，页189。

　　[26] 同上，页189—190。

　　[27] 有关的论文见于，George J. Stigler, *The Organization of Industry*（1968）。

　　[28] 特别强调这类主题的有关论文，例如，请看 William M. Landes and Richard A. Posner, "The Independent Judiciary in an Interest-Group Perspective," 18 *Journal of Law and Economics* 875（1975）; Landes and Posner, "Salvors, Finders, Good Samaritans, and Other Rescuers: An Economic Study of Law and Altruism," 7 *Journal of Legal Studies* 83（1978）; Landes and Posner, "A Positive Economic Analysis of Products Liability Law," 14 *Journal of Legal Studies* 535（1985）; 以及 Posner, "Gratuitous Promises in Economics and Law," 6 *Journal of Legal Studies* 411（1977）。

引证,尽管据他对别人说,法律是支撑新制度经济学的交叉学科三脚架的支柱之一。

20年前,人们有种确定的感觉,经济学领域由几个对立学派瓜分——哈佛学派、芝加哥学派、麻省理工学院学派、剑桥学派等。而今天,最大分歧只是理论经济学和实用经济学的分歧。威廉姆森那种新制度经济学只是实用经济学的一种,除了语汇外,不容易将之与其他形式分开;这些新语汇中唯一真正有用的只有"机会主义"而已。

法律经济学

法律经济学运动的根子很深。边沁曾把经济学理论运用于犯罪行为和刑事惩罚方式。霍姆斯、布兰代兹、汉德以及黑尔为美国法继受经济学理论打下了基础。1940年代和1950年代,反托拉斯法、公司法、公用事业规制法以及联邦税法都经受了经济学的严格审查;这一时期的代表人物有迪莱克特(Aaron Director)、西蒙斯(Henry Simons)、特纳(Donald Turner)和曼(Henry Manne)。随后10年间,科斯、贝克尔和卡尔布雷西(Guido Calabresi)的论文提出了"新的"法律经济学,强调把经济学运用于美国法律体制中心的制度,包括财产法、合同、侵权、刑法、家庭法、民事和刑事诉讼法、损害赔偿和其他救济、海商法、恢复原状法、立法以及依据先例决策的普通法规则制定。自1970年以来,人们目睹了整个法律经济学领域学术著述的洪流不断扩大,无论是旧的(其中一个重要发展领域是破产经济学)还是新的法律经济学。[29]

法律经济学运动不同于新制度经济学的地方在于前者没有,或至少是

---

[29] 为感受下当代该领域的范围,请看 *Economic Analysis of Law*。关于法律经济学对法律的影响日益增长,请看 William M. Landes and Richard A. Posner, "The Influence of Economics on Law: A Quantitative Study," 36 *Journal of Law and Economics* 385 (1993);又请看本书第二章。法律经济学有一个职业协会,美国法律经济学协会,在欧洲、日本和拉丁美洲都有数量不断增加的法律经济学实践者。甚至从旧制度经济学传统那条线上也有一批法律经济学者。请看 *Law and Economics: An Institutional Perspective* (Warren J. Samuels and A. Allan Schmid eds. 1981); Nicholas Mercuro and Steven G. Medema, "Schools of Thought in Law and Economics: A Kuhnian Competition" 46-60 (Working Paper no. 12-93, Dept. of Economics and Finance, University of New Orleans, 1993)。

第二十一章　新制度经济学遇上法律经济学

鲜有,雄心大志:改变经济学理论或经济学家的经验方法。这部分是由于其研究对象的性质,另一部分则是由于许多法律经济学实践者几乎没有什么经济学或统计学的正式训练,依赖非形式理论和个案研究颇多。但这并非敌视数学模型化或计量经济学方法,而最近这代法律经济学人对博弈论研究很深。尽管最杰出的法律经济学实践者是科斯、哈耶克和弗里德曼传统的经济自由派,但法律经济学没有政治模型或政治日程,只是在左翼激进派看来,任何形式的"资产阶级的"经济学分析都是政治性的。作为经济学中的运动之一来看,独特于这一运动的是其研究对象;只有将之视为法律中的运动之一来看时,它在方法论上才是激进的。

法律经济学与新制度经济学在研究对象上有许多重叠。纵向合并、公司治理以及长期合约是法律经济学的关注焦点,同样是新制度经济学的关注焦点。被威廉姆森划在他那边的新制度经济学研究者,如克莱恩(Benjamin Klein)、戈德伯格(Victor Goldberg)以及乔斯克(Paul Joskow),同样并正确地被认为是法律经济学实践者。以历史为导向的新制度经济学家,如诺斯和埃格森(Thráinn Eggertsson)对产权展现了与法律经济学人同样深刻的兴趣。

两者并不完全重叠,因此而来的差别并非理论上的而是理论着重点上的。新制度经济学全力关注交易费用,这种关注导致他们背离了价格理论,而追求一些似乎专门为解决交易费用问题而剪裁的理论概念。(例外之一是双向垄断,它是传统价格理论的一部分。)法律经济学的研究对象更开阔,有利于这种更折中的理论研究进路。当经济学家或有经济学头脑的法律人研究(在传统经济学家看来)诸如刑法这个如此牵强的对象时,他很容易倚重价格理论的工具;因为尽管刑事惩罚不是价格,其产生的效应却与价格相似。与此类似的还有对儿童收养市场、对偷运毒品的法律限制研究。但是金融理论对公司法、破产法以及其他商业法律领域的经济学分析扮演了重要角色,公共选择理论则在对制定法和宪法的经济学分析中扮演了重要角色。人力资本理论在法律经济学中也有重要角色(第十三章对此曾有所触及),事实上,也许还能解释某些令制度学派人士特别感兴趣的现象。

尽管法律经济学和新制度经济学重叠很多,当威廉姆森说法律是新制度经济学依赖的交叉学科三角架的支柱之一时,他指的似乎不是法律经济学分析这种界定了法律经济学运动的活动。组织理论与经济学理论完全不同,因此人们可以把这两种理论视为这个交叉学科主体的两条分立的支柱。但很难理解把经济学理论运用于法律何以可能成为独特的第三支柱。因此,就像我所说的,威廉姆森并没引证出自芝加哥的"新的"法律经济学文献,尽管这些文献直接处理的正是他最感兴趣的问题。他似乎认为,在某些方面,与经济学理论完全不同的法律理论可能对新制度经济学有所贡献,可能成为来自经济学的这个平台的一条分立的支柱,很自然,他最喜爱的法学教授是麦克尼尔,一位研究"理性"合约的非经济学理论家。[30] 麦克尼尔认为合同法一直过于关心即时合约,排斥了根植于交易双方持续关系的合约。

对威廉姆森来说这如同天籁。不幸的是——尽管一谈及法律"理论",人们就经常说它缺少经济学上的基础——麦克尼尔的合约理论没啥实质内容。麦克尼尔追求"一个承认所有交易都根植于关系的大纲"。[31] 如果这意味着我们应当考虑当各方有持续性关系而只不是即时市场上相遇的陌生人引出的问题和机遇,我很同意。持续性关系也许会令合同自动执行,因为终止这个关系,各方都会受损。即时关系则可能诱惑机会型毁约——只要一方先行履约,还可能引发双向垄断的问题,当一方想修改契约时情况就可能很严重,因为这时双方只能同对方交往。这就是本书第十三章中看到的与就业契约有关的问题,对这个问题的处理,经济学很有两下子。而无论麦克尼尔还是其他研究契约的"法律理论家"对解决这些问题都无所贡献。[32] 如果关于新制度经济学和法律经济学是同一硬币的两面这种看法不错,那么麦克尼尔对法律经济学的非理性敌视也许可以解释他为什么没有能力为新制度经济学作出具体贡献。麦克尼尔有段代表性文字,"法律经济学的愿景是美国两种可替代的地狱愿景之一。现实的法律经济学愿景是右翼自由派主流的一种略温和的地狱……理想化的法律

---

[30] 关于威廉姆森对麦克尼尔的高度尊重,请看, *The Economic Institutions of Capitalism*, 同前注14, 页 68—73。

[31] Ian R. Macneil, "Reflections on Relational Contract," 141 *Journal of Institutional and Theoretical Economics* 541, 542 (1985).

[32] 读者可以自己阅读麦克尼尔的综述作出评价,请看, "Relational Contract: What We Do and Do Not Know," 1985 *Wisconsin Law Review* 483, esp. pp. 523-524。

经济学愿景则是享乐主义市场的地狱,私人官僚的法律支配了市场,也支配着生活中的其他一切,并且这些官僚的法律也不再受正当程序限制,除非是私人官僚们认为允许这些限制还值得"。[33] 说这段文字"非理性",我认为不过分。

因此,威廉姆森的平台,法律这条腿就垮了;而就组织理论这条腿来说,在我看来,也没为经济学增加什么多年前信息费用文献未增加的。因此,我强调前面的看法,新制度经济学,除了科斯的新制度经济学外,就是经济学;而且我也已说过,法律经济学运动也只是经济学。当新制度经济学家研究长期合约、公司治理、纵向合并、产权以及诸如此类主题时,他们与研究这些对象的法律经济学者干的是同一件事。至少在这个研究领域中,这两种研究进路是完全聚合的。令人惋惜的是,威廉姆森喜欢新语词,这令这种合流难以辨识。

再论理性的效用最大化

新制度经济学与法律经济学之间的最大鸿沟是新制度经济学人对理性效用最大化持怀疑态度。科斯拒斥现代经济学理论的这一基石,称其"毫无意义"[34],但与此同时,他又说他本人的研究方法受一个假定指导,即人们更愿得到多一些而不是少一些。[35] 因此,如果我有 3 和 2 的选项,我情愿要 3。但如果我有一个价值 4 的机会,会怎么办? 我会要这个 4,因为我想多要而不是少要。如果还有个价值 5 的机会,我怎么办? 选择这个 5。就这样继续下去,直到把我的效用最大化为止。科斯说,不是这样的,贝克尔证明了"即使人不是理性的,你还会预期更高的价格将导致需求减少",这一证明显示了"较低的价格会导致更大需求量[这个事实]隐含了理性的效用最大化"假定是个错误。[36]

---

〔33〕 "Bureaucracy, Liberalism, and Community—American Style," 79 *Northwestern University Law Review* 900, 919 (1984).
〔34〕 Coase, "Coase on Posner on Coase," 149 *Journal of Institutional and Theoretical Economics* 96, 97 (1993).
〔35〕 "在几乎所有境况下,对人群来说,任何物品的(相对的)价格更高都将导致需求减少。这不仅指某种货币价格而是指最广义的价格。"*The Firm, the Market, and the Law*, 同前注 14, 页 4。
〔36〕 Coase, 同前注 34, 页 97。这里提到的是导论中引证的贝克尔关于非理性行为的论文。

贝克尔的论证是,由于消费者的预算有限,因此,当一种物品价格上扬时,即使非理性消费者平均说来也会少购一些该物品,因为他们的资源会更快耗尽。贝克尔并没说,他认为大多数消费者或在这个问题上任何消费者是非理性的。贝克尔也没说,除市场需求曲线下倾外那些多次被验证的经济现象,如同一物品价格趋于持平的倾向,无需假定理性就可以得到解释。但这都不说了。科斯其实不认为人们购买东西是随机的。他认为人们宁可多要而不少要。这就隐含着:由于消费者是理性的,因此需求曲线会向下倾斜。

难道科斯认为认知缺陷或心理缺陷会阻碍我们以上面描述的方式选择替代偏好吗?难道他认为脑细胞错误会令我们不顾机会成本或无法忘记沉没成本(sunk costs)吗?不大可能。机会成本概念是科斯定理的根本,区分已沉没的成本和可避免的成本,这是公用事业定价文献的基础,而科斯对该文献作出了杰出贡献。

威廉姆森认为,如果信息费用为正,效用最大化的根本含义就"晦涩难解"。[37] 有什么难解?人们给自己的机遇排序,选择最佳机遇;但辨认机遇的费用会限制这一排序规模,因此,有时有人会作出与交易费用为零时可能作出的不同选择。当不确定性非常普遍,人们也许会转而依靠简单的经验估计,这隐含的是,当无规则可循之际,不考虑有关选项的信息反而最佳。甚至会有这种可能,即不确定性增加会令人们在决策过程中减少信息接纳,因为信息更不可靠也许会引发更大不确定性;因此,在不确定性更大的领域内,我们也许会发现更多受规则约束的行为。[38] 这些复杂情况给理性最大化的简单模型带来了些麻烦;但并不因为这些复杂情况就一定要抛弃这个概念。

---

[37] Williamson,同前注17,页113。
[38] Ronald A. Heiner, "The Origin of Predictable Behavior," 73 *American Economic Review* 560, 570-571 (1983)。

第二十二章

哲学家擅长什么?

罗蒂(Richard Rorty),这位活着的、最著名的实用主义哲学家,一定干着什么正确的事,因为他既挨左派骂,又遭右派咒。[1] 对左派来说,罗蒂是"冷战自由主义"和"中产阶级的资本主义民主"的辩护士;对右派来说,他是正啃噬西方文明基石的哲学白蚁,并且是为昂格和麦金农这种左翼激进人士摇旗呐喊的拉拉队队长。在某种意义上,他全占了;但他的著作却是个统一体,并且像我下面会说的,是令人印象深刻的统一体。但它也有重大弱点:欠缺事实感,这与罗蒂对科学并因此对社会科学以及再因此对经济学缺乏兴趣相联系,此外,这还同他对人性可塑的信仰相联系。就这个弱点,就会令人们质疑,现代哲学到底能否为解决法律和一般公共政策的具体问题有所贡献。这并非因为罗蒂是典型的哲学家,而是因为我谈论的是现代哲学中很典型的弱点,这也有助于解释在法律教学和法律文献中为啥哲学家不像经济学家那么活跃。我已对分析哲学表述了某些怀疑[2],本章将放大这些怀疑,并把手伸到其他风格的哲学中,突出的是实用主义本身。

今 日 哲 学

学术哲学家是这样一些人,在职业上围绕两种活动看他们是否称职。首先是解释、阐述和批评哲学文本,这包括从柏拉图到维特根斯坦的比较

---

[1] 他风趣地承认这一点,见, Richard Rorty, "Trotsky and the Wild Orchids," 2 *Common Knowledge* 140, 140-141 (1993)。

[2] 请看本书导论和第五章特别有关德沃金和罗尔斯的讨论。罗蒂本人既是分析哲学家,也是分析哲学的批评家。

古老的典范文本,加上由当今大学哲学教员以惊人速率生产的专著和论文。第二种活动则是用逻辑修辞工具来讨论典范文本作者提出的那些问题,诸如怀疑主义、自由意志和其他问题。也并非都如此。柏拉图和亚里士多德,就其主要来说,就既非注释家也不是技术分析家。就此而言,尼采也不这样;然而对尼采,某些分析哲学家会想把他从哲学经典中驱逐出去。维特根斯坦也不这样。[3] 但就今天来说,学术哲学家大体如此。并且无论经典还是对经典的现代阐述,对任何具体的政治、社会或经济学问题都没有谈出什么来。我把亚里士多德、密尔以及其他人的实践政治理论排除在这之外。但对我来说,且更贴近的是对罗蒂来说,这些哲学经典中占主导地位的著作(当然,其中也有亚里士多德的和密尔的著作)探求的都是诸如心智、意志和感觉的本质,人格认同的条件,数理逻辑,外部世界的实在性,真信仰之保证,理性的本质,因果律的含义,事物和概念的差别,科学的本质以及道德是否客观这些"基础"的问题,尽管有人或许会认为更恰当的描述是,这都是语义和语法的问题。

　　我不想贬低哲学经典。它们包含了对人类个性和两难境地的令人难忘的洞识。它一直要求我们努力就自己哪怕最深刻的个人和职业的信仰提出正当理由,并以此来挑战教条。它是驱除语言混乱的强大工具,不让混乱搅混我们对诸如"因果律""解释"和"自由意志"这种东西(更确切地说"非东西")的思考。它对法律和社会科学中的方法论可以谈许多,就像我们讨论科斯观点中看到的那样。它提供了高度智识勇气和道德勇气的榜样,还不限于苏格拉底。它是我们社会许多根本政治道德观念的渊源之一,有几个法理学派的主导观念也发源于此。就不说实用主义对现实主义法学的恩泽了,也不说柏拉图对兰德尔形式主义的恩泽,想想下面这些人,也就可以看到哲学的影响了:阿克曼身后有哈贝马斯,埃斯克利奇身后有伽达默尔,米歇尔曼身后有罗尔斯,克隆曼身后有亚里士多德,康奈尔身后有黑格尔,肯尼迪身后站着萨特,温里伯身后有康德,桑斯坦身后有杜威,而在许多法律经济学爱好者的身后则站着边沁和波普尔。实用主义在霍姆斯和卡多佐的法学和司法作品上都留下了其印记,而在本书中我自始至

---

〔3〕 尽管在如《论确定性》(维特根斯坦的重要著作。——译者注)这种书中,注释扮演了角色,但这也是对 G. E. 摩尔针对怀疑主义的论证的部分批评。

终都在运用哲学。

但是,即使承认哲学的这些重要性(这里的"即使"不意味勉强),却不意味着可以从这些哲学文本中开掘出,或是针对社会治理的具体问题,可以同哲学家富有成效地商讨出大量具体解决办法。知识的各自分割——这是现代世界非常显著的特征之一——也许注定了哲学与实践无关。罗蒂了解这一点。[4] 事实上,他此前很久就说过这话,但是他言行并不一致。因为这些话的寓意之一就是他应回避就实践问题发表公开声明,无论是落后国家的经济政策,还是全国性健康保险,是政府对幼儿日托的补贴,或是法律对堕胎的限制;只有研究这类问题的专家试图用哲学论证来支撑自己立场时,才是例外。哲学家是抨击哲学论点的专家,就像律师是反击法律论证的专家一样。然而,无论哲学家还是法律人,他们都不因其职业训练和经验就有能力就社会政策问题提建议。[5] 每个人都有权对这类问题拥有并表达自己的看法。但不同于(这也取决问题是什么)医生、公卫职业人士、物理学家、经济学家、工程师、军官、社会工作者、建筑师以及其他有相关专业的职业工作者,哲学家不比每个普通人权利更大。罗蒂没有炫耀"哲学家"的名号,也没声称自己有哲学知识因此他对公共政策问题就有洞察。但是,如果他不是著名哲学家的话,他就没有市场推销他的政策看法。

有的哲学家有额外的训练、经验或知识,他们能建设性参与具体的公共政策问题讨论。福柯,在准备写作《性态史》时,曾深入阅读了大量非哲学的性态文献。丹托(Arthur Danto)是杰出的艺术批评家,也是杰出的哲学家。还有些当代哲学家,包括凯威尔(Stanley Cavell)、努斯包姆以及罗蒂本人都可谓出色的文献批评家(后面会考察罗蒂批评的一个例子)。一个较早的例子是杜威有关教育的著述,表明哲学家对实际生活的贡献,我孩子上的学校,芝加哥大学实验学校,就是杜威建立的。詹姆斯(William

---

[4] "不要假定,因为我们是哲学家,我们就能有任何专门用处——在我们的职业权限内——反对帝国主义或种族主义。"Rorty, "Truth and Freedom: A Reply to Thomas McCarthy," 16 *Critical Inquiry* 633, 641 (1990). 这不是一个新观点。"运用哲学推理是种工作;用它不能帮助我们决定,比如说,信仰基督教是否有助于人们更好生活,或盲人是否可以精确估计外形,或国家支持艺术是否会鼓励艺术的一般化,或悲剧是否会清洗感情。"John Passmore, *Philosophical Reasoning* 18 (1969).

[5] 就律师的情况来看,要把诸如侵权法改革这样的问题除外,因为这些问题涉及很深的法律技巧,尽管即便在这里律师的作用也有限。

James)是位重要的心理学家;尼采也是。但是,杜威和詹姆斯写作的年代,知识划分还不像如今这样"鸡犬之声相闻,老死不相往来"。福柯和丹托当然是例外,福柯界定的哲学包括了历史,而丹托认为当代艺术就是哲学,而这种例外恰恰证明了[6]这一规则。德沃金既是杰出的哲学家,又是有影响的法律问题评论家,但他起初受的是律师训练[7]。密尔是经济学家,也是哲学家;边沁是位法学家,又是位经济学家,他们两人也都生活在知识严格分割的现代之前。我后面会谈到,在法学著述者的行列中,非法律人的哲学家非常罕见。

罗 蒂

在西方核心哲学传统中(于其中还依稀可见柏拉图的塑造之手),人的理性被视为正展开一个不断获得成功的追求,要发现表象之后永驻的、最终的、但万幸是可知的真理;当然,那是科学的真理,但也有道德、法律和政治的(以及某些神学的)真理,以及甚或是美学中与真理对应的东西——美。在每个研究领域,这种追求被认为是方向统一的。人们相信探讨者正向一个统一的实体聚合,这个统一实体尽管躲在深闺,深藏不露,却像磁铁吸引着好奇的人们。这个最终实体,在某些理论阐述中是上帝,在某些理论中是物理宇宙,在某些理论中是"善",而在另一些理论中是人类的意识结构,为我们的探讨确立了一个客观基础;这个实体因此令我们(原则上)永远确定了这个宇宙已有几十亿年而不是几千年,确定了公立学校种族隔离违反了法律的同等保护原则,确定了作为作家福格纳(William Faulkner)比密切尔(Margaret Mitchell)更棒,确定了和平通常比战争更好,确定了民主是比纳粹更好的政府制度。所有这些都是我们大多数人相信的,而且我们还更愿意认为,我们之所以相信是因为它们与事物的本来面目相对应,即这些信仰不是一些地方性偏见,不是我们社会和教育的产物。

---

[6] 也就是探察了(英文中证明[prove]和探察[probe]仅一个字母之别。——译者注)。所谓规则是通过例外得以肯定的观点——即"例外证明规则"的现代通行含义——是最纯粹的胡说。

[7] 弗莱切描述了用哲学家的法律理解来分析法律的误区,请看,George P. Fletcher, "Corrective Justice for Moderns," 106 *Harvard Law Review* 1658, 1661-66 (1993),这篇文章是对 Jules Coleman, *Risks and Wrongs* (1992) 一书的评论。

第二十二章 哲学家擅长什么？

罗蒂不这么看。[8] 他认为我们相信一件事是因为这个信仰符合我们的其他一些信仰。200年前，尽管人们对黑奴制就已争执不下，但这种制度却稳稳栖息在与种族差异起源有关的一个信仰体系中。我们今天对这些问题有了其他信仰，奴隶制与这些信仰不符，奴隶制就受到了诅咒。这不是因为奴隶制"真的"错了；如果"真的"是指比公共舆论更"客观的"某种东西的话，那么在这个问题上就没有"真"。只是奴隶制与我们目前的信仰体系不吻合，这个体系包括了晚近历史的关于种族平等的信仰，我们信条式持有这个信仰（尽管许多信仰持有者暗中也怀疑），就像我们的祖先信仰种族不平等一样。我想，罗蒂甚至愿意再向前跨一步，承认这个信仰体系还受奴隶制经济的价值变化的影响，并承认，就像艾玛尔（Akhil Amar）论辩的那样（本书第六章），我们在各种场合仍以其他名义继续容许"奴隶制"，包括监狱和养孩子。类似的情况是，直到哥白尼时代，事实上要更晚一些，日心说宇宙观一直没有效用，因此，这一宇宙观是否真理的问题就没有发生；也许某一天，这种宇宙观会再次没有效用并被人们抛弃。

这并非漫无边际的相对主义，它不认为对于我们的信仰体系来说，奴隶制、君权神圣或宇宙地心说的信仰只是时髦的选择。有人认为只有被证明的命题或赘言命题才为人们坚持，这是错误的；事实上，我们最无法动摇的信仰都是直觉的，并经常很容易发生变化。但是，既然没有什么能保证人类的探讨将聚合于什么最终实体（因为人的智识也许就无法抵达"最终实体"），并因此我们的思想都相对于我们的位置（民族、阶级、性别、种族等），那么进步——如果人们还可以这样称呼的话——的到来就既不会像真理大道上的阅兵，也不会是猛然的突破到达真理。真理来自实践知识的累积，来自我们观察世界的立场转变。当年，哥白尼决定以太阳替代地球作为太阳系中心，边沁因动物能感受痛苦提出动物也有道德权利（claim），就发生了这种转变。

在罗蒂看来，最基本政治任务就是要创建这样一种社会框架，培养宽容，对多样性和辩论予以法律保护，以此鼓励诸如哥白尼和边沁、基督和马克思、尼采和弗洛伊德、狄更斯和奥威尔这样的天才，这些人能展示强有力

---

[8] "我总是（也许并非总是，而是在过去20年间）迷惑不解，什么样的回答才能让希特勒无言以答。"Rorty，同前注4，页637。

的隐喻(诸如"引力"、或"本我"、或"吝啬鬼"、或"大兄弟")和其他重述,
粉碎我们的教条(尽管可能会建立一些新教条取而代之),丰富我们对多种
可能性的感知,增加我们控制物理和社会环境的技术储备,扩展我们的同
情。这个以宽容和多样性优先且以此为中心的就是自由主义的政治制度,
因为自由主义国家对实体价值持中立。这种制度只坚持程序价值,如保护
私隐、信仰和言论自由以及职业自由,这些程序价值都是为保证信仰、表达
和生活方式多样性所必须的。这些价值及其制度安全保障构成了"认识论
的民主制"[9],这种民主制类似本书导论中提到的"协商民主",但也有所
不同。这种制度与民意(popular will)无关或关系不大。与它相关的只是
创造必要条件,对各种个人、社会、科学以及任何其他问题展开智识讨论。

　　所有这些在我看来基本成立。这是对科学哲学的"错误难免"传统在
政治领域的概括。诸如密尔和皮尔士、杜威和波普尔,这些错误难免论者,
都强调科学程序和价值,而不强调科学真理,也就是强调过程,而不强调其
目标。这些科学家本人就是这样的探求者,他们都看不上以国家权力迫使
他人与自己观点一致(用大法官杰克逊的惊人语言来说,就是获得坟场的
一致)[10],他们以某种方式向这一探求者共同体提供了一些观点,令这些观
点如有虚假就可能被否弃。这一重视证伪的过程导致了视角的流变,而每
一视角都给知识库房中留下些许增长。这种勇于认错的科学勇气为所有
探求者提供了楷模。我承认关于科学的这种多少有点理想化的看法,但有
些哲学家把望远镜拿反了,因此在科学与文学批评之间或是在科学和魔法
之间,他们看不出其中很有意思的方法论差异。

　　强调科学的过程,而不强调科学的对象,我不是说要否认科学让我们
按其本来面目来感受事物,包括那些无法肉眼观察但确实存在的实体,如
原子、分子和 DNA 等,它们都不只是理论构造的。而以这种方式将实体分
割成原子、分子、DNA 以及其他,是人为的决定,为的是便利[11];很多技术
是从试错法中演化出来的,而不是从科学理论的运用中演化出来的;错误
理论也可能产生真知,例如,托勒密宇宙理论就可以用星辰指导航海;而理

---

〔9〕 关于这一点,请看,Hilary Putnam, *Renewing Philosophy*, ch. 9 (1992)。
〔10〕 West Virginia State Board of Education v. Barnette, 319 U. S. 624, 631 (1943)。
〔11〕 因此,说在人们发现恐龙之前就没有恐龙,并非全然是胡言乱语;将这些物理对象同其
他物理世界区分开来,并提出"恐龙"这个类别,这是人的创造。

论永远不能证明为真,只能证明为假,或证明有用,或证明虽假却还有用。因此,这种错误难免的科学进路并没改变着重点,它还是质问科学理论是否精确再现了实体的固有性质。但当把这种进路用于政治、法律和伦理问题时,那种"探索将告诉我们事物究竟如何"的感觉就大大减弱了,我们只能希望,通过理论的冲突、比较和承继,我们会变得更美好、更智慧和更幸福。在讨论萨特的虚构人物"皮埃尔"的两难时(他必须就参加抵抗阵线还是照顾风烛残年的母亲作出选择),普特南(Hilary Putnam)指出,无论皮埃尔作何选择,他也都永远不知道自己的选择是否正确。[12] 这种强烈的不确定性在法律中很常见。对于法律理论来说,特别贴切的这种罗蒂牌错误难免论和反基础主义也许可以解释,为什么——据 LEXIS 法律评论数据库的查询——学院法律人更常引用罗蒂,超过除罗尔斯和诺日克外(还有德沃金,但德沃金的情况特别)的任何其他活着的哲学家。

当然,鼓励实验主义,不应不考虑成本,而罗蒂有时未能提醒我们这一点。在政治理论上,纳粹的实验告诉我们很多东西,但如果有某人认为为获取这种收益值得付出这个代价,那一定太奇怪了。无疑,如果重新引进奴隶制,或采纳伊斯兰的刑罚制度,或像繁殖狗那样来繁殖人类,我们也能学到很多。挑战信条,包括挑战自由和仁慈这样的信条,都不错,但挑战并非价值无限的善。对它,必须同其他值得珍重的善,如生命、自由、幸福和社会稳定,予以平衡。

从认识论上为自由主义辩护,这与霍姆斯为言论自由的辩护刚好相似,这种认识论的辩护一直受各种批评。主要有三。首先是一些哲学实在论者和天主教提出的批评,当然还有其他人,说世界上有些可以通过理性之光发现的客观真理,有关科学、道德、政治和法律;我不打算讨论这种批评,因为这种批评属于无法确定的高级理论领域。第二种批评是麦金泰尔(Alasdair MacIntyre)提出的[13],他认为,一个社会如果不坚持某种基本统一的世界观,就无法通过近似科学讨论的理性辩论来解决分歧,因为争议者没有共同的基础。确实如此,但这一点不像麦金泰尔认为的那么可怕。原教旨反堕胎死硬派和支持堕胎随叫随到的女权铁杆,就很像是当年的废

---

[12] Putnam,前注 9,页 194。
[13] MacIntyre, "Moral Arguments and Social Contexts: A Response to Rorty," in *Hermeneutics and Praxis* 222 (Robert Hollinger ed. 1985).

奴者和奴隶主,确实生活在不同道德世界中。因此,并非偶然,堕胎的论争双方都使用了废奴者的言辞,并以这种言辞宣称双方有无法沟通的道德鸿沟。但是,无论哪方政治上都不占据支配地位。因此各方在努力争取支配地位时都向他人伸出了手,这些人与两个极端都有某些共同点,一方面感到反对堕胎随叫随到的意见很有分量,另一方面感到反对视堕胎为犯罪的意见也不可忽视,这些人能在两者之间作出理性的或至少是合乎情理的选择。[14] 他们像陪审员一样,都没事先决定支持谁。但无论他们如何决定,都不会令输方的死硬分子满意;死硬派感到的是受了强制,而没感到被说服了。许多败诉者,许多投票失败的群体都有这种感觉,但这种感觉与社会和平并非不一致。一个社会并不因缺乏规范性共识就引发分裂。

第三种批评是罗蒂式激进女权者和其他左翼批评者提出的,他们论辩说,自由主义实际并不中立。自由主义使争论者带着偏见,因为自由主义允许某些人积聚了大量财富,他们可能用来操纵公众舆论,令其他人湮灭于贫困和沉默中,如强迫女性在家中和市场都处于从属地位。自由主义中确实没法排除对这类偏见的宽容;但这个具体的经验主张却是虚假的。尽管美国的大众传媒主要为大公司和富有个体拥有,但不仅其记者和新闻评论人甚至其大多数社论作者和专栏作家都偏左,他们激烈批评富人、大公司、资产阶级自由主义和保守主义价值。今天在大学、传媒和政治中,女性和先前受压迫的少数族裔的发言人(spokesman)都已取得有影响高能见的地位。他们远非沉默,美国最强有力的通讯机构都在讨好他们,在这些机构中,他们也成功压制了一定数量对他们持批评意见但胆小畏怯的人。(除了我,谁还敢说"发言人"呢?*) 不是在苏联崩溃后仍然是社会主义的少数国家,而是在美国,人们可以听到对资产阶级民主制、自由资本主义、自由市场、消费主义、西方政治价值和美学价值、父权制、异性恋中心观、富人、黑人和其他少数族裔人士所受待遇以及其他任何左翼激进派不赞同的

---

[14] "尽管美国有许多主张女性选择和主张婴儿生命的群体,也尽管这些群体占据了媒体的关注,但美国只有比例很少的人属于非常派别化且非常极端化的群体。美国绝大多数人都不极端,都不持非常派别化的态度。大多数人处在两个极端之间,并表现了相当程度的两难态度。" Hyman Rodman, Betty Sarvis, and Joy Walker Bonar, *The Abortion Question* 143-144 (1987).

* 英文的发言人(spokesman)一词的字面翻译当为发言的男子,今天已改为 spokesperson。——译者注

第二十二章 哲学家擅长什么？

事物最强烈喧闹的批评。收入和财富的不平等其实并没封杀争论。

我已论辩了,对罗蒂立场的两个主要批评,即我们社会没有足够的共识来对竞争的道德或政治视角作出理性选择以及自由主义压制了批评,这两点事实上都不正确。人们也许预期,罗蒂也会这么说。他没有这么说,至少没明确这么说,因为一方面他确实说了这样的话,"我认为我们国家尽管有过去和目前发生的凶残和邪恶,尽管它继续急于将一些傻瓜和无赖选为高官,但它还是至今创造的最好社会中的好范例",还说了"像我这样的人认为,启蒙运动的政治道德遗产……并没什么错误",但与这些评论相抵牾的是另一些非常悲观的预言,什么"1973年也许是结束之开始",什么"刘易斯(Sinclair Lewis)的《不会出现在此》也许会变成日益可能的方案",什么美国"随时可能滑陷法西斯主义"。[15] 在他深情称为资产阶级民主制中,他发现了如此深重巨大的缺陷,乃至他几乎绝望。这导致他说,如,"如果世界上还有希望的话,这就在第三世界"。[16] 我怀疑许多第三世界国家的人是否同意这点。他们大多数会说,如果第三世界还有希望的话,那就是迅速仿效西方的政治和经济制度,特别是资本主义及其制度性先决条件,即产权和法治。即便"第三世界"这个词还没有过时,但它也许很快就会过时,因为"第二世界"(苏联帝国)已经消失。随着中国和印度以及拉丁美洲民族削弱其经济的国家控制(东亚民族,中国除外,很大程度上都已这样做了),"第三世界"正成为非洲的同义词。然而,直到1988年,各地的社会主义都摇摇欲坠时,我们发现罗蒂还在希望"某天什么地方,一个大工业社会(诸如巴西)刚选出来的政府发布命令,要求每个人无论从事什么职业或有无能力,收入都相等"。[17] 这个具体的实验,或至少是大致接近的实验(我想从来不会有人认为不折不扣的同等收入行得通),从苏联最早期开始,在第三世界和其他地方已实验多次,都失败了。[18] 现在是在那些最可能因此受害的国家敦促停止这种实验的时候了。我要提醒读者的是我前

---

[15] Rorty, 前注1,页141、150—151。所有这些话语都出自一篇发表于1993年的论文!

[16] "Unger, Castoriadis, and the Romance of a National Future," 82 *Northwestern University Law Review* 335, 340 (1988)。罗蒂授权我说,他"今天认为这话'很蠢'"。

[17] 同上,页349。

[18] 请看,例如,Peter J. Boetthe, "The Soviet Experiment with Pure Communism," 2 *Critical Review* 149 (1988)。其他地方包括"文革"中的中国、卡斯特罗的古巴、朝鲜以及西班牙内战开始时的西班牙共和国。

面的一个观点,即不应将社会实验视为无需代价的,或是说,这些代价总是值得的。更深的要点是,实用主义者应当对先前实验的结果感兴趣,而不只是对更多实验感兴趣。

我们发现,罗蒂1991年担心"世界上没有拯救南半球的建议",可能的例外是"自上而下的技术官僚的建议,例如中国严格的一家一个孩子的政策",以及其他不明确的"中央计划"设计。[19] 如果我们考察一下近年来印度尼西亚和墨西哥这些南半球主要国家经济的显著增长,罗蒂对南方的悲观可谓为时过早。这种增长,没什么是出于中央计划;而是由于拆除了中央计划,让位给了自由市场。

在苏联解体4年前,罗蒂写道,"看来时间是站在苏联那边"。他谴责那些"操纵里根的影影绰绰的富人"是"一帮恶棍"。[20] 这些断言令人想起像勃罗(Jo Burrow)这样的罗蒂式左翼批评家居住的那个想象世界,在一篇不是1960年而是1990年发表的随笔中,勃罗提出与苏联竞争的国际经济体制也许不公道,认为桑地诺的尼加拉瓜是进行非马克思主义社会改革和民主改革的地方,认为贫困国家只有"不让技术工人出国"(用柏林墙?)、"不鼓励生产只有利于富人的经济作物"(不鼓励出口)才能"打破北方的垄断",他宣布自由主义学说"过时了",我们需要"全新的政治制度,将包容东方和西方、北方和南方",他还批评罗蒂忽视了"法兰克福学派已制定了实用主义的社会主义替代制度"。[21] 这是左派的陈腐梦幻世界,阅读罗蒂最喜欢的作家,无论是尼采还是德里达,萨特还是海德格尔,奥威尔还是纳巴科夫,你都不会从中醒来。这些作家中,有些是伟大的思想家,但就解决现代世界的问题而言,他们不可能比普拉克西特利斯(Praxiteles)或瓦格

---

[19] Rorty, "Love and Money," 1 *Common Knowledge* 12, 14-16 (1992).

[20] "Thugs and Theorists: A Reply to Bernstein," 15 *Political Quarterly* 564, 566-567 (1987). 甚至最近,罗蒂还写道"[这个国家]的发展令人想起魏玛共和国",并声称"共和党人已经用12年时间掠夺这个国家,蓝领阶层的选民已明显永远不理睬自由民主党人了"。"The Feminist Saving Remnant," *New Leader*, June 1-15, 1992, pp. 9, 10.

[21] Burrows, "Conversational Politics: Rorty's Pragmatist Apology for Liberalism," in *Reading Rorty: Critical Responses to "Philosophy and the Mirror of Nature" (and Beyond)* 322, 337-338 nn. 27-28 (Alan R. Malachowski ed. 1990).

第二十二章 哲学家擅长什么？

纳*贡献更多，只是奥威尔有某些例外。[22]

不应指责罗蒂没预见到当时已即刻发生的共产主义世界的崩溃；实际上其他人也没预见到，即便那些终身研究共产主义的人也都如此。并且，尽管情感上他为左派的梦吸引，但他还是表现出比那些长期坚信共产主义（如果不是苏联，那么就是中国；如果不是中国，那么就是古巴；如果不是古巴，那么就是东德）的人更理智。他关于政治生活中的知识分子的论文大胆抨击了当代某些英语系对政治正确和激进左翼的崇拜。[23] 他也展示了我们何以可能保存与分析哲学传统不同的如尼采和海德格尔这样的"启示性"哲学代表人物，使他们免受"反动政治"的指控，他的做法是把这些人的努力重新理解为个人的，而不是政治的或形而上的，他认为这些人如弗洛伊德对个人如何好好生活以及如何把握我们的生命说的话很有价值（对后一问题而言，尼采特别珍贵）。所有这些都与资产阶级自由主义完全兼容，事实上正是由于资产阶级，自由主义才成为可能；就像爱默森和密尔理解的，资产阶级自由主义创造了个体生活实验的诸多机遇，而这些启示人的思想家都忙于设计自己的生活实验。

罗蒂缺失的是对社会科学的坚实把握，这不仅为解决富有自由国家的问题设计明智办法所必需，甚至也为辨认这些问题所必需，换言之，把这些问题同一些伪问题区分开。例如，富国是否剥削了穷国，对于美国来说，联邦政府的预算赤字或来自日本的竞争是否真是重大问题（后者完全不是个问题），艾滋病是否表明这个国家的社会危机而不是一种危险但还比较容易控制只是费用略高的丑陋疾病，我们用于医疗保健的费用总量是否过度（尽管病人的费用配置也许不恰当），就业从制造业向服务业的转移是否是个问题，储贷之崩溃是否只是可预见的新政时期愚蠢的银行规制的结果，毒品问题是否更多是为消除毒品愚蠢努力的结果（如同禁酒时期的酒问题一样），收入和财富分配是否过分不平等，总体来看，美国教育体制是否明显不如其他富国或是资金严重匮乏，或是我们的物质基本建设是否正在崩溃，这些问题都不清楚。我不认为我们应为工会的衰落感到遗憾，就像我

---

* 普拉克西特利斯是古希腊雕塑家；瓦格纳是近代德国音乐家。——译者注
[22] 说"部分"是因为他从没放弃对民主社会主义的信仰，这个信仰的浮浅程度就如同他批评共产主义的尖锐程度一样。
[23] "Intellectuals in Politics: Too Far In? Too Far Out?" 38 *Dissent* 483 (1991).

们不应当为其他工业巨头(如底特律汽车制造商)的衰落感到遗憾一样。

这些估计也许都错了。我确定知道的只是,刚才提到的这些所谓问题都提出了些艰难的分析问题和经验问题,都不再可能由只学过人文的人凭他们的直觉和分析程序来理解,更不说解决了,就像高能物理或大脑外科问题不可能通过仔细阅读《逻辑哲学论》*来理解解决一样。然而,在罗蒂看来,经济学理论,或那些同社会问题或许沾点边的社会科学理论都只是理论而已。而他反对社会理论。但世界上的社会理论很不同。仅仅因解构或主张极端自由资本主义(anarcho-capitalism)的新奥地利学派对解决实际问题毫无用处,不能自然而然得出,什么理论对解决实际问题都没用。经济学确实没有无可辩驳的分配正义理论,但对于那些为实现更平等的收入和财富分配政策的明显后果,经济学可以说很多话。实行房租控制、价格控制、最低工资、就业保护、公共住房、累进所得税、医疗保险、票券制以及累退所得税的后果如何,都有堆积如山的理论和经验研究,它们为有根有据地分析再分配政策提供了不可缺少的关于事实的预断。[24]

---

* 早期维特根斯坦的哲学名著。——译者注

[24] 很说明问题的研究(并非全是否定性的)有, Finis Welch, *Minimum Wages: Issues and Evidence* (1978); *The Economics of Legal Minimum Wages* (Simon Rottenberg ed. 1981); Charles Brown, Curtis Gilroy, and Andrew Kohen, "The Effect of the Minimum Wage on Employment and Unemployment," 20 *Journal of Economic Literature* 487 (1982); Edgar O. Olsen and David M. Barton, "The Benefits and Costs of Public Housing in New York City," 20 *Journal of Public Economics* 299 (1983); William A. Rabiega, Ta-Win Lin, and Linda M. Robinson, "The Property Value Impacts of Public Housing Projects in Low and Moderate Density Residential Neighborhoods," 60 *Land Economics* 174 (1984); Howard J. Sumka and Michael A. Stegman, "An Economic Analysis of Public Housing in Small Cities," 18 *Journal of Regional Science* 395 (1978); Robert A. Androkovich, Michael J. Daly, and Fadle M. Naqib, "The Impact of a Hybrid Personal Tax System on Capital Accumulation and Economic Welfare," 36 *European Economic Review* 801 (1992); James M. Snyder and Gerald H. Kramer, "Fairness, Self-Interest, and the Politics of the Progressive Income Tax," 36 *Journal of Public Economics* 197 (1988); Martin Feldstein, *Hospital Costs and Health Insurance*, pt. 2 (1981); Roger Feldman and Bryan Dowd, "A New Estimate of the Welfare Loss of Excess Health Insurance," 81 *American Economic Review* 297 (1991); Joseph Friedman and Daniel H. Weinberg, *The Economics of Housing Vouchers* (1982); E. Jay Howenstine, *Housing Vouchers: An International Analysis* (1986); Orley Ashenfelter and Mark W. Plant, "Nonparametric Estimates of the Labor-Supply Effects of Negative Income Tax Programs," 8 *Journal of Labor Economics* S396 (1990); John F. Cogan, "Labor Supply and Negative Income Taxation: New Evidence from the New Jersey-Pennsylvania Experiment" 4 *Economic Inquiry* 465 (1983); Allan H. Meltzer and Scott F. Richard, "A Positive Theory of In-Kind Transfers and the Negative Income Tax," in *Political Economy* 53 (Allan H. Meltzer, Alex Cukierman, and Scott F. Richard eds. 1991). 关于价格控制,请看第一章;关于就业保护,请看第十三章;关于房租控制,请看第十八章。

第二十二章　哲学家擅长什么？

罗蒂认为，要理解我们社会的问题，所需的一切就是收集些记者的术语，我们就能讨论富人剥夺穷人、强者践踏弱者，就能谈论上层阶级过分贪婪、中产阶级自私无情，就能讨论恶棍和百万富翁对政府和媒体的控制。就有些目的而言，这些术语也就够了，奥威尔这位伟大记者就证明了这一点。但就描述和解决我们社会的问题而言，这套语汇就太贫乏了，这就是为什么奥威尔倡导的民主社会主义今天惨败至此的缘故。我们社会的问题也许确实是幕后操纵、坏人捣鬼、垄断或财富集中造成的，或许这都只是现代性的固有特征，或是资本主义与民主制之间甚或是自由主义与民主制之间相互摩擦的、可补救或不可补救的后果。这些都是可以研究的经验问题，要研究的是投票、利益集团、立法、规制以及现代民主制政府的其他特点，一些经济学和政治科学的重要著作就证明了这一点。不应当用一套让探讨者事先表态的语汇把这些必要的探讨都简单化了。即使世界上没有如同西方思想核心传统的宗教和哲学思想家长期信仰的那种深层的形而上实体，这也不自然得出，我们剩下的就只是个浮浅的唯信仰论（antinomianism）。还是有些中层社会科学理论和经验方法论，其效用并不因缺乏形而上的基础而弱化了。

我看不到有任何证据表明罗蒂或者是批评他的左翼人士曾对他们写作的任何政治或社会或经济问题进行过研究，无论是美国的对外政策问题，还是百万富翁对里根政府政策起作用的问题。甚至他们并不把这些问题当做一些可以研究的问题，当然，最典型例证并不在罗蒂的著作中，也不在评论罗蒂的著作中，而碰巧见于我前面提到过的普特南的一本书中。在哲学界，普特南以数理逻辑著作以及关于语言、心智、数学和物理学的哲学而著称。如果说还有什么比德里达的《论写作学》(*Of Grammatology*)（这是德里达著作中最清楚易懂的一本）距美国的南美政策更遥远的，那就是普特南专长的这些非常技术性的逻辑和哲学分支。但就像坎布里奇的另一博学者乔姆斯基（Noam Chomsky）一样，普特南对美国的拉美政策也有很强的看法。该书有一章原来是他1983年的一篇讲演，普特南谴责他想象的共和党政府在拉美国家强化独裁政权的政策。[25] 1990年他把该讲演重新出版时，很明显，他没想到该考察下这一地区新近的政治历史。如果这样

---

[25] *Realism with a Human Face*, ch. 12 (1990).

做了,他就会发现,在里根和布什政府时期,拉美的每个独裁或军人政权都因各种方式下台了或被推翻了,被一种合乎情理的近似民主制取代了[26]（当然卡斯特罗例外——而我要大胆说普特南曾一度钦佩卡斯特罗）;他会发现,这些国家一个接一个放弃了它们对美国的传统愤怒,都忙着模仿美国经济政治制度;并且,他会发现,这种向自由市场、自由贸易、生产资料私有以及自由选举的转向,或简而言之,这种向被鄙视的资产阶级自由模式的转向,在这些穷国范围内来看,带来的是繁荣。我不是说,这功劳应归功于共和党,也不是说有哪届美国政府为促进拉美的民主繁荣曾有多少努力。我只是质疑普特南是否知道1980年代发生了些什么。

另一章的标题无意间说到他自己（"为何不去解决伦理问题"）,普特南说自己不是经济学家,但随后,他就对美国的失业问题发表了看法。这些议论仍然很陈腐,因为令他失望的那个失业率是1982年的10%,确实很惊人,但他忘了告诉读者,打那以后就一直没有过这么高的失业率。普特南一生曾两次受马克思主义歌声的诱惑,他为自己辩解,但他没有因这些经历受到足够的惩戒,对远离他的知识领域的问题不公开发表评论。他令人想起另一位伟大的逻辑学家罗素(Bertrand Russell),也爱对日常政治问题发表看法。

在提出和反驳以其专于研究和批评的文本为基础的论证时,用起像罗蒂和普特南这样特别学院派哲学家最是顺手。罗蒂指出,摧毁了自由主义的传统哲学基础,不等于摧毁了作为理论的自由主义（没哪位哲学家有多少可能成功摧毁如此成功的一种实践）,在他擅长的这个圈内,罗蒂干得不错;因为有个完美的非基础主义认识论支持着自由主义,根植于密尔、皮尔士和波普尔、詹姆斯和维特根斯坦的非基础主义哲学分析中。但是,当罗蒂预言苏联会胜或第三世界救世主就要来到时,他就在谈论一些他从来没有研究过的问题,研究这些问题必须有某些智识工具,而他从来也没试图获得这些工具。尽管他赞美科学家,赞美他们无私、系统和从事实出发探讨的传统,但是他并未以科学精神切入这些政治问题。

普特南写道,"无论何时,只要给先前受压迫群体机会来展现他们能

---

[26] 自1990年以来,在海地、秘鲁和其他地方都曾倒退到独裁,但我不知道有谁因这些发展指责过美国。关于1980年代拉美民主化的一个均衡讨论,请看,Dietrich Rueschemeyer, Evelyne Huber Stephens, and John D. Stephens, *Capital Development and Democracy*, ch. 5 (1992)。

力,就会令我们吃惊"[27],他这样写也就是说说而已,并不上心,只表示了自由主义的虔诚;如果他调查一下这个问题,他很快会意识到他的话是虚的。罗尔斯谴责他所谓的"市场战略性广告宣传,这见于为少数厂商支配的不完善的和寡头的市场"[28],很明显,他谈的是些二手货。泄露这点的是"为少数厂商支配的寡头市场"这个短语,因为在经济学中为少数厂商支配就指寡头。他批评这些厂商的广告宣传,因为这种广告寻求"用口号和吸引眼球的图片等"[29]来影响消费者,但这种描述对他认为应当神圣的政治广告同样贴切。至少对某些人来说,这是神圣的,因为罗尔斯就强烈批评最高法院的信念:政府限制政治候选人自己花钱的数量违宪。罗尔斯认为,如果政治活动上富人可以比穷人花费更多钱,就否认了基本自由上的平等,他还认为联邦最高法院判决允许这种做法与重划选区(reapportionment)案上联邦最高法院确认的"一人一票"规则不一致。就像我在第六章提到的,一人一票规则的实际效果究竟如何,并不清楚;限制竞选费用的规则对推进民主制或观念市场的效果究竟如何,同样不清楚。这两种限制都提出了一些复杂的理论和经验问题[30],而罗尔斯对此都没讨论。

另一位不错的分析哲学家安德森(Elizabeth Anderson)建议以"工人合作社"来替换资本家的厂商,这部分因为"环境保护会更多趋于与工人企业的利益和理想和谐,而不是同资本家的企业利益和谐",因为"工人与资本家不一样,工人必须生活在他们工作的社区中,因此必须同他们造成的污染相伴为生"。[31]很明显,安德森的写作材料也是转手的。如果"工人"既包括办公人员也包括工厂工人,或如果某厂商有几个或多个工厂,只有其中几个有污染,那么大多数工人业主就不会受该企业污染的威胁。并且,

---

[27] Putnam,前注9,页198。

[28] Rawls, *Political Liberalism* 364-365 (1993).

[29] 同上,页365。

[30] 请看,例如,Alan I. Abramowitz, "Incumbency, Campaign Spending, and the Decline of Competition in U. S. House Elections," 53 *Journal of Politics* 34 (1991); Bruce Bender, "An Analysis of Congressional Voting on Legislation Limiting Congressional Campaign Expenditures," 96 *Journal of Political Economy* 1005 (1988); James B. Kau and Paul H. Rubin, *Congressmen, Constituents, and Contributors: Determinants of Roll Call Voting in the House of Representatives*, ch. 8 (1982)。即便桑斯坦,一位像罗尔斯那样坚信政治平等的人,也不过会说"以法律控制竞选费用似乎有道理,但很难说清楚"。Sunstein, *Democracy and the Problem of Free Speech* 99 (1993).

[31] Anderson, *Value in Ethics and Economics* 213 (1993).

即使受威胁,他们也比股票持有者更可能因控制污染措施失去更多,他们会失去工作,因为这些措施会提高厂家的费用,使厂家更少竞争力,迫使厂家限制产出甚或彻底关门。更重要的是,只在数页之前,安德森还曾论辩说工人容易低估工作场所的危险。[32] 为什么当工人和老板在更少工作机会与更少污染之间作选择时,就不是这种情况了?事实上,从安德森引证的一位崇拜工人企业的作者看来,西北胶合板合作社——这是美国工业部门中工人企业的主要"成功故事"——的工作条件与资本家锯木厂是同样的脏乱、嘈杂和危险。[33]

这些问题安德森都没讨论,她也没考虑工人拥有的成功企业很少这本身也许就告诉了我们什么,即是否可能以这些企业形式来重新改造整个经济[34],她依赖的过时文献都基于南斯拉夫铁托时代工人经营工厂的所谓成功经验[35],而忽略了有关工人企业实际问题和实际绩效的大量新近文献。[36]

哲学家不食人间烟火还有最后一个例子。罗蒂关于奥威尔《1984》的讨论[37]是一流的文学批评,但他把已经为到1989年的历史证伪的小说中的某些内容,即该小说对1980年代生活的预测,都当真了。罗蒂写道,"有时,有些东西第一次见它就很糟,后来证明就是那么糟。奥威尔有助于我们对40年来为更多经验肯定的政治境况提出了一个悲观描述"。[38] 而40年实际显示的是,奥威尔高估了政府对人们洗脑的力量。1989年,柏林墙倒了,两年后苏联解体了,这应明显证明几十年灌输共产主义对共产国家居民的基本价值和信仰的影响并不深,包括对那些本人就出生在,事实上

---

[32] 同上,页195—203。

[33] Christopher Eaton Gunn, *Workers' Self-Management in the United States* 130 (1984).

[34] 在社会主义的生产组织中,以色列的集体农庄(kibbutz)是比较成功的试验。但以色列工人中只有很少比例的人在集体农庄中工作过,并且比例也在逐渐减少。因此,要假定这种集体农庄为整个经济提供了一个组织模型,这很危险。假定可以这个胶合板合作社来塑造美国经济,同样危险。

[35] 请看,Jaroslav Vanek, *The General Theory of Labor-Mangaged Market Economies* (1970)。

[36] 一个出色的概述,请看,Henry Hansmann, "When Does Worker Ownership Work? ESOPs, Law Firms, Codetermination, and Economic Democracy," 99 *Yale Law Journal* 1749 (1990)。

[37] Rorty, *Contingency, Irony, and Solidarity*, ch. 8 (1989). 还有个例子就是M. J. 拉丁为房租控制所作的哲学辩护,请看,Margaret Jane Radin, "Residential Rent Control," 15 *Philosophy and Public Affairs* 350 (1986),她对有关价格控制的经济学文献一无所知。

[38] Rorty, 前注37,页182。

第二十二章　哲学家擅长什么？

其父母也出生在，共产制度下的人。一旦瓶盖打开，往昔的爱、恨、偏见、欲望和迷信就溢出来了。电视的重要性也不像奥威尔预测的那样，成为监视的媒介，而是成为世界性交流的媒介，使共产政府无法对人民封锁西方的本质真相，即西方居民更自由、更健康、更繁荣。唯一为共产主义永久扭曲只是某些知识分子的心灵，因为他们是唯一投资于意识形态上的人。

罗蒂了解这一切，但他拒绝这些寓意，因为他相信——同他拒绝基础主义相关的一种错误——人们可以为政治经济精英塑造，甚或非常可塑，甚至无需政治经济精英。要想根据生物学和社会科学构建人们行为和能力的图像（这会令温斯顿和奥布赖恩*都很不现实了）[39]，你不需要接受被罗蒂正确嘲笑的那种"人性"的形而上概念。[40] 一般人（即现实世界上的温斯顿）并不都像奥威尔想象的那样"面"，也不像政治精英（现实世界的奥布赖恩）那么高效。"人民"并非宣传部门、推销商或自命不凡的宗教或文化精英的顺服工具。人民也并非不是非常残酷、暴力和愚蠢，或不会受乱七八糟的政治吹鼓手的鼓动，或是他们拥有自由意志的"才能"。实在对不起阿克曼（本书第七章），我对集会民主选举中民众的智慧没多高评价。但他们大脑不可能为奥威尔和罗蒂（罗蒂更没借口，因为他多了40年经验）轻易假定的现代国家或大企业或传媒扭曲。但很自然的是，教师总应相信洗脑是可能的。

这个政治的罗蒂毫无必要地令哲学的罗蒂疏远了他的部分听众，并且这些听众都处在政治的两极，这相当奇怪。但我认为，由于罗蒂过分抬举昂格和麦金农，特别疏远了下面这些接受了某种荒谬观点（罗蒂不持这种观点）的人，这些人认为，实用主义是种左翼哲学，提出这种左翼哲学就是怀疑西方科学、法律、政治和道德传统中的基础。提出实用主义是要怀疑一切哲学基础，但并不必然是为颠覆那些似乎是建立在这些基础之上的实践，它只是展示实践并不建立在这些基础之上，展示实践的有效性取决于对后果的评价而不取决于它们是否有基础；建筑行业来的这些隐喻不能昭示社会制度的正当化。就因为实用主义的推论，就支持昂格的非自由主义

---

* 两人都是奥威尔小说《1984》中的人物。——译者注
[39]　同上，页187，他用性本能作为可塑性的例证。我感到很奇怪。请看第二十六章。
[40]　"从深层意义上看，并没有柏拉图和［莱维・］斯特劳斯所说的人性这种东西。"Rorty, "Education, Socialization, and Individuation," *Liberal Education*, Sept./Oct. 1989, pp. 2, 5.

激情,赞同以某些动摇政府的部门设置来砸烂包括产权这样一些自由主义构成性制度,那就是一个哲学的错误。

实用主义操纵着离合器,使飞速旋转的哲学抽象机器同指导我们生活和社会的实际事务分离开来了。它力求使我们从基于"哲学"思考的前见中解脱出来。然而,一些重要信息变得不清楚了,因为有位实用主义领军哲学家向我们提出了(不论他是何等的漫不经心和随意)一些关于第三世界和里根政府百万富翁的陈词滥调,这反映出他的某些前见就像支持常规哲学思考大厦的任何其他前见一样,都是脆弱的、恣意的和未加考察的。

哲学与法律

与本章论点有点紧张的是,努斯鲍姆论辩说,哲学家对法律教育和法学可以有很多贡献。[41] 在她看来,哲学家的作用就是探查那些讲求实际的人——如律师、医生和经济学家——的一些未经考察的设定;简单说来,其作用就是像苏格拉底一样。我认为现代哲学家不很像苏格拉底,苏格拉底冒着生命危险,最终也牺牲了生命,因为就像耶稣基督一样,他超出了审慎的限度,坚持质疑他所在社区中最强大的人们的价值和做法。[42] 真实情况是,今天有许多哲学家确实对某社区的价值提出一些深层和彻底的问题,但很少质疑他们自己的社区。例子之一就是科学哲学家质疑科学共同体包括经济学共同体的做法。努斯鲍姆提出,在法律中,哲学家也可以以几种方式扮演与之类似的角色。他们可以质疑法律经济学的核心——理性概念。他们可以比律师和法官更严格地分析法律案件中频繁出现的诸如正义、自由意志以及意图这些哲学概念。他们可以理顺法律中"理性"与"情感"的关系。她认为,要想使法律获得严谨的哲学思考,最好是法学院雇请哲学家来打半工,教授常规的法学院课程,他们会把哲学的严谨带进法学课程。她意识到,许多法学教授已经把哲学带进了课程和著述,但她

---

[41] Martha C. Nussbaum, "The Use and Abuse of Philosophy in Legal Education," 45 *Stanford Law Review* 1627 (1993).

[42] 为什么苏格拉底会遇到麻烦,这是最透彻的解释;另一解释就是他过于接近民主制复辟前的那些不受欢迎的寡头统治者了,而正是复辟的民主制处死了他。Karl Popper, *The Open Society and Its Enemies*, vol. 1: *The Spell of Plato* 192-193 (5th ed. 1966).

第二十二章　哲学家擅长什么？

担心他们还太不专业。

如果哲学家可以给法律贡献如此之多，那么问题就是，为什么他们受雇于法学院又如此之少。难道仅仅因为法学院的法律概念过于狭仄（因为确实如此）？大多数从事法哲学的法学教授，或是把哲学带进其教学和写作的其他领域的法学教授，都有哲学学术背景；有些甚至有这方面的博士学位。但他们也几乎全都有个法律学位，他们都从来不曾是哲学系教员，也不曾在哲学杂志上发表过著述。在经济学界，境况就不同了。许多法律经济学作者都不曾有法律学位，包括科斯、迪莱克特、兰德斯、波林斯基、肖维尔（Shavell）和西蒙斯；然而这些经济学家（以及其他我可以说出名字的经济学家）都是法学院全职教员。有相当数量的"纯"经济学家，他们在法学院不曾有全职，甚至没有任何任职，但他们对法律思想作出了直接贡献；这包括阿尔钦、贝克尔、德姆塞兹、戴蒙德（Diamond）、埃里希（Ehrlich）、詹森（Jensen）和斯蒂格勒。尽管法学教授从一般哲学家那里撷取了各种观点，但这些哲学家中很少有人以重要方式讨论过法律问题，无论是教义的还是制度的问题。罗尔斯和罗蒂就是顺便提到过法律的少数一般哲学家的例证；有少数当代哲学家，虽没受过法律训练，但谈论法律问题也不信口开河，例如科尔曼（Jules Coleman）（他在耶鲁法学院有全职）、墨菲（Jeffrie Murphy）、汤姆森（Judith Jarvis Thomson）以及努斯鲍姆本人。当人们说起当今的法律哲学家时，人们会想到这样一些人物，德沃金、弗里德（Charles Fried）、古德里奇（Peter Goodrich）、格林沃尔特（Kent Greenawalt）、格雷、H. 哈特、克隆曼、米歇尔曼、摩尔（Michael Moore）、M. J. 拉丁、拉兹（Joseph Raz）、里甘（Donald Regan）、肖尔（Frederick Schauer）、辛普森（Brian Simpson）、桑斯坦、L. 温里波（Lloyd Weinreb）、E. 温里波（Ernest Weinrib）以及 R. 韦斯特，这些人全是法学教授。[43] 努斯鲍姆认为法律杂志的大多数哲学文字都是大学新生的水平，她将此归结为这样一个事实，即"不经多

---

[43] 为了更系统进行这一比较，我比较了美国法学院协会 *AALS Directory of Law Teachers 1992-1993*（1993）中列在"法哲学"名下和列在"法律经济学"名下的教授，这是美国法学院全工教员人名录（带简历）。从 642 名法哲学教授中随机挑选的 184 人中，只有 4 人（2.2%）没有法律学位，而在 118 名法律经济学教员中，10 人（8.5%）没有法律学位。顺便说一句，H. L. A. 哈特不合我的名单。尽管哈特一度是英国出庭律师，他的本科学位却是哲学，并且在他被任命为牛津大学法理学教授之前，他的学术任职一直在哲学系。当时，对英国哲学家来说，也没获得高级学位的习惯。

年的训练和实践,一个人无论干什么都可能干得很糟",她还认为在法学院任半职的哲学家可以"逐渐学会很多法律,首先学一些法律课程,最终教授某些一年级常规课程"。[44] 然而,尽管努斯鲍姆这样认为,但更常见的是法学教授学了足够的哲学来从事法哲学,而不是哲学教授学了足够法律来从事法哲学。

对于这一点,有好几个理由来解释,而这些理由使我对努斯鲍姆的提议表示悲观。首先是,就像本书前面提到的,分析哲学的技巧和法律推理的技巧很相近。这对法律职业工作有重要寓意。一个哲学学得不错并认为也许可以把哲学用于法律的大学生,可以合乎情理地预期他在法学院也会学得不错;如果他想成为收入两倍于哲学教授的法学教授,或者是想成为收入数倍于哲学教授和法学教授的法律实务人,他所需的唯一研究生学位就仅仅是法律学位。而经济学分析,要大量倚重建模和经验研究的数学和统计学技巧,这既不同于法律分析,也不同于哲学分析。数学技巧和言辞技巧常常不相关,然而如果没有言辞技巧就很难在法学院干好,因为常规法律教育非常重视阅读和写作。因此,喜好经济学并自认为也许可以把经济学用于法律的大学生会知道,一方面,进法学院他学的可不是那种可轻易替代经济学分析的分析技巧,而另一方面,他也知道,不能保证自己在法学院也学得不错。因此,如果想用法学院的训练替代自己的经济学研究生训练,他会断定自己是净输家。与此相联系的考量是,经济学博士要比哲学博士的市场价值大得多。学术经济学家的收入要比学术哲学家多,这部分因为经济学博士学位在该学科外也有很好的工作机遇,还可以通过咨询获得额外收入。这就容易理解,为什么初露端倪的法律经济学分析家,如果不渴望从事法律教义分析,就更有可能走经济学博士的路,放弃法律学位,而那些初露端倪的法律哲学分析家却不大可能放弃法律学位,走哲学博士的路。这里的要点是,哲学更可能为法律人用于法律,而不是被联合任职法学院和哲学系的哲学家用于法律。

就像在讨论科斯的方法论观点时我暗示的,究竟法哲学由自称法学教授的人来做,还是由自称哲学家的人来做,这没太大关系;那主要是大学各系科边界的调整问题。之所以没多少关系,是因为法学院缺乏某些制度特

---

[44] Nussbaum,前注41,页1644。

第二十二章 哲学家擅长什么？

点；而在诸如哲学这样的领域内，这些制度特点对鼓励扎实的学术文献则很是重要。然而，你很难证明，如果德沃金既得过哲学博士同时也得过法律学位，他就会是位更好的法律哲学家。

真正关系比较大的是，分析哲学和法律推理一样，都有如此多的弱点。我们通常将之同英美哲学联系起来的那种剃刀般锋利的逻辑和论辩技巧，是伟大的批评工具，但对于解决实际法律问题——诸如如何处理堕胎、强制招供或死刑问题——没太大作用。普特南评论说，"哲学家的某些标准方法，细心论证和区分，其成功的地方在于它显示了某个哲学立场是错的，而不在于它确立了某个具体哲学立场是对的"。[45] 他说的是哲学的立场，那么运用哲学家的标准方法来确立某个非哲学的立场正确就一定更难。要能对解决实际法律和社会政策问题有重要推进，你需要理解很多受质疑的具体法律社会实践。但在事实层面上，大多数分析哲学家都不顺手。（欧陆传统的非分析哲学家在这方面大多也是如此。）对于某些受质疑的做法，有些人的直觉与哲学家的直觉不同，哲学家更情愿展示这些人立场前后不一以及其他缺陷，而不是为哲学家自己的直觉正当化。这也就难怪，在提出和批评法律政策上，哲学家还未能扮演更重要的角色。

---

[45] Putnam，前注9，页134。罗蒂怀疑分析哲学可否避免"成为颓败的经院哲学"。Rorty, "Tales of Two Disciplines"（unpublished, University of Virginia Dept. of Philosphy, n. d.）.

第六编　法学的边陲

第二十三章

再论法律与文学

自1968年开始教学以来,我的主要学术兴趣一直都是经济学在法律中的运用。但这个兴趣点已发生变化。1968年时,运用经济学的主要法律领域是反托拉斯法以及公用事业和公共交通规制;这也是我学术著述起步的领域,在1962年至1968年为政府服务期间,这些都是我的专长。然而,随着时间流逝,我对"新"法律经济学的兴趣日益增加,而所谓"新"法律经济学就是将经济学运用于一些似乎与竞争、市场、价格以及其他常规经济现象没有关系或只有边缘性联系的法律领域。我之所以对与常规经济学相距遥远的法律领域以及其他社会实践领域内的经济学运用感兴趣,在于我对科斯规定的方法论有保留,科斯把适于运用经济学的领域限制得很窄。这也就解说了为什么我对法律经济学的兴趣会蔓延到其他一些法律交叉学科领域,例如,女权法理学、批判法学、法律与哲学、法律与政治理论以及法律与文学。任何人,如果他想探讨一下代孕、犯罪责任、普通法的效率、立法的再分配效果、法官行为、积极补偿行动的经济学,或是想探讨一下我们主要通过文学材料(例如荷马史诗以及冰岛传说)了解的早期社会法律制度的经济学,他就一定得了解一下我提到的其他交叉学科领域,并对这些学科对我们了解法律和法律制度的可能贡献——无论是同经济学相互合作还是同经济学相互竞争——感兴趣。一般说来,在学术文献中,诸多学科领域间的边界不断化解,呈现了不断加快的趋势。要区分社会学家和人类学家,甚或要区分经济学家和进化生物学家,不再那么容易了。在法律学术研究中,就像在任何其他地方一样,边界正在磨损,结果是法律交叉研究的不同学科间的界限,诸如法律经济学以及法律与文学,都模糊了,这就是我在这一编各章中希望展示的。

1988年，我出版了《法律与文学：一场误会》，那时，法律与文学是法律交叉学科研究的新成员。我从四个方面讨论了这个问题。首先是"文学中的法律"，即文学作品对法律的描述（法律的界定是广义的，包括了维系社会秩序的前法律或超法律体系的复仇）；我考察了诸如《威尼斯商人》《卡拉马佐夫兄弟》《陌生人》《比利·巴德》以及《审判》这些经典作品。[1] 第二是法律文件中文学技巧的运用；我于此中的关注点是司法意见的修辞[2]，即所谓的"作为文学的法律"。第三是运用各种文学解释理论来启发长期存在的、关于制定法宪法解释的妥善方法之争。最后（"法律中的文学"）分析了直接规制生产传播文学作品的四个方面的法律，即诽谤法、私隐法、淫秽法以及著作权法。

本章讨论的法律与文学的具体交叉有以下几方面：(1) 一些看起来完全不是"关于"法律的文学作品中对法律的隐含描述，例如福斯特的长篇小说《霍华德庄园》以及斯蒂文思（Wallace Stevens）的诗歌；(2) 有别于古典文学，通俗文学中描述的法律，如沃尔夫（Tom Wolfe）的长篇《虚荣者的篝火》；以及(3) 近来有些说法，认为可以用文学翻译的问题和惯例来启发宪法解释。第一和第二个问题是文学中之法律的例子；而第三个问题例证的是如何运用文学理论指导法律解释。

法律的隐性文学描写

福斯特最著名的长篇《印度之行》是围绕刑事审判展开的，但他不是律师；就我所知，也不曾有人认为福斯特更早的一部长篇，《霍华德庄园》（1911年出版）是法律小说。然而，《霍华德庄园》第三十八章中有个场景，对受过法律训练的读者来说，反响会很特别。

这部长篇小说围绕着一对德国出生的英国姊妹——玛格丽特和海伦

---

〔1〕 在《法理学问题》中，我对《法律与文学》的这方面作了补充，讨论了《李尔王》以及曼佐尼的伟大长篇（在美国评价不高）*The Betrothed* (*I Promessi Sposi*)。

〔2〕 在 *Cardozo: A Study in Reputation* (1990) 一书中，我进一步讨论了司法修辞，在《法理学问题》中也有断断续续的讨论（请看"修辞"索引项下的参考条目）。并请回想本书第一章对韦西斯勒的修辞，第三章中对法官作为戏剧旁观者，第九章中对鲍克的修辞，第十四章对北欧传说以及第十八章对批判种族理论家使用的叙事技巧的讨论。此外，在专门讨论修辞的下一章，我分析了《奥德赛》中的一段文字，也特别提到了，尽管不仅仅是，法律修辞。

第二十三章　再论法律与文学

(海伦是妹妹)——与威尔考克斯(Wilcoxes)家庭展开。这对英国姊妹文化素养很好,很敏感并且品格很高尚;而威尔考克斯家庭是彻头彻尾的英国家庭,这个家庭的男子亨利及其儿子查尔斯,体现了福斯特不赞同的中产阶级市侩的商业价值。玛格丽特在亨利首任妻子死后同亨利结了婚,玛格丽特同亨利首任妻子在精神上有共同之处,都喜欢威尔考克斯的家,霍华德庄园,对这个家,亨利和查尔斯当然是一点不关心。未婚的海伦,因为一个可怜的年轻男工人巴斯特,怀孕了。当年,威尔考克斯同他的第一任妻子结婚时,巴斯特的妻子一度曾是亨利的情妇。但威尔考克斯无情抛弃了她。

第三十八章一开始,亨利就追问玛格丽特,想发现海伦的"诱奸者"是谁。他认为自己未婚小姨子怀孕了,这是很大丑闻(对于福斯特来说,这体现了维多利亚道德的虚伪),对于这种丑闻只能有两种回应。如果诱奸者未婚,就强迫他同海伦结婚,如果诱奸者已婚,也"必须为其不轨行为付出沉重代价,只要不出人命,怎么痛打都不为过"(页305)。[3]（随后,威尔考克斯痛揍了巴斯特一顿,巴斯特因心脏不好,死了,查尔斯因过失杀人进了监狱,亨利精神因此也垮了。）玛格丽特不想告诉亨利诱奸者的名字(确实也没告诉,亨利后来从其他人那里发现了),因此就换了个话题。玛格丽特问亨利,海伦可否在去慕尼黑悄悄生孩子前的最后一夜待在霍华德庄园,玛格丽特非常希望海伦待在这里。亨利对这个提议吓坏了。他起初反应相当温和,只是问为什么海伦想待在霍华德庄园,他没得到回答——玛格丽特认为唯一重要的是海伦想待——并很快改变了他的行动。他说,"如果她想在这里过一夜,她也许就会想在此过两夜。那样下去,我们也许永远没法让她离开了"(页306)。律师对此会警觉起来,因为亨利这里用的是律师很熟悉的策略——"滑坡"战略(非律师则称其为"得寸进尺"或"骆驼鼻子进帐篷"战略)。这也是韦西斯勒"中性原则"的一个变种。如果你接受断言 a,你必须考虑一下这是否会让你接受断言 b, c……n,理由是这些断言之间没有原则区别,因此没有逻辑终止点;然后,你必须考虑一下这整套断言的后果。说这一逻辑论证的原则会完全抹杀过一夜与无限待下去的区别,这种说法很荒唐;此外,我们也许会想一想,威尔考克斯是不是

---

〔3〕　页码出自,*Howards End*, Vintage Books (1954)。

一位两元分类的、沉溺于规则的——简而言之——法条主义的僵化推理者,他坚持认为对海伦怀孕的唯一可能的回答就是强迫结婚或痛打诱奸者一顿,这种看法与他的"滑坡"论证就愚钝僵硬这一点上是否一致。在小说其他地方,我们还了解了进一步的证据,威尔考克斯夫人,霍华德庄园的法定所有者,曾想把这所房子留给玛格丽特,但是表达其意图的文件不符合有效遗嘱的法定格式,因此亨利坚持自己的法定权利,撕毁了这一文件,以法律正义之名干了一件不正义的事。

亨利的愚钝还有进一步的强调,表现在他没理解玛格丽特的话,"你愿原谅她吗,就像你希望得到他人的原谅而当初他人曾原谅你那样?"(页307)。这说的是亨利当年与如今是巴斯特妻子的那位女人的关系,玛格丽特曾原谅了亨利的这一关系。但这番话中还有更深的意思,就是请求宽恕,反对严格的法律正义;而且,这番话还进一步确定了亨利的法条主义脑瓜,因为他拒绝了这一请求,他说,"我知道一件事会怎样带出另一件事"。玛格丽特进一步说,"我可以说一说巴斯特夫人吗?"(页308),亨利还是没反应,这时玛格丽特愤怒了。"玛格丽特冲到亨利面前,抓住他的双手。她脸都变了。'别再这样了!'她哭喊着。'亨利,你会看到这其中的关系的,如果这件事杀了你! 你就有过情妇,我原谅了你。我妹妹有了个爱人,你却要把她赶出家门……你对自己说:"我也做过海伦做的事。"'"但是,即使是这种情感的强烈迸发也没效果。尽管亨利坚持类似案件必须类似处理这个法律正义的基本戒律,他却坚持认为"两件事不可相提并论"。但亨利头脑不大清楚,他说不清楚其中有什么不同,因此他再次改变了行动方针:他指控玛格丽特想敲诈自己,因此就把玛格丽特的话归入可以抵消他自己行为错误的法律范畴。但是,玛格丽特敲诈的说法说不通。玛格丽特并没有威胁亨利,无论是明确地还是暗示地,比方说,如果亨利不让海伦在霍华德庄园过夜,她就揭露亨利与巴斯特夫人的不正当关系。亨利的法律推理非常糟糕,但这里的有趣事实,小说中的这一场景,本来不是审判或任何其他可认为是法律的场景,却充满了无疑是法律修辞和法律推理的回声。

很明显,福斯特把法律思考的风格与情理脱节联系到了一起。("唯一的联系……"就是《霍华德庄园》的名言,事实上也是福斯特的名言。)在福斯特看来,这个人类悲剧在于人们已陷入一种无法获得情感满足之生活的思想结构。无疑,福斯特想到的主要是一种维多利亚的性道德,这种性道

第二十三章 再论法律与文学

德拒绝同性恋,这已促使福斯特本人的生活痛苦不堪,但在《霍华德庄园》中,这种拒绝变成了亨利对海伦的拒绝,因为海伦违反了维多利亚法典,尽管并不严重。福斯特把这一法典本身同法律思维习惯联系起来了(并且他写作此书时,仅仅是王尔德审判定罪后10年,那时,同性恋不仅不道德而且是犯罪),并想象性地认为这种法律思维习惯就是僵硬信奉的两元对立和抽象,对人类的复杂情感一点不敏感,因此带来了毫无必要的痛苦。文学对法律有一种共同反应[4],即文学往往低估了规则和抽象的价值,是给社会互动之混乱带来秩序的方法。但我的要点仅仅是,法律人的洞察也许有助于揭示与法律表面无关的文学作品中的多层意义。

与福斯特不同,斯蒂文思(Wallace Stevens)是位律师。但在格雷(Thomas Grey)撰写的斯蒂文思传记前,没人认为斯蒂文思的诗歌与他作为一家保险公司法律主管(lawyer-executive)的"日常工作"有任何关系。[5]格雷的著作与我的关切特别相关,因为格雷是位实用主义者,他论辩说,斯蒂文思的诗歌支持了实用主义法律观。格雷认为,法律思想总是徘徊于两个不现实的极端之间,一个极端是"官方"立场,认为法律结论是从可靠的一般原则中演绎出来的,另一极端是"反对派"路线,认为法律其实不过是政治;他还认为,可以把诗歌中的斯蒂文思看成是某种理疗者,理疗着造成这种徘徊的"习惯的和制度化的僵化的两元对立思想"(页6—7)。我同意他的第一点,认为"法理学问题就是法律是否全然逻辑的或全然政治的"这种观点很傻,我也同意格雷更深的观点,即有些"法律与文学"类的研究者认为理解法官只有两种选择(要么是作为诗人的法官[他们喜欢这种理解],要么就是作为经济学家的法官),他们接受了一种宝贵但不着边际的唯美主义。[6]格雷还有一点也说服了我,即,就斯蒂文思是位"哲学"诗人而言,这种哲学就是实用主义;仅此一点令格雷可以把斯蒂文思同霍姆斯做些很有意思的对比。但我不同意这种说法:斯蒂文思的诗歌可以很有用地校正我们在本书第一章遇到的那种非实用主义的两元对立,格雷正确批评说,这是法理学的主要流派和人物。

---

[4] 请看,*Law and Literature*, ch. 2.
[5] Thomas C. Grey, *The Wallace Stevens Case: Law and the Practice of Poetry* (1991).
[6] "从战略上讲,接受情感与理智的分离,同情感结盟展开党派斗争[例如,同法律经济学运动结盟]就是把自己降低到周末工作之余的边缘地位,直到失败"(页89)。

作为其论题的一号证据,格雷提出了《使用隐喻的动机》[7],在这首诗中,斯蒂文思把隐喻的世界("朦胧的月沐浴着朦胧的世界/沐浴着永远不能表达的万物")同我们今天可能会称之为"实在的"世界——"铁石一样的暗示……/这个生气勃勃的、傲慢的、致命的、居高临下的 X"——进行了对比。这是一个非隐喻的、非个人性的、讲求效率的、唯利是图的"结果"(bottom line)倾向,它概括了由"正午(primary noon)/存在的 ABC/讨厌的脾气,红蓝色的/锤子,艰难的音响"构成的世界,而 X 这个代数符号就是代表这个"结果"倾向的有效隐喻。格雷看到,斯蒂文思是在对比诗人的、隐喻和微妙变化的世界和律师铁石心肠的、讲求实际的、决断的世界,因为律师总是鄙视模糊和隐喻,他们——用霍姆斯的话来说——"想的是事,而不是词"(在此我们也许还要想一想霍姆斯的名言,法律是思想者的天职,而不是诗人的天职)。如果这样阅读,诗歌就"清楚分离了——如同斯蒂文思在其生活中所做的,如同波斯纳法官[在《法律与文学》中]告诉我们在法律学术中应当做到的——诗歌与法律的领域"(页59)。[8] 但格雷认为,如果阅读更仔细一些,就可以把这首诗看成是模糊了对立的隐喻世界与真实世界。他注意到,比方说,尽管用春天这个转变的时令来代表诗歌或隐喻的那个精细、暂时且难以捉摸的(并且是暗指的)世界,这个隐喻很贴切,但斯蒂文思却没有选择读者会预期的夏日,而是选择了正午这个转瞬即逝但每个季节都有的时刻作为象征,代表日常现实的目光锐利的知识界。这首诗的开头是,"你喜欢秋日树下的它,/因为万物都半死不生",斯蒂文思描述这个隐喻世界时的特点是直白、明确和朴实,进一步模糊了隐喻世界与行动世界的反差。因此,格雷的结论是,斯蒂文思坚持认为,隐喻世界完全不像梦那样扑朔迷离,现实世界也完全不像硬邦邦的(hard-edged)男性那样明晰(不像威尔考克斯想象的那种生活)。这两个世界都是软硬相兼、明暗交错、刚柔相济的世界。"初次阅读[这首诗]有这样一种'使用隐喻的动机',它警告律师有这样一些危险,即他们太多把主体置于由低吟的林叶和消散的云雾构成的模糊文学世界之中,太少置于由正午的汗水和暴力构成的严厉工场之中。二次阅读,在几乎成功抵抗了我们的智识之后,斯蒂文

---

[7] *The Collected Poems of Wallace Stevens* 288 (1955).
[8] 我不接受对我的立场的这种概括,但是我不打算回应。

第二十三章 再论法律与文学

思让我们听到了另外的一面,听到了一种法学危险的相反警告"(页64)。

我看不到这一点。我认为这首诗说的就是,使用隐喻的动机,与法律没有丝毫关系。[9] 格雷很专断地把"正午""讨厌的脾气""铁一样的暗示""X"等同法律联系起来了。在斯蒂文思的诗中,我们缺少那种暗示,凭着这些暗示我们才可以把威尔考克斯不允许海伦在霍华德庄园中过夜的做法理解为法条主义,我们才可以把斯蒂文思描绘的场景理解为对法律理性的批评。比方说,当格雷说到"'铁一样的暗示',随后又把法律的两个方面,其明显的刚性……及其在想象面前的柔性,并列起来了"(页67)时,我担心格雷是陷在事先的预想中,而不是对可合乎情理地认为诗"中"蕴涵的东西做出的回应。格雷提醒我们,斯蒂文思毕竟是一位律师。但即使从这一点上看,这样诉诸一个人的生平也不令人信服,因为斯蒂文思自己是把法律事务同诗歌实践分离开来的(后面对这一点我会有更多阐述)。如果我们当中有谁认为令人信服的文本解释就一定在文本中有某些支持,如果有谁认为文学文本并不仅仅是生平的辅助材料,就像制定法文本不仅仅是解释立法史(委员会报告以及诸如此类的东西)的辅助材料一样,他就会为此烦心。更重要的是,由于诗歌是隐喻的媒介,因此,关于"真实"世界的任何诗歌"命题"就不得不运用隐喻的语词。由于一个新鲜隐喻总隐含着把一些很不相似的语词绑在一起,因此这个隐喻就很容易被人们做啼笑皆非的理解。新批评学派一直强调这一点,他们认为反讽是诗歌的无所不在的特点之一。但这一点告诉我们的更多是与诗歌有关,而不是与法律有关。格雷用了具体例子来证明日常现实不可避免地具有隐喻特点,但不令人信服。例子之一就是所谓用正午替代夏季(或冬季)来表示现实世界。但"夏季"这个词给人的联想很复杂,"正午"直接带给人们的是太阳的辉煌[10],并因此是对"粗糙的音响"以及"锐利的光线"的补充,用这些形象,斯蒂文思在下一节中延展了真实世界的形象。

---

[9] "在斯蒂文思看来,使用隐喻的动机是一种欲望,是想把人类的心智同心智之外发生的东西联系并最终同一起来,因为你可以获得的唯一真正快乐就在于这些罕见时刻,这时你感到,尽管我们了解的只是部分,但就像保罗所言,我们又是我们所了解的组成部分。"Northrop Frye, *The Educated Imagination* 33 (1964).

[10] 这就是为什么柯斯特勒(Arthur Koestler)畅销长篇的标题——《正午的黑暗》——是如此抓人的原因所在。

格雷的进路还有更深的问题,这就是,他认为"使用隐喻的动机"可以令法官、律师或法律研究者更靠近与法理学"两元思考"不协调的一种理性或思想框架。格雷在其著作的头三章中解说到,尽管斯蒂文思本人是位伟大的诗人,他却几乎完全成功地打破了法律实务与诗歌写作的两元对立[11];难道我们应当期待斯蒂文思的读者在这方面都不那么成功吗?格雷低估了现代人生活受分割局限的程度[12],在这种生活中,人们也许会认为阅读诗歌是对法律实务和写作的一种解脱,而不会认为读诗会为律师/读者的职业努力提供指南。

格雷用斯蒂文思提出了进一步的观点:科学之所以从感官经验中追求有序甚或相当雅致的格局(格雷还发现,在法律中,这种追求表现为兰德尔的形式主义),其动机就是这种追求会带来快乐。宁静、有序、肯定、封闭、完整、完美,这都是享乐主义追求的。"主张严格执法的人并非臣服他们的故事的美学奴仆,他们是另一类享乐主义者"(页 96),用斯蒂文思的话来说,吸引他们的是想象中"整座大厦的整体宏伟/为一位注重结构的宗教法官所选择/为了他自己"。[13] 格雷认为这段诗歌可以帮助我们理解为什么形式主义对法律想象力构成了如此大的约束。同时,格雷坚持认为,变化(他把变化同公平联系起来,共同反对严格执法)令人愉悦,因此,逻辑和数学真理的不变性仅仅是形式主义可能产生愉悦的渊源之一,也是对这种愉悦的一种限制。他引证了斯蒂文思的话来提醒我们,"死亡是美丽之母",因为死亡无法同时令变迁分离。"在天堂是否就没有死亡的变化?""难道成熟的果实就永不坠落?"[14]

---

[11] 然而,这一结论受到了质疑,请看,David A. Skeel, Jr., "Notes toward an Aesthetics of Legal Pragmatism," 78 *Cornell Law Review* 84, 94-104 (1992)。

[12] 请看,Erving Goffman, *The Presentation of Self in Everyday Life* (1959)。我在第二十五章还会讨论这个问题。

[13] "To an Old Philosopher in Rome [Santayana]," in *Collected Poems*, 前注 7, 页 510—511。斯蒂文思也许希望我们把"宗教法官"同陀思妥耶夫斯基的宗教大法官联系起来,后者明显自我否认是"整座大厦"的创造者。

[14] 这些引文都来自"Sunday Morning," in *Collected Poems*, 前注 7, 页 69。"死亡是美丽之母"也许会让我们再次想起(请看第十九章)雪莱对秋日西风的赞美,雪莱称西风为"毁灭者和保存者"——"啊,你,把飞翔的种子送到冬床/它们躺在那儿,幽暗、阴冷、低贱,/一个个如尸体埋葬墓中,直到/明春你碧空的姐妹吹响/她的号角,唤醒大地美梦,并/唤动嫩芽,羊群似地觅食于空中/色与香遍布了山峰和平原"。

第二十三章 再论法律与文学

我还是没感到这里提到任何法律,无论是明确的还是隐含的。斯蒂文思这里说的是,科学或其他系统的思想对于其实践者来说是愉悦的渊源之一,而不是说应当承认其他活动会产生其自身的愉悦,他还指出纯智力追求有某些享乐的限制;在这一抽象层面上,无疑这有可能运用于法律理论。但要从斯蒂文思来进入这场形式主义与现实主义的辩论,这样开题就绕太远了。

也许,仅仅因为斯蒂文思的诗歌稠密且难懂,法律人就能从研究他的诗歌中获得某些职业效用,诗歌的这一特点会诱惑读者(格雷就受到了这种诱惑)从诗人生平中寻求各种理解。就这一点而言,斯蒂文思的诗歌与许多法律文本很相似,因为文本难懂,所以促使读者从外在资源中——例如制定法的立法史——来寻求阐明其意义。这相当于通过诗人的生平、信函或批评文字中来揭示作者意图(格雷运用了所有这些材料)。要阅读斯蒂文思的一首诗歌,读者不仅要仔细关注每个语词,还必须考虑读者自己在多大程度上可能从文本之外的资料中寻求理解其含义的指南,还要求读者具有斯蒂文思本来预期其诗歌读者可能会有的语言文化能力。一个好律师的最重要特点之一就是一位阅读仔细并广泛的读者,因此,沉浸于诗歌和其他疑难的想象性文学作品中,对于研究法律并非一个最糟糕的准备工作。

依据所谓的"解释规则"(canon of construction),法官自称能够发现合同、制定法、遗嘱、宪法规定以及其他法律规则和文件的"真正"含义,我对这种解释规则抱着一般的敌视态度。我长期以来一直批评一个显然不现实的原则,即制定法或合同或其他法律规则和文件的读者应假定每个含义都是为了什么目的特地置放于文本中的,没有废话、没有矛盾、没有错误、没有无关的东西。由于我同格雷讨论过斯蒂文思诗歌的解释论证,如今我对这个原则有了另一看法,更偏向格雷的看法。这个原则是对阅读匆忙、粗略和懒惰的一种救治。如果我们假定文本中每个语词都有目的,我们就应当仔细阅读和思考每个语词,就像在优秀诗歌老师指导下必定会做的那样。只是当把解释原则从一条纪律变为一个规则系统时,批评它不切实际和误人子弟才是适当的。因此,在某些层面上,法律与文学并不聚合,哪怕文学的这一半是斯蒂文思的诗歌,他也一直干着律师的"日常工作",干着他"正午"的工作,干着同他写诗分离的工作。

通俗文学中的法律

法律与文学运动一般关注那些以法律为主题的世界文学杰作,例如,《威尼斯商人》和《审判》。[15] 但对现代美国流行文化有所了解的人都会意识到,法律主题充满了甚至完全占据了现代美国流行文化。[16] 然而,我必须留待他人来分析电影和电视剧中表现的法律,我把自己的分析限定为文学作品,特别是沃尔夫(Tom Wolfe)的畅销长篇《虚荣者的篝火》(1987)。

这部长篇刻画的是主人公麦考尔如何逐渐陷入今天粗鄙、丑恶且肮脏的(据沃尔夫)布朗克斯刑事司法制度运作中。麦考尔受到调查、讯问、逮捕、起诉,并在他第一次起诉因有人在大陪审团作伪证而被释放之后,又再次被起诉。小说后记简单复述了他的第一次受审,结果是陪审团僵持不下;而小说结束时他正准备受审。(后记还简单暗中提及了对麦考尔的侵权之诉。)对他的指控是行为鲁莽造成人身危险,最后因为受害者死了,他成了交通肇事罪的被告。麦考尔用跑车到肯尼迪机场接自己情人茹斯金,在回曼哈顿的路上,他在南布朗克斯迷了路。两个十来岁的孩子——一个是毒品贩子("常青大街的可卡因之王")——在麦考尔车前扔了一只轮胎,当麦考尔下车移走轮胎时,这两人走近了麦考尔,那样子让麦考尔正确断定他们存心不良。接下来就是一场混战。玛丽亚开动了车,麦考尔从后面跳上了车,当车离开时,撞到了另一个小青年(不是那位可卡因大王)。玛丽亚没有停车,而且她和麦考尔都没向警方报告这一事件。在自认的黑人领袖、本能的自由派人士和激进分子(例如,"同性恋反种族主义拳击力组织")以及逐臭而来媒体的鼓动下,面对过于轻信的公众,检察官把死者描绘成了一位优秀学生,事实上死者并不是。

小说关注的是刑事司法过程及其人员。起诉麦考尔的地区助理检察官,克莱默(Larry Kramer)是小说的主要配角之一,此外还有分配处理此案的法官考维茨基(Kovitsky)。小说中其他不重要人物还有急于出人头地的

---

[15]《法律与文学》中我讨论了,尽管非常简单,一部流行虚构作品,E. L. 多克托罗的《拉格泰姆舞》,但只说它借助了克莱斯特(Heinrich von Kleist)的经典中篇《迈克尔·科尔哈斯》。Law and Literature 46.

[16] 请看,Symposium on Law in Popular Culture, 98 Yale Law Journal 1545 (1989)。

第二十三章 再论法律与文学

地区检察官、其他律师、其他被告、法院公职人员以及一位陪审员,"一位擦棕色口红的女孩"。克莱默狠狠地追求这位女孩,结果是,当他试图为幽会租下当年麦考尔同茹斯金他们幽会的"爱巢"(当然了,有租金限制)时,闹出了丑闻。除麦考尔直接卷入法律诉讼外,沃尔夫还描述了一起扩展的辩诉交易故事以及一起过失杀人案审理的一部分。

《虚荣者的篝火》中有法律情节、法律人物以及法律场面,但不能自然结论说,在一种丰富且有意思的意义上,这是一部"关于"法律的小说。一部文学作品,要想在与孕育该作品的不同文化中获得普遍接受(换言之,要想是文学),它的主题就一定不能太地方、太局部了,因此,我们不应指望一部文学作品对法律刻画得非常精细,让律师或法律教授对该书也有职业兴趣。[17] 甚至,对这样一部流行小说,至少像《虚荣者的篝火》这样流行的小说,我们应指望更少。一本书不可能因唤起了很窄的职业或学术关注就销售数十万本。经典作品与通俗作品的一个重要区别就在于,前者是在几十年、几个世纪甚至几千年间累积了自己数量巨大的读者,而后者是在相当短期内,有时甚至只一次就累积了大量读者。

也不能说所有通俗作品,任何非经典的书,就注定不可能就法律说出什么有意思的东西来。律师的职业关注并没穷尽社会对法律的兴趣;同样法学研究者的神秘研究也不会穷尽。不错,确实有许多作品明显有关法律,突出的有卡夫卡的《审判》,这些作品用法律隐喻人类的其他方面的经验,如果从字面阅读这些作品,就会误解。但诸如《欧门尼德斯》《威尼斯商人》《婚约》以及《比利·巴德》这些经典作品在法理学层面,如果不是在法律实务层面,可以对法律说出很多东西。还有,狄更斯的伟大法律长篇,《匹克威克外传》以及《荒凉山庄》(更不用说《大卫·科波菲尔》和《远大前程》了,这两部小说都有突出的律师人物)不仅有法理学意义,也是对当时英国法律制度的重要批判。此外,一部关于法律的当代流行长篇也许会提供比公共舆论调查更好的掠影,你可以了解普通人是如何看待法律的。

---

[17] *Law and Literature*, ch. 2, 特别是页 71—79。文学作品也许包含了一些地方性主题,如,《白鲸》中捕鲸以及托马斯·曼《浮士德博士》中的十二声乐,但要想作为文学传下去,则必须超越这些主题。

初次阅读《虚荣者的篝火》时[18]，在任何上述层面，我都不认为它重要。这倒不因为我认为它很糟；我倒是认为（并且至今还这样认为）这是本很好甚至出色的书，它描述富人的愚蠢晚宴可以同普罗斯特（Proust）的这类描述媲美。只是对法律或任何其他制度它没说多少有意思的话，乃至打动我。我不怀疑，凭他强大的记者技巧和令人赞叹的叙事能力，沃尔夫可以对美国法律制度写一部入木三分的文学性的批评。我注意到《虚荣者的篝火》的奇特风格中有些狄更斯式的笔触，我也注意到它没想成为另一本《荒凉山庄》或《匹克威克外传》。勉强一点，我说人们可以从书中发现一些法理学意义：为了政治目的误用法律程序的危险；起诉（对麦考尔）有让人变得激进的作用（如同古谚所说的，一个保守派就是一个被劫后的自由派，一个自由派就是一个被捕后的保守派）；公开逮捕会造成脱胎换骨的身后羞辱，令刑事司法过程的实际后果几乎成为一个不重要的问题；种族敌对对法治的影响；司法在跨越巨大社会阶级差别上的难处；以及以诉讼手段重构历史的难处。但我说了，尽管这些东西书中都有，却不是此书的内容，因为作者对这些问题的处理并没有改变我们对它们的理解。

如今我认为我当初对这本书估计不足，不够敏感。《虚荣者的篝火》已经成了让我想了很多问题的书，部分因为书中非常生动地描述了沃尔夫以预言家的洞察力（一种我们认为卡夫卡具有的东西）提出了美国法律制度中正出现的一些问题。在写作该书时，米尔肯（Michael Milken）还没定罪，克里福特（Clark Clifford）还没被起诉；一些银行投资家和证券中介人也没因最后未证实的刑事欺诈受指控并被戴上手铐、流着泪，被推出他们的办公室；还没有布洛里（Tawana Brawley）欺骗案；殴打罗德尼·金（Rodney King）的警察也没受审；洛杉矶还没有发生第一次审理罗德尼·金案宣布警察无罪释放后出现的暴乱；还没有开始对这些暴乱者审判；还没对辛普森（O. J. Simpson）提出指控。今天美国的法律正义似乎正处在奇怪的种族、金钱和暴力的交叉口上，一个没有比《虚荣者的篝火》刻画得更好的交叉口上，尽管这本书写作时，这个交叉口还没有出现在人们视野前。

---

[18] 并且，我写了书评，本章这一部分就基于这一书评，还有部分我现在宣布撤回。"The Depiction of Law in *The Bonfire of the Vanities*," 98 *Yale Law Journal* 1653 (1989).

第二十三章 再论法律与文学

我不打算展开这些要点,只一点除外。美国刑事司法制度对受指控但未定罪的人的虐待是国际性丑闻。逮捕那些受控有白领犯罪的人,都采取了公开方式,尽可能充满羞辱,让他们戴着手铐进了监狱,随后,他们就被保释了。受暴力犯罪指控的人一般说来——尽管并不总是——都来自某些社会阶层,公开逮捕这些阶层的人对他们并不构成明显的耻辱,他们被投入监狱,熬着,有时熬几个月,生活条件令人可怕,等着开庭审判。想一想,《审判》第一章中逮捕约瑟夫·K 要比可能发生在即将迈进 21 世纪的这个自由国度的任何逮捕都要文明得多,这很奇怪。

所有这一切都不是说《虚荣者的篝火》主要是本关于法律的书。法律主旋律是作者主要目的之外自然展开的,主要目的是讽刺纽约以及——在不那么严重程度上——其他美国大城市中各色社会阶层和族裔群体的不和谐共存。该书彻底运用了纽约最惹人注目的特点,这个特点今天甚至比沃尔夫当年撰写此书时还突出。这就是,他把富有[19]和贫困这两个奇怪的极端并列摆在人们面前,前者的代表是麦考尔以及帕克大街/华尔街那帮人,而后者的代表是布朗克斯县刑事法庭和法院以及法院肮脏拥挤的设施,受审的黑人和西班牙裔罪犯,以及低工资难保中产阶级地位的忙乱司法和执法人员。穿梭在这两极的是一大帮子忙忙叨叨的人,向上爬的人,马屁精,依附者以及有前科的人,他们寻求分享富裕,努力避免陷入贫困。这里有有关纽约的一种异乎寻常的品质,为一位目光犀利伶牙俐齿的社会讽刺者提供了一天田野实习。[20] (沃尔夫对价格,对人们的着装眼光特别尖。)这不是说沃尔夫对纽约及其制度的描写完全忠实。他夸大了纽约的脏和乱,通过简化,而不是通过错误的描述(一个不错的权威告诉我,沃尔夫对布朗克斯县刑事法院的描述从根本上说是精确的,尽管法院周边环境并不像他描写得那么可怕,事实上,这本书是一本纪实性小说,充满了深知纽约的人马上可以认出来的制度和人物)。但这种夸大是讽刺者的特权。

沃尔夫属于博斯(Bosch)和斯威夫特的传统,尽可能刻画人性的丑恶,

---

[19] 但哪怕是沃尔夫也不能想象有人,米尔肯(Michael Milken,美国华尔街"垃圾债券"之王。——译者注),一年工资真的就挣了 5 亿美元。

[20] 本书第十八章中,我们看到,纽约另一位目光犀利的观察者,威廉姆斯,运用了同样的技巧。

因此他的部分技巧就是表现他的主观观点。他打击的目标并不是个体,而是这个个体所属的群体。这是这部长篇的一个突出但并非令人喜爱的特点,因为一个人,即使不接受"仇恨言论"规则,他也可能知道群体诽谤会惹出争斗,带来痛苦。受沃尔夫嘲笑的群体(应当明确,敏感程度不一样)有黑人、犹太人、中上层白人(WASP)、英国人、同性恋、雅皮、自由派、政客、女性、富人以及为富人服务的人。尽管他贬斥的人如此多,但如果说沃尔夫固执己见不开窍,却是个错误,因为固执己见者会把世界仅仅分为我们和他们这两部分。沃尔夫看上去好像不喜欢黑人,破坏种族友好的事业,因为他一个劲地忽视任何积极的黑人人物类型,但你很难看出他喜欢白人。似乎他对爱尔兰人手下留了点情,但是爱尔兰读者会和其他人一样感到畏惧,因为看上去沃尔夫钦佩爱尔兰人只因为他描写的爱尔兰人愚蠢天下无敌,在沃尔夫看来,这是爱尔兰人勇气的源泉,是他承认的爱尔兰人的唯一美德。沃尔夫笔下的犹太人之一,法官考维茨基(克莱默取笑他是"一位犹太勇士,一位莫萨达*的儿子",页111)[21]的书中描写一般说来是正面的(很自然,一个硬汉,因为沃尔夫,一位南方人——我现在搞了些类型化——就钦佩硬汉)。但是这一点又为他对其他犹太人令人非常反感的刻画抵消了,比方说对克莱默等人的描写。克莱默不道德、妒忌心很强、虚荣自负、纵欲好色、丑陋并到最后非常滑稽可笑;罗普维茨(Lopwitz)是华尔街暴发户;小报出版商绰号为"死老鼠";还有玛丽亚的丈夫,经营赴麦加朝圣包机服务的戴绿帽的茹斯金。另一方面,那位英国记者法罗(Fallow)是个酒鬼、寄生虫和反犹主义者,是该书唯一的最卑鄙的家伙。而如果我必须猜猜这些被讽刺的群体中是否有沃尔夫真不喜欢的,那只能是英国人(当然这也与他喜欢爱尔兰人一致)。我想说,沃尔夫有点像尼采,你很难说尼采是否不喜欢犹太人或者是更反犹太人,当然,沃尔夫也许不仇视任何群体,也许他只是恶作剧的会动大笔而已。

该书的普遍讽刺特点令该书免于邪恶。并且,无论是否邪恶,至少在我看来,该书都因书中的一些辉煌场景而得到了赎免:布朗克斯县刑事法

---

* 以色列的特工队伍。——译者注

[21] 页码为1988年沃尔夫长篇小说的平装本。

第二十三章 再论法律与文学

院的"车队休庭"(wagon-train recess)[22];麦考尔中介公司的交易场地;白沃代基的社交晚宴[23],那里有客人的花束,有"一些社会透视者"(一些厌食的中年社交女子)以及"一些柠檬烘饼"(一些老富翁的情妇或年轻夫人们);参加距家门仅有几条街的一个晚会的后勤保障(高级轿车是礼仪之必需);欢闹餐厅的死亡场景;法罗为揭露麦考尔"犯罪"细节提出了不大可能发生的报道策略;以及我最喜欢的场景,可以说是但丁式的,至少也可以同狄更斯媲美的,并肯定是卡夫卡式的场景,当时,案件正在调查进程中,克莱默要求用一下警所的电话,他被指进了一间屋子,在那里他看到3个黑人,每个人都坐在桌前:

> 克莱默感到非常不寻常,怎么会遇到这整个分局都是黑人警探。坐在最靠门的桌边的那黑人穿了件黑色热导马甲和无袖黑色T恤衫,展示着他粗壮有力的臂膀。
> 克莱默伸手去拿他桌上的电话并说:"能用一下你的电话?"
> "咳,伙计,你他妈的干什么!"
> 克莱默抽回手来。
> "我还得他妈的得在这里铐多久,像一只他妈的狗一样?"
> 随着叫声,这个男子伸出他粗壮的左手,带着一串清脆金属声。他的手腕上有只手铐,手铐上带着锁链。锁链另一端铐在桌腿上。此刻,其他桌前的两个人,也把他们的手伸向空中,叮叮当当,同时也抱怨着。他们3个人全被铐在桌子上。
> "我干的一切就是看见了这个操他娘的家伙揍那个笨蛋,他就是那个揍那个笨蛋的操他娘的家伙,我就是你把我像只他妈的狗一样铐起来的家伙,而那个操他妈的家伙"——他左手指向房间后面,又是一阵悦耳的金属声——"他正倚在那里看着他妈的电视,还啃着排骨。"
> 克莱默看看房间后面,不错,后面衣帽间内有个人坐在椅子边上,笼罩在电视机微红的闪光中,正啃着一块烤猪排。事实上,他正小心

---

[22] 法官和法院其他人员都将汽车停在距离法庭几街区远的停车场内,但天黑以后都不敢步行去停车场。因此,如果看来法院休庭会太晚,他们会打断审理,他们称这种休庭为"车队休庭",在这种休庭期间,所有法院人员都会赶到停车场,把车开回来,停在法院门面。提示这种休庭的是位法警,他会长喊一声"哟——嘀"(页178)。

[23] 法语中,表示交谈或传播流言的词是 bavarder。

向前探着。他的外衣袖子剪了,露出几乎整个白色手铐以及微微发光的手铐链。

这下子,3个人都在抱怨。"操他妈的排骨……操他妈的锁链!……操他妈的电视!"

但是,当然了!他们都是目击者。克莱默一旦意识到这一点,所有的东西,锁链以及其他一切,都各就各位了。(页223—224)

《虚荣者的篝火》不是一部"伟大的"小说,如果你用狄更斯或陀思妥耶夫斯基作为标准的话。其情节和人物都只是连接一串上面那种场景的线。它的语言是常人的:"笼罩在电视机微红的闪光中"是这一目击者场面中唯一值得记住的话,并且这也不如威廉姆斯的最好语言。这些人物都很浅——这也许与沃尔夫的愤世嫉俗有关——并通过一些过于简单的方式显露出来,令读者看到了他们所想的东西。并且作者的精力也只贯穿了大约全书的2/3;因此小说的后1/3不如前2/3,似乎沃尔夫死了,其余部分是雇用他人完成的。讽刺越来越少,取代它的最后是令人心烦的宽泛滑稽。法庭内暴民们因考维茨基法官撤销了对麦考尔的指控而攻击法官的场景太夸张了,不大成立;这一刻考维茨基头上的光环过于明亮。沃尔夫留下的关于麦克尔赎罪暗示太情感化了。书的结尾是淡出的,似乎沃尔夫不知道该如何结尾。

但这只是唯一算得上的批评。事实是,缺乏丰富情节、缺乏性格多维度的人物以及缺乏出色的文字,这本身就确定了它属于某类的长篇小说;因为对《1984》,你就可以作出类似的评论:"小说"并非一个封闭的文类。对这种讽刺或政治小说(《虚荣者的篝火》同时具有这两方面),评价标准不应当是它是否与那种描写心理或哲学人物的小说相似。

或者也不应依据那些深刻关注法律或司法的小说来评价。沃尔夫感兴趣的既不是狄更斯感兴趣的法律改革,也不是索福克勒斯和陀思妥耶夫斯基参与的那种人的或神的争议。《卡拉马佐夫兄弟》中刻画的刑事司法过程并非要提供一些地方色彩或一些叙述悬念,或是用它来讽刺或揭露,而是把刑事司法制度代表的理性探讨同宗教洞察——洞察前者的不足——加以对比。[24] 在《虚荣者的篝火》中,唯有的宗教只是培根牧师的

---

[24] *Law and Literature* 166-171.

第二十三章　再论法律与文学

敲诈勒索以及华尔街人士对摩门的崇拜。对于沃尔夫来说,法律仅仅是一个场景,在任何重要方面,都与帕克大街的一次晚宴,某个豪华餐厅的晚餐,或克莱默同妻子、婴儿以及在他家吃住、不花费他微薄公务员工资的保姆一起生活的"蚂蚁王国"没有区别,这些场合都是观察这些小人物喜剧性丢脸的地方。尽管这部小说生动刻画了这个国家大城市中检察官职务政治化以及刑事司法流水线特征这些真正的社会问题,但小说没提出任何建议如何可能减轻这些问题,且不说解决这些问题了。相反,读者得出的认识是,布朗克斯目前的刑事司法制度很快就会被如今在布朗克斯已占多数的少数族裔人士支配的制度取代,而那个制度会比目前的制度更糟,因为那个制度中连考维茨基都不会有了。要激发社会变革(而不是提出什么令私人贪婪转化为社会收益的"看不见的手"),一位作者一定要传达这样一种印象,即他认为社会中至少有某些好人。如果没有好人,不仅改革不可能成功,而且也没有我们应当希望改革成功的理由,那些坏人就不值得过更好的生活。沃尔夫刻画的纽约人大多数是畸形者和坏蛋,他们既不值得享有更好的制度,也不会从这个制度中有所收益,当然金钱收益除外。

　　普通人会如何看待法律,在这一点上我们也许希望有关法律的通俗文学告诉我们很多。但在这一点上,我们从《虚荣者的篝火》中了解到人和经典法律小说,没有什么是——比方说——《卡拉马佐夫兄弟》和《匹克威克外传》不曾告诉过我们的:普通人希望技术起作用(也正因为技术原因,对麦考尔的第一次起诉被撤销了);普通人对正义不能实现并不感到意外(记住,麦考尔并没有犯受指控的罪,并且指控使用的假证人恰恰是真正的罪魁祸首);普通人预见到了法律程序会没完没了且费用昂贵得令人无法忍受;他们对法官、律师、陪审员以及司法机器的其他参与者的道德智力缺陷都没有幻想,对政治和个人的野心和畏惧侵蚀司法机制也不存幻想。考维茨基确实对克莱默作了一个法律日讲演:"你有什么道理认为你可以向法庭施加社区压力?法律不是少数人创造出来的,也不是多数人创造出来的,法院不会为你的威胁左右"(页676)。但考维茨基就因其独立受到了应得的惩罚:他没有得到续任法官的提名。

　　公众比法律职业界对法律更玩世不恭。哪怕我们本该早就从其他地方和更伟大的文学作品或从日常生活观察、常识和新闻媒体中完全了解这一点了,不时提醒法律职业界意识这一点还是有用的。我在第九章中就说过,令鲍克不能任职联邦最高法院的因素之一是鲍克和鲍克的支持者不了解公众对法官的期望;不了解——这一点可以理解——公众实际期望的许多东西是无法兼容的。公众究竟如何看法律?也许我们不可能从大众文化中了解很多,但我们——这些法律职业者——还是可以学到某些东西,令我们有所获益。

《虚荣者的篝火》是与法理学深层问题关联有限但相当不错的一部长篇。但一部名气不大也没什么文学价值的短篇[25],H. 怀特(H. B. Whyte)的《无人之际》[26],我却可以从中察觉与深层法理学问题的很多关联。故事发生在未来。佛利广场(又是在纽约)联邦法庭安置了前所未有的最大计算机。每个已决法律判决,每个生效制定法,每个条例等都已编程安装,这台计算机用巨大的司法判决和其他法律资料库来回答法律问题。它的工作非常出色,乃至取代了法院,法院降格了,只起到仪式化功能。因此,由于计算机"从人的手中接管了法律",因此它"造就了对法律的新尊重"(页123)。[27]

但就在这时,危机出现了。一件看上去很平常的案件,涉及某个租赁是否可以转手的案件,交给了这台计算机,但计算机未提交一个决定。计算机操作者名叫库克,他发现问题不在机械故障;问题在于,在考察所有相关权威资料后,计算机"结论认为没法选择结果。事实上,计算机甚至打印了两份文字干净、推理严谨的各自独立的司法意见,得出的结论相反"。库克和他的助手简尼阅读了两份意见,发现两份意见中"没有什么不是完全正当化了的。很明显,无论哪份意见都能令仍在楼下疑问大厅等候的诉讼双方完全满意"(页124)。

库克吓坏了。"这台2—10[计算机的名字]也会出错",他自言自语,

---

[25] 当然,我也许只是在重复我低估《虚荣者的篝火》的错误。

[26] 这一点可见于,*Dark Sins, Dark Dreams: Crime in Science Fiction* 121 (Barry N. Malzberg and Bill Pronzini eds. 1978)。"H. B. 怀特"是一位纽约律师的假名。这个故事首次在一份科学幻想杂志发表。我的页码是《黑暗的原罪》的页码。

[27] 生活模仿艺术:"如今有种名为快速法院的新型计算机服务,它实际上为自行操作者提供了一切必要信息,无论是无争议离婚、小额诉讼、判决执行,还是房主房客的纠纷解决,不用请律师。最关键的是,它免费。这种会说话、能说两种语言的计算机(如今只在马里科帕县高级法院的法律图书馆中有在线服务),传播法院信息,界定常用法律术语,并计算该付的孩子抚养费。" "Simplifying Legal Work," *Arizona Republic*, June 25, 1993, p. A20.

第二十三章 再论法律与文学

"它不能失败"。简尼说,"有你在,这台机器永远不能失败。人、关系、含义,所有这些,全都无关紧要,只要这台该死的机器……"这提醒了库克"以前,他曾或不曾爱过这个女孩;这没有关系……这个系统当时正受到威胁"(页124—125)。库克在计算机准备好的两份意见中随便拿了一份,他拿的是原告胜诉的一份意见,告诉简尼处理一下。随后,在简尼帮助下,他重新给机器编程,因此,从今以后,只要机器无法在诉讼双方之间得出一个有理由的选择,机器就会随机挑选一个赢家。"机器的公正性从来不可置疑,其权威性也不可置疑。"唯一的麻烦就是简尼知道了他的所作所为。简尼出去的时候对库克说(在我看来很没有理由),"你是个冷酷无情的人"。库克陷入了深思。她错了,库克最后认定。"我完全不冷酷。我对这台2—10……就有感情"(页125)。库克决定让简尼触电身亡,以保护这一秘密——计算机如何决定不确定的案件。到此,这个4页长的短篇就结束了。

这是一个不可能获得某个文学奖的短篇小说。故事人物很呆板,情节草率,文笔一般,假定条件很荒唐(最荒唐的假定条件是,这台机器居然从一开始就没决定双方对等案件的计算程序)。但作为一个法理学寓言,它意味深长。它向我们展示了推到逻辑极端的传统"法治"意识形态,即用机器判决取代人的判决。它向我们展示了,那些希望法律完全取消情感的人们的心理,以及这种心理又如何同破坏性的愤怒相兼容。它预见了女权法理学,它给我呈现了一种反差强烈的法律判决观,并把这种观点体现在一位女性身上。它向我们展示了,当遭遇不确定性时,机械判决是何等无能为力。

最重要的是,这个短篇迫使我们思考法律判决中无法根除的创造因素。这台计算机已给所有已决案例编了程序。假定新案件之判决都要参考这些已决案例。但是,许多已决案例(它们全都不是先前案例的翻版)当年都是新案例。当新案件需要决定,而可供决定的唯一资料只是老案例,这些老案例从定义上看就与新案件不同,那么如何作决定呢?计算机记忆库中不能只有那些已安装的内容;事实上,计算机需要很多东西,与会出错的人类记忆中的东西一样多。

进一步反思这篇单薄但意味深长的科学幻想寓言,我们会理解一个也许乍看起来令人困惑的问题,为什么人们会认为用掷钢镚方式决定不相上下的案件是严重的司法不当。[28] 这个理由(或至少是我希望考察的理由,因为还有其他理由,包括司法不愿承认司法过程中有不确定因素)在于,这种决定没有给现有案例总量增添洞识和信息。如果法官的唯一职能就只是依据现有规则决定案件,这就无关紧要。因为,这样一来,法律的全部内容就在于规则,法官就完全是一位争议解决者(就像一位棒球裁判一样);如果根本没法确定究竟争议哪一方有理,掷钢镚就不是解决争议的最糟办法。但是,假定法官只有在规则和规则之运用都非常清楚时才是规则适用者,其他情况下则是规则制定者,就像本书第三章认为的那样;而且,再假定,我们不要求法官在所有案件中作出的都只是裁判性决定,只是在大多数案件中作出裁判性决定,而在其余案件中作出立法性判断;那么,在不确定案件中,法官掷钢镚,就没有完成他在此案中的立法性判断的义务。

这里的要点并非,只要法官对案例苦思冥想,就会得出正确结果,因此,为防止法官懒惰,就必须讽刺挖苦掷钢镚。如果案件是不确定的(许多案件确实如此),那么就没有正确结果,因此,从诉讼人立场来看,掷钢镚得出的结果与以其他纠纷解决办法得出的结果就是同样正确。在这样的不确定案件中,我们不要求法官得出正确的结果,这是做不到的,我们只要求他用这一机会来创造法律。这样,我们就可以看出,除其他局限外,库克的计算机会导致依据日益陈腐过时的规则决定案件,因为唯一支持一个决定的信息都是当年制作该机器时输入的人的判决。随着一年年过去,这台机器的工作会越来越糟,即使没有人知道库克为解决不确定案件问题在机器上作了手脚。

解释即翻译

文学作品提出的解释问题也许会对美国宪法提出的解释问题有启发,这种观点并不新。[29] 这个说法在两种意义上是文学的。首先,它借用了有关文学翻译的文献,也借用这种翻译的一些例子;此外,它本身又是隐喻

---

[28] 一位纽约市法官多年前被撤职,部分因为他承认曾用掷钢镚来决定双方不相上下的案件;请回想一下《巨人传》中对法官布日德勒古斯的审判,理由是他用掷色子来决定案件。

[29] James Boyd White, *Justice as Translation: An Essay in Cultural and Legal Criticism* (1990); Lawrence Lessig, "Fidelity in Translation," 71 *Texas Law Review* 1165 (1993).

第二十三章 再论法律与文学

的,因为当我们说"翻译"美国宪法时,意思并不是指用不同语言来表达其意义。法律有文字翻译的问题:不说英文的目击者会使用口译,或者会把外文撰写的制定法、条例、合同、审判物证以及其他与法律相关的文件翻译成英文。但"解释即翻译"("interpretation as translation")学派对这些问题不感兴趣。

解释即翻译的论证有两种形式,J. 怀特论辩说,由于"任何一句话翻译为另一种语言,都必有变动",因此,翻译只能是"在回应另一文本时,某个体心灵中构筑的某个具体文本"[30],而司法意见对某宪法规定的解释也应当这样看。这个假定的前提有点夸张。某些句子完全可以译成另一语言,不失去任何含义;比方说,餐桌组装说明书。总统至少得 35 岁,每州有权有两位参议员,可以把 18 世纪对美国宪法的这些规定的语言、政治和社会理解"翻译"为 20 世纪的理解,不失含义,尽管时间很久了,尽管参议员选举的方法也已改变。

这不只是斗嘴。这表明字面翻译并非矛盾修辞。这样做还表明翻译涉及选择,选择也并不必定是"对""错"问题。就以《伊利亚特》中阿伽门农通常的称号 anax andrōn 为例。硬译可以是"勇士们的最高领袖",但这太古板了。如果想让《伊利亚特》听起来更现代些,我们就可以把它译成"盟军总司令"甚或"总司令"(这就像现代着装的莎士比亚剧一样)。或,如果想保留古风,坚守文化距离,也可以不翻这个术语,就像直接说"恺撒威廉"("Kaiser Wilhelm")(而不是说"威廉皇帝")。我们也还可以勉强接受某些《伊利亚特》译本中"阿伽门农伯爵"的译法,这听起来很有点大英帝国的遗风。在无数的可能选择中,没哪个明显令人满意,也没哪个明显正确或明显错误,选择与译者追求的效果、译作何用以及因此而来的意中受众都有关。尽管 J. 怀特想反思文学翻译的难处,让法官面临把 18 世纪文件"译"成当今文化时心怀谦卑,从文学翻译实践中却也可以得出另一推论,即译者是自由的。但如果译者可以选择字面翻译或自由翻译,法官为什么就不能选择字面解释或自由解释呢?

因此,毫不奇怪,同一个地方,J. 怀特发现的是法官应谦卑的命令,而莱希格(Lawrence Lessig)看到的是司法创造的特许。宪法制定法解释要合

---

[30] White, 前注 29,页 250、254。

法就必须忠实宪法制定法文本,正是基于律师的这一强烈直觉,加上翻译的目的在于保存原文含义,莱希格论辩说,忠实的翻译就不可能是字面翻译,因为语词的文化意义会改变。"伯爵"也许是 anax andrōn 的足够字面的翻译,但对现代美国人来说,含义非常不同(威姆希伯爵?豪武-豪武伯爵?阿克顿伯爵?),如果这个词加在"阿伽门农"身上,就改变了荷马对于美国读者的寓意。要在已改变了的社会语境中保留语词的寓意,或许我们就不得不选择字面误译。这表明"译者是有权改变文本的"。[31] 莱希格还论辩说,这应同样适用于美国宪法的司法解释。

这个论证很强力,获益于对翻译理论实践的深入研究。[32] 但这并未回答一个基本问题,即对宪法命令作现代翻译是否好事。莱希格说是好事,因为,否则的话,我们就未忠于宪法含义。他承认忠于原著只是好译本的标准之一。我要强调的则是,这是个含混不清的好译本标准。一本符合被译语词外延的译本,哪怕结果呆板,甚至让人误解,在某种意义上,它仍是忠实的。一个不严格译本,如果它传达了如果原作者是现代美国人他就会表达更好的意思,就某些目的而言,这会是更好的译本。但它并非更"忠于原本";它只是在另一意义上忠于原本。要在这两种忠实的译本作出选择,这取决于意图中的或潜在的受众、现有译本的特点以及作者的偏好(如果他还活着并掌握翻译权的话)等多种考量。

还记得《希特勒的法官:第三帝国的法院》一书吗(本书第四章)?德文版书名是 *Furchtbare Juristen*:*Die unbewältigte Vergangenheit unserer Justiz*,意思大致是"可怕的法律人[也可以是'卑鄙的法学家们']:拒绝直面我们法院的历史"。[33] 因此,这本书的英译书名确实随意。但这大体适当,因为德文版、英文版的受众有所不同。字面翻译会让美国读者以为该书说的是美国法院。更重要的是,德文书名针对的是那些可能非常赞赏德国法院体制的读者,书名告诫这些读者,该书打算质疑他们的前见。[34] 美国读者不大

---

[31] Lessig,前注 29,页 1191。

[32] 请看,同上,页 1189—1211。

[33] *Bewältigung der Vergangenheit* 这个德语术语是指直面并承认纳粹的往昔,与否认、为之辩解或掩盖相对立。

[34] Walter Otto Weyrauch, "Limits of Perception: Reader Response to Hitler's Justice," 40 *American Journal of Comparative Law* 237, 240-241 (1992).

第二十三章 再论法律与文学

可能因为有人批评希特勒时期德国的任何制度感到震惊,因此他们会感到米勒的书名——如果字面翻译的话——令人误解,故作姿态,似乎想给人(美国受众)某些意外,实际上没有。这些例子都支持莱希格。但对米勒著作的书名作字面翻译也不大可能称为误译。字面翻译也许会令某个美国人吃惊,但是,它会以活译不可能传达的方式传达该书的特点。活译使该书比原书名更学术化,不那么激情四溢;而字面翻译提醒读者一个事实,即该书内容有争议;这就有个平衡的问题,就像在本书第四章看到的,真有这样的问题。书名字面翻译会减少该书的美国销量,但活译也许会令某些读者误解了此书。

译者有权改变文本,但在具体情况下,这样做对否,则取决于大量语境因素,法律场合中的语境因素与米勒书名怎么译最好有关的语境因素差别太大。翻译的理论实践从根基上摧毁了严格解释的必然性,却无助于律师法官在具体法律领域内选择严格解释还是宽松解释。[35]

假定我们的问题是,如果唯一目的就是清楚传达含义,不考虑可读性或感染力,什么是文学或哲学作品的最好翻译。答案可能是字面翻译,加大量脚注来解说翻译可能引出的误解。那些无法翻译的语词和短语(例如,*Anax andrōn* 或 *Bewältigung der Vergangenheit*)也许就原样照录,把解说其含义的话都放在括号中。对时代错误、同源词错误、习惯、文化、语言以及历史语境的变迁,全给出耐心解说。结果会是翻译清淡无味、拖沓冗长,但意义损失最小。这个翻译问题就"解决"了。并且,这有助于我们看清这里究竟问题是什么:问题就是要在两种愿望之间达成某种妥协,一是保存原始文本的原初含义,另一是诱骗、吸引、讨好、愉悦译者意图中的当代受众,甚或仅仅是节省他们的时间。无疑宪法解释问题也可以这么看,但这样类比实在太远了,很难给人启发。

J. 怀特和莱希格都敦促我们把解释看成一种翻译,也都以隐喻的方式提出了论证。但用隐喻来论证是成问题的。同与之很相似的类比论证一样,问题在于,隐喻论证也要求翻译。文学翻译与宪法解释有共同点,也有不同点,不同点也许还超过共同点。常规意义上的翻译(而并非延伸意义上的翻译)关心的是不同语言中意思相当的具体问题,其目的于宪法解释

---

[35] 莱希格承认有这种可能性。Lessig, 前注 29, 页 1268。

是不一样的。翻译的理论或实践都没有什么支持某个一般结论,无论是严格解释高于宽松解释还是宽松解释高于严格解释。用"翻译"作为判断宪法解释是否坚实的试金石,这效用是修辞的而不是分析的。在莱希格这般老到的修辞家手中,这个标准提供了一个口头禅,有了它,能动型法官可以把球踢还给严格解释的法官,指控后者不忠于宪法文本,同时也不够谦卑(因为莱希格把忠实翻译理解为创造同谦卑的混合)。[36] 德沃金就曾宽泛界定法律,包括了所有的政治道德,就玩过与此类似的一个转守为攻的把戏。那个法律定义令德沃金不仅可以说那些不愿让宪法性法律成为政治道德哲学分支的法官胆小、古怪和无情,而且还可以说他们无法无天。阿玛尔和维导斯基的战术——原旨主义伪装下的能动主义——与此也类似(本书第六章),也已有人赞赏地把莱希格同阿玛尔归为新派的自由派原旨主义者,他们正用鲍克之矛攻击着鲍克之盾。[37]

"自称的忠实者并不忠实",这个令人眼晕的指控最终一定失败。字面翻译,就如同运用原真乐器音乐演出一样(本书第九章),在一种完全可以理解的意义上是"忠实的"。同样的道理,一个翻译并不只因其"活"就糟糕,甚或不忠实了,因此,即使能动的法官也不可能主张唯有自己的方法才有合法性,"方法不忠实因此不合法",他可以抵挡这种指控,还不必否认合法性取决于忠实。而我从一开始就希望别搞这种修辞性招摇,这是否不合情理?沃伦时代的能动主义法官难道不自称自己是原旨主义?1980年代保守主义者——鲍克和米斯以及其他人——难道不自称原旨主义者?时下为沃伦时代的决定和一般进路辩解的人们会不自称原旨主义者?难道考察布朗案、格里斯沃德案、罗伊案、德沙尼案以及哈德威克案的对错利弊,就不能摒弃那些装模作样最终却毫无用处的解释方法论辞藻?或是我太不给修辞面子了,而我下一章要讨论的就是修辞?

---

[36] 请看,*The Problems of Jurisprudence* 22。
[37] "Jeffrey Rosen Replies," in "'Life's Dominion': An Exchange," *New Republic*, Sept. 6, 1993, pp. 44, 45.

第二十四章

修辞、法律辩护和法律推理

律师的主要工作之一是辩护,人们常常嘲笑他们没理也能说成有理。法律辩护因此例证了说服意义上的"修辞"实践;而自打毕达格拉斯以来,人们都认为,修辞的作用之一其实就是要让比较弱的论点似乎很强。[1] 普罗泰戈拉斯和高尔吉亚都是最著名的诡辩派学者,这一派繁荣于公元前5世纪到前4世纪,常被视为修辞理论的发明者;当然,也有人论辩说,真正的发明者是柏拉图和亚里士多德;因为在他们之前,没有谁理解,人们不喜欢的观点讯息与为强化说服力可用不同的语言或其他形式对其编码之间的区别。[2]

"诡辩者"和"诡辩的"这些词的现代含义就流露了在我们文化中修辞术的名声是令人又爱又恨。对于我们大多数人来说,"修辞"有说话蒙人或过分推敲的否定意味,与说话中肯对立。柏拉图与亚里士多德的著名分歧之一就是,修辞基本是糟(柏拉图)还是好(亚里士多德)。我将论辩,关注言论说服的经济学,我们可以推进这一争议的解决。然而,修辞并不只是表达;对亚里士多德以及亚里士多德的许多现代追随者来说,修辞还是种推理方法。如果这样看,修辞与道德推理中的决疑术和法律推理中的案例法就是一丘之貉。我将考察认知性理解和说服性理解的修辞,还会考察修辞与实用主义之间的——在有些人看来亲密的——关系。

---

[1] G. B. Kerferd, *The Sophistic Movement* 101 (1981). 普罗塔哥拉斯也许稍有点被人误解。他也许指的是修辞可以令没价值的孱弱论点在某种程度上变得更强有力。Edward Schiappa, *Protagoras and Logos: A Study in Greek Philosophy and Rhetoric*, ch. 6 (1991).

[2] 这是克勒的著作的主题,请看,Thomas Cole, *The Origins of Rhetoric in Ancient Greece* (1991).

我当然不是从零开始。但是,尽管修辞文献很多,但与其多年死对头哲学的文献相比,种类有限,平均质量也很低。有关修辞的杰作仍然是亚里士多德的《修辞学》,此后2000多年里,后续的有价值文献并没推进什么。[3]

话语说服的经济学

说服意味着,既不收买也不强迫,让某人在某个问题上接受你的看法。说服的方法之一就是传送信息,但说服与传送信息不同。也许没传送信息,说服就发生了,并且还不仅是总是将信息界定为"真实的"(这就太限制了)。此外,真实的信息也许不能说服人,或是因为信息接受者不相信这个信息,或是因为,尽管相信,但他还是没动力按照说服者的愿望采取行动。说服既可以通过交流令人相信的和欲求的真假信息为行动提供理由,也可以完全绕开理性而主要诉诸情感,这就是麦金农对淫秽出版物如何起作用的理解。但我们会看到,如果总是假定理性和情感是冲突的,那也是错误的。

可以赋予修辞一种经济学色彩,就是设这样一个可能成立的假定,即一般说来,人都根据他们认为的收益成本平衡作选择(这些收益成本无需是金钱,并且不需要通过明确的计算过程来比较),并且信念也是人们收益成本估算中的输入。因此,可能以两种方式之一努力让听者接受说服者的观点。可以努力影响听者的信仰,或者,说服者可以努力影响或绕开听者的选择(通常不明示)计算过程,从而令听者作出一个若其决策过程未受影响就不会认为成本合理的决定。

我集中关注那些影响信仰的努力。言者可以用两种方式影响听众的信仰。一是提供信息,广义理解,包括虚假和真实的信息,还包括演绎和推

---

[3] 这一领域最好的现代导读似乎是,Brian Vickers, *In Defence of Rhetoric* (1988)。关于决疑术,请看,Albert R. Jonsen and Stephen Toulmin, *The Abuse of Casuistry: A History of Moral Reasoning* (1988)。有关修辞以及更宽泛的有关交流的经济学文献非常贫乏。请看后面注10提到的《司法/正义的经济学》中的参引文献;又请看,William M. Landes and Richard A. Posner, "Trademark Law: An Economic Perspective," 20 *Journal of Law and Economics* 265, 271-273 (1983)(讨论了语言的经济学)。然而,经济学家已在诸如信息成本、统计区分以及信号的旗号下讨论了与此紧密相关的一些问题。

第二十四章　修辞、法律辩护和法律推理

论以及其他逻辑和归纳操作,为理性大脑提供证据和证明的"事实",提供被做了手脚的基本数据。二是影响听众的信仰,就用各种信号来强化言者论点的可信程度,比方说,说话非常自信,或是提供有关自己的某些细节让人们觉得自己很可信。这种方式在时间上要先行一步,因为言者必须先让听众处于接受的情绪中,然后他才可能想用信息来改变听众的信仰。[4] 在古典修辞学中,创造这种接受被称为"伦理感染"(ethical appeal)。

有确定目标的说服者会选择自己成本最小化实现目标的概率最大化的混合修辞方式,包括真实的信息、谎言、暗号和情感感染。"有确定目标"这个限定非常重要。说服者常常有很多目标,从最想要的到最不想要的一系列,而且他也许并不追求那最想要的目标,因为要说服听众接受这个目标,成本也许太高了,受不了。决定这一成本的变量也许可以称为"距离"和"顽固性"。当其他因素相等时,如果 X 与 Y 之间的距离越短(Y 是听众在这个问题上先前的信仰),说服听众接受 X 的成本就会越低。[5] 这个距离越短,听众采纳信仰 X 就最少触动他现有的信仰之网。人们都很理性,都不愿从根本上改变自己的信仰体系,因此,如果接受某个新信念并不要求他放弃太多现有的信念,他就更可能接受。

"根本改变"提出了第二个变量,顽固性。人们保持自己信念的力度是不同的。一个人信念越强烈,他就越不愿放弃,哪怕在外人看来,他要改变的看起来很小。在宗教纷争史上这种例子很多。

听众信念的顽固程度有可能影响言者对修辞目的的选择,而距离有可能影响他对修辞手段的选择。老到的修辞家在听众现有信仰与自己希望诱使听众接受的信仰间会精心搭建起通道。这就可以看出类比作为修辞手法的重要性了。

在言者选择修辞方法时,重要因素之一是听众获取并处理(这两者放一起可以称之为"吸收")信息的成本。通常,言者希望听众理解自己,因

---

[4] 许多广告都有这种特点,最突出的例子是广告商为了让电视观众看商业广告而支付昂贵的电视节目费用。广告是现代修辞的重要领域之一,在这里很能理解诸如伦理感染这样的经典修辞方式。请看,Larry Percy and Jon R. Rossiter, *Advertising Strategy: A Communication Theory Approach* 75-92 (1980)。

[5] Akira Yokoyama, "An Economic Theory of Persuasion," 71 *Public Choice* 101, 103 (1991);参看,Percy and Rossiter, 前注4,页162。

此,他说的语言与听众的语言不通,这就没道理。但是吸收信息的费用不止这些。亚里士多德就解说过,修辞的功能是在无法提供必然性论证的情况下来诱发信仰。这里的意义可以用(自然地)类比来展示,即"推销"某种观点与推销某种商品的类比。某种商品有失败的概率(p),消费者是否购买它,这个选择可以建这样一个模型

$$EU_j = (1-p)B_j - pL_j$$

在这里,EU_j 是商品 j 的预期效用,B 是商品有用时买家的收益,而 L 是商品没用时买家的损失。这"商品"也许就是某个观点,因此 p 就是这个观点或很假或很糟的概率。假定这个观点是上帝存在。这个例子表明有些观点是无法为科学或逻辑方法证明或反证的。帕斯卡尔对此有个著名论证,因为如果此观点为真接受这一具体观点的收益相对于如果其为假的损失而言太大了,因此,如果你理性,就应相信有上帝,哪怕是上帝存在的概率非常小。这就是,哪怕 p 很大,但只要 B_j 比 L_j 足够大,EU_j 就可能为正。(更准确地说,如果 B_j 与 L_j 之比大于 p 与 $1-p$ 之比,EU_j 就会为正。)不论此论证有什么漏洞(信仰不完全是自愿的,上帝也许对如此机会主义的崇拜者不感冒,而如果教派选错了也许会同不可知论者一样丧命),这个论证都隐含承认了在说服问题上有经济学结构。

经济学家区分了两种商品,一种是"检查品",其质量在销售时就可以确定(例如,摁一摁甜瓜就知道它熟没熟);另一种是"信赖品",人们购买它是基于相信(例如,电冰箱经久耐用)。在后一情况下,消费者的信息费用要高得多。言者努力向听众"出售"的观点常常是信赖品,伦理感染的意义也在于它增大了听众自愿给予言者的信任。

如今,有些实用主义者,如罗蒂以及麦克劳斯基(Donald McCloskey),忽略了信息成本对于修辞听众的意义。在这方面,他们是尼采的传人。尼采曾论辩说,所有诱发信仰的努力都是修辞。这个论点并非总是意在恭维修辞[6],哪怕是把修辞方法扩展开,包括每种可以想象的理性探讨或证明的方法,比方说,我们看到的"论证方式"(figures of argument)中就有"预辩

---

[6] 古德里奇(Peter Goodrich)对此有很好表述:"换言之,修辞对理性的复仇不是断言修辞学有任何固有的长处或价值,而是声称理性主义也感染了比喻的病毒。"Goodrich, *Legal Discourse: Studies in Linguistics, Rhetoric and Legal Analysis* 110 (1987).

法"(prolepsis)(预想可能的反驳并将之打折)。[7] 我们应抵制这种扩展。因为,如果所有推理方法,包括三段论和统计推论,都算"论证方式",那么"修辞"就失去了其独特性和效用了:

> 在一些新修辞学家的著作中,如伯克(Kenneth Burke)和佩雷尔曼(Chaim Perelmann)的,[修辞]这个学科夸大到人们都认不出来了。这些新修辞学者想把它变成实践推理的艺术,不仅关系到,在必要时,把握从伦理学、政治学、心理学或其他什么中抽象出来的前提,而且把修辞本身也添加进了这种智慧宝藏。这样走下去,就会像亚里士多德所言(*Rhet.* 1.4 1359b12),就是主张修辞学拥有一些本属于其他艺术的东西。[8]

一般的科学论文要比一般的政治讲演或陪审团最后论证更少"修辞"——就这个词的全部可理解的意义而言。理由是,科学论文的读者的信息费用,就比方说政客有关宏观经济或外交政策讲演的外行听众的信息费用更低。听众吸收信息的成本越高,言者就越依赖对听众吸收能力要求不高的说服形式,使其成本最小化。对一位听众来说,知道一位科学家很有名要比了解他理论的细节更容易,因此,我们可以预期科学家在对外行听众发言时会费很大力气确立自己的名声。为什么人们更喜欢代议民主,而不是直接民主,部分原因就在于这样一个洞见,对投票者来说,判断一位政客是否称职和正直比评价他们相互竞争的政策建议更容易。

信息成本高也许可以解说在法律政治上为什么都看重抗辩制。我们无需接受法律人关于谎言竞争会产生真理的神秘信念(这种竞争更可能让人头昏脑涨而不是产生知识),但我们可以接受:想到他人可能反驳,这会震慑不诚实的修辞,这就减少了听众受骗的可能性。由于不诚实的收益减少了,竞争的言者就更可能限定自己说有道理的话,或至少是似是而非的要点。可以预料,当听众是专家,因此不大容易受操纵时,就会减少依赖抗辩程序;有人建议科学家按律师的程序来构建科学家的程序,这种建议太

---

[7] Peter Goodrich, *Reading the Law: A Critical Introduction to Legal Method and Techniques* 193 (1986).

[8] Cole,前注2,页20。

蠢了。[9]

这种修辞的经济学进路隐含的是,言者会诉诸听众的自我利益,但这不必是笨拙的呼唤,或是把自我利益界定得很仄。我会用荷马史诗中的一个例子来说明这点。人们不应惊奇,修辞有这么古老。我们预料古代社会和初民社会的修辞技巧会更发达[10],因为有没有这类技巧不取决于有没有现代科学技术知识,还因为在信息成本很高的地方这些技巧特别珍贵。同样的道理,我们不应当惊讶,在古希腊和罗马、中世纪以及文艺复兴时期修辞学曾蓬勃发展,而自那以后,在同其他学科的竞争中,修辞学逐步丢失了地盘。在专门化的论说和探讨领域外,由于识字者增多、教育普及、更好的交流、知识的增加、信息专家的出现、科学和其他理性研究方法的地位日益提高,以及从学校和大学到产品保险、专营店和代议(不同于直接)民主这些令信息成本更经济的制度发展,信息成本已降低了。所有这些都是修辞的替代,并压缩了修辞的领域。

在《奥德赛》第五编,离家20年后,奥德修斯在回伊萨卡的途中发生了海难,他被海水冲上了谢芮尔岛国靠河口的海岸,全身一丝不挂,脏兮兮的,精疲力竭,而且还就他一个人。他遇到了同仆人一起到河边洗衣服的岛国公主瑙西佳。见到这个令人厌恶的怪人,仆人都跑了,只有瑙西佳站在那里。奥德修斯跟瑙西佳搭话。[11] 他想要衣服,还想得到她的帮助返回家园。他没有任何方法证明自己的身份。他是如何劝说瑙西佳帮助自己的呢?

他一上来就是一大通奉承,他问瑙西佳是位女神呢,还是个凡人? 如果是后者,那么,她太漂亮了,"愿你父亲和你圣洁的母亲都三倍的幸福,也愿你兄弟三倍的幸福",并且"那位用求婚礼物成功把你娶回家的男子会是世界上最幸福的人了。因为我从未见过像你这样的凡人,无论男女"。大约20行这样的恭维之后,奥德修斯提到了自己的处境:"沉重的痛苦压到

---

[9] 但不时还有人提出这种建议。有关的讨论,请看,Richard H. Gaskins, *Burdens of Proof in Modern Discourse*, chs. 1, 5 (1992)。

[10] 有关的一些证据,请看,Richard A. Posner, *The Economics of Justice* 172-173, 276-277 (1981);又请看,*Law and Literature* 278, 在那里我分析了荷马另一段文字的修辞。我不是说荷马有某种修辞的理论;此外科勒(Cole, 前注2, 第二章)也指出荷马史诗中暴露的修辞实践有些局限。

[11] *Odyssey*, vol. 1, bk. vi, pp. 216-219, lines 149-185 (A. T. Murray trans. 1919, 重印于1974 in the Loeb Classical Library)。我自作主张地将莫瑞译本的措辞现代化了。

了我的头上。"他简单解释自己的船失事了,接着说,"我想麻烦还没结束"。只是到这时——总共37行的第26行——奥德修斯才要求瑙西佳可怜可怜他,说自己在这个岛上谁都不认识。而他要求的只是瑙西佳给他一块布——他认为她和仆人拿到河边洗涤的衣服是用什么包裹来的——来遮盖自己的赤身裸体,此外要求她为自己指点一下城市在什么地方。这一请求很简短,随后奥德修斯换了话题,从自己说到了对方。"至于你,愿诸神令你心想事成",特别包括了丈夫和家庭。他以这种口吻又说了几句,就结束了。

奥德修斯这时不可能报答瑙西佳对自己的帮助,因此他必须将对方置于施舍者情绪中,利他主义经济学理论告诉我们,施舍者与被施舍者的财富差别越大,利他主义的转让就越有可能。人们通常对自身福利比对陌生人的福利看得重得多。但由于金钱的边际效用递减,因此,哪怕很弱的利他主义也都会遇到这种情况,即转移财富会增加被施舍者的效用,也会增加施舍者的净效用。假定甲从自己头一个美元中获得100个效用(这是对主观效用的一种任意测度),但由于他非常富有,因此从自己最后一美元中他只获得1个效用。乙非常贫穷,接受一美元就会获得100个效用。进一步假定,甲是适度的利他主义者,乙每获得100个效用,甲就会获得2个效用的满足。那么,甲给乙一美元乙,自己也会净增1个效用(2 − 1),从而这一转移对于甲也是效用最大化的。要引发这样的转移,乙就会希望提醒甲你是何等富有,而自己乙是何等贫穷。

奥德修斯的所作所为就是这样。他的头一部分话主要是要确立在奥德修斯看来瑙西佳是何等富有,因为她的可爱会使她获得一位富有的丈夫(这个人送给她的彩礼会超过其他求婚者)。奥德修斯不必花很多时间来说服瑙西佳自己目前多么贫穷;这一点看他的样子就很明显了。一旦确立了他们在财富上的悬殊后,奥德修斯就强调自己要求的(一块布和一点信息)对于瑙西佳来说成本何等微不足道,因为这成本越小,这份礼物就越可能增大施舍者的效用。尽管如此,奥德修斯对自己要求的礼赠还是给予了报答,结束自己的话之前,他祝愿瑙西佳幸福。祝福是不值钱,但这一点点收益也还是可以抵消一点点成本呀。

奥德修斯的头一部分话还有额外的功能,这就是向瑙西佳保证言者的品性,这也会是瑙西佳关心的。奥德修斯装作不敢肯定瑙西佳是凡人还是女神,这是在试图减轻自己这个脏兮兮且赤身裸体的男子可能给瑙西佳造成的任何恐惧,别让她像其仆人一样,抛下他,逃走了;因为像他这样的凡人是不大可能攻击女神的。并且,奥德修斯通过大量赞美瑙西佳,也显示了自己的礼貌、可敬和会说话。他用很文明的语词抵消了自己不文明的身体外表。这样做,更重要的是,他还暗示了自己也许并非如同外观表现的那样,他也许——事实上,他就是——一位很强有力的人,只是时下不顺而已,因此,也许某一天他会回到某个位置,并就瑙西佳的仁慈给予报答。因此,这里暗示了互惠性利他主义的可能性。

奥德修斯的话因此是高度理性的,尽管这话几乎没传达什么常规类型的信息。这一说法中外在悖论(高度理性,但几乎没有信息)是源自我们熟悉但错误的关于理性与情感的对立。[12] 情感指导、聚集并集中人的注意力(就像 S. 约翰逊的俏皮话说的,知道自己要被吊死,思想就会高度集中起来),强化承诺,提供动机并培养移情的知识(否则的话会激发想象力),而理性转而为情感提供启动装置并规训、指导和制约情感。慷慨是种情感,但对利他主义的经济学分析告诉我们,这是一种由财富悬殊之感受以及预期转移之大小而启动的情感,因此它依赖知识。

柏拉图与亚里士多德的争论

如果上面的分析正确的,我们就不应鄙视修辞,认为它不理性,哪怕它是用了一些远不科学的说服手段。这应当使我们对法律辩护更放心一点,不必把它等同于颠倒黑白,哪怕是(事实上就是)它非常注意修辞。但在接受这个令法律职业很舒服的结论之前,我们应当考察一下柏拉图在《高尔吉亚》中对修辞学的著名抨击。这是一篇反讽意味很重的对话。对话中,苏格拉底说,如果哪天自己在雅典受审,他完全可能被处死,因为他不愿用修辞术来赢得无罪开释。这样说时,苏格拉底是预见了自己的死亡,因为这一对话是在苏格拉底受审并定罪后撰写的。

当时,像高尔吉亚这样的修辞家经常受雇撰写讼词。在没有法律职业

---

[12] 对这一对立的批判,请看,Ronald de Sousa, *The Rationality of Emotion* (1987),以及,Martha C. Nussbaum, *Need and Recognition: A Theory of the Emotions* (Gifford Lectures 1992/93, unpublished)。

的社会中,他们的角色与我们社会初审和上诉审律师的角色相近。苏格拉底追问高尔吉亚,修辞的社会价值是什么,并诱使他接受了苏格拉底的表述,"修辞产生的是说服。它的全部工作就是说服人"。[13] 高尔吉亚进一步承认,法庭用的修辞是这样一种说服,它不是通过灌输关于正义和非正义的知识而产生对正义和非正义的信念,修辞不产生有知识的信念,因为修辞家"永远不可能在短期内对如此重大的问题指教大量聚集的人们"(页14;页455)。这就导致高尔吉亚在修辞家与外科医生关于谁应当选为公共医生的辩论中夸口说,修辞家应该赢,并当选。苏格拉底描述这是"一位无知者比与无知者相伴的专家更有说服力的例证"。

苏格拉底诱使高尔吉亚同意,就像医生要从医就一定要学医一样,修辞家要谈论正义就一定要学习正义。因此,高尔吉亚也进一步愿意承认,在此他接受了苏格拉底伦理理论的一个既很基本但有时也很令人怀疑的方面,好修辞者还一定得是个公道人,因为按这种理论,人仅仅出于无知才做了坏事。一个公道人不会说话不公道。然而,高尔吉亚早就承认修辞家有时会滥用才华,在案件中为不公正方辩护。因此,修辞家一定不知道正义为何物,并且看起来甚至高尔吉亚都不知道修辞为何物。在高尔吉亚的敦促下,苏格拉底给出了他的修辞定义,苏格拉底称其是善于同他人交往的人的诀窍(诀窍的意思是,诀窍拥有者也说不清它是如何起作用的以及为什么起作用)。诀窍近似烹饪法,主要由奉承组成,修辞对于正义来说就像体操中的化妆,医药中的烹饪。厨子"装作自己知道什么食物对身体最好;因此,如果厨子和外科医生得在孩子面前争论其主张……外科医生就没饭吃饿死"(页25;页464)。而他苏格拉底,如果哪一天受到审判,就会"像外科医生在由孩子组成的陪审团面前受厨子指控"(页100;页521)。

该对话的另一参与者,考利克勒斯反驳苏格拉底,他认为苏格拉底不

---

[13] *Gorgias* 11 (W. C. Helmbold trans. 1952) (p. 453 of the Stephanus Greek editon)。(我同时引证这两版的页码,因此会出现"p. 11;453"。厄文(Terence Irwin)1979 年的《高尔吉亚》译本更学术化,但就我的目的来说,海姆鲍德的更习语化译本更好些。柏拉图在《高尔吉亚》中对修辞的抨击受到了维克斯(Vickers,前注 3,页 84—120)的全面批评,维克斯大量汲取了先前道兹(E. R. Dodds)以及特别是厄文的批评。柏拉图的其他对话中也讨论过修辞学,但我无须超出《高尔吉亚》。碰巧的是,柏拉图笔下的高尔吉亚,无论有意还是无意,对历史上的高尔吉亚,一个在交流心理学上有相当影响的人物,都是一个讽刺。Charles P. Segal, "Gorgias and Psychology of the Logos," 66 *Harvard Studies in Classical Philology* 99 (1962).

理解正义的唯一原则就是"强者实行统治并对下属占据着优势地位"(页52;页483)。如果这是正确的,那么苏格拉底担心修辞不利于人们理解正义就太傻了。但苏格拉底拒绝强权即真理的原则。他论辩说"一定要比忍受不公更为小心地避免行为不公"(页106;页527),因为人们死后这笔账都要算的。死者的灵魂将"赤裸地受到裁判,因为裁判必须等到他们死后。裁判者也一定是赤裸的并且死了,这样的裁判才是公正的,裁判者的灵魂将注视每个死者的赤裸灵魂"(页103;页523)。那些被判公正的人将来到有福之岛,不公正的人将去塔塔鲁斯(Tartarus)"那间报应和判决的监牢"(页102;页523)。

就柏拉图(通过苏格拉底之口)对修辞的抨击而言,有几个明显的难点。总的说来,看来也似乎是,柏拉图对自己的信念缺乏勇气。柏拉图对话集,包括《高尔吉亚》,都是非常修辞的对话。我已提到他用过反讽。柏拉图还大量依赖类比,例如,他把修辞类比为化妆甚至烹饪。此外,在此,他还用了神秘或幻想(关于死后判决的说法),还有他的这种对话方式,对话中真实历史人物说的话大部分可能是虚构。

就柏拉图批评修辞而言,这不是个很大难题;你可以以毒攻毒,却仍认为总体看来这个毒很糟,尽管《费德鲁斯》表明柏拉图区分了好的修辞方法——因其目的好——和诡辩者的坏方法。真正的大难题在于柏拉图反复强调死后的完美正义,这分散了人们对实际问题的注意,即如何防止把公正者定罪,例如,苏格拉底本人。在苏格拉底审判中,如果运用修辞术或是雇位老到的修辞家撰写对陪审团的讲演,苏格拉底完全可以逃脱这一定罪,因为尽管他没有辩护,陪审团中还是有很多人——尽管是少数派——投票赞同无罪释放他;他的案子并非是叫天天不应,叫地地不灵。完全不理睬当下,这从来都不是可行的社会秩序原则,尽管苏格拉底因此成了尘世的圣人。

总体而言,亚里士多德对修辞看法更友善。他的论著[14]一开始就把柏拉图的批评暗暗丢在一边,他解说先前的修辞学作者处理的"主要都是些无关紧要的东西",也就是"调动人的偏见、怜悯、愤怒和诸如此类的其他情

---

[14] Aristotle, *Rhetoric* (W. Rhys Roberts trans.), in *The Complete Works of Aristotle: The Revised Oxford Translation*, vol. 2, p. 2153 (Jonathan Barnes ed. 1984). 同样,我将引证标准希腊文版(Bekker)以及这一译本的页码(和行码)。

第二十四章　修辞、法律辩护和法律推理

感因素"(页2152;页1354a)。情感感染应当——在治理良好的国度,他说,事实上也确实——予以禁止,让那些只有诉诸情感这一手的修辞家无言可对。排除这些滥用的修辞后,就可以认为修辞是"有用的,因为真东西,正义的东西,有战胜对手的自然倾向,因此,如果法官的决定不是言者应当得到的,这个失败就一定是言者本人有问题,他必须因此受谴责"(页2154;页1355a)。

亚里士多德区分了三类说服方法。首先是伦理感染。与前一种紧密相联,第二种是要让听众进入一种愿意接受的思想状态中。第三种就是话语论辩。在这里,亚里士多德强调了缺省三段论,在现代逻辑中缺省三段论是这样一种演绎,即有一个前提因其众所周知而不予表述。因此你也会说,苏格拉底是人因此一定会死,而不是说繁琐的三段论,所有的人都会死,苏格拉底是人,因此苏格拉底一定会死。值得怀疑的是,亚里士多德是在非常有限的意义上用缺省三段论这个词的;他指的也许只是,提出个主张,背后一定要有理由支持,就像一个结论可能来自但并非确定地来自前提那样,不像在演绎推理中[15]或是当前提可能真实但并非肯定真实时那样确定。[16] 不管怎么说,把缺省三段论(而不是把言者的声音和姿态)放在修辞的中心,亚里士多德肯定修辞是理性的。这转而显示出,就像亚里士多德解说的,说允许人用强力自卫却不能用言词自卫,这很荒谬,因为用理性话语来求得活路比用强力求得活路更明显符合人性。亚里士多德又说,缺省三段论(在某些并不完全清楚的意义上)就像修辞学中的演绎推理,而这个例子就像修辞中的归纳推理。

在修辞中,不仅论辩方法而且经验基础都不像在逻辑、数学或科学中那么正式。"在某些听众面前,哪怕拥有最精确的知识也不容易令他们因我们的言词产生确信",因为这些未受教育的人不可能被以知识为基础的论证说服。修辞家一定要用"每个人都有的概念"(页2154;页1355a)。因此,我们看到了一幅修辞家的图画,(这部专著的其余部分则对此作了细致阐述,)他们首先确立自己在听众中的信誉,引发他们关注接受的态度,然后开始用非正式的逻辑,再借助共同的知识把一些证据同听众先前的信念

---

[15] M. F. Burnyeat, "Enthymeme: Aristotle on the Logic of Persuasion," in *Aristotle's "Rhetoric"—Philosophical Essays* 3 (David J. Furley and Alexander Nehamas eds. 1994).

[16] Cole,前注2,页154—156。

结构联系起来,以此来推进他的论证。

对这幅图画,有几个反驳意见。首先这假定了可以将那类糟糕的情绪感染排除在修辞家的妙计锦囊之外。确实,在现代审判中,可以通过证据规则把比较粗糙的诉诸情感方式排除在外,例如,重复被告先前的种种不当行为因此审判其人格而不是审判其行为,用受害人血淋淋的照片恐吓陪审团,以及种族或宗教敌视态度等。但还是可能有更微妙且同样误导人的诉诸情感的方式。司法体制几乎无法——如果有任何办法的话——防止律师有意通过着装向陪审团传递信息,自己同陪审员一样是个普通人[17],防止律师修表演课程并因此可能向陪审团传递自己诚实可信的印象,防止律师根据其个性能否打赢官司为标准挑选专家证人,防止律师奉承诌媚陪审员和法官,或防止律师用语调、表情和姿态传递其他误导人的印象。[18]

然而,我们还是可以挡开对亚里士多德的修辞辩护的这类批评,我们只要想一下,情感既可以澄清也可以模糊人们的理解。比方说,如果辩护律师用情感引发了法官或陪审团对受害人和被控人的动机、冲动以及信念的同情理解,那么这种情感诉诸也许令法庭对最关键的事实能形成更精确的印象,因此作出更公正的判决。[19] 修辞可以成为一种"让真理听起来更像真理的手段,许多时候,这还是唯一可能的手段"。[20]

对亚里士多德立场的第二个反驳意见是,由于以真理而不是以听众现有信念作为参照点,因此亚里士多德误解了"距离"和"顽固性"(两者加在一起也许可称之为"可说服性")。贝叶斯定理告诉我们,一个理性人的前见(即在他了解新论点和证据之前所持的信念)会影响他根据新论证和证据形成的信念。如果两位天文学家在1250年辩论到底是地球围绕太阳转还是太阳围绕地球转,坚持前一立场的天文学家要比持后一立场的天文学家更难说服听众,尽管前一位天文学家的立场更接近于真理。[21]

第三,即便在真相与听众的信念没有紧张关系的情况下(即无论接受

---

[17] 下面会更多讨论"着装对[法律]成功的影响"。
[18] 防止律师演习证人是可能的。欧洲的法律制度在这一点上就比较成功;美国法律制度则没有。
[19] Martha C. Nussbaum, "Equity and Mercy," 22 *Philosophy and Public Affairs* 83 (1993).
[20] Cole, 前注2, 页140。
[21] 真相是,地球和太阳都围绕接近太阳的某个想象的点旋转。

第二十四章 修辞、法律辩护和法律推理

哪位言者敦促其采纳的信念都不会推翻听者的现有信念),如果言者的技巧不相等,错方言者或许还会赢。[22] 即便摒弃所有情绪因素,都会如此,因为人们的智识技能和调动情感的技能差别很大。怀特在反驳柏拉图谴责修辞时就忽略了辩护律师的技能差异。[23] J. 怀特还对柏拉图做了其他手脚,一是把理想的法律实务同《高尔吉亚》中谴责的做法对比,却没指出我们怎样才能从现实到达理想;二是还声称"法律把人性与冲突的原材料转化成另一生活和语言形式,转化成有关正义的论辩"。[24] 他把"正义"视为一个普适概念,这隐含的是,纳粹律师诉诸的正义,同美国律师的正义概念如果不是内容上完全等同的话,那也会有一个永不熄灭的启示人的核心。这就是律师的信念,即通过说话人会变好。只有忽视法律过程的真实,你才可能消除修辞与理性的所有紧张关系,就像约翰森和托尔敏非同一般的陈述那样,在法律中,"任何案件的'修辞'——如何最有说服力地表达——都不可能与案件的'优劣(merits)'——即相关论证的理性力量——相抵触。在诸如民法这样的实务追求中,'理论'的角色同时既是理性的也是修辞的"。[25]

当亚里士多德离开一般层面,开始讨论修辞表演的细节时,我们发现自身就处于非道德的律师世界了。在这个世界里,不论某论点如何有力,都可以有一个可能成立的反论点,律师可以真的希望这个反论点来颠倒黑白。[26] 在修辞词典上,这种提出反论点的能力叫做"捏造"(invention),而人们之所以不放心修辞也就在于这一点。如何可能为某个合同案双方中的任何一方辩论?亚里士多德对此曾有出色讨论。首先列出一系列有利于强制执行某合同的论点,比方说"一个合同就是一个法律,尽管是一种特别并有限的法律……并且该法本身从整体上看就是一种合同,因此,任何人不顾合同或否定合同,就是否定法律本身",以及"大多数商业关系,也就

---

[22] 换一种说法,成功的修辞取决于言者(他的技巧等)以及听众(他们的接受程度等),正如同成功的药品同时取决于医生和病人一样。Cole,前注2,页87—88。

[23] "Plato's Gorgias and the Modern Lawyer: A Dialogue on the Ethics of Argument," in White, *Heracles' Bow: Essays on the Rhetoric and Poetics of the Law* 215 (1985).

[24] 同前注,页232。

[25] Jonsen and Toulmin,前注3,页298。

[26] 关于现代法律辩论中的攻防,请看,Pierre Schlag and David Skover, *Tactics of Legal Reasoning* (1986)。

是说那些自愿的关系,都由合同规制,如果这些合同丧失了其约束力,人们就会停止交易",随后,亚里士多德提出了一些供参考的反论点:"法官作为裁判者的义务是决定什么是公正的,因此他必须追问,正义何在,而不是问这个或那个文件的意思是什么。"此外,"我们一定要明白,这个合同是否……同任何先前或后来的合同相抵牾;论辩后一合同是有约束力的合同,还是论辩前一合同是正当的后一合同则属欺诈,这就全看我们需要"(页2192;页1376b)。正是"全看我们需要"这句话让非法律人难以下咽。

如果柏拉图对修辞的抨击和亚里士多德对修辞的辩护都有很大漏洞,我们怎么办?要回答这个问题,我们必须考虑一下,为什么柏拉图和亚里士多德对修辞的社会价值看法不同。一些主要理由是,他们理解的理性探讨不同,对修辞家之听众的天性和能力评判也不同。柏拉图认为,科学和伦理探讨必须首先清除一些妨害人们能看清真善的精神瓦砾,而乱糟糟的法律雄辩和政治雄辩只是堆积了更多瓦砾。亚里士多德则认为(当然正确的),真理常深藏不露,许多情况下,人们能得到的一切仅仅是概率上的近似,他列举的修辞技巧则便利了获取这种近似。

柏拉图和亚里士多德对修辞听众的评价也有分歧。亚里士多德很清楚,听众常常没受过教育,因此愚不可及,但他并不因此鄙视听众。他不鄙视听众的原因之一是,就像他自己解说的,他对政治修辞的兴趣要大于对法律修辞的兴趣。他认为听众更注意政治辩论,因为这种辩论涉及听众认为很重要的问题,而当听众作为陪审员来裁断案件时,辩论结果对他们通常不重要(仅仅对诉讼人重要),因此听众不大关心。[27] 古雅典是随时准备打仗的直接民主制的小型社会,与美国这样安全的、代议民主制大国很不相同,在雅典,个人因正确投票(因此要精心观察政治辩论)所获的收益要超过他作为陪审员仔细聆听正确投票所获的收益。这里的理论要点在于,我们可以预期,个体听众因正确选择可获收益越少,他们对修辞的回应就越少。

在《高尔吉亚》中,柏拉图更感兴趣的是法律修辞,他认为法律修辞的听众不比儿童更强,因为对雅典的巨大陪审团,并不允许他们深入思考的,

---

[27] 注意,无利益同关注不够的关系呈正相关(你也许可以说,无利益培养了不感兴趣),这与我在第三章中讨论的确保无司法利益的努力怎样养成了司法的懒惰很像。

第二十四章　修辞、法律辩护和法律推理

而只是要他们在审判结束时投票定罪。柏拉图是位贵族,他很自然对自己同胞的能力得出了这种轻蔑的评价。亚里士多德对雅典陪审团也很挑剔,但如同我说过的,他看重的是政治修辞而不是法律修辞。他们两人都忽视了这种可能性,即,如果可以说服陪审团,你们正在玩司法"游戏",这个游戏取决于坚守某些无偏见和关注的规则,陪审团也许会行为更负责些,就像其中有某些明显自我利益时就可能会更负责地行为。

柏拉图和亚里士多德对修辞的不同评价表明,听众吸收信息的成本越高,修辞的社会价值——有别于修辞的私人价值——就可能越低。但这两个变量的关系其实会更复杂些。如果信息成本为零,修辞就没有价值;它无害,也无用。如果信息费用很高,修辞也许就不可缺少,但也非常危险,乃至不应把决定权交给那些无知且可能被人操纵的听众。因为我们一定别把修辞同教育混为一谈,教育"旨在把问题双方的论点在我们面前真实展示出来,对每个论点都考虑其适度的影响力,在说服他人时,看到每个论点,又不超出这些论点本身表现出来的说服力",而修辞则"追求以一切方法说服我们;为此目的,它放大一方的全部论证,削减甚或掩盖可能支持另一方的论证"。[28]

对听众来说,吸收信息的成本同争议问题的复杂性正相关,与听众对这个问题的熟悉程度(或专门知识)、听众一般教育水平以及听众的智力和理性负相关。听众的智力和知识越欠缺,争议问题本身越复杂,听众先前的信仰就可能距真理越远;因此,听众吸收信息的成本就会越高,而为此言者就越可能诉诸低下的情绪感染(那种模糊而不是擦亮人们目光的感染)、误人子弟的信号和虚假信息,由此听众也就越可能因言者的努力最终形成另一错误信仰。柏拉图无疑认为,对苏格拉底的三项指控,所谓腐蚀雅典青年、不承认雅典城的诸神以及引入了新神,都要求审判苏格拉底的陪审团具备他们没能力完成的复杂细致的估量判断。此外,由于《高尔吉亚》的强烈关注点就是苏格拉底审判(尽管从没直接提到,并且事实上审判发生在这一对话的时间段以外),因此,毫不奇怪,该对话对修辞的隐含判断是否定性的。但如果当时没有可设想的替代,替代苏格拉底的审判形式,那么这个否定性判断就毫无意义;就只能怨苏格拉底没雇一位修辞家来帮助

---

[28] Adam Smith, *Lectures on Rhetoric and Belles Lettres* 62 (J. C. Bryce ed. 1983).

自己。但通过证据规则和其他程序或制度创新来减少用修辞解决法律纠纷是可能的;对于审判庭来说,信息费用越高,这种创新就越为诱人。

与柏拉图形成对照的是,亚里士多德强调[29]某种程度的理想化情境,在此种境况下,一场辩论的听众,尽管对争议问题缺乏专门知识,但他们还是聪明、关注和公道的,并且也不允许相互竞争的言说者超越合乎情理的辩论边界。这里,尽管吸收信息的成本为正,但不很高,不至于招来或奖赏那些最具欺骗性的修辞方法;并且这些方法的使用范围也至少受最起码的程序规范限制。

因此就可以理解,为什么民主派对修辞一般都比较友善,对科学则心存疑虑。修辞看重的是普通人的看法,更极端一点,可以说修辞是把舆论视为真理的裁断者,而科学则把权威授予了专家。柏拉图在《理想国》中就希望哲学家用强力和蒙蔽来实行统治[30],并且他也可能赞同我们今天在欧洲大陆看到的那种基本无陪审的职业司法部门;而普罗泰戈拉斯,他认为坚实的判决必须听取社会中每个人的意见,因此有人称他是民主制的"最早的讲道理的辩护者"[31]。但是,世界上还是有"民主太多了"这样的问题的。缺乏制度控制的雅典陪审团(那里,没有职业法官,也没有上诉权)会让任何珍视权利的人感到可怕。雅典法律制度给煽动性修辞留下的空间太大了,像苏格拉底这样不循规蹈矩的自由思考的知识分子在那里因此风险太大。一边是,民主与修辞并肩,而另一边是个人主义;自由主义则很尴尬地脚踏两只船。或者,在强调了不受制约的民主有可能侵犯政治思想市场自由之后,我们也许可以说,短期的太多民主可能导致长期的更少民主。

对比柏拉图和亚里士多德关于修辞的观点表明,首先,不应试图对法律(或其他的)辩护作一个总体的规范性评价。(修辞辩护者的这类努力也许是该学科之所以获得评价很低的原因之一。这些可怜的修辞家把自己的优点说得太多了。)关键问题是在案件的众多复杂问题上,审判庭是否具有智识能力并情感成熟。如果把证据规则同陪审团的情感和智识开发结

---

〔29〕 并非唯一,因为《修辞学》对情绪感染有相当程度的讨论,这本书是本实践修辞学手册,同时也是对这一问题的理论处理。

〔30〕 关于亚里士多德与柏拉图在修辞问题上的分歧的政治寓意,请看,Mary P. Nichols, "Aristotle's Defense of Rhetoric," 49 *Journal of Politics* 657(1987)。

〔31〕 Schiappa,前注1,页184。

合起来，令辩护者自我限定于亚里士多德推荐的修辞方法上（这些方法都与极不确定条件下的理性探讨相关，而在进入审判的诉讼中这种极不确定的条件很常见[32]），那么他们的修辞努力就会有助于获得理性结果。

上述讨论对本书第一章提出的一个问题，是否应把雇用演员朗读律师的最后辩词视为从事法务，并因此，除本人是律师外，应禁止这种行为，给出了一个答案。要禁止律师上表演课，这几乎不可能，但禁止他们雇用演员朗读辩词却有可能。禁止的后果是会减少对法庭舞台的投入，这种投入既可能蒙蔽陪审团，却也可能令陪审团获得更多信息。修足了表演课程，乃至成为老到的演员，这么做，律师的时间成本会很高，并且他可能从改善同陪审团的有效交流而获得的价值也比较低，因为表演技巧更多是天生的能力，而不是训练的结果（否则的话，就很难解释成功演员为什么收入非常高）。因此不允许雇用演员朗读最终辩词，这个规则就不大可能因律师本人成为（好）演员而被完全规避，尽管我知道芝加哥就有一位非常成功的初审律师曾修过表演课。

值得注意的是，在英国，一直到20世纪，大律师（即辩护律师，初审和上诉审律师）一般都不拿法律学位，事实上他们很少接受正式法律教育，但作为替代，会推荐他们研究古希腊的雄辩家。对一般律师的要求是研究和分析法律，对大律师的要求则是口若悬河、反驳老到、词汇丰富，一句话，擅长修辞。还值得注意的是，我们最才智的法官，霍姆斯，尽管本人就是修辞大师，却认为法律是思想家的天职而不是诗人的天职，他还希望最终看到法律建立在科学基础上，并把法律界定为对法官所作所为之预见。如此界定的法律就是从诉状律师的视角而不是从辩护律师的视角界定的，诉状律师的角色主要是分析的，而辩护律师的角色非常倚重修辞。

"当我成为美国第一位衣柜工程师时，我最初的客户都是出庭律师……出色的出庭律师都是些一流推销商和尽善尽美的演员，他们非常了解非语词交流与案件事实常常同等重要（有时甚至更重要）。"[33] 梅洛尔（Malloy）先生也许有点夸大其辞，但他的这些话的核心很有道理，"如果你有个近郊陪审团，其中中下阶层白人和中产阶级黑人数量相等，着装就要

---

[32] 法律上运用了如简单判决，防止陪审团审理这些不存在很多疑点的案件，以此在审前解决这些案件。

[33] John T. Malloy, *New Dress for Success* 295 (1988).

偏向这些黑人。这些白人对灰领的偏见会小于这些黑人对蓝领的偏见"[34]，读到这里，我有点吃惊。我不知道是否确实如此，但我可以肯定，一位出庭律师应当认真想想这点。承认这一点就是承认法律修辞与科学探讨和证明的程序相距非常遥远。

修辞与推理

我猜会有人反驳（预辩），说我把修辞当成说服他人的一堆设置，这样一来我就忽视了一个事实，即修辞也是思考[35]，也许是律师和法官唯一可行的思考，甚或是任何人唯一可行的。本章以下部分就讨论这个问题。

类比。我就从桑斯坦为法律类推所作的辩解开始。[36] 也许会有人认为，类比，就像隐喻或趣闻轶事一样，全然是激发想象力或令论辩生动活泼的方法之一，与思考其实完全无关。但桑斯坦论辩说，当缺乏关键信息或对前提有分歧，因此没有——在某些事实发现的帮助下——可引申出"正确"结果的主导理论时，通过类比可以获得理性的法律后果。如果禁止雇主因雇员拒绝为雇主作伪证而解雇雇员，法院就可以以此为理由之一认为，通过类推，应禁止因雇员提出了工伤赔偿而解雇雇员。桑斯坦论辩说，哪怕法院在什么时候应禁止雇主随意解雇雇员的问题上没有任何完整理论（本书第十三章），这个推理看来也成立。因此，看来类推似乎可以令推理者从一种具体情况（比方说，一个案件）推到另一种具体情况，而不必有统帅这两个案件的理论或一般法律。

我不理解。我看不出，在这个就业案上，不发现或不提出一个禁止雇主因雇员拒绝伪证而解雇雇员的理由，何以可能得出一个理性的结论。可以推定，这个理由就是不鼓励伪证；那么随后，我们也许会考虑一下，是否有同样的理由鼓励工人提出工伤赔偿请求，以及是否有任何伪证案中不存

---

[34] 同上，页299。

[35] 请看，例如，Jonsen and Toulmin, 前注3，页72。

[36] "On Analogical Reasoning," 106 *Harvard Law Review* 741 (1993)。《哈佛法学评论》的编辑把这篇重要文章标签为"评论"，把它置于学生写的"札记"与学生写的"读书札记"之间，评论封面上，列出了"论文"，下面则是"札记"。显然，这些编辑认为桑斯坦的这篇50多页的论文还算不上一篇全面论述的法律论文。啰唆肯定是律师使用的主要修辞手段之一。

第二十四章 修辞、法律辩护和法律推理

在的考量反对这种鼓励。如果愿意,你也可以称这是类推,但真正涉及的是从先例中寻求(或是开掘)也许可用于后一案件的政策,然后参考这些政策来决定后一案件。[37] 这就进一步证明,最好是把法律视为政策科学(尽管可能是一种初步的政策科学,因为它非常奇怪地依赖一些可以从已发布的司法意见中采集到的政策因素),而不是某些特别的推理分支。毫不奇怪,"真正的"类推(以某些感受到的"类似"为基础从一个老案例推到一个新案例)汇集了许多有害的司法教义,包括许多如今已基本被摒弃的反托拉斯传统教义。例子之一是"杠杆"说,它基于一种粗糙且令人误解的类比,即把用杠杆撬动更重的物体类比为某物品或服务(例如制盐机)垄断者想垄断其他互补性物品或服务(例如盐)的诱因。[38]

类推的诱人处和缺陷都源自其形式主义特点。尽管桑斯坦反对形式主义,也认为实践理性战胜法律形式主义者喜爱的演绎法的拿手武器就是类比推理,但法律人运用类推的方式其实是形式主义的。如果他们有个案件,涉及某种新型自然资源(比方说,石油)的恰当产权制度是什么时,他们会考察处理"类似"资源(如淡水或野兔)的已决案件。他们不会去向石油工程师、生态学家或自然资源经济学家打听打听。他们把这个问题当成法律材料的内在问题,是法律概念之间的关系问题。他们这样做,因为法律人的美梦就是纯粹参照老案件就能决定新案件,不必了解任何"法律"之外的事情。

我不想说类比太多坏话,在本书第三章我就曾大量运用类比,把法官同剧院观众做类比,同为了快乐参与游戏的人做类比,而且就在本章前面,我还把说服同商品营销做类比。类比可能启发人,甚至令人恍然大悟。但当律师和法官从老案例类推新案例时,这通常意味着,他们把自己对手上案件的分析限定于可从先前案件中发现的东西;并且,就像以野生动物案

---

[37] 参见,G. E. R. Lloyd, *Polarity and Analogy: Two Types of Argumentation in Early Greek Thought* 412-413 (1900),该书首先说《修辞学》的一些文字,表明"亚里士多德如何可能试着为自己的许多类比正当化,用的一些理由是,他比较的案子都是这些一般规律的例证",然后,该书指出"但存在这样一个事实,即他的推理形式有时不符合这一理论……似乎要求的形式。他并没有(1)细心概括确立一般规则,也没有(2)把这个规则演绎于其他具体案件,而是直接比较这个和那个具体案件"。

[38] 有关对法律中类比推理的其他批评,请看,*The Problems of Jurisprudence* 86-100。关于这种"杠杆"理论,请看,*Economic Analysis of Law* 311-312。

来限定石油天然气的法律体制那样,先前案件常常构成了一个贫乏的事实和政策储备用来决定眼前的案件。

　　法律中的类比确实有非常有价值的功能,超出了提醒或隐喻,这就是它确定了法律规则或教义的一些边界。这是类比的批判性运用,但不是创造性运用。在此,它关注的是差别,而不是类似,其结果是限制规则,而不是扩展规则。假定这个规则还是,流动性资源(可以到处走动的东西)只有在占有后才能拥有,例证是有关野兔和其他野生动物("非私产的")的案例。这个苏格拉底式提问者(因为苏格拉底式法学院课堂中的主流就是批判性地运用类比)也许会问:这是否意味着,石油和天然气,也要等占有之后才能拥有呢?明智的回答是"非也"。石油和天然气比野兔和其他大多数野生动物都更有价值,也有过早耗尽的更大风险,因此可能更有理由花费成本来建立非占有性的产权;禁止这种权利会损害节约资源的激励。[39] 因此,用石油和天然气错误类比野兔,表明这一规则界定太宽了。[40]

　　法律人的最重要技巧之一就是决定法律规则的适用领域[41],因为客户向律师提出的典型问题就是,他想采取的某行动计划是否违反某个法律规则。由于语言含混性,一个规则的语词表述常常不能可靠指导该规则的实际适用范围。要确定这个范围,人们会提出一些假想的案例,这些案例属于该规则语义的外部边缘地带,然后问,这些在语义上很"像"因此有望适用该规则的案件,是否符合参照该规则的目的以及其他政策指导相关资源而界定的这一规则的适用范围。

　　这一过程很像科学研究的假说/演绎模式。在这种模式中(尽管如今人们已经理解,这一模式并没确切描述科学过程的重要特点),科学家提出个理论,从中演绎一些经验性假说,然后检验。如果这假说经不住检验,这一理论就被证伪了,必须修改或摒弃。与此类似,我们也许有一个"规则",

---

〔39〕 Cf. Harold Demsetz, "Toward a Theory of Property Rights," 57 *American Economic Review* 347 (Papers and Proceedings issue, May 1967).

〔40〕 不要认为这是个过时的例子。"用野生动物做类比还相当经常,因此石油和天然气被归类为野生资源或未私有的资源。由于有大量石油和天然气诉讼,因此有人得出这样的印象,主张参照野生动物法的石油天然气案件甚至多于野生动物案件本身。"Eugene Kuntz, *Treatise on the Law of Oil and Gas*, vol. 1, §4.1, pp. 112-113 (1987) (省略了脚注)。

〔41〕 这有助于解说,为什么,就像我在第二十二章中指出的,绝顶聪明的数学家、科学家,如果他们碰巧缺乏很好的语言技巧,就成不了好律师。

第二十四章 修辞、法律辩护和法律推理

一切政治言论都受宪法保护,这意味着,如果有人威胁说,美国总统违反了孟德斯鸠的分权概念,因此他要杀死美国总统,这种言论有特权。但我们知道这一死亡威胁不享有特权,这就意味着我们的规则就我们宽泛表述的术语而言是不坚实的,因此必须重新表述。运用假想案件被认为是在类比肯定属于某规则或某教义核心的案件(这些假想的案件大致相应于科学家用来面对实验或观察数据的假说),但这种类比有可能是误导性的。当遇到石油和天然气这样的例子时,对流动性资源只能获得占有性权利,这样的规则就必须改变。无论在假说/演绎模型中,还是在与之对应的道德和法律领域内,类比的目标都是保持始终如一或融贯,在科学领域是理论与观察之间的,在道德领域是某种道德理论与无法动摇的道德直觉之间的,在法律领域中则是某种法律理论与不可动摇地确立的法律之间的始终如一或融贯。

在我们的理论与我们接受的法律背景的确定特点之间通过类比确立始终如一,这与"创造性"运用类比全然不同。在创造性运用类比时,含混的"相像"概念的作用是分辨出一些也许可以用来决定新案件的理论资源。当石油和天然气初次成为有价值资源时,法律人到处寻找可能用于规制石油和天然气的法律理论,直觉的相像把律师引向了规制野兔和狐狸的错误体制。类比给我们提供了一些候选的法律治理制度,供我们考虑,这就是类比有价值的功能,与恐惧和欲望这类情感指导我们的思想沿着这条而不是其他路前进在功能上相似。但在选择哪个类比将支配这个新案件时,我们一定要参考一下政策、目的和后果。如果说禁止堕胎就如同允许奴隶制,这会让我们想一想为什么我们不喜欢奴隶制,这个或这些理由究竟是否适用堕胎。这个类比只是让我们碰到了分析的门槛,而如果只从司法意见中寻求有关政策、目的和后果的信息,我们也许就很难跨过这一门槛。由于法律在很大程度上是当年的一些新颖案例,那么,律师是类推高手这一点就不能解说律师为何还没开发出一种乐意接受其他学科研究方法的态度。

决疑术。律师用的类推与道德宗教推理中的决疑术很相似,或许完全一致。这两类推理都是从一案(真实的或假设的)推到另一案,而不是从理论推到案件;"决疑术"就指这种个案为基础的推理。约翰逊和托尔敏在为决疑术的辩解中(注3)指出,我们常常必须在没有全面理论的条件下作选

择;我们常常对某案——无论是法律案件还是道德两难——的恰当结果很自信,比对或许可以从中推演出结果的任何理论都更自信;我们常常对案件可能意见一致,但对诸多理论意见不一致;必须调整一般规则、规范或定理常常才能适合某具体案件;(同一点)在对具体案件适用一般规则时,公平——即亚里士多德的 *epieikeia*——占有其位置;简而言之,环境会改变案件;因此好的判断同分析能力一样重要。这些观点我都同意,但我看不出他们何以从中分辨了一种风格独特的推理。法律人或道德家的案例就如同自然科学家的数据。科学家如果忽视理论与数据间是否相符,他的工作就会做得很糟;因此,法官或法律人如果不理解为让规则"符合"这些规则应支配的案件,规则必须有例外,他的工作也会做得很糟。这两个例子都例证了,在不同的人类思想领域中,经验敏感都很重要。但令人羞愧的是,太常见了,律师和法官的数据库只是一些司法意见。

约翰逊和托尔敏说了个迷人的故事,天主教有关高利贷的教义是如何演变的。[42] 在几个世纪里,天主教神学家,用个案决疑法,把这个教义几乎完全颠倒过来了,起初天主教绝对禁止有息放款,最后变成了只禁止对遭难者有息放款。在这一教义的演化(革命)([r]evolution)进程中(演化是在商业扩展中,在由此而来的商人和银行家要求允许获得和发放商业贷款的压力下引发的),神学家不小心碰上了机会成本概念:一个放款人会付出真实的费用,这个费用的衡量就是他以其他方式使用这些钱所得的收益。如果那时经济学发展很好了,经济学家可以在几分钟内就对神学家解释清楚,为什么利息是补偿,不是偷窃;但当时没有经济学家,神学家必须在没有理论帮助的条件下,找到通向这一见解的途径。在这种困难条件下,他们做的就是当时的经济学;并非律师和神学家做得特别出色的什么事。

多亏神学家努力保持与传统的连续性,"修辞"在有用的意义上进入了这场关于高利贷争论(法律中也有与此明显对应的努力),这个传统包括一些(文字的)神圣文本。当时的神学家要做好两项说服工作。一是要说服

---

[42] Jonsen and Toulmin, 前注3, ch. 9. 又请看, John T. Noonan, Jr., *The Scholastic Analysis of Usury* (1957)。

第二十四章　修辞、法律辩护和法律推理

神学社区,商业贷款并非罪孽深重。[43] 另一是要说服世俗社区,天主教教义始终如一是明智的,而不是时断时续且(先前是)错了。与此相类似,法官也很想说服他人自己的决定始终正确,但我们不应当把这种有关连续性的修辞同遵循先例的道德责任混为一谈。

隐喻。我前面提到了"杠杆"。这是法律使用隐喻的例证。隐喻会令一个人用一种或许很有启示性的新方式看待某个东西,令他从自己先前参照系中惊醒,隐喻在此扮演了一种很有用的认知角色。有人会说,而我也趋于认为,除了其字面含义外,隐喻没有其他意义;这种说法隐含的是,大多数隐喻是假的,更准确地说,它们与真理价值无关。[44] 即便如此,我们还是可以看到,就像桑斯坦、J. 怀特以及其他人坚持的,在某种意义上,修辞是种思考方式,而不只是种说服方式,为了让某听众相信言者完全想清楚的东西。从赫拉克利特斯的河流、柏拉图的洞穴到诺伊拉特(Neurath)的船、维特根斯坦的语言游戏、赖尔的机器幽灵、古德曼的战栗以及罗尔斯的反思性均衡和无知帷幕,隐喻一直就在最严谨哲学思考的卧榻之旁(这也还是一种隐喻的说法)。

隐喻是种思考方式,不错,但它特点是常常非常散漫,并误导人。回想我引证的亚里士多德那段谈论如何论辩合同案的文字。如果你按他的讨论来判断,公元前4世纪的雅典合同法基本就没啥结构[45],因此你确实可以论辩同样地支持或反对强制实施任何合同。法律的规则压缩了法律修辞的领域,这是法律规则的优点之一,"法律就是修辞"的说法很容易对此视而不见。现代合同法有更多结构,有条件强制执行协议、排除各种论点,在大量合同案件中令那些最善变且心术不正的辩护律师也只能沉默。今

---

[43] 比较一下有关复式簿记的发明。原先被归功于是为修辞目的,令商业交易,包括有利放贷,看上去并不剥削人:"它[复式簿记]证明了收取的每点利息都相等且对应地带来了债务。" James A. Aho, "Rhetoric and the Invention of Double Entry Bookkeeping," *Rhetorica*, Winter 1985, pp. 21, 34.

[44] "隐喻的通常是强烈的虚假,但有时强大的真实也起作用。'工作就是工作'[或者'没有哪个人是独立的']在其字面意义上非常明显,乃至于为了传达信息,我们寻求了另一用法……在这种语境中用通常的含义非常奇怪,足以促使我们不管字面真假问题。""What Metaphors Mean," in Donald Davidson, *Inquiries into Truth and Interpretation* 245, 258 (1984).

[45] 这是科恩强调的这一时期美国法律的一般特点之一,请看,David Cohen, "Rhetoric, Morals, and the Rule of Law in Classical Athens"(forthcoming in *Zeitschrift der Savigny-Stiftung für Rechstgeschichte*)。

天法定权利义务的不确定性既不是一个自然常量,也不因其具有最大化修辞的效果而值得奖赏了。

修辞与科学。 有时,由于缺乏信息,缺乏一致前提,没有支配范式,有无可补救的含混,或是价值无法通约,无法获得通常的科学或准科学研究过程即逻辑和经验验证的过程,在这种别无选择(*faute de mieux*)的情况下,把修辞视为一套剩余的推理和说服方法,就既无所谓好,也无所谓坏。只是在这些领域中还丢不掉的什么东西罢了。在法律领域内这块地方还挺大,尽管程度不像批判法学认为的那么广泛,还就是没有更确定的分歧解决方法。

最慷慨激昂的修辞维护者不会接受我对修辞推理与科学推理的区分。我们可以深入考察这个问题,就用本书第一章讨论的韦西斯勒关于宪法性法律的中立原则一文。这篇非常修辞的文章赞美了修辞的常规对立面——理性。与此并行不悖的另一个例子是《高尔吉亚》,此文谴责修辞,抬高理性,但它是用修辞方式而不是用分析方法做的。选择赞美理性作为自己的主题,副作用是让人们看不到这里的修辞。我们通常看人都看表面。如果他们宣称他们忠于理性,我们就会对这种可能迟钝起来,即在处理其研究对象时,代表理性推论的他的论辩本身并没诉诸理性。因此,孱弱的科学也许会高歌自身的科学特点,表示鄙视修辞,以此掩盖自己的孱弱。然而,当它这样做时,它就成了"一切[包括科学]都是修辞"学派的人质。

在经济学领域,包括法律经济学,科学修辞蒙人的潜能看来似乎特别巨大。在法律经济学领域中,很少用严格按照统计学最佳方法分析的经验数据来检验经济学假说的努力,其结果也不具决定性。科学,包括社会科学——包括经济科学,也不仅是法律运用的经济科学——就其实践来看,并不很符合最有影响力的科学方法论模型,例如上面提到的假说/演绎模型。就像科斯和麦克劳斯基以库恩精神强调过的,经济理论其实还没达到卡尔纳普、波普尔、弗里德曼、斯蒂格勒和其他人关于科学和经济学方法论很有影响力的讨论中隐含的高标准[46];这些标准都是作为目标追求的而不

---

[46] R. H. Coase, *How Economists Should Choose* (American Enterprise Institute 1982); Donald N. McCloskey, *The Rhetoric of Economics* (1985).

第二十四章 修辞、法律辩护和法律推理

是操作的。麦克劳斯基夸大了这一点,就像他把某个自然实验(如,价格上升导致需求下降,或价格管制会引出排队购物,或经济学家正确预见的、减少规制所获收益)[47]的结果都视为叙事或把"人力资本"视为隐喻一样。在我看来,他过分强调"一切都是修辞"了,当他说只有经济学家承认自己其实是修辞家,经济学才会有所完善时,这就特别没说服力。[48] 但他已分辨了有些学院派经济学家搞的一些没有任何启示的修辞术,包括误导性使用统计推论。[49] 我承认确实有古典修辞家没看到的一种科学修辞,没看到是因为在他们写作的年代,科学方法还在襁褓之中,此外,用辞藻装饰言论就是"修辞"这种含义也还很模糊。[50] 也许世界上就没有"中性"语言,就没有像窗上的玻璃那么透明的散文。尽管韦西斯勒提出了一些很个人的确信标记,以此强化他论证的可信性,但要想具有宣示者的效果,一个并不必然导致更少修辞的相反战术是佯装自己谈论的都是些非个人的真理。(古希腊人早就有这种观点。)在文中你不使用"我",也会误导读者,因为这可能诱使听众从你的确信中推出确定。科学家寻求以各种东西来支持他们的权威性,包括喜爱严格的数学,用令人敬畏的专业术语,打压怀疑,以及掩藏实验、统计或观察结果评价中的个人判断因素。某些分析哲学家,例如兰德尔传统的法律形式主义者,甚至把他们的问题都几何化了。[51]

实用主义者比非实用主义者更少可能忽略这些理性的修辞。基础主义者,如柏拉图和边沁或是现代的科学实在论者,会对修辞很不耐烦,因为

---

[47] Clifford Winston, "Economic Deregulation: Days of Reckoning for Microeconomists," 31 *Journal of Economic Literature* 1263 (1993).

[48] Donald N. McCloskey, "The Consequences of Rhetoric," in *The Consequences of Economic Rhetoric* 280 (Arjo Kramer, Donald N. McCloskey, and Robert M. Solow eds. 1988). 关于批评,请看,Stanley Fish, "Comments from outside Economics," 同上,页31。

[49] 又请看,Coase, 前注46,页14—17。

[50] 对一篇著名科学论文(华森[Watson]和克利科[Crick]在《自然》杂志上发表的两页论文,该论文宣布发现DNA分子的双螺旋结构)的修辞例证分析,请看,Lawrence J. Prelli, *A Rhetoric of Science: Inventing Scientific Discourse* 236-256 (1989)。与我的讨论特别相关的是,McCloskey, 前注46和一篇短文, in *The Rhetoric of the Human Sciences: Language and Argument in Scholarship and Public Affairs* (Jon S. Nelson, Allan Megill, and Donald N. McCloskey eds. 1987)。又请看,Jeff Mason, *Philosophical Rhetoric: The Function of Indirection in Philosophical Writing* 68-72 (1989),讨论了艾耶尔(A. J. Ayer)的逻辑实证主义宣言《语言、真理与逻辑》中的修辞。

[51] Martin Warner, *Philosophical Finesse: Studies in the Art of Rational Persuasion*, ch. 1 (1989).

他们认为自己可以通过逻辑或数学或反思或其他什么东西建立直通真理的专线,而且不认为修辞是建这种专线的适当工具。他不喜欢用"交谈"这种隐喻来概括研究。对于他来说,研究探讨都是个人的,不是社会的;他最喜欢的感官是眼睛(因为目光可以深入事物中心),而不是耳朵(耳朵让人想起的是唠叨)。修辞属于影子的世界(柏拉图主义者会这么看),是一个近似的、概率的、看法的、最好也不过是有保证的信念的世界,是一个说说的世界,而不是一个有明晰愿景和终极真理的世界。但如果你认为这个光影颤动的世界就是我们的世界,包括科学研究过的那部分世界,那么,你就很容易认为,当普罗泰戈拉斯、高尔吉亚以及其他诡辩论者把事实和看法混为一谈时,他们走的是正确同时也是实用主义的道路,突出表现为普罗泰戈拉斯的口号"人是万物的尺子"。[52] 如果科学没有让我们与真就"在那儿"的什么相对应,这与一个自称要表述法律为何物以及事实为何物的司法决定又有多大区别?回想一下,在苏格拉底的追问下,高尔吉亚承认,即便就正义他发表了演说,却还是不知道正义为何物。这不应令高尔吉亚烦恼。他并不认为有什么要去了解;所有都是看法而已。事实与看法的融合给了法律辩护所要的抓手,并邀请实用主义者(他们同情理解这种融合)用法律的模型来思考科学,而不是像兰德尔和其他法律形式主义者曾经的相反努力。因此才有了这样的悖论,罗蒂钦佩科学研究伦理,他认为这是公平且民主的合情合理的智识活动模型,但他不大赞赏科学,他认为科学注定会在其宣称的精确描述事物存在方式的追求过程中失败。

然而,即便实用主义成功推翻了科学作为提交终极真理的一神教继任者地位,这也不意味它已经表明科学与宣传、书报审查、设置纠察——以及决疑术和法律推理——完全是同一水平,只是解决分歧的方法。我们应当问一问,在经济学以及其他科学和社会科学研究方法这边的理性,与法律中通常使用更多的修辞和论证方法那边的理性,是否程度上就没啥大区别。[53] 我们应提醒自己注意,这种程度区别有可能很重要,这是虚构与事实的一个很有用的区别,威廉姆斯的著作《种族与权利的炼金术》就比一部

---

〔52〕 希亚帕(Schiappa,前注 1,ch. 7)解释这是指所有判决都相对于某个参照系。
〔53〕 "如果用泛滥的修辞来取代自傲的科学……那将是个错误。"J. E. McGuire and Trevor Melia," Some Cautionary Strictures on the Writing of the Rhetoric of Science," *Rhetorica*, Winter 1989, pp. 87,88。

第二十四章 修辞、法律辩护和法律推理

还算出色的科学著作更接近频谱的虚构一端。

最重要的是,我们应拒绝天真的人道主义论点,所谓正因为修辞与科学有距离才使修辞天生更具启发性和更人道。按这种解释,修辞不仅成了理性和表达的同义词,也是善的同义词,因此就成了其他学科的统帅,从数学到伦理学一切都在它的麾下。这就会令这个术语失去效用;最好还是把它限定于非逻辑的、非科学的、非经验的说服方法。这样,至少修辞还是个问题,而不只是可用来泛指任何东西的空名。当修辞道德化时,司法意见的修辞分析就成了老牌律师的把戏,成为用来恭维赞同自己观点的法官的把戏;而且,你也不再可能说希特勒修辞才能杰出了。[54] 在两个主要方面,希特勒都表明修辞有可能邪恶。首先是向听众传达如何剥削和掠夺其他群体的信息。(某些女权者就这样看待淫秽出版物。)第二是以种种方式阻碍听众的认知(这也是女权反对淫秽出版物的因素之一,淫秽出版物的定义是性的图像化表达或明确表现,因此有可能激发人的性冲动)。像希特勒这种耸人听闻的伟大雄辩家可以传达没有理智的意义,获取未加理解的赞同。[55]

就算是修辞与科学一样都可能被用于邪恶目的,修辞与科学还是其他区别可以解释为什么"修辞",尽管修辞学家努力为其恢复名誉,却还是让人又爱又恨。修辞最不重要的品质就是它很陈腐,就是它不生产知识。英国的出庭律师是典型,他只接受事务律师的报告,甚至不见客户,他就用事务律师提交他的材料干些修辞的活。他不是发现者,修辞手册不教读者如何构建科学理论,不教如何进行经验研究或实验。并且,修辞家也不自寻烦恼。他不是苏格拉底,他完全尊重舆论,说得不好听点,就是他完全尊重听众的偏见。这就是为什么修辞文献比科学文献或哲学文献更呆板的原因之一。修辞,并不像亚里士多德认为的,只出现于极端不确定时,而出现于事实已经清楚问题是如何让听众理解并感动时。这就是当年林肯这位非常成功的初审和上诉审律师——有可能是美国历史上最伟大的修辞大师——面对的情况。但说到林肯,我想表明的是,说修辞缺乏原创性,这也

---

[54] 请看,Roderick P. Hart, *Modern Rhetorical Criticism* 357-362 (1990),他承认,这在修辞学文献中非常罕见,希特勒确实是位杰出的修辞艺术实践者。参见,Vickers,前注3,页414。

[55] 对这种雄辩家的出色讽刺是皮普孔(Mynheer Peeperkorn)在瀑布前的一个小故事,请看,Thomas Mann, *The Magic Mountain* 620-621 (H. T. Lowe-Porter trans. 1961)。

不是批评修辞。修辞与科学的这一区别就像推销与生产的区别。经济学家不大可能认为后者更首要,现实地说,推销就是生产的一个阶段。

但修辞和科学有两点区别,真有规范意义。第一,许多修辞会相互抵消,并因此躲过了对手的修辞性进击。科学就没这个特点,尽管科学事业的竞争特点,也会产生一定数量的重复努力。[56] 第二,科学(就此而言,可以理解为包括数学和逻辑)趋于证伪虚假命题,并因此推进了真理,而修辞没有这种趋向。[57] 让我们考察一下一套候选信仰命题。它们可以为真或为假,可以有人信或不信,这就有了四部分,真且有人信的命题,真但无人信的命题,假但有人信的命题,以及假且无人信的命题。一般说来,相信真命题要比相信假命题会有更大的效用,不信假命题要比相信假命题有更大效用。这就是,

$$U_1(t, b) - U_2(t, d) = Z_1 > 0$$
$$U_3(f, d) - U_4(f, b) = Z_2 > 0$$

假定 $Z = Z_1 + Z_2$ 代表的是相信真命题和不信假命题的效用。但要达到这种状态需要付出成本,因此,让我们规定达到此状况的成本为 c。只有当 $Z > c$ 时,才能达到这一状况。修辞对 c 起作用,但它可能增加或降低 c。它可以让真理听起来就像真理,但是它也可能让虚假听起来很像真理,并诱发错误信仰,并且,它还可能让真理听起来像是虚假,并因此诱发错误的不信。即使当它不假(尽管通常不是这种情况),修辞还是趋于改变(或确认)信仰,而无论该信仰的真假。

这都不是放逐修辞的理由,就像这不是放逐广告和诉讼的理由一样,后两者有类似的特点,事实上可以视为修辞的分支。但它们都有助于我们理解,为什么修辞在人们心中总是得不到科学得到的那种尊重。

---

[56] 这是公开宣布的技术特征之一;想想商业秘密,以及对有巨大商业价值之发明的竞争。

[57] 进一步的例子,请看,*Law and Literature*, ch. 6, 特别是页279—281。

第二十五章

自我公众形象的法律保护

相互联系盘根错节的复杂法律,法官制定的和制定法的,保护着这种无名利益,这种我称之为"我们向世界展示的公众形象"的利益。经济学,加一点博弈论(想想第十四章)和某些哲学的帮助,可以帮助我们穿过这个迷宫,揭示这些法律的统一性,具体思考常常被冠冕堂皇的"私隐"说法弄得晦涩难懂的问题,还附带着为上一章关于修辞的讨论与下一章关于性的讨论修一座桥梁。在其他地方我曾非常细致讨论过这个问题[1],在此我就可以简单些;但我将说的是对我先前著作的延伸而不只是个概括,也算对相关的主要批评的一个回答。

私隐、名声和公众形象

我们构建了,并非总是清醒地,一个向外部世界展示的自我公众形象(self)。我们的构建用我们的所作所为、我们的着装(请想一想本书第十六章讨论的着装是一种性的信号)、我们的言谈举止,也以妆容,有时还以整

---

[1] 请看,特别是我的著作, *The Economics of Justice*, pt. 3 (1981),以及我的论文 "Blackmail, Privacy, and Freedom of Contract," 141 *University of Pennsylvania Law Review* 1817 (1993)。对本章的其他主题的经济学分析,请看, *Conference on the Law and Economics of Privacy*, 9 *Journal of Legal Studies* 621 (1980); Stephen M. Renas et al., "Toward an Economic Theory of Defamation, Liability, and the Press," 50 *Southern Economic Journal* 451 (1983); C. J. Hartmann and S. M. Renas, "Anglo-American Privacy Law: An Economic Analysis," 5 *International Review of Law and Economics* 133 (1985); Douglas H. Ginsburg and Paul Schectman, "Blackmail: An Economic Analysis of the Law," 141 *University of Pennsylvania Law Review* 1849 (1993); Steven Shavell, "An Economic Analysis of Threats and Their Illegality: Blackmail, Extortion, and Robbery," 141 *University of Pennsylvania Law Review* 1877 (1993)。

容。有关我们的个性、财富、历史、体格、健康和意图,我们有种种表达,真的或假的,还有很多掩饰。简而言之,我们自我表现或自我推销[2],以此走向自我塑造,而后者是凯特伯(George Kateb)辩解的个人主义概念的核心。自我塑造有工具性效用也有内在效用。有些人几乎就是在字面意义上"销售"他们构建的自我公众形象,比方说,名人把自己的名字和形象借给某个商业广告使用,要求很高的报酬,同时他们也很关注这个具体的广告会如何影响他们利用自己公众形象的其他机会[3]。我们其他人则是在比喻意义上"销售"我们的构建的公众形象,即用它在就业和婚姻市场上以及——更一般地说——在人际关系(无论人身型的还是商业性的)市场上获得有利的交易。本书读者现在应习惯把市场的概念同金钱交易分开了。

有一套由各色各样的民、刑法组成的法律来保护这种构建起来的自我公众形象。反诽谤法(诬蔑和诋毁),与之紧密相关的有关私隐的那部分侵权法,对"报道不实"提供救济的侵权法,就防止人们用不实之词来伤害这种构建的自我公众形象。有关私隐的侵权法中,最有疑问的方面是,偶尔侵权法还防止人们用真相来损害这种构建起来的公众形象,进一步强化这点的是有关敲诈的刑法,即禁止向被敲诈者出售沉默如果发现了后者的秘密。

有关私隐的侵权法中没啥问题的是,"曝光权",它给人这样一种权力,即未经其同意,任何广告中不得使用他的名字和肖像。名人最常诉诸这种权利,他们并不怕出名,他们只想控制市场上就广告中使用自己名字肖像的权利交易,以便最大化他们的收入;同时也最大化他们的名声。私隐权还有其他方面,与构建的自我公众形象无关或关系不紧密。美国宪法第四修正案禁止不合情理的搜查和没收,当初的理解是保护广义理解的财产权,如今则更多被理解为保护有别于财产的私隐。(窃听侵犯了通讯的私隐,但没侵犯财产权。)侵入性的监视,如摄影师盖勒拉(Ron Gallela)所用的手段,成天围着奥奈西斯*(Jacqueline Onassis),就侵犯了侵权法上的私

---

〔2〕 请看,高夫曼的经典著作,Erving Goffman, *The Presentation of Self in Everyday Life* (1959);又请看,Roger Ingham, "Privacy and Psychology," in *Privacy* 35 (John B. Young ed. 1978)。

〔3〕 参看,Douglass v. Hustler Magazine, Inc., 769 F. 2d 1128 (7th Cir. 1985)。

* 肯尼迪总统夫人,后改嫁希腊船王奥奈西斯。——译者注

第二十五章 自我公众形象的法律保护

隐权。有关私隐如今还有各州和联邦制定法,关注人们的政府记录是否准确。就堕胎和其他受法律保护的性或生育自主问题而言,"私隐权"是主导的司法婉词。在此我对其他私隐法方面不感兴趣,只感兴趣公众形象的法律保护。[4]

诽谤与报道不实的私隐侵权不仅类似,而且与用虚假言辞贬低某个产品或服务也非常类似,并给人启发。当竞争者向公众说假话,说某经销商产品有缺陷,法律就该给该经销商一个救济,这不神秘。但我们这些并非制造商或经销商的人也向他人"销售"自己,无论他人是雇主、雇员、读者、朋友还是家庭成员。如果某人用不实之词贬低我们,还有人信了,我们就会失去有价值的交易,潜在的交易对方失去了有价值的交易。甲也许是乙最有价值的雇员;如果某人以不实之词指控甲不诚实,乙解雇了甲,其实,甲乙都是输家。

然而,这个问题的另一面是,就像对物品和服务的真实批评会改善商品和服务一样,对人的确切真实的批评也会改善人和商业的市场人际关系运作。如果乙确实不诚实,甲如果知道这点就会解雇乙,那么,向甲揭露乙不诚实就会改善劳动力市场的运作。如果某人构建的公众形象误导了同他打交道的人,那么摧毁这个构建就消除了障碍,促进了知情的交易。

也许看起来,"构建"公众形象的说法意味着其中有虚假成分。但是,人为并不必然是虚假。广告是人为的,但常常是真实的。如果某人为了让人们看到自己的朴素形象,因此衣着朴素,而且事实上如果他确实严肃、真诚并自控,那他就不是在推销虚假的自己。更重要的并经常发生的是,一个人为创造自己希望的公众形象所需运用的公众形象构建方法就是他本人日常工作生活中的行为规矩;他的公众形象随后就被了解他或知道他的人,被根据他的行为或依据获知他的情况推断他个性品性的人,创造出来。简而言之,他会获得一种名声,与他努力发布的自身具体特点的信息不同,但紧密联系,是他努力的(部分)后果。这与上一章讨论的修辞中"伦理诉诸"很类似。

更深的一点是,这个自我,这个内在、私隐、"真实"自我的理念,本身就

---

[4] 对私隐法律的一个出色讨论,请看,Julie C. Inness, *Privacy, Intimacy, and Isolation* (1992); Robert C. Post, "The Social Foundations of Privacy: Community and Self in the Common Law Tort," 77 *California Law Review* 957 (1989)。

是一个构建。当我们审慎言行时,我们的公共言行都是从意识带给我们的想象供评价选择的大量可能的语词和行为中选出来的。如果反省一下,我们也许会意识到,如果没有限制,没有我们同其他人交往的费用和收益,我们的言行会很不相同;而且,我们也许不认为自己受了限制,因为秘密、冲动和信念越可信,就越不为利益所动,因为其不会受成本收益影响。但是,反思起来有点奇怪的是,我们居然认为我们私隐幻想的生活要比我们的公共生活更"真实"。这意味着,有悖常理,我们的大多数言论是谎话,因为我们的公开言论,甚至我们大多数私人交谈,都"掩藏"了大量敌视、欲望、愤怒和鄙视的感觉,这些感觉都围绕我们深深"内在的"思想旋转。只有那些认为(证据并不充分,在我看来)这种幻想的生活其实比公众形象更可信的人才会认为,就因为这种自我公众形象没有简单直接地表露我们的内心幻想,因此这就是谎言的渊源。就交流或讯号理论的术语来说,自我公众形象的构建令我们能够消除我们交流中的"噪音"和"串音",它们阻碍而不是便利了人们理解我们的意图和行为〔5〕"内在"自我,幻想的自我,也许会提供一些有意思的线索,便于了解我们的前社会(presocial)欲望,就像我们下一章会看到的;但也正是基于这一点,它才不比我们的公众形象更可信。

或者说不比我们以复数形式表现出来的自我公众形象更可信。因为人们都有多个自我公众形象,对应着人们有多个市场来"推销"自己〔6〕我们为配偶构建了一个自我公众形象,另一个是为我们父母,还有个为我们的雇主,等等,这种构建就相当于基本同一的产品有不同品牌,为适应不同市场。高夫曼(Erving Goffman)称这些不同的自我公众形象为角色。这种剧场类比很贴切(回想本书第三章中讨论法官时就用过此类比),但是也有点误导人,因为我们会区分一位演员与他扮演的角色,会认为前一个形象更可信,但要把诸多形象都视为"内在"自我的投射,我则会拒绝。我不打算解决这个神秘问题,这个"构建"不同的自我公众形象的"我们"到底是谁。

---

〔5〕 无论是口头证据规则(这主要用来限制合同解释中使用双方在合同前谈判时的言词证据)还是某些法官在解释制定法时讨厌使用立法史,都可以视为希望减少噪音以便利交流。

〔6〕 请看,Goffman, 前注2;Ingham, 前注2。一篇最有意思的关于私隐的哲学论文也强调了这一点,请看,James Rachels, "Why Privacy Is Important," in *Philosophical Dimensions of Privacy: An Anthology* 290 (Ferdinand David Schoeman ed. 1984)。

第二十五章　自我公众形象的法律保护

我把公众形象同讯号和名声联系起来,与之对应的是修辞中的言者和受众。我们通过言行来暗示我们的意图、能力和其他方面,努力塑造公众通过他们对这些讯号的解释而赋予我们的名声。[7] 因此,我们同萍水相逢的陌生人谈话会比同密友谈话更随意[8],或者,老人谈及自己时,由于他们未来的交易机会少了,一般比年轻人会更少防人之心,这不是偶然的。

尽管名声有交易功能,但通常会拿名声同金钱类比,比方说,人们说"挣得了"一个"金子般的"名声。这种说法是误导人的。毕竟,一个不可靠的道德论者(《奥瑟罗》中的伊阿古)就说过,"谁要偷了我的钱包,偷到的不过是一些废物……/但如果他偷了我的好名声/那么虽然不会令他富有,/却真会让我贫困不堪"。* 我们并不真的像拥有口袋里的金钱那样拥有我们的名声;名声是他人拥有的对我们的看法,他们可以撤销而不予补偿。而剥夺了一个人与之不符的名声,会使那些可能与之打交道的人"富有"起来。

强调私隐和名声的工具性功能很重要,这会校正人们常常不加考察地赋予私隐和名声的赞同。我们认为私隐感是人类的特点之一,然而,那些"更低等"动物也有私隐感;"私隐的功能之一就是隐藏一些信息,否则竞争对手就可能获取优势"[9],对动物来说也是如此。要获得私隐,成本会很高,因为私隐在推进人们的计划方案中有效用,所以这是一种私人价值很高的物品,因此,我们不应惊奇有经济学家称私隐为优等品,对它的需求不仅是价格的负函数,而且是收入的正函数。现代人比其先辈有更多的私隐,不仅因为获取私隐的成本下降了,而且因为现代人比先辈富裕多了。私隐是有巨大价值的私人善品(good),但有时它也是一种社会恶品(bad)。私隐太多不仅是凯特伯赞美的丰富个体感的渊源,而且可能对社会秩序构

---

〔7〕 名声有什么经济功能,大量经济学和博弈论文献都讨论了这个主题,请看,Arnoud W. A. Boot, Stuart I. Greenbaum, and Anjan V. Thakor, "Reputation and Discretion in Financial Contracting," 83 *American Economic Review* 1165 (1993)。

〔8〕 这不只是美国的地方性现象。请看,Georg Simmel, "The Stranger," in *The Sociology of Georg Simmel* 402, 404 (Kurt H. Wolff ed. 1950)。

* 参见,《奥瑟罗》,朱生豪译,《莎士比亚全集》卷9,人民文学出版社1978年版,页337。——译者注

〔9〕 Peter H. Klopfer and Daniel I. Rubenstein, "The Concept *Privacy* and Its Biological Basis," 33 *Journal of Social Issues*, no. 3, 51, 60 (1977)。

成尖锐的危险。犯罪、颠覆以及欺骗都因私隐而便利了,因此,很自然,而且并非难以理解,社会会用诸如窃听和计算机个人信息库来抗争私隐日益增多的发展趋势。

自我公众形象的交易功能可能有助于解说保护公众形象的法律中有某些,否则的话,实在令人困惑的特点。其一涉及的是保护一个人身后的某些权利,但并非身后所有权利都继续有效。因公布最私密的(intimate)个人事实而提起侵犯私隐的权利,以及(有些不太重要的例外)提出诽谤之诉的权利,会随着原告死亡而消灭。但是,出名权(right to publicity)如今越来越可继承了。一旦以一种经济学观点切入这些权利,解说就很简单。一人死后,他就不再交易了,那些便利他交易的权利就没有任何价值了。(因此,人死后没有诽谤之诉的权利这条有唯一明显的例外,这就是,如果诽谤说死者有某种可能遗传的疾病,那么,被诽谤者死了,该诉权仍然存在。)但是名人的名字或其他有广告价值的什么,即便在名人身后,仍是可推销的商品;一般说来,在这样的例子中,如果这些有价值的商品可以拥有,资源配置的效率就最大化了。如果每个人都可以在广告中使用普利斯里(Elvis Presley)的肖像,这些肖像的广告价值也许会降为零。因此,一个真正的经济价值,不论在高大上者看来何等俗气,都会因没有产权而被过度使用,最终失去价值,就像公共地会被过分放牧一样,就因为每个食草牲口的主人都不考虑自己牲口食草会给其他牧主带来费用。[10]

诽谤的"实际恶意"规则

法律为什么保护真实名誉,这容易明白,但为什么这保护只限于(由于纽约时报公司诉沙利文案的"实际恶意"规则[11]以及联邦最高法院以宪法第一修正案名义创立的其他规则)当公众人物名声受侵害并且侵害者是出版商或电视台时,看起来就不是同样容易理解了。支持这一限定的经济学论点很直接,但不完整。发现并传播公众人物——特别是、但又不仅仅是官员——的真相,这种活动有巨大社会价值。但发现者/传播者没法将全

---

[10] 由于大量食草,每个动物都必须吃更多草填饱肚子,这会导致其体重降低,削减了其销售价值。

[11] 诽谤者一定知道或是知道这一诽谤性陈述是假的,或是他完全不管真实与否。

第二十五章 自我公众形象的法律保护

部社会价值都转化为他私人的价值,不能转化为他个人的收入;而高收入前景通常是人们进行高成本活动的条件之一。信息的产权是不完整的。版权法就只保护记者或其他作者的表达,不保护可以自由复制的内容,而诽谤的侵权责任对搜集调查性新闻可能有巨大震慑,与其收益不相称。而弱化这种威胁,法律可以令社会价值与私人价值联系更紧密。用经济学行话来说,法律允许某些成本外在化(只有通过侵权之债才要求诽谤者承担被诽谤者的成本)[12]以便更容易带来某些外在收益,即一些人因阅读了复制诽谤者之主题、观点和技术但没有复制其语词的文章著作而获得的收益。

但这个论点忽视了诽谤法的另一规则,这一规则要求出版者即便只重复了他人的诽谤性陈述,但没查证其是否准确,仍要承担责任。如果衍生诽谤者不承担任何责任,你就很难让任何出版者先迈出第一步:即对某个公共人物做可能是诽谤的陈述。他可能要承担所有预期责任的成本,而只有因抢先"曝光"而出名的价值才可能抵消这一点。如果复制者把好处和坏处——即因诽谤而被起诉的预期成本和因发表了令人兴奋之报道的预期收益——全收了,就降低了不完整思想产权制度对激励调查性报道的不利影响。收益外在化了,但成本也外在化了,复制首发报道的任何人也得承担一份预期诽谤责任,因为他也可能像原始诽谤者那样被起诉。

实际恶意规则是否有效率?另一怀疑理由是,这一规则给予跟进者的保护比给予首发者的保护更完整,因为跟进者不大可能知道甚或不大可能强烈怀疑该诽谤性陈述是虚假的,因此不大可能要求跟进者因重复了虚假陈述而承担责任,至少如果该陈述是由一家有名公司首先发布的,情况会如此。因此,这里对故事首发者仍有震慑。

公共人物的换种说法就是有新闻价值的人物。随着新闻价值——大致相当于某人信息的社会价值——的衰减,对出版者的法律保护也相应降低。但我一直论辩认为,实际恶意规则给予出版商的保护超过了——令他们有足够激励获取并出版新闻,即便是有关公众人物——他们所需的保护。

---

[12] 或者,就像我们会看到的,通过对敲诈犯罪的惩罚。

公布私密事实的侵权

即便不为有关名声——伊阿古的或其他人的——的夸张修辞所动,你还是很容易理解为什么法律会对不实之词攻击他人名声提供某些救济;因为这些攻击降低了这一构建的自我公众形象的信息价值。但对公众形象的法律保护有个更深的困惑,这就是,哪怕是有根有据地攻击这种构建的公众形象,为什么有时法律也会提供些救济。有关私隐的侵权法就提供了这种保护,如果你把某些真实但私隐的并且通常是最私密的个人事实公开曝光,它就会对你施加侵权责任;有关敲诈的刑法也提供了这种保护,如果你以暴露某人的真事相威胁要求他花钱消灾,刑法就会惩罚你。[13]

我们应区分两类真实但人们不希望公开的私隐。一类会伤害名声,因此降低了他进行有利交易的机会;可称此为丧失信誉的曝光。另一类会因揭露某人掩藏的某些方面——尽管这并非其构建出来的自我公众形象的一部分,不必然甚或通常也不丢人——而给他带来难堪。我们可称其为令人难堪的曝光。第一类例证是暴露某人有犯罪记录,做过变性手术,患有某种致命疾病,有精神病史,或是双性恋等。这些全是有关某人的事实,可能让人们回避他,无论对错。令人难堪但不丧失信誉的曝光例证有,某报登了照片,展示某人正洗澡或大便,或他手术后的疤痕,或有报纸称其女儿被强奸谋杀了。

人们有时希望掩藏一些事实,这些事实本身其实不会令他希望与之交易的人拒绝同他交易或开价(金钱或非金钱的)更高,因此人的这种自我掩藏的想法不很符合经济学家的理性人假定。有时,在一些事情上,即便不影响我们进行渴望的社会互动的能力,我们也偷偷摸摸或保守秘密,这种现象就目前人类的心理学知识来看是一个没啥道理可讲的神秘心理学事实。但这就是没啥道理的现实,就像你喜好这些而不是另一些食物一样,即便这些食物无论营养价值或价格都没啥差别;而这一点在经济学分析中还很重要,即便该经济学家(至少作为经济学家)没法理解这一点。法律保护我们珍视的东西,只要可以做到这一点,也不给他人带来不成比例的成

---

[13] 用有关某人的虚假事实进行敲诈是犯罪行为,但这是与诽谤相似的刑事法律类比。

本,法律就不过分深入追问为什么我们珍视这些东西。如果不是这样,法律就太专横了,也太不自由了。

与我们想掩盖"令人尴尬的"个人事实这种神秘类似,还有另一个神秘,这就是为什么会出现一个市场,有关了解那些全然陌生人的事实,而知道这些事实并没有什么工具性用途。但这是一个虽然没道理经济学家却不得不考虑的事实,在某种程度上,这与喜好淫秽出版物的癖好很相似。这表明,要压制这个市场会有成本,而允许它运作也有成本。这两种相互竞争的成本必须保持平衡。有关私隐的侵权法就起到这种平衡作用,尽管不明确,但显然如此,其方法就是比较一下曝光的令人反感程度和曝光的新闻价值。这些竞争的成本或价值之间的反向联系也便利了这种比较。某种曝光越令人反感,它就越可能没有新闻价值,而越有新闻价值,它就越不容易令人反感。不论我们多么私隐和神经质,我们都意识到,一旦有某种非同寻常的境况,我们生活中最私隐、最私密的细节就可能被抛进公共领域;我们的私隐都有限定,就如同我们的产权受限于政府的征用权一样。即使是一位非选举产生的公共官员,也许他丝毫没有政客的那种表现欲,他也知道,并且如果他头脑清楚就会接受这一点,即他的私人生活比某个私域个体的生活会受更严格的审查;并且即便某私域的个体也会知道,如果自己不幸成了犯罪或自然灾害的受害者,甚或因万幸成了富人,或是很有天分,他的生活私密细节就可能引发公众合法的好奇心。[14] 反过来说,即使那些观淫癖倾向者也理解,每个人都会因自己的某些他人很想了解但不传达有用信息的私密细节被曝光而触怒,也理解自己的观淫癖倾向无需侵犯他人私隐就可以得到满足。

有两个案件可以例证这些要点。头一个案子,《纽约客》发表了篇名为"今在何方"的文章,说一位名叫希迪斯的男子童年时是数学天才,成年后却成了奇怪的隐居者。[15] 由于这位男子同他人交往少得可怜,因此这篇文章就不能辩解说本文揭露了希迪斯可用来同他人交易并获取不当利益的名声。但人们历来对神童——更宽一点——对天才好奇心十足,这种好奇心与色情无关,也与嘲弄无关,这就使这篇文章有了新闻价值,这一点希迪

---

[14] 比方说,Kelley v. Post Publishing Co., 98 N. E. 2d 286 (Mass. 1951)。
[15] Sidis v. F-R Publishing Corp., 113 F. 2d 806 (2d Cir. 1940)。这篇文章是幽默作家塞伯(James Thurber)以假名撰写的。

斯自己也可能会逐渐理解。法院认定发表这篇文章不侵权。第二个案子[16]，一家报纸发了张照片，某位女性在游乐园，一阵风把她的裙子吹卷到其腰部。她获得了赔偿，但根据不是发表这幅照片可能损害她的交易机会，而是这种侵犯私隐令人反感，也没有理由（记住，相关的要点）；即便当时是1964年，想看女人大腿照片，机会也很多，且不会侵犯任何人的私隐。这里隐含了一个价值判断，即人们对神童的好奇心在对女人大腿的好奇心之上，我有点担心这个判断。但我认为，只要强调后一好奇心更容易满足，也无需令任何人难堪，就可以避免这个判断。

　　一个总体说来更值得质疑的私隐案原告获胜的案例是梅尔文诉雷德案。[17] 梅尔文女士当过妓女，也曾因谋杀被起诉但无罪释放。释放之后，她放弃卖淫，结了婚，并（她声称）在一个不了解其艳史的社区内过着无可责难且令人尊敬的生活。7年后，一部关于这起谋杀案的电影《红色和服》，把这一切曝光了，影片还用了她的闺名。这部电影就表现她而言，也没啥不实之处。只是公开了一些事实，可能令他人回避她。法院认定，原告提出了侵犯私隐的主张。从法律的和从经济学的立场看，这个决定令人吃惊，因为该决定实际废除了真实不构成诽谤的答辩原则。这部电影既没暴露原告性生活的最私密细节，也没展示她的裸照；只报告了一个人的某些生活往事，人们往往会用这些事来构建这个人的好坏名声。法官们也许感到，在预测一个人未来行为时，人们会过于看重此人的历史，非常不愿相信她改过自新的誓言。但是，这正是对待市场行为（"市场"包括个人关系的市场）的一种家长式态度，在此境况下完全没啥道理，经济学家一般认为这不能作为政府规制的恰当基础。因此，毫不奇怪，尽管有几个案件遵循了梅尔文诉雷德案的决定，但一般都拒绝了这一先例。[18]

　　一般认为，终结梅尔文诉雷德先例的是考克斯广播公司诉考恩案。[19] 佐治亚州有项制定法禁止公布强奸受害人姓名。某电视台根据对作案者

---

[16] Daily Times Democrat v. Graham, 162 So. 2d 474 (Ala. 1964).

[17] Melvin v. Reid, 297 Pac. 91 (Cal. App. 1931).

[18] 请看，例如，Rawlins v. Hutchinson Publishing Co., 543 P. 2d 988, 993-996 (Kan. 1975); Romaine v. Kallinger, 537 A. 2d 284, 294-295 (N. J. 1988); cf. Forsher v. Bugliosi, 163 Cal. Rptr. 628, 639 (Cal. 1980); Street v. National Broadcasting Co., 645 F. 2d 1227 (6th Cir. 1981).

[19] Cox Broadcasting Corp. v. Cohn, 420 U. S. 469 (1975). 又请看，Florida Star v. B. J. F., 491 U. S. 524 (1989)。

的起诉书获得了某被强奸和谋杀女性的姓名,也不顾该制定法,传播了她的名字。该女性的父亲对该广播公司提出了侵权之诉,声称侵犯了他的私隐权。广播公司论辩说,这位女性的名字是公众关心的问题之一,但是佐治亚最高法院判定,该制定法已确立了相反的事实,并认定广播公司承担责任。联邦最高法院将此案发回重审,判定该制定法违反了宪法第一修正案。联邦最高法院没说,真实信息的曝光永远不能成为侵犯私隐之诉的基础。但它认定宪法第一修正案创设了一种特权,发布有公共记录记载的事实,即便这种曝光会侵犯一个合乎情理的人的感情(sensibilities)。

从此案原被告双方的立场来看,这个案子很奇怪。这里对私隐的侵犯并不大。请记住,提出本案诉讼的人,并非强奸受害者本人,她已经死了,提出诉讼的是死者的父亲。孩子被强奸和谋杀,这个事实非常可怕、痛苦,但又不是那种大多数人想掩盖的私密个人事实。相反,犯罪受害者的家庭常常积极参与调查和起诉罪犯,有时还努力公开这一犯罪,以便激发更严格有效的预防和惩罚这类犯罪。与此同时,这位强奸/谋杀受害者的名字有什么新闻价值呢,这令人很难理解。即使电视台不公布她的名字,她的朋友和熟人也已经知道她发生了什么事情,而陌生人知道她名字也不会对公共关心的问题有任何启示。联邦最高法院的观点,即所谓公众有权了解公共记录的内容,则是用假定作答案;因为佐治亚州的制定法规定了,所有强奸案起诉书中受害者名字那部分不是公共记录。

与考克斯案相似,但更有力支持这一辩解的是海尼斯诉克诺普夫公司案。[20] 被告是一本畅销书的出版商和作者,这本书说的是,从1940年代开始,南方从事农业的黑人向北方城市迁徙。[21] 这是本严肃的社会史著作,但作者是一位记者,书的写作路数是报道性的而不是社会科学的,它聚焦于具体个人,即有迁徙的黑人,也有1960年代反贫困项目涉及的白人政客。书的中心人物,也是作者有关迁徙黑人生活信息的主要来源之一,是一个名叫丹尼尔斯的女性;她曾是某南方种植园的摘棉女工,以后移居到芝加哥。她有"贫民窟"黑人的共同经验(贫困、福利、生活在"种种项目"中,有

---

[20] Haynes v. Alfred A. Knopf, Inc., 8 F. 3d 1222 (7th Cir. 1993). 我承认我有偏见,因为我是该法院意见的作者。

[21] Nicholas Lemann, *The Promised Land*: *The Great Black Migration and How It Changed America* (1991).

非婚生子女,这些子女也有非婚生子女,等等),晚年,她移居回到密西西比州家乡。在芝加哥时,她曾同来自密西西比州的另一位移民——此案原告(原告中还有他的妻子)——海尼斯同居,生了4个孩子,此后,同他结婚,最后离婚了。书中描述了海尼斯的情感不专一、酗酒并对丹尼尔斯和孩子不管不问。但1970年代早期,海尼斯已再婚,也上了正路。当《希望的国度》1991年出版时,海尼斯是社区受尊敬的人,不酗酒,有工作(是他自己教堂的执事),同妻子过着收入和生产方式都中产阶级的生活。他不成功地对法院论辩说,应当允许他同梅尔文女士那样,埋葬有损他现在的人格并羞辱他和家人的历史。

在经济学家看来,应当由潜在的交易者,而别由法院,来恰当平衡一个人以往和目前的行为,对他的人格以及是否适合交易做个现实评价。此外,海尼斯的故事也很有新闻价值。美国城市黑人的处境是有超越性公共意义的,尽管黑人个案研究并非阐明这一主题的唯一或许也不是最好方法,却是有效的方法。说作者本可以给海尼斯换个假名,这也不解决问题。因为,若要保护海尼斯的私隐,就要改变其他人的名字,如丹尼尔斯的名字,或许还要修改海尼斯的一些细节。这一改就会使此书从调查报告变成虚构性社会学作品,《虚荣者的篝火》(本书第二十三章)那种风格的有价值的作品,但就社会史研究而言,这也并非唯一有价值的非个人化总和性(aggregative)社科进路的替代。此外,如果虚构一个海尼斯,还会受谴责,会被认为是对黑人男子有诋毁性成见。

《希望的国度》受到了学者,包括一些出色黑人学者的广泛好评。[22]然而,如果该书讲述的黑人(不限于海尼斯)可以因不光彩经历伤害了其名誉而获得赔偿的话,此书出版就过于昂贵,或许根本不可能出版,至少强制修改会降低该书的可信性和市场销路。人们也许会说,既然不删改此书那么好,那么即使必须赔偿海尼斯的损失,出版该书还会有利可图。但出版商就不可能以此书定价来获取其全部社会价值,因为其他作者可以使用书中观点而不必付账,并可能仅为避免侵犯私隐而不提海尼斯夫妇的名字。

如果此书暴露了海尼斯与丹尼尔斯、或与海尼斯的妻子或其他女性的关系中什么私密细节,对此书也许会作出不同决定。因为这种细节与该书

---

〔22〕 本书引证了两位:小盖茨(第二章)以及威廉姆斯(第十八章)。

第二十五章　自我公众形象的法律保护

主题或和海尼斯名声没什么密切联系；如果公布出来，既没新闻价值，对可能与海尼斯交易的人也没价值，还非常令人反感，部分原因就是这些披露完全多余。但这本书对海尼斯的处理并没挑逗性兴趣，也不是偷窥他人私隐。

所有这些私隐案都有个奇怪的特点，这就是，原告决定起诉，这本身就是放弃自己的私隐，因为法庭上记录的事实通常是公开的（这与有疑问但权威性的考克斯案判决完全无关）。碰巧读到希迪斯案、考克斯案、梅尔文案和海尼斯案司法决定的本书读者都已了解了这些案件中原告想掩藏的隐密事实。因此，要获得有效救济，成功的私隐案原告就应当能够获得不仅是因此种曝光带来的第一层损害，而且还应当能获得因此案公开和未来可能的公开而造成的第二层损害。我不知道此前是否有人注意到这一点，而这种忽略也许可以解说，为什么私隐案诉讼很少。

谢博尔（Kim Lane Scheppele）对我早先的私隐案分析提出了疑问。[23] 她认为，作为一个解说司法判决之格局的实证研究，我的那篇文章在梅尔文诉雷德案以及此后一些案件上都错大了。但她只引证了梅尔文案后的三个案件。其中两个是在梅尔文案影响下依据加州法律[24]决定的，在考克斯案后，这两案的有效性都同梅尔文案一样，值得怀疑。第三个案子是，有家杂志发表了一幅某女性躺在医院病床上的照片。她的疾病罕见，食量惊人，体重却不断下降。伴随照片的文章题目是"饿死的贪吃者"。[25] 这个题目是诽谤性的，因为"贪吃者"（七种致命罪孽之一）隐含的是性格缺陷，而不是疾病。更重要的是，病人的名字与此文无关，因为这篇文章讨论的是这种病，而不是这位病人。在这方面，此案与海尼斯案不同，或——就像谢博尔承认的——与希迪斯案也不同。此外，这篇文章也没打算也不可能提醒某家保险商，比方说，该女性未告知自己疾病，向你公司申请了人寿健康险。

谢博尔论辩说，我把法律弄颠倒了，因为法院对曝光某人（梅尔文）不

---

[23] Scheppele, *Legal Secrets: Equality and Efficiency in the Common Law* (1988), esp. ch. 13.
[24] 她的这个说法（同上，页249）错了。Virgil v. Time, Inc., 527 F. 2d 1122 (9th Cir. 1975) 不是这样的案件。它是依据多样管辖（diversity jurisdiction）在联邦法院提出的诉讼案，其中侵权问题适用加州法律。
[25] Barber v. Time, Inc., 159 S. W. 2d 291 (Mo. 1942).

光彩信息的行为给予损害赔偿,对披露非不光彩的信息则没给予损害赔偿。但梅尔文案,最多也只是私隐法律中的少数派立场。并且,为支持法院对披露非不光彩信息的行为不予赔偿的命题,她引证的案例都是被披露的信息不令人尴尬,与格拉汗案不同,披露这类信息对一般人来说不非常令人反感,例如披露原告加工资的真实信息。[26]

她还论辩说,一个规则,如果剥夺了法律对有新闻价值的隐秘个人特点的保护,或剥夺了法律对不光彩个人历史的保护,这个规则就会引发人们花费额外资源来掩盖,即促使人们用自我保护来替代防止侵犯其私隐的法律救济。他们也许会用额外资源来改变自己的名字、居住地甚或整容,从社会立场看,这是浪费,因为这些资源起到的作用只是掩盖有新闻价值的信息,促成了不知情的交易。要评价这一论点,得区分两类情况。第一类是,个人没有做任何希望引起公众好奇的事情。希迪斯就不会想到自己被写进《纽约客》,海尼斯也不会想到自己会成为关于黑人南北大迁徙的某本畅销书中的一个代表人物,考恩也没想到自己女儿被强奸谋杀。由于这些人都没想被曝光,因此,不论私隐法怎样,他们都不大可能花费资源来有效保护自己的私隐。在第二类案子里,梅尔文诉雷德案算是个例证,一个人做的事正好是公众关心的;但她越试图掩盖,她创造的这个"故事"就越棒。如果梅尔文女士当初不是想用善良家庭主妇形象来掩盖自己的历史,她也就不会那么惹人注目。

敲　　诈

在侵权私隐法中,最难的问题是如何将侵权私隐法同反敲诈刑事法统一起来;并且,敲诈本身就有很多谜。如果勒曼(Nicholas Lemann)找到了海尼斯,提出自己在《希望的国度》书中可以不提海尼斯的名字,但海尼斯必须给1000美元作为交换,勒曼就犯了敲诈罪。但把这种行为定为犯罪意义何在?一个经济学回答是,不用这个名字会降低此书的价值。看来在就改变受敲诈者人名字提出价格时,作者也许就把这一点考虑在内了。如果版税可以获得该书的全部社会价值,作者就会如此。一旦《希望的国度》

---

[26] Scheppele,前注23,页250。

第二十五章 自我公众形象的法律保护

出版了,美国的其他种族问题研究者都可以利用书中观点和研究,不必补偿作者。允许敲诈因此会降低出版的社会价值。

这样的分析不错,但不完整,因为它忽略了敲诈还有规制行为的一面。[27] 支付敲诈者常常很像是罚金,只是给付对象是私人执法者(敲诈者)而不是国家。当敲诈者威胁举报被威胁者曾犯过某个罪的时候(这种情况很常见),这种类比就格外贴切。但这只是敲诈案中的一个次类。海尼斯也许会受敲诈,但并非因为他干过什么本来可能受指控的行为(事情已经过去三十多年了)。在敲诈同性恋的情况下,无论同性恋行为名义上是否犯罪,都像我们在下一章会看到,体现的都是非自愿情况[28],即允许敲诈也改变不了这种状况。人不是选择成为同性恋的,即使没有法律保护他不受敲诈,他也改变不了。当然,敲诈同性恋的人,或者是那些如果敲诈合法就会敲诈同性恋的人,很少是出版商,因此这种敲诈的社会成本中不包括减少了有新闻价值的信息。这种敲诈的社会成本包括了无社会价值的资源耗费,因为这种耗费的全部作用就是把财富从这个人(被敲诈者)转移到另一人(敲诈者)手中。如果敲诈合法,同性恋者就会增加投入来掩盖自己的情况,他们会更悲惨,他们甚至会以可能令第三方成本很高的方式来掩盖自己,比方说(在艾滋病时代)同异性结婚;然而,如果我的关于同性恋偏好或导向是天生的说法不错,那么同性恋的数量也不会减少。[29] 这种因敲诈引发的自我掩盖之苦难和努力不会有社会产出。人们可以想象,敲诈犯罪分子还会降低犯罪率;但敲诈这些非自愿情况的人则不会。[30]

敲诈有规制效果的最好案例是这样的情况,即敲诈者威胁向警方举报被敲诈者所犯的罪,警方有了敲诈者用以威胁的信息就可能指控被敲诈者,如果没有就不可能提出指控。在这种情况下,敲诈者就是一种辅助执法者,敲诈获得的支付款也许就是对被敲诈者的唯一惩罚。因此,如果敲诈合法,犯罪率也许会下降。

就这样,那还为什么要把这种敲诈定为非法?对此没有完全充分的经

---

[27] 这是艾姆伯勒(Eric Ambler)恐怖小说中的明确主题,*A Coffin for Dimitrios* (1939)。
[28] 我说的是有同性恋倾向或偏好,他们与"机会型"同性恋者不同;这一区分会在下一章解说。当然,这两类人都可能被敲诈。
[29] 所有这些都受限定与上注中的区分。
[30] 另一个例子可以是敲诈一个阳痿的男子。允许这样的敲诈,也不可能减少阳痿发生率。

济学解说。有人论辩说,一旦敲诈合法化也许会导致太多刑事执法。但这种情况只有在被敲诈者拒绝支付时允许敲诈者起诉,同时还告知被敲诈者,才会出现。只要公共起诉者有权不起诉,那就不仅控制了执法的数量,而且还可以间接地规制敲诈的数量,因为起诉概率越小,被敲诈者就越不愿支付敲诈者,因此敲诈也会越少。

这种有规制效果的敲诈为什么违法的另一种可能解说是,敲诈合法化会增加公立执法权威机构为获取信息而必须支付的价格。公立执法机构会同被敲诈者竞争;这实际效果等于敲诈者把自己搜集的定罪信息拍卖给出价最高的人。警方平时都大量依赖内线,付钱给他,如果内线搜集的信息另有市场,他们就会索取更高价格。但这一点必须同——如果敲诈合法——收集信息的资源增加放在一起掂量。定罪信息的价格上升会刺激信息供应的增加,即使执法部门对每条信息都必须支付更高的价格,他们的情况也许还是会更好些。

敲诈也许是一个例子,无论用法律经济学进路还是实用主义进路都说不通,说明法律是如何经不加批判的类推发展起来的。敲诈这个词原初说的是用暴力威胁获取钱财或其他价值。因此当初敲诈是勒索(extortion)的同义词。禁止勒索无疑是对的。这种对不是因为,面对威胁,被勒索者的服从是"不自愿的"(其实,一个人面对抢劫者"要钱还是要命"的要求时,交出了自己的钱,是他审慎的选择,他完全清楚选择的结果),而是因为我们大多数人都希望生活在一个不受这种要求制约的世界中。然而,当这种威胁是要做什么威胁者有权做的事的时候,比方说要举报某犯罪,是否禁止这种威胁就有疑问了。有一小类情况下,威胁没有规制行为之潜能,其唯一的目的和后果就是把财富从被威胁者手中转到威胁者手中,禁止这种威胁是可以的。事实上,这很像是禁止简单的勒索。这两种情况都是不增加收益的财富转移,也就是无产出的财富转移,其产出的只是社会损失,衡量这种损失就是人们花费在转移财富和抵抗转移财富上的资源的价值。

但是,当敲诈者威胁披露被威胁者未受惩罚的犯罪和其他不端行为时,把这种情况类比为以暴力相威胁,就让人们看不清这里有个可能是有益的额外后果。假定,回到前面的不诚实雇员的例子上来,甲贪污了雇主乙的钱,丙知道了。丙要甲支付敲诈款。如果敲诈合法,丙也许从甲那里可以榨取的钱接近甲的全部贪污收益。如果情况是这样,贪污就会受到震慑。当然,如果敲诈非法,丙就有可能向乙报告甲;丙甚至会试着向乙就提供的这一信息要笔钱,这是个合法的交易。当然,丙也许不这么干。因此,很难先验地确定,在这种情况下,允许敲诈会使贪污情况减少或增多。法律坚持威胁就是威胁,这种立场实际阻碍了人们调查允许敲诈——作为公共执法之补充——可能产生的后果。

至于在私隐问题上,敲诈的显著特点是,这种案件很少。[31] 在过去一个世纪中我只发现有 124 个司法意见报告了美国的敲诈案件。我肯定错失了一些,并且肯定有许多成功的指控因没有上诉,因此从没报道过,但只要想想,这一时期报告的美国案例总数为数百万件,那么,我找到的案件之稀少也令人吃惊。我的猜测是,陌生人之间敲诈很少,熟人之间的敲诈很经常,但基本上难以察觉。后面这一点比较简单。因为敲诈非法,因此都暗中进行、非正式并没有组织。这就使敲诈者很难获得陌生人的信息,因为后者由于明显的原因会努力保守秘密。因此,大多数敲诈者都是被敲诈者的熟人,在这类案件中有许多,敲诈者与被敲诈者都有一种持续关系。这种情况下,才可能展开这种不明言的敲诈交流,并且敲诈的支付本身也才可以依据这种关系的性质作出常常是非金钱的微妙调整。我预测,攥着丈夫犯罪把柄的妻子,丈夫会对她好些;而这在功能上,而不是在法律上,就是敲诈。

就陌生人的情况而言,敲诈的交易费用会很高,因为这是犯罪。提出一个敲诈要求,敲诈者就使被敲诈者有了向警方举报敲诈者的全部信息。更重要的是,被敲诈者知道,如果自己报告了警方,敲诈者就可能不会真把曝光之威胁付诸实践,因为如果威胁者这样做,警方、检方、陪审团和法官都会把这一点作为从重处罚的情节。被敲诈者还知道,由于敲诈非法,得暗中进行,因此敲诈者就不大可能仅仅为了证明自己作为敲诈者从来是言必信行必果,认为即便自己被加重处罚也值得实施这一威胁。如果被敲诈者合乎情理地确信,如果敲诈者想摊牌,他会把这一系列问题都想透并想正确,就会决定不予报复,被敲诈者就会跟敲诈者摊牌。当然,这里有个会使情况复杂化的因素,这就是,在敲诈者服刑之后,就没有什么可以防止敲诈者以泄露信息作为报复了。(还有一个阻碍敲诈的因素是,在没法强制

---

[31] "Blackmail, Privacy, and Freedom of Contract," 前注1,页 1841—1843。

执行敲诈合同的情况下,被敲诈者不能确定自己究竟交易得到的是什么。这种不确定性就会降低他愿支付的额度,因此也会减少敲诈的频度。)

我们别指望在一些罕见的情况下这种战略也能起作用,比方说,敲诈者拥有的证据涉及的不是某些相对轻的过错,而是较大的犯罪,警方不大可能因想着惩罚敲诈而对这种较大的犯罪不管不问。在这种情况下,被敲诈者以向警方举报敲诈者的图谋作为反威胁就不大可靠。在另一极端,最不容易图谋或成功的敲诈是这样的案件,即敲诈者拥有的信息仅仅是令人难堪而不是令人声名扫地的,或即便是后者,也不大可能因有敲诈之可能情形就会改变。从经济学立场上来看,最应反对的就是这种敲诈,因为这种敲诈不具潜在的规制行为的功能。尽管长期以来同性恋者都害怕敲诈,且无疑一直比异性恋者更多受到敲诈,但如果我的经济学分析不错的话,但敲诈同性恋的成功率会很低(或者说被敲诈的同性恋者的平均支付很低,这两种说法从分析上看是一样的)。原因就是,同性恋者向警方报告这种敲诈图谋,不会有被起诉犯罪的危险。知道了这一点,敲诈者就知道自己的敲诈图谋有可能被报告警方,特别是一旦被举报后,敲诈者就不敢实施自己威胁——披露被敲诈者的秘密,因为,如果他披露了,他会受到更严厉的惩罚。

这一讨论就给第十七章讨论的无受害人犯罪加了一个重要限定。尽管控制这类无受害人犯罪的费用会很高,但是当这种犯罪要求一种复杂交易时,情况就会改变。尽管社会用了一些资源来禁止敲诈,但实施敲诈交易要求展开精细的谈判,敲诈者也很难出售令人可信的自己将保持沉默的这样一个允诺,这就足以保证这种犯罪发生率很低,但条件是这种行为已因被定为犯罪,被赶到了地下。与此大致相同,一个禁止卡特尔的法律一定会大大减少价格操纵的数量,哪怕是打击图谋秘密操纵价格的执法还不够有力,也会如此,因为在没有法律保护的条件下,要制定有效的价格操纵合同,就像要制定有效的敲诈合同一样,很难。[32]

---

[32] George J. Stigler, "The Economic Effects of the Antitrust Law," in Stigler, *The Organization of Industry* 259, 269-270 (1968).

第二十六章

同性恋经济学和社会建构

今天,法律领域中麻烦事最多的就是广义的性行为规制领域。不论争议是堕胎、同性恋权利、淫秽出版物、工作场所性骚扰、强奸、儿童性虐待、代孕、变性囚犯的处理,或是法律对艾滋病和非婚生子女的回应,法院都深深卷进去了,而且,如同我在《性与理性》中论辩的,法院几乎不知道自己在做些什么。在这个领域内,常规的法律推理令法院漂泊不定,四处流浪,而且在这些现象下都有情感和禁忌的特点,因此常识也不是什么可靠指南。

因此,要展示科学的、经济学的实用主义法律进路之效用,还有比这更好的领域吗?我用最后这章来完成这一任务。我将精制并扩展《性与理性》中提出的关于同性恋现象的经济学分析[1],并将之与关于同性恋的本质主义和社会构建主义的理论争论联系起来。

进路描述和运用

同性恋的偏好和行为。经济学或至少我这一号经济学的基本假设是工具理性:在成本和收益问题上,个体会选择最适合其目的的方法,至于目的,通常假定对他来说是给定的,不是他自由选择的。[2] 方法选择无需是并常常不是清醒的,因此说动物有理性选择,也不是什么悖论。由于情感

---

[1] 请看该书"同性恋性态"和"同性恋者"的索引项。在那本书中,就像在本章,我用"同性恋者"(homosexuals)不带贬义,尽管我意识到大多数男同更喜欢另一种英文说法(gays)。

[2] 我不认为工具理性是对理性的唯一合适的理解。请看,Robert Nozick, *The Nature of Rationality*, ch. 5 (1993)。

和理性不必然对立,因此,在性行为上,尽管性行为前都有强烈的情感或伴随了强烈的情感,也许还是可以成功建立一个理性模型,这也没啥悖谬。

有必要区分一下性欲望——其中同时包括性渴求和性偏好——和性行为。性欲望包括了冲动("推进"意义上的欲望)和诱惑("吸引"意义上的欲望),并决定了手段/目的意义上的目的。性行为是一系列手段。一个人的性欲望越强烈,他就会越看重性行为,也就是说,为获得性行为,愿意放弃更多其他物品,而他的性偏好结构会影响他赋予不同性行为方式和对象不同价值,并影响他赋予各种性伴侣不同价值。渴求和冲动因此主要影响性行为与非性行为的可替代性。我认为,一般说来,但不是所有情况下,男子都比女子有更强的性冲动,也喜欢更多样的性伴侣,所谓多样的性伴侣,我不是指双性喜欢(尽管也可能如此),而是指对其偏好的性别喜欢有更多伴侣。这些假定,在女权圈内争议很大,但经验支持相当多,并且有一种相当不错的、尽管并不结论性的生物学理论解说了这些经验数据。[3]

性欲望与性行为的区别暴露出在同性性态概念中有一点含混不清的地方。这个概念可以指对同性关系的某种或强或弱的偏好,还可以用来指同性间的真实性行为(无论经常还是偶尔),甚或可以用来指某种偏好与行为的混合,也许唯一"真正"同性恋者就是那些既喜欢同性关系且按照这种偏好行为的人。[4] 当然,我们没理由要求这个语词只有单一含义;但这里的重要问题在于,当具体使用这个词并在具体语境中,我们要清楚一个人用这个词指的是什么。就此刻而言,只要注意下面这点就行了,即在普通美国英语中,"同性恋者"是一个,在其他条件同等的情况下,更喜欢同性而非异性为性伴侣的人。用经济学的话来说,就是,如果全部价格(包括了非金钱以及金钱的因素)完全相等,"偏好型同性恋"会购买更多同性性行为,

---

〔3〕 在这两点上,都请看,*Sex and Reason*, ch. 2; Richard Green, *Sexual Science and the Law* (1992); Simon LeVay, *The Sexual Brain* (1993); David M. Buss and David P. Schmitt, "Sexual Strategies Theory: An Evolutionary Perspective on Human Mating," 100 *Psychological Review* 204 (1993),特别是页210—212。

〔4〕 同性恋权利倡导者更喜欢用"性导向"而不是"性偏好",因为他们认为后者隐含了选择或可变性;此外,尽管他们当中许多人因种种生物学同性恋理论而焦虑(回想第十六章讨论的厄特曼的反应),他们却还是否认有人能像选择成为律师和卫理会教徒那样选择成为同性恋者。我同意,同性恋不是选择的,但是就像经济学家一般会把偏好视为给定而不是视为选择的那样(因此集中关注给定偏好下的选择),在同性恋性态的经济学分析中,"性偏好"和"性导向"含义类似。

而不是异性性行为。因此,彻底的双性人就是——如果全部价格相等——他购买的每一类性行为相等。因此,如果不是特别说明,我使用的"同性恋"说的只是偏好型同性恋。

如果从经济学分析上看,强调同性恋偏好与同性恋行为的区别会有点不对头。经济学家向来不相信人们公开表白的动机,他们坚持从人的行为来推断他们的偏好("显露出来的偏好",或说话要兑现)。但我的进路与这种显露偏好的传统不矛盾。[5] 在我的分析中,同性恋偏好不是从某人关于自己性偏好的说辞中推断出来的,而是从他的行为选择中推断的,也就是说看他在面对同样价格的异性关系和同性关系时选择什么。要对这般界定的同性恋偏好予以经验测度,非常难,但以显露偏好的行为作为这个概念的焦点还是比较明确的,尽管不完全明确,至于为什么不完全明确的理由,根据上一章讨论的"真正自我",应当很明显。

我这样界定的同性恋偏好并没有统一形式。有些人强烈厌恶同性恋行为;用我的术语来说就是,哪怕比异性恋行为便宜多了,他们还是会避开这种行为。另一些人则强烈反感异性恋行为。金西曾设计了从0到6的测度,以此表达同性恋的偏好程度。"0"就是只有异性恋偏好,"6"就是只有同性恋偏好。而"3"是完美双性恋者,完全不在乎性伴侣的性别。金西用"性幻想"来代表偏好;即我们幻想什么样的性关系?我们的性幻想中显露的偏好有一定(尽管不是唯一的甚或不是主要的)可信性,因为这种偏好不受我们同其他人交往的成本收益影响。在一种粗略的意义上看,这是先于社会的生物学偏好。

人们的偏好频谱可能是双峰的,很像人们习惯左手还是习惯右手的情况。大多数人都习惯右手,少数人习惯左手,还有很少的人,左右手都行。然而,也有少数习惯右手的人也可以用左手写字,不太困难。也还有一些习惯左手的人也可以用右手写字,也不困难。如果要求用右手写字的社会压力很强,大多数习惯左手的人也可以学会用右手写字,但他们永远不自在。与此类似,大多数人看来都有强烈异性恋偏好,尽管其中有些人在某种程度上会把同性恋作为异性恋的替代。有少数人,可能男性中不超过

---

[5] 有些经济学家认为,这种偏好显露理论使经济学可以不用效用和效用最大化的概念。我不这样认为,有关的强有力理由之汇集,请看,Amartya Sen, "Internal Consistency of Choice," 61 *Econometrica* 495 (1993),但这个问题对于我的分析不重要。

4%,女性中不超过2%(有可能更少)[6],有强烈的同性恋偏好,但他们当中有些人可以用异性恋关系作为替代,尽管不那么好。双性恋者,也就是说本质上同样喜欢男性性伴侣和女性性伴侣,或是两者非常接近,这种人显然很少。

在经济学分析中,人们赋予不同性目的——诸如愉悦、强化关系、掩盖自己的性偏好、确立或表达或强化支配关系以及生孩子——的价值会部分受金西等级位置的影响,这些价值,同不同性行为的不同成本一起,决定了人们的性行为数量和种类。显然,一个有同性恋偏好很强的男子会很看重同性恋关系。但是,如果惩罚威胁、宗教信条、担心患病或被社会疏离以及想有孩子等因素令同性恋关系的预期成本超过了其预期收益,那么,尽管自己的偏好,他还是可能用异性恋关系替代同性恋关系。或者,他也许决定放弃一切性关系。

设想这样一个社会,它不容忍同性恋,并且艾滋病流行。(有些人也许认为这就是对我们社会的确切描述。)一个有同性恋欲望很强的男子也许还会进行一定异性恋性交,因为他想要孩子,他想扮演异性恋以便避开社会贬斥、避开可能给已知同性恋者带来的职业的以及其他经济上的歧视,艾滋病令他喜欢的同性恋性交方式(不带避孕套的性交,比方说)过于昂贵,或因为社会压迫令他寻求可发生性关系的同性恋成本太高。但是,即

---

[6] *Sex and Reason* 294-295. 晚近英国和法国的大规模性别抽查表明这个估计数更低,对此的概述,请看,ACSF Investigators, "AIDS and Sexual Behaviour in France," 360 *Nature* 407 (1992),以及,Anne M. Johnson et al., "Sexual Lifestyles and HIV Risk," 360 *Nature* 410 (1992);还有其他证据,对美国男子的一项重大新普查,John O. G. Billy et al., "The Sexual Behavior of Men in the United States," 25 *Family Planning Perspectives* 52, 59-60 (1993);以及芝加哥大学社会学系劳曼(Edward Laumann)所率群体进行的大规模性普查汇集的初步数据。根据这一普查数据所做的全面回顾结论认为"大约只有2%~3%的性活跃男子以及1%~2%性活跃女子目前是同性恋者"。Tom W. Smith, "American Sexual Behavior: Trends, Socio-Demographic Differences, and Risk Behavior," p.6 (National Opinion Research Center, University of Chicago, GSS Topical Rep. 25, Version 1.2, Oct. 18, 1993);又请看,同上,页33(tab. 8)。通常反对根据调查数据推论同性恋人口比例的观点是,一些"密室"同性恋者会向访谈者掩盖自己的性偏好,而不论访谈者何等老到。如果情况确实如此,这就意味着社会越宽容,调查者就会发现越高比例的同性恋者。但这种关系不存在。事实上,斯堪的纳维亚国家的性行为调查显例的同性恋行为频度要比美国的调查数据更低,尽管前者对同性恋要比美国更宽容。有关斯堪的纳维亚国家统计数据的概述,请看,Mads Melbye and Robert J. Biggar, "Interactions between Persons at Risk for AIDS and the General Population in Denmark," 135 *American Journal of Epidemiology* 593, 600 (1992)。

使在这样的社会中,一个异性恋倾向强烈的人,如果他的性冲动强烈(这意味着他喜欢以另一种性行为,而不是以放弃性行为,作为他最喜欢但此刻又得不到的性行为的一个替代),如果异性恋性交成本非常高,例如他被关在性别分离的机构中,如,战舰上或监狱里,有时,他也许也会搞一点同性恋行为。

如果用公式来表达就是,他会选择同性恋行为,而不是异性恋行为。如果

$$(B_1 - C_1) > 0, \quad (B_1 - C_1) > (B_2 - C_2) \tag{1}$$

在这里,对某具体人来说,B_1 和 B_2 分别代表他搞同性恋和异性恋行为的收益,而 C_1 和 C_2 分别是他这样做的成本。条件一的理由是,哪怕同性恋的净收益要比异性恋的净收益更大,只要同性恋的净收益为零或负数,人们还是会选择禁欲(既没有性成本,也没有性收益)。

公式(1)中的条件二可以改写为

$$(B_1 - B_2) > (C_1 - C_2) \tag{2}$$

这有助于我们理解,即使一个人喜欢同性恋而不是异性恋,但如果前者的成本更大(因为有惩罚,或是希望有孩子),他就会用异性恋作为替代,除非他对异性恋非常反感。举例来说,假定 B_1 和 B_2 分别为 10 和 5,C_1 和 C_2 分别为 9 和 1,那么即使此人对同性恋行为的喜好超过禁欲[因为$(B_1 - C_1) > 0$],也超过对异性恋的喜好(因为 $B_1 > B_2$),他还是会有异性恋行为,因为 $B_1 - B_2 = 5$,小于 $C_1 - C_2 = 8$,或根据不等式(1),因为同性恋行为的净收益,$B_1 - C_1 = 1$,要小于异性恋行为的净收益,$B_2 - C_2 = 4$。

对同性恋作经济学处理得出了一些可验证并在某种程度上得到支持的关于同性恋行为的有趣假说。得到很好证实且最有戏剧性的一点是,面对艾滋病流行,男同性恋者用安全性行为替代了不安全性行为。[7] 由于不安全性行为的成本上升了,就出现了用安全性行为作为替代的趋势,即在肛交中更多使用避孕套,每个男同都减少了性伴侣的平均数,用口交和相互手淫这种相对安全的行为来替代肛交,因为肛交(如果没有保护)更容易传播艾滋病毒。但即使安全性行为绝对安全,它也没法完美替代不安全的

---

[7] 有关的讨论和引证,请看,Tomas J. Philipson and Richard A. Posner, *Private Choices and Public Health*: *The AIDS Epidemic in an Economic Perspective*, ch. 2 (1993)。

性行为。因为,如果是完美替代,我们不仅会看到安全性行为完全替代(而不是部分替代)不安全性行为,而且会看到在艾滋病流行之前这种替代就会发生,因为那时同性恋群体中就已普遍流行某些性传播的疾病了。由于同性恋者一定感到安全性行为的成本很高,因此,我们可以预期艾滋病不仅带来了以安全性行为作为替代的趋向,而且可以预期同性恋行为的数量也会有所减少,尽管减少不多,因为毕竟有安全性行为作替代。同性恋行为有两种替代,一是禁欲,另一是异性恋行为(请看不等式[1]),因此,同性恋行为的成本越高,我们可以预期禁欲和异性恋行为就越多。

在理性的同性恋行为中,主要决定因素之一是性搜寻成本,也就是找到一个合适性伴侣的成本。这不仅是信息成本。如果是信息成本,那么当一个人被限定在某地并知道此地没有潜在性伴侣时,他的信息成本就会为零而不是——按我对这一术语的使用——无限大。

性搜寻成本的概念有助于解说,为什么同性恋集中在城市地区,还不是一国的所有城市,而是在一国(取决于该国大小)通常只是其中的一个或几个城市。[8] 如果同性恋者分布是均态的,不集中在少数地方,那么搜寻成本就会非常高,因为同性恋在总人口中比例太小了。举个极端的例子,有谁也许是他们村里唯一的同性恋,他要找到一个自己喜欢的那类性伴侣,就要花费大量时间和旅行费用。如果同性恋都集中到少数地方,由于集中,因此有大量同性恋人口可供搜寻,他的时间和旅行成本就会大大降低。

这个例子也许过于简单。因为,如果该村有两位同性恋,难道他们各自的情况不比在一个有大量同性恋人口的城市更好吗?尽管到城里他们有更多潜在的性伴侣可供选择,但他们也会遭遇对他选择的性伴侣的更大竞争呀。然而,这里有个假定,这个假定在处理男性性态时总是很危险的,这就是人们常常不考虑性伴侣多样性问题。(并且,我们可以预见,女同比男同更少地域性集中,因为女性,包括女同,平均说来对性伴侣多样性要求要少些。)[9] 更重要的一点是,约会、同居以及婚姻市场的经验表明,令人满意的性伴侣配对要求搜寻大量可能的伴侣,因为就成为一个亲密关系的候

---

[8] 有关的经验证据,请看,ACSF Investigators, 前注6,页408;Johnson et al., 前注6,页411。

[9] 请看,前注3;又请看本书第十六章以及 *Sex and Reason* 91-92。

第二十六章　同性恋经济学和社会建构

选人这一点而言,人是非常独特的。如果情况如此,同性恋人口集中,引发的搜寻成本的减少有可能超过因竞争增加带来的成本增加。当然,许多同性恋(也有许多异性恋)的性行为都是"当场成交",厕所中遇上一个不知名者,或是遇到了一个妓女,这时,这种关系的亲密度就降到最低。但是,同不知名者的性行为隐含的是有大量潜在性伴侣,而要满足这一条,就必须有相关人口的大量集中。

然而,假定因同性恋在城市集中降低了其搜寻成本,因此城市中同性恋都成双成对了,新来的同性恋就只能同剩下的少数无枝可栖的同性恋约会。这些新来者的机会因此也许还不如在故乡小城。但由于男子比女性更希望有多个性伴侣,因此男同配偶一般说来不如异性恋(或女同)配偶稳定。[10]也许,这一点会因艾滋病的流行正在变化,艾滋病提高了有多个性伴侣的成本,特别是对于(男)同性恋来说。我们因此也许可以预期,大城市也许会失去其对男同的某些诱人之处。对于男同来说,城市生活还有另一个好处,这就是,在大城市中更不易为人发现。因此我们可以预期,宽容社会要比不太宽容的社会,就同性恋人口的地理分布而言,前者会更均衡,因为在相对宽容的社会中,掩饰自己同性恋偏好收益更小。

性搜寻成本概念也许有助于解说为什么许多男同都"阴柔"(effeminate),无论走路、姿势、说话、举止和着装风格都明显不同于相应的"直"男。即便是偶然接触,区分女性和男性都很容易,因为他/她们身体上有很多差别,特别是外形和嗓音上。但要区分同性恋者以及与他们相似的异性恋者不大容易,因此,不同举止[11]可以传递性偏好的信号(就如同普罗斯特在一段出色文字中描述的查鲁斯与居皮恩第一次会面那样),这就降低了同性恋搜寻的成本。这个信号不完全明晰,因为某些直男也有女人气。[12]但是,这种不明确也许对身处压制同性恋社会的同性恋者来说实际很有价值,因为这样一来,"直男"就不能肯定某个女气的男子是否同性恋了。这一点表明,宽容同性恋的社会比不宽容同性恋的社会,阴柔之风也许会更少,而不是(像人们可能想象的那样)更多。

---

〔10〕　请看,*Sex and Reason* 305-307。

〔11〕　不必定是阴柔的举止。同性恋偏好的其他信号方式已变得日益普遍,例如皮外衣和印花手帕。请看,例如,"Clothing," 1 *Encyclopedia of Homosexuality* 246(Wayne R. Dynes ed. 1990)。

〔12〕　顺便说一句,这表明阴柔作派不全是自愿的。

在讨论公共政策时,如有关艾滋病政策时,人们往往会忽视性行为的可替代性。人们看到在美国和其他西方国家,同性恋和双性恋是此种疾病传播的一个主要来源,因此认为,采取措施压制同性恋就会减少艾滋病传播。这一点并不明确。这种压制的后果之一会是增加那些同性恋偏好者(同异性)结婚的收益,因为婚姻既便利掩盖其同性恋偏好,也会提供更有价值的替代性欲出口,因为同性恋关系如今成本更高了。与这一假说一致,看起来,在压制同性恋的社会中,要比在宽容同性恋的社会中,同性恋者更可能结婚成家。[13] 结了婚的同性恋者也许还是会悄悄介入同性恋关系,因此染上艾滋病,再传给自己的妻子,特别是如果他向妻子提出注意性行为安全的话,会暴露他的双重生活。因此,从控制艾滋病的立场来看,同性婚姻合法化的提议也许更有道理,这会降低长期同性关系的成本,因此减少同性乱交,而后者是同性恋社区中艾滋病迅速蔓延的因素之一。

相关的一点是减少社会强加于同性恋行为的耻辱也会减少同性恋聚集于城市并形成自己孤立社区的激励。潜在感染者大量集中,如果这种集中不是因为或由于这些人的检疫隔离,就可能因潜在感染人数增加而加速疾病传播。同性恋人口集中减少了希望与多个性伴侣发生性关系的同性恋者的搜索成本,而多个性伴侣是公认的艾滋病风险因素之一;鼓励这一人群分散(同性婚姻也许能提供这种鼓励)会减少同性乱交,并因此会减少这一疾病的传播。

有些关注艾滋病传播的保守派人士支持见于大约美国半数以上州的惩罚肛交的刑法。他们认为这些法律降低了同性恋行为的数量。经济学有助于我们看到,更为现实的政策目标是只禁止那些可能传播艾滋病的同性恋行为。尽管历史上,"肛交"指的是肛门性交,但美国的大多数反肛交法都明确禁止口交和肛交,对这两种做法予以同等刑罚。(在鲍尔斯诉哈德威克案中,哈德威克就是因口交而不是肛交而名声远扬,并被指控肛交。)这是个错误。应当鼓励同性恋用口交替代肛交,因为口交很难传播艾滋病毒。基于同样的理由,还应鼓励同性恋者以带避孕套的肛交替代无避孕套的肛交,然而,依据现有的反肛交法,对两者的惩罚同等严厉。

---

[13] Michael W. Ross, *The Married Homosexual Man: A Psychological Study* 110-111 以及 tab. 11.1 (1983)。

第二十六章 同性恋经济学和社会建构

尽管要保留反肛交法,该法律应只限于无保护的肛交,以便,如我已说过的,令同性恋行为更安全,但支持保留这类法律的经济学理由非常乏力。就如同其他相互同意的犯罪一样,反肛交法的执行成本太高,实际没法执行。此外,成本也不是唯一因素;对成人间自愿的性关系——哪怕是同性关系——予以刑事制裁,公众也不大支持。一个不执行的法律之收益很低,并且在此收益还可能为负;鉴于上面这些理由,反肛交法促成了敌视同性恋的氛围,破坏了控制艾滋病流行的努力。

如果执行反肛交法,会给同性恋者带来很高成本,就像禁止异性恋者阴道性交一样。由于艾滋病以及其他性传播的严重疾病,那些典型的同性恋行为,如无保护措施的肛交,带来了外在成本,即可能令有这类行为的人感染疾病,并增加了其未来性伴侣(以及这些人的未来性伴侣)的疾病风险。因此,同性恋性行为,即使发生在两个有完全行为能力并相互同意的成人之间,也不能认为是比无性交更优的帕累托最优,因为它没有让这个世界上至少有谁情况改善了且与此同时没人变得更糟。但是,由于性传播的疾病可以以适当成本通过安全性行为予以预防,禁止同性恋性交,哪怕可以以合乎情理的成本执行,这一政策也不大可能增加经济学意义上的社会福利,这种福利强调的是偏好的满足。处理这种外在性问题的一种更直接的办法,如今有些州已采用,就是将故意让性伴侣很容易感染艾滋病毒的行为定为犯罪。

机会型同性恋行为。我上面就提到,有些人主要偏好异性,但在异性恋行为成本高不可攀时,也可能有同性恋行为。因此,我们不应奇怪,在监狱、海军以及商船海员、僧侣以及寄宿学校等实施性别隔离的机构中,异性恋者的偏好常常会借助同性恋行为,因为他们异性恋机会太少了,甚或根本没有。由于他们本来更喜欢异性恋行为而不是同性恋行为,因此,这些"机会型"同性恋者更喜欢在口交和肛交中扮演男角,因为这更接近异性恋行为中男性的角色,他们也更喜欢十来岁的男孩,而不是成年男子,因为前者在身体上也更像女性,突出的是,这些男孩比成年男子小一些,纤细一些,更少体毛,皮肤更柔和,声音也更尖细。换言之,这些男子以非常经济的方式,寻求他们可以找到的最接近的替代,作为他们偏好但成本无法接受的性行为之替代。

我们应按照是否自愿这一点来区分不同的实施性隔离的机构。监禁是非自愿的。[14] 神父则是自愿的。(在军舰上服役有时是不自愿的,但更多是自愿的。)因此,我们应当预期,神父中比囚犯中同性恋偏好为主的人,就比例而言,会更高。同样是没有异性恋机会,对于这些同性恋神父的成本要低于那些以偏好异性恋的人的成本,因此前者更可能是自我选择进入了这个异性恋机遇减少的职业。不错,在中世纪欧洲,男孩女孩常常没有选择,是他们的父母指引他(她)们成为神父或修女。但上面描述的这种选择偏见也许仍然起作用。假定(在招收神父和修女的中世纪家庭中,通常确实如此)当时的婚姻要有嫁妆,那么女儿的父亲一般会引导那最少可能结婚的女儿去当修女,因为需要为这种女孩准备更多嫁妆;而在这些最少可能结婚的女孩中,女同的比例可能会更多些,因为某些女同会有种"汉子"做派,对男人缺乏吸引力。与此相似,男孩的父亲一般也会引导最少可能结婚的儿子去当神父,这些男孩中一般也有更大比例的同性恋者,不大可能在竞争大量嫁妆的女孩的过程中表现出色。

然而,神职社区中的同性恋行为比在监狱次文化中的类似行为更多受到制裁,监狱中的同性恋行为频度比同期神父中类似行为频度更高,尽管后一群体中同性恋偏好者的比例更高。这一点就例证了同性恋偏好与同性恋行为的差别。事实上,在这个例子中,这两种现象是负相关的。

就理解今日美国天主教神父中的同性恋行为而言,信号非常重要。由于不允许神父结婚,因此,当神父就是同性恋者"掩藏"自己的好地方;尽管他是单身汉,但仅单身这一点更少可能被当做他是同性恋的证据,不像在允许他结婚的环境中。当然,有许多单身汉都是异性恋者。但由于单身汉中同性恋的比例比已婚男子中同性恋的比例更高,因此单身常常被视为可能是同性恋的证据。(注意,随着社会中结婚率的下降,这个信号就变得越来越弱了。)随着社会对同性恋变得更宽容,掩藏性偏好的收益下降了,神父中同性恋的比例也会下降;当然,如果神父职位对已婚男子开放,这个比例也会下降。

实行性隔离的机构例证了这样一个命题,同性恋行为是否盛行是男子能否获得女子的性的一个反演函数。也还有另一个例证。多妻制社会比

---

[14] 不完全如此,因为选择犯罪而不是合法生活的人也可以说是承担了被监禁的风险。

第二十六章 同性恋经济学和社会建构

一夫一妻制社会更多争夺女性。[15] 多妻制社会中,男人不限于有一个妻子。结果是,女性稀缺,对比较年轻的男子来说,更是如此,因为他们平均而言,资源更少,不足以娶妻。因此,可以预期,当其他条件相等时,多妻制社会比一夫一妻制社会更多机会型同性恋性行为,并且主要形式是娈童关系,即男子与男孩的性关系。这是异性恋偏好主导的男子更喜好的同性恋行为,因为,我说过,男孩比成年男子更像女人。更进一步,我们还可以预料,在多妻制社会中,这种娈童关系将主要见于年轻男子而不是年长些的男子,因为前一类男子更娶不起妻子。

不错,就满足单身汉性需求而言,嫖娼会是娈童关系的替代方式。但在多妻制社会中,女性价格昂贵,因为相对于需求来说,她们很稀缺,因此嫖娼可能非常昂贵。在某种经济学意义上,嫖娼的成本还必须包括这个女性当妓女所放弃的机会成本。对她成为妻子的需求越大,她当妓女所要放弃的就越多,因此她当妓女所要求的补偿也就越高。当然,如果这里是奴隶制,那么妓女的价格也许会急剧下降;女奴是妓女的很接近的替代。

甚至一夫一妻制社会也许会有有利女性的某种不均衡,这会提高异性恋(包括婚姻)性行为的价格,从而增加对我所谓的机会型同性恋行为的需求。在古雅典,普遍有溺女婴的做法,还有为满足对处女新娘之要求而幽闭少女的做法,这就限制了市民阶层的年轻单身汉接近同阶层异性性伙伴。因此,一个不令人惊奇的现象就是,在市民阶层中,娈童关系(例如,柏拉图有关爱情对话中赞美的)看起来一直很普遍。[16] 但人们也许应当惊奇的是,由于卖淫很普遍,这就令当时的情况与多妻制社会、监狱、军舰以及其他人们熟悉的机会型同性恋场合的情况不大一样。在后面这些情况下,获得女性的成本高不可攀。此外,当时还有许多女奴。然而妓女和女奴都是外国人或下层女性,不可能满足市民阶层年轻男子的浪漫期冀;与这一点一致,柏拉图的以及其他古希腊关于娈童关系的文献都强调娈童关系中精神和灵魂的方面,而不是肉体的方面,尽管这种强调也许包含了对这种关系的大量合理化论证。此外,尽管今天有许多男子,无疑古雅典当时也

---

[15] 从技术层面上看,这只是在多妻制社会,即允许一个男子有不止一个妻子,但不允许妇女有多个丈夫的社会。大多数多配偶社会都是多妻制社会。

[16] 请看,*Sex and Reason* 38-45 以及引证的参考资料,特别是,K. J. Dover, *Greek Homosexuality* (2d ed. 1989)。

如此,不会认为有任何男孩能替代女性,但我们没有理由认为,在古雅典市民阶层中娈童关系是普遍的甚或主要的社会实践,只是那里比我们这种社会更普遍些而已,我们社会中,女婴并非一生下来就被杀死,或是养在深闺直到结婚。更进一步的要点是,在古雅典市民阶层中,婚姻很典型的是一种极不平等的关系,一方是比较年长的男子,受过教育,见多识广,而另一方是年轻姑娘(常常是十来岁的女孩),没受过教育,一直关在家中。最典型的不平等是,雅典人不认为丈夫和妻子要一起就餐,照看孩子通常认为是男奴的事,不是孩子母亲的事。这种不平等必定减少了婚姻中的感情价值,因此人们也许把浪漫情思转向社会中更平等的关系。其中之一就是年轻单身汉与即将成人的(*gymnasium*)男孩之间的情人关系。

然而,即使承认这些要点,在一个妓女很多且很便宜的社会中为什么有广泛的娈童关系呢,这个谜还是没解开。如果年轻单身汉寻求通过性行为来强化一种伴侣型关系(因此与妓女的关系就不会是接近的替代),那么,为什么他们不自己成双成对,而是追逐男孩呢?[17] 在诸如古雅典这个认为男子优于女性的社会里,你很容易想象,会出现同龄和同等地位男子间的机会性同性恋行为。从这个前提出发,也会很自然推论出,男子间的关系要优于男女间的关系(以及,毋庸置疑,优于女子间的关系,古希腊人认为女同行为不自然),还会推出,这种关系可能通过肉体接触予以完整、强化和完善,就像"血肉兄弟"中的鲜血交换一样。这里有对爱侣关系的需求;而性行为,就像我在《性与理性》中论辩的,可以强化这种关系。如果同女子的爱侣关系不可行,就会用同男子的爱侣关系来替代,并用性行为强化这种关系。由于男子本身有过剩的生育能力,许多男子都可以不加区别地将男子盟约色情化且只付出很少成本。按照这种解释,不存在爱侣婚姻,不存在同女性其他形式的爱侣关系,这本身会增强男子的盟约,还很容易或潜在地变成同性色情关系,因为性有强化关系的功能。

这一分析说的是同龄男子间的同性恋关系,不是娈童关系。但在古希腊世界中,娈童关系似乎是机会型同性恋的主导形式。对于一个异性恋男子,如果性对象是更像女性的儿童,这种同性关系更为惬意,他会用娈童关系的收益同那种更平等的伴侣关系的收益交换,因此选择前者。然而,柏

---

[17] 我在本章结尾处会考察并拒绝对这一问题的一个可能的非经济学回答。

拉图的《会饮篇》表明,对古希腊的某些男子来说,同龄人间的同性关系之收益要超过性活动的成本。[18]

造成古希腊娈童关系的另一因素也许是男性的竞争对立。[19] 男子竞争女性,既为了传宗接代,也为建立一种权力等级。竞争性男子气概在性态中是维度之一,它不同于伴侣关系,在同妓女的关系中还没这个维度。雅典风格的娈童关系,为男子这方面的性欲望提供了一个出口,就像现代美国监狱中通常憎恶同性恋的黑人囚犯也会有同性恋行为一样。竞争性同性恋行为是古雅典娈童关系的一种理论,它不同于我后面讨论的社会等级再生产的理论。这里的关注点不是男子(爱者)与男孩(被爱者)之间的相对地位(erastes 和 eromenos 的关系),而是相互竞争的男子间的相对关系。

由于古雅典文化中,或至少在这一文化的精英圈中,娈童关系相当突出,也许看起来很怪,古希腊人居然没有现代美国意义上的鲜明的同性恋理念,即,对同性关系超出对异性关系的那种强烈偏好。(与此类似,在"男子汉"社会中,男子常常会否认自己社会中有任何同性恋者。)这一差别有两个原因;这两个理由也都支持这种经济学进路。首先,机会型同性恋越普遍,人们就越不可能意识到存在偏好型同性恋。请记住,机会型同性恋者是偏好异性恋而不是偏好同性恋的人。由于在所有社会中,偏好型同性恋者看来都是少数群体,因此,在机会型同性恋很普遍的社会中,主导同性恋行为的一般是异性恋偏好者,而不是同性恋偏好者,这就使同性恋偏好不显著、不突出。其次,在一般古雅典人婚姻中,情感距离会减少同性恋偏好者的结婚成本,因为他们以很低的成本就可以完成自己(贫瘠的)婚姻义务。[20] 由于同性恋者可以稳妥适应该社会的基本机构,因此他们的同性恋偏好就缺乏社会意义了,不值得人们关注,因此无人关注,就像今天的左撇子。

随着伴侣婚姻——被理解为至少是大致平等的人们之间的婚姻——

---

[18]《伊利亚特》中的阿喀琉斯和帕特洛克罗斯也许例证了这种同性爱情关系。Eva Cantarella, *Bisexuality in the Ancient World* 10-11 (1992).

[19] 对古希腊性态中的竞争一面的强调,请看,John J. Winkler, *The Constraints of Desire: The Anthropology of Sex and Gender in Ancient Greece*, chs. 2-3 (1990)。

[20] 请看,例如,Cantarella,前注18,页90。大部分同男都可以同女性进行完全的性交(即可以插入并射精),尽管他们不喜欢。*Sex and Reason* 100-101.

的兴起,同性恋者发现结婚成本太高了;婚姻如今涉及一定程度的亲密,如果没有相互的性欲望,这种亲密很难获得。伴侣婚姻趋于把我所谓的偏好型同性恋者从婚姻这种基本社会制度中挤出去,使这些人凸显出来了,因此公众第一次把注意力集中到这样一些人的存在,注意到这些人的性偏好与大多数人的性偏好不同。另一点是,在伴侣婚姻体制下,通奸也成了更严重的违法行为,而已婚男子的同性恋活动就是某种形式的通奸。

也许看来很奇怪,直到大约维多利亚时代结束时,一般都把我们今天认为是同性恋的男子看成是欲望无节制的正常男子。但在非常看重处女贞洁,因此一般将可婚(以及已婚)女性锁在闺中并实行性麻痹的社会中,许多性欲望强烈的男子由于没有足够的异性恋出口,有些人就会转向同性恋行为(当然,其他人则转向妓女)。这些男子同一般异性恋男子的区别仅仅是他们一般说来性欲更强烈,并与此紧密相连,无法"自控"(这种冲动越是强烈,要克制它成本就越高)。由于维多利亚时代的婚姻就像古雅典的婚姻一样,常常不够亲密,像王尔德(Oscar Wilde)这样偏好同性恋的男子就可能有成功或至少是不为人关注的婚姻。同样,人们对社会中有一群同性恋偏好突出的男人的意识就弱了。在这里,得以凸显的是肛交者群体,而不是同性恋群体。

我一直说机会型同性恋者需要女性的替代,但还必须考虑偏好型同性恋者对于男性性伙伴的需求,而不论这些男性性伙伴本人是否是偏好型同性恋。我猜测,英俊的异性恋男子平均说来比不英俊异性恋男子有更多同性恋经验(就前者来说,是机会型的)。男子,无论是异性恋还是同性恋,一般都比女性更看重性伙伴的容貌。因此,在同性恋的性市场上,不是在异性恋的性市场上,美男子比丑男子有更多竞争优势。

女同性恋行为。上面关注的几乎全是男同。对于男女,我没有给予同等篇幅,但我不打算为此抱歉,也不仅因为我已在第十六章中讨论过女同。男同行为以及他们的偏好看来要比女同行为和偏好更常见,并且也更多受惩罚。更重要的是,男同行为已经因艾滋病流行成为一个社会问题了,而女同关系不传播艾滋病毒。但是,经济学对女同行为也可以说上几句。就像男同行为一样,我们可以预期,在有女同偏好的女性中,异性恋行为与同性恋行为的相对成本同样影响女同行为的相对广泛度。因为妓女同男子难以形成情感充分的长期关系,因此,妓女中女同行为相当普遍就不足为奇。[21] 就总体来说,女性中机会型同性恋行为是否比男性中更普遍,这个问题很难回答。一方面,由于女性的性需求一般说来似乎比男性弱一些,因此女性更少可能遭遇没有自己喜欢的性欲出口问题,因此也就更少可能用自己不喜欢的出口作为替代。但另一方面,恰恰因为女性性需求一般比男性弱,我们又可以预期,如果存在一些非性本身的原因而建立的同性关系的话,女性就更容易用同性关系作为替代。综合这两点,我提出了下面这对可测试的假说:由于1960年代和1970年代的"性革命"扩展了女性的异性恋机会(部分因为降低了女性性行为的成本,避孕药是降低这一成本的关键),这一革命减少了机会型女同行为数量。1970年代和1980年代的女权运动(一直持续到1990年代),由于培养了女性对男性的敌视,从而增加了机会型女同行为数量。

规范分析。尽管我已扩大了研究范围,包括了女同行为,但我的关注点仍然是实证的,而不是规范的经济学分析。我的关注点在于解说现象,而不在于改变公共政策,当然,当我讨论艾滋病引发的有关男同行为的公共政策时,我也悄悄地进入了规范领域。经济学对性的规范分析和实证分析都有价值。尽管我已讨论了同性婚姻问题,我还是打算增加一点,经济学的分析,至少是以自由市场导向的分析,不大可能太多强调扩大规制已过度规制的婚姻制度。不错,现代婚姻是个自由选择的问题,并且几乎就像合伙那样容易散伙。但是,合同各方的自由是受限制的,因为法律不允许已婚夫妇就所有条目,包括他们"合同"的持续期间和解散后果,达成法律上可强制执行的协议。在经济学上有个论证,支持减少婚姻规制,因此促使婚姻向同居合同方向发展,按同居合同,各方可以选择各自的条款。依据目前的婚姻法律体制作出的结婚决定中隐含的是一个强有力承诺,该承诺会产生根据一个只有因死亡、严重不公行为或其他剧变才能终止的合同而结婚或(如果你想保留"婚姻"这个词仅用于我们熟悉的这种受规制的制度)同居的决定中隐含的同样强的——如果不是更强——承诺。在任何可能会生育的联合中都必须有保护孩子的条款。但是,由于有这个重要但书(有限的,由于有收养和人工授精的可能,因此不能忽视它对同性婚姻

---

[21] 请看,*Sex and Reason* 179。

以及异性婚姻都适用),我倒不担心婚姻的这种从身份向合同的演化[22],那将导致本质上统一对待同性关系和异性关系。

有关同性恋行为的其他重要公共政策问题还有工作歧视,特别是不让同性恋者在军中服役;孩子监管;以及性行为同意年龄(对同性恋关系,不是对异性恋关系,这个国家的同意年龄比那些不禁止同性性交的国家都高)。这种经济学视角对我们同样会有所帮助,这一点今天更明确了,但不具决定意义。在提及艾滋病时,我就讨论了保留反肛交法的问题。我还要用禁止同性恋者军中服役为例进一步例证同性恋的规范经济学分析[23],而把其他问题留给《性与理性》中的讨论。

除了一些象征性争点以及(与此紧密联系的)有关自尊和有关社会对同性恋的一般接受的寓意外,这个禁令有两个明显的成本。首先,在一定程度上,这一禁令缩小了选择军人的范围,因此迫使政府向军人支付更高工资或其他报酬,因为对这些位置的竞争小了;换言之,这个禁令减少了参军申请者的供给,尽管减少不多(部分原因是哪怕在新近修改前这一禁令就有许多空子可钻)。更重要的是执行该禁令的成本;这可不是个小数。然而,这里可能有一些可抵消的收益:一定程度上异性恋者不愿同同性恋者并肩服役,因此取消该禁令会增加军人的成本;政府必须支付更高工资来雇用和保留异性恋军人。这一后果无需因从同性恋中招聘供应更多而可能被完全抵消,却也隐含着,即便国防部领导层不敌视同性恋,确实认为(因为可能就是如此)同性恋者与异性恋者同样都是优秀战士,他们也许还会继续这一禁令,以便使人员总成本最小化,理由与不赞同禁止就业中的种族歧视一样:成见不深的雇主也许还会拒绝雇用黑人,就因为他的白人雇员反感同黑人一道工作,因此会要求工资之外的酬金。在这些设想的支持种族歧视和支持同性恋歧视的论点之间有某种对称,这种对称本身令许多人谴责同性恋歧视,不关心经济的因素。但是,我希望概括其他的一些

---

[22] 为节省交易费用,也许可以向配偶双方提供一份固定合同清单供他们选择,就像人们选择健康和退休保单一样。可以推定,假如没有哪种形式对他们非常合适且他们愿意承担额外的交易费用的话,一对配偶也可以定制一份合同来满足他们的具体需要。

[23] 这一禁令已经修改。这一修改会对军方的男女同性恋政策究竟有多大改变,还不清楚,我不凭空想象这个问题。

第二十六章 同性恋经济学和社会建构

考量。[24]

这意味着我还想考虑这样一个问题,即在军中放松同性恋禁令是否会伤害异性恋者的士气,降低军事行动的有效性。这是个,至少初看起来是,军事科学问题,不是经济学问题,在此我不打算讨论。我仅仅指出,即使忽略这个问题,还是有个经济学论点支持保留这一禁令,即便其他论点也许比这个论点更有分量。我的结论是,经济学分析没告诉我们,综合看来,是否应保留还是废除军中关于同性恋的禁令。

这是有关性行为经济学分析的一般观点。假定情况是这样,美国今天也就是如此,如今社会对同性恋者的恐惧和敌视有很多显然没道理,乃至许多人从压制同性恋活动的措施中会收获效用。那么,在决定压制同性恋的措施是否有效率时,是否应当把这种效用同同性恋者从同性行为中获得的效用等量齐观?对这个问题的回答,密尔或德沃金都是否定的,他们拒绝以密尔所谓"只关系自我的"他人行为偏好和德沃金所谓的"外在偏好"作为公共政策的合法来源。这也是我的立场,但要为之辩护,像我在《性与理性》中的努力,那就会把我带出今天人们一般理解的甚或广义理解的经济学范围。

性态的经济学和社会构建

前面我曾许诺把同性恋经济分析与有关同性恋的本质主义和社会构建主义辩论联系起来。这里有两大辩论。第一个但不太重要的辩论关系到,同性恋偏好有多少是固定的或固有的,或是个选择问题。如今有日益增多的证据表明,令我们社会中某人被标记为男同或女同的那种强烈同性恋偏好,如果不是先天遗传,也不是婴儿期身体或心理因素受侵害的结果,

---

[24] 在《性与理性》页314—323中,我对这个问题取了更宽泛的观点。关于同性恋军中服役问题辩论的背景,请看,Jeffrey S. Davis, "Military Policy toward Homosexuals: Scientific, Historical, and Legal Perspectives," 131 *Military Law Review* 55 (1991)。

很可能是基因的。[25] 对于我的经济学分析来说，究竟哪个因素不重要。只有当同性恋偏好同同性恋行为一样，是选择的结果时，这个分析才受影响。但是，如今看来，说是选择的结果，非常不可能。

尽管许多同性恋权利倡导者——看起来主要因为一些政治理由[26]——抵制同性恋的基因理论或其他生物学理论，但他们很少有人声称同性恋偏好是个人选择或培养起来的，像某人培养对古典音乐或美酒的口味那样培养起来的。如果这样认为，他们就会落进宗教右派人士圈套，这些右派人士认为，如果能防止潜在同性恋者搞同性恋并由此获得这种偏好，就能根除同性恋行为，他们甚至认为如果社会诱导同性恋者自我限制，只有异性恋行为，并因此开发出异性恋偏好，甚至可以"治好"同性恋。为支持这一立场，有位拉比就辩论说，许多同性恋者都曾约会女性，甚至有性交，这就表明同性恋偏好不是生物决定的。[27] 这种行为塑造偏好的观点，这种巴甫洛夫*式的观点，令人想起哈姆雷特对他母亲讲的话，如果她今晚克制不同丈夫发生性关系，就会强化她的意志，下个晚上也克制，下个晚上，直到每个晚上。

人们可以相信，性偏好是不稳定的，即便不是选择的结果。R. 韦斯特

---

[25] 除《性与理性》中引用的证据外，请看，Green，前注3，页63—84；LeVay，前注3；J. Michael Bailey et al., "Heritable Factors Influence Sexual Orientation in Women," 50 *Archives of General Psychiatry* 217 (1993)（以及那里引证的研究）；Dean H. Hamer et al., "A Linkage between DNA Markers on the X Chromosome and Male Sexual Orientation," 261 *Science* 321 (1993)。关于这些证据的一个流行的很好概述，请看，Chandler Burr, "Homosexuality and Biology," *Atlantic Monthly*, March 1993, p. 47；有人对此持怀疑态度，请看，William Byrne and Bruce Parsons, "Human Sexual Orientation: The Biologic Theories Reappraised," 50 *Achieves of General Psychiatry* 228 (1993)，以及 Janet Halley, "Sexual Orientation and the Politics of Biology: A Critique of the Argument from Motibility," 46 *Stanford Law Review* 503 (1994)。这些证据包括对同卵孪生婴儿的研究，对死于艾滋病的男同和直男的大脑比较，对同性恋偏好没有任何可确信的"疗法"，同性恋偏好似乎见于所有人类社会而不论其风俗和养育孩子的方法有何等巨大不同，许多动物物种中也有同性恋，同性恋者关于他们早期性觉醒就意识到自己性偏好的经验报告，以及最晚近的间接证据表明有一个通过母系传播的趋向男同的基因。请看，Hamer et al., 同上。每个证据都有争议，但这种累积的力量是巨大的。

[26] 同性恋权利运动的政治经济学提出了一些迷人的问题，在此我不讨论。请看，Philipson and Posner, 前注7, 第八章, 有基于利益群体经济学理论的一些猜测。

[27] Dennis Prager, "Homosexuality, the Bible, and Us," *Public Interest*, Summer 1993, pp. 60, 73-75. 普拉格没有区分机会型同性恋和偏好型同性恋，也没提到与后者有关的任何生物学证据。

* 苏联行为主义生物科学家，强调行为的条件反射，因此强调行为可塑性。——译者注

就承认,"我不比20年前更明确我的性倾向……我根本不清楚我是'金西1'或'金西2'还是'金西6'。我认为就我了解的大多数人来说也都如此,我还认为,在阶层、年龄和文化意识方面'像我一样'但我不大了解的大多数人某种程度上也如此"。[28] 这个说法可把我给难倒了。金西6是完全同性恋倾向的人,很难相信20年成人生活(R. 韦斯特20年前就不是孩子了),一个人还能"全然不了解"吸引自己的完全是同性成员或完全是异性成员(一个金西1的人)。

在性态的社会构建问题上,中心辩论并非关于在个体生命期间其性偏好是固有的还是可变的[29],而是关于,人们也许认为强烈由生物学决定的,并在确切意义上最基本的,那个人性是否可变。激进社会构建论的一个代表性主题就是,可能受福柯的影响,同性恋性态是19世纪欧洲精神病学家发明的,因此,说古雅典人"同性恋行为"时,我们必然说的是与20世纪美国同性恋性态不同的一种现象,进一步的证据是,有人认为同性恋性态的"天然"特点之一,阴柔,在古希腊就并非同性恋性态的特点。[30]

如果所谓"同性恋性态"我们不是指某类具体偏好或某类具体行为,而是指某具体社会某段时间流行的一个概念或定义,那么古希腊的同性恋性态确实是与现代美国的同性恋性态不同的一个现象。古希腊的主导同性恋性态是机会型同性恋者的娈童关系。阴柔同偏好型同性恋相联系,而不同机会型同性恋相联系;确实,阴柔有可能是偏好型同性恋有意采取的一种信号战略,特别是在不宽容同性恋的社会中,偏好型同性恋者可能难以相互辨认,因此会用阴柔这个模糊信号来降低性搜寻成本,同时还不让"直男"认出来。因此,在古希腊思想中,阴柔与同性恋行为不相联,这不令人吃惊。

但如果有哪位社会构建论者认为,在19世纪下半叶铸造出"同性恋性态"这个术语之前,就不曾有任何男人或女人对同性有超过对异性关系的

---

[28] West, "Sex, Reason, and a Taste for the Absurd," 81 *Georgetown Law Journal* 2413, 2433 (1993)(省略了脚注)。又请看,Janet E. Halley, "The Politics of the Closet: Towards Equal Protection for Gay, Lesbian, and Bisexual Identity," 36 *UCLA Law Review* 915, 934-946 (1989)。

[29] 两者不等同。一种爱好,一旦获得,也许就不可改变;某些成瘾也是如此。这不是个反对预防性努力的论点。

[30] David M. Halperin, "One Hundred Years of Homosexuality," in Halperin, *One Hundred Years of Homosexuality and Other Essays on Greek Love* 15 (1990).

强烈偏好[31],那么他在语言和情感问题上就本末倒置了。人可能会有无以名状的感觉、冲动、欲望、憎恶。婴儿还不说话时就有感觉,动物也有感觉;后面这个例子特别相关,因为人类和动物的性态有相当程度的重叠,因为我们就是动物。在没出现比萨饼之前,你不可能想吃比萨饼,但在那之前你还是会有饥饿感。[32] 性导向就更像饥饿感,而不大像人们对比萨饼这种人发明的物品的欲望。如果社会构建论者接受的一切(这个一切可不少)就是,具体性行为和举止中同性恋偏好的表达或掩盖、同性恋者的地域分散和集中、同性恋行为的数量以及同性恋性态的文化主导概念在不同社会、不同时代是不同的,许多社会因同性恋行为受异性恋者支配而没有有关同性恋偏好的独特概念(为此才创造了"同性恋性态"这个词),我确实不接受有人关于柏拉图和弗洛伊德说到男性对男性的性欲望时讨论的是同一个东西这种说法。在这些立场之间,还有努斯鲍姆的说法:古雅典的社会条件不仅增加了对娈童关系的需求,而且增加了对这种关系的欲望。[33] 在我的分析中,性偏好是稳定的,社会条件变化只通过改变与不同性行为形式相关的成本收益而改变行为。因此,女性稀缺诱发了娈童关系,但对人的偏好(天生倾向、自然倾向)没有任何影响。

同样,我也不认为,而更坚定的社会构建论者则会认为,雅典单身汉对男孩的偏好超过了他们相互间的偏好反映出,在异性关系是不平等关系(居支配地位的一位男子与居从属地位的一位女子)的社会中,就不可能想象平等者之间的关系,如市民阶层中两个成年男子的关系。如果真是这样,我们就可以预见,一个社会在性问题上越是平等,机会型男同性态中娈童型的就越少。我不认为这种格局可能成立。因此,在这里,就出现了这种情况,经济学分析和激进构建论引出了无法兼容的——但都可验证的——假说。

---

〔31〕参看,同上,页30。一位同性恋哲学家对这种激进建构论同性恋性态观的批评,请看,Richard D. Mohr, *Gay Ideas: Outing and Other Controversies*, ch. 7 (1992)。尽管我用了"激进构建论"这个术语并自认为是"温和建构论者",但普遍的做法是把社会建构论等同于激进的建构论,就如同普遍做法是把女权等同于激进女权一样。

〔32〕参见,Hilary Putnam, *Renewing Philosophy* 111-114 (1992),他指出,说北斗七星是我们造出来的是一回事,说我们造出了星辰是另一回事。

〔33〕Martha C. Nussbaum, "Constructing Love, Desire, and Care" (unpublished paper, Department of Philosophy, Brown University, 1993).

第二十六章 同性恋经济学和社会建构

这还不是唯一的情况。我认为,不仅对性伴的性别偏好,而且对性交频度和性伴多样的偏好,在很大程度上都是天生的,而不是构建的。因此,对导致男同关系不稳定的主要因素是歧视同性恋(包括拒绝承认同性婚姻合法)或是父权制观念这两种说法,我都怀疑;如果确实是,那么为什么女同联合更稳定呢?甚至非伴侣婚姻都可能稳定,而这种婚姻中的"双重标准"部分反映了男女的偏好是天生的。男男单偶关系可能更不稳定,这与有无孩子完全无关,尽管传统上孩子会强化婚姻关系。当任何一方都不喜欢单配偶制时,他们的关系就有可能因性嫉妒而破裂。或至少我是这样预测的;因为这是可进行大量成果丰硕的另一经验研究领域。如果社会构建论是对的,我们就应当预见,在宽容同性性态且不为传统"父权制"价值支配的社会中,单偶制男同关系会稳定。

我的预见取决于这样一个确信,即除了性导向外,男同更像其他男子,而不像女性。如果他们或其中部分人确实很像女性,如果像人们习惯认为的同性恋构成"第三性",那么,男同间形成稳定长期单偶关系就前景光明。然而,我认为,任何社会构建论者都会质疑我的这一假定,即男同更像其他男子,区别只是性伴的性别偏好;但他们质疑这一假定只是为坚持他们对单偶男同关系的乐观态度。对于构建论者的工程而言,最为根本的是,我们全都基本相同,那些看来可归因于基因的任何有社会意义的差别其实都是社会构建。

埃斯克利奇用福柯来支持一种到目前为止与我考察过的性态社会构建理论相比不很激进的理论,但他还是认为自己的理论与实用主义是对立的。[34](因此,这真是结束本书的最合适之处。)我在《性与理性》中提出,应放松禁止同性恋从军,但别彻底废止,同时我敦促允许同性恋结成家庭伙伴,但我也没主张认可同性婚姻。在埃斯克利奇看来,我的立场是实用主义的,即把现存态度和制度作为天然底线,从这里开始进行严格渐进的变革。埃斯克利奇认为,社会构建论视角会证明这一底线是不稳的,即无论敌视同性婚姻还是赞同异性婚姻都并非天然,而是社会构建,它们将与社会同速变化。

---

[34] William N. Eskridge, Jr., "A Social Constructionist Critique of Posner's *Sex and Reason*: Steps toward a Gaylegal Agenda," 102 *Yale Law Journal* 333 (1990).

实用主义与社会构建论对立,这种说法乍看起来令人费解。难道拒绝传统底线不正是实用主义精髓之所在？桑斯坦一直强调这一点,诲人不倦。难道实用主义工程不就是"要使搁浅的世界重新漂流起来,令这个世界不那么固定,更多变化,令对世界的描述相应地更松弛,不太技术化,更不确定吗"？[35] 你还能想出对社会构建论的更好描述吗？

分歧在于,在转向规范问题时,社会构建论一般趋于乌托邦。感到了所有社会配置都是流动的,他们因此认为只要一个小动作也许就会带来社会根本转变。实用主义者不必然是渐进主义,也不鼓励崇拜现状。实用主义改革者只是关心什么起作用,因此不只因为他想改变的事情并非扎根于自然、"仅仅"是社会构建,他就可以忽视公众意见或政治现实。(因此,这里是再一例证,重复了一个要点,即实用主义很少能为具体行动提供指南。)我同意,敌视同性恋,谁可以谁不可以结婚,这都是社会构建,不具自然的分量,也没啥道德律在背后支撑这些社会构建。并非所有人类社会都敌视同性恋,因此,这种敌视就不大可能有生物性基础;尽管异性婚姻与人的生物性联系紧密,但承认同性婚姻并不违反人和生物学的命令。圣经作者对同性恋的看法不大可能打动实用主义者,实用主义者原则上看不出有啥不允许推翻人们现有的态度和制度,他们也知道,大量案件中曾担心过的激进变化的后果,如允许宗教和政治自由、摧毁种族隔离或允许女性进入法律职业,后来都被证明缺乏根据。[36] 敌视同性恋有没有可信的生物学或神学基础这个事实当然重要,但最残酷的事实是今天美国社会敌视同性恋,这是任何负责任的政策制定者在考虑改革建议时一定要考虑的一个事实。情况并不是,没有生物学基础的态度就总是易于改变。我们一定不能驾着诗人布莱克、埃默森和尼采的观点就得出结论认为,社会场景的每个特点都不会比波将金村(Potemkin village)*的虚假门面更牢固,也不比万花筒的每一转动更稳定。伦理和宗教仇视就是尽管非理性却仍然根深蒂固的信仰例证,严肃的社会改革者必须将之作为坚硬的社会事实,尽管不

---

[35] Richard Poirier, *Poetry and Pragmatism* 40 (1992).

[36] 回想第十章中斯蒂芬关于女性解放的不祥预言。

* 俄国名臣波将金为令女皇叶卡捷琳娜高兴,在她巡游可能经过的地方搭建的外观漂亮的假村庄。——译者注

是将之作为永恒现实予以接受。通过法律命令直接建立同性恋与异性恋完全平等在当代美国场景也许是不现实的,就像1850年实现种族和性别完全平等一样不现实。社会构建论还没法废止现实,基于实用主义而被界定为——暂时——不可变的领域。

致　谢

下列论文的一些部分的重印得到了版权所有者的许可："Legals Scholarship Today," 45 *Stanford Law Review* 1647 (1993), and "Bork and Beethoven," 42 *Stanford Law Review* 1365 (1990), both copyrighted © by the Board of Trustees of the Leland Stanford Junior University; "The Deprofessionalization of Legal Teaching and Scholarship," 91 *Michigan Law Review* 1921 (1993), and "Medieval Iceland and Modern Scholarship," 90 *Michigan Law Review* 1495 (1992), both copyrighted by The Michigan Law Review Association; "Duncan Kennedy on Affirmative Action," 1990 *Duke Law Journal* 1155, copyrighted © by Duke Law Journal; "Legal Reasoning from the Top Down and from the Bottom Up: The Question of Unenumerated Constitutional Rights," 59 *University of Chicago Law Review* 433 (1992), and "Foreword," in James Fitzjames Stephen, *Liberty, Equality, Fraternity* 7 (1992), both copyrighted © by The Univesity of Chicago; "Democracy and Dualism," *Transition*, summer 1992, p. 68, copyrighted © by Oxford University Press; "Democarcy and Distrust Revisited," 77 *University of Virginia Law Review* 641 (1991), copyrighted © by Virginia Law Review Association; "Law as Politics: Horwitz on American Law, 1870-1960," 6 *Critical Review* 559 (1992), and "Richard Rorty's Politics," 7 *Critical Review* 1 (1993), both copyrighted © by the Center for Independent Thought; "Ms. Aristotle," 70 *University of Texas Law Review* 1013 (1992), copyrighted © by Texas Law Review Association; "The Radical Feminist Critique of Sex and Reason," 25

Connecticut Law Review 515 (1993), copyrighted © by the Connecticut Law Review; "Hegel and Employment at Will: A Comment," 10 *Cardozo Law Review* 1625 (1989), copyrighted © by the Cardozo Law Review; "The Strangest Attack Yet on Law and Economics," 20 *Hofstra Law Review* 933 (1992), copyrighted by Hofstra Law Review Association; "What Has Pragmatism to Offer Law?" 63 *University of Southern California Law Review* 1653 (1990), copyrighted © by the University of Southern California; and "The Depiction of Law in The Bonfire of the Vanities," 98 *Yale Law Journal* 1653 (1989), copyrighted © by the Yale Law Journal Co., Inc.

索 引

Abel, Richard L., 艾贝尔, 47 注, 59 注, 86

Abortion, 堕胎, 158-159, 404-405, 451-452, 521; and the Constitution, 与宪法, 179-191; and feminism, 与女权, 181-183, 291, 333, 346, 348; in German law, 在德国法中, 156, 159; in moral theory, 在道德理论中, 22, 27; indeterminacy of moral analysis of, 道德分析的不确定性, 36-37, 190-191; and privacy, 与私隐, 533

Abrams, Kathryn, 艾布拉姆斯, 375

Abrams v. United States, 艾布拉姆斯诉美国, 266 注, 396

Academic law, 法律学术。请看, Legal education, 法学教育; Legal scholarship, 法学著述

Accreditation, 法学院认证, 38-39, 49, 100

Ackerman, Bruce, 阿克曼, 98, 173, 186, 215-228, 446, 462

Acting, 行动、活动。请看, Lawyers（as or employing actors）, 律师（作为行动者或雇佣行动者）

Adjudication, 审判, 491-492; by coin-flipping, 抛硬币, 491-492

Adultery, 通奸, 567

Adversary system, 对抗制, 503

Advertising, 做广告, 459-460, 462, 500 注, 530, 532-534, 537

Affirmative action, 积极补偿行动, 77, 81-82, 84, 102-108, 202-204, 359, 383

Africa, 非洲, 379

African-Americans, 非裔美国人。请看, Blacks, 黑人; Brown v. Board of Education, 布朗诉教育委员会案; Critical race theory, 批判种族理论; Discrimination, 歧视

Afrocentrism, 非洲中心主义, 378-379

Aho, James A., 523 注

AIDS, 艾滋病, 352 注, 364, 374, 379, 557-562

Alchemy of Race and Rights, The (Williams),《种族与权利的炼金术》(威廉姆斯), 107, 368-384, 527

Allport, Gordon, 奥伯特, 205

Altruism, 利他主义, 304, 347; economics of, 利他主义者的经济学, 505-506; reciprocal, 互惠, 506

Amar, Akhil Reed, 阿玛尔, 76 注, 211-

214, 294, 448, 496-497
American Booksellers Association, Inc. v. Hudnut,美国书商联合会诉哈德纳特案,361 注
American Law and Economics Association,美国法律经济学协会,438 注
Analogy,推理、类推,critical use of,批判性地运用,520; reasoning by,类推推理,17, 174-177, 213, 518-523; role of in rhetoric,在修辞中的角色,501; suggestive use of,提示性使用,519; use of by Plato,柏拉图的用法,508
Anderson, Elizabeth,安德森,460-461
Anleu, Sharon L. Roach,64 注
Anti-Semitism,反犹主义,black,黑人,374, 377-379
Appiah, Kwame Anthony,埃皮尔,368
Apprenticeship,学徒制,43-44, 53
Arbitration,仲裁,60, 114-115, 314
Areeda, Phillip,阿里达,94
Aristotle,亚里士多德,96, 329-334, 383, 391, 445, 446, 522; rhetorical theory of,修辞学理论,498-499, 509-516, 528-529
Arnold, Thurman W.,34 注
Artisanality,工艺,46-47, 57, 63, 69-70, 75
Arts and crafts movement,艺术与手艺运动,46
Ashley, Clarence D.,艾希利,277
Association for Evolutionary Economics,427 注
Athens (ancient),464 注; law and social institutions of,法律和社会制度,55-56, 313, 321, 349-350, 507, 516; marital and sexual mores in,婚姻和性道德,564-566, 575
Austin, Regina,375 注
Autonomy of law,法律的自主性,17-18
Axelrod, David,埃克瑟罗德,322

Baby M case,婴儿 M 案,373-374
Balkin, J. M.,巴尔金,64 注, 211 注, 316-317
Ball, Milner S.,128 注
Barrister,出庭律师,大律师,47, 528, 517
Bartlett, Katharine T.,巴特勒特,336 注, 340, 344-348
Baxter, William F.,巴克斯特,98
Bayesian probability theory,贝叶斯概率理论,86, 97, 511
Becker, Gary S.,贝克尔,3, 16 注, 93 注, 135-136, 307 注, 355 注, 420, 424, 431 注, 433, 438, 442, 464
Beethoven,贝多芬,238-239, 375-379
Beggars,乞丐,23
Bentham, Jeremy,边沁, 23, 158, 263, 265, 269-270, 418, 437, 446-448, 526
Bernabè, Franco,311 注
Bernal, Martin,379 注
Berns, Walter,伯恩斯, 229-236, 247, 259, 264
Bilateral monopoly,双向垄断,306-307
Bilingualism,双语教育,289, 294-295
Bill of Rights,权利法案。请看,Incorporation,包容; specific rights and provisions,具体的权利和规定
Biology,生物学,191, 288, 351, 462; Aristotelian,亚里士多德的,332-333; bio-

logical essentialism, 生物学本质主义, 294; evolutionary, 进化论的, 472; and feminism, 与女权, 374 注; of homosexuality, 同性恋的, 72 注; and lesbianism, 与女同, 342-343; of privacy, 私隐的, 536; of sex, 性的, 336-356 各处, 533。又请看, Sociobiology, 社会生物学

Bisexuality, 双性恋性态, 553-556

Black, Charles L. , Jr. , C. 布莱克, 78

Black, Hugo, H. 布莱克, 197, 251

Blackmail, 敲诈, 475, 532, 538 注, 539, 546-551; economics of, 敲诈的经济学, 546-551; game-theoretic analysis of, 博弈论的分析, 550-551; as form of supplementary law enforcement, 法律实施的一种补充, 547-549; by spouses, 配偶的敲诈 550

Blacks, 黑人, 224- 225, 235, 305, 311, 368-384, 484-485, 517; Afrocentric movement, 非洲中心运动, 378-379; legal scholarship by, 其法学著述, 104-108; plight of in inner city, 在内城中境遇, 543-545。又请看, Brown v. Board of Education, 布朗诉教育委员会案; Critical race theory, 批判种族理论; Discrimination, 歧视

Blake, William, W. 布莱克, 315, 389, 578

Bleak House, 64 注

Bloodtaking and Peacmaking (Miller), 《血战与调停》(米勒), 312-324

Bok, Derek, 博克, 69-70

Bolling v. Sharpe, 勃灵诉夏普案, 227, 254

Bonar, Joy Walker, 452 注

Bonfire of the Vanities, The, 《虚荣者的篝火》, 481-489, 544

Bork, Robert H. , 鲍克, 13, 79, 98, 119 注, 173, 178-179, 187, 213, 218, 229, 230 注, 237-255, 259, 264, 402, 489

Boudreaux, Donald J. , 171 注, 217 注

Bowers v. Hardwick, 鲍尔斯诉哈德维克案, 2 注, 249, 253, 561

Brand, Paul, 布兰德, 47 注, 55

Brandeis, Louis D. , 布兰代兹, 57, 69, 71, 137, 197, 210, 438

Brawley, Tawana, 布洛里, 375, 484

Brennan, Geoffrey, 128 注, 130 注

Brilmayer, Lea, 布利梅尔, 94

Brothers Karamazov, The, 《卡拉马佐夫兄弟》, 479 注, 488

Brown v. Board of Education, 布朗诉教育委员会案, 2 注, 61-63, 72-75, 78, 218-219, 224-225, 235, 247-249, 279, 284

Buck v. Bell, 巴克诉贝尔案, 156

Burke, Edmund, 伯克, 215

Burrows, Jo, 伯罗, 454-455

Calabresi, Guido, 卡拉布雷西, 3, 98, 438

Campaign Financing, 竞选筹款, 460

Capitalism, 资本主义, 452-462

Cardozo, Benjamin N. , 卡多佐, 2, 68, 192, 388, 391-392, 394, 405, 446

Carrington, Paul D. , 84 注, 96 注

Cartel, 卡特尔, of goods vs. of Services, 商品卡特尔同服务卡特尔之争, 50-51; role of government in maintaining, 政府在维持卡特尔中的作用, 51-52; legal profession as, 法律职业是一种卡特尔, 33-34, 47-56, 60-61; theory, 理论, 39, 437, 551

Casuistry,决疑术,84, 90, 155, 499, 522-523

Causation,因果律,397-398, 413, 418

Censorship,书报检查制度,365-366, 395-396

Child abuse,虐待儿童,208-213; sexual, 对儿童的性虐待,293, 366

Children,儿童、孩子, care of, 照看孩子, 349-350; rights of, 孩子的权利,289-293。又请看,Child abuse,虐待儿童

Citations,引证,100

Clark, Charles E.,克拉克,78-79

Coase, Ronald H.,科斯,406-428, 430注, 433-442各处, 464, 471, 525

Coase Theorem,科斯定理,309注, 310注, 406-407, 418

Cognitive dissonance,认知不谐,59

Cohabitation,同居,contracts of as marriage substitute, 同居合同作为婚姻之替代,569-570

Cohen, David,D. 科恩,23注, 86, 156注, 330注, 524注

Cohen, David N.,D. N. 科恩,324

Cohen, Joshua,J. 科恩,26

Cohen, Mark A.,112注, 125注

Cole, Thomas,克勒,498注, 503, 504注, 511注

Coleman, Jules,科尔曼,447注, 465

Collier, Charles W.,110注

Columbia Law School,哥伦比亚法学院,388

Comaroff, Hohn,科马洛夫,86

Commentary,《评论杂志》,237, 249

Commerce clause,商业条款,201, 241

Commodification,商品化,56

Common law,普通法,47, 231, 271-272, 391-393, 418; efficiency theory of, 普通法的效率理论,131-132, 172-174, 413, 415; employment at will doctrine, 任意就业原则,299-311。又请看, other common law doctrines,其他普通法原理

Common Law, The (Holmes),《普通法》(霍姆斯),2注, 34注, 277

Commons, John R.,康芒斯,419, 427

Communication theory,交流理论,533-534。又请看,Rhetoric (economics of),修辞的(经济学)

Communism,共产主义,454-455, 462

Compensation,赔偿。请看, Economics (of compensation),(赔偿)的经济学理论

Competition,竞争: in legal profession, 法律职业中的, 65-68, 92; Nature of, 竞争的本质,419; perfect, 完美的,413, 428-430, 434; effects of on quality, 对质量的影响,92-94。又请看, Cartel, 卡特尔; Guild,行会; Monopoly,垄断

Computer,计算机, as Judge, 计算机当法官,489-492

Conceptualism,概念法学。请看, Formalism,形式主义、形式法学

Conflicts of interest, 利益冲突, judicial, 司法的,115

Conglomerate enterprise,企业集团, 414-415, 436

Congress,115注

Consensus,共识, normative, 规范性的,452; overlapping, 重叠性共识,404

Conservatism,保守主义,263; social, 社

会的,249,264,362,560-561。又请看,Neoconservatism,新保守主义

Consistency,前后一致、始终如一,521,523

Constitution,宪法、美国宪法,70-75,187,207; amendment process,修改程序,217-228各处,245; as long-term contract,作为长期合同,244-245; interpretation of,宪法之解释,492-497; lay conception of,普通人的宪法概念,255; pragmatic approach to interpreting,宪法解释的实用主义进路,193-197。又请看,Constitutional law and specific doctrine, provision, and cases,宪法性法律以及具体教义、规定和判例

Constitutional law,宪法性法律,87,171-255; aggregative effects of creating new constitutional rights,创设新宪法权利的累积效应,214

Contraception,避孕,193-195,226-227,349,569。又请看,Abortion,堕胎

Contract law,合同法,275-277,399,524; Athenian,雅典人的合同法,512-513,524; conditions,合同法条件,275-276; finder's entitlement to reward under,发现遗失物依据合同法有权享有奖励,1,230,423; Kantian vs. economic theories of,康德理论与经济学理论之争,277; liberty of,合同自由,277,279,301; long-term,长期合同,434,436,439; "relational,""关系型"合同,440-441

Contracts,合同,399; of blackmail,敲诈合同,550。又请看,Contract law,合同法

Cooter, Robert D.,库特,112注,117

Copyright law,版权法,537-538

Cornell, Drucilla,康奈尔,299-311,446

Corporation,公司, concept of,公司的概念,398; legal theories of,公司的法律理论,285; taxation of,公司税收,398

Corrective justice,校正正义,391,404

Cost,成本、费用, opportunity,机会成本,523; of sexual search,性对象搜寻成本,558-559,574; social vs. private,社会成本与私人成本,538。又请看,"Problem of Social Cost",《社会成本问题》

Cox Broadcasting Corp. v. Cohn,考克斯广播公司诉科恩案,542-543,545

Craft,手艺。请看,Craftsmanship,手艺; Guild,行会

Craftsmanship,工艺,42-46,60-61,70,102; vs. artisanality,与手艺之争,46

Crime,犯罪,16-17; black crime rate,黑人犯罪率,374; victimless,无受害人之犯罪,551。又请看,Blackmail,敲诈; Extortion

Criminal justice,刑事司法,158,262-263,269-270,313,370-371,382,439; defendant's right to assistance of counsel,被告获得律师援助的权利,234-235; mental element in,精神因素,397-398; private,私人的,313-323各处,547-548; as depicted in popular literature,大众文学中描述的,481-485,488; sodomy law,反肛交法,561

Critical race theory,批判种族理论,2,86,107,368-384; and free speech,与言论自由,396

Currie, David P.,柯里,94,195注,246

注, 251 注

Dahl, Robert, 达尔, 205
Daily Times Democrat v. Graham, 每日民主时报诉格拉汉案, 541, 546
Danto, Arthur, 丹托, 447
Davidson, Donald, 戴维森, 394, 523
Deafness in children, 儿童的失聪, 289-290, 292 注
Deconstruction, 解构, 317
Defamation, 诽谤, 365, 473; "actual malice" rule, 实际恶意规则, 537-538; liability of publisher who merely repeats defamatory statement, 出版商重复诽谤性陈述的责任, 538; tort law of, 诽谤的侵权法, 532-533, 536-537
Democracy, 民主、民主制, 164-165, 190, 200, 216, 222, 232, 241-242, 263, 267, 462; Athenian, 雅典的民主, 165, 216; deliberative, 协商民主, 26, 222; dualist conception of, 民主的双重概念, 216-228; epistemic, 认识论的民主, 26 注, 449; liberal, 自由民主制, 165; relation of to liberalism, 与自由主义的关系, 25-26; plebiscitary, 公民投票的, 165; and rhetoric, 民主与修辞学, 515-516
Democracy and Distrust (Ely), 民主与不信任 (伊利), 198-207
Democracy and the Problem of Free Speech (Sunstein),《民主与言论自由问题》(桑斯坦), 396-397
Demographic transition, 人口过渡, 345
DeShaney v. Winnebago County Dept. of Social Services, 德山尼诉文尼巴各县社会服务部案, 208-213
Deskilling, 去技术, 45 注
Desuetude, 废弃, 249
Deterrence, 震慑, 320-322
Devlin, Patrick, 德夫林, 262
Dewey, John, 杜威, 26 注, 388, 394, 446-447, 450
Dickens, Charles, 狄更斯, 64 注, 483, 486-488
Dictum (vs. holding),（相对于法院裁判的）法院司法声明, 124
Director, Aaron, 迪莱克特, 438, 464
Discrimination: against aliens, 歧视：对外籍人, 200, 202; against blacks, 对黑人, 203, 372-373; by guilds, 行会施加的, 43; against homsexuals, 对同性恋者, 571, 575-578; by law firms, 律所施加的, 60-61, 93; public school, 公立学校, 61-63; against women, 对女性, 181-183, 201-203。又请看, Affirmative action, 积极补偿行动; Brown v. Board of Education, 布朗诉教育委员会
Disparagement, tort of, 因贬低而发生的侵权, 533
Dispute resolution, 纠纷解决, 315, 319-323, 491-492
Divorce, 离婚, 407
Domination of women by men, as theory of sexuality, 男子对女性的歧视，作为形态理论, 341, 348-356。又请看, Pornography, 淫秽出版物
Douglas, William O., 道格拉斯, 3, 226, 281
Dover, Kenneth J., 多弗, 424, 564 注

索 引

Down (or Down's) syndrome,唐氏综合征,291,292注
Dowry,彩礼、嫁妆,340注,563
Dred Scott decision (Scott v. Sanford),司各特案决定(司各特诉山福特案),63,179,251
Dress, signaling function of,服装,信号功能,339,341-342,510,517,532,534,560
Dubber, Markus Dirk,杜伯,146注,153-154
Due process:clauses,正当程序条款,208,211,246;substantive,实质性的,179-180,251
Duxbury, Neil,杜克斯伯里,3注,75注,281注,387注
Dworkin, Andrea,A.德沃金,86a,335,358-359,363注,365
Dworkin, Ronald,德沃金,86,98-99,109,194,213-214,216,228,242,255,403,424,447,465,496,571;on abortion,论堕胎,175-188;and pragmatism,与实用主义,11-13,21,389,403;theory of law as integrity,法律的整合理论,403

Easterbrook, Frank H.,易斯特布鲁克,99,120注
Eastland, Terry,伊斯特兰,237-238,241
Econometrics,计量经济学,411,420,429,430
Economic analysis of law,法律经济学分析。请看,Law and economics,法律经济学
"Economic man,"经济人,16

Economic theory,经济理论,classical,古典的:请看,Smith, Adam,A.斯密;neoclassical,新古典经济学,428
Economics,经济学,295-298,456;of altruism,利他主义经济学,505-506;of cartels,卡特尔的经济学,437;of cartels and guilds,卡特尔与行会的经济学,39-46;Chicago School of,芝加哥学派,411,419-420,437;of compensation of employees,雇员赔偿的经济学,92-93,111-112,135-144;of corporation law,公司法的经济学,278;of employment at will,自由择业经济学,299-311;English tradition of,经济学的英国传统,417;of fringe benefits,边缘收益的经济学,290,309;of homosexuality,同性恋的经济学,344;of household production,家务劳动的经济学,433;of human capital,人力资源的经济学,307,439,525;of illegal markets,非法市场的经济学,363;of information,信息经济学,411,425,435,437,501-504;institutional,制度经济学,426-4443;of judging,司法裁判的经济学,110-144;impact of lawyers on economic growth,律师对经济增长的影响,89-90;of leisure,闲暇经济学,139-144;and liberalism,与自由主义,24;limitations of,经济学的局限,22-24;vs. literature,与文学之争,380-381;methodology of,经济学的方法,406-443各处;nature of,经济学的性质,15-19,421-424;new institutional,新制度经济学,419,426,428-443;of nonmarket behavior,非市场行为的经济学,317,422,424-4425;of nonprofit enterprises,

非盈利企业的经济学,112-117; old institutional, 旧制度经济学, 426-428, 438; how differs from philosophy, 与哲学的差别,466; of privacy, 私隐的经济学,532; of property rights, 产权的经济学,520; of quality, 质量经济学, 40-41; revealed-preference theory, 偏好显露理论,554; of revenge, 复仇的经济学,319-322; of rhetoric, 修辞的经济学,498-517; rhetoric of, 经济学的修辞,525-526; of sex, 性的经济学, 336-356 各处, 552-578; done by theologians, 神学家从事的经济学,523。又请看,Law and economics,法律经济学

Education: of handicapped children, 残疾儿童教育,289-290; in New Deal era, 在新政时期,225-226。又请看, Brown v. Board of Education, 布朗诉教育委员会案; Legal Education,法律教育

Edwards, Harry T., 爱德华兹,84注, 91-100, 211注, 312

Effeminacy, 阴柔,559-560, 574

Efficiency, 效率,132, 272

Egalitarianism, 平等主义,264, 290, 297。又请看,Equal protection clause,同等保护条款

Eggertsson, Thráinn, 埃格森,322注, 323注, 419注, 429注, 439

Eleventh Amendment, 宪法第十一修正案,232

Eliot, Charles, W., 149注

Eliot, T. S., 艾略特,3, 227-228, 387, 395

Ellickson, Robert C., 埃利克森,86, 99, 322注, 323

Elster, Jon, 埃斯特,85

Ely, John Hart, 伊利,173, 186, 198-207, 215-216, 294

Emerson, Ralph Waldo, 爱默森,27, 29, 183, 390, 455, 578

Emotion, 情感,510-511; relation of to reason, 与理性的关系,506

Empathy, 同情理解, 移情,205-206, 239, 253, 288, 383, 511; jurisprudence of, 移情的法理学,381-382

Empiricism, 经验主义, 194-195, 210, 396。又请看,Pragmatism,实用主义; Science,科学

Employment, 就业, contracts of, 就业合同,410, 414, 440; effects on of job-protection laws, 对工作保护法的影响,309-311; regulation of in Europe, 欧洲对就业的规制,306-311; retaliatory firing, 报复性解雇,518; compared to slavery, 与奴隶制的比较,267; at will, 自由择业,299-311, 518

Enforcement of law,执法,private, 私人执法,313-324

Enlightenment, the, 启蒙运动, 315-317, 389, 394

Enthymeme,略省三段论,509-510

Entrapment (criminal law doctrine), 设陷(刑法教义),27

Epicurus,伊壁鸠鲁,297, 388

Epieikeia,公正,公平,522

Epstein, Richard A., 埃博斯坦,99, 173, 186, 251, 300-301, 306注

Equal protection clause,同等保护条款,62-63, 179, 201, 207-208, 235, 250-251;

and abortion,与堕胎,181-182。又请看,Brown v. Board of Education,布朗诉教育委员会案

Equilibrium,均衡,419

Equity,公平、平等,479,522

Ertman, Martha,厄特曼,336 注,340 注,343-344,554 注

Eskridge, William N., Jr.,埃斯克利奇,75 注,99,119 注,389,446,576-577

Essentialism,本质主义,294

Establishment clause,宗教设立条款,180,183,236

Ethical appeal (in rhetoric),伦理感染(修辞学上的),74-75,500,59,534

Ethics,伦理学。请看,Legal ethics,法律伦理

Eurosclerosis,欧洲僵硬化,311

Evolution,进化。请看,Sociobiology,社会生物学

Executive detention: British,行政拘留:英国,160-168; of Japanese-Americans,日裔美国人的行政拘留,157,162,165

Externalities,外在性,538,561-562; mental,精神的,23-24; pecuniary,货币的、金钱的,24; positive vs. negative,正外在性与负外在性,412。又请看,"Problem of Social Cost",《社会成本问题》

Extortion,勒索,549

Fallibilism,可错性、错误难免,450。又请看,Popper, Karl,波普尔

"False light" tort,"报道不实"引发的侵权,532

Family, economics of,家庭经济学。请看,Household production,家庭生产; Marriage,婚姻; Sexuality,性态

Farber, Daniel A.,法伯,377 注,389

Farnsworth, E. Allan,法恩斯沃司,94

Farwell v. Boston & Worcester R. R.,法威尔诉波士顿和沃塞斯特案,272 注

***Federalist Papers*,**《联邦党人文集》,216-217,220,272

Federman, Lillian,费因曼,338 注

Feminism,女权、女权说,181-183,319,329-335,528; black,黑人,368-384 各处; defined,女权之界定,335; and free speech,与言论自由,396; radical,激进的,31,335-336,352 注,353,355-356,452。又请看,Feminist jurisprudence,女权法理学

Feminist jurisprudence,女权法理学,2,85-87,97,288,329-367,491; issue of biological essentialism,生物本质主义的争点,294

Feud,血族复仇,314-323

Fifth Amendment,宪法第五修正案,179-180

Fineman, Martha Albertson,费因曼,335,336 注,337-341

Finley, M. I.,芬利,422

Firm, concept of,企业、公司的概念,414-415,426; worker-owned,工人所有的,460-461。又请看,"Nature of the Firm",《企业的性质》

First Amendment: and defamation,宪法第一修正案:与诽谤,537-538; and privacy,与私隐,542-543。又请看 Particular First Amendment rights,具体的宪法第一修正

案权利

Fish, Stanley, 费希,3, 12, 86, 135, 316-317, 377 注, 389-390, 394, 525 注
Flag-burning, 焚烧国旗,176-177, 251
Flexner, Abraham, 弗莱克斯纳, 56-57
Formalism, 形式主义,1-4, 13, 19-20, 75-76, 78, 271-286 各处, 391, 398-399, 423, 446, 479-480; legal vs. economic, 法律形式主义与经济学形式主义,17-19; literary, 文学的形式主义,380; reasoning by analogy as form of, 类推是一种形式主义,519; role in pragmatic conception of law, 在实用主义法律概念中的作用,401
Formalists, 形式主义者,526-527
Forster, E. M., 福斯特,380, 473-476
Foucault, Michel, 福柯, 316, 424, 447, 574, 576
Fourteenth Amendment, 宪法第十四修正案,62。又请看,Due process, 正当程序; Equal protection clause, 同等保护条款
Fourth Amendment, 宪法第四修正案,533
Frank, Jerome, 弗兰克,3, 275, 280-284
Frankfurter, Felix, 弗兰克福特,34 注, 59, 192, 226, 281
Free will, 自由意志,8, 281, 382, 397-398, 462
Free-exercise clause, 宗教自由条款,180, 183-185
Freedom of association, 集会自由,72-73
Freedom of contract, 契约自由。请看, Contract (liberty of), 契约自由
Freedom of inquiry, 研究、探讨的自由。请看,Freedom of speech, 言论自由
Freedom of speech, 言论自由, 176-178, 197, 235, 266 注, 331, 358-367, 449; and campaign financing, 与竞选筹资, 460; pragmatist theory of, 言论自由的实用主义理论,395-397
Freisler, Roland, 弗雷斯勒,149
Frickey, Philip P., 弗利基,75 注, 389
Fried, Charles, 弗里德,96, 465
Friedman, David, 318 注, 322 注
Friedman, Milton, M. 弗里德曼, 263, 420, 430-432, 437, 438, 525
Frye, Marilyn, 338 注
Frye, Northrop, 477 注
Fuller, Lon, 146 注
Fundamental-rights jurisprudence, 基本权利法理学,199, 206-207, 250-251

Gabel, Peter, 盖贝尔,369-370
Galanter, Marc, 加兰特,89 注, 99
Galbraith, Kenneth, 卡尔布雷思,427
Game (Wittgensteinian concept of), 游戏(维特根斯坦的概念),8, 131-135, 381
Game theory, 博弈论,85, 132 注, 322-323, 436, 438, 535 注; application of to blackmail, 在敲诈中的运用,550-551
Gargantua and Pantagruel,491 注
Gates, Henry Louis, Jr., 107 注
Gay and lesbian legal studies, 男同女同法研究,86, 90
Gely, Rafael, 121 注
German judges and lawyers, 德国法官与律师。请看,Judges, 法官; Legal Profession, 法律职业
Gilligan, Carol, 吉利根,86, 293-294
Gilmore, Grant, 吉尔摩,388

Gilson, Ronald J. ,41 注
Gitlow v. New York,吉特洛诉纽约州,266 注
Glendon, Mary Ann,格仑登,99
Goetz Bernhard,格茨,374
Goffman, Erving,高夫曼,479 注,532 注,535
Goldberg, Victor,戈德伯格,419 注,439
Goodrich, Peter,古德里奇,465,502
Gordon, Robert W. ,戈登,17 注,97 注,98 注,99,427 注
Gorgias,高尔吉亚,498,507 注,527
Gorgias,《高尔吉亚》,84,96,507-509,513,514,525
Graglia, Lino A. ,63 注,247 注,251 注
Grand jury,大陪审团,233
Greece, family in ancient,希腊,古代家庭,349-350
Greek law,古希腊法律,321-322,523-523。又请看,Athens,雅典
Greek sexual mores,343 注
Green, Nicholas St. John,格林,388
Greenberg, Paul E. ,141 注
Gregory, John,58 注
Grey, Thomas C. ,格雷,99,173 注,323-324,389,465,476-480
Griswold, Erwin N. ,格利斯沃德,73
Griswold, v. Connecticut,格利斯沃德诉康涅狄格州,2 注,186,193-194,204,219,226-227,249-250
Gruchy, Allen,格鲁奇,427
Guaranty clause,保障条款。请看,Republic of form of government guaranty clause,保证共和政体条款

Guild, medieval craft,行会,中世纪手工业,39-46,69
Gunther, Gerald,73 注
Gustafsson, Bo,41 注

Hadfield, Gillian K. ,海德费尔德,336 注,338 注,344,346 注,348-356
Hale, Robert L. ,黑尔,3,281 注,301,438
Haley, James A. ,141 注
Halley, Janet,352 注,572 注,573 注
Halperin, David M. ,574 注
Hamermesh, Daniel S. ,310 注,311 注
Hand, Learned,汉德,71,142,279,281,438
Handcrafting,手工艺。请看,Artisanality,工艺美术
Handicapped persons,残疾人,287-295 各处,311
Hansmann, Henry B. ,汉斯曼,99,113 注,461 注
Hard Times,《艰难时世》,158,380
Harlan, John Marshall,哈兰,192
Hart, H. L. A. ,哈特,132 注,262,465
Hart, Henry M. ,H. 哈特,34 注,57,61,75,77,281,388
Harvard Law Review,《哈佛法学评论》,71,77
Harvard Law School,哈佛法学院,3,49,70-71,75,77
Hate-speech codes,仇视言论法,107,359,485
Hayek, Friederich,哈耶克,183,264,404
Haynes v. Alfred A. Knopf, Inc. ,海因斯

519

诉阿尔弗雷德·A.克劳普夫公司案,543-546

Hegel, Georg Wilhelm Freiderich,黑格尔,299-311各处,334,446

Hermeneutics,阐释学,85,88

Hertz, Friedrich,贺兹,376

Higgins, Richard S.,113注,119注

Hilberg, Paul,希尔伯格,158-159

Hirschman, Linda R.,赫希曼,329-335

Hitler's Justice(Müller),《希特勒的司法》(缪勒),146-159,494-495

Hobbes, Thomas,霍布斯,173,244,265,301

Holding(vs. dictum),判决、裁定(与司法声明相对)124

Holmes, Oliver Wendell, Jr.,霍姆斯,2,5,59,75,95注,129注,142,223,227,235,274-286各处,321,390,392,401,438,476,517;concept of preoperty,财产概念,302注;impact of James Fitzjames Stephen on,斯蒂芬对他的影响,261-263;judicial philosohpy of,司法哲学,192,195-197;and pragmatism,与实用主义,13-15,196,388,446,476;relatioship with Lady Castledown,与卡斯特唐夫人的关系,266,396,451。又请看,*Common Law, The*,《普通法》

Holmes, Stephen,S.霍姆斯,25注,85

Homer,荷马,321-322,504-506,566注

"**Homosexual**," definition of,"同性恋"界定,553-554

Homosexuality,同性恋性态,23,27,249,253,339-340,342-344,346,351,352注,383,475;in Catholic priesthood,在天主教教士中,562-563;economics of,同性恋的经济学,344,552-578;frequency of,频度,342,555-556;genetic theory of,572注;in German law,在德国法中152;Greek,古希腊,564-566,574;opportunistic,机会型的,342-344,556,562-568,574;preference v. behavior,偏好与行为之争,553-558,563,575;in Scandinavia,555注;and social construction of reality,与社会现实之构建,537-578;and urbanization,与城市化,558-561。又请看,Lesbianism,女同

Homosexuals; blackmail of,敲诈同性恋,547-548,551;discrimination against,歧视,202;incomes of,收入,339-340;number of,数量,342,555-556

Horwitz, Morton J.,霍维茨,99,271-286,301,387,389

Hotelling, Harold,霍特林,409-410,417,432

Household production,家庭生产,329-330,433

Howards End,《霍华德山庄》,380,473-476,478

Hrdy, Sarah Blaffer,340注

Huizinga, J.,132注

Human capital,人力资本,307,439,525

Human nature,人性,462

Hunzas(Hunzukuts),罕萨人,296-297,319

Hurst, James Willard,赫斯特,427,431

Iceland, medieval,冰岛,中世纪,312-324

Icelandic sagas,冰岛传奇,314-323

Idealism, philosophical, 唯心主义, 哲学的, 9

Ideology, 意识形态, 35, 45, 56, 60, 63, 93, 134, 142

"In the Penal Colony" (Kafka),《在流放地》(卡夫卡), 380

Inclusive fitness, 包容性适应, 354

Incorporation (of Bill of Rights), 权利法案的纳入, 245-247, 251

Individualism, 个人主义, 27-29, 300-301, 382, 516, 532, 536。又请看, Liberty, 自由

Industrialization of service, 服务产业化, 64

Infanticide, 溺婴, 溺女婴, 158, 191, 340, 564

Information costs, 信息费用、信息成本, 435, 442-443, 499 注, 501-504, 514-515。又请看, Economics (of information), 信息 (经济学); Rhetoric (economics of), 修辞的 (经济学)

Institutional economics, 制度经济学, 419, 426-443; new, 新制度经济学, 419, 426, 428-443; old, 老制度经济学, 426-428, 438 注

Intent, as philosophical issue, 意图作为哲学问题, 397-398

Interest groups, 利益群体, 利益集团, 203-204, 217, 233, 393, 400

Interpretation, 解释, 62-63, 85-86, 88, 172-174, 179, 233-234, 400, 472; canons of construction, 解释规则, 480; constitutional, 宪法解释, 199, 206-207, 215-216, 233-234, 492-497; holistic, 整体解释, 155, 178-179, 185-187, 194; musical, 音乐的解释, 238-240, 497; statutory, 制定法解释, 392-393, 400, 478, 480, 535 注。又请看, Originalism, 原旨主义; Strict construction, 严格解释

Irrationality, 非理性。请看, Rationality, 理性

Irwin, Terence, 507 注

Jackson, Robert, 杰克逊, 68, 223, 450

Jackson, Thomas, T. 杰克逊, 99

Jaffe, Louis L., L. 杰斐, 76

Jaffee, Leonard R., L. R. 杰斐, 295-298, 312

Job-protection laws, 工作保护法。请看, Employment (effects on of job-protection laws), 就业 (工作保护法的影响)

"John Marshall" (Holmes address), "约翰·马歇尔"(霍姆斯的讲演), 13-15

Jonsen, Albert R., 约翰逊, 90 注, 499 注, 512, 517 注, 522-523

Joskow, Paul, 乔斯克, 439

Journalism, 新闻报道, 456

Judges, 法官, 55-56, 71, 79, 87, 109-168, 194-197, 199, 245, 316; early American, 美国早期法官, 48; appellate, 上诉审法官, 110-144 各处, 197; candor of, 法官的坦诚, 402; Cardozo's conception of role of, 卡多佐对法官角色的理解, 391-392; in civil law systems, 民法法系中的法官, 126 注; conflicts of interest of, 法官的利益冲突, 115; devices for screening or filtering cases, 筛选案件的方法, 124-125, 144; elected, 选举产生的, 134; English, 英国法官, 47-48; federal, 联邦法官, 109-

144 各处; in Imperial Germany and Weimar Republic, 德意志帝国和魏玛共和国时期的法官, 146-147, 154; income of, 法官的收入, 135-144; independence of, 法官独立, 163-166; internal perspective of, 法官的内部视角, 132 注; interpretive role of, 法官的解释作用, 400; how differ from lawyers, 与律师的差异, 131; how differ from/resemble legislators, 与立法者的异同, 126, 131-132, 230, 235, 392-393, 491-492; layperson's expectations concerning, 普通人对法官的预期, 254-255, 489; moonlighting by, 法官的兼职收入, 116, 137-139; in Nazi Germany, 纳粹德国的法官, 147-159, 228, 398; norm of equality in assignments, 案件平分规范, 124; increased delegation of opinion-writing by, 司法意见撰写日益委托他人, 68-69; quality of, 法官的质量, 140-143; relation to law professors, 与法学教授的关系, 83, 129-130, 210, 285; selection of, 法官的挑选, 137, 139-141; self-conception of, 法官的自我理解, 131; trial, 初审法官, 审判法官, 112, 121, 125; in wartime, 战时的法官, 163-164, 167; why never permitted to flip coins, 为什么不允许用掷硬币断案, 491-492; in post-World War II Germany, 德国"二战"后的法官, 151-153。又请看, Judicial "game," 司法的"游戏"; Judicial opinions, 司法意见; Supreme Court, 美国联邦最高法院

Judicial activism, 司法能动, 5, 245, 249, 253, 402, 496-497

Judicial compensation and tenure, 法官的报酬和职务, 111-112

Judicial "game," 司法的"游戏", 8, 21, 129, 131-135, 142, 398, 514

Judicial opinions, 司法意见, 57, 68-69, 88, 114, 316, 402; satisfaction from writing, 从撰写司法意见中获得的满足, 122

Jurisprudence, 法理学、法学, 80, 465-467; as cartel artifact, 作为卡特尔的人为产品, 34, 58-60; liberal, 自由派的, 370; Nazi, 纳粹的, 148-149; teachers of, 法理学教员, 465 注。又请看, Formalism, 形式主义; Legal Realism, 现实主义法学

Jury, 陪审团, 128; appeal to emotions of, 诉诸陪审团情感, 510-511, 516-517; Athenian, 古雅典的, 514-516

Just-cause or rational-cause laws, 正当理由或合理理由法。请看, Economics (of employment at will), (自由择业的)经济学; Employment, 择业

Justice, by computer, 计算机司法, 489-492。又请看, Corrective justice, 校正正义, 矫正性司法

Kafka, Franz, 卡夫卡, 482-483, 486
Kaiser, Susan B., 339 注
Kamm, Frances M., 凯姆, 191
Kant, ethics of, 康德的伦理学, 12, 33, 150, 277, 403-404
Kaplow, Louis, 卡普洛, 94
Kateb, George, 凯特伯, 27-29, 532, 536
Kleman, Mark, 59 注
Kennedy, Duncan, 肯尼迪, 59-60, 99, 362, 446; on affirmative action in law-school hiring, 论法学院雇人上的积极补

偿行动,103-108
Kibbutz,461 注
Kinsey, Alfred,金西,555
Kinsey scale,金西等级,555-556,573
Kinship,亲属关系,320-321
Kirk, Russell,柯克,263
Klein, Benjamin,克莱恩,419 注,436 注,439
Knight, Frank H.,奈特,417
Kobayashi, Bruce H.,113 注,132 注
Kornhauser, Lewis A.,121 注
Krausz, Michael,240 注
Kreyssig, Lothar,克里斯格,150-151
Kronman, Anthony T.,克隆曼,60 注,63 注,93-94,96,99,416 注,446,465
Kuhn, Thomas,库恩,216 注,391,423,426,525
Kuntz, Eugene,520 注

Labor economics,劳动力经济学。请看,Economics (of compensation),(报酬)经济学
Labor unions,工会。请看,Unions,工会组织
Landes, William M.,兰德斯,416,438 注,464,499 注
Landis, James M.,392 注
Landlord-tenant law,房东—房客法,302-303
Langdell, Christopher Columbus,兰德尔,19,48-49,75,173,479,526-527
Langdellism,兰德尔主义。请看,Formalism,形式主义
Language,语言,317,456,526; neologisms in economics,经济学中的新逻辑主义,435-436,441; relation of to thought,与思想的关系,420-421
Larson, Jane, E.,336 注,340 注,342 注,352 注
Latin America,拉美,453-454,458-459
Latour, Bruno,36 注
Laumann, Edward O.,555 注
Law and economics,法律经济学,2-3,15-21,22-24,27,85,87,96-97,295,405,416,422,437-441,446,464,465 注,471-472,476; "new","新"法律经济学,471-472; and concept of overlapping consensus,与重叠性共识概念,404; and pragmatism,与实用主义,403-404。又请看,"Problem of Social Cost",《社会成本问题》
Law and Literature,法律与文学,86,471-497。又请看,Literature,文学; Narratology,叙事学; Rhetoric,修辞、修辞学
Law and the Modern Mind (Frank),《法律与现代心智》(弗兰克),280,283,393
Law clerks,法官助理,57,69,88,112,118,122,316
Law enforcement, private,执法,私人的,547-548
Law firms, growth in size of,律所规模扩大,66-67。又请看,Legal profession,法律职业
Law reviews,法学评论杂志,84,87,101。又请看,*Harvard Law Review*,《哈佛法律评论》
Law schools,法学院,94-108,153,210,281; affirmative action in faculty hiring,

教员雇佣上的积极补偿行动,102-108；treatment of Constitution in,法学院的宪法教学,207-208; in Nazi era,纳粹时期,147-148, 151, 464-466。又请看,Legal education,法学教育；Harvard Law School,哈佛法学院；Yale Law School,耶鲁法学院

Lawyers：as or employing actors,律师,作为演员或雇用演员,52, 516-517；earnings of,律师的收入,69-70；economic effects of,律师的经济影响,89-90；education of,律师的教育,48-49; incomes of,律师的收入,47-48, 67；how differ from judges,与法官有多大差别,120注；pricing of services by,律师服务的定价,60-61; too many? 律师太多了? 89-90; working conditions of,律师的工作条件,67-68。又请看,Legal profession,法律职业

Lazear, Edward P., 299注,300注
Leff, Arthur Allen,莱夫,132注,388
Leffler, Keith B., 40注
Legal advocacy,法律辩护,498-517各处
Legal education,法学教育,48-49, 55, 57-58, 72, 73注, 81-108, 173-174, 312, 520; role of literature in,文学在法学教育中的角色,479; contribution of philosophy to,哲学对法学教育的贡献,463-467; "Socratic" method of,"苏格拉底"教学法,81-82
Legal ethics,法律职业道德,92-96
Legal fiction,法律拟制,398
Legal history,法律史,17, 271-286
Legal positivism,法律实证主义,153, 155, 219
Legal process (Hart and Sacks),《法律过程》(H.哈特与萨克斯),388
Legal process school of jurisprudence,法律过程学派法理学,1, 59, 75-77, 78注, 97-98, 388, 392注。又请看,Hart, Henry M., H.哈特；Wechsler, Herbert, 韦西斯勒,
Legal profession,法律职业,18, 33-168, 283-284; English,英国法律职业,47-48, 163, 517, 528; German,德国法律职业,144-159; history of in United States,美国法律职业史,48-49; layperson's view of,普通人心目中的法律职业,489; recent changes in,晚近的变化,47-56, 60-61, 66, 69, 92-93; restrictions on competition in,法律职业内限制竞争,47-56, 60-61, 66, 69, 92-93
Legal realism,现实主义法学,1-3, 19-20, 59, 155-156, 226, 275-276, 279-284, 397, 392-394, 398, 446
Legal reasoning,法律推理,9, 172-175, 446, 474-475。又请看,Formalism,形式主义；Jurisprudence,法理学、法学；Legal positivism,法律实证主义,实证主义法学
Legal scholarship,法学著述,70-80, 82-102, 129-130, 275, 294-295, 323-325, 368-369, 377, 384; doctrinal,教义分析的,83-91, 94-95; interdisciplinary,交叉学科的,84-102; Utopian,乌托邦的,295-298。又请看,Critical legal studies,批判法学；Critical race theory,批判种族理论；Law and economics,法律经济学
Legal services, growth in demand for,法律

服务,需求增长,64-65,89

Legal writing, 法律著述,68。又请看,Judicial opinions, 司法意见, Rhetoric (legal)(法律的)修辞

Legislation, 立法,126,134,392-393。又请看,Congress,国会; Interpretation (statutory),(制定法的)解释

Legitimacy, political, 合法性,政治的,244,279,497

Leland, Hayne E. , 40 注

Lemann, Nicholas, 勒曼,543-546

Lerma, Dominique-René de, 377 注

Lesbianism, 女同,女同行为,337-344,347,558-559,563,568-569,576; ancient Greek view of, 古希腊人的看法,566; opportunistic, 机会型的,343,568-569

Lessig, Lawrence, 莱希格,492 注,494-497

Levi, Edward H. , 173 注

Levinson, Sanford, 利文森,99

Levitt, Theodore, 64 注

Levmore, Saul, 莱维默,99

Liberalism, 自由主义,23-29,222,326,449,459,463,516,540; classical, 古典自由主义,13,23,28,231,249,263-264,330,394,428; epistemological defense of, 对自由主义的认识论辩护,449-452; feminist criticism of, 女权对自由主义的批评,329-334; Greek origin of, 自由主义的古希腊源头,23 注; modern, 现代自由主义,391,393; political, 政治自由主义,189,196-197; and rule of law, 与法治,20-21; and science, 与科学,331; welfare, 福利自由主义,26,248,264,318。又请看, Democracy, 民主; Mill, John Stuart, 密尔

Libertarianism, 自由至上论,183,263,318,404。请看, Liberalism (classical),(古典的)自由主义

Liberty, 自由,263-264; positive vs. negative, 积极自由与消极自由,26,208,210; relation of to wealth, 与福利的关系,28

Liberty, Equality, Fraternity (Stephen),《自由、平等、博爱》(斯蒂芬)259-270

Linder, Marc, 154 注

Lipman, Samuel, 利普曼,238-240,253,255

Literalism, 字面含义。请看, Strict construction, 严格解释

Literature, 文学,75,90,321-322; analogy of judge to reader or theatergoer, 把法官类比为读者或剧场观众,127-130; chain novel, 链锁小说,228; classical and popular distinguished, 经典文学与通俗文学的区分,482; and critical race theory, 与批判种族理论,369-384 各处; whether edifying, 是否具有启发性,380-381; Icelandic sagas, 冰岛传奇,314-323; popular, 通俗文学,481-492。又请看, Law and literature, 法律与文学

Llewellyn, Karl, 卢埃林,3,60,275,280-281,283-284,393

Lloyd, G. E. R. , 518 注

Lochner v. New York, 洛克纳诉纽约案,2 注,156,195,218,223-224,279,294,401

Logic, 逻辑,9

Logical positivism, 逻辑实证主义, 9, 388, 394, 526 注

Logrolling, 互相捧场, 125-126

Lomasky, Loren, 128 注, 130 注

Lott, John R., Jr., 113 注, 132 注

MacIntyre, Alasdair, 麦金泰尔, 451

MacKinnon, Catharine, 麦金农, 86, 99, 181 注, 335, 357-367, 444, 463

Macneil, Ian, 麦克尼尔, 427, 440-441

Maine, Henry, 梅因, 267

Making All the Difference (Minow), 《就是不同》(米诺), 287-295

Malloy, John T., 梅洛尔, 517

Mann, Thomas, 528 注

Manne, Henry, 曼, 99, 438

Marriage, 婚姻, 560, 564; Athenian, 古雅典的, 565; Christian conception of, 基督教对婚姻的理解, 350-351; companionate, 伴侣型的, 347, 350-351, 567; economics of, 婚姻经济学, 569-570; homosexual, 同性恋婚姻, 346, 560, 575-576; noncompanionate, 非伴侣型的婚姻, 576。又请看, Divorce, 离婚

Marrou, H. L., 350 注

Marshall, John, 马歇尔, 13-15, 69, 197, 271, 392

Martin, Donald L., 306 注

Marxism, 马克思主义, 35, 45, 267, 272-273, 454-455。又请看, Communism, 共产主义

Masculinity, competitive, 雄性, 竞争的, 566

Mass production, 规模生产, 45-46, 64, 69

Mathematics, role of in economics, 数学, 在经济学中的作用, 409, 418, 420-421, 428, 466

McCloskey, Donald, N., 麦克劳斯基, 502, 525

McConnell, Michael W., 麦克尼尔, 94, 225 注

McGuire, J. E., 527 注

Medical profession, 医学职业, 35, 52, 54, 73, 75 注, 98

Melia, Trevor, 537 注

Melvin v. Reid, 梅尔文诉雷德案, 541-542, 545-546

Metaphor, 隐喻, 10, 212, 476, 478, 482, 496-497, 518; theory of, 隐喻理论, 523-524

Metaphysics, 形而上学, 398-399

Michaels, Walter Benn, 迈克尔斯, 86

Michelman, Frank I., 米歇尔曼, 99, 186, 216 注, 389, 446, 465

Michigan Law School, 密歇根法学院, 312, 315 注

Middle Ages, 中世纪, 313-324, 563

Military service, 服军役, 355; ban on homosexuals in, 禁止同性恋军中服役, 570-571, 576-577; universal, 普遍军役制, 331-332

Mill, John Stuart, 密尔, 23-24, 26-29, 197, 249, 259, 263-265, 268, 337, 346, 404, 445, 447; and experiments in living, 与生活的实验, 455; and fallibilism, 与错误难免论, 450; as feminist, 作为女权者, 330, 335; on public opinion, 论舆论, 318; on self-regarding conduct, 论关心自

己的行为,571。又请看,Liberalism（classical）（古典）自由主义

Miller, William Ian, 米勒,86,99,297注,312-324

Minda, Gary, 80注

Minow, Martha, 米诺,99,287-295,298,374注,387,389

Miranda v. Arizona, 米兰达诉亚利桑那案,248

Miscegenation, 混血、人种混杂,71,157

Misogyny, 厌女症,333-334,340,364-365

Monopoly, 垄断,410-411,419,437,519。又请看,Cartel,卡特尔

Moonlighting, judicial, 法官的兼职收入,137-139

Moore, G. E., 445注

Morals, reguarltion of by law, 道德的法律规制,262-270

Morawetz, Thomas, 132注

Mormons, persecution of, 摩门教徒,迫害,24

Morsink, Johannes, 332注,333注

Muller, Ingo, 缪勒,146-159

Munger, Michael C., 435注

Music, authentic-performance movement in, 音乐,原真表演运动,238-240,497

Myrdal, Gunnar, 434注

Narrative, 叙事,383-384。又请看,Narratology,叙事学

Narratology, 叙事学,369-384

Natural law, 自然法,153,186,197,286。又请看,Natural rights,自然权利

Natural rights, 自然权利,300-302

"Nature of the Firm, The"（Coase）,"公司的性质"（科斯）,406-407,410,412

Nature of the Judicial Process, The（Cardozo）,《司法过程的性质》（卡多佐）,391-392,394,405

Nazism, 纳粹主义。请看,Judges（in Nazi Germany）,（纳粹德国时期的）法官

Neoconservatism, 新保守主义,237,249。又请看,Conservatism（social）,（社会）保守主义

Neotraditionalism, 新传统主义,402-403

Neutral principles, 中性原则,72,74,77-78,474

New Deal, 罗斯福新政,217-228,393-394,456

New institutional economics, 新制度经济学,419,426,428-443

New York Times Co. v. Sullivan, 纽约时报公司诉沙利文案,365,537-538

Nietzsche, Friederich, 尼采,3注,25,28注,183,265,316,382,390,445,447,455,503,578

Nineteen Eighty-Four,《1984》,421,461-462,488

Ninth Amendment, 宪法第九修正案,180-181

"Non sub Homine"（Whyte）, "无人之际"（怀特）,489-492

Nonprofit enterprises, economics of, 非盈利企业的经济学,112-117,308-310

Noonan, John T., Jr., 努南,99,522注

Norrington, Roger, 诺因顿,239

North, Douglass C., 诺斯,419注,434,439

Nozick, Robert, 诺芝克, 403, 451, 553 注
Nuisance, law of, 侵扰法, 414-415
Nuremberg trials, 纽伦堡审判, 79
Nussbaum, Martha C., 努斯鲍姆, 85, 128 注, 330 注, 335, 339 注, 346 注, 380, 388 注, 447, 463, 465, 506 注, 511 注, 575

O'Hara, Erin, 113 注, 142 注
Objectivity, 客观性, 18, 34-35, 83, 88, 101-102, 391, 398。又请看, Truth, 真理
Odyssey, 《奥德赛》, 504-506
Oligopoly, 市场寡头, 66-67, 410, 418, 459-460
On Liberty (Mill), 《论自由》(密尔), 23, 249, 259, 263 注
Only Words (MacKinnon), 《语词而已》(麦金农), 357-367
Opinions, 意见。请看, Judicial opinions, 司法意见
Opportunism, 机会主义, 434, 436-437, 440
Organization theory, 组织理论, 434, 439, 441
Originalism, 原旨主义, 199, 213, 218, 238-255, 391, 496-497。又请看, Strict construction, 严格解释
Orwell, George, 奥威尔, 417, 420-421, 449, 455, 457
Outlawry, 放逐、剥夺公民权, 314

Paralegals, 律师助理, 66, 79
Pareto principle, 帕累托原则, 24, 562
Parol-evidence rule, 口头证据规则, 535

Pascal, Blaise, 帕斯卡尔, 502
Passage to India, A, 《印度之行》473
Passmore, John, 446 注
"Path of the Law, The" (Holmes), 《法律的道路》(霍姆斯), 2 注, 276-277, 280
Pederasty, 娈童关系, 564-566, 574-575
Peirce, Charles Sanders, 皮尔士, 388, 394, 396, 450, 459
Peller, Gary, 佩勒, 70 注, 107
Pendlebury, David, 100 注
Phaedrus, 《费德鲁斯》, 508
Philipson, Tomas J., 菲利普森, 557, 572 注
Philosophy, 哲学, 90, 288, 301, 424, 444-467; analytic, 分析哲学, 8-9, 80, 188, 388, 445-467 各处, 526; contribution of to legal education, 对法学教育的贡献, 463-467; influence of on modern legal scholarship, 对现代法学著述的影响, 85; postmodernist, 后现代哲学, 316-317; practice of, 哲学实践, 8; of science, 科学哲学, 406-443 各处, 450, 524-530。又请看, particular philosophies, doctrines, and philosophers, 具体的哲学、原理和哲学家
Pierson v. Post, 皮尔森诉伯斯特案, 380
Pigou, A. C., 庇古, 412-413, 417, 432
Pirenne, Henri, 39 注
Planned Parenthood v. Casey, 生育计划诉凯西案, 172 注, 187
Plato, 柏拉图, 10, 59, 445, 526; and eros, 与性爱, 564-566; view of rhetoric, 对修辞的看法, 498-499, 507-509, 512-515。又请看, Platonism, 柏拉图主义; Socrates, 苏格拉底

Platonism, 柏拉图主义, 19, 389, 394

Plessy v. Ferguson, 普莱西诉弗格森案, 62, 224-225

Poetry, 诗歌。请看, Stevens, Wallace, 斯蒂文思

Poirier, Richard, 波伊利尔, 389, 577

Polinsky, A. Mitchell, 波林斯基, 464

Political Liberalism (Rawls),《政治自由主义》(罗尔斯), 29 注, 188-190, 196-197, 404

Pollack, Louis H., 波洛克, 78

Pollution, 污染, 414, 460-461。又请看, "Problem of Social Cost", "社会成本问题"

Polygamy, Mormon, 多妻制, 摩门, 24; and opportunistic homosexuality, 与机会型同性恋行为, 564

Popper, Karl, 波普尔, 282, 394, 446, 450, 459, 464 注, 525

Populism, 民众主义, 民粹主义, 26, 222, 232, 242, 285, 355 注, 357-367, 396

Pornography, 淫秽出版物, 357-367, 528, 540; Canadian law concerning, 加拿大有关淫秽出版物的法律, 365-366; in foreign countries, 外国的淫秽出版物, 362; legal regulation of, 对淫秽出版物的法律规制, 360, 363

Positivism, 实证主义。请看, Legal positivism, 法律实证主义、实证主义法学; Logical positivism, 逻辑实证主义

Postmodernism, 后现代主义, 2, 10, 240, 315-319; Utopian vs. quietistic, 乌托邦型与无为型之争, 316

Power, 权力。请看, Domination of women by men, 男人对女人的支配

Prager, Dennis, 普拉格, 573

Pragmatism, 实用主义, 2-21, 34-35, 76, 164, 168, 209, 270, 280, 282, 287-295, 387-405, 454, 463, 526-527, 576-578; Bork as pragmatist, 鲍克是实用主义者, 247, 252-253; in constitutional law, 宪法性法律中的实用主义, 192-197; affinities with continental philosophy, 与欧陆哲学的亲缘关系, 85; defined, 实用主义的界定, 4-12; and feminism, 与女权, 331; use of by German Judges, 德国法官的用法, 155-157; of Thomas Grey, 格雷的实用主义, 476; history of in law, 法律中实用主义的历史, 387-395; and Holmes's judicial philosophy, 与霍姆斯的司法哲学, 192-197; in judging, 判断中的实用主义, 12-13; philosophical vs. practical, 哲学实用主义与实践实用主义的区别, 288; and postmodernism, 与后现代主义, 317; relation of to science, 与科学的关系, 19; utility of to judges, 对法官的效用, 12, 135; of Wallace Stevens, 斯蒂文思的实用主义, 476。又请看, Rorty, Richard, 罗蒂

Precedent, 先例, 4, 132; limitations of as tool for guiding judicial decisions, 作为指导司法决定之工具的局限, 491-492; and judicial quality, 与司法质量, 142-143; role of in judicial utility function, 在司法效用函数中的角色, 121-122, 125

Price controls, 价格控制, 77

Priest, George, 普里斯特, 99

Principle, 原则。请看, Neutral principles, 中性原则

Pritchard, A. C.,普里查德,171 注, 217 注

Privacy,私隐,227, 449, 473, 531-551 各处; constitutional right of, 私隐的宪法权利,202; economics of, 私隐经济学,532; legal protection of intimate facts, 对私密事实的法律保护,539-546; private vs. social value of, 私隐的私人价值与社会价值之分,536; as secrecy, 私隐作为秘密, 536; as superior good, 私隐作为优等物品,536; tort law of, 私隐侵权法,532-533; as transactional resource, 私隐作为交易资源,531-551 各处

Privileges and immunities clauses,特权和豁免条款,180-181, 201, 246

"Problem of Social Cost, The" (Coase),《社会成本问题》(科斯),406-407, 412-413, 415, 418, 425

Process jurisprudence,过程法学。请看, legal process school of jurisprudence, 过程法学派

Profession, nature of,职业的性质,37-39, 56-58, 73; restricted, 受限制的职业,38-39, 60-61, 283-284。又请看, Legal profession, 法律职业; Medical profession, 医学职业

Progress,进步,449

Prohibition,禁令,禁酒,217, 361, 363

Prolepsis,预辩,517

Promised Land, The (Lemann),《希望的国度》(雷蒙),543-547

Property, and personhood,财产,与人格, 302-303

Property rights,财产权、产权,285-286, 301-303; economics of, 产权经济学,520; in information, 信息的产权,537-538; in natural resources, 自然资源的产权,231, 399, 519-521; in wild animals, 野生动物的产权,399, 519-520

Prostitution,卖淫、嫖娼, 351-353, 363, 559, 564-565; and lesbianism, 与女同, 568

Protagoras,普罗泰戈拉斯,261, 498, 515-516, 527

Proust, Marcel,普罗斯特,560

Psychology, cognitive,心理学,认知的, 435-436, 442; of privacy, 私隐心理学, 539

Public figure, in defamation law,公众人物,在诽谤案中,538

Public good,公共品,公共善品,412

Public utilities,公用事业,113 注。又请看,Public utility pricing, 公用事业的定价

Public utility pricing,公用事业定价,278, 408-410, 442

Public/private distinction,公共/私己的区分,281, 286, 301, 318

Publicity: discrediting vs. embarrassing,曝光:不光彩的与令人尴尬的,539; right of, 曝光权,533; heritability of right of, 曝光权的可继承性,537

Putnam, Hilary,普特南,394, 449 注, 451, 458-459, 467, 575 注

Quality,质量,54; variance in of judicial opinions, 司法意见的质量差别,69。又请看,Economics (of quality), (质量)经济学

Quine, Willard V. O.,奎因,394
Race,种族。请看,Blacks,黑人
Rachels, James,535 注
Racism,种族主义,375-377。又请看,Discrimination(against blacks),(对黑人的)歧视;Slavery(American Negro),(美国黑人)奴隶制
Radin, Margaret Jane, M. J. 拉丁,302-303,389,461 注,465
Radin, Max,M. 拉丁,392
Rakowski, Eric,罗考斯基,20 注,80
Rape,强奸,340-341,353,355-356,359,362,367
Rasmusen, Eric,113 注,121 注
Rational behavior,理性行为,16-17;of judges,法官的理性行为,117-144。又请看,Rationality,理性、合理性
Rationalism,理性主义、唯理主义,10
Rationality,理性、合理性,315,464,510,539;and change of beliefs,与信仰之改变,501-502;bounded,有限的理性,434-436;concept of applied to sex,理性概念用于性行为,553;consumer,消费者的理性,442。又请看,Rational behavior,理性行为;utility(maximization of),效用(最大化)
Rawls, John,罗尔斯,29 注,85,188-190,196-197,301,404,421,459-460,465,524
Realism, moral,道德实在论,36,451;scientific,科学实在论、科学唯实论,10,35-36,331,401,450,525-526。又请看,Legal realism,现实主义法学
Reapportionment,选区重划,71,97,200,204-205,249,460
Reason,理性、理由,34;and emotion,与情感,506;practical,实践理性,331
Reconstruction,重构,217-220,223-224
Regulation 18B(English),法令18B(英国的),160-168
Regulation, economic theory of,规制的经济学理论,411-412,425
Rehnquist, William H.,冉奎斯特,254
Relativism,相对主义,6,10,252;"free range," "一切领域的"相对主义,449
Religion: legal definition of,宗教的法律界定,184-185;nature of,宗教的性质,183-184;James Fitzjames Stephen's conception of,斯蒂芬理解的宗教,265-266
Rent control,房租控制,381,461
Rent, economic,经济学的租,51 注
Representation,代表、代议,200-207。又请看,Democracy,民主;Liberalism,自由主义
Republic(Plato),《理想国》(柏拉图),515
Republican form of government guaranty clause,保证共和制政府形式的条款,72,201,249
Reputation,名声,317;instrumental character of,名声的工具特点,535-536;judicial,司法名声,119
Revealed-preference theory,偏好显露理论,554
Revenge,复仇,472;as principle of social order,作为社会秩序的原则,319-322。又请看,Feud,弗洛伊德
Rhetoric,修辞,134-135,261,272,320,

496-530；abolitionist，废除死刑者的，451；and democracy，与民主，515-516；as master discipline，作为领军学科，528；economics of，修辞的经济学，498-517；whether edifying，是否启发人，380；ethical appeal，伦理感染，500，509，534；invention，捏造，512；judicial，司法修辞，472；legal，法律修辞，73-74，79；as form of reasoning，（作为推理形式），517-530；scientific，科学的，525-526；vs. science，与科学的分歧，524-530。又请看，Narratology，叙事学；Style of writing，写作风格。

Rhetoric（Aristotle），《修辞学》(亚里士多德)，96，509-516

Rhetorical question，修辞性提问，74

Rhetoricians, as proto-lawyers，修辞家，作为最早的律师，507

Rich, Adrienne，343 注

Right to counsel，犯罪嫌疑人咨询律师的权利，234-235

Rights，权利，285-286，293；aggregative effects of creating new constitutional，创造新宪法权利的总和影响，214；importance of to blacks，对于黑人的意义，370。又请看，Natural rights，自然权利；Property rights，财产权、产权

Robson, Ruthann，罗伯森，336 注，338 注，341-342，344

Rodell, Fred，罗德尔，2-3，20，283

Rodman, Hyman，452 注

Roe v. Wade，罗伊诉韦德案，172 注，179-181，185，187，202，254，404-405

Rogat, Yosal，129 注

Rogers, J. A.，罗杰斯，377，379 注

Romanticism，浪漫主义，389-390

Rorty, Richard，罗蒂，11 注，12，26 注，34 注，316-317，331 注，389，394，444-463，465，467 注，502，527

Rosen, Jeffrey，57 注，213 注，323 注，497 注

Rosen, Sherwin，65 注

Rosenberg, Gerald N.，罗森堡，89 注，323-324

Rubens, Peter Paul，51 注

Rubin, Paul H.，113 注，119 注

Rule of law，法治，20-21，160，164，168，491

Rules，规则，380，491-492；in games，游戏中的规则，132-133；nature of，规则的性质，133-134；testing instances of，检验规则的例子，520-522；and uncertainty，与不确定性，443

Russell, Bertrand，罗素，459

Ryan, Alan，28 注，302 注

Safell, David C.，205 注

Samuelson, Paul，萨缪尔森，410，417，428

Sartre, Jean-Paul，萨特，446，451

Sarvis, Betty，452 注

Scalia, Antonin，斯葛利亚，176，218 注，229

Scheppele, Kim Lane，谢佩尔，86，545-546

Schiappa, Edward，希亚帕，499 注，515-516，527 注

Schlag, Pierre，希莱格，47 注，317，512

注

Schlegelberger, Franz, 希莱格尔伯格, 151
Schlesinger, Arthur M. Jr., 379注
Scholarship: bureaucratic organization of, 学术文献: 官僚组织的, 424; citation rates in different fields of, 不同学科的引证率, 100; interdisciplinary, 交叉学科的, 421, 472
Schwab, Stewart, 406注
Science, 科学, 6-8, 10-12, 19, 29, 63, 90, 281-282, 285, 331, 389-391, 395, 459; and feminism, 与女权, 331, 352注; hypothetico-deductive model of, 科学的假说—演绎模型, 521; law as, 法律作为科学, 49, 517; and liberalism, 与自由主义, 331; philosophy of, 科学哲学, 450, 524-530; vs. rhetoric, 与修辞学的区别, 524-530; rhetoric of, 科学中的修辞, 503; sociology of, 科学社会学, 35-37。又请看, Social science, 社会科学
Scott v. Sandford, 司各特诉山福特案。请看, Dred Scott decision, 司各特决定
Search and seizure, 搜查与没收, 533
Segregation, 种族隔离。请看, Brown v. Board of Education, 布朗诉教育委员会案
Self, concept of, 自我概念, 532-535; public, 自我的公众形象, 533-534
Sen, Amartya, 120注, 554注
Sentencing guidelines, 量刑指南, 125
Sequestration or claustration (of women), 隔离或幽闭(女性), 348-349
Seventh Amendment, 宪法第七修正案, 233
Sex, behavior, 性行为, 336-356, 552-578; biology of, 性的生物学, 553; sexual desire, 性欲望, 554; economics of, 性的经济学, 552-578; male vs. female sex strategies, 男女性策略之别, 354; regulation of, 性的规制, 21-22, 86; sexual revolution, 性革命, 569; "safe," "安全"性行为, 557-558; study of, 性研究, 90。又请看, Homosexuality, 同性恋性态; Sexuality, 性态
Sex drive, 性冲动, 553; male vs. female, 男女性冲动之别, 338, 343注, 352-354
Sexual harassment, 性骚扰, 359, 364, 366
Sexuality, 462注; and regulation of abortion, 与堕胎之规制, 182-183, 189-190; male-domination thesis, 男人性态支配说, 341, 348-356; primate, 灵长类的性态, 340注; social construction of, 性态的社会构建, 573-578
Shavell, Steven, 531注
Shaw, Lemuel, 肖伊, 272注, 275
Shawe-Taylor, Desmond, 239注
Shelley v. Kraemer, 谢莉诉克莱默案, 254
Sherry, Suzanna, 377注
Sidak, J. Gregory, 162注
Sidis v. F-R Publishing Corp., 希迪斯诉F-R出版公司案, 540-541, 545-546
Siegan, Bernard H., 希根, 63注, 247注, 251
Signaling, 信号, 暗示, 563。又请看, Communication theory, 交流理论; Dress, 着装
Simon, Herbert, 西蒙, 424, 435注
Simons, Henry, 西蒙斯, 438, 464
Simpson, A. W. Brian, 辛普森, 47注,

160-168，272 注，277 注，465
Sixth Amendment, 宪法第六修正案，234-235
Skepticism, 怀疑主义，5-6，9-10
Skinner v. Oklahoma, 250 注
Slaughter-House Cases, 屠宰场案，223-224
Slavery, 奴隶制，297，301，303-306；abortion as analogy to，将堕胎类比为奴隶制，521；American Negro，美国黑人，157-158，191，212，218，224，235，306，330，373，384，448，451；and child care，与儿童看护，350；free labor as form，自由劳动力作为奴隶制形式，267；Icelandic，冰岛的奴隶制，319；metaphoric use of word，隐喻使用奴隶制，211-213；natural，自然奴隶制，264；self-enslavement，自我奴役，304；sexual consequences，性奴役的后果，564-565
Smith, Adam, A.斯密，130 注，136 注，411，414，416-420，435，428，433；on difference between education and rhetoric，论教育与修辞的区别，514
Smith, K. J. M., 259 注，261 注
Smith, Tom W., 555 注
Social construction or reality, 现实的社会建构，6，85，287-288，291，295，300-301，316；and sex，现实的社会建构与性，573-578
Social engineering, 社会工程，63
Social science, 社会科学，325，393，395，422，444，455，457-458，525；role of in law，社会科学在法律中的角色，206-207
Social work, 社会工作，208-211
Social workers, legal liabilities of, 社会工作者的法律责任，208-210
Socialism, 23 注。又请看，Marxism，马克思主义
Sociobiology, 社会生物学，337，340 注，344，345，351 注，354
Sociology, 社会学，91-92
Sociology of work, 工作社会学，35，64。又请看，Craftsmanship，工艺性；Guild，行会；Legal profession，法律职业；Mass production，规模生产
Socrates, 苏格拉底，463-464，507，509，515-516
Socratic method, 苏格拉底教学法，520
Sodomy, 肛交，269 注，568；laws criminalizing，刑事惩罚肛交法，561。又请看，Bowers v. Hardwick，鲍尔斯诉哈德威克案；Homosexuality，同性恋性态
Solicitor, 诉状律师，48
Sophist, 诡辩者，498-499，527
Sovereign immunity, 主权豁免，232
Soviet Union, 苏联，454-455，459，462
Speech, 说话、演讲，10
Spiller, Pablo T., 121 注
Spitzer, Matthew, 斯皮泽，99
Stare decisis, 遵循先例。请看，Precedent，先例
Steinberg, David, 362 注
Stephen, James Fitzjames, 斯蒂芬，249，259-270，303，577 注
Stevens, John Paul, J.斯蒂文斯，250-251
Stevens, Wallace, W.斯蒂文斯，476-481
Stigler, George J., 斯蒂格勒，93 注，205 注，411-412，420-422，425 注，427 注，432，435，437，464，525，551 注

Stone, Harlan Fiske, 斯通, 223
Strauss, David, 斯特劳斯, 190-191, 208-211, 294
Strict construction, 严格解释, 75, 155, 199, 229-236, 400-401, 495-497
"**Strong programme**" in sociology of science, 36 注
Style of writing, 文风, 420-421
Subject/object distinction, 主客观区别, 315-316, 389
Subordination of women, 女性的从属地位。请看, Domination of women by men, 男人对女人的支配; Women, 女性
Subsidy, definition of, 补贴的界定, 272
Sullivan, Kathleen, 沙利文, 94
Summers, Robert S., 萨默斯, 79-80
Sunstein, Cass R., 桑斯坦, 26 注, 94, 99, 181 注, 186, 294 注, 362 注, 389, 396-397, 404 注, 446, 460 注, 465, 523-524, 577; on reasoning by analogy, 论类推, 518-519
Supreme Court, 美国联邦最高法院, 57, 62-63, 70-75, 88, 110 注, 111, 118, 124, 238; decisions on competition in legal services, 关于法律竞争的决定, 66; differences between Supreme Court Justices and other judges, 联邦最高法院大法官与其他法官的区别, 143-144; legislative overruling of, 立法推翻联邦最高法院的决定, 119 注; survival of, 联邦最高法院的存活, 242-244
Supreme courts (state), 122 注
Surrogate motherhood, 代孕, 294, 332-334, 373-374

Syllogism, 演绎推理, 509-510
Symposium (Plato), 《会引篇》(柏拉图), 566

Taney, Roger, 唐尼, 251。又请看, Dred Scott decision, 司各特案决定
Taxation, 征税, 409; of cigarettes, 香烟征税, 430-431; regulatory, 具有规制作用的征税, 413, 415
Temin, Peter, 221 注
Tempting of America, The (Bork), 《美国的诱惑》(鲍克), 237-255
Tenant rights, 房客权, 302-303
Tenure (academic), 终身职(学术的), 299-311 各处
Textualism, 文本主义, 199。又请看, Originalism, 原旨主义; Strict construction, 严格解释
Theory, 理论, 7, 10, 19, 102m 135m 187, 315, 456; role of assumptions in, 理论中假定的作用, 430; requisite generality of constitutional, 宪法理论所必备的概括性, 173, 175-176, 178; abstract moral, 抽象的道德理论, 190-191; nature of scientific, 科学理论的性质, 396; "top down" vs. "bottom up," "自上而下" 与 "自下而上" 的区别, 172-179。又请看, Economics (methodology of), 经济学的方法论; Legal scholarship (interdisciplinary), (交叉学科) 法学著述
Third World, 第三世界, 453-453, 459
Thirteenth Amendment, 宪法第十三修正案, 181, 211-213
Thomson, Judith Jarvis, 汤姆森, 333 注,

465

Threat, 威胁, 549
Tort law, 侵权法, 277, 397, 404, 531-551 各处
Totalitarianism, 极权主义, 164-165
Toulmin, Stephen, 托尔敏, 90 注, 499 注, 512, 517 注, 522-523
Transaction costs, 交易费用, 406, 412 注, 418, 432, 434, 439, 570 注。又请看, "Problem of Social Cost",《社会成本问题》
Translation, 翻译, 492-497
Trials, Anglo-American vs. Continental, 审判, 英美的与欧陆的区别, 128
Tribe, Laurence H., 却伯, 180-181, 333 注
Truth, 真理、真相、真话, 5, 10, 36, 58, 102, 110, 390-391, 395-396, 448-449, 511, 526, 529; of metaphors, 隐喻的真理, 523-524; Plato vs. Aristotle on, 真理问题上, 柏拉图与亚里士多德的分歧, 513
Tullock, Gordon, 塔洛克, 424
Turner Donald F., 特纳, 3, 438
Tushnet, Mark, 图希内特, 马克, 13, 73 注, 157 注, 186, 378

Unauthorized practice of law, 无执照从事法务, 50, 52
Uncertainty, 不确定性。请看, Information costs, 信息费用
Unemployment, 失业。请看, Employment (effects on of job-protection laws), 就业（工作保护法的影响）
Unger, Roberto, 昂格, 99, 444, 463

Unions, 工会组织, 45 注, 308-309
University of Chicago: Graduate School of Public Policy Studies, 芝加哥大学：公共政策研究学院, 209; School of Social Service Administration, 社会服务管理学院, 209
Usury, Catholic doctrine of, 高利贷, 天主教的教义, 522-523
Utilitarianism, 功利主义, 22-23, 155-157, 263, 270, 303-304, 380, 390, 403
Utility function: of employees of nonprofit enterprises, 效用函数：非盈利企业雇员的, 114; of game players, 游戏参与者的, 133; judicial, 司法的, 114-144
Utility, diminishing marginal, 效用, 边际递减, 136, 139; economic concept of, 经济学的效用概念, 110 注; maximization of, 效用最大化, 412, 419, 434-435, 441-443, 554 注
Utopian scholarship, 乌托邦的学术, 295-298

Veblen, Thorstein, 凡勃伦, 427
Vegetarianism, 素食主义者, 295-296, 346
Vertical integration, 纵向整合, 410, 434, 437, 439
Vickers, Brian, 499 注, 507 注, 528 注
Victorian sexual mores, 维多利亚时期的性风俗, 567-568
Voting, 投票, 513; judicial, 法官投票, 120-123, 143; "going along" judicial voting, 跟随性投票, 123-125; motivations for, 投票动机, 119-120; turnout, 投票结果, 129, 143; vote-trading (logrolling), 投票交易（互相吹捧）, 125-126。又请看, Reapportionment, 选区重划

Waldron, Jeremy, 沃德隆, 85
Warren Court, 沃伦法院, 142-143, 198, 200-201, 274, 497
Warren, Earl, 沃伦, 62, 198, 223
Wealth maximization, 财富最大化, 16, 22, 28, 173, 404, 413
Wealth of Nations, The, 《国富》。请看, Smith, Adam, A. 斯密
Weber, Max, 韦伯, 324
Wechsler, Herbert, 韦西斯勒, 61 注, 70-75, 77-79, 82, 243 注, 279, 281, 474, 534-525
West, Cornel, C. 韦斯特, 12, 389, 394-395
West, Robin L., R. 韦斯特, 99, 295 注, 336 注, 341 注, 353 注, 354, 369 注, 370 注, 465, 573
Weyrauch, Walter Otto, 154 注, 495 注
White, Byron, B. 怀特, 253
White, G. Edward, G. 怀特, 99, 273 注, 280 注
White, James Boyd, J. 怀特, 86, 99, 492 注, 493-497, 512, 524
White, R. J., 260 注, 269 注
Whitehead, Alfred North, 怀特海, 418
Whyte, H. B., H. 怀特, 489-492
Widawsky, David, 维达斯基, 211-214
Wigmore, John H., 61 注
Williams, Patricia J., 威廉姆斯, 107, 333 注, 367-384, 487, 527
Williamson, Oliver O., 威廉姆森, 419 注, 420, 428, 433-437, 439-443
Winter, Steven, 温特, 317
Wiretapping, 窃听, 232, 533, 536

Wittgenstein, Ludwig, 维特根斯坦, 8, 133, 316, 394, 445, 459, 524。又请看, Game (wittgensteinian concept of), 游戏 (维特根斯坦的概念)
Woe Unto You, Lawyers! (Rodell), 《你们麻烦大了, 法律人!》(罗德尔), 393
Wolfe, Tom, 沃尔夫, 371, 481-489
Wollstonecraft, Mary, 沃尔斯东克拉夫, 335
Women: economic status of, 女性: 经济地位, 329-330; likely effects of emancipation on, 女性解放的可能后果, 267-269; different ethical views from men? 与男子的伦理观不同吗? 293-294; effects on of job-protection laws, 工作保护法对女性的影响, 311; material interests of, 女性的物质利益, 191, 269; pregnancy and maternity benefits, 怀孕和哺乳福利, 288, 290; productivity of, 女性的生产力, 349-350; and sexual freedom, 与性自由, 182-184, 189-190; status of, 女性的地位, 347-356, 366-367; status of in ancient Greece, 在古希腊的地位, 349-350; status of in ancient Rome, 在古罗马的地位, 350。又请看, Discrimination (against women), 歧视 (女性); Feminism, 女权; Feminist jurisprudence, 女权法学
Woolgar, Steve, 36 注
Workers' cooperatives, 工人合作社, 460-461

Yale Law School, 耶鲁法学院, 2-3, 226, 388

著作权合同登记号　图字:01-2015-4530
图书在版编目(CIP)数据

超越法律/(美)波斯纳(Posner, R. A.)著;苏力译.—北京:北京大学出版社,2016.7
ISBN 978-7-301-27025-7

Ⅰ.①超… Ⅱ.①波… ②苏… Ⅲ.①社会法学 Ⅳ.①D90-052

中国版本图书馆 CIP 数据核字(2016)第 073330 号

OVERCOMING LAW
by Richard A. Posner
Copyright © 1995 by the President and Fellows of Harvard College
Published by arrangement with Harvard University Press
through Bardon-Chinese Media Agency
Simplified Chinese translation copyright © 2016
by Peking University Press
ALL RIGHTS RESERVED

书　　名	超越法律 Chaoyue Falü
著作责任者	〔美〕理查德·波斯纳　著　　苏　力　译
责 任 编 辑	曾　健　陈晓洁
标 准 书 号	ISBN 978-7-301-27025-7
出 版 发 行	北京大学出版社
地　　址	北京市海淀区成府路 205 号　100871
网　　址	http://www.pup.cn　http://www.yandayuanzhao.com
电 子 信 箱	yandayuanzhao@163.com
新 浪 微 博	@北京大学出版社　@北大出版社燕大元照法律图书
电　　话	邮购部 62752015　发行部 62750672　编辑部 62117788
印 刷 者	三河市北燕印装有限公司
经 销 者	新华书店 965 毫米×1300 毫米　16 开本　35.25 印张　542 千字 2016 年 7 月第 1 版　2021 年 12 月第 4 次印刷
定　　价	75.00 元

未经许可,不得以任何方式复制或抄袭本书之部分或全部内容。
版权所有,侵权必究
举报电话:010-62752024　电子信箱:fd@pup.pku.edu.cn
图书如有印装质量问题,请与出版部联系,电话:010-62756370